Karoline Peters
J. D. H. Temme und das preußische
Strafverfahren in der Mitte des 19. Jahrhunderts

Juristische Zeitgeschichte
Abteilung 4: Leben und Werk
Band 14

Juristische Zeitgeschichte
Hrsg. von Prof. Dr. Dr. Thomas Vormbaum
(FernUniversität in Hagen)

Abteilung 4:
Leben und Werk

Band 14

Redaktion: Zekai Dagasan, Sebastian Voigt

De Gruyter

Karoline Peters

J. D. H. Temme und das preußische Strafverfahren in der Mitte des 19. Jahrhunderts

De Gruyter

ISBN 978-3-89949-833-2
e-ISBN 978-3-89949-834-9

Bibliografische Information der Deutschen Nationalbibliothek

Die Deutsche Nationalbibliothek verzeichnet diese Publikation in der Deutschen Nationalbibliografie; detaillierte bibliografische Daten sind im Internet über http://dnb.d-nb.de abrufbar.

Bildnachweis Frontispiz und Schutzumschlag:
Stahlstich von August Weger, um 1850
(25,3 × 18,8 [Blatt] & 21,5 × 15,8 cm [Platte]) Inv.Nr. C-504155 PAD
Foto: LWL-LMKuK / Sabine Ahlbrand-Dornseif & Carmen Hickstein
Mit freundlicher Genehmigung des LWL-Landesmuseum für Kunst und Kulturgeschichte – Porträtarchiv Diepenbroick – Domplatz 10, 48143 Münster.

Druck: Hubert & Co. GmbH & Co. KG, Göttingen
∞ Gedruckt auf säurefreiem Papier

Printed in Germany

www.degruyter.com

Jodocus Donatus Hubertus Temme
(1798–1881)

Vorwort

Die vorliegende Untersuchung wurde im Sommersemester 2008 von der Juristischen Fakultät der FernUniversität in Hagen als Dissertation angenommen.

Im Zeitraum zwischen der ersten Auseinandersetzung mit dem Thema und der Beendigung der Arbeit habe ich sehr viel Unterstützung, Ermutigung und Ansporn erfahren, ohne die ich den ersten Schritt zur Erstellung dieser Arbeit niemals gewagt hätte und mir deren Beendigung nicht möglich gewesen wäre. Das Vorwort ist der geeignete Platz, dafür zu danken.

Mein erster Dank gilt meinem Doktorvater Herrn Prof. Dr. Dr. Vormbaum, der die Arbeit angeregt und durch umfassende Betreuungsarbeit im Rahmen der regelmäßig stattfindenden Doktorandentreffen stets gefördert hat. Herzlichster Dank gebührt ihm auch dafür, daß er durch meine Beschäftigung als wissenschaftliche Hilfskraft am Lehrstuhl für Strafrecht, Strafprozeßrecht und Juristische Zeitgeschichte die notwendigen Rahmenbedingungen für die Entstehung dieser Arbeit geschaffen hat. Prof. Dr. Dr. h.c. mult. Günter Bemmann möchte ich für die Übernahme des Zweitgutachtens danken.

Ganz herzlich bedanken möchte ich mich auch bei der Juristischen Gesellschaft Hagen für die Verleihung des Dissertationspreises des Jahres 2008. Dieser Preis ist eine große Ehre für mich.

Dank gebührt auch meinen ehemaligen Kollegen am Lehrstuhl, deren stetige Anteilnahme am Fortschritt meiner Arbeit die Entstehung unmittelbar gefördert hat. Hervorheben möchte ich an dieser Stelle insbesondere Frau Dr. Kathrin Rentrop, die im Rahmen des von ihr geleiteten Projektes stets für eine angenehme Arbeitsatmosphäre gesorgt und damit einen wichtigen Teil dazu beigetragen hat, daß mir der Zeitraum der Entstehung dieser Dissertation in positiver Erinnerung verbleiben wird. Besondere Erwähnung gebührt auch Frau Anne Gipperich und Frau Dana Theil, die die redaktionelle Arbeit an dieser Dissertation übernommen haben.

Besonderen Dank schulde ich meiner Freundin, Kollegin und ehemaligen Mitbewohnerin Frau Dr. Tamara Cipolla, die durch ihre freundschaftliche Unterstützung, den stetigen Zuspruch und vor allem auch die gute Zusammenarbeit, an jeder einzelnen Etappe des Entstehungsprozesses dieser Arbeit Anteil genommen hat und mir dadurch in jeder Hinsicht eine große Hilfe war.

Widmen möchte ich diese Arbeit meinen Eltern *Helga* und *Wolfgang Peters*, die mir meine Ausbildung ermöglicht und diese in einer über das normale Maß hinausgehenden Weise gefördert haben. Ihnen sowie meiner Schwester Nora möchte ich aus tiefstem Herzen dafür danken, daß sie mich durch das in mich gesetzte Vertrauen zur Promotion ermutigt und durch ihre liebevolle Unterstützung das Entstehen dieser Arbeit erst möglich gemacht haben. Jeder von Ihnen hat mir während der Arbeit an dieser Dissertation stets auf seine Weise den Rücken freigehalten. Besonders hervorheben möchte ich in diesem Zusammenhang aber meinen Vater, der mein Interesse an wissenschaftlichem Arbeiten geweckt hat und mir durch seine immerwährend große Anteilnahme an Fortschritt und ersten Arbeitsergebnissen auch in fachlicher Hinsicht stets eine große Hilfe war. Gedankt sei ihm auch für seine Präzision und die großen Mühen beim Korrekturlesen dieser Arbeit.

Tief empfundenen Dank möchte ich auch meinem Freund Martin Hahn aussprechen, der mich immer unterstützt und motiviert hat. Er hat mir in den schwierigen Momenten, die eine Dissertation mit sich bringt, stets liebevoll und verständnisvoll zur Seite gestanden und gleichzeitig die schönen Momente mit mir geteilt. Dies hat mir emotionalen Halt gegeben, ohne den diese Arbeit nicht entstanden wäre. Danke.

Düsseldorf, im Juli 2009 *Karoline Peters*

Inhaltsverzeichnis

ZWEITER TEIL: DER BEITRAG TEMMES ZUR REFORM DES STRAFVERFAHRENSRECHTES

Abkürzungsverzeichnis

a.E.	am Ende
Abt.	Abteilung
ACR	Archiv des Criminalrechts
ADB	Allgemeine Deutsche Biographie
AppG	Appellationsgericht
Arch. f. preuß. StrafR	Archiv für Preußisches Strafrecht
Art.	Artikel
Aufl.	Auflage
Ausg.	Ausgabe
Bd.	Band
Centr.Bl.	Central-Blatt für preußische Juristen
CCC	Constitutio Criminalis Carolina
CIC	Code d'Instruction Criminelle
CrimZ	Criminalistische Zeitung für die preußischen Staaten
Ders.	Derselbe
DRiZ	Deutsche Richterzeitung
GA	Goltdammers Archiv für Strafrecht
GS	Der Gerichtssaal
GWU	Geschichte in Wissenschaft und Unterricht (Zeitschrift des Verbandes der Geschichtslehre Deutschlands)
Halbbd.	Halbband
HZ	Hitzig's Zeitschrift für die Criminal= Rechtspflege in den Preußischen Staaten
Jahrb. d. dt. Rechtsw. und Gesetzg.	Jahrbücher der deutschen Rechtswissenschaft und Gesetzgebung
Jahrb. f. d. CrimRpflege	Jahrbücher für die Criminal=Rechtspflege in den Preußischen Staaten mit Einschluß der Rheinprovinzen, Neuvorpommerns und des Fürstentums Neuchatel
Jahrb. f. Gesellsch. u. Staatsw.	Jahrbücher für Gesellschafts- und Staatswissenschaften
Jahrb. f. d. pr. Gesetzg.	Jahrbücher für die preußische Gesetzgebung, Rechtswissenschaft und Rechtsverwaltung
Jahrb. f. Westf. KG	Jahrbuch für Westfälische Kirchengeschichte
JJZG	Jahrbuch für Juristische Zeitgeschichte
JMBl.	Justizministerialblatt
JWPrS	Juristische Wochenschrift für die preußischen Staaten

KG	Kammergericht
KrimO	Preußische Kriminalordnung von 1805
Krit. Jahrb. f. dt. Rechtsw.	Kritische Jahrbücher für deutsche Rechtswissenschaft
Krit. Zeitschr.	Kritische Zeitschrift für die gesammte Rechtswissenschaft
NDB	Neue Deutsche Biographie
Neudr.	Neudruck
o. N.	ohne Namen
o. V.	ohne Vornamen
OLG	Oberlandesgericht
preuß. G. v. 17.7.1846	Gesetz betreffend das Verfahren in dem bei dem Kammergericht und dem Kriminalgericht zu führenden Untersuchungen vom 17. Juli 1846.
preuß. V. v. 3.1.1849	Verordnung vom 3. Januar 1849 über Einführung des mündlichen und öffentlichen Verfahrens mit Geschworenen in Untersuchungssachen
prGS	preußische Gesetzsammlung
RGBl	Reichsgesetzblatt
Sten. Ber. pr. Natv.	Stenographische Berichte über die Verhandlungen der zur Vereinbarung der preußischen Staats-Verfassung berufenen Versammlung,
Sten. Ber. dt. Natv.	Stenographische Berichte über die Verhandlungen der deutschen constituirenden Nationalversammlung zu Frankfurt am Main
Sten. Ber. HdA	Stenographische Berichte über die Verhandlungen der durch die Allerhöchste Verordnung vom 1. November 1863 einberufenen beiden Häuser des Landtages. Haus der Abgeordneten.
StGB	Strafgesetzbuch
StPO	Strafprozeßordnung
u.a.	unter anderem
UB	Universitätsbibliothek
vgl.	vergleiche
WestfZ	Westfälische Zeitschrift
WLMKuK	Westfälisches Landesmuseum für Kunst und Kulturgeschichte
Zeitschr. f. gesch. Rechtsw.	Zeitschrift für geschichtliche Rechtswissenschaft
ZStW	Zeitschrift für die gesamte Strafrechtswissenschaft
ZFG	Zeitschrift für Geschichtswissenschaft

Einleitung

> „Die Kaste, aus der sich der deutsche Richterstand rekrutiert, repräsentiert nicht dasjenige Deutschland, das etwa von Goethe über Beethoven bis Hauptmann jene Elemente enthält, um derentwegen wir das Land lieben.“[1]

Diese Äußerung *Kurt Tucholskys* kann als symptomatisch für das Bild der deutschen Richterschaft in der Öffentlichkeit gelten, in welcher der Richterstand zwar hoch angesehen, aber dennoch nicht beliebt ist. Zu der Unbeliebtheit mag nicht zuletzt der Umstand beigetragen haben, daß gerade die deutsche Geschichte viele Beispiele kennt, in denen Richter den Herausforderungen, die ihre Epoche an sie stellte, nicht standhalten konnten[2]. Das negative Urteil über die deutsche Richterschaft wird jedoch nur einem kleinen Ausschnitt aus der Geschichte der deutschen Richterschaft gerecht. Fernab größerer Bekanntheit existieren Beispiele dafür, daß

> „das Wort Justiz keineswegs den Klang eines Peitschenknalls haben muß, daß es auch im Deutschen einmal als Synonym für Recht und Gerechtigkeit galt, und es Zeiten gab, in denen große Teile der Richterschaft sich bemühten, diesen Anspruch einzulösen.“[3]

Beispielhaft für ein solch aufrechtes Juristenleben im 19. Jahrhundert steht die Lebensgeschichte des Richters Jodocus Donatus Hubertus Temme[4]. Dieser kämpfte Zeit seines Lebens für seine Vorstellungen von der Freiheit des Volkes, ohne aus Angst vor den möglichen Folgen von seinen Idealen abzuweichen. In letzter Konsequenz wurde er nach der gescheiterten Revolution von 1848/49 wegen Hochverrats vor Gericht gestellt und ohne das Anrecht auf Pension aus dem Staatsdienst entlassen. Seine Lebensgeschichte ist mithin ein leuchtendes Beispiel dafür, daß es in Deutschland immer auch prinzipienfeste, furchtlose Juristen gegeben hat.

---

1 Äußerung des Juristen *Kurt Tucholsky* im Jahre 1927 in der „Weltbühne“, zitiert nach *Müller*, Furchtbare Juristen, S. 13.

2 Erinnert sei diesbezüglich insbesondere an die Richterschaft im Dritten Reich, vgl. dazu *Müller*, Furchtbare Juristen, S. 35 ff.; *Staff*, Justiz im Dritten Reich, S. 68 ff.

3 *Müller*, Furchtbare Juristen, S. 13. *Müller* führt in seinem Werk als Beispiele für aufrechte Juristenkarrieren neben *Temme* noch *E.T.A Hoffmann*, *Waldeck*, *Heinrich Simon*, *Martin Eduard von Simson* und *Carl Twesten* an; vgl. *Ders*., Furchtbare Juristen, S. 14 ff.

4 Im folgenden werden Eigennamen im Text zum Zwecke der Übersicht stets hervorgehoben. Aufgrund der Häufigkeit des Vorkommens wird dabei lediglich bei *Temmes* Namen eine Ausnahme von diesem Grundsatz gemacht und auf eine Hervorhebung verzichtet.

Unter diesem Gesichtspunkt hat sein politisches und juristisches Wirken in der wissenschaftlichen Literatur auch schon mehrfach Berücksichtigung gefunden, wobei insbesondere auf die in jüngerer Zeit von *Michael Hettinger* erschienenen Aufsätze zum Leben Temmes hingewiesen werden soll[5]. Mithin kann eine erneute Darstellung seines Lebensweges nicht die primäre Zielsetzung dieser Arbeit sein. Ihr Schwerpunkt soll vielmehr ein anderer sein: Temme, der sich Zeit seines Lebens auch der Schriftstellerei widmete, hinterließ bei seinem Tode im Jahre 1881 ein umfangreiches Gesamtwerk[6]. Hatte er sich zunächst unter dem Pseudonym *Heinrich Stahl* aus finanzieller Not heraus als belletristischer Schriftsteller betätigt und Romane, Kriminalnovellen und Erzählungen veröffentlicht, machte er sich später auch in der juristischen Literatur einen Namen und veröffentlichte zahlreiche Monographien und unzählige Aufsätze zu juristischen Themen. Dieses juristische Werk Temmes ist bisher noch nicht umfassend gesichtet worden. Es existiert zwar eine Dissertation von *Max Gust* aus dem Jahre 1914 über sein Werk auf belletristischem Gebiet[7], jedoch findet in deren Rahmen keine Analyse der rechtswissenschaftlichen Schriften Temmes statt. Die vorliegende Arbeit will zur Schließung dieser Lücke beitragen. Es sollen der Werdegang des Rechtswissenschaftlers Temme aufgezeigt und seine juristischen Arbeiten untersucht und in die damalige Zeit eingebettet werden. Auch wenn Temme sich in vielen Aufsätzen mit zivilrechtlichen Themen auseinandergesetzt hat[8], ist der Kern seiner juristischen Arbeiten im Bereich des Strafrechtes anzusiedeln[9]. Deshalb beschränkt sich diese Arbeit auf eine Auswertung der strafrechtlichen Arbeiten Temmes, wobei der Fokus auf seiner Mitwirkung an den großen Reformen des 19. Jahrhunderts auf dem Gebiete des Strafverfahrensrechtes liegen soll.

---

5 *Hettinger*, J.D.H. Temme (1798–1881) – nicht nur ein Juristenleben, in: Norbert Brieskorn u. a. (Hrsg.), Vom mittelalterlichen Recht zur neuzeitlichen Rechtswissenschaft, Winfried Trusen zum 70. Geburtstag, Paderborn 1994, S. 335 ff.; *Ders.*, J.D.H. Temme (1798–1881) Volksfreund oder Staatsfeind? Ein Demokrat vor der Zeit; in: Recht und Juristen in der deutschen Revolution 1848/49, hrsg. von Franz Josef Düwell und Thomas Vormbaum, Baden-Baden 1998, S. 93 ff.; *Ders.*, Wer zu früh kommt, den bestraft das Leben. Erinnerungen an Jodocus Temme (1798–1881), einen Vorkämpfer für die Demokratie, in: JJZG 1, S. 293 ff.; *Ders.*, Jodocus Temme (1798–1881), in: WestfZ 149, S. 345 ff.

6 Die wohl vollständigste Zusammenstellung des Gesamtwerkes von *Temme* sowohl auf juristischem als auch belletristischem Gebiet findet sich bei *Gödden / Nölle-Hornkamp*, Westfälisches Autorenlexikon, Bd. 1, S. 400 ff.

7 *Gust*, J.D.H. Temme. Ein münsterländischer Schriftsteller und Politiker des 19. Jahrhunderts, Münster 1914.

8 Vgl. dazu das Schriftenverzeichnis im Anhang C).

9 Eine Zusammenstellung der juristischen Arbeiten *Temmes*, welche sich mit dem Strafrecht bzw. Strafverfahrensrecht beschäftigen, findet sich im Schriftenverzeichnis im Anhang unter A), B).

In diesem Zusammenhang stellt sich natürlich die Frage, welchen Sinn es überhaupt haben kann, nach über 100 Jahren das wissenschaftliche Werk eines Mannes, der, trotz seines außergewöhnlichen Lebens, als Rechtswissenschaftler keine bis in die Gegenwart reichende Bedeutung erlangt hat, aufzudecken. Bei der Beantwortung dieser Frage muß man berücksichtigen, daß es sich bei Biographie und Werk Temmes keineswegs um den isolierten Nachlaß einer inzwischen der Vergessenheit anheimgefallenen Persönlichkeit handelt, sondern daß diese untrennbar mit der Zeit, in der sie gelebt hat, verknüpft sind. Das bedeutet zunächst, daß diese Arbeit ihre Legitimation darin findet, daß sie über das Einzelschicksal des Individuums Temme hinaus durch die Einbettung in den zeitlichen Kontext als Erkenntnisquelle für die Umbrüche im Strafverfahrensrecht des 19. Jahrhunderts dienen kann. Die Verknüpfung des wissenschaftlichen Werkes Temmes mit historischen Strömungen und seine Einbindung in die wissenschaftlichen Debatten der damaligen Zeit machen es zu einer historisch wertvollen Quelle für die Strafrechtsgeschichte.

Neben dem Versuch, durch die Auswertung des juristischen Werkes Temmes einen allgemeinen Beitrag zur Strafrechtswissenschaft des 19. Jahrhunderts zu leisten, soll in dieser Arbeit jedoch auch sein politisches Schicksal im Auge behalten werden. Der Politiker Temme war erwiesenermaßen ein Demokrat, der für den Grundsatz der Volkssouveränität und für den Konstitutionalismus gekämpft hat. Dies erscheint insbesondere unter der Prämisse interessant, daß in der rechtsgeschichtlichen Literatur oftmals ein enger Zusammenhang zwischen der Reform des Strafverfahrensrechtes im 19. Jahrhundert und der rechtstaatlichen Entwicklung im Staats- und Verfassungsrecht angenommen wird:

> „Die liberal konstitutionelle Richtung im politischen Denken, die zunehmend an Bedeutung gewann, konfrontierte das deutsche Strafprozeßrecht mit dem als freiheitlich empfundenen und als solche dem absolutistischen Geist des Inquisitionsprozesses gegenübergestellten Rechtseinrichtungen des englischen und französischen Strafverfahrens, der Kampf um die Reform des Strafprozesses wurde so weitgehend mit politischen Argumenten geführt, und als er im Revolutionsjahr 1848 mit der Beseitigung des Inquisitionsprozesses endete, stellte die Neugestaltung des Strafprozeßrechts zugleich einen politischen Erfolg der liberalen Bewegung über justitielles Obrigkeitsdenken dar.“[10]

Unter Berücksichtigung dieses gemeinhin angenommenen Zusammenhangs erscheint es reizvoll, dem liberalen Politiker Temme den Juristen Temme ge-

10 *Küper*, Richteridee, S. 167 f. Dieses Zitat ist hier nur beispielhaft ausgewählt. Die angeführte Auffassung wird auch von vielen anderen Strafrechtswissenschaftlern vertreten; siehe z. B. *Schmidt*, Geschichte, S. 324; *Armbrüster*, Verteidigung, S. 123 f.; am Beispiel des Öffentlichkeitsprinzips: *Alber*, Öffentlichkeit, S. 69.

genüberzustellen und zu bewerten, ob seine liberalen politischen Forderungen auch in seinem juristischen Werk einen Widerhall finden und er somit auch auf dem Gebiete des Strafverfahrensrechtes ein Reformer war.

Methodisch geht diese Arbeit folgendermaßen vor: Ausgehend von der bewegten Lebensgeschichte Temmes im 19. Jahrhundert soll eine wissenschaftliche Auseinandersetzung mit seinem rechtswissenschaftlichen Werk, fokussiert auf die Schriften zum Strafverfahrensrecht, stattfinden. Da diese Arbeit sich auch zum Ziel gesetzt hat, nach Parallelen in den Auffassungen des Juristen und Politikers Temme zu suchen, erscheint es unerläßlich, in einem ersten Teil zunächst noch einmal einen Überblick über das Leben Temmes zu geben. In diesem Zusammenhang sollen auch die politischen Grundansichten Temmes herausgestellt werden. Der erste Teil wird dann mit einer kurzen Übersicht über das juristische Gesamtwerk Temmes abschließen, da es im Rahmen dieser Arbeit nicht möglich sein wird, dieses vollständig zu untersuchen.

Im zweiten Teil, dem Hauptteil der Arbeit, sollen Temmes Grundanschauungen in der Diskussion um die Reform des Strafverfahrensrechtes umfassend und differenziert herausgearbeitet werden, um diese dann abschließend einer kritischen Würdigung zu unterziehen. Dabei werden die für das tiefere Verständnis und die abschließende Bewertung erforderlichen zeitgeschichtlichen Bezüge hergestellt, indem Temmes Grundauffassungen nicht isoliert, sondern eingebettet in den rechtsgeschichtlichen Zusammenhang der Strafverfahrensreform in Preußen im 19. Jahrhundert aufgezeigt werden.

ERSTER TEIL
LEBEN UND WERK

Erstes Kapitel: Biographie im Überblick[1]

A) Kindheit und Jugend[2]

Jodocus Donatus Hubertus Temme wurde am 22. Oktober 1798 als ältestes von acht Kindern[3] in Lette (Oelde) in Westfalen geboren[4].

Er entstammte einer alten westfälischen Juristenfamilie, da sowohl sein Großvater (*Johann Carl Heinrich Temme*[5]), als auch sein Urgroßvater (*Carl Bernard Joseph Temme*[6]) Gografen im Münsterland gewesen waren[7]. Sein Vater

---

1 Viele der folgenden biographischen Angaben beruhen auf den „Erinnerungen" *Temmes*. Bei diesen handelt es sich um *Temmes* eigene Aufzeichnungen, welche dieser während der letzten zwölf Jahre seines Lebens tätigte und in denen er ausgewählte Erlebnisse behandelte. Einige dieser Aufzeichnungen sind in Zeitungen oder Zeitschriften veröffentlicht worden. Nach seinem Tode wurden diese Aufzeichnungen von dem Schwiegersohn des Verstorbenen *Stephan Born* (1824–1898) um ungedruckte Aufzeichnungen aus *Temmes* Nachlaß ergänzt und unter dem Titel „Erinnerungen von J.D.H. Temme", 1883 (Leipzig), veröffentlicht. Diese Erinnerungen wurden im Jahre 1996 von *Michael Hettinger* neu aufgelegt und mit einem Anhang versehen. Sie erschienen unter dem Titel „Augenzeugenberichte der deutschen Revolution". Die Seitenangaben beziehen sich im folgenden immer auf die Seiten dieser Neuauflage.

2 Vgl. diesbezügl. insbes. die Kapitel „Kloster Klarholz" und „Die würdige Mutter in Wiedenbrück", in den Erinnerungen *Temmes*; siehe *Ders.*, Augenzeugenberichte, S. 1 ff.; 12 ff. Die politische Situation seiner Kindheit schildert er in dem Kapitel „Von der Schlacht bei Jena und Weiteres", *Ders.*, Augenzeugenberichte, S. 22 ff.

3 1816 lebten von diesen acht Kindern: *Jodocus* (18 Jahre alt), *Clara* (15), *Joseph* (12), *Paulina* (10), *Ignatz* (10; stirbt am 16. Oktober 1824) und *Josephina* (6), vgl. *Hettinger*, Augenzeugenberichte, Personenverzeichnis, S. 353.

4 *Temme*, Augenzeugenberichte, S. 2.

5 *Johann Carl Heinrich Temme* (1738–1796): Gograf zu Harkotten; 1763 in erster Ehe vermählt mit *Catharina Gertrud Wiese* (1738–1771), woraus die Tochter *Maria Clara Josefa* (1764–1835) und der Sohn *Carl Bernard Josef* (1765–1841) hervorgingen; in zweiter Ehe vermählt mit *Elisabeth Dütting* (1772–?); vgl. *Hettinger*, Augenzeugenberichte, Personenverzeichnis, S. 353.

6 *Carl Bernard Joseph Temme* (?–1768), Gograf zu Harkotten, aus dessen dritter Ehe mit *Elisabeth Zumfelde* (20. Juli 1735) geht der einzige Sohn *Johann Carl Heinrich* (1738–1796) hervor (s.o.); vgl. *Hettinger*, Augenzeugenberichte, Personenverzeichnis, S. 353.

7 *Temmes* eigenen Angaben zufolge waren seine Vorfahren väterlicherseits seit Mitte des 17. Jahrhunderts in ununterbrochener Reihe Gografen im Münsterlande (s. Augenzeugenberichte, S. 1). Dies läßt sich jedoch anhand der Archivalien nicht belegen, vgl. *Hettinger*, J.D.H. Temme, S. 101 (Fn. 39).

Bernard Temme[8] war nach seinem Studium der Rechtswissenschaften in Göttingen zunächst zwei Jahre als Advokat in Münster tätig[9]. 1792 wurde er zum Justitiar des Prämonstratenserklosters Klarholz[10] in der Grafschaft Rheda berufen. Im Jahre 1797 heiratete er *Marie Elisabeth Ferié*[11], Temmes aus Beelen stammende Mutter[12]. Das jung vermählte Paar zog, da ein Auszug aus dem zum Kloster gehörenden Amtshause notwendig wurde, in das zum Kloster Klarholz gehörige Dorf Lette[13]. Die Kindheit Temmes war durch die Eindrükke des Klosterlebens tief geprägt. In seinen Erinnerungen findet sich ein ausführliches Kapitel[14] über das Kloster Klarholz, in welchem er eine genaue Schilderung des Klosterlebens abgibt. Nicht zuletzt die Teilnahme an den Mahlzeiten im Kloster, bei welchen über „Begebenheiten des Tages, die von allen mit Interesse verfolgt wurden, über Ereignisse der Geschichte, die von allen studirt war, über neuere Erscheinungen der Literatur, die in dem Kloster nicht vernachlässigt wurden", und „über mancherlei wissenschaftliche Gegenstände"[15] gesprochen wurde, führte dazu, daß Temme sich bereits in jungen Jahren mit intellektuellen Dingen auseinandersetzte. Von seiner engen Bindung an das Kloster zeugt auch die Tatsache, daß er mit dem letzten Probst des Klosters *Jodocus von Oldeneel*[16] Zeit seines Lebens in Kontakt stand[17] und

8 *Carl Bernard Joseph Temme* (1765–1841): zunächst Advokatentätigkeit in Münster, danach (ab 1792) Amtmann bei den Prämonstratensern in Clarholz, Justitiar bei der Domänenkanzlei Rheda und Stadtrichter in Wiedenbrück (1803–1807), Friedensrichter (1808–1813), Vorsitz im Magistrat (1816–1818), Ass. zweiter Richter am LuStG Wiedenbrück (1818/19–1841); vgl. *Hettinger*, Augenzeugenberichte, Personenverzeichnis, S. 353.

9 *Temme*, Augenzeugenberichte, S. 2.

10 Zum Kloster Klarholz vgl. *Meier*, Jahrb. f. Westf. KG 91 (1997), S. 59.; *Ders.*, Clarholtensis Ecclesia, S. 1 ff.

11 *Maria Elisabeth Ferié oder Ferrier* (1769–1848): Vermählung mit *Carl Bernard Joseph Temme* am 21.10.1797; vgl. *Hettinger*, Augenzeugenberichte, Personenverzeichnis, S. 353 f.

12 In den Erinnerungen finden sich kaum Schilderungen von *Temmes* Mutter. Lediglich an einer Stelle beschreibt er sie als eine verschwiegene Frau mit einem frommen, braven Herzen, vgl. *Temme*, Augenzeugenberichte, S. 15.

13 *Temme*, Augenzeugenberichte, S. 2.

14 *Temme*, Augenzeugenberichte, S. 1 ff.

15 *Temme*, Augenzeugenberichte, S. 7.

16 *Jodocus Donatus von Oldenneel* (1753–1832): Sohn des Gutsherren zu Heerenbrink in Overijssel, 1176 Profeß, 1779–1794 Kanoniker, dann Senior, 1794–1803 Nachfolger von Franz-Philipp von Meuseren im Amt des Probstes des Klosters; vgl. *Hettinger*, Augenzeugenberichte, Personenverzeichnis, S. 344. Zu Jodocus Donatus von Oldeneel siehe auch *Meier*, JB f. Westf. KG, S. 59 ff. (61 ff.) m. w. N.; *Honselmann*, Adlige Chorherren, S. 119, Nr. 161.

17 *Temme*, Augenzeugenberichte, S. 2.

dieser ihm als sein Taufpate die Namen der drei Schutzheiligen[18], Jodocus, Donatus und Hubertus verliehen hatte[19].

Im Jahre 1798 wurde *Bernard Temme* vom Rat der Stadt Wiedenbrück zum Stadtrichter gewählt[20]. Die Annahme dieses Postens machte aufgrund der mit ihr verbundenen Residenzpflicht einen Umzug der Familie nach Wiedenbrück notwendig. Dennoch besorgte *Bernard Temme* auch weiterhin die Angelegenheiten des Klosters, indem er sich zweimal wöchentlich in das zwei Stunden entfernt gelegene Klarholz begab[21].

Im Jahre 1803 wurde das Kloster Klarholz jedoch aufgrund des Reichsdeputationshauptschlusses[22] aufgehoben und von dem Reichsgrafen *Moritz Casimir II. von Bentheim-Tecklenburg*[23] in Besitz genommen. Den Klostergeistlichen wurden ansehnliche Pensionen ausgesetzt, und man stellte ihnen frei, ob sie das Kloster verlassen oder darin verbleiben wollten[24]. *Bernard Temme* wurde bei Aufhebung des Klosters im Jahre 1803 pensioniert. Daraufhin übernahm er bei der fürstlichen Domänenkanzlei in Rheda eine Advokatenstelle[25]. Der Kontakt zu dem Kloster Klarholz und den darin verbliebenen Geistlichen[26] blieb jedoch auch weiterhin durch regelmäßige Besuche erhalten[27].

---

18 Jodocus: Patron der Schiffer; Donatus: Patron gegen Blitz, Unwetter und Feuer; Hubertus: Patron der Jäger; vgl. *Temme*, Augenzeugenberichte, S. 2.

19 *Temme*, Augenzeugenberichte, S. 2.

20 *Temme*, Augenzeugenberichte, S. 5.

21 *Temme*, Augenzeugenberichte, S. 5.

22 Der Beschluß über die Festlegung der Gebietsentschädigung der dt. Fürsten durch die letzte außerordentliche Reichsdeputation vom 25. Februar 1803. Von dem nach Aschaffenburg-Regensburg verlegten Staat des Kurfürst-Erzkanzlers von Mainz, dem Johanniter-Orden sowie dem Dt. Orden abgesehen, wurden sämtliche geistlichen Fürstentümer aufgehoben, die Säkularisation des Kirchenguts erlaubt und zudem die Reichsstädte bis auf sechs mediatisiert, vgl. ausführlich dazu: *Lahrkamp*, Die französische Zeit, S. 1 ff. (6 ff.).

23 Reichsgraf *Moritz Casimir II. von Bentheim Tecklenburg Rheda* (1735–1805); Herrschaft von 1768 bis 1805; vgl. *Hettinger*, Augenzeugenberichte, Personenverzeichnis, S. 353.

24 *Temme*, Augenzeugenberichte, S. 3.

25 *Temme*, Augenzeugenberichte, S. 5.

26 Neben dem Probst des Klosters Jodocus Donatus von Oldenneel und seinem Kaplan werden von *Temme* noch ein *Freiherr von Dücker* aus Westphalen, ein Herr *von Rantzau* aus dem Holsteinischen und ein Herr *von Pfeuffer* aus Bayern nebst seiner Schwester als Teil der im Kloster verbliebenen Minderheit genannt, vgl. *Temme*, Augenzeugenberichte, S. 4.

27 *Temme*, Augenzeugenberichte, S. 3 f.

B) Der Weg in den Justizdienst[28]

Unterrichtet wurde Temme zunächst von seinem Vater, der ein „sehr ernster und in allem, was Pflichterfüllung betraf, sehr strenger Mann"[29] war, und dessen Halbbruder Anton[30], bei dem es sich um einen aufgeklärten und freisinnigen katholischen Geistlichen handelte[31]. Durch die Erziehung dieser beiden Persönlichkeiten entwickelte Temme eigenen Angaben zufolge zunächst eine Scheu vor allem, „was preußisch war und preußisch hieß", und nahm „republikanische Gesinnungen"[32] in sich auf.

Im Jahre 1813 trat er mit 14 Jahren in die Oberprima des Gymnasiums in Paderborn ein[33]. Kaum ein Jahr später wurde er mit dem Reifezeugnis aus dem Gymnasium entlassen und begann aus Kostengründen mit dem Studium der Rechtswissenschaft an der nahegelegenen Universität Münster[34].

Temme empfand die Ausbildung an der auf dem Aussterbeetat stehenden[35] juristischen Fakultät als ungenügend, was er in seinen Erinnerungen[36] damit begründet, daß die Professorenstellen in Münster mit älteren Richtern, die man

---

28 Vgl. dazu insbesondere die Kapitel „Universitätsleben und Universitätsfreunde", „Berliner Persönlichkeiten 1839–1844" und „Meine Laufbahn als belletristischer Schriftsteller", in: *Temme*, Augenzeugenberichte, S. 30 ff., 125 ff., 301 ff.

29 *Temme*, Augenzeugenberichte, S. 38.

30 Anton Heinrich Temme (1778–1861): stammte aus Warendorf und wurde 1801 in Osnabrück geweiht, Vikar, von 1816 bis 1825 war er Pfarrer von St. Vit bei Wiedenbrück, wo er auch ein paar Jahre zweiter Lehrer an der Lateinschule war, von 1825–1851 war er als Pfarrer in Herzebrock tätig, vgl. *Hettinger*, Augenzeugenberichte, Personenverzeichnis, S. 353.

31 *Temme*, Augenzeugenberichte, S. 60.

32 *Temme*, Augenzeugenberichte, S. 60.

33 *Temme*, Augenzeugenberichte, S. 31; siehe auch m. w. N. *Hettinger*, J.D.H. Temme, S. 106 (Fn. 58).

34 *Temme*, Augenzeugenberichte, S. 31. Die Juristenfakultät in Münster zählte im Jahre 1814 insgesamt 15 Studierende; vgl. *Steveling*, Juristen in Münster, S. 63.

35 Nachdem Münster im Jahre 1802 durch den Reichsdeputationshauptschluß preußisch geworden war, wurde der Unterhalt der Universität von der Berliner Bürokratie bestritten. Diese hatte im Westen jedoch nach dem Wiener Kongreß (1815) zwei große neu hinzugewonnene Provinzen zu verwalten, nämlich das Rheinland und Westfalen. In Berlin entschied man sich daraufhin für den Ausbau der jungen Universität Bonn zu Lasten der Universität Münster. Nachdem das Kabinett in Berlin am 25. Mai 1818 Bonn in den Stand einer Universität erhoben hatte, wurde die Universität Münster aufgelöst und zu einer Philosophisch-Theologischen Ausbildungsstätte zurückgestuft. Zum Ganzen: *Ribhegge*, Geschichte, S. 83 f.; vgl. aber auch *Temmes* eigene Ausführungen zur Universität Bonn; *Ders.*, Augenzeugenberichte, S. 44.

36 *Temme*, Augenzeugenberichte, S. 31.

eigentlich hätte pensionieren müssen, besetzt worden seien[37]. Unter dem Hinweis, wahrlich nicht zu übertreiben, zeichnet Temme von der Lehre an der Universität Münster folgendes Bild:

> „[...] vielmehr war die Erteilung einer Professur ausschließlich eine Belohnung für die älteren Richter, die in ihrem Amte grau und stumpf geworden waren, die man hätte pensionieren müssen, und die man anstatt der Pension mit der Professur abfand. [...] Sie hatten ihre Kollegienhefte aufbewahrt, die sie vor vierzig oder fünfzig Jahren, vielleicht auf derselben Universität Münster, geschrieben hatten, und was damals römisch-deutsches und kanonisches Recht in Deutschland gewesen war, das trugen sie jetzt als das Ergebniß der neuesten deutschen Rechtswissenschaft vor.“[38]

Diese Unzufriedenheit mit seiner Studiensituation führte dazu, daß Temme bereits nach vier Semestern im Jahre 1816 an die Universität Göttingen wechselte, wo der Jurist damals aufgrund guter Lehrkräfte „viel lernen“[39] konnte[40]. War in Münster aufgrund der Tatsache, daß die Universität in erster Linie als Ausbildungsstätte für die ärmere westfälische Landbevölkerung, welcher über die Ausbildungskosten hinaus kein Geld zur Verfügung stand, diente, kein Studentenleben vorhanden[41], so lernte Temme in Göttingen das durch Studen-

---

37 Zum Zeitpunkt des Besuchs der Juristenfakultät Münster durch *Temme* im Jahre 1814 war *Anton Matthias Sprickmann* (1749–1833) zweifellos die „herausragende Persönlichkeit“ an der Fakultät. Dieser verließ sie allerdings bereits im Herbst des Jahres 1814 wieder, weil er einem Ruf nach Breslau folgte, so daß nicht ganz klar ist, ob *Temme* noch bei ihm gehört hat, vgl. *Steveling*, Juristen in Münster, S. 64. Zur Biographie *Sprickmanns* vgl.: *Lammers*, Anton Matthias Sprickmann.

38 *Temme*, Augenzeugenberichte, S. 31. Da die finanzielle Ausstattung der Universität Münster nur unzureichend war, waren viele Professoren der Universität auch noch als Regierungsräte oder Notare tätig, vgl. *Steveling*, Juristen in Münster, S. 61.

39 *Temme*, Augenzeugenberichte, S. 32.

40 Ordentliche Lehrkräfte der Universität Göttingen der damaligen Zeit waren *Johann Friedrich Eberhard Böhmer* (Institutionen, Kirchenrecht), *Georg Jacob Friedrich Meister* (Kriminalrecht, systmatische Pandekten und Zivilprozeß), *Gustav Hugo* (Encyclopädie, römisches Recht, Rechtsphilosophie), *Anton Bauer* (Naturrecht, Kriminalrecht nach Feuerbach, Naturrecht, Kriminalprozeß und Lehnrecht), *Carl Friedrich Eichhorn* (deutsche Geschichte, deutsches Privatrecht, Staatsrecht der deutschen Bundesstaaten und Kirchenrecht), *Friedrich Bergmann* (Theorie des deutschen Zivilprozesses, hannoversches Landesrecht) und *Albrecht Schweppe* (System des römischen Privatrechts, Rechtsgeschichte und Rechtsaltertümer, Theorie des Zivilprozesses); vgl. *Pütter*, Gelehrten-Geschichte, S. 294 ff.; *Ebel*, Catalogus Professorum Gottingensium, S. 49 ff.

41 Vgl. *Temme*, Augenzeugenberichte, S. 31. Die Universität Münster galt in der damaligen Zeit in der Tat als „Arbeitsuniversität“, da die Studierenden, welche überwiegend aus dem Münsterland kamen, aus Finanzgründen gezwungen waren, ihre Studien zügig zu absolvieren, weshalb sie für das „Studentenleben“ wenig Zeit aufwendeten, siehe *Steveling*, Juristen in Münster, S. 45; *Ribhegge*, Geschichte, S. 82.

tenverbindungen geprägte deutsche Universitätsleben kennen[42]. In seinen Erinnerungen streicht er insbesondere den Umstand heraus, daß beinahe die Hälfte aller Göttinger Studenten der damaligen Zeit Teilnehmer der Freiheitskriege gegen die französische Armee gewesen seien. Dies habe dazu geführt, daß das streng hierarchische Verhältnis innerhalb der Studentenverbindungen, welches die jüngeren Studenten ursprünglich in ein Abhängigkeitsverhältnis zu den älteren gestellt habe, aufgeweicht worden sei[43]. Schließlich hätten viele Studenten gemeinsam in den Freiheitskriegen gekämpft, „sich Orden, Ehrenzeichen, Offiziersstellungen erworben", weshalb es den jüngeren unter ihnen unmöglich geworden sei, in einer Verbindung „Lakaiendienste"[44] zu verrichten, und die älteren den jüngeren eine derartige Behandlung auch nicht mehr hätten zuteil werden lassen können[45]. Deshalb empfand Temme das Studentenleben um so „freier und liebenswürdiger" und schildert mit Bedauern, wie sein Vater ihn nach Vollendung seines dritten Studienjahres dazu drängte, vor dem Oberlandesgericht Paderborn das erste juristische Examen[46] abzulegen, welches er auf Anhieb bestand[47]. Den Eindruck, den die erste juristische Staatsprüfung auf ihn machte, schildert Temme folgendermaßen:

> „Ich begab mich [...] nach Paderborn, wurde von zwei alten Geheimen Räthen, die vor vierzig oder fünfzig Jahren studirt und ihre Institutionen und Pandekten gehört, seitdem aber um die Fortbildung der Wissenschaft römischen Rechts sich nicht gekümmert hatten, zwei Stunden lang über römisches Recht examinirt, hatte mir den Beifall der beiden alten Herren erworben, hatte also, nach der boshaften Bemer-

42 Zu den Erlebnissen *Temmes* in Göttingen, vgl. *Temme*, Augenzeugenberichte, S. 32 ff.

43 *Temme* spricht in diesem Zusammenhang davon, daß der sogenannte „Pennalismus" aufgeweicht wurde. Den Einfluß der Freiheitskriege auf die deutschen Studentenverbindungen beschreibt auch: *Kurth*, Männer-Bünde-Rituale, S. 84 ff.

44 Vgl. *Temme*, Augenzeugenberichte, S. 36.

45 *Temme*, Augenzeugenberichte, S. 36.

46 Nach eigenen Angaben bereitete er sich auf sein Examen insbesondere mit den beiden Büchern *Mackeldey*, Lehrbuch der Institutionen des heutigen römischen Privatrechts, und *Thibaut*, System des Pandekten-Rechts I-III, vor; vgl. *Temme*, Augenzeugenberichte, S. 38.

47 *Temme*, Augenzeugenberichte, S. 39. Die erste juristische Staatsprüfung stellte sich zur damaligen Zeit wie folgt dar: Nach einem mindestens dreijährigen Jurastudium meldete sich der Student unter Vorlage einer Vielzahl von Zeugnissen, die den regelmäßigen Besuch der vorgeschriebenen Lehrveranstaltungen, die dabei gezeigten Leistungen und das allgemeine Wohlverhalten bestätigten, bei einem Obergericht zum Auskultatorexamen. Daraufhin mußte er eine ausschließlich mündliche Prüfung zu Fragen der Rechtstheorie und zu den Grundzügen des Staats- und Völkerrechts bestehen. Daneben mußte der Student nachweisen, daß er über hinreichende Kenntnisse der lateinischen Sprache verfügte, zum Ganzen *Ebert*, Normierung, S. 23. Zu den Staatsprüfungen im Preußen der damaligen Zeit vgl. auch die Nachweise bei *Hettinger*, J.D.H. Temme, S. 107 f. (Fn. 62).

kung eines braven westfälischen Universitätsfreundes, glücklich die beiden Stunden überstanden, für welche allein der preußische Jurist doch eigentlich drei Jahre auf der Universität zubringen müsse."[48]

Daraufhin wurde Temme zum königlichen preußischen Oberlandesgerichts-Auskultator[49] ernannt[50]. Im Frühjahr 1819 folgte das zweite Examen[51]. Während seiner in der Folge beginnenden Referendarzeit[52] war Temme als Hilfsrichter in Rheda und ab dem Jahre 1821 als Assessor am Land- und Stadtgericht Hohenlimburg tätig.

Zu Ostern 1822 kehrte Temme an die Universität zurück, indem er den befreundeten Prinzen *Franz von Bentheim-Tecklenburg-Rheda*[53] als Erzieher bei seinem Studium der Rechtswissenschaften begleitete. Dabei führte es die beiden, welche auf Wunsch der fürstlichen Eltern „ganz als Studenten leben sollten"[54], zunächst an die Universität Heidelberg[55]. Dort kam Temme zum ersten Mal mit dem sich zur damaligen Zeit entwickelnden Burschenschaftsleben in

---

48 *Temme*, Augenzeugenberichte, S. 39.

49 Auskultator: von lat. Auscultator=Zuhörer; alte Bezeichnung für einen Juristen mit erstem Examen, der sein Referendariat bei Gericht absolviert. Die Dauer der Auskultatur war ursprünglich nicht festgelegt; vgl. *Ebert*, Normierung, S. 24.

50 Vgl. *Temme*, Augenzeugenberichte, S. 184 ff., wo dieser eine Schilderung seiner Auskultatorentätigkeit abgibt.

51 Das zweite Examen, auch Referendarexamen genannt, bestand aus einer Proberelation oder einem Probereferat und einer mündlichen Prüfung; vgl. *Ebert*, Normierung, S. 24.

52 Nach dem bestandenen zweiten Examen trennten sich die Ausbildungswege der jungen Juristen. Wer lediglich Richter an einem kleineren Untergericht werden wollte, bedurfte keiner weiteren Qualifikation. Alle anderen mußten anschließend ein Referendariat absolvieren, dessen Dauer nicht festgelegt war. Wer das Referendariat erfolgreich absolviert hatte und sich auch sonst dienstlich und außerdienstlich nichts hatte zu schulden kommen lassen, konnte sich daraufhin in Berlin zur Ablegung des dritten Staatsexamens melden; vgl. *Ebert*, Normierung, S. 25 m. w. N.

53 Die Verbindung *Temmes* zu dem Prinzen *Franz von Bentheim-Tecklenburg-Rheda* kam dadurch zustande, daß *Temmes* Vater sich als Justitiar der Domänenkanzlei in Rheda regelmäßig mit dem Fürsten *Emil Friedrich* besprechen mußte, wodurch *Temme* mit dessen beiden Söhnen bekannt wurde; vgl. *Temme*, Augenzeugenberichte, S. 41. Zu den Grafen bzw. Fürsten von Bentheim vgl. *Hömberg*, in: NDB, Bd. 2, S. 55 f.; *Hettinger*, Augenzeugenberichte, Personenverzeichnis, S. 321. Siehe aber auch die Ausführungen *Temmes* in seinen Erinnerungen, *Ders.*, Augenzeugenberichte, S. 39 ff.

54 *Temme*, Augenzeugenberichte, S. 42.

55 Am 27. April des Jahres 1822 immatrikulierten die beiden sich an der Heidelberger Universität für Rechtswissenschaften und Kameralwissenschaften (veralt.: Politik- und Wirtschaftswissenschaften); vgl. *Hintzelmann*, Matrikel, Fünfter Teil, S. 220.

Kontakt[56], dessen „finsterer, frömmelnder, sich überhebender, zelotischer“[57] Geist ihn befremdete und ihn das ungezwungene Studentenleben seiner Studienzeit in Göttingen vermissen ließ.

Bereits im selben Jahr noch verließen die beiden, da ein Wechsel der Universität für den Prinzen aus persönlichen Gründen notwendig wurde, Heidelberg, um die Studien an der Universität Bonn fortzusetzen[58]. Zu Temmes Bedauern war der Aufenthalt in der „schönen, heiteren Rheinstadt“ jedoch auch nicht von langer Dauer, da ein „eigenthümliches Ereigniß“[59] wiederum nach einem Semester einen Wechsel an die Universität Marburg notwendig machte. Dabei hatten Temme und der Prinz im Wintersemester Pandekten bei Professor *Mackeldey*[60] gehört, eine Vorlesung, bei welcher es zu ständigen Zwischenfällen durch eine Anzahl „roher, ungebildeter und ungesitteter“[61] Studenten gekommen war. Diese Zwischenfälle waren dadurch hervorgerufen worden, daß Professor *Mackeldey* „taub, stocktaub“ war, weshalb ein von Temme abfällig als „Kameele“[62] bezeichneter Teil der Studentenschaft „jedes Wort des Lehrers“ mit den „schlechtesten, rohesten und gemeinsten Bemerkungen“[63] versah. Als die akademischen Behörden Kenntnis von den Vorgängen in der Vorlesung erlangt und deshalb ein kollektives Einschreiten gegen das gesamte Auditorium angedroht hatten, war es Temme, der sich zum Wortführer für den

---

56 Die ersten burschenschaftlichen Aktivitäten entwickelten sich im Jahre 1814 zunächst in Jena und Halle, wo sich aus dem Krieg zurückkehrende Studenten zu einer verbindungsübergreifenden Wehrschaft vereinigten, für welche die Bezeichnung Burschenschaft immer populärer wurde. Sie bezog sich einerseits semantisch auf die mittelalterliche Burse, andererseits nahm sie Bezug auf einen zu schaffenden deutschen Nationalstaat und richtete sich damit implizit gegen die die territorialstaatliche Zersplitterung verkörpernden Landsmannschaften; vgl. *Kurth*, Männer-Bünde-Rituale, S. 85 f.

57 *Temme*, Augenzeugenberichte, S. 43.

58 *Temme*, Augenzeugenberichte, S. 43.

59 *Temme*, Augenzeugenberichte, S. 43.

60 *Ferdinand Mackeldey* (1784–1834), im Jahre 1807 zunächst Privatdozent an der Universität Helmstedt, im selben Jahr Verlust der Hörfähigkeit, im Jahre 1808 a.o. Professor, 1809 wurde er nach Marburg versetzt, seit 1819 Professor für römisches Recht an der Universität Bonn, nach dem Weggang *Mittermaiers* Ordinarius des Spruchkollegiums von 1821–1828; Angaben nach *Hettinger*, Augenzeugenberichte, Personenverzeichnis, S. 339. Zu *Mackeldey* siehe auch *Stintzing*, ADB Bd. 20, S. 13 ff.

61 *Temme*, Augenzeugenberichte, S. 45.

62 *Temme*, Augenzeugenberichte, S. 44. Nach *Temmes* Ansicht hatte jede Universität ihre „Kameele“: Söhne des geringeren, ärmeren Bürger- und Beamtenstandes aus der Provinz, die durch Roheit, schlechtes Benehmen und Nichtwissen auffielen.

63 *Temme*, Augenzeugenberichte, S. 45.

ehrenhaften Teil der Studentenschaft aufschwang und anregte, Bonn als einer Hochschule,

> „in welcher der Student in einer Weise, wie hier geschehen, behandelt werde, auf eine Zeit lang für unwürdig des Besuchs ehrliebender Studenten, mithin auf einige Jahre – drei Jahre wurden vorgeschlagen – in Verruf zu erklären.“[64]

Daraufhin wurde er unter Androhung der Mitteilung der Vorfälle an die ihm vorgesetzte Justizbehörde der Universität Bonn verwiesen[65]. So kam es, daß Temme und der Prinz ihre Studien an der Universität Marburg[66] fortsetzen mußten, wo sie noch einmal ein „völlig studentisches Leben“[67] führten.

Im Jahre 1824 kehrte Temme als Assessor nach Hohenlimburg zurück, wo er sich als Katholik drei Jahre später mit der Protestantin und „aufgeblühten Schönheit“[68] *Julie Plücker*[69] vermählte. Indem er diese „Mischehe“ schloß, entging Temme eigenen Angaben zufolge das Erbe seines Paten *Jodocus von Oldeneel*, der aufgrund dieser Heirat sein Testament zu Temmes Ungunsten veränderte[70]. Da seine neue Gattin ebenso wie er selbst ohne jedes Vermögen war, geriet die junge Familie bald in finanzielle Nöte. Diese wurden dadurch verstärkt, daß Assessoren in der damaligen Zeit mit einem Jahresgehalt von 600 Talern vom Staat „eher karg bedacht“[71] wurden. Deshalb mußte Temme auf „andere Erwerbsquellen bedacht sein“[72]. Ermutigt durch den Erfolg eines

---

64 *Temme*, Augenzeugenberichte, S. 48.

65 *Temme*, Augenzeugenberichte, S. 51.

66 *Temmes* eigenen Angaben zufolge wählten der Prinz und er die Universität Marburg, da ihnen und ihren Universitätsfreunden zu Ohren gekommen war, daß in Marburg das Studentenleben dadurch gestört war, daß die bestehenden Verbindungen und die Burschenschaft sich gegenseitig keine „Satisfaktion“ gaben. Diesen unehrenhaften Zustand wollten *Temme* und seine Freunde ändern, was ihnen durch eine Paukerei mit der Burschenschaft auch gelang, näher dazu: *Temme*, Augenzeugenberichte, S. 56 ff.

67 *Temme*, Augenzeugenberichte, S. 58.

68 *Temme*, Augenzeugenberichte, S. 10.

69 *Julie Temme* (1808–1878): geb. *Plücker* (oder *Pückler*), aus Elberfeld stammend heiratete sie 1827 *Jodocus Temme*; vgl. *Hettinger*, Augenzeugenberichte, Personenverzeichnis, S. 354. Nähere Angaben zu dieser Vermählung finden sich bei *Hettinger*, J.D.H. Temme, S. 110 (Fn. 76).

70 *Temme*, Augenzeugenberichte, S. 11. *Temme* erzählt in seinen Erinnerungen, daß ihm durch diese Testamentsänderung „ein bedeutendes Vermögen“ entging und er ohne dieses Erbe Zeit seines Lebens „arm“ geblieben sei; jedoch habe dies nichts daran ändern können, daß er „immer ein dankbarer Verehrer“ seines Paten geblieben sei, vgl. *Ders.* Augenzeugenberichte, S. 11.

71 *Temme*, (unter dem Pseudonym *H. St---l*), Dem dritten Landtage der Provinz Westphalen gewidmet, in: Hermann 1830, S. 778 ff. (779 f.).

72 *Temme*, Augenzeugenberichte, S. 302.

zu Studienzeiten geschriebenen Romans[73] begann er sich durch die Publikation von Erzählungen und Aufsätzen in westfälischen Zeitschriften[74] und das Schreiben von Romanen[75] ein Zubrot zu verdienen[76]. Da es ihm jedoch für seine amtliche Stellung bedenklich erschien, unter seinem wahren Namen zu veröffentlichen, beschloß er, den Namen eines verstorbenen Universitätsfreundes *Heinrich Stahl*[77] zu verwenden[78]. Unter diesem Pseudonym äußerte Temme auch Kritik am preußischen Justizwesen, wobei er unter anderem die schlechte Bezahlung der preußischen Richter kritisierte:

> „Daß der Beamte, selbst wenn er Cölibatär ist, von einem so geringen Gehalte nicht mit dem Anstande leben kann, den er gleichwohl, um seine richterliche Würde zu behaupten, in der Gesellschaft, wie in seinem ganzen äußern Leben zeigen muß, das liegt wohl eben so sehr zu Tage, als daß er an das Heirathen und die Ernährung einer Familie gar nicht einmal denken darf. [...] Welche Plackerei, welche Einschränkungen, Versagungen, Selbstverläugnungen. Und doch oft noch Schulden. Welch ganzes kümmerliches Dasein!“[79]

---

73 Der erste schriftstellerische Versuch *Temmes* auf belletristischem Gebiet fiel in dessen Marburger Studentenzeit (1823–1824), als er und sein Freund *v. Tabouillot* zum puren Zeitvertreib gemeinsam einen Roman schrieben, der später unter dem Titel „Der Bluthund“ veröffentlicht wurde, woraufhin die beiden ein „hübsches Honorar“ erhielten; vgl. *Temme*, Augenzeugenberichte, S. 301 f.

74 Dabei veröffentlichte *Temme* zunächst in der in den Jahren 1825–1826 erscheinenden rheinisch-westfälischen Zeitschrift die „Rheinische Flora“ seine ersten Erzählungen. Ferner lieferte er zu den damals in Münster und Hamm erscheinenden „Allgemeinen Unterhaltungsblättern“ Beiträge belletristischer und kritisch-literarischer Art und beteiligte sich an der Gründung einer neuen westfälischen Zeitschrift unter dem Titel „Hermione, Blätter für Unterhaltung, Kunst und Wissenschaft“, in welcher er seine besten Erzählungen und Novellen veröffentlichte. Viele Beiträge *Temmes* finden sich auch im „Hermann, Zeitschrift für die Lande zwischen Weser und Maas“, welche zeitweilig sogar von *Temme* selbst herausgegeben wurde. Außerdem wurde diverse Erzählungen der damaligen Zeit von *Temme* auch noch in separaten Erzählungsbänden veröffentlicht, vgl. zum Ganzen: *Gust*, J.D.H. Temme, S. 31.

75 *Temme* (unter dem Pseudonym *Heinrich Stahl*), Die Kinder der Sünde, Leipzig 1827. Dieser erste Roman wurde von der Kritik mit sehr geteilten Empfindungen aufgenommen, ausführlich dazu: *Gust*, J.D.H.Temme, S. 47. Weitere Romane *Temmes* aus dieser Zeit sind: „Die Ideale“ (1829) und „Das Rosenfest zu Valency“ (1831).

76 Ausführlich zu *Temmes* Schriftstellertätigkeit in dieser Zeit: *Gust*, J.D.H.Temme, S. 28 ff.

77 Dabei könnte es sich u. U. um den Gütersloher Jurastudenten (ab Mai 1816) *Johann Heinrich Stahl* handeln. Vgl. dazu *Hettinger*, Augenzeugenberichte, Personenverzeichnis, S. 351.

78 *Temme*, Augenzeugenberichte, S. 302.

79 *Temme*, (unter dem Pseudonym *H. St---l*), Dem dritten Landtage der Provinz Westphalen gewidmet, in: Hermann 1830, S. 778 ff. (779 f.).

Die schwierige finanzielle Situation Temmes, der zu diesem Zeitpunkt bereits Vater von mindestens drei Kindern war[80], führte auch dazu, daß er die dritte Staatsprüfung, welche den Weg zu den Obergerichten eröffnete[81] und somit notwendige „Bedingung zu jeder Carrière war"[82], erst mit großem zeitlichen Abstand zum zweiten Examen im Jahre 1832 ablegen konnte. Zuvor war es ihm nicht möglich gewesen, die Kosten für den mit dem Examen notwendigerweise verbundenen Aufenthalt in Hamm zu tragen[83]. Außerdem war Temme dem Präsidenten des Oberlandesgerichts in Hamm[84] während seiner Tätigkeit als Assessor in Hohenlimburg durch eine Äußerung aufgefallen, welche als Herabwürdigung der preußischen Justiz verstanden worden war[85]. Dies führte dazu, daß er bei seiner vorgesetzten Behörde „schlecht genug angeschrieben stand" und deshalb warten mußte, bis ein „neuer, freisinniger Präsident"[86] nach Hamm kam, der ihm gestattete, sich zu dem dritten Staatsexamen zu melden[87]. Nach Bestehen dieses Examens wurde Temme zum Obergerichts-Assessor am Hofgericht in Arnsberg ernannt[88] und konnte zunächst einer vielversprechenden Karriere entgegenblicken[89].

---

80 *Elise Temme* (1827–1911), *Carl Bernhard Josef Temme* (1829–?) *Maria Temme* (1830–1911), vermutlich noch ein weiteres Kind, s. *Temme*, Augenzeugenberichte, S. 83. Angaben nach *Hettinger*, J.D.H. Temme, Volksfreund oder Staatsfeind, S. 103.

81 Die Notwendigkeit eines dritten Examens für eine Karriere an den Obergerichten rief seinerzeit *Temmes* Kritik hervor, da er diesem Examen, und auch einem Examen überhaupt, die Fähigkeit absprach, endgültig zu bestimmen, wer die notwendige Begabung für solch eine Tätigkeit aufweise, siehe *Temme* (unter dem Pseudonym *H. St---l*), Dem dritten Landtage der Provinz Westphalen gewidmet, in: Hermann 1830, S. 785 ff. (785). Zu diesem Examen vgl. auch *Ebert*, Normierung, S. 26.

82 *Temme*, Augenzeugenberichte, S. 131.

83 *Temme*, Augenzeugenberichte, S. 131.

84 Präsident des Oberlandesgerichtes war zur damaligen Zeit *Friedrich Wilhelm von Rappard* (1748–1833), der im Jahre 1818 Vizepräsident des Oberlandesgerichts Kleve war und nach dessen Verlegung von 1820–1830 das Amt des Präsidenten des OLG Hamm innehatte; vgl. *Hettinger*, Augenzeugenberichte, Personenverzeichnis, S. 345.

85 *Temme*, Augenzeugenberichte, S. 303. Bei dieser Äußerung handelte es sich um den an einen Bauern gerichteten Ausruf: „Glücklicher Mann! er weiß nicht wo das Gerichtshaus ist!"; vgl. *Temme*, Augenzeugenberichte, S. 303.

86 *Temme*, Augenzeugenberichte, S. 303. Bei diesem neuen Präsidenten handelte es sich um *Carl August Ferdinand von Scheibler* (1779–1848), der von 1831–1840 Chef des OLG Hamm war; vgl. *Hettinger*, Augenzeugenberichte, Personenverzeichnis, S. 348.

87 *Temme*, Augenzeugenberichte, S. 303.

88 *Temme*, Augenzeugenberichte, S. 82. Vgl. auch m. w. N. *Hettinger*, J.D.H. Temme, S. 111 (Fn. 78).

89 In seinen Erinnerungen schildert *Temme* noch, wie er durch den Geheimrat *Simon* nach seinem Examen gebeten wurde, keine Opposition mehr gegen die Regierung zu machen, da er durch seine freisinnigen Artikel in den westfälischen Zeitschriften auf-

C) Karrierestationen im Vormärz[90]

Im Jahre 1833 wurde Temme als Kreisjustizrat[91] nach Ragnit an der Memel in Litauen[92] versetzt[93]. Sein Aufgabenfeld bestand dort in erster Linie darin, organisierte Schmugglerbanden und Grenzexzesse zu bekämpfen[94]. Dies glückte ihm so gut[95], daß er bereits nach zwei Jahren im März 1836 zum Direktor des Inquisitoriates in Stendal in der Altmark[96] ernannt wurde[97]. Dort wurde Temme mit der Aufgabe betraut, die Zahl der Verbrechen einzudämmen[98]. Dafür bestand insoweit Notwendigkeit, als die Kriminaljustiz aufgrund fehlender Gewissenhaftigkeit der Kriminalbehörden bei der Ermittlung und Überführung der Verbrecher „im Argen gelegen"[99] hatte. Nach einem halben Jahr hatte er

---

gefallen war, die seiner Karriere hinderlich sein könnten; vgl. *Temme*, Augenzeugenberichte, S. 131 f.

90 Vgl. dazu in *Temmes* Erinnerungen insbesondere die Kapitel „Litthauen 1833–1836", „Stendal 1836–1838", „Greifswald 1838–1839", „Berlin 1848" in: *Temme*, Augenzeugenberichte, S. 82 ff., 103 ff., 113 ff., 153 ff.

91 Die Kreisjustizkommissionen waren (bis zum Jahre 1839) eine Institution der Provinzen Ost- und Westpreußen. Ihre Aufgabe war, Kriminaluntersuchungen zu führen, Amtsgerichte zu beaufsichtigen und kleinere Zivilprozesse gegen diejenigen, die nur unter der Gerichtsbarkeit der Oberlandesgerichte standen, zu führen. Vgl. dazu *Temme*, Augenzeugenberichte, S. 88.

92 Nach der Neuorganisation der Kreisgliederung im preußischen Staat nach dem Wiener Kongreß entstanden mit dem 1. September 1818 die Kreise Ragnit und Tilsit im Regierungsbezirk Gumbinnen. Zu Ragnit an der Memel vgl. *Brix*, Tilsit-Ragnit; siehe ferner aber auch die Nachweise bei *Hettinger*, J.D.H.Temme, S. 112 (Fn. 83).

93 *Temme*, Augenzeugenberichte, S. 82.

94 Diese Grenzexzesse bestanden in erster Linie aus Salzschmuggel von Rußland nach Preußen und Warenschmuggel aus Preußen nach Rußland; vgl. *Temme*, Augenzeugenberichte, S. 92 f.

95 *Temme*, Augenzeugenberichte, S. 104. *Temmes* eigenen Angaben zufolge hatte der Justizminister *Mühler* sich bei seiner Versetzung dahingehend geäußert, daß es *Temme* gelungen sei, des Verbrechergesindels an der russischen Grenze Herr zu werden, und er deshalb glaube, daß ihm dies auch in der Altmark gelingen werde; vgl. *Temme*, Augenzeugenberichte, S. 104.

96 Der Kreis Stendal im Regierungsbezirk Magdeburg in der preußischen Provinz Sachsen wurde nach der Neuorganisation der Kreisgliederung im preußischen Staat nach dem Wiener Kongreß zum 1. Juli 1816 eingerichtet; vgl. zur Geschichte Stendals m. w. N.: *Sachs*, Stendal, S. 1 ff.; siehe aber auch die Nachweise bei *Hettinger*, J.D.H. Temme, S. 113 (Fn. 84). *Temmes* eigenen Angaben zufolge war Stendal ein „öder und häßlicher und langweiliger kleinstädtischer Ort", vgl. *Temme*, Augenzeugenberichte, S. 103.

97 *Temme*, Augenzeugenberichte, S. 104.

98 *Temme*, Augenzeugenberichte, S. 103 f.

99 *Temme*, Augenzeugenberichte, S. 103.

diese Aufgabe erfolgreich bewältigt, und bat den Justizminister aus Mangel an Aufgaben um seine Versetzung[100]. Daraufhin bot dieser ihm eine Versetzung nach Greifswald an, wogegen sich jedoch die Einwohner Stendals, welche ihn schätzen gelernt hatten, entschieden zur Wehr setzten und ihm sogar eine Zulage zu seinem Gehalte anboten, um ihn zum Bleiben zu bewegen[101]. Obwohl Temme als Vater von inzwischen sechs Kindern[102] eine Gehaltszulage gut hätte gebrauchen können, entschied er sich gegen den Verbleib in Stendal, um nicht in Abhängigkeit von der dortigen Bürgerschaft zu geraten[103].

Er nahm im Jahre 1838 die Versetzung von Stendal nach Greifswald in Pommern als Mitglied des dortigen Hofgerichts an[104]. In Greifswald fiel ihm die Aufgabe zu, das preußische Strafrecht und die preußische Kriminalordnung einzuführen. Schließlich galt in der Provinz Neuvorpommern, in welcher das Greifswalder Hofgericht gelegen, und die erst auf dem Wiener Kongreß von Schweden an Preußen abgetreten worden war, zur damaligen Zeit noch das gemeine römisch-deutsche Recht mit „mancherlei Auswüchsen und Uebelständen"[105].

Diese ihm in Greifswald zugedachte Aufgabe konnte Temme jedoch nicht erfüllen, da die Einführung des preußischen Rechtes in Neuvorpommern im Ergebnis durch die Stände verhindert wurde, die sich in dieser Angelegenheit an den Kronprinzen und späteren König *Friedrich Wilhelm IV.*[106] wandten. Insbesondere der Adelsstand befürchtete durch die Einführung der preußischen

---

100 *Temme*, Augenzeugenberichte, S. 104. *Temme* machte dem Justizminister *Mühler* den Vorschlag, das Inquisitoriat der Altmark aufzuheben und seine Geschäfte an die vier größeren Untergerichte der Altmark zu verteilen. In Litauen selber hatte es *Temme* wider Erwarten gut gefallen. So beschreibt er in seinen Erinnerungen die Litauer als vortreffliche, brave und besonders gastfreundliche Menschen, vgl. *Temme*, Augenzeugenberichte, S. 86. Ähnliche Ausführungen machte er auch später in der preußischen Nationalversammlung, vgl. 21. Sitzung, Sten. Ber. pr. Nat., Bd. 1, S. 1055.

101 *Temme*, Augenzeugenberichte, S. 104.

102 Insgesamt gehen aus der Ehe zwischen *Jodocus* und *Julie Temme* mindestens acht Kinder hervor; vgl. dazu *Hettinger*, Wer zu früh kommt, S. 300.

103 *Temme*, Augenzeugenberichte, S. 104.

104 *Temme*, Augenzeugenberichte, S. 104.

105 *Temme*, Augenzeugenberichte, S. 113. Zu dem Vorhaben der Einführung preußischen Rechtes in Neuvorpommern und Rügen; vgl. auch: *Stölzel*, Brandenburg-Preußens Rechtsverwaltung und Rechtsverfassung, Bd. II, S. 507 f.

106 Zu Friedrich Wilhelm IV. (1795–1861) vgl. *Kroll*, Friedrich Wilhelm IV.; *Schoeps*, Preußen, S. 166 ff.; *Ranke*, ADB, Bd. 7, S. 729 ff. Eine rückblickende Gesamtbetrachtung der Amtszeit Friedrich Wilhelms IV. findet sich auch bei *Temme*, Augenzeugenberichte, S. 261.

Institutionen den Verlust von Adelsprivilegien[107]. Deshalb wurde letztlich durch eine Verordnung vom 18. Mai 1839[108] für die Provinz Neuvorpommern ein besonderes Strafverfahren eingeführt[109], und Temme war damit von seiner Aufgabe in Greifswald entbunden[110].

Im Oktober 1839 wurde er an das Kriminalgericht in Berlin[111] versetzt[112]. Seine Tätigkeit in Berlin war allerdings nicht von langer Dauer. Als im Jahre 1842 der erste Direktor des Berliner Kriminalgerichts[113] *Friedrich Wilhelm Bonseri*[114] nach Magdeburg versetzt wurde, schlug Justizminister *Mühler*[115] zunächst Temme, der in seinen Ämtern immer erfolgreich und zügig arbeitete[116], als dessen Nachfolger vor[117]. Im Ergebnis kam es jedoch nicht zu dieser Beförderung, vielmehr wurde Temme im Jahre 1843 als erster Direktor des Land- und Stadtgerichtes[118] nach Tilsit[119] „verbannt"[120]. Seine Wegbeförde-

---

107 *Temme*, Augenzeugenberichte, S. 124; siehe auch *Hettinger*, J.D.H. Temme, S. 113.

108 PrGS 1839, S. 207 ff.

109 Eine Kritik dieser Veordnung findet sich bei *Temme*, Neue Verordnungen über das Strafverfahren, in: ZsDtStrafverfahren 1844, S. 512 ff.

110 *Temme*, Augenzeugenberichte, S. 124.

111 Zum Aufgabenbereich des Kriminalgerichts in Berlin vgl. *Temme*, Gesetz über das Untersuchungsverfahren vom 17. Juli 1846, in: ZsDtStrafverfahren 1846, S. 343 ff. (344 f.).

112 *Temme*, Augenzeugenberichte, S. 153. Am Kriminalgericht in Berlin war *Temme* zunächst als Rat tätig, bis er im Jahre 1842 zu dessen zweitem Direktor ernannt wurde; vgl. *Hettinger*, J.D.H. Temme, S. 114.

113 Zu diesem Gericht siehe *Hettinger*, J.D.H. Temme, S. 114 m. w. N.

114 *Friedrich Wilhelm Bonseri*: Rat am Stadtgericht Berlin 1828; in den Jahren 1832–1837 Kammergerichtsrat, danach Direktor der Kriminal-Deputation, später Erster Direktor des Berliner Kriminalgerichts, 1842 Vizepräsident des OLG Magdeburg, 1846 Präsident des OA-Senats des Kammergerichts, 1849–1850 zweiter Präsident des nunmehrigen Appellationsgerichts Berlin, 1849–1852 II. Kammer; vgl. *Hettinger*, Augenzeugenberichte, Personenverzeichnis, S. 323.

115 Zu *Heinrich von Mühler* (1780–1857) vgl. *Wippermann*, ADB, Bd. 22, S. 468 ff.; *Schubert*, NDB, Bd. 18, S. 268 f. Eine Beschreibung *Mühlers* findet sich auch bei *Temme*, Augenzeugenberichte, S. 134 f., 304. *Temme* sprach davon, daß *Mühler* ein „ausgezeichneter Mann" sei, „dem die preußische Rechtspflege unendlich viel zu verdanken" habe, vgl. *Ders.*, Revision der Preußischen Gesetzgebung über das Strafverfahren, in: ZsDtStrafverfahren 1844, S. 307 ff. (325). Zur Tätigkeit Mühlers siehe auch: *Collin*, „Wächter der Gesetze", S. 62 ff.

116 *Hettinger*, J.D.H. Temme, S. 114.

117 *Temme*, Augenzeugenberichte, S. 153. Vgl. dazu auch die Nachweise über ein von *Bonseri* geschriebenes Dienstzeugnis *Temmes*, welches diesem „außergewöhnliche Fähigkeiten" bescheinigte; *Hettinger*, J.D.H. Temme, S. 115 (Fn. 95).

118 Das Land- und Stadtgericht in Tilsit war 1790 eingerichtet worden. *Temme* folgte in dem Amt des Gerichtsdirektors *Reuter* nach, welcher 1844 als Land- und Stadtge-

rung lag darin begründet, daß er im Zusammenhang mit dem neuen durch *Friedrich Wilhelm IV.* in die Wege geleiteten Ehegesetz[121] den Zorn des Königs auf sich gezogen hatte[122]. Das Ehegesetz, durch welches die meisten landrechtlichen Scheidungsgründe beseitigt wurden[123], hatte in der Presse gehäuft Anlaß zu boshaften Karikaturen gegeben[124]. Als eine dieser Karikaturen strafrechtlich vor dem Kriminalgericht in Berlin verfolgt wurde und dieses darin kein Verbrechen oder Vergehen sehen konnte, äußerte Temme, der an der der Entscheidung nicht direkt beteiligt war, sich zustimmend zu dieser Entscheidung, was dem König zu Ohren kam[125]. Darüber hinaus hatte Temme eigenen Angaben zufolge auch direkt in der Presse ablehnend zu dem neuen Ehegesetz Stellung genommen[126]. Aufgrund dieser Vorfälle kam Temme für den König als erster Direktor des Kriminalgerichtes Berlin nicht mehr in Frage; dieser beschloß vielmehr, den ihm unliebsam gewordenen Temme in die

---

richtsdirektor nach Königsberg wechselte; siehe dazu *Thimm*, Aus Tilsits Vergangenheit, Teil 1, S. 41.

119 Zu *Temmes* Aufenthalt in Tilsit siehe *Thimm*, Aus Tilsits Vergangenheit, Teil 2, S. 259 ff. Vgl. zur Stadt Tilsit aber auch die Nachweise bei *Hettinger*, J.D.H. Temme, S. 118 (Fn. 107).

120 *Temme*, Augenzeugenberichte, S. 153. Diese Versetzung nach Tilsit kam angeblich dadurch zustande, daß *Temme* sich „durch seine freisinnige Criminalistische Zeitschrift, das Mißfallen der Regierung" zugezogen hatte, vgl. *Geißler*, Blutzeugen, S. 262.

121 PrGS 1844, S. 183 ff. (Verordnung vom 28. Juni 1844 über das Verfahren in Ehesachen).

122 *Temme*, Augenzeugenberichte, S. 62, 155.

123 Vgl. *Stölzel*, Brandenburg-Preußens Rechtsverwaltung und Rechtsverfassung, Bd. II, S. 542 ff. Zu dem neuen Ehescheidungsgesetz vgl. ferner auch die Nachweise bei *Hettinger*, J.D.H. Temme, S. 116 (Fn. 99).

124 Anfang September 1842 hatten unter *Savignys* Vorsitz die Beratungen über den Entwurf einer neuen Ehescheidungsverordnung begonnen. Aufgrund einer Indiskretion gelangte Ende des Jahres 1842 der bis dato ausgearbeitete Entwurf in die Presse, woraufhin sich in der Öffentlichkeit eine starke Opposition gegen die geplante Verordnung erhob. Vgl. dazu: *Stölzel*, Brandenburg-Preußens Rechtsverwaltung und Rechtsverfassung, Bd. II, S. 541 ff.

125 *Temme*, Augenzeugenberichte, S. 153 f. *Temmes* eigenen Angaben zufolge handelte es sich dabei um eine Kritik in der Leipziger Allgemeinen Zeitung, welche anonym erschienen war. Jedoch sei dem König *Temmes* Name durch den Verleger bekannt gemacht worden, vgl. *Ders.*, Augenzeugenberichte, S. 62. Zu der Fundstelle der Kritik, vgl. *Hettinger*, J.D.H Temme, S. 117 (Fn. 102).

126 Vgl. *Temme*, Augenzeugenberichte, S. 155; *Temmes* eigenen Angaben zufolge hatte er in der Leipziger Allgemeinen Zeitung einen Artikel gegen das „unsinnig strenge Ehegesetz" geschrieben. Dieser Artikel läßt sich jedoch nicht mehr nachweisen, vgl. *Hettinger*, J.D.H. Temme, Fn. 102.

Provinz zu versetzen[127]. Er bot ihm die Stelle als Direktor des Land- und Stadtgerichts zu Tilsit an[128], obwohl Temme den Justizminister um eine Stelle als Rechtsanwalt gebeten hatte[129]. Zwar verstand er die Versetzung zu einem der „entferntesten Endpunkte Preußens“[130] zunächst als „Verbannung“[131], jedoch war er, da er in der Zeit vor seiner Abreise nach Tilsit aufgrund der Verteidigung eines dem König unliebsamen Urteils erneut dessen Zorn erregt hatte[132], letztendlich froh, Berlin hinter sich lassen zu können und nach Tilsit ausweichen zu können[133]. Die juristische Karriere Temmes, die mit Bestehen des dritten Staatsexamens zunächst so vielversprechend begonnen hatte, wies zu dieser Zeit, hervorgerufen durch mehrfache Zusammenstöße mit der Obrigkeit, bereits einen eindeutigen Knick auf.

---

127 *Temme*, Augenzeugenberichte, S. 156.

128 Zu dem Land- und Stadtgericht Tilsit, welches nach dem Stadt- und Kriminalgericht in Berlin das größte Untergericht im preußischen Staate war, vgl. *Temme*, Gesetz über das Untersuchungsverfahren, in: ZsDtStrafverfahren 1846, S. 343 ff. (387).

129 *Temme*, Augenzeugenberichte, S. 155 f.

130 Wie seine Bemerkung in einer Fußnote in einem in Tilsit geschriebenen Artikel zeigt, empfand *Temme* den dortigen Aufenthalt als hinderlich für seine wissenschaftliche Arbeit: „Ich sehe beim Ueberlesen mit Wehmuth, daß diese Worte zu dem Orte, in welchem ich schreibe, nicht passen. Ich schreibe aus dem entferntesten Endpunkte Preußens, wo man von Deutschland wie von einem fremden Lande spricht, an der Grenze Rußlands“, vgl. *Temme*, Revision der Preußischen Gesetzgebung über das Strafverfahren, in: ZsDtStrafverfahren 1844, S. 307 ff. (307, Fn. 1).

131 *Temme*, Augenzeugenberichte, S. 62, 153.

132 Dabei ging es darum, daß *Temme* ein Urteil, welches zu Lasten des vom König sehr geschätzten *Friedrich Wilhelm Joseph Schelling* gefällt worden war, in der juristischen Fachpresse verteidigt hatte. Zum Ganzen siehe *Temme*, Augenzeugenberichte, S. 156 f. Der den Zorn des Königs erregende Artikel: *Temme*, Thatbestande des strafbaren Nachdrucks, in: JWPrS 1844, S. 56 ff., 69 ff., 81 ff., 101 ff., 117 f.

133 Dazu kam noch, daß *Temme* eigenen Angaben zufolgen durch eine Krankheit, die ihn „lange Zeit dem Tode nahe gebracht“ hatte, geschwächt war, *Temme*, Augenzeugenberichte, S. 157, 159. In seinen Erinnerungen konkretisiert er diese Krankheit dahingehend, daß er an „kranker Brust gelitten“ habe, vgl. *Temme*, Augenzeugenberichte, S. 230. Von dieser Krankheit erzählte er auch in einem Brief an einen Freund aus dem Jahre 1842 in welchem er diesen bittet, wegen einer Quittung bei einem Justizrat vorzusprechen, da er „wegen der Sache, von der er lange nichts gehört“ habe, „beunruhigt“ sei, und „wegen Krankheit nicht ausgehen“ dürfe, vgl. Brief *Temmes* an seinen Freund *Rauer* (Berlin 18. Dezember 1842), Brief 10 der Autographen-Sammlung *Temmes* in der ULB Münster.

D) Temmes Werdegang während der Revolution[134]

Wider Erwarten nahm der mehrjährige Aufenthalt Temmes in Tilsit im April 1848 durch ein königliches Patent, welches ihn zum Staatsanwalt am Kriminalgericht in Berlin[135] ernannte, ein Ende:

> „Ich traute meinen Augen nicht, als ich die Ernennung, die eigenhändige Unterschrift Friedrich Wilhelms IV. las, der mich von Berlin verbannt hatte, dem dann mein Name nicht hatte genannt werden dürfen, und der mich nun nach Berlin zurückrief, auf einen Posten der gerade damals von besonderer Wichtigkeit war."[136]

Die Besetzung des Postens des Staatsanwaltes mit Temme stand im Zusammenhang mit den revolutionären Märzunruhen[137] im Berlin des Jahres 1848. In deren Zuge war am 29. März 1848 als Zugeständnis an das Volk ein liberales „Märzministerium"[138] mit den beiden Rheinländern *Ludolf Camphausen*[139], *David Hansemann*[140] und dem Justizminister *Wilhelm Bornemann*[141] eingerichtet worden[142]. Außerdem erhoffte man sich wohl, die Besetzung des Amtes des Staatsanwaltes mit dem als liberal bekannten Temme könne eine beruhi-

---

134 Vgl. dazu insbesondere das Kapitel: „Berlin 1848", *Temme*, Augenzeugenberichte, S. 153.

135 *Temmes* Vorgänger in diesem Amte und erster Staatsanwalt des Berliner Kriminalgerichtes war *Julius Hermann von Kirchmann* (1802–1884) gewesen, der am 10. April 1848 Staatsanwalt beim Berliner Kammergericht wurde, vgl. *Bast, Julius Hermann von Kirchmann*, S. XI f.

136 *Temme*, Augenzeugenberichte, S. 159.

137 Ausführlich zum Gang der Märzunruhen in Berlin: *Heinrich*, Geschichte Preußens, 356 ff., *Schoeps*, Preußen, S. 175 ff. Zu den Märzunruhen in Gesamtdeutschland, vgl. *Valentin*, Geschichte, Bd. 1, S. 338 ff.

138 *Temme* findet in seinen Erinnerungen lobende Worte für das Ministerium *Camphausen*, indem er vorbrachte, es habe in Preußen nach dem Rücktritt dieses Ministeriums nie wieder eines gegeben, das so ehrlich gewesen sei wie dieses, vgl. *Ders.*, Augenzeugenberichte, S. 166.

139 Zu *Gottfried Ludolf von Camphausen* (1803–1890): *Wippermann*, ADB Bd. 47, S. 425 ff., *Angermann*, NDB, Bd. 3, S. 112 ff.; vgl. ferner aber auch *Valentin*, Geschichte, Bd. 1, S. 618, m. w. N.

140 Zu *David Justus Ludwig Hansemann* (1790–1860): *Bamberg*, ADB, Bd. 10, S. 529 ff.; *Angermann*, NDB, Bd. 7, S. 626 ff.; siehe ferner aber auch *Valentin*, Geschichte, Bd. I, S. 72 f. und *Boch*, David Hansemann, S. 171 ff.

141 *Friedrich Wilhelm Ludwig Bornemann* (1798–1864): *Göppert*, ADB, Bd. 35, 173 f.; vgl. aber auch *Temme*, Augenzeugenberichte, S. 137, wo er *Bornemann* als einen Mann mit einem „redlichen und offenen, milden und liebenswürdigen Charakter" beschreibt.

142 *Müller*, Revolution von 1848/49, S. 51.

gende Wirkung auf das Volk haben[143]. Temme, der dem preußischen Staat inzwischen dreißig Jahre lang als Richter gedient hatte, konnte sich jedoch zu der Annahme des Postens als Staatsanwalt nur „mit schwerem Herzen" entschließen:

> „Fortan sollte ich ganz andere, mir völlig neue und nur theoretisch bekannte gerichtliche Funktionen und gerade unter den schwierigsten Verhältnissen übernehmen. Freilich sollte ich auch jetzt nur dem Rechte dienen und das wollte ich."[144]

Zu diesen Bedenken gesellte sich der Umstand, daß er im Wahlkreis Ragnit, wo er der Bürgerschaft aufgrund seiner dortigen Tätigkeit als Kreisjustizrat noch in guter Erinnerung war[145], ein Mandat für die nach Berlin einzuberufende preußische Nationalversammlung, welche eine Verfassung für Preußen ausarbeiten sollte, erhalten hatte[146]:

> „Staatsanwalt in Berlin und Mitglied der preußischen Nationalversammlung! Das mußte einen Mann von freisinnigem, unabhängigem Charakter, einen Mann, der nur das Wohl des Volkes wollte, in fortwährende unauflösliche Konflikte bringen."[147]

Als Temme den Justizminister *Bornemann* wegen dieser Bedenken zu Rate zog[148] und ihm bei dieser Gelegenheit auch nicht verheimlichte, daß er vermö-

---

143 *Temme* selbst deutet diesen Zusammenhang nur an, vgl. *Ders.*, Augenzeugenberichte, S. 159. Ausgesprochen wird dieser jedoch bei *Hettinger*, J.D.H. Temme, S. 123. In der 1849 in Berlin erschienenen, reaktionär anmutenden Schrift „Rückblicke auf die Preußische National=Versammlung von 1848 und ihre Koryphäen" wird in einem Artikel über *Temme*, in welchem dieser als „einer der hauptsächlichsten Wühler und Revolutionsschnüffler in der Nationalversammlung" bezeichnet wird, der Vorwurf erhoben, *Temme* habe den König von Tilsit aus „demüthig" gebeten, ihm die einträglichere Stelle als Staatsanwalt in Berlin zu übertragen, „damit er durch die That beweisen könne, wie sehr er der Person des Königs und dem königlichen Haus ergeben sei", siehe, o. N., Rückblicke, S. 43. Diese Behauptung, welche auf Akten des Justizministeriums gestützt wird, läßt sich jedoch nicht verifizieren, da die Personalakte *Temmes* weder in Berlin noch in Münster, an *Temmes* letzter Arbeitsstätte, vorhanden ist und sich in den Erinnerungen *Temmes* keinerlei Anhaltspunkte für diese Behauptung finden lassen.

144 *Temme*, Augenzeugenberichte, S. 60.

145 Zu *Temmes* Zeit in Ragnit, siehe oben 1. Teil, 1. Kapitel C).

146 Die Kandidatur für die preußische Nationalversammlung hatte man *Temme* nach eigenen Angaben nicht nur in Ragnit, sondern auch in Tilsit angetragen. Dort hatte er sie jedoch ausschlagen müssen, um nicht den Anschein zu erwecken, er habe seine Stellung als Direktor des Gerichtes des Kreises ausgenutzt, vgl. *Temme*, Augenzeugenberichte, S. 160.

147 *Temme*, Augenzeugenberichte, S. 160.

148 *Temme* schildert *Bornemann* in diesem Zusammenhang als einen bewährten Freund, mit dem er „offen sprechen konnte und sprechen mußte"; *Ders.*, Augenzeugenberichte, S. 161.

ge seiner politischen Überzeugung „der äußersten liberalen Partei angehören werde, die nur in der Nationalversammlung sich bilden könne“[149], versicherte dieser ihm, daß er seinen politischen Überzeugungen[150] nie „Zwang anthun“ werde und er überzeugt sei, daß Temme seine „Pflichten als Beamter“ mit seiner „Ueberzeugung als Abgeordneter werde zu vereinigen wissen“[151]. Temme, der von seinem Heimatkreis Wiedenbrück auch in die Frankfurter Nationalversammlung gewählt worden war, wurde von *Bornemann* lediglich gebeten, das Frankfurter Mandat nicht anzutreten[152]. So geschah es, und er begann am 16. Mai 1848 sein Amt als Staatsanwalt in Berlin[153].

In den politischen Wirren des Jahres 1848 war die Ausübung des Amtes des Staatsanwaltes für Temme nicht leicht, da er sich von reaktionären Einflüssen, insbesondere bei seiner Zusammenarbeit mit der Polizei[154], behindert fühlte[155]. Dennoch gab er sich alle Mühe, das Amt des Staatsanwaltes ordnungsgemäß zu erfüllen[156] und einzuschreiten, „wo das Gesetz es forderte, wenn es auch der Verfolgung des erklärtesten Schützlings der Reaktion galt“[157]. Dies führte dazu, daß er „bei Hofe und allem, was zum Hofe gehörte oder mit ihm sympathisierte“[158], verhaßt war:

149 *Temme*, Augenzeugenberichte, S. 161.

150 Seine politischen Grundüberzeugungen hatte *Temme* zuvor durch einen Artikel im Tilsiter Gemeinnützigen Wochenblatt der Öffentlichkeit zugänglich gemacht. In diesem Artikel hatte er sich klar für eine konstitutionelle Monarchie ausgesprochen, welche von dem Grundsatz getragen sein müsse, daß „der König um des Volkes willen und nicht das Volk um des Königs willen“ da sei, vgl. *Ders.*, Tilsiter Gemeinnütziges Wochenblatt 18. April 1848 (Nr. 31), zitiert nach *Thimm*, Aus Tilsits Vergangenheit, Teil 2, S. 263 f.

151 *Temme*, Augenzeugenberichte, S. 161.

152 *Temme*, Augenzeugenberichte, S. 161.

153 *Temme*, Augenzeugenberichte, S. 161.

154 Vgl. dazu auch die Nachweise bei *Hettinger*, J.D.H. Temme, S. 127 (Fn. 146). *Temme* sprach auch mit Justizminister *Bornemann* über die mangelnde Mithilfe der Polizei bei den staatsanwaltlichen Ermittlungen. Dieser konnnte jedoch „nur die Achseln zukken“, da er auch keine Macht hatte, vgl. *Temme*, Augenzeugenberichte, S. 165.

155 *Temme*, Augenzeugenberichte, S. 164.

156 Allerdings war die Ausübung dieses Amtes immer wieder mit Schwierigkeiten verbunden: Als *Temme* nach dem Zeughaussturm am 14. Juni 1848 auch wegen der Schüsse der Bürgerwehr ermittelte, führte dies zu Kritik an seiner Person von seiten des Kommandeurs der Bürgerwehr. Ebenso wurde er in konservativen Blättern häufig in seiner amtlichen Tätigkeit kritisiert und ihm Freisinnigkeit am falschen Platz vorgeworfen, vgl. dazu wiederum *Hettinger*, J.D.H. Temme, S. 130.

157 *Temme*, Augenzeugenberichte, S. 165.

158 *Temme*, Augenzeugenberichte, S. 165 f.

„Ich wurde offen und im Geheimen verfolgt. In den Zeitungen nannte man mich einen Verräther meines Königs, anonyme Drohbriefe erhielt ich täglich."[159]

In der preußischen Nationalversammlung machte sich Temme von Anbeginn an einen Namen als ein Führer der äußersten Linken[160]. So stellte er seinen politischen Standpunkt bereits im Zusammenhang mit der Eröffnungssitzung der konstituierenden Versammlung eindeutig klar, indem er beschloß, dieser fernzubleiben, da sie im Weißen Saal des königlichen Schlosses stattfinden sollte[161] und Temme wie einige andere Abgeordnete die Auffassung vertrat, daß damit gegen den parlamentarischen Brauch verstoßen werde, daß „der Fürst sich zu den Vertretern des Volkes in ihr Sitzungslokal begebe, nicht umgekehrt"[162]. Die dadurch zum Ausdruck gebrachte Skepsis gegenüber der Krone sorgte dort für Entrüstung und die Tatsache, daß weder Temme als Staatsanwalt des Berliner Kriminalgerichtes noch der Staatsanwalt des Berliner Kammergerichtes *von Kirchmann*[163] an der Eröffnungssitzung teilnahmen[164], wurde als „eine offene Auflehnung der Anwälte des Königs gegen ihren Herrn"[165] verstanden.

159 *Temme*, Augenzeugenberichte, S. 166.

160 Zu den Fraktionen und ihren Mitgliedern in der preußischen Nationalversammlung vgl. *Botzenhart*, Deutscher Parlamentarismus, S. 441 ff. Die Linke wuchs im Laufe der Zeit von anfänglich 30 bis 40 Mitgliedern durch Übertritte zur stärksten Fraktion der Nationalversammlung an, sie zählte schließlich etwa 120 bis 130 Mitglieder. Parteiführer der Linken war der Obertribunalrat *Benedikt Franz Waldeck*. Auch der Staatsanwalt am Kammergericht *Julius Hermann von Kirchmann* war Mitglied der Linken, vgl. *Botzenhart*, Deutscher Parlamentarismus, S. 449 ff. Siehe dazu aber auch: *Pfefferkorn*, Der Kampf der Linken, S. 7 ff.

161 Tatsächlich fand die Eröffnungssitzung am 22. Mai 1848 im Weißen Saal des königlichen Schlosses statt, vgl. Sten. Ber. pr. Nat., Bd. 1, S. 1 ff.

162 *Temme*, Augenzeugenberichte, S. 167. Vgl. dazu auch: *Pfefferkorn*, Der Kampf der Linken, S. 4.

163 *Julius Hermann von Kirchmann* (1802–1884), seit Oktober 1846 Erster Staatsanwalt beim Kriminalgericht Berlin, 1848 am Kammergericht, Mitglied der konstituierenden Versammlung und der zweiten Kammer, 1848–1860 Vizepräsident des OLG / AppG Ratibor, 1850 zeitweilig vom Amt suspendiert, 1855 beurlaubt, 1863 Wiederaufnahme der Amtsgeschäfte, 1867 Entlassung aus dem Amt ohne Pension, 1862–1870, 1873–1876 Haus der Abgeordneten, von 1867 bis 1876 Mitglied des Reichstages für die Forschrittspartei, vgl. *Hettinger*, Augenzeugenberichte, Personenverzeichnis, S. 336; siehe ferner aber auch: *Bast*, Julius Hermann von Kirchmann; *Sternberg*, J.H. v. Kirchberg; *Ders.*, ADB, Bd. 51, S. 167 ff.

164 Auch der Staatsanwalt des Kammergerichtes vertrat in diesem Punkt die Auffassung Temmes und blieb daher der Eröffnungssitzung fern. *Temme* bemerkt dazu: „Wir hatten beide unsere parlamentarische Laufbahn sofort mit der eklatantesten Opposition und Demonstration begonnen", *Ders.*, Augenzeugenberichte, S. 167.

165 *Temme*, Augenzeugenberichte, S. 167.

Mit Ausnahme dieses aufsehenerregenden Einstands in die preußische Nationalversammlung fiel Temme jedoch in den ersten Sitzungen der Nationalversammlung lediglich durch Wortbeiträge[166] zu politisch weniger interessanten Fragen wie der Geschäftsordnung[167], dem Protokoll[168] oder juristischen Fragen[169] auf.

Lediglich im Zusammenhang mit dem Antrag des Abgeordneten *Berends*[170] – „die hohe Versammlung wolle in Anerkennung der Revolution zu Protokoll erklären, daß die Kämpfer des 18. und 19. März sich wohl ums Vaterland verdient gemacht haben"[171] – trat der Abgeordnete Temme mit einem Antrag hervor[172]. Nachdem die Nationalversammlung dem Antrag *Berends*' mit der Begründung ausgewichen war, daß die Versammlung keine Urteile abzugeben, sondern eine Verfassung zu vereinbaren habe[173], geriet das Volk in großen

166 *Temme* selbst äußert in seinen Erinnerungen, daß er „nie ein parlamentarischer Redner gewesen" sei, da seine „Stimme schwach, heiser" sei und er habe „schreien" müssen, wollte er sich auf der Rednerbühne verständig machen, vgl. *Temme*, Augenzeugenberichte, S. 287.

167 Vgl. etwa den Wortbeitrag *Temmes* in der ersten Sitzung der preußischen Nationalversammlung, als er darauf hinwies, daß man sich bevor man über Fragen der Wahlprüfung verhandle, zunächst offiziell über die Annahme der Geschäftsordnung erklären müsse, vgl. Sten. Ber. pr. Nat., Bd. 1, S. 7 f., 9, 16. Siehe auch 3. Sitzung, Sten. Ber. pr. Nat., Bd. 1, S. 20, 4. Sitzung, Sten. Ber. pr. Nat., Bd. 1, S. 36, 13. Sitzung, S. 168 f., 20. Sitzung, Sten. Ber. pr. Nat., Bd. 1, S. 284., 26. Sitzung, Sten. Ber. pr. Nat., Bd. 1, S. 407 und 31. Sitzung, Sten. Ber. pr. Nat., Bd. 1, S. 570, 571.

168 Vgl. dazu etwa *Temmes* Kritik an der Unvollständigkeit des Protokolls in der 21. Sitzung, Sten. Ber. pr. Nat., Bd. 1, S. 295.

169 *Temme* zeigte sich in der Nationalversammlung als jemand, der bei allen politischen Entscheidungen nur Recht und Gesetz gelten lassen wollte; reine Prinzipienentscheidungen lehnte er ab. Beispielhaft dafür ist *Temmes* Protest gegen eine Initiative der Nationalversammlung, die den Abgeordneten *Baldenaire* trotz eines gegen ihn erlassenen gerichtlichen Haftbefehls einberufen wollte. Dies lehnte *Temme* jedoch ab, da er eine solche Einberufung für einen der „Kabinettsjustiz" der absoluten Monarchie vergleichbaren willkürlichen Akt hielt, vgl. 10. Sitzung, Sten. Ber. pr. Nat., Bd. 1, S. 111. Ein Wortbeitrag juristischen Inhalts findet sich auch in der 25. Sitzung, vgl. Sten. Ber. pr. Nat., Bd. 1, S. 388.

170 *Julius Berends* (*1817), Mitglied der preußischen Nationalversammlung 1848 (äußerste Linke), Buchdruckereibesitzer in Berlin, ursprünglich Theologe, danach Literat und Druckereibesitzer, später Leiter des Handwerksvereins in Berlin, 1853 Auswanderung in die Vereinigten Staaten, vgl. *Haunfelder*, Biographisches Handbuch, S. 58; siehe aber auch *Herrmann*, Berliner Demokraten, S. 171.

171 Sten. Ber. pr. Nat., Bd. 1, S. 167.

172 Vgl. ausführlich zu diesem Antrag: *Herrmann*, Berliner Demokraten, S. 171 ff.

173 *Temme* gehörte diesbezüglich jedoch zu der Minderheit derjenigen Abgeordneten, die für den Berendschen Antrag stimmten und die den Übergang zur Tagesordnung ablehnten, vgl. 14. Sitzung, Sten. Ber. pr. Nat., Bd. 1, S. 184 ff.

Zorn, und einige Abgeordnete wurden Opfer tätlicher Angriffe. Der Präsident der Nationalversammlung *Milde*[174] schickte zu diesem Vorfall einen Bericht an das Staatsministerium, damit dieses die zur Verhütung derartiger Gewalttaten notwendigen Maßnahmen treffe[175]. Diese Vorgehensweise widerstrebte jedoch der Linken in der preußischen Nationalversammlung, und Temme brachte als deren Vertreter einen Antrag auf ein Gesetz zum Schutze der Versammlung und Abgeordneten während der Sessionszeit ein[176], da er es in Übereinstimmung mit der Fraktion der Linken vorzog, die Initiative in dieser Angelegenheit von der Versammlung ausgehen zu lassen[177].

Die Regierung, bei der sich Temme auch wegen seiner Auftritte in der preußischen Nationalversammlung immer größerer Unbeliebtheit erfreute, wollte den ihm unbequemen Staatsanwalt aus Berlin und aus der Nationalversammlung entfernen[178]. Hatte sich das Ministerium unter *Camphausen* noch diesem Ansinnen des Königs widersetzt[179], so benutzte das diesem nachgefolgte Ministerium *Auerswald-Hansemann*[180] und dessen Justizminister *Maercker*[181] am

---

174 Zu *Karl August Milde* (1805–1861) vgl. *Wippermann*, ADB, Bd. 21, S. 733 ff.

175 Zu diesem Bericht des Präsidenten siehe 15. Sitzung, Sten. Ber. pr. Nat., Bd. 1, S. 193.

176 Vgl. 15. Sitzung, Sten. Ber. pr. Nat., Bd. 1, S. 194.

177 Vgl. dazu *Pfefferkorn*, Kampf der Linken, S. 15 f.

178 *Temme*, Augenzeugenberichte, S. 166 f.

179 Allerdings war *Camphausen* am 20. Juni 1848 von seinem Ministerposten zurückgetreten, nachdem er zuvor vergeblich versucht hatte, Abgeordnete aus den Zentren der Nationalversammlung zum Eintritt in sein Kabinett zu bewegen und so eine zuverlässige parlamentarische Mehrheit zu sichern, vgl. dazu *Botzenhart*, Deutscher Parlamentarismus, S. 521, die Erklärung *Camphausens*, verlesen in der 19. Sitzung der konstituierenden Versammlung am 20. Juni 1848, Sten. Ber. pr. Nat., Bd. I, S. 265 f., und seine persönliche Erklärung in der zwanzigsten Sitzung, Sten. Ber. pr. Nat., Bd. I, S. 281 f.

180 Das neue vom König am 25. Juni berufene Koalitionskabinett stand unter der Leitung des bisherigen Oberpräsidenten von Preußen, *Rudolf v. Auerswald*, der auch das Außenministerium übernahm. Neben einigen Fachministern gehörten ihm auch Abgeordnete der Nationalversammlung an (*Hansemann*: Finanzen; *Milde*: Handel; *Gierke*: Landwirtschaft und *Rodbertus*: Kultus), vgl. zu diesem Kabinett. *Mieck*, Preußen von 1807 bis 1850, S. 261.

181 *Carl Anton Maercker* (1803–1871), i. preuß. Justizdienst s. 1831, Direktor des Kriminalgerichts Berlin 1847 / 1848, Justizminister Juni–September 1848, Präsident des Appellationsgerichts Halberstadt 1850–1868, vgl. *Büsch*, Handbuch der preußischen Geschichte, Bd. II, S. 836. *Temme* schildert *Maercker* als einen wohlwollenden Mann, der, da er vor der Beförderung darum gebeten habe, daß *Temme* sich für die Dauer der Nationalversammlung von seinem Amte beurlauben lassen möge, die „mildeste Form“ für eine Entfernung *Temmes* von seinem Amte gewählt habe, vgl. *Temme*, Augenzeugenberichte, S. 167. *Temme* spricht auch davon, daß er mit *Maercker* befreundet gewesen sei, vgl. *Ders.*, Augenzeugenberichte, S. 168.

7. Juli 1848 das Instrument der Beförderung zum Vizepräsidenten des Oberlandesgerichts Münster, um den politisch mißliebigen Staatsanwalt von dem Zentrum der politischen Bewegung in Berlin fernzuhalten[182]. Durch diese Versetzung, die offiziell damit begründet wurde, daß man glaubte, „dort seine Kräfte besser benutzen zu können"[183], und die Temme gezwungenermaßen[184] annahm, verlor er auch seinen Sitz in der preußischen Nationalversammlung. Dieser Mandatsverlust lag darin begründet, daß die Nationalversammlung einstimmig ein Gesetz beschlossen hatte, welches besagte, daß jeder Abgeordnete, der ein besoldetes Staatsamt annahm oder im Staatsdienst befördert wurde[185], zum Zwecke der Wahrung seiner Unabhängigkeit aus der Nationalversammlung ausscheiden müsse[186].

So ging Temme, nachdem er in der Nationalversammlung sein Bedauern über die ihm gegen seinen Willen „aufgezwungene Beförderung"[187] ausgedrückt hatte, als zweiter Vorsitzender an das von den Revolutionswirren weit entfernte Oberlandesgericht Münster[188]. Dort fühlte er sich wie ein „Fremder", da

---

182 Ebenso wie *Temme* wurde auch der Staatsanwalt *Julius Hermann von Kirchmann* durch eine Beförderung zum Vizepräsidenten des Oberlandesgerichts in Ratibor (Oberschlesien) aus seinem Amt in Berlin entfernt und somit gezwungen, sein Mandat für die preußische Nationalversammlung niederzulegen, vgl. dazu, *Bast*, Julius Hermann von Kirchmann, S. 17.

183 So der Justizminister *Maercker* in der preußischen Nationalversammlung am 28. Juli 1848, vgl. Sten. Ber. pr. Nat., Bd. I, S. 607.

184 Justizminister *Maercker* hatte in der Verfassungskommission der Nationalversammlung einen Beschluß durchgesetzt, daß Staatsanwälte genau wie andere nichtrichterliche Beamte im Interesse des Staates amovibel seien, Sten. Ber. pr. Nat., Bd. 1, S. 592. Daher nahm *Temme*, da er „kein Vermögen" und „eine zahlreiche Familie zu ernähren" hatte, die Beförderung an, vgl. *Temme*, Augenzeugenberichte, S. 168.

185 In der 28. Sitzung der preußischen Nationalversammlung vom 12. Juli 1848 hatte v. *Kirchmann* sich noch dahingehend geäußert, daß er, genausowenig wie *Temme*, zur Annahme der Beförderung bereit sei, weshalb zum derzeitigen Zeitpunkt das Gesetz über die zwingende Mandatsniederlegung noch nicht einschlägig sein könne. Daher halte er sich und *Temme* zu diesem Zeitpunkt noch für „berechtigt und verpflichtet", den „Sitz in der Kammer vorläufig beizubehalten", vgl. Sten. Ber. pr. Nat., Bd. 1, S. 459. Im Ergebnis nahm jedoch auch *v. Kirchmann* die Beförderung an, vgl. *Temme*, Augenzeugenberichte, S. 168.

186 Zu diesem Gesetz, welches von der Nationalversammlung einstimmig angenommen worden war, weil „unabhängige Gesinnungen durch eine abhängige Lebensstellung mehr oder minder gefährdet" würden, vgl. Sten. Ber. pr. Nat., Bd. 1, S. 351, 444. Siehe aber auch *Temme*, Augenzeugenberichte, S. 168.

187 Vgl. Schreiben *Temmes* an die Nationalversammlung vom 26. Juli 1848, Sten. Ber. pr. Nat., Bd. 1, S. 607.

188 Das Oberlandesgericht Münster war durch eine Verordnung vom 30. April 1815 an die Stelle der vormaligen Oberlandesgerichtskommission Münster getreten. Dem Oberlandesgericht Münster unterstanden die Land- und Stadtgerichte zu Ahaus, Ah-

an dem ausschließlich mit älteren Richtern besetzten Gericht von „wissenschaftlichem Geist, von Studium, von Jurisprudenz“[189] nichts zu spüren war, wie Temme auch in seinen Erinnerungen noch einmal deutlich formulierte:

> „Bei keinem anderen Gerichte des preußischen Staats hatte ich so wenig Intelligenz gefunden, als ich sie bei dem Münster'schen Oberlandesgerichte fand.“[190]

Allerdings dauerte es gerade einmal sechs Wochen, bis er von seinem Wahlkreise Ragnit[191] in der ausgeschriebenen Neuwahl erneut in die preußische konstituierende Versammlung gewählt wurde[192] und nach Berlin zurückkehrte. Damit war er rechtzeitig zurück in der Nationalversammlung, um an der Debatte über den berühmten Antrag *Stein*[193] teilzunehmen[194]. Nachdem es in Schweidnitz[195] am 31. Juli 1848 zu einem Zusammenstoß zwischen Militär und Bürgerwehr gekommen war[196], hatte die Nationalversammlung auf einen

---

len, Bocholt, Borke, Coesfeld, Dorsten, Dülmen, Horstmar, Ibbenbüren, Lüdinghausen, Münster, Oelde, Recklinghausen, Rheine, Steinfurt, Tecklenburg, Vreden, Warendorf und Werne, sowie die Justitiariate der Zoll- und Steuerämter Coesfeld, Münster, Rheine und Telgte, vgl. Staatsarchiv Münster, Oberlandesgericht (Appellationsgericht) Münster, Nr. B 502 (alte Nr. 19). Leider läßt sich die Tätigkeit *Temmes* am Oberlandesgericht Münster nicht anhand von Archivalien nachweisen, da das Staatsarchiv Münster zwar die Akten des Oberlandesgerichts verwahrt, jedoch keine Personalakte von Temme besitzt. Außerdem sind auch keine Gerichtsakten zu von ihm geführten Prozessen erhalten.

189 *Temme*, Augenzeugenberichte, S. 169.

190 *Temme*, Augenzeugenberichte, S. 169.

191 *Temme* dankte seinem litauischen Wahlkreis für dieses Vertrauen damit, daß er in einer Debatte, in welcher es um die Gewährung von Hilfe für notleidende Weber in Schlesien ging, darauf hinwies, daß auch die arme litthauische Bevölkerung dringender Hilfe bedürfe, vgl. 21. Sitzung, Sten. Ber. pr. Nat., Bd. 1, S. 1055.

192 Zu dieser Wiederwahl *Temmes* am 18.8.1848 vgl. *Hettinger*, J.D.H Temme, S. 132 (Fn.163) m. w. N.

193 *Julius Stein* (1813–1889): Oberlehrer aus Breslau, 1848/49 führende Rolle innerhalb der demokratischen Bewegung Breslaus, Suspendierung vom Amt, danach Anklage wegen Erregung öffentlichen Aufruhrs, Freispruch, Redakteur und späterer Mitinhaber der Neuen Oderzeitung in Breslau, Mitglied der preußischen Nationalversammlung 1848, vgl. *Haunfelder*, Biographisches Handbuch, S. 243.

194 *Temme*, Augenzeugenberichte, S. 170.

195 Schweidnitz ist eine Stadt in Niederschlesien, rund 40 km südwestlich von Breslau in einem Tal zwischen dem Zobten- und dem Eulengebirge an der Weistritz, vgl. dazu: *Mann*, Geschichte der Stadt Schweidnitz, S. 1 ff.

196 Zu diesem Vorfall, von dem es zwei voneinander abweichende Schilderungen seitens des kommandierenden Generals in Schlesien Graf Brandenburg und dem Abgeordneten Elsner gab, vgl. *Pfefferkorn*, Kampf der Linken, S. 37 ff. Vgl. dazu ferner auch *Carl*, Das freie Preußen, S. 287 ff.

Antrag *Steins* hin beschlossen, daß sich der Kriegsminister in einem Erlaß an die Armee dahingehend aussprechen solle,

> „daß die Offiziere allen reaktionären Bestrebungen fern bleiben, nicht nur Konflikte jeglicher Art mit dem Civil vermeiden, sondern durch Annäherung an die Bürger und Vereinigung mit denselben zeigen, daß sie mit Aufrichtigkeit und Hingebung an der Verwirklichung eines constitutionellen Rechtszustandes mitarbeiten wollen."[197]

Als sich die Regierung jedoch weigerte, dem Verlangen der Nationalversammlung nach einem Armeebefehl nachzukommen[198], stellte *Stein* in der Nationalversammlung den Antrag, die Versammlung möge feststellen, daß es „die dringendste Pflicht des Staatsministeriums sei"[199], dem vorherigen Erlaß der Nationalversammlung nachzukommen. Diese äußerst wichtige Debatte über den zweiten Antrag *Steins*[200], in welcher der Antrag im Ergebnis angenommen wurde[201], nutzte auch der Abgeordnete Temme für eine Stellungnahme, die durchaus einem politischen Glaubensbekenntnis nahe kommt[202]. Temme machte in diesem Zusammenhang deutlich, daß eine Lösung dieses Kompetenzkonfliktes nur unter strikter Beachtung des Grundsatzes der Volkssouveränität erfolgen könne; dies bedeute jedoch, daß das Ministerium, da man eine konstituierende Versammlung nicht auflösen könne, hätte zurücktreten müssen. Das Ausbleiben dieses Rücktritts empfand er als Provokation seitens des Ministeriums:

> „Denn wenn die vollziehende Gewalt des Staates sich in entschiedenen Widerspruch setzt mit dem Willen der Nation und dabei verharrt, so macht sie die Revolution, den Bürgerkrieg. Unser Ministerium hat zu gleicher Zeit durch seine

---

197 37. Sitzung am 9. August 1848, Sten. Ber. pr. Nat., Bd. 1, S. 717.

198 Zunächst hatte die Regierung die Sache drei Wochen lang unbeantwortet liegen gelassen, um erst am 2. September in einem längeren Schreiben, das erst am 4. September verlesen wurde, seine Stellungnahme abzugeben. In dieser Stellungnahme äußerte die Regierung die Auffassung, daß ein Erlaß, wie er von der Versammlung gefordert wurde, „von verderblichen Folgen" sein werde, und daher dem Kriegsminister die Wahl der Mittel überlassen bleiben müsse, vgl. 50. Sitzung am 4. September 1848, Sten. Ber. pr. Nat., Bd. 2, S. 1035. Zum ganzen siehe *Pfefferkorn*, Kampf der Linken, S. 45.

199 50. Sitzung am 4. September 1848, Sten. Ber. pr. Nat., Bd. 2, S. 1035.

200 Diese fand, nachdem sie in der 50. Sitzung vertagt worden war, in der 52. Sitzung am 7. September 1848 statt, vgl. Sten. Ber. pr. Nat., Bd. 2, S. 1071 ff.

201 Das Abstimmungsergebnis fiel dabei mit 219 Ja-Stimmen gegen 143 Nein-Stimmen eindeutig für die Annahme des zweiten Steinschen Antrages aus, vgl. Sten. Ber. pr. Nat., Bd. 2, S. 2002.

202 52. Sitzung am 7. September 1848, Sten. Ber. pr. Nat., Bd. 2, S. 1075 f. Vgl. zum Verhalten des Abgeordneten *Temme* den Antrag *Stein* betreffend auch: *Steinmann*, Geschichte der Revolution, S. 618.

> Handlungen noch mehr gethan, es fordert von uns die Anerkennung seines Verhaltens. Meine Herren, was fordert das Ministerium? Wir sollen anerkennen, daß unser Wille nicht gelte; und unser Wille, meine Herren, muß der Wille der Nation sein, denn die Nation hat [...] uns gewählt, um ihren Willen rechtsgültig an den Tag zu legen."[203]

Verlange das Ministerium daher von der Nationalversammlung, den gefaßten Beschluß aufzugeben, so impliziere dies zwei Dinge:

> „Zuerst entweder, daß wir selbst erklären sollen, unser Beschluß sei nicht der Wille des Volkes, oder zum Anderen, daß wir erklären sollen, der Wille des Volkes gelte nichts gegenüber dem Willen des Ministeriums. Meine Herren! Das Erstere können wir nicht erklären, um unserer Ehre willen. Jeder von uns, der erklärt, das, was die National=Versammlung in ihrer Majorität rechtsgültig beschließe, sei nicht der Wille des Volkes, der hat die heilige Pflicht, daß er diese Stelle verlasse und nie wieder betrete. Das Zweite können wir nicht erklären um des Vaterlandes willen. Erklären wir, daß der Wille der Nation nichts mehr gelte gegenüber dem Willen des Ministeriums, so sprechen wir aus, daß die Regierung nicht des Volkes wegen, sondern das Volk der Regierung wegen da sei."[204]

Die Anerkennung des durch die Nationalversammlung zum Ausdruck gebrachten Willens des Volkes war für Temme von so großer Bedeutung, daß er für den Fall, daß gegen die Aufrechterhaltung des gefaßten Beschlusses von der Nationalversammlung entschieden werde, sein Ausscheiden aus der Versammlung ankündigte[205].

Diese Debatte zeigt Temme als einen Kämpfer für einen von der Volkssouveränität getragenen Konstitutionalismus. Dies beinhaltete für ihn jedoch nicht notwendigerweise die Forderung nach einer Republik[206], wie er in einer anderen Debatte der Nationalversammlung auch deutlich zum Ausdruck brachte:

> „Ich will ein starkes Deutschland, aber ich will auch in diesem Deutschland ein starkes, ein kräftiges Preußen. Ich will in diesem Deutschland eine starke und kräftige Monarchie und, so wie im Namen meiner Freunde, so weise ich auch in meinem eigenen Namen jede Verdächtigung, die uns von der anderen Seite gekommen ist, als wenn wir republikanische Tendenzen verfolgten, entschieden zurück."[207]

---

203 *Temme* in der 52. Sitzung am 7. September 1848, Sten. Ber. pr. Nat., Bd. 2, S. 1075.

204 *Temme* in der 52. Sitzung am 7. September 1848, Sten. Ber. pr. Nat., Bd. 2, S. 1075 f.

205 *Temme* in der 52. Sitzung am 7. September 1848, Sten. Ber. pr. Nat., Bd. 2, S. 1076. Ebenso wie *Temme* hatten auch die Abgeordneten *Waldeck* und *Stein* ihr Ausscheiden aus der Nationalversammlung für den Fall der Nichtannahme des Steinschen Antrages angedroht, vgl. Sten. Ber. pr. Nat., Bd. 2, S .1071 ff.

206 *Hettinger* spricht deshalb davon, *Temme* sei ein Radikaler konservativen Zuschnitts gewesen, vgl. *Ders*., J.D.H. Temme, S. 170 (Fn. 324).

207 So *Temme* in der 28. Sitzung am 12. Juli 1848, vgl. Sten. Ber. pr. Nat., Bd. 2, S. 472.

Getragen von diesen politischen Überzeugungen nahm der Abgeordnete Temme im weiteren Verlauf der Nationalversammlung wesentlichen Anteil an dem Kampf gegen die erstarkende Reaktion, die, nachdem das Minsterium *Auerswald-Hansemann* aufgrund der Geschehnisse um den *Steinschen* Antrag zurückgetreten war[208] und sich die Truppenkonzentration um Berlin mit der Ernennung *v. Wrangels*[209] zum Oberbefehlshaber in den Marken erhöht hatte, zunehmend spürbar geworden war.

Dies war auch der Grund dafür, daß er in der Nationalversammlung darauf drängte, „nicht länger die Zeit hinauszuschieben" und sich endlich mit der „Hauptaufgabe, mit der Verfassung"[210], zu beschäftigen. Kurze Zeit später war es mit dem Frieden zwischen Krone und Volksvertretung dann auch tatsächlich vorbei. Mit der Berufung des *Grafen von Brandenburg*[211] zum neuen Ministerpräsidenten am 1. November 1848 schlug der König einen offen gegenrevolutionären Kurs ein[212]. Am 9. November ließ *Friedrich Wilhelm IV.* durch eine Bekanntgabe die Nationalversammlung aus der Hauptstadt in die Provinz nach Brandenburg verlegen[213]. Er befahl den sofortigen Abbruch der Verhandlungen und eine Vertagung auf den 27. November[214]. Zugleich wurde

---

208 Das Ministerium *Auerswald* wurde nach seinem Rücktritt am 21. September durch das Ministerium *v. Pfuel* ersetzt. *Temme* spricht von dem Minister *v. Pfuel* als einem ehrlichen Mann, bei dem es „nie einen Zweifel an seiner Ehrenhaftigkeit" gegeben habe, und auch die Ehrenhaftigkeit der neuen Minister *Kisker* (Justiz) und *v. Bonin* (Finanzen) stand für *Temme* fest, vgl. *Ders.*, Augenzeugenberichte, S. 171.

209 *Friedrich Heinrich Ernst Freiherr von Wrangel* (1784–1877): Im Jahre 1821 Kommandeur einer Brigade in Posen; 1834 Kommandeur einer Division in Münster, im Jahre 1839 eines Korps in Königsberg, von 1839 bis 1843 kommandierender General des pr. 1. Armeekorps, im Anschluß des 2. Korps in Stettin, wurde ab dem 15. September 1848 mit dem Oberkommando in den Marken betraut, später wurde er Generalfeldmarschall und Mitglied des pr. Staatsrats, siehe *Hettinger*, Augenzeugenberichte, Personenverzeichnis, S. 358.

210 So *Temme* in einer Debatte über das Bürgerwehr-Gesetz, vgl. 60. Sitzung vom 26. September 1848, Sten. Ber. pr. Nat., Bd. 2, S. 1235.

211 Friedrich Wilhelm Graf von Brandenburg (1792–1850), nichtehelicher Sohn Friedrich Wilhelm II. mit Gräfin Sophie Julie Dönhoff, Onkel Friedrich Wilhelms IV., Generalleutnant, preußischer Ministerpräsident vom 9. September 1848 bis November 1850, vgl. *v. Meerheim*, ADB, Bd. 3, S. 238 f.

212 Vgl. dazu: *Hachtmann*, Berlin 1848, S. 739 ff.

213 Siehe dazu auch die Schilderungen *Temmes*, vgl. Augenzeugenberichte, S. 178.

214 Offiziell begründete der König diese Verlegung und Vertagung damit, daß „zu wiederholten Malen" einzelne Abgeordnete „thätlich gemißhandelt worden" seien und am 31. Oktober „aufgeregte Volkshaufen das Sitzungs-Lokal der Versammlung förmlich belagert" und den Versuch gemacht hätten, „die Abgeordneten durch verbrecherische Demonstrationen einzuschüchtern", vgl. Sten. Ber. pr. Nat., Bd. 3, S. 2023; *Hachtmann*, Berlin 1848, S. 747.

über Berlin der Belagerungszustand verhängt. Am Morgen des 10. November marschierte *General v. Wrangel* mit seinen Truppen in die Hauptstadt ein[215]. Das Geschehen um die Nationalversammlung spitzte sich derweil zu: Mit der Parlamentarischen Rechten hatte nur eine Minderheit der Abgeordneten dem Vertagungsbefehl Folge geleistet[216], die Mehrzahl, unter ihnen Temme, setzte ihre Beratungen in wechselnden Tagungslokalen[217] fort[218].

Allem Widerstand zum Trotz wurde die in Berlin verbliebene Rumpfnationalversammlung jedoch am 15. November durch Truppen gesprengt[219]. Auf der Tagesordnung der Nationalversammlung stand an diesem Tag der Aufruf zur Steuerverweigerung, das letzte Machtmittel, das ihr nach dem Vormarsch der Reaktion noch verblieben zu sein schien. Während der Debatte um die Steuerverweigerung drang Militär in den Sitzungssaal ein und forderte im Namen *v. Wrangels* die sofortige Auflösung der Versammlung. Für die Nationalversammlung war die Steuerverweigerung nunmehr offenkundiges Gebot der Stunde. Einstimmig stellte sie fest, „daß das Ministerium Brandenburg nicht berechtigt sei, über die Staatsgelder zu verfügen und die Steuern zu erheben, so lange die National-Versammlung nicht ungestört in Berlin ihre Berathungen fortzusetzen vermag“[220]. Dieser Beschluß, der im Lande jedoch kaum befolgt wurde[221], war die letzte Handlung der Berliner Nationalversammlung. Die

---

215 Vgl. dazu *Hachtmann*, Berlin 1848, S. 760; siehe aber auch *Temme*, Augenzeugenberichte, S. 180.

216 In der Sitzung vom 9. November hatten die Abgeordneten, welche nach Bekanntgabe der Verlegung und Vertagung noch in der Sitzung verblieben waren, mit 252 zu 30 Stimmen beschlossen, die Sitzung nicht aufzuheben, vgl. dazu *Hachtmann*, Berlin 1848, S. 747.

217 *Hachtmann* spricht deshalb davon, die letzten Tage der preußischen Nationalversammlung hätten einem Katz-und-Maus-Spiel geglichen, vgl. *Ders.*, Berlin 1848, S. 756.

218 Die Stenographischen Berichte über die Verhandlungen der preußischen Nationalversammlung enden jedoch nach der Bekanntgabe der Verlegung und Vertagung der Nationalversammlung am 9. November und beginnen erst mit dem Wortprotokoll der Sitzung vom 27. November in Brandenburg wieder. Den Verlauf der Sitzungen vom 10. November sowie der folgenden Tage kann man den teilweise wortgetreuen Aufzeichnungen der Korrespondenten der Tagespresse entnehmen, vgl. *Hachtmann*, Berlin 1848, S. 747.

219 Vgl. dazu *Hachtmann*, Berlin 1848, S. 764.

220 *Hachtmann*, Berlin 1848, S. 764.

221 Dies lag daran, daß Steuern nur bezahlen mußte, wer über ausreichendes Einkommen oder Vermögen verfügte. Das waren aber mehrheitlich nur der Adel, der als Opponent gegen den König ausschied, und der wohlhabende Mittelstand, der den politischen Unruhen der Märzrevolution wohl auch eher kritisch gegenübergestanden haben dürfte, vgl. dazu *Hachtmann*, Berlin 1848, S. 764 f.

meisten Abgeordneten kehrten in ihre Heimatorte zurück. So auch Temme, der am 12. Dezember nach Münster zurückging, um seine Tätigkeit als Richter wiederaufzunehmen[222]. Als dann am 5. Dezember von der Krone eine Verfassung[223] oktroyiert wurde[224], hatte die Reaktion auf ganzer Linie gesiegt[225], wie auch Temme kurze Zeit später am eigenen Leib erfahren sollte.

E) Verfolgung Temmes in der Reaktionszeit[226]

Kurze Zeit, nachdem Temme nach Auflösung der preußischen Nationalversammlung wieder nach Münster zurückgekehrt war und seine dortigen Amtsgeschäfte wieder aufgenommen hatte[227], erwirkte sein Richterkollegium[228] am 27. Dezember 1848 gegen ihn einen Haftbefehl[229] wegen Aufruhrs und Hoch-

---

222 *Temme*, Augenzeugenberichte, S. 183, 189, 203.

223 PrGS 1848, S. 375 ff.

224 Dies geschah, nachdem der königstreue Teil der Nationalversammlung vom 27. November bis zum 1. Dezember fünfmal in Brandenburg getagt hatte, ohne jedoch handlungsfähig zu werden. Mit einer königlichen Verordnung vom 5. Dezember 1848 (PrGS 1848, S. 371) wurde die Nationalversammlung aufgelöst und eine Verfassung oktroyiert, vgl. *Pfefferkorn*, Kampf der Linken, S. 121.

225 Überraschend war jedoch, daß die Verfassung vom 5. Dezember wesentlich freizügiger ausfiel, als man es nach den Machtverhältnissen erwarten konnte. In ihren Grundzügen entsprach sie dem Entwurf der Verfassungskommission den die Nationalversammlung am 26. Juli verabschiedet hatte. Da diese Verfassungskommission unter dem Vorsitz des Geheimen Obertribunalrats *Franz Leo Benedikt Waldeck* (1802–1870) getagt hatte, wurde die Verfassung vielfach als „Charte Waldeck“ bezeichnet, siehe *Hachtmann*, Berlin 1848, S. 784 f.

226 Vgl. dazu die Kapitel „Das Oberlandesgericht und das Zuchthaus in Münster 1848–1850“, „Mein erster Kriminalprozeß 1848–1849“, „Mein zweiter Kriminalprozeß 1849–1850“, „Mein Disziplinarprozeß“, „Breslau 1851–1852“ in: *Temme*, Augenzeugenberichte, S. 185 ff., 203 ff., 217 ff., 235 ff., 258 ff.

227 Nachdem *Temme* am 14. Dezember dem stellvertretenden Präsidenten des Oberlandesgerichts Münster *v. Olfers* angezeigt hatte, daß er seine Amtsgeschäfte am nächsten Tag wieder übernehmen wolle, machte dieser den Vorschlag, *Temme* solle sich Urlaub nehmen, bis die politischen Zustände sich gebessert hätten. *Temme* lehnte dies jedoch mit dem Hinweis darauf, daß seine politischen Ansichten ohne Einfluß auf seine richterliche Stellung seien, ab, vgl. *Temme*, Die Prozesse gegen Jodocus Temme, S. 8, 12.

228 Der Wortlaut des durch ein Schreiben an den König vom 9. Dezember 1848 ausgedrückten Protestes des Münsteraner Richterkollegiums gegen den Verbleib *Temmes* in seinem Amte ist abgedruckt bei: *Gust*, J.D.H. Temme, S. 103 und *Steinmann*, Temme, S. 9. Die Richter stützten sich darauf, *Temme* habe „den Boden der Revolution betreten und wissentlich den Feuerbrand der Anarchie in das Vaterland zu schleudern gesucht“.

229 Der Haftbefehl ist abgedruckt bei *Steinmann*, Temme, S. 77.

verrats[230], und er wurde in das Zuchthaus zu Münster, unter „ein Dach mit überführten Giftmischern, Räubern und Mördern“[231] gebracht[232]. Gestützt wurde diese Anschuldigung auf den Verdacht, er habe den Steuerverweigerungsbeschluß zur Ausführung und Geltung gebracht[233].

Diese Verfolgung Temmes nach der gescheiterten Revolution war kein Einzelfall; vielmehr ermittelte der Staatsanwalt in Berlin gegen 55 Richter. Beispielhaft seien hier nur *Waldeck*[234], *Esser*[235], *Gierke*[236] und *von Kirchmann*[237]

---

230 *Temme*, Augenzeugenberichte, S. 193, 204. Vgl. dazu aber auch *Ders*., Die Prozesse gegen Jodocus Temme, S. 13.

231 *Temme*, Augenzeugenberichte, S. 106.

232 Die Verhaftung wurde nach § 211 KrimO vorgenommen, der vorschrieb, daß der Angeschuldigte in Untersuchungshaft genommen werden müsse, wenn die zu erwartende Strafe mehr als drei Jahre betrage. Die Anklage gegen *Temme* lautete auf Hochverrat oder Aufruhr und die dafür zu erteilende Strafe lag in jedem Fall über drei Jahren, vgl. *Kötschau*, Richterdisziplinierung, S. 63. Siehe ferner auch *Temme*, Augenzeugenberichte, S. 204. Zu den Reaktionen, die dieses Vorgehen gegen *Temme* in der Öffentlichkeit auslöste, vgl. *Gust*, J.D.H. Temme, S. 105 ff.

233 *Kötschau*, Richterdisziplinierung, S. 63. Dabei wurde die Anschuldigung gegenüber *Temme* zunächst auf eine Proklamation der Linken der preußischen Nationalversammlung gestützt, die angeblich zur Steuerverweigerung aufrufe und mit *Temmes* Namen unterzeichnet war, vgl. den Abdruck dieser Proklamation bei *Steinmann*, Temme, S. 73 f. Später änderte man den Grund der Untersuchung gegen *Temme* jedoch dahingehend ab, daß man ihm die Teilnahme an dem Steuerverweigerungsbeschluß in der Sitzung der Nationalversammlung vom 15. November vorwarf, vgl. dazu *Temme*, Augenzeugenberichte, S. 205.

234 *Benedikt Franz Leo Waldeck* (1802–1807), 1846 Obertribunalsrat, Mitglied der konstituierenden Versammlung für Preußen, teilweise deren Vizepräsident, Vorsitzender der Verfassungskommission, einer der Führer der äußersten Linken, 1849 Mitglied der zweiten preuß. Kammer, wegen Hochverrats am 16. Mai 1849 verhaftet, am 3. Dezember 1849 von den Geschworenen freigesprochen, danach zunächst Rückzug aus der parlamentarischen Tätigkeit, jedoch 1860 wiederum Abgeordneter der Fortschrittspartei im preußischen Haus der Abgeordneten, von 1867–1869 Mitglied des Reichstages des Norddt. Bundes, vgl. *Stern*, ADB, Bd. 40, S. 668 ff. Zur Person *Waldecks* und zu dessen Kriminaluntersuchung vgl. ferner: *Oppenheim*, Benedikt Franz Leo Waldeck, S. 118 ff., *Biermann*, Franz Leo Benedikt Waldeck, S. 153 ff.; *Kötschau*, Richterdisziplinierung, S. 19 ff, 59 ff., 77 ff.; auch *Temme* geht in seinen Erinnerungen auf den Prozeß gegen *Waldeck* ein, vgl. *Ders.*, Augenzeugenberichte, S. 261.

235 *Johann Peter Esser* (*1786), seit dem 21. Juli 1831 Geheimer Oberrevisionsrat am Rheinischen Revisions- und Cassationshof, Mitglied der Rheinischen Immediat-Justiz-Kommission, Vizepräsident der preußischen konstituierenden Versammlung, Mitglied der zweiten preußischen Kammer 1849, vgl. *Hettinger*, Augenzeugenberichte, Personenverzeichnis, S. 328; siehe ferner aber auch: *Kötschau*, Richterdisziplinierung, S. 18 f.

236 Rudolf Eduard Julius Gierke (1806–1855): Mitglied der konstituierenden Versammlung für Preußen, von Juni bis September 1848 Landwirtschaftsminister, von 1849 bis

genannt, welche Mitglieder in der preußischen Nationalversammlung gewesen waren und sich dadurch den Zorn des Königs zugezogen hatten[238].

Die Verhaftung Temmes und seine Einweisung ins Zuchthaus zu Münster blieben in der Öffentlichkeit nicht ohne Widerhall:

> „Am Hofe, bei Offizieren und Geheimräthen in Berlin und Potsdam erregte sie großen Jubel; überall anderswo wurde sie als ein empörender Akt der Ungerechtigkeit und politischen Verfolgungssucht mit voller Entrüstung aufgenommen."[239]

Die reaktionäre Presse, welche bereits unmittelbar nach Auflösung der Nationalversammlung mit ihrer Abrechnung mit den Revolutionsteilnehmern begann, versah Temme mit vielen Beschimpfungen und Schmähungen. Beispielhaft dafür sei hier nur folgende Textstelle aus einem unmittelbar nach Auflösung der Nationalversammlung erschienenen Rückblick auf die preußische Nationalversammlung angeführt:

> „Ein Mann mit keinem glücklichen Gesicht, den die äußerste Linke die Ehre hatte, unter ihren Koryphäen zu besitzen! Was man öfter von Criminalisten bemerkt hat, daß sie ihren Inquisiten und Sträflingen ähnlich zu sehen anfangen, das schien sich auch in Herrn Temme's ganzer Erscheinung, besonders aber in seinem Gesichte zu bewahrheiten. Er behandelte auch die politische Freiheit und die Volksrechte, für die er aus aufrichtiger Überzeugung gekämpft haben mag, mehr in der finstren Weise eines Criminalprozesses. Düstre Ahnungen scheinen diesen Mann beständig zu umschweben, und man fühlt sich bei seinem Anblick einer Hinrichtung nahe."[240]

In krassem Gegensatz dazu stand die Anteilnahme, die die über die Verhaftung erboste Bevölkerung zum Ausdruck brachte. Diese versuchte Temme dadurch aus der Haft zu befreien, daß sie ihn in mehreren deutschen Staaten, wo ein Sitz im Frankfurter Parlament frei war, als Kandidaten für die Neuwahlen aufstellte[241]. Der Nationalversammlung stand nämlich nach einem Reichsge-

---

1850 Mitglied der ersten Kammer, vgl. *Hettinger*, Augenzeugenberichte, Personenverzeichnis, S. 330.

237 Zu dem Vorgehen gegen *v. Kirchmann* von seiten der preußischen Regierung vgl. *Kötschau*, Richterdisziplinierung, S. 28 ff.

238 Vgl. *Kötschau*, Richterdisziplinierung, S. 9.

239 *Temme*, Augenzeugenberichte, S. 193.

240 *O. N.*, Rückblicke auf die preußische Nationalversammlung von 1848 und ihre Koryphäen, S. 42.

241 Vgl. diesbezüglich den Anfang 1849 gestarteten Aufruf des Satire-Magazins Kladderadatsch, *Waldeck* und *Temme* aus der Haft zu befreien: „Mitbürger, ein unvertilgbarer Flecken würde auf uns haften, wenn durch unsere Schuld, Männer wie Temme und Waldeck auf den Bänken der nächsten National=Versammlung fehlen sollten, wenn wir sie nicht dorthin beriefen, trotz dem, daß Kerker-Mauern Temme jetzt umschließen. – Berlins Ehre ist es vor allem, die dabei auf dem Spiele steht. – Doch Temme

setz die Befugnis zu, die Aufhebung einer gegen eines ihrer Mitglieder verfügten Haft oder eine Untersuchung bis zum Ende der Sitzungen anzuordnen[242]. Am 8. Januar 1849 wurde Temme dann auch vom Kreis Neuß in die Frankfurter Nationalversammlung gewählt[243]. Dennoch zog sich seine Entlassung aus der Haft noch bis Ende Januar hin, da die preußische Regierung, obwohl Temmes Wahlakten unmittelbar nach seiner Wahl nach Berlin geschickt worden waren, keine Notiz davon nahm. Nachdem auch schon im Frankfurter Parlament ein Antrag bezüglich der Haftentlassung Temmes gestellt worden war[244], der jedoch zu keiner Reaktion seitens der preußischen Regierung geführt hatte, nahm sich Staatsminister *Camphausen* der Sache an und erklärte, er werde sofort um seine Entlassung aus dem preußischen Staatsdienste einkommen, wenn Temme noch länger in Haft gehalten werde[245]. Daraufhin wurde Temme nach einer fünfwöchigen Haft am 27. Januar 1849 aus dem Zuchthaus entlassen[246], und er reiste nach Frankfurt ab, um an den dortigen Sitzungen der Nationalversammlung teilzunehmen[247]. In der deutschen Nationalversammlung, in welcher Temme sich der Fraktion Westendhall[248]

---

und Waldeck werden nicht fehlen auf ihrem Platze – wir sind dessen gewiß. –"; in: Kladderadatsch 1849, Nr. 2, S. 140.

242 Vgl. Sten. Ber. dt. Nat., Bd. 7, S. 4907, 4911.

243 *Temme*, Augenzeugenberichte, S. 194, 208. *Temme* antwortete daraufhin den Neußer Wahlmännern in einem Dankesschreiben, in dem er erneut folgendes bekräftigte: „Dem Volke habe ich mein Leben gewidmet, mit dem Volke, für seine Freiheit und seine Rechte werde ich stets kämpfen und entweder siegen oder fallen!", vgl. *Steinmann*, Temme, S. 13 f.

244 Sten. Ber. dt. Natv., Bd. 7, S. 4907 ff.

245 *Steinmann*, Temme, S. 109; *Temme*, Augenzeugenberichte, S. 209; *Gust*, J.D.H. Temme, S. 109.

246 *Steinmann*, Temme, S. 15. Die Haftentlassung *Temmes* sorgte in der demokratischen Presse für großen Jubel, es wurde Temme zu Ehren sogar ein Gedicht geschrieben, vgl. den Wortlaut des Gedichtes bei: *Gust*, J.D.H. Temme, S. 110. Auch wurde *Temme* von Seiten der Münsteraner Bürgerschaft „in Anerkennung seines Strebens für das Volk" ein Silberpokal gewidmet. Dieser befindet sich heute im WLMKuK (Inv.-Nr. V-25 LM); eine Abbildung davon findet sich bei: *Reininghaus / Conrad*, Für Freiheit und Recht, S. 231; Vgl. zu der Reaktion der Bürgerschaft auch *Temme*, Augenzeugenberichte, S. 194.

247 *Temme*, Augenzeugenberichte, S. 209; *Ders.*, Die Prozesse gegen Jodocus Temme, S. 110. Im Frankfurter Parlament wurde *Temme* von den Mitgliedern, die nicht der Reaktion angehörten, durch Aufstehen empfangen, vgl. *Thimm*, Aus Tilsits Vergangenheit, Teil 2, S. 266 f.

248 Die Westendhall-Fraktion war eine gemäßigte Abspaltung der linken Fraktion Deutscher Hof und der linksliberalen Fraktion Württemberger Hof. Von der Linken spöttisch als „Linke im Frack" bezeichnet, unterstützte die Fraktion die Reichsverfassung, war allerdings gegen eine Vereinbarung derselben mit den deutschen Bundesstaaten,

anschloß[249], trat er jedoch als Redner nicht hervor; seine Teilnahme an den Sitzungen beschränkte sich auf die Stimmabgabe bei den Abstimmungen zu den in die Nationalversammlung eingebrachten Anträgen[250]. Dazu mag auch der Umstand beigetragen haben, daß Temme bei den Wahlen zur preußischen zweiten Kammer, die im Februar 1849 stattgefunden hatten[251], ein Mandat erhalten hatte[252] und sich daher zeitweilig von Frankfurt nach Berlin begab, um seinen Sitz in der preußischen zweiten Kammer einzunehmen. Dort brachte er direkt zu Beginn zum Ausdruck, daß auch die ihm widerfahrene Verfolgung durch den preußischen Staat ihn nicht von seiner politischen Überzeugung habe abbringen können, wobei er sich mit folgender Bemerkung für das Recht des Volkes, sich in Interpellationen an die Nationalversammlung zu wenden, einsetzte:

> „Wir sind die Kammer des Volkes und möchten uns nicht zu sehr in die Hände der Minister geben!“[253]

Wieder zurückgekehrt in die Paulskirche nach Frankfurt, gab Temme entgegen der Erwartung vieler Demokraten[254] seine Stimme für *Friedrich Wilhelm IV.* und das deutsche Erbkaisertum ab[255]. In einem an seinen Freund *Waldeck* adressierten Brief, der ihm später zum Verhängnis werden sollte und den

vgl. dazu *Boldt*, Anfänge, S. 72 f., 182 ff.; *Botzenhart*, Deutscher Parlamentarismus, S. 424.

249 *Jansen*, Einheit, Macht und Freiheit, S. 625.

250 *Gust*, J.D.H. Temme, S. 112.

251 Vgl. zu den Wahlen zur zweiten preußischen Kammer, *Hachtmann*, Berlin 1848, S. 794.

252 *Temme* war in den Wahlkreisen Münster-Warendorf und Tilsit-Ragnit gewählt worden. Da er jedoch befürchtete, daß bei einer Ablehnung des Mandats für Tilsit-Ragnit durch den dann zu bestimmenden Ersatzkandidaten „der Sache des Volkes eine Stimme entzogen würde“, nahm er dieses an, was er den Wählern Münsters in einem Dankesschreiben an sie erklärte, vgl. den Abdruck des Briefes bei: *Steinmann*, Temme, S. 27. Diese Wahl *Temmes* zum Abgeordneten für Tilsit Ragnit war Ausdruck der außerordentlichen „Liebe und Verehrung“ die er in dieser Region genoß, vgl. *Thimm*, Aus Tilsits Vergangenheit, Teil 2, S. 259, 267.

253 Sten. Ber. d. zw. pr. Kammer, 2. Sitzung am 28. Februar 1849, S. 17.

254 Vgl. dazu *Steinmann*, Temme, S. 22.

255 Dies wurde ihm von seiten der demokratischen Partei übel genommen, und auch die Gegenpartei erging sich in Beschimpfungen, vgl. *Steinmann*, Temme, S. 19. Vgl. dazu auch: *Geißler*, Blutzeugen, S. 265, der hervorhebt, daß *Temme* entgegen der landläufigen Meinung in der Öffentlichkeit eben kein Demokrat, sondern ein „juristisch Konstitutioneller“ gewesen sei.

Temme später als „politische Verblendung“[256] brandmarkte, begründete er dies folgendermaßen:

> „Ich bin für die preußische Kaiserkrone. So wie die Sachen nach den Ereignissen in Österreich nun einmal stehen, giebt es für Deutschland nur jene preußische Krone oder eine oktroyierte Verfassung. Die letztere kann nur der alte Deutsche Bund werden. Nimmt Preußen aber die Kaiserkrone an, so zwingen wir dadurch die preußische Regierung, die Bahn des Absolutismus zu verlassen, sowohl im eigenen Lande, als für ganz Deutschland. Ich übersehe dabei nicht die auswärtigen Verhältnisse. Nimmt Preußen nicht an, so haben wir dann das Recht zu einer Revolution, so klar, daß man sich nicht den geringsten Skrupel daraus weiter zu machen braucht.“[257]

Danach begab sich Temme wieder in die zweite preußische Kammer nach Berlin, wo er seinen Kampf gegen die Regierung fortsetzte, indem er sich gegen Gesetzentwürfe wandte, die das öffentliche Versammlungsrecht des Volkes einzuschränken drohten[258] und indem er ferner in einer anderen Debatte das Grundrecht der persönlichen Freiheit verteidigte[259]. Als jedoch am 27. April die zweite preußische Kammer aufgelöst wurde, weil sie die in Frankfurt beschlossene Reichsverfassung für rechtsgültig erklärt hatte, siedelte Temme erneut nach Frankfurt über. Hier nahm er Anteil an allen wesentlichen Entscheidungen des Frankfurter Parlamentes, und er blieb auch nach der Übersiedelung des Parlamentes nach Stuttgart einer der hitzigsten Kämpfer gegen die wiederstarkende Reaktion[260]. Als jedoch das Stuttgarter Rumpfparlament am 18. Juni 1849 mit Waffengewalt gesprengt wurde, kehrte Temme zu seiner sich noch in Berlin befindenden Familie zurück[261].

Schon bald darauf kam er am 4. Juli 1849, nachdem ihm ein längerer Aufenthalt in Berlin durch Justizminister *Simons*[262] untersagt worden war[263], wegen

---

256 *Temme*, Augenzeugenberichte, S. 248.

257 Dieser Brief ist in *Temmes* Erinnerungen abgedruckt, vgl. *Temme*, Augenzeugenberichte, S. 248, vgl. aber auch die Nachweise bei *Gust*, J.D.H. Temme, S. 114 (Fn. 133).

258 Sten. Ber. d. zw. pr. Kammer, 28. Sitzung v. 16. April 1849, S. 500.

259 Sten. Ber. d. zw. pr. Kammer, 34. Sitzung v. 24. April 1849, S. 640.

260 *Gust*, J.D.H. Temme, S. 115.

261 *Temme*, Augenzeugenberichte, S. 194.

262 *Louis oder Ludwig Simons* (1803–1870): von 1847–1849 Geheimer Justizrat und Vortragender Rat im preußischen Justizministerium, 1848 Mitgl. d. pr. Natvers., 1849–1852 Mitglied der ersten pr. Kammer, 1852–1854 Mandat für die zweite preußische Kammer, von 1854–1855 Mitglied der ersten Kammer/Herrenhaus, 1849–1860 preußischer Justizminister, vgl. *Hettinger*, Augenzeugenberichte, Personenverzeichnis, S. 351. Vgl. zu *Simons* auch die Ausführungen *Temmes*, der diesem vorhielt, daß er „zu den schwächsten Juristen im preußischen Staatsdienst gehöre“, vgl. *Ders.*, Augenzeugenberichte, S. 211, 213. In einem Brief an *Mittermaier* aus dem Jahre 1859

seiner Teilnahme am Rumpfparlament erneut als Hoch- und Staatsverräter in das Zuchthaus zu Münster[264]. Den ihm vielfach entgegengebrachten Rat, ins Schweizer Exil zu flüchten, wollte Temme jedoch nicht annehmen, da er glaubte, sich nicht den Folgen seines „mit vollem Bewußtsein einer Pflichterfüllung gegen das Volk ausgeführten Verhaltens“[265] entziehen zu können. Seine Wahl für die erste preußische Kammer im Herbst 1849, diesmal in Coesfeld, wurde jedoch nicht anerkannt, und Temme mußte in der Untersuchungshaft verweilen[266]. Der Grund für die Inhaftierung, seine Teilnahme an den Sitzungen und Beschlüssen des Stuttgarter Parlamentes, war durch die Veröffentlichung der stenographischen Sitzungsprotokolle für jedermann offensichtlich. Dennoch wurde die Untersuchung gegen ihn über Monate hingezogen[267]. Er versuchte aber, sich die Zeit im Zuchthause nicht allzu lang werden zu lassen, indem er sich bemühte, diese möglichst sinnvoll zu nutzen:

> „Ich hatte Federn, Papier und Tinte, durfte sie gebrauchen und durfte mich mit Büchern versehen; so hatte ich Arbeit und ich schrieb selbst Bücher, denn ich sah schon damals klar ein, daß die Reaktion in Preußen nicht eher ruhen werde, als bis

---

brachte *Temme* vor, daß *Simons* das „verderblichste Element“ für die „große Degeneration der Justiz“ in Preußen sei, und er wies darauf hin, daß diese Auffassung nicht allein darin begründet liege, daß *Simons* ihn persönlich verfolgt habe, sondern daß dieser den „ganzen nichtsnutzigen französischen Justizapparat nach ganz Preußen“ herübergetragen habe, vgl. Brief *Temmes* an *Mittermaier* vom 28. August 1859, UB Heidelberg, Hs. 2746, Nr. 28.

263 *Temme*, Augenzeugenberichte, S. 218.

264 *Temme*, Augenzeugenberichte, S. 194, 219. *Temme* hatte zuvor versucht, ein Perhorreszenzgesuch gegen das Oberlandesgericht in Münster einzulegen, da dieses eine „Feindseligkeit“ gegen ihn an den Tag gelegt habe, von der er „ein unparteiisches Verfahren und Urtheil jetzt nicht erwarten könne“. Dieses wurde jedoch ungeachtet der Tatsache, daß die Mitglieder des Gerichtes sich gegenüber *Temmes* erster Verhaftung im Jahre 1848 nicht geändert hatten, abgelehnt, da es sich damals um das OLG Münster gehandelt habe und nun aber das Appellationsgericht zuständig sei, vgl. *Temme*, Augenzeugenberichte, S. 218, 224. Diese Ablehnung erscheint aber insofern unsinnig, als daß es sich bei dem AppG um das alte OLG handelte, welches durch Verordnung vom 2. Januar 1849 lediglich umbenannt worden war, vgl. Staatsarchiv Münster, Oberlandesgericht (Appellationsgericht) Münster, Nr. B 502 (alte Nr. 19).

265 *Temme*, Augenzeugenberichte, S. 194.

266 Vgl. dazu m. w. N. *Gust*, J.D.H. Temme, S. 117.

267 *Temme*, Augenzeugenberichte, S. 220. Eine Ursache für die Verzögerung des Prozeßbeginns gegen *Temme* ist darin zu sehen, daß man, nachdem *Waldeck* am 3. Dezember 1849 und auch andere politisch Angeklagte durch die Geschworenen freigesprochen worden waren, *Temme* vor einen besonderen Staatsgerichtshof für politische Verbrechen stellen wollte, und die Einrichtung desselben vorbereitete. Dieses Vorhaben scheiterte letztendlich jedoch an dem im größer werdenden Druck der Öffentlichkeit, vgl. *Thimm*, Aus Tilsits Vergangenheit, 2. Teil, S. 270.

> sie mich von Amt und Brod gebracht habe. Da mußte ich bei Zeiten auf eine Erwerbsquelle zum Unterhalt meiner zahlreichen Familie bedacht sein."[268]

Am 6. April 1850 wurde Temme dann endlich, nachdem das Verfahren wegen Teilnahme an dem Steuerverweigerungsbeschlusse inzwischen eingestellt worden war[269], nach neunmonatiger Untersuchungshaft wegen seiner Teilnahme am Rumpfparlament vor das Geschworenengericht gestellt[270]. Die Anklage lautete auf Hoch- oder Landesverrats gegen den Deutschen Bund und gegen den preußischen Staat[271]. Als bedeutendstes Beweisstück für die Anklage präsentierten die Staatsanwälte den bereits oben in Auszügen zitierten Brief Temmes an Waldeck[272], in welchem er sein Abstimmungsverhalten bezüglich des Erbkaisertums erklärt hatte und welcher ihn der Anklage zufolge als Revolutionär auswies[273]. Daraufhin ließ sich Temme gegenüber den Geschworenen in einer langen Rede vollständig zur Sache ein[274]. In bezug auf den Brief

---

268 *Temme*, Augenzeugenberichte, S. 198. *Temme* schrieb in dieser Zeit im Zuchthaus zu Münster eine Abhandlung auf dem Gebiete des Strafprozeßrechts mit dem Titel „Grundzüge eines deutschen Strafverfahrens" und er nutze die Zeit ferner zur Ausarbeitung von vier Romanen („Anna Hammer", „Josephe Münsterberg", „Elisabeth Neumann" und „Die schwarze Mare"). Diese Romane wurden später jedoch als „Revolutionsromane" verboten, siehe *Ders.*, Augenzeugenberichte, S. 260. Vgl. zu der Sorge um die Ernährung seiner Familie auch die Äußerung *Temmes* in der Einleitung zu seinem Werk „Grundzüge eines deutschen Strafverfahrens", in welcher er auf die Sorgen eines Familienvaters hinwies, der von „sämmtlichen, zum Theil schwer erkrankten Mitgliedern seiner Familie 100 bis 300 Stunden weit getrennt, in den einsamen Mauern des Kerkers schrieb", vgl. *Ders.*, Grundzüge, S. VI.

269 *Temme*, Augenzeugenberichte, S. 215.

270 Zum genauen Verlauf des Prozesses siehe *Temme*, Augenzeugenberichte, S. 228. Ferner hat *Temme* diesen zweiten Hochverratsprozeß in einer anonymen Denkschrift, welche im Jahre 1851 in Braunschweig unter dem Titel „Die Prozesse gegen Jodocus Temme" erschien, in allen Einzelheiten ausgeleuchtet. Außerdem erschien im Jahre 1850 (ohne Nennung eines Autors) eine Schrift, in welcher versucht wurde, den Prozeß gegen *Temme* „so genau und vollständig als möglich wieder zu geben", vgl. *o. N.*, Verhandlungen vor dem Schwurgerichte zu Münster, S. 1 ff.

271 Zunächst hatte die Anklage gegen *Temme* nur auf Hochverrat gegen den Deutschen Bund gelautet, der Vorwurf des Landesverrats war erst bei Prozeßbeginn hinzugefügt worden. *Temme* begründet diesen Umstand in seinen Erinnerungen damit, daß man wohl davon ausgegangen sei, daß es den Geschworenen schwerfallen würde, auf Hochverrat zu erkennen, da dieser mit Todesstrafe zu ahnden sei. Hingegen könne der Landesverrat in seiner mildesten Form mit einer sechsmonatigen bis zweijährigen Gefängnisstrafe bestraft werden, brächte aber dennoch den Verlust des öffentlichen Amtes mit sich, vgl. *Temme*, Augenzeugenberichte, S. 229.

272 Vgl. dazu *o. N.*, Verhandlungen vor dem Schwurgerichte zu Münster, S. 3.

273 Vgl. *Gust*, J.D.H. Temme, S. 122.

274 Während der Zeit der Untersuchungshaft hatte *Temme* jedoch jede Einlassung zu den Vorwürfen gegen ihn verweigert, weil er der Überzeugung war, daß er nur als Abgeordneter gehandelt habe und als solcher nur seinem Gewissen gegenüber verantwort-

an *Waldeck* brachte er vor, daß dieser keinesfalls zum Ausdruck bringe, daß er die Revolution wolle, sondern nur, daß er „dem die verheißenen und bereits gewährten Rechte des Volkes wieder unterdrückenden Absolutismus gegenüber, die Revolution für ein Recht, für das Recht der Notwehr halte". Ferner berief er sich zu seiner Verteidigung auf seine Stellung als Abgeordneter, welche es mit sich bringe, daß er nach dem Gesetz für seine Abstimmungen nicht zur Verantwortung gezogen werden könne[275]. Zum Abschluß seiner flammenden etwa drei Stunden dauernden Verteidigungsrede[276] appellierte er dann noch an das Gewissen der Geschworenen:

> „Ich habe gethan, was ich nach meiner Pflicht und nach meinem Gewissen tun mußte. Müssen sie einen Mann in mir finden, der gegen seine Pflicht, gegen sein Gewissen gehandelt hat, müssen sie mich also nach ihrer Pflicht und ihrem Gewissen bestrafen, so muß ich mich dem unterwerfen."[277]

Im Ergebnis befanden ihn die Geschworenen des Hoch- und Landesverrates für nicht schuldig, und er wurde freigesprochen[278]. Dieser Freispruch löste in der Öffentlichkeit großen Jubel aus[279] und er wurde als Freiheitsheld gefeiert[280].

Die Verfolgungen gegen Temme waren damit jedoch noch nicht zu Ende. Anfang 1851 wurde ein Disziplinarverfahren gegen ihn eingeleitet, und das

---

lich gewesen sei. Eine ungefähre Inhaltsangabe der Rede Temmes findet sich in voller Länge bei: *O. N*, Verhandlungen vor dem Schwurgerichte zu Münster, S. 18 ff.

275 *O. N.*, Verhandlungen vor dem Schwurgerichte zu Münster, S. 18, 35.

276 *O. N.*, Verhandlungen vor dem Schwurgerichte zu Münster, S. 18. *Temmes* Rede wurde immer wieder davon unterbrochen, daß er „Blut auswerfen" mußte, da sein Körper durch die neunmonatige Haft geschwächt war, vgl. *Thimm*, Aus Tilsits Vergangenheit, Teil 2, S. 270.

277 *O. N*, Verhandlungen vor dem Schwurgerichte zu Münster, S. 35 f.; *Gust*, J.D.H. Temme, S. 125.

278 *O. N*, Verhandlungen vor dem Schwurgerichte zu Münster, S. 99.; *Temme*, Augenzeugenberichte, S. 201, 233.

279 Nach seinem Freispruch wurde *Temme* auch das Ehrenbürgerrecht Tilsits verliehen. Dieses war bereits im Jahre 1849 durch die Stadtverordneten beantragt worden, jedoch hatte der Magistrat Bedenken gehabt, diesem Beschluß beizutreten, da *Temme* sich in Untersuchungshaft befand. Diese Bedenken waren nach dem Freispruch ausgeräumt, und ihm wurde die Ehrenbürgerschaft für „die Verdienste, die er sich als Direktor des kgl. Kreisgerichts" erworben habe, verliehen. Hatten die Stadtverordneten die Verleihung der Ehrenbürgerschaft noch beantragt, um *Temme* Dank für sein „Ausharren bei der von ihm als gerecht anerkannten Sache des Volks" auszuprechen, so wurden diese politischen Motive im Ergebnis gänzlich fortgelassen, vgl. *Thimm*, Aus Tilsits Vergangenheit, Teil 2, S. 260.

280 *O. N*, Verhandlungen vor dem Schwurgerichte zu Münster, S. 99; vgl. m. w. N. *Gust*, J.D.H. Temme, S. 125.

Berliner Obertribunal verurteilte ihn als Disziplinarhof im Februar 1851 zum Verlust seines Amtes und zum Verlust seines Anrechtes auf Pension[281]. Dies geschah aufgrund einer Verordnung vom 10. Juli 1849, der man erst rückwirkende Kraft[282] geben mußte, um sie gegen Temme in Anwendung bringen zu können[283]. Damit war der bereits nach Auflösung der preußischen Nationalversammlung geäußerte königliche Wille[284], ihn aus seinem Amte zu entfernen, im Ergebnis doch noch Wahrheit geworden. Für Temme, der ohne jedes Vermögen war[285], bedeutete dies nach dreiunddreißigjähriger staatlicher Dienstzeit den Beginn eines neuen Lebensabschnittes, in dem er neue Wege fernab des preußischen Justizwesens beschreiten mußte, um sich sein Auskommen zu sichern. Zwar wurde Temme von verschiedenen Seiten Hilfe angeboten[286], jedoch entschied er sich, unabhängig zu bleiben[287].

Am 20. April 1851 übernahm er die Redaktion der „Neuen Oderzeitung"[288] in Breslau[289], welche als Sammelpunkt der politischen Opposition bekannt war[290]. Diese Tätigkeit war jedoch nicht von langer Dauer, da die Zeitung „unaufhörlich konfisziert" und „in Preßprozesse verwickelt wurde"[291], so daß Temme sich nach anderthalb Jahren, als die Existenz der Oderzeitung auf dem Spiel stand, entschied, die Redaktion aufzugeben[292]. Auch als er sich, in Bres-

---

281 Vgl. ausführlich dazu *Temme*, Augenzeugenberichte, S. 235 ff.

282 In der Schilderung seines Disziplinarprozesses stützte *Temme* sich neben anderen Dingen, die für ihn die Nichtigkeit des gefällten Urteils begründen, insbesondere auch darauf, daß durch die Anwendung des Disziplinargesetzes auf seinen Fall gegen das preußische Allgemeine Landrecht, Einleitung § 14, verstoße, nach welchem neue Gesetze auf schon vorher vorgefallene Handlungen nicht angewendet werden dürften, vgl. *Temme*, Augenzeugenberichte, S. 241.

283 *Temme*, Augenzeugenberichte, S. 202.

284 *Temme*, Augenzeugenberichte, S. 259.

285 *Temme*, Augenzeugenberichte, S. 259.

286 Sogar der König hatte *Temme* aus Sorge um dessen Ehefrau unter der Bedingung, daß dieser ihn darum bitte, eine Advokatenstelle angeboten. *Temme* und seine Frau waren jedoch zu stolz, dieses Angebot anzunehmen, vgl. *Temme*, Augenzeugenberichte, S. 259.

287 Zur Übernahme der Redaktion vgl. Neue Oder=Zeitung (Morgenblatt) v. 20. April 1851 (Nr. 185), Titelblatt; ferner auch: *Temme*, Augenzeugenberichte, S. 262.

288 Zu dieser Zeitung vgl. *Stein*, Geschichte der Stadt Breslau, S. 562.

289 Zu der Stadt Breslau in dieser Zeit, vgl. *Stein*, Geschichte der Stadt Breslau, S. 425–564.

290 *Temme*, Augenzeugenberichte, S. 260.

291 *Temme*, Augenzeugenberichte, S. 262.

292 *Temme* äußerte in seinen Erinnerungen die Befürchtung, mit ihm als Chefredakteur stehe „die Existenz der Oderzeitung auf dem Spiele", weshalb er unter anderem den

lau verbleibend, der Tätigkeit eines Rechtskonsulenten widmete[293], nahmen die Verfolgungen gegen ihn „noch immer kein Ende“[294], und ihm wurde auch diese Tätigkeit unter Hinweis auf ihre Genehmigungspflichtigkeit versagt[295]. Da er sich dem „Vernichtungskampf“ der Reaktion gegen „alles, was zur Demokratie gehörte“, wobei demokratisch in diesem Sinne alles war, „was nicht unbedingt der Reaktion sich unterworfen hatte“[296], nicht länger stellen wollte, faßte Temme den Entschluß, sich diesen fortwährenden Verfolgungen dauerhaft zu entziehen:

> „Ich beschloß, auszuwandern. Federn und Tinte fand ich überall. Freiheit und Ruhe fand ich nur im Auslande.“[297]

F) Exil in der Schweiz und kurze Rückkehr in die preußische Politik[298]

Infolgedessen ging Temme im Jahre 1852 mit seiner Familie als politischer Flüchtling in die Schweiz[299], wo bereits viele seiner politischen Leidensgenossen eine neue Heimat gefunden hatten[300]. In Zürich, welches aufgrund der Vielzahl der sich dort aufhaltenden „Achtundvierziger“ das Zentrum der politi-

---

Entschluß faßte die Redaktion des Blattes aufzugeben. Im Jahre 1856 ging die Oderzeitung jedoch auch ohne ihn ein, vgl. *Stein*, Geschichte der Stadt Breslau, S. 562.

293 *Temme*, Augenzeugenberichte, S. 263 f., 267 f.

294 *Temme*, Augenzeugenberichte, S. 264. Hier finden sich genaue Schilderungen der Verfolgungen, die *Temme* auch noch in Breslau widerfuhren, wie bspw. eine Hausdurchsuchung durch die Polizei, bei der sämtliche Schriften *Temmes*, die man bei der Durchsuchung vorfand, entwendet wurden, vgl. *Ders.*, Augenzeugenberichte, S. 264 ff.

295 *Temme*, Augenzeugenberichte, S. 267.

296 *Temme*, Augenzeugenberichte, S. 261.

297 *Temme*, Augenzeugenberichte, S. 272.

298 Vgl. dazu die Kapitel „Aus dem Flüchtlingsleben in der Schweiz“ und „Berlin 1863–1864“, in: *Temme*, Augenzeugenberichte, S. 274 ff., S. 287 ff.

299 Den Kontakt zu seiner in Deutschland verbliebenen Familie hielt *Temme* über einen regen Briefverkehr; allerdings bestand diesbezüglich das Problem, daß von den Briefen mehr als die Hälfte durch Beschlagnahme verlorenging. Über diesen Umstand beklagte *Temme* sich in einem Brief an den befreundeten *C. J. A. Mittermaier*, vgl. den Wortlaut des Briefes bei, *Jansen*, Nach der Revolution 1848/49, S. 434 (Heid. Hs. 2746, Nr. 22).

300 Insgesamt flohen mehr als 11.000 deutsche Revolutionäre in die Schweiz, vgl. dazu: *Jansen*, Einheit, Macht und Freiheit, S. 74 ff. Auch *Temme* liefert eine Schilderung des deutschen Flüchtlingslebens in der Schweiz, vgl. *Ders.*, Augenzeugenberichte, S. 275.

schen Emigration war[301], erhielt er eine Professur für Kriminalrecht und Kriminalprozeß, Zivilprozeß und vergleichende Rechtswissenschaft an der staatswissenschaftlichen Fakultät der Universität[302]. Im Frühjahr 1854 wurde ihm von seiner Fakultät ein Ehrendoktortitel verliehen[303]. Temme mußte sich jedoch, da diese Stelle an der Universität unbesoldet war[304], mit seinem Erzähltalent über Wasser halten. Erst im Jahre 1859 verhalf ihm ein Kredit zur Belohnung unbesoldeter Professoren für ausgezeichnete Leistungen zu einer Besserung seiner finanziellen Situation[305]. Dieser Kredit wurde Temme aufgrund einer Petition der Züricher Studentenschaft gewährt, was einen Hinweis darauf gibt, wie beliebt er bei dieser gewesen sein muß[306]. Seine Lehrtätigkeit an der Universität Zürich war überwiegend von Vorlesungen geprägt, welche sich mit dem deutschen Strafrecht befaßten. Jedoch machte er sich im Laufe

---

301 *Jansen*, Einheit, Macht und Freiheit, S. 80.

302 Vgl. dazu *Odermatt*, Universität Zürich, S. 103 ff. *Odermatt* kommt in seiner Untersuchung zu dem Ergebnis, daß die Quellen keinen Aufschluß darüber geben, warum *Temme* die Professur erhielt, obwohl bereits ein Ordinariat für Strafrecht und Strafprozeß unter Eduard Osenbrüggen bestand. Er stellt jedoch die Vermutung an, daß dies neben Temmes großer praktischer Erfahrung und dem Wert seiner bereits publizierten juristischen Abhandlungen zum preußischen Strafrecht insbesondere auch auf politische Gründe zurückzuführen gewesen sei, vgl. *Ders.*, Universität Zürich, S. 105. *Jansen* führt die Berufung *Temmes* an die Universität Zürich auf die Protektion des früheren Parlamentskollegen *Hildebrand* zurück, vgl. *Ders,*, Einheit, Macht und Freiheit, S. 79.

303 Vgl. *Hettinger*, J.D.H. Temme, S. 153.

304 *Temme* war nicht der einzige, der eine unbesoldete Professur in Zürich annahm. Fast alle Professoren der Universität stammten aus Deutschland, und Zürich profitierte dabei von dem Umstand, daß die deutschen Achtundvierziger bereit waren, gering oder gar nicht besoldete Stellen anzunehmen, um auf diese Weise Zuflucht in der Schweiz zu finden. Es lehrten dort neben dem Historiker *Adolf Schmidt* auch noch *Hildebrand* (Staatswissenschaften) und *Vischer* (Ästhetik und Deutsche Literatur), die zur Paulskirchenlinken gehört hatten, vgl. *Jansen*, Einheit, Macht und Freiheit, S. 79.

305 *Odermatt*, Universität Zürich, S. 105 (vgl. insbes. Fn. 17, 18). Ob diese Petition der Züricher Studentenschaft dadurch motiviert war, daß *Temme* zu dieser Zeit an berufliche Veränderungen dachte, die wahrscheinlich auch damit im Zusammenhang standen, daß seine Professur unbesoldet war, kann zumindest vermutet werden. In einem Brief an *C. J. A. Mittermaier* aus dem Jahre 1859 sprach *Temme* jedenfalls von beruflichen Veränderungen und schilderte, daß er derzeit in Verhandlungen mit einem Industrieunternehmen stehe, wo er Direktor des Verwaltungsrats werden könne; vgl. Auszüge dieses Briefes bei: *Jansen*, Nach der Revolution 1848/49, S. 616 (Heid. Hs. 2476, Nr. 28).

306 *Escher*, Lebenslauf, S. 26. Vgl. dazu ferner auch m. w. N. *Odermatt*, Universität Zürich, S. 116.

der Zeit ebenfalls mit den kantonalen Gesetzbüchern der Schweiz bekannt[307], so daß er diese später auch in seiner Vorlesung über das gemeine deutsche Recht berücksichtigen konnte[308].

Im Jahre 1863 kehrte Temme nach Preußen zurück, weil ihn der vierte Wahlkreis Berlins[309] in das Abgeordnetenhaus gewählt hatte[310]. Er entschloß sich, die Wahl anzunehmen, und wurde Mitglied der Fortschrittspartei[311]. Eigenen Angaben zufolge verfolgte er bei der Annahme dieser Wahl das Ziel, die „Linke von 1848"[312] mit Hilfe seiner politischen Freunde[313] wiederherzustellen[314], was ihm im Ergebnis jedoch nicht gelang. Zwar hatte er mit diesem Vorschlag Anklang bei *Jacoby*[315] und *Bresgen*[316] finden können, jedoch hatte *Waldeck*,

---

307 Aus dieser Beschäftigung mit dem kantonalen Recht ging dann auch das „Lehrbuch des schweizerischen Strafrechts nach den Strafgesetzbüchern der Schweiz" hervor, welches 1855 in Aarau erschien.

308 *Odermatt*, Universität Zürich, S. 111, 115. Leider findet sich in *Temmes* Erinnerungen keine Schilderung seiner Professorentätigkeit in Zürich.

309 Vgl. dazu Sten. Ber. HdA, Bd. 1, 7. Sitzung, S. 119. Bezüglich der Gültigkeit dieser Wahl wurde im Haus der Abgeordneten diskutiert, ob *Temme* nach seiner Auswanderung in die Schweiz überhaupt noch preußischer Staatsbürger sei. *Temme* gelang es jedoch die Bedenken erfolgreich auszuräumen, indem er glaubhaft beweisen konnte, daß er, der sich die „Ehre erhalten" wollte, „preußischer Staatsbürger zu sein", im Jahre 1861 einen Heimatsschein aus Preußen erhalten habe.

310 *Temme*, Augenzeugenberichte, S. 287 f.

311 Die Deutsche Fortschrittspartei (DFP) wurde am 6. Juni 1861 von liberalen Abgeordneten im preußischen Abgeordnetenhaus als erste deutsche Programmpartei gegründet. Die Mitgl. entstammten dem 1859 von Liberalen und Demokraten gegründeten Deutschen Nationalverein. Programm der Partei waren vor allem die Einigung Deutschlands, eine starke Zentralgewalt in Preußen, eine Volksvertretung, die Verwirklichung des Rechtsstaates, eine Selbstverantwortung der kommunalen Ebenen und eine neue soziale Ordnung. Seit 1861 war sie die stärkste Fraktion im preußischen Abgeordnetenhaus; sie behielt diese Position bis 1866, vgl. *Biefang*, Geschichte und Gesellschaft 1997, S. 360 ff.

312 *Temme*, Augenzeugenberichte, S. 288.

313 Namentliche Erwähnung finden in diesem Zusammenhang *Waldeck*, *Jacoby*, *Bresgen* und *Kyll*. *Temme* erklärte allerdings, *Jacoby* und *Bresgen* seien zur Wiederherstellung der alten Linken bereit gewesen, jedoch habe *Waldeck* dies entschieden abgelehnt, vgl. *Temme*, Augenzeugenberichte, S. 288.

314 *Temme*, Augenzeugenberichte, S. 288.

315 *Johann Jacoby* (1805–1877), preußischer Politiker, studierte zunächst Medizin in Heidelberg und Königsberg, 1830 Niederlassung als praktischer Arzt in Königsberg, 1848 Mitglied der Linken in der preußischen Nationalversammlung, Mitglied der deutschen Nationalversammlung 1849, nach der Revolution Einleitung eines Prozesses wegen Hochverrats, im Dezember 1849 jedoch Freispruch durch die Geschworenen, 1863 Mitglied der zweiten preußischen Kammer, vgl. zu *Jacoby*: *Engelmann*, Die Freiheit. Das Recht, S. 1 ff.

von dessen Zustimmung seiner Ansicht nach alles abhängig war, seinen Vorschlag entschieden von sich gewiesen[317]. Zur Begründung sei *Waldeck* mit dem Einwand hervorgetreten, die äußerste Linke könne inzwischen

> „nur Prinzipien geltend machen wollen, die heute keine Berechtigung hätten, und nur Ziele erreichen wollen, die in weiter, jetzt noch nebliger Ferne lägen."[318]

In der Folge fiel es Temme schwer, sich in diesen neuen Parlamentarismus Preußens, in welchem alles nur noch auf die „Politik des Tages"[319] ankomme, hineinzufinden, und er kehrte bereits im Januar 1864 in die Schweiz zurück. Hier widmete er sich neben seiner Professur ganz der Romanschriftstellerei[320]. Ferner zeichnete er in diesen Jahren auch die zu Teilen in verschiedenen Blättern veröffentlichten, später von seinem Schwiegersohn *Stephan Born*[321] im Zusammenhang herausgegebenen „Erinnerungen"[322] an sein bisheriges Leben auf.

Bis zum Jahre 1878 behielt Temme seine Professur bei, doch dann zog es ihn noch einmal in sein Heimatland, und er siedelte mit seiner Familie nach Tilsit über[323], an welches er aus seiner dort als Direktor des Land- und Stadtgerichtes verbrachten Zeit noch gute Erinnerungen hatte. Nach dem Tode seiner Ehefrau im Jahre 1879[324] fühlte er sich allerdings einsam, und es zog ihn zurück nach Zürich, wo sein bewegtes Leben am 14. November 1881 ein Ende fand[325].

---

316 *Franz Joseph Hubert Bresgen* (1815–1895): Weinguts- und Lohgerbereibesitzer, 1837–1843 Referendar am Landgericht Köln, im Jahre 1843 Austritt aus dem Staatsdienst, 18. Mai 1848 bis 30. Mai 1849 Mitglied der deutschen Nationalversammlung, 1862–1867 Mitglied des preußischen Hauses der Abgeordneten, vgl. *Hettinger*, Augenzeugenberichte, Personenverzeichnis, S. 324.

317 *Temme*, Augenzeugenberichte, S. 289.

318 *Temme*, Augenzeugenberichte, S. 289.

319 *Temme*, Augenzeugenberichte, S. 289.

320 Zu den Romanen und Erzählungen *Temmes* aus dieser Zeit vgl. die Übersicht bei *Gust*, J.D.H.Temme, S. 206 f.

321 *Stephan Born* (1824–1898), eigentlich *Simon Buttermilch*: früher sozialistischer Politiker im Gebiet des Deutschen Bundes, als Gründer der Allgemeinen Deutschen Arbeiterverbrüderung schuf er die erste überregionale gewerkschaftliche Organisation der deutschen Arbeiterbewegung, Beteiligung an der Märzrevolution von 1848/49, danach Flucht ins Schweizer Exil, ab 1860 Honorarprofessor in Basel, zu *Stephan Born* vgl.: *Grebing*: Geschichte, S. 43 f.

322 „Erinnerungen von J.D.H Temme", herausgegeben von *Stephan Born*, Leipzig 1883.

323 *Thimm*, Aus Tilsits Vergangenheit, Teil 2, S. 275.

324 *Julie Temme* starb im Alter von 71 Jahren am 10. September 1878, vgl. Tilsiter Gemeinnütziges Wochenblatt 1878, Nr. 108, zitiert nach: *Thimm*, Aus Tilsits Vergangenheit, Teil 2, S. 275.

325 Vgl. dazu das Vorwort *Stephan Borns* zu den Erinnerungen *Temmes*, in welchem dieser eine kurze Schilderung der letzten Lebensjahre *Temmes* gab (Augenzeugenberichte, S. XXII).

Zweites Kapitel: Temme als juristischer Schriftsteller

Neben seiner schriftstellerischen Tätigkeit auf belletristischem Gebiet trat Temme Zeit seines Lebens auch als Verfasser juristischer Abhandlungen auf. Er veröffentlichte rund 25 Monographien und unzählige Aufsätze in Fachzeitschriften, in denen er sich mit rechtlichen Fragen befaßte. Auch wenn er sich in seinem Werk in weitaus größerem Maße dem Strafrecht zuwandte[1], finden sich unter seinen Arbeiten auch einige mit zivilrechtlichen Fragestellungen[2]. Im folgenden soll ein Überblick über das juristische Werk Temmes gegeben werden, wobei der Fokus jedoch auf seinen Arbeiten zum Strafrecht liegt. Dabei wird der Versuch unternommen, anhand einer Auseinandersetzung mit einschlägigen Stellungnahmen und Rezensionen einen Eindruck von Rang und Einfluß der juristischen Werke Temmes in ihrer Zeit zu gewinnen.

A) Frühe Schriften

Die erste größere juristische Arbeit Temmes datiert aus dem Jahre 1832 und ist dessen „Handbuch des Preussischen Civilrechts". Die Entstehung dieser Arbeit geht darauf zurück, daß Temme, wie bereits beschrieben[3], im Rahmen seiner juristischen Ausbildung zunächst die finanziellen Mittel fehlten, nach Absolvieren des zweiten Staatsexamens die Kosten für das dritte Staatsexamen aufzubringen. Deshalb kam er auf die Idee, während seiner Tätigkeit als Assessor am Stadt- und Landgericht Hohenlimburg ein Lehrbuch des preußischen Zivilrechts zu verfassen, welches den Referendaren als Hilfsmittel bei ihrer Vorbereitung auf das dritte Examen zur Verfügung stehen sollte[4]. Die Publikation dieses Werkes wurde Temme während seiner dritten Staatsprüfung fast zum Verhängnis, da einer der prüfenden Richter, der Temmes Aussage zufolge ein

---

1 In der „Geschichte der deutschen Rechtswissenschaft" von *Stintzing / Landsberg* wird in bezug auf die juristischen Arbeiten *Temmes* bemerkt, daß dieser sich insbesondere um die sonst „arg vernachlässigte Provinz des preußischen Strafrechts verdient gemacht" habe, vgl. *Ders.*, Geschichte, 3. Abt., 2. Halbbd., Noten, S. 267.

2 Siehe dazu die Bibliographie Temmes im Anhang C).

3 Siehe dazu bereits oben 1. Teil, 1. Kapitel C).

4 *Temme*, Augenzeugenberichte, S. 131.

„starrer, eigensinniger und pedantischer alter Büreaukrat“[5] war, eine derartige Publikation ohne vorheriges Bestehen des Examens als Anmaßung verstand[6].

Da Temme die dritte Staatsprüfung jedoch bestand, ließ er sich durch diesen Vorfall nicht entmutigen und veröffentlichte drei Jahre später im Jahre 1835 ein „Handbuch des Preussischen Privatrechts“[7], welches als zweiter Teil des zuvor veröffentlichten Werkes dienen sollte. Im Gegensatz zu dem ersten Teil dieses Werkes fand dieser zweite Teil auch ein Echo in der juristischen Fachpresse, welches jedoch nicht sehr positiv ausfiel. Obwohl ein Rezensent Temme zugute hielt, daß dieser bei der Ausarbeitung der Schrift aufgrund seines Aufenthaltes als Kreisjustizrat in der Einöde Litauens schwierige Bedingungen für die mit dem Werk notwendigerweise verbundenen Recherchen vorgefunden habe, fällt er am Ende ein vernichtendes Urteil über die Schrift:

> „Beinahe durchgängig begnügte sich der Verf. mit der Angabe der im A.L.R. enthaltenen Bestimmungen, jedoch geschieht auch dieses nur unvollständig, und ohne sie zu erläutern, oder die dabei vorkommenden Zweifel zu lösen, und wenn er ja einmal einen erläuternden Zusatz beifügt, so giebt er keine Beweise dafür an, oder sagt nicht, wo die von ihm angeführte zur Erläuterung oder Lösung eines Zweifels dienende Stelle zu finden sei. Der gegenwärtige Rechtszustand bei irgend einem in der Schrift erwähnten Verhältnisse lässt sich daher aus derselben nie erkennen, vielmehr ist sie hierzu ganz unbrauchbar.“[8]

Im Jahre 1837 wagte Temme sich dann mit seinem „Handbuch des Preußischen Kriminalrechts“[9] erstmalig auf das Gebiet des Strafrechtes vor. Diese Arbeit war von dem Bemühen geleitet, seine Erfahrungen als praktischer Kriminalrichter in Litauen nutzbar zu machen und

> „eine Arbeit zu wagen, durch welche von der einen Seite dem praktischen Kriminalrichter eine an sich gewiß sehr nötige Anleitung zum Verständnis unserer Kriminal=Gesetzgebung in die Hand gegeben, und von der anderen Seite zugleich eine Anregung zu einer ebenso nöthigen, eigentlich wissenschaftlichen Bearbeitung unseres Kriminalrechtes dargeboten wurde.“[10]

In seinem Vorwort streicht Temme heraus, daß ihm bei seiner Bearbeitung „von den vorhandenen literarischen Hülfsmitteln fast nichts“ zu Gebote gestanden habe, weshalb seine Arbeit mit großen Schwierigkeiten verbunden

---

5 *Temme*, Augenzeugenberichte, S. 131.

6 *Temme*, Augenzeugenberichte, S. 131.

7 *Temme*, Handbuch des Preußischen Kriminalrechts, Leipzig 1837.

8 *Richter*, Rezension zu Handbuch des preussischen Privatrechts, von. J.D.H. Temme, in: Krit. Jahrb. f. dt. Rechtsw. 1838, S. 1048.

9 *Temme*, Handbuch des Preußischen Kriminalrechts, Leipzig 1837.

10 *Temme*, Handbuch des Preußischen Kriminalrechts, Vorwort.

gewesen sei. Ferner habe er bei seiner Arbeit auch zeitliche Probleme gehabt, weil er,

> „gedrückt von sehr vielen Amtsgeschäften, blos in Nebenstunden an dem Werk habe arbeiten können, in denen man selten noch diejenige Lebendigkeit und Kraft des Geistes besitzt, die zu abstracten Arbeiten erfordert werden."[11]

In einer Rezension, die der Schrift Temmes jeglichen wissenschaftlichen Wert absprach, stellte der Breslauer Strafrechtsprofessor *Julius Friedrich Heinrich Abegg*[12] die Frage, warum der Autor überhaupt, wenn seine Arbeitsbedingungen derart schwierig gewesen seien, eine solche Arbeit veröffentlicht habe[13]. Insbesondere verstehe er die Intention dieser Arbeit nicht, da ihm nicht klar sei, warum ein praktisch arbeitender Kriminalrichter nach „gehörigem Studium" der Strafrechtswissenschaft auf der Universität und einer darauf folgenden „tüchtigen Anleitung bei dem Beginn der Laufbahn" überhaupt einer Anleitung zum Verständnis der Kriminalgesetzgebung bedürfe[14]. Hätten die bereits praktisch arbeitenden Kriminalrichter wirklich eine derartige Anleitung nötig,

> „so müsste es in mehr als einer Hinsicht betrübend sein, und es würde dadurch ein sehr ungünstiges Urtheil über die Praktiker gefällt, zumal wenn eine Schrift, unter den vom Verfasser angeführten Umständen, die ihm selbst und den höheren Forderungen, welche er mit Recht stellt, nicht genügte, im Stande sein sollte, solchem Mangel abzuhelfen."[15]

Konträr zu dieser Auffassung *Abeggs* beurteilte ein anderer Rezensent die kriminalrechtliche Schrift Temmes jedoch als durchaus nützlich für die kriminalrechtliche Praxis und bezeichnete sie daher „als gelungen und ihrem Zwekke entsprechend"[16].

In der Folge wandte Temme sich dann erstmalig dem Strafverfahrensrecht zu. Er veröffentlichte 1838 einen „Commentar über die wichtigeren Paragraphen der Preußischen Criminalordnung"[17], mit welchem er den Zweck verfolgte, die in seiner Praxis als Direktor des Inquisitoriates in Stendal gesammelten An-

---

11 *Temme*, Handbuch des Preußischen Kriminalrechts, Vorwort.

12 Zu *Julius Friedrich Heinrich Abegg* (1796–1868) vgl. *Teichmann*, ADB Bd. 1, S. 5 ff.; *Maurach*, NDB Bd. 1, S. 6 f.

13 *Abegg*, Krit. Jahrb. f. dt. Rechtsw. 1838, S. 549 ff. (561). Ähnlich äußerte sich *Abegg* auch in kürzerer Form noch einmal zu späterer Zeit, vgl. *Ders.*, Rechts=Literatur, S. 93.

14 *Abegg*, Krit. Jahrb. f. dt. Rechtsw. 1843, S. 562.

15 *Abegg*, Krit. Jahrb. f. dt. Rechtsw. 1843, S. 563.

16 *O. N.*, Centr.-Bl. f. pr. Jur. 1837, S. 1079 f. (1080).

17 *Temme*, Commentar über die wichtigeren Paragraphen der Preußischen Criminalordnung, Berlin 1838.

sichten und Erfahrungen, über die „schwierigeren Punkte“[18] der Kriminalordnung mitzuteilen. In der juristischen Fachpresse fand diese Monographie Temmes, welche „einige Beiträge zur Prozeß-Praxis“ enthalte, „die als Ergebnis der Erfahrung eines eifrigen Beamten beachtenswerth“ seien, ein positives Echo[19]. Zwar wurde die Bezeichnung als „Kommentar“ aufgrund des geringen Umfangs des „Schriftchens“[20] und der mangelnden Auseinandersetzung mit der einschlägigen Literatur als unzutreffend abgelehnt, jedoch wurde die Abhandlung dennoch der „Aufmerksamkeit der Criminalisten“ für würdig befunden[21].

In den nun folgenden Jahren vertiefte Temme sein Engagement im Bereich des materiellen Rechtes und veröffentlichte Monographien über die Straftatbestände der Tötung[22], des Diebstahls[23], und des Betruges[24]. Dabei war es sein Ziel, die allgemeinen Grundsätze, von denen das Allgemeine Landrecht in bezug auf diese Straftatbestände ausging, herauszustellen und die bisherigen Widersprüche und Irrtümer in der Auslegung der betreffenden Vorschriften aufzuklären, um so einen Beitrag zu den entsprechenden Lehren zu leisten[25]. Diese Schriften Temmes wurden ebenfalls in der Rechtsliteratur lobend erwähnt[26], wobei insbesondere seine zu weiteren Forschungen Anregung gebende Gründlichkeit[27] und die Praxisnähe der von ihm gefundenen Resultate[28] hervorgehoben wurden.

---

18 *Temme*, Commentar, S. III.

19 *Abegg*, Krit. Jahrb. f. dt. Rechtsw. 1839, S. 343 ff. (343).

20 *O. N.*, Krit. Jahrb. f. dt. Rechtsw. 1839, S. 753 f. (754).

21 *O. N.*, Krit. Jahrb. f. dt. Rechtsw. 1839, S. 753 f. (754).

22 *Temme*, Die Lehre von der Tödtung nach Preußischem Rechte, Leipzig 1839.

23 *Temme*, Die Lehre vom Diebstahl nach Preußischem Rechte. Mit einem Anhange enthaltend die Bestrafung des Diebstahls nach der Praxis des Königlichen Criminal-Gerichts der Residenz Berlin, Berlin 1840.

24 *Temme*, Die Lehre vom strafbaren Betruge nach Preußischem Rechte, Berlin 1841.

25 *Temme*, Lehre von der Tödtung, S. IV; Einen ähnlichen Arbeitsansatz hatte *Temme* auch bei seinen Abhandlungen über die Tötung und über den Betrug, vgl. *Ders.*, Lehre vom strafbaren Betruge, S. III.; *Ders.*, Lehre vom Diebstahl, S. III.

26 Vgl. zur Lehre von der Tödtung: *Hinschius*, JWPrS 1840, S. 251 f.; *B.*, Centr.-Bl. 1840, S. 355 ff.; *Abegg*, Centr.-Bl. 1841, S. 455 ff.; *Abegg*, Krit. Jahrb. f. dt. Rechtsw. 1841, S. 455 ff.; *B.*, Centr.Bl. 1840, S. 355 ff.; Zur Lehre vom Diebstahl: *Hinschius*, JWPrS 1840, S. 251 f.; *o. N.*, Centr.-Bl. 1840, S. 669 ff., 691 ff. Zur Lehre vom Betrug: *Schüler*, Centr.-Bl. 1841, S. 970 ff., 993 ff.; *Hinschius*, JWPrS 1841, S. 691 ff.

27 In bezug auf die Lehre von der Tödtung: *Hinschius*, JWPrS 1840, S. 251 f. (251); unter Verweis auf die Lehre vom Diebstahl: *O. N.*, Centr.-Bl. 1840, S. 669 ff., 691 ff. (669).

B) Die Blütezeit des Schaffens in den 40er Jahren

I. Herausgabe von Zeitschriften

In den Jahren von 1840 bis 1850 erreichte Temmes juristische Arbeit ihren Höhepunkt. Er veröffentlichte in diesem Zeitraum neben den bereits oben genannten über ein Dutzend weitere juristische Monographien[29]. Darüber hinaus betätigte Temme sich auch als Herausgeber von Zeitschriften. Seit Juli 1841 gab er gemeinschaftlich mit dem Kriminalrat *Friedrich Wilhelm Bonseri*[30] die „Criminalistische Zeitung für die preußischen Staaten“ heraus, mit welcher auf der Grundlage einer „Mittheilung ausgezeichneter Rechtssprüche auf einen besseren, einen wissenschaftlichen Geist der preußischen Strafrechtspflege“[31] hingewirkt werden sollte. Obwohl sich an der Zeitschrift gelegentlich auch namhafte Juristen beteiligten[32], entstammen die meisten Aufsätze der Feder der beiden Herausgeber[33]. Die Aufsätze Temmes beschäftigen sich unter anderem mit wichtigen Lehren des Strafrechts, der Öffentlichkeit und Mündlichkeit im Strafverfahren, der Praxis preußischer Gerichte und dem Gefängniswesen, außerdem befinden sich darunter auch viele Rezensionen. Nach „einem Jahre großer pekuniärer Opfer und vielfachen Verdrusses“[34] wurde die Zeitschrift nach nur einem Jahrgang im Juni 1842 ohne Fortsetzung eingestellt. Grund für die Aufgabe der Zeitschrift war nicht nur der Umstand, daß sie „an Einseitigkeit des Materials und der Bearbeitung“ litt, da die meisten Beiträge eben von den Herausgebern selbst geliefert wurden[35], sondern auch die Tatsache, daß

---

28 So zur Lehre von der Tötung: *Abegg*, Centr.-Bl. 1841, S. 455 ff. (458). Die praxisnahen Resultate der Monographie *Temmes* führten dazu, daß *Abegg* über den Kritikpunkt, daß *Temme* keine genaue Auswertung der neueren Literatur und keine kritische Sichtung derselben vorgenommen habe, hinwegsah und am Ende zu einer positiven Bewertung der Abhandlung gelangte.

29 Vgl. hierzu das Schriftenverzeichnis Temmes im Anhang.

30 Zu Friedrich Wilhelm Bonseri siehe bereits oben 1. Teil, 1. Kapitel C).

31 *Temme*, Augenzeugenberichte, S. 305.

32 In diesem Zusammenhang sind insbesondere *Jagemann*, *Bopp*, *Lüdemann*, *Fidicin* und *Striethorst* zu nennen. In einem Brief an *Mittermaier* vom 15. Oktober 1841 hatte *Temme* auch versucht, diesen für eine Mitarbeit an der Criminalistischen Zeitung zu gewinnen. Dieser Versuch schlug jedoch fehl, da sich in beiden Jahrgängen der Zeitung keinerlei Beiträge *Mittermaiers* finden, vgl. Brief *Temmes* an *Mittermaier*, Heidelberger UB, Hs. 2746, Nr. 1.

33 Dies findet auch ausdrückliche Erwähnung in der Schlußerklärung der Redakteure, vgl. *Temme / Bonseri*, CrimZ 1842, S. 194 f. (194).

34 *Temme*, Augenzeugenberichte, S. 305.

35 Diesen Grund gaben die Redakteure in ihrer Schlußerklärung in der Criminalistischen Zeitung an, vgl. *Temme / Bonseri*, CrimZ 1842, S. 194 f., 194.

Temme und *Bonseri* die Veröffentlichung praktischer Fälle aus Gerichtsakten durch ein Schreiben des Kammergerichts verboten wurde. Dies geschah unter dem Hinweis, daß

> „die Strafrechtspflege in Preußen nicht öffentlich sei, daß mithin jene Veröffentlichungen als unstatthaft erachtet werden müßten,“[36]

wobei noch die Drohung hinzugefügt wurde, daß die Redakteure bei Nichtbeachtung strafrechtliche Konsequenzen zu fürchten hätten[37].

Als Temme die Herausgabe der „Criminalistischen Zeitung“ im Jahr 1842 aus den eben genannten Motiven aufgegeben hatte, war er jedoch bereits Herausgeber einer anderen großen juristischen Zeitschrift geworden. Es handelte sich um die „Juristische Wochenschrift für die preußischen Staaten“[38], welche sich vorwiegend der Behandlung zivilrechtlicher Fragestellungen widmete. Nachdem er auch aus der Redaktion dieser Zeitschrift im Jahre 1844 wieder ausgetreten war, aber dieser dennoch als regelmäßiger Autor erhalten blieb[39], widmete er sich noch im selben Jahr erneut der Herausgabe eines strafrechtlichen Periodikums. Es handelte sich dabei um die „Zeitschrift für deutsches Strafverfahren“[40], welche im Jahre 1840 von dem Hofgerichtsräten *Jagemann*[41] und *Nöllner* ins Leben gerufen worden war. Diese hatten beab-

---

36 *Temme*, Augenzeugenberichte, S. 306.

37 *Temme*, Augenzeugenberichte, S. 306. Vgl. zum Ganzen auch *Steinmann*, Temme, S. 44. Diesen Grund konnten *Temme* und *Bonseri* in ihrer Schlußerklärung jedoch nur „sehr leise und entfernt andeuten“, da sie ansonsten, weil das Schreiben des Kammergerichtes ein amtliches gewesen war, „wegen Verletzung des Amtsgeheimnisses zur Untersuchung gezogen und bestraft worden“ wären.

38 Diese Zeitschrift erschien in insgesamt 14 Jahrgängen von 1835 bis 1848. Davon wurden drei Jahrgänge von *Temme* herausgegeben: 1842 (gemeinsam mit *F. S. A. Hinschius*), 1843, 1844 (gemeinsam mit *Th. Arndts*).

39 Zu der großen Masse an Aufsätzen *Temmes*, welche in der Juristischen Wochenschrift für die Preußischen Staaten erschienen, vgl. die Auflistung der Aufsätze Temmes im Bibliographie im Anhang.

40 Zu den insgesamt acht Bänden dieser Zeitschrift: ZsDtStrafverfahren, Bd. 1, Jg. 1841; Bd. 2, Jg. 1842; Bd. 3, Jg. 1843, C.F. Müller Verlag, Karlsruhe; ZsDtStrafverfahren, NF, Bd. 1, Jg. 1844; NF, Bd. 2, Jg. 1844, C.W. Leske Verlag, Darmstadt; ZsDtStrafverfahren, NF, Bd. 4, Jg. 1847; NF, Bd. 5, Jg. 1849, J.D. Sauerländer, Frankfurt am Main. Mit dem fünften Band der neuen Folge erhielt diese Zeitschrift den geänderten Titel „Zeitschrift für deutsches Strafverfahren einschließlich des Gefängnißwesens“.

41 *Ludwig Hugo Franz Rosina von Jagemann* (1805–1853): 1841 Großherzoglich badischer Hofgerichtsrat in Freiburg, 1842 Ernennung zum hofgerichtlichen Staatsanwalt, 1843 Ernennung zum Justizministerialrat im Justizministerium in Karlsruhe, 1849 Generalauditor im badischen Kriegsministerium, jedoch Ende des Jahres 1849 bereits Rückkehr in das Justizministerium, nach der Revolution von 1848/49 Versetzung in den Ruhestand, Rückkehr ins Justizministerium, Tod im Jahre 1853. Zu der Biogra-

sichtigt, ein Organ zu schaffen, welches der Reform des Strafverfahrens ein fortgesetztes Augenmerk zuwende, wobei insbesondere Praktikern Gelegenheit gegeben werden solle, ihren Ansichten über den Strafprozeß Ausdruck zu verleihen[42]. Im Jahre 1844 schloß sich Temme, der bereits zuvor einige Aufsätze in dieser Zeitschrift veröffentlicht hatte[43], auf eigenen Wunsch[44] ihrer Redaktion an. Dies wurde insofern sehr begrüßt, als man sich von seiner Mitarbeit eine nähere Beleuchtung der „Fortschritte des deutschen Strafverfahrens in Preußen“[45] versprach. In der Tat nahm Temme in der Folge mehrfach zu der Fortentwicklung der Strafrechtsreform in den preußischen Landen Stellung[46]. Kurze Zeit später, im Jahr 1849, mußte jedoch auch die „Zeitschrift für deutsches Strafverfahren“ ihr Erscheinen einstellen, da ihr Leserkreis zu klein war[47].

II. Monographien

Von der Vielzahl der Monographien Temmes aus dieser schriftstellerisch bewegten Zeit von 1840 bis 1850 ist zunächst eine Schrift aus dem Jahre 1840 mit dem Titel „Kurze Bemerkungen über den gemeinen Deutschen und den Preußischen Prozeß“[48] zu nennen, in welcher er versuchte, das Verhältnis

---

phie *Jagemanns* mit dem Schwerpunkt auf seinem juristischen Schaffen, vgl. *Fasoli*, Strafverfahrensrecht, S. 1 ff.

42 ZsDtStrafverfahren 1841, S. 1 (Vorwort); vgl. ferner aber auch die Ausführungen *Schwinges* zu dieser Zeitschrift, der vorbringt, diese Zeitschrift sei der Auftakt „für das neu erwachende Leben in der Juryliteratur und in der Reformliteratur überhaupt“ gewesen, vgl. *Ders.*, Schwurgerichte, S. 67.

43 Vgl. *Temme*, Neue Verordnungen über das Strafverfahren in Preussen, in: ZsDtStrafverfahren 1841, S. 512ff.; *Ders.*, Verordnung vom 20. Oktober 1839, in: ZsDtStrafverfahren 1842, S. 480 ff.

44 So steht es jedenfalls im Vorwort der Redaktion, vgl. ZsDtStrafverfahren 1844, S. 3 f. (4).

45 Vgl. Vorwort der Redaktion, ZsDtStrafverfahren 1844, S. 3 f. (4).

46 *Temme*, Revision der Preußischen Gesetzgebung über das Strafverfahren, in: ZsDtStrafverfahren 1844, S. 307 ff.; *Ders.*, Behandlung der Begnadigungsgesuche, in: ZsDtStrafverfahren 1846, S. 268 ff.; *Ders.*, Gesetz über das Untersuchungsverfahren vom 17. Juli 1846, in: ZsDtStrafverfahren 1846, S. 343 ff.; *Ders.*, Ueber das accusatorische und inquisitorische Prinzip, in: ZsDtStrafverfahren 1847, S. 90 ff. In dem 1849 erschienen Band finden sich keine Beiträge Temmes mehr, obwohl er zu dieser Zeit noch als Herausgeber aufgeführt wurde. Dies dürfte wohl auf *Temmes* schwierige Situation im Jahre 1849 zurückzuführen sein, als er zwischen Frankfurt und Berlin pendelte und später in Untersuchungshaft geriet, vgl. dazu bereits oben, 1. Teil, 1. Kapitel E).

47 *Fasoli*, Strafverfahrensrecht, S. 5.

48 *Temme*, Kurze Bemerkungen über den gemeinen Deutschen und den Preußischen Prozeß, Leipzig 1840.

zwischen dem gemeinen deutschen Prozeß und dem preußischen Prozeß zu ermitteln. Dabei kam er zu dem Ergebnis, daß im Zivilprozeß die Untersuchungsmaxime des preußischen Prozesses durch die Verhandlungsmaxime des gemeinen Prozesses zu ersetzen sei[49]. Dieser Vorschlag Temmes fand in der Literatur großes Lob, welches so weit ging, daß man die zur Verbesserung der Prozeßgesetzgebung berufenen Personen um Anerkennung seiner Vorschläge bat[50].

Im Jahre 1841[51] erregte Temme Aufsehen mit einer gemeinsam mit dem preußischen Kriminalgerichtsrat *Nörner* herausgegebenen Schrift über einen berühmten französischen Strafprozeß[52], den „Prozeß Lafarge“[53]. Hatte er sich bereits zuvor in der „Criminalistischen Zeitung“ in einer regelmäßig erscheinenden Rubrik, in welcher er die Praxis französischer Gerichte mit derjenigen preußischer verglich, gegen die Übernahme französischer Rechtsinstitute gewehrt, so nahm er diesen Faden in der Schrift über den Prozeß Lafarge wieder auf und suchte zu beweisen, daß das französische Strafverfahrensrecht in diesem Falle zu einer fehlerhaften Verurteilung der Angeklagten geführt habe, was jedoch nach preußischem Rechte nicht passiert wäre[54]. Diese Schrift wurde in der Öffentlichkeit unterschiedlich bewertet. Zumeist verstand man sie jedoch als eine Kampfschrift gegen die Institution der französischen Schwurgerichte und lobte sie in dieser Eigenschaft[55].

Darüberhinaus veröffentlichte Temme ebenfalls im Jahre 1841 eine Schrift auf dem Gebiet der Gefängniswissenschaft[56], welche sich mit den preußischen

---

49 *Temme*, Kurze Bemerkungen über den gemeinen Deutschen und den Preußischen Prozeß, S. 19.

50 *Hinschius*, JWPrS 1840, S. 432 ff. (434); *o. N.*, Centr.-Bl. 1840, S. 326 ff.

51 In diesem Jahr war noch ein anderes Werk *Temmes* erschienen, welches jedoch im Rahmen der Fragestellung dieser Untersuchung keiner näheren Erwähnung bedarf, vgl. *Temme*, Sammlung der Königlich Westphälischen, Großherzoglich Bergischen und Kaiserlich Französischen Dekrete über die gutsherrlichen und bäuerlichen Verhältnisse, die Lehen, Zehnten, Dienste und Abgaben, Berlin 1841.

52 *Temme / Noerner*, Der Prozeß Lafarge beleuchtet nach Preußischem Strafrechte, Berlin 1841.

53 Vgl. dazu insbesondere die Ausführungen *Steinmanns*, der anführt, die Schrift über den Prozeß Lafarge habe aufgrund des von ihr erregten Aufsehens sogar eine zweite Auflage erlebt, *Ders.*, Temme, S. 45 ff.

54 *Temme / Noerner*, Prozeß Lafarge, S. 210.

55 *Weichsel*, Centr. Bl. 1841, S. 664 ff., 691 ff. (665); *Steinmann*, Temme, S. 45.

56 Der Begriff der „Gefängniswissenschaft“ wird heute nur noch selten verwendet. Er entwickelte sich, als sich zu Beginn der 1830er Jahre in Europa die Kunde von einem neuen nordamerikanischen „Pönitentiarsystem“, das auf der Idee der Besserung des Sträflings basierte, verbreitete. Im Zuge der Debatte um die amerikanischen Systeme

Strafanstalten beschäftigte[57]. Dabei handelte es sich um einen Aufsatz, der zuvor in der Criminalistischen Zeitung erschienen war[58] und nun noch einmal gesondert abgedruckt wurde. In diesem versuchte er einen Beitrag zu dem Gefängnisreformdiskurs zu leisten, der sich etwa seit Mitte der 1830er Jahre in zwei Lager spaltete. In dieser Debatte standen die Verfechter des „auburnschen“ Haftsystems und des „pennsylvanischen“ Haftsystems einander gegenüber. Zwar verfolgten beide Systeme den Zweck der bessernden Bestrafung des Delinquenten, jedoch bestand ein entscheidender Unterschied in den dabei verwendeten Mitteln. Nach dem „auburnschen“ Haftsystem ließ man die Gefangenen, welche in der Nacht voneinander isoliert wurden, am Tag unter dem Gebot des Stillschweigens gemeinsam arbeiten. Nach dem „pennsylvanischen“ System hingegen isolierte man die Häftlinge Tag und Nacht voneinander in einer Einzelzelle, wo sie auch ihre Arbeit verrichten mußten[59]. Temme schloß sich in seiner Schrift keiner dieser beiden Systeme an, sondern zeigte sich vielmehr als ein Verteidiger des bestehenden preußischen Gefängnissystems. Zu diesem Zweck zeigte er anhand vieler Statistiken den Zustand der preußischen Strafanstalten auf, um dadurch zu zeigen, daß die bisherige Verfassung derselben ihre guten Seiten habe. An den amerikanischen Systemen kritisierte er insbesondere deren Unmenschlichkeit:

> „Jesus Christus kam auf die Welt, um die Menschen zu bessern, und er stellte als einziges und höchstes Prinzip an die Spitze seines Besserungssystems die Liebe, die Liebe, die von Gott kommt, die in eines jedes Menschen Brust gepflanzt ist, und die man nicht daraus vertilgen soll. Wo ist die Liebe in jenen Systemen?“[60]

Ein Rezensent bemängelt an der Schrift Temmes, daß dieser in seiner Untersuchung „die Bahn der ruhigen wissenschaftlichen Erörterung nicht streng inne gehalten“[61] habe. Dennoch wurde seiner Arbeit der Wert zugestanden, daß diese ein klares Bild des Zustandes der preußischen Strafanstalten vermittele und dadurch zeige, „daß auch in der bisherigen Verfassung derselben gesunde und werthvolle Elemente enthalten“[62] seien.

---

kam es zur Bildung der Disziplin der Gefängniswissenschaft. Man versteht unter ihr die Wissenschaft, welche systematisch das Wesen der Freiheitsstrafe und ihre Wirkung auf alle Straffälligen wie auf den einzelnen Gefangenen erforscht, vgl. dazu: *Holtzendorff*, Gefängnißkunde, S. 4 ff.; *Nutz*, Strafanstalt, S. 210.

57 *Temme*, Die preussischen Strafanstalten, Berlin 1841.

58 *Temme*, Die preußischen Strafanstalten, in: CrimZ 1841, S. 69 ff., 81 ff., 93 ff., 110 ff.

59 Zu diesen beiden Systemen vgl. m. w. N. *Nutz*, Strafanstalt, S. 314.

60 *Temme*, Die preussischen Strafanstalten, in: CrimZ 1841, 110 ff., 93.

61 *O. N.*, Krit. Jahrb. f. dt. Rechtsw. 1843, S. 355 ff.,360.

62 *O. N.*, Krit. Jahrb. f. dt. Rechtsw. 1843, S. 355 ff.,360.

Im Jahre 1842 erschien eine Schrift Temmes mit dem Titel „Beiträge zum Preußischen Strafrechte"[63]. Mit dieser Arbeit löste er sein bei der Einstellung der „Criminalistischen Zeitung" gegebenes Versprechen ein, wichtige Begebenheiten aus der kriminalrechtlichen Praxis dennoch weiterhin in besonderen Heften mitzuteilen[64]. Es enthielt neben einem Rechtsfall, in welchem Temme indirekt Kritik an der preußischen Kriminalordnung von 1805 übte[65], vier Abhandlungen zu materiellrechtlichen Fragen, welche in seiner kriminalrichterlichen Praxis aufgetaucht waren[66]. In diesen Abhandlungen nahm Temme immer wieder bezug auf Fragen die im Rahmen der Reform des preußischen Strafrechts aufgetaucht waren, so daß sie weniger allgemeine Ausführungen zum geltenden Strafrecht waren, sondern vielmehr einen Beitrag zur Revision des preußischen Strafrechts leisten sollten. Dieser Umstand führte auch dazu, daß *Abegg*, der fand, daß Temme sich auf dem Gebiet der Gesetzeskritik „am meisten bewährt" habe, diesem Werk seine „besondere Anerkennung"[67] verlieh.

Auch Temme selbst schien an der Gesetzeskritik Gefallen gefunden zu haben. So veröffentlichte er im Jahre 1843 eine ausführliche Kritik des neuen Entwurfs eines Strafgesetzbuches[68], der im selben Jahre erschienen war. Damit war er einer von insgesamt 56 Rezensenten, die ihr Urteil über den Entwurf abgaben[69]. Dennoch zählte seine Kritik zu denjenigen, die bei der Revision des Entwurfs am meisten benutzt und daher in der Öffentlichkeit als „die bedeu-

---

63 *Temme*, Beiträge zum Preußischen Strafrechte, Berlin 1842.

64 *Temme / Bonseri*, Schlußerklärung der Redactoren, in: CrimZ 1842, S. 194 ff.

65 Untersuchung gegen den Handelsmann Bluhm, Beihülfe zu einem betrügerischen Bankerott betreffend. Vierjährige Durchführung eines fingierten Wahnsinns von einem Inquisiten, in: Beiträge zum preußischen Strafrechte, S. 126 ff.

66 I. Zur Lehre von den sogenannten allgemeinen und besondern Gehülfen. Nebst Hindeutungen auf den neuesten Entwurf des Strafgesetzbuches für die Preußischen Staaten (von 1840) (S.1 ff.); II. Zur Lehre vom gewaltsamen Diebstahle in unbewachten Gebäuden, nebst Hinweisungen auf mehrere Bestimmungen des neuesten Entwurfes des Strafgesetzbuches in der Lehre vom gewaltsamen Diebstahle (S. 64 ff.); III. Ueber den Begriff der Concussion, besonders nach dem neuesten Entwurfe des Strafgesetzbuches (S. 78 ff.); IV. Ueber den Uebergang der Injurienprozesse auf die Erben des Beleidigten. Nebst Rückblicken auf den neuesten Entwurf des Strafgesetzbuches (S. 105 ff.).

67 *Abegg*, GA 1854, S. 380.

68 Entwurf des Strafgesetzbuchs für die Preußischen Staaten nach den Beschlüssen des königlichen Staatsraths, Berlin 1843; vgl. zu diesem Entwurf auch *Schmidt*, Geschichte, S. 318.

69 Eine Aufstellung aller Monenten dieses Entwurfs findet sich in der Revision des Entwurfs von 1843, vgl., Revision des Entwurfs des Strafgesetzbuchs von 1843, S. XIV ff.

tenderen und wichtigsten“[70] hervorgehoben wurden. Diese neuerliche Anteilnahme Temmes an der Gesetzrevision in der damaligen Zeit läßt sich damit erklären, daß er sich von 1839 bis 1844 als Kriminalrichter in Berlin aufhielt[71] und dabei die Möglichkeit wahrnahm, an dem politischen Treiben in der Hauptstadt auch durch eigene Publikationen unmittelbar Anteil zu nehmen. Dies änderte sich jedoch, nachdem er im Jahre 1844 als Land- und Stadtgerichtsdirektor nach Tilsit versetzt worden war. In den nun folgenden Jahren widmete er sich mit der Herausgabe eines Lehrbuchs[72] und einer Monographie zum Vormundschaftsrecht[73] vorwiegend dem preußischen Zivilrecht.

Im Jahre 1848, als Temme als Staatsanwalt nach Berlin zurückgekehrt war, geriet der Bereich der Gesetzeskritik erneut in sein Blickfeld, und er veröffentlichte abermals eine Kritik zu dem neuesten Entwurf eines preußischen Strafgesetzbuches[74], welcher ein Jahr zuvor erschienen war. Da bei diesem Entwurf nur eine sehr kurze Zeit zwischen der Vorlage und der Beratung lag, sahen viele Rechtsgelehrte von einer Stellungnahme ab[75]. Temmes Arbeit gehörte mithin zu den wenigen, die auf diesem Gebiet erschienen, weshalb sie auch als ein „unbestreitbarer Verdienst“[76] des Autors in der Öffentlichkeit hervorgehoben wurde.

C) Publikationen der Revolutionsjahre und der Gefängniszeit

In den Revolutionsjahren 1848/49 ruhte die rechtswissenschaftliche Arbeit Temmes, da er zu dieser Zeit durch seine politische Tätigkeit in der Nationalversammlung stark eingebunden war. Er trat währenddessen lediglich durch die Publikation zweier Flugschriften hervor, in denen er sich mit der Verlegung der preußischen Nationalversammlung nach Brandenburg befaßte. Die erste Schrift, welche am 25. November 1848 unter dem Titel „Rechtliches

70 *Abegg*, GA 1854, S. 107 f.

71 Vgl. zu der Zeit Temmes am Berliner Kriminalgericht bereits oben: 1. Teil, 1. Kapitel C).

72 *Temme*, Lehrbuch des Preußischen Civilrechts. Zweite Ausgabe. Erster Bd., Leipzig 1846.

73 *Temme*, Das preußische Vormundschaftsrecht. Berlin 1847.

74 Entwurf des Strafgesetzbuchs für die Preußischen Staaten, nebst dem Entwurf des Gesetzes über die Einführung des Strafgesetzbuchs und dem Entwurf des Gesetzes über die Kompetenz und das Verfahren in dem Bezirke des Appellationsgerichtshofes zu Köln, Berlin 1847. Zu dem Entwurf eines Strafgesetzbuches aus dem Jahre 1847 vgl. *Schmidt*, Geschichte, S. 319.

75 *Abegg*, Rechts=Literatur, S. 110.

76 *Abegg*, Rechts=Literatur, S. 110.

Bedenken über die Verlegung und Vertagung der preußischen Nationalversammlung“[77] erschien, war ein Gutachten, in welchem Temme zu begründen suchte, warum die einseitige Verlegung der Nationalversammlung durch die Krone nicht rechtmäßig gewesen sei. Er stützte seine Argumentation auf das von der Regierung selbst aufgestellte „Vereinbarungsprinzip“, vermöge dessen angenommen wurde, daß die gesetzgebende Gewalt des Staates zwischen der Krone und der Nationalversammlung geteilt sei[78].

> „Sollen nun beide gemeinschaftlich zu dem Zwecke mitwirken,“

führte Temme aus,

> „so liegt es notwendig durchaus in der Natur der Sache, daß beide gemeinschaftlich auch zur Feststellung derjenigen Mittel mitwirken müssen, ohne welche der Zweck nicht erreicht werden kann.“[79]

Zu diesen Mitteln gehöre aber notwendigerweise auch das Zusammenwirken bei der Bestimmung von Zeit und Ort des Tagens der Nationalversammlung. Wolle man dagegen einer der beiden Gewalten einseitig das Recht einräumen, über diese Mittel zu entscheiden,

> „so würde man sie ja dadurch eben zum Richter über jene machen und das Verhältniß zweier gleichberechtigter Gewalten, folglich das Vereinbarungsprinzip geradezu völlig zerstören und vernichten. Mit demselben Rechte, mit welchem jetzt die Regierung die Unfreiheit der Nationalversammlung und deren Verlegung decretirt, würde auch die Nationalversammlung zur Vereinbarung der preußischen Verfassung die Unfreiheit der Person des Königs mit allen daraus fließenden Consequenzen decretiren können. Was würde die Regierung dazu sagen?“[80]

Dieser Flugschrift vom 25. November folgte nur vier Tage später eine zweite mit dem Titel „Über die Rechtmäßigkeit der Einberufung von Stellvertretern nach Brandenburg“[81]. Die nach Brandenburg einberufene Nationalversammlung konnte nämlich dadurch, daß die Mitglieder der Opposition dem Ruf dorthin nicht gefolgt waren, nicht beschlußfähig werden. Um die Beschlußfähigkeit dennoch herbeizuführen, kam die Regierung auf den Gedanken, die Stellvertreter für die in Berlin verbliebenen Abgeordneten einzuberufen[82]. Diese neue Maßnahme der Regierung rief die Kritik Temmes hervor, der sich

---

77 *Temme*, Rechtliches Bedenken über die Verlegung und Vertagung der preußischen Nationalversammlung, Berlin 1848.

78 *Temme*, Verlegung und Vertagung, S. 10 f.

79 *Temme*, Verlegung und Vertagung, S. 12.

80 *Temme*, Verlegung und Vertagung, S. 15.

81 *Temme*, Ueber die Rechtmäßigkeit der Einberufung von Stellvertretern nach Brandenburg, Berlin 1848.

82 Vgl. hierzu: 1. Teil, 1. Kapitel D).

bei seiner rechtlichen Beurteilung dieser Angelegenheit auf den Standpunkt des „unbestrittenen Gesetzes“ stellte und sich daher auf das auch von der Regierung anerkannte Recht der Nationalversammlung berief, „ihre inneren Angelegenheiten selbst zu bestimmen“[83]. Deshalb habe die Regierung auch kein Recht, die Stellvertreter einzuberufen, da dies ein die Souveränität der Nationalversammlung verletzender Eingriff in ihre innersten und eigensten Rechte sei. Auch ein Blick auf die Verhältnisse in Brandenburg zeige klar, daß von dort aus eine Einberufung von Stellvertretern eine vollkommene Unmöglichkeit sei. Schließlich sei die Versammlung in Brandenburg nicht beschlußfähig und sie stelle sich darüber hinaus infolge der gesetzwidrigen Vertagung nach dem „rechtsgültigen Beschlusse“ der in Berlin zurückgebliebenen Nationalversammlung als eine „ohne alle gesetzliche Autorität bestehende Privatversammlung“ dar, der „auch die Anwesenheit von Ministern ein rechtliches Ansehen nicht zu geben“[84] vermöge.

Diesen Flugschriften aus der Revolutionszeit schließt sich chronologisch betrachtet, eine Monographie Temmes zum Strafverfahrensrecht aus dem Jahre 1850 an[85]. Zu dem Zeitpunkt des Erscheinens dieser Monographie war die Revolution bereits gescheitert, und Temme saß in Untersuchungshaft in Münster. Wie oben dargestellt[86], nutzte er diese Zeit, um sich seiner schriftstellerischen Arbeit zu widmen. Dies hatte auch finanzielle Gründe, da er zu diesem Zeitpunkt bereits befürchtete, daß die „Reaktion in Preußen nicht eher ruhen werde“, als bis sie ihn um „Amt und Brod gebracht habe“[87]. Daher mußte er als Familienvater, „der von sämtlichen, zum Theil schwer erkrankten Mitgliedern seiner Familie 100 bis 300 Stunden weit getrennt“[88] war „bei Zeiten auf eine Erwerbsquelle zum Unterhalt“ seiner „zahlreichen Familie“[89] bedacht sein. Mit seiner so entstandenen Schrift „Grundzüge eines deutschen Strafverfahrens“ versuchte Temme, dem Strafverfahren unter Zugrundelegung des Grundsatzes der Volkssouveränität eine „systematische, geregelte Ausbildung“ zu geben[90]. Dabei verlieh er in dem Vorwort zu dieser Abhandlung der Überzeugung Ausdruck, daß die „deutsche Revolution“ noch „nicht geschlossen“

---

83 *Temme*, Einberufung von Stellvertretern, S. 9.

84 *Temme*, Einberufung von Stellvertretern, S. 11.

85 *Temme*, Grundzüge eines deutschen Strafverfahrens, Arnsberg und Hamm 1850.

86 Vgl. hierzu: 1. Teil, 1. Kapitel E).

87 *Temme*, Augenzeugenberichte, S. 198.

88 *Temme*, Grundzüge eines deutschen Strafverfahrens, S. VI.

89 *Temme*, Augenzeugenberichte, S. 198.

90 *Temme*, Grundzüge eines deutschen Strafverfahrens, S. III.

und es auch nicht die Zeit sei, „zu bestimmen bis wann sie geschlossen sein“[91] werde. Jedenfalls könne die Revolution „unter allen Umständen nur mit der vollen Anerkennung der Rechte des deutschen Volkes endigen“[92]. Für diesen Fall wollte er mit seiner Abhandlung über das Strafverfahren schon einmal Vorsorge treffen:

> „Wenn alsdann die staatlichen Institutionen auf eine vernünftige auf Dauer Anspruch machende Weise geregelt werden, dann wird man auch, so wie die Rechtsinstitutionen unter den Staatseinrichtungen überall voranstehen, unter ihnen besonders dem Strafprozesse, als dem mächtigsten Bollwerk für die Freiheit des Einzelnen und somit des Ganzen, die nothwendige Beachtung zuwenden und man wird ihn ordnen nur nach den Anforderungen der Volkssouveränetät. Die Grundsätze aber, die zu jener Zeit Geltung finden müssen und finden werden, können nicht früh genug von der Öffentlichkeit besprochen werden.“[93]

Diese Schrift Temmes kann als sein Glaubensbekenntnis auf dem Gebiete des Strafverfahrensrechtes bezeichnet werden[94]. In den vierziger Jahren war Temme in einer Reihe von Aufsätzen für eine Reform des Strafprozeßrechtes eingetreten. Viele der von ihm darin geforderten Reformen waren zum Zeitpunkt des Erscheinens seines Werkes über das deutsche Strafverfahren im Jahre 1850 in Preußen und in anderen deutschen Staaten bereits umgesetzt worden. In dieser Schrift unterzog Temme die erfolgten strafprozessualen Neuerungen einer kritischen Würdigung und er verlieh seinen eigenen Vorstellungen von einem gerechten Strafverfahren klaren Ausdruck.

D) Schriften aus dem Exil

Auch nachdem Temme aufgrund seines Disziplinarverfahrens aus dem preußischen Staatsdienst entlassen und in die Schweiz ausgewandert war, publizierte er weiterhin – nicht zuletzt auch aus finanzieller Not – Schriften zum preußischen Recht. Im Jahre 1853 erschienen seine „Glossen zum Strafgesetzbuche für die preußischen Staaten“[95], ein Werk, um welches er noch in seiner Breslauer Zeit von einem Buchhändler gebeten worden war[96]. In diesem setzte er

---

91 *Temme*, Grundzüge eines deutschen Strafverfahrens, S. III.

92 *Temme*, Grundzüge eines deutschen Strafverfahrens, S. III.

93 *Temme*, Grundzüge eines deutschen Strafverfahrens, S. IV.

94 Leider konnten zu dieser Schrift keine Rezensionen in der Fachpresse der damaligen Zeit gefunden werden. Dies mag damit zusammenhängen, daß *Temme* nach dem Sieg der Reaktion in Preußen als Revolutionär und Untersuchungshäftling von der juristischen Gesellschaft der damaligen Zeit geschnitten wurde.

95 *Temme*, Glossen zum Strafgesetzbuche für die Preußischen Staaten, Breslau 1853.

96 *Temme*, Augenzeugenberichte, S. 264.

sich mit dem 1851 erlassenen neuen Strafgesetzbuch für die preußischen Staaten auseinander, ohne daß er das Ziel verfolgte, einen ausführlichen Kommentar zu diesem Werke zu liefern. Es ging ihm vielmehr darum, die Wissenschaft auf einen ihm sehr am Herzen liegenden Punkt aufmerksam zu machen. Obwohl seiner Auffassung nach die Leistungen einzelner Strafrechtswissenschaftler durchaus Anerkennung verdient hätten, sei dem „im Volke lebenden Rechtsbewußtsein" nicht die nötige Beachtung geschenkt worden. Infolgedessen sei dieses Rechtsbewußtsein des Volkes nicht mehr die unmittelbare Quelle des positiven, des geschriebenen Rechts. Da jedoch der Satz, daß „das eigentliche Recht eines gegebenen Volkes nur in dem Rechtsbewußtsein dieses Volkes lebt, immer mehr zur theoretischen Anerkennung der Wissenschaft" gelange, habe er mit der vorliegenden Schrift versucht, für die Anwendung und Fortbildung des derzeit geltenden Rechts auf das „allgemeine Rechtsbewußtsein im Volke zurückzugehen"[97].

In einer Rezension zu diesem Werk kritisierte *Abegg* das pauschale Urteil Temmes bezüglich der Nichtbeachtung des Rechtsbewußtseins des Volkes durch die Strafrechtswissenschaftler und wies darauf hin, daß es neben der „Willkühr, welche Gesetze" mache, auch Wissenschaftler gebe, „die Natur und Wesen des positiven Rechts" richtig einschätzten[98]. Ferner stelle Temme in seiner Arbeit an manchen Stellen „unbegründete Ansichten" auf und mißverstehe die Auffassungen anderer Wissenschaftler, was ihn oftmals zu einer zu schnellen Beurtheilung"[99] veranlasse. Dennoch könne all dieses jedoch nicht davon abhalten,

> „diese Glossen und insbesondere die, welche im engeren Sinne solche sind, d.h. die eben erwähnten praktischen Sätze, bei deren Abfassung dem Verfasser seine reiche Erfahrung als früherer Richter, so wie sein kritisches Talent zu Statten kam, mit zu dem Besten zu rechnen, was bis jetzt über das Strafgesetzbuch vom praktischen Standpunkt aus erschienen ist. Möchte der Verfasser, dessen literärischer Thätigkeit ich seit langer Zeit mit theilnehmender Aufmerksamkeit gefolgt bin, sich selbst zum Bewußtsein bringen, was sein Beruf und wo dessen Grenze ist."[100]

Diese erste Abhandlung zum neuen preußischen Strafrecht ergänzte Temme im selben Jahr noch um ein „Lehrbuch des Preußischen Strafrechts"[101], mit welchem er beabsichtigte, unter Verbesserung dessen, was in den Glossen unrichtig war, das dort Vorgetragene „wissenschaftlich näher und ausführlicher zu

---

97 *Temme*, Glossen, Vorwort.

98 *Abegg*, GA 1854, S. 577 f. (578); *Ders.*, Rechts=Literatur, S. 122.

99 *Abegg*, GA 1854, S. 577 f. (577); *Ders.*, Rechts=Literatur, S. 122.

100 *Abegg*, GA 1854, S. 577 f. (577); *Ders.*, Rechts=Literatur, S. 122.

101 *Temme*, Lehrbuch des Preußischen Strafrechts, Berlin 1853.

begründen"[102]. Außerdem sollte dieses Lehrbuch ein Hilfsmittel für Studenten und Berufsanfänger sein, da das preußische Strafrecht auf den Universitäten nicht gelehrt werde[103]. Dieses Lehrwerk Temmes umfaßt mehr als tausend Seiten, die er innerhalb kürzester Zeit seit dem Erscheinen des preußischen Strafgesetzbuches verfaßt hatte, weshalb er selbst in seinem Vorwort anmerkte, daß „auch dieses Lehrbuch seine vielen Fehler"[104] habe. Genau diesen Umstand bemängelte *Abegg*, der auch zu diesem neuerlichen Werk Temmes in der Literatur Stellung bezog und ein eher negatives Urteil abgab:

> „Was aus gemeinem Rechte und der Wissenschaft beigebracht wird, ist nicht Ergebnis eigenen Studiums, sondern einer übrigens fleißigen, jedoch wahrscheinlich durch den Mangel an zureichendem literarischen Apparate keineswegs genügenden Benutzung fremder Arbeiten. Was der Verfasser selbstständig beibringt, läßt sich auf ein geringes Maß zurückführen, vollends, wenn man noch abzieht, wo er sich wiederholt. Daß bei der Schnelligkeit, mit der solche umfassende Werke angefertigt werden, nicht wenige sonst zu vermeidende Fehler und Flüchtigkeiten unterlaufen, würde man, auch ohne das mehrmalige Geständniß finden, wenn wir auch um den Verfasser gewissermaßen gegen sich selbst in Schutz zu nehmen, nicht alles als Fehler betrachten, was einer Entgegnung oder Widerlegung Raum giebt."[105]

In den folgenden Jahren wandte sich Temme, der inzwischen Rechtsprofessor an der Universität Zürich geworden war[106], in seinen Veröffentlichungen auch dem schweizerischen Recht zu. So veröffentlichte er eine „Kritik zu dem Entwurf eines Strafgesetzbuches für den Canton Bern"[107] und schrieb ein „Lehrbuch des Schweizerischen Strafrechts nach den Strafgesetzbüchern der Schweiz"[108], welches ihm als Grundlage seiner Züricher Vorlesungen diente.

Im Jahre 1854 begann er dann mit der Veröffentlichung eines Archivs für die strafrechtlichen Entscheidungen der obersten Gerichtshöfe Deutschlands, wel-

---

102 *Temme*, Lehrbuch des Preußischen Strafrechts, S. IV f.

103 *Temme*, Lehrbuch des Preußischen Strafrechts, S. V. In seiner Rezension wehrt *Abegg* sich gegen diese pauschale Behauptung *Temmes*, indem er darauf hinwies, daß auf den Universitäten dem Preußischen Strafrechte „in Verbindung mit den Vorträgen über gemeines Recht" eine „besondere Sorgfalt" und „beträchtliche Zeit" gewidmet werde, vgl. *Abegg*, GA 1854, S. 578 ff. (579).

104 *Temme*, Lehrbuch des Preußischen Strafrechts, S. V.

105 *Abegg*, GA 1854, S. 578 ff. (578).

106 Siehe dazu bereits oben 1. Teil, 1. Kapitel F).

107 *Temme*, Kritische Bemerkungen zu dem Entwurf eines Strafgesetzbuches für den Canton Bern, Zürich 1853. Auch in diesem Werk äußerte *Temme* erneut Kritik daran, daß der Entwurf das in dem Volke lebende Rechtsbewußtsein nicht zur Geltung bringe, vgl. *Ders.*, Kritische Bemerkungen, S. 11.

108 *Temme*, Lehrbuch des Schweizerischen Strafrechts nach den Strafgesetzbüchern der Schweiz, Aarau 1855.

ches in insgesamt sechs Bänden erschien[109]. In dem Vorwort zu dieser Sammlung bemängelte er, daß jeder deutsche Staat inzwischen sein eigenes Strafgesetzbuch habe, wodurch die „Irrthümer und Gebrechen", die bereits im gemeinen deutschen Recht bestanden, nun „starr und unerbittlich" in eine gesetzliche Form gekleidet worden seien[110]. Mit der Herausgabe dieser Sammlung von Strafrechtsfällen aus verschiedenen deutschen Staaten verfolgte er den Zweck, einen „Beitrag zur Hebung der Strafrechtspflege in Deutschland" zu leisten, da eine solche Sammlung lehrreich für die „Fortbildung des deutschen Strafrechts zum Besseren"[111] sei:

> „Die schlechte Praxis stellt sich von selbst in ihrer Nichtigkeit dar, wenn die gute ihr gegenüber gestellt wird; die gute erscheint neben jener klare in ihrem wahren Lichte."[112]

In der wissenschaftlichen Kritik wurde dieser Versuch Temmes nach Erscheinen des ersten Bandes als durchaus nützlich bewertet[113].

Nachdem er sich 1855 noch einmal mit einer Monographie auf das Feld des Zivilprozeßrechtes gewagt hatte[114], trat er in der Folge nur noch durch strafrechtliche Publikationen hervor. Im Jahre 1857 erhielt er die „ehrenvolle Aufgabe"[115], die Bearbeitung der fünften Auflage des renommierten Lehrbuchs des Justizrates *Christoph Martin*[116] zum gemeinen deutschen Kriminalprozeß[117] zu übernehmen. Neben einer Aufstellung der neueren wissenschaftlichen Literatur und der Hinzufügung eigener abweichender Ansichten gab Temme diesem Werk in seiner Bearbeitung vor allem dadurch eine neue Handschrift, daß er in einem Anhang das durch die neueren Strafprozeßordnungen der deutschen Staaten eingeführte Strafverfahren darstellte. Für diesen

---

109 *Temme*, Archiv für die strafrechtlichen Entscheidungen der obersten Gerichtshöfe Deutschlands, Sechs Bände, Erlangen 1854/1855/1856/1857/1858/1859.

110 *Temme*, Archiv für die strafrechtlichen Entscheidungen der obersten Gerichtshöfe Deutschlands, Bd. 1, S. 3 f.

111 *Temme*, Archiv für die strafrechtlichen Entscheidungen der obersten Gerichtshöfe Deutschlands, Bd. 1, S. 9.

112 *Temme*, Archiv für die strafrechtlichen Entscheidungen der obersten Gerichtshöfe Deutschlands, Bd. 1, S. 9.

113 *Abegg*, GA 1854, S. 584 f. (585).

114 *Temme*, Anleitung zur Civilprozeß-Praxis, Schaffhausen 1855.

115 *Martin*, Lehrbuch des Teutschen gemeinen Criminal-Prozesses, Vorwort von Temme, S. XVIII.

116 Zu *Christoph Martin* (1772–1857) vgl. *Eisenhart*, ADB, Bd. 20, S. 485 ff.

117 *Martin*, Lehrbuch des Teutschen gemeinen Criminal-Prozesses, mit besonderer Rücksicht auf die neueren in Teutschland geltenden Strafprozeßgesetze, ergänzt und beendigt von Temme, 5. Auflage, Leipzig und Heidelberg 1857.

als „Seperationsmethode“[118] bezeichneten Versuch, einer Darstellung des gemeinen Strafprozesses die Darstellung des Verfahrens nach Partikularrecht folgen zu lassen, der in der damaligen Rechtsliteratur zuvor so noch nicht gemacht worden war, erhielt Temme großes Lob[119].

Die durch dieses Werk erfolgte Beschäftigung mit dem gemeinen deutschen Strafprozeßrecht komplettierte Temme im Jahre 1876 mit der Herausgabe eines Lehrbuchs des gemeinen deutschen Strafrechts[120]. Die Auseinandersetzung mit dem gemeinen deutschen Recht hielt Temme auch nach Erscheinen des Reichsstrafgesetzbuches im Jahre 1871 insofern für notwendig, als er das gemeine Recht als eine „fortwährend fließende Rechtsquelle für das deutsche Strafrecht“ verstand, die „unentbehrlich für dessen Auslegung und Anwendung“[121] sei. Für diese Auffassung wurde er in der Literatur zwar kritisiert, jedoch wurde dem Werk des inzwischen 78 Jahre alten Temme aufgrund seiner Bezugnahme auf das neue Reichsstrafgesetzbuch dennoch Bedeutung zugeschrieben[122]. Mit diesem Bekenntnis zum gemeinen deutschen Strafrecht fand die langjährige Betätigung Temmes als juristischer Schriftsteller ihr Ende.

E) Zusammenfassung und Ausblick

Versucht man sich nach diesem Überblick über das Werk des Juristen Jodocus Temme ein Urteil zu bilden, ist zunächst augenfällig, daß er weniger ein juristischer Schriftsteller aus Leidenschaft als vielmehr aus materieller Not war. Es ging ihm vorrangig darum, sich durch die Publikation von Schriften ein Zubrot zu verdienen. Das hatte zur Konsequenz, daß er sich für die Ausarbeitung seiner Werke in der Regel nicht viel Zeit ließ, was ihm von seiten seiner Rezensenten oftmals den Vorwurf mangelnder Gründlichkeit einbrachte. Überhaupt wurde er als Praktiker von vielen Strafrechtswissenschaftlern kritisch betrachtet, wie ein Brief *Abeggs* an *Carl Joseph Anton Mittermaier*[123] aus dem Jahre 1854 eindrucksvoll zu belegen vermag:

> „Ich finde, daß Herr Temme jetzt anfängt, auch im Archiv [Anm.: gemeint ist das Archiv für Criminalrecht] sich auf das hohe Pferd zu setzen. Dieser als Praktiker brauchbare, als Gesetzeskritiker höchst anzuerkennende Jurist, muß, um als theoretischer Schriftsteller zu gelten, noch viel lernen, es fehlt ihm unter anderem die

118 *Ortloff*, Krit. Zeitschr. 1859, S. 60 ff. (71).

119 *Ortloff*, Krit. Zeitschr. 1859, S. 60 ff. (85).

120 *Temme*, Lehrbuch des gemeinen deutschen Strafrechts, Stuttgart 1876.

121 *Temme*, Lehrbuch des gemeinen deutschen Strafrechts, S. III.

122 *Hahn*, GA 1875, S. 651 f. (652).

123 Zu *Carl Joseph Anton Mittermaier* (1787–1867) vgl. *Stolleis*, Juristen, S. 428 f. m. w. N.

klassische Vorbildung, überhaupt Vieles, u wenn ich bei der Redaktion mehr zu thun u [zu] sagen hätte, als der Fall ist, so würde ich bei Aufnahme seiner Aufsätze mit Strenge verfahren. Dies sage ich natürlich nur im Vertrauen. Der arme Mann – den ich vielfach nach Kräften literarisch gefördert u unterstützt habe – ohne mit ihm in anderem als schriftlichem Verkehr zu stehen, ist durch seine Familienverhältnisse seit langer Zeit genöthigt, um Geld zu schreiben, worüber schon der selige Hitzig gegen mich klagte. Daher drängen sich seine Bücher und Compilationen, seine s.g. belletristischen Schriften, Sagen, Romane, die alle ohngefähr gleich viel werth sind. Das wird auch Ihnen nicht entgangen seyn."[124]

In dieser harten Kritik der schriftstellerischen Leistung Temmes vergißt *Abegg* jedoch nicht, auf ein Verdienst Temmes hinzuweisen. Dieses ist darin zu sehen, daß Temme, der mehr als 30 Jahre als Richter oder Staatsanwalt für den preußischen Staat tätig war, in seinen Werken oftmals wertvolle Erfahrungen aus der juristischen Praxis einbringen konnte. Im Umkehrschluß brachte ihm seine praktische Herangehensweise allerdings auch oft den Vorwurf mangelnder Wissenschaftlichkeit ein. Dieser Vorwurf mag seine Berechtigung haben, wenn man berücksichtigt, daß die Beschäftigung mit der Strafrechtswissenschaft Temme als finanzielle Absicherung diente und die reine Neigung zu wissenschaftlichem Arbeiten somit nicht primäre Motivation seines Handelns war.

Bei einer abschließenden Betrachtung der Kritik an den juristischen Werken Temmes ist über die obenstehenden Punkte hinaus ferner auffällig, daß seine Arbeiten auf dem Gebiete der Gesetzeskritik ausschließlich großes Lob erfahren. Es ist davon auszugehen, daß dieser rechtspolitische Bereich des Strafrechts ihm besonders entgegenkam. Er wird daher in der vorliegenden Untersuchung auch eine besondere Berücksichtigung erfahren.

Ferner ergibt sich bereits bei dem obenstehenden groben Überblick über das rechtswissenschaftliche Werk Temmes, daß dieser eine besondere Vorliebe für das gemeine deutsche Recht hatte und daher den meisten Kodifikationsversuchen kritisch gegenüberstand. Damit im Zusammenhang steht seine Berufung auf das Rechtsbewußtsein im Volke, welches für ihn die wichtigste Rechtsquelle darstellte und daher nach seiner Auffassung zwingend von jedem Gesetzgeber zu beachten war. Auch dieser Ansatz soll im folgenden besonders gewürdigt werden und mit anderen in der damaligen Zeit vorherrschenden Denkrichtungen verglichen werden. In diesem Zusammenhang wird dann auch eine Auseinandersetzung mit der historischen Rechtsschule erfolgen[125].

---

124 So *Abegg* in einem Brief an *Carl Joseph Anton Mittermaier* vom 27. Dezember 1854. Dieser Brief ist abgedruckt bei *Jelowik*, Briefe deutscher Strafrechtler, S. 148 (149).

125 Vgl. hierzu: 12. Kapitel, A).

Versucht man eine abschließende Bewertung von Wirkung und Rang der juristischen Werke Temmes in ihrer Zeit, so muß man einmal in die Betrachtung mit einbeziehen, daß seine Schriften bereits zu ihrer Zeit oft kritisiert wurden. Diese Kritik antizipierte bereits das, was sich im weiteren Zeitverlauf bewahrheitet hat: Das Werk des Strafrechtlers Temme ist in der Gegenwart fast niemandem mehr bekannt. Seine eher von praktischem Denken durchzogenen Schriften, welche oftmals nicht das Ergebnis einer jahrelangen Beschäftigung mit einem Thema waren, konnten gegenüber den rechtsdogmatischen Abhandlungen der großen Strafrechtsdenker des 19. Jahrhunderts keinen Bestand haben. Trotzdem bleibt festzuhalten, daß er zu seiner Zeit durchaus einen Namen hatte. Allein die Vielzahl an Rezensionen, welche zu seinen Werken erschienen sind, zeugen von der großen Bekanntheit des Juristen Temme. Ferner zollte man ihm für seine Arbeit in vielen Bereichen auch Anerkennung und selbst sein größter Kritiker *Abegg* betonte an unterschiedlichen Stellen die großen Verdienste des Gesetzeskritikers Temme.

Abschließend sei daher auf eine Äußerung Steinmanns aus dem Jahre 1850 verwiesen werden, welche geeignet ist, den Respekt und die Wertschätzung, welche Temme seinerzeit für seine juristischen Arbeiten insbesondere auf dem Gebiete des Kriminalrechtes zuteil wurde, zu verdeutlichen:

> „Es genügt die Anführung, daß Temme in Folge dieser [...] juridischen Schriften, als Autorität, besonders in kriminalistischer Hinsicht, in ganz Deutschland gilt, und sein Name sich würdig, den übrigen Autoritäten der Gegenwart anschließt."[126]

126 *Steinmann*, Temme, S. 42.

ZWEITER TEIL:
DER BEITRAG TEMMES ZUR REFORM DES STRAFVERFAHRENSRECHTES

Drittes Kapitel:
Einführung und Themenstellung

A) Die Reform des Strafverfahrens im 19. Jahrhundert

Von Anfang bis etwa Mitte des 19. Jahrhunderts wurde in allen deutschen Bundesstaaten um eine Reform des Strafverfahrensrechtes gerungen. Am Anfang dieser Reformbewegung stand der gemeinrechtliche Inquisitionsprozeß, welcher dann in der Mitte des Jahrhunderts durch den „reformierten Strafprozeß" ersetzt wurde[1].

Ebenso wie das Strafverfahren der Gegenwart war auch der Inquisitionsprozeß durch die drei Verfahrensgrundsätze Offizialprinzip, Untersuchungsprinzip und das Prinzip der materiellen Wahrheit geprägt. Seine eigentliche Besonderheit bestand jedoch darin, daß versucht wurde, diesen drei Grundsätzen durch das strafprozessuale Institut der „inquisitio" Ausdruck zu verleihen. Bei dieser handelte es sich um ein von Amts wegen eingeleitetes und durchgeführtes Ermittlungsverfahren, welches von einem Inquisitionsrichter geleitet wurde. Im Mittelpunkt dieses Verfahrens stand die Befragung des Beschuldigten und vor allem sein Geständnis, das als die „Königin der Beweise" (regina probationum) galt. Die Fällung des Urteils erfolgte dann später in einer geheimen Beratung des erkennenden Gerichts allein anhand der schriftlichen Ergebnisse, die der Untersuchungsrichter in den Akten festgehalten hatte[2].

Unter dem Einfluß der französischen Revolution setzte gegen Ende des 18. Jahrhunderts allmählich Kritik an dieser Verfahrensgestaltung ein[3]. Ursache dafür war die demokratisch-freiheitliche Bewegung, die den Absolutismus bekämpfte und die Freiheit des einzelnen Bürgers in den Mittelpunkt stellte. In dieser Zeit gewannen die Menschenwürde und die Persönlichkeitswerte des Individuums eine immer stärkere Bedeutung, was auch Auswirkungen auf das strafrechtliche Denken hatte[4]. Der auf subjektiver Willkür und individuellem

---

1 Vgl. dazu: *Schmidt*, Geschichte, S. 324; *Rüping*, Grundriß, S. 83; *Sellert / Rüping*, Studien- und Quellenbuch, Bd. 2, S. 17; *Ignor*, Geschichte, S. 211 ff.

2 *Ignor*, Geschichte, S. 17.

3 *Schmidt*, Geschichte, S. 337; *Armbrüster*, Verteidigung, S. 98 ff.; *Geppert*, Unmittelbarkeit, Berlin 1979, S. 67; *Rüping*, Grundriß, S. 83; *Schwinge*, Schwurgerichte, S. 1 ff.

4 *Schmidt*, Geschichte, S. 338.

Ermessen beruhende Inquisitionsprozeß wurde als nicht mehr zeitgemäß betrachtet[5].

In der rechtshistorischen Forschung findet sich jedoch auch die Auffassung, für das strafrechtliche Umdenken sei weniger die demokratisch-freiheitliche Bewegung, als vielmehr ein Wandel im Strafrechtsdenken, der sich bereits im 18. Jahrhundert vollzogen habe, verantwortlich[6]. Gemäß diesem neuen Strafrechtsdenken, bei welchem als Ausdruck des Prinzips der Säkularisierung im Strafrecht der Kerngehalt strafrechtlichen Unrechts nicht mehr in einer Sünde gegen Gott, sondern in einer Verletzung des Gesellschaftsvertrages betrachtet worden sei, habe der Schuldige nunmehr zu dem Zweck ermittelt werden sollen, den Bestand der Gesellschaft zu sichern und Unschuldige vor Strafe zu schützen. Im Hinblick auf diese veränderte Aufgabenstellung seien viele Institutionen des Inquisitionsverfahrens als unzweckmäßig empfunden worden und die Reformforderungen entstanden[7].

Zutreffend ist jedoch, was auch von dieser Auffassung eingeräumt wird[8], daß der entscheidende Durchbruch auf dem Gebiete des Strafverfahrensrechtes erst im 19. Jahrhundert erfolgen konnte, als sich das neue Strafrechtsdenken mit den politischen Ideen des Konstitutionalismus verband. Ein weiterer entscheidender Faktor, der im neunzehnten Jahrhundert die Reformbewegung vorantrieb, war auch, daß der den überlieferten Inquisitionsprozeß wenigstens teilweise überwindende französische Code d'Instruction Criminelle von 1808[9] auch nach der napoleonischen Fremdherrschaft in den linksrheinischen Gebieten Rheinpreußens, Rheinbayerns und Rheinhessens als Partikularrecht fortbestand[10]. Der französische Strafprozeß, der ein Verfahren normierte, in welchem die Anklagefunktion auf eine staatliche Behörde übertragen war und

---

5 *Geppert*, Unmittelbareit, S. 67; *Armbrüster*, Verteidigung, S. 123 f.

6 Zu dieser Auffassung gelangt z.B. *Ignor* im Rahmen einer neueren Untersuchung über die „Geschichte des Strafprozesses in Deutschland 1532–1846", vgl: *Ignor*, Geschichte, S. 26 ff., 288 ff.

7 *Ignor*, Geschichte, S. 26 ff. Vgl. auch die Untersuchung von *Collin* zur Entstehung der Staatsanwaltschaft. *Collin* gelangt in dieser Untersuchung zu dem Ergebnis, daß die Staatsanwaltschaft keineswegs als Ergebnis einer rechtsstaatlichen Umgestaltung des Strafverfahrens angesehen werden kann, sondern daß diese als Organ konzipiert wurde, welches Interessen der Regierung im Strafprozeß umsetzen sollte, auch wenn dies von den Reformautoren so nicht beabsichtigt worden sein mag, vgl. *Ders.*, „Wächter der Gesetze", S. 401 ff. (insbes. S. 405).

8 *Ignor*, Geschichte, S. 27.

9 Vgl. zur Entwicklung des reformierten Strafprozesses in Frankreich: *Alber*, Öffentlichkeit, S. 25 ff.; *Haber*, Strafgerichtliche Öffentlichkeit, S. 200 ff.

10 Vgl. zur Geltung des französischen Rechtes in den Rheinlanden etwa: *Conrad*, Preußen und das französische Recht, S. 78 ff.; *Schmidt*, Geschichte, S. 327.

die Urteilsfindung aufgrund einer öffentlichen und mündlichen Hauptverhandlung durch Geschworene erfolgte, erfreute sich bei Justiz und Bevölkerung zunehmender Beliebtheit, was dazu führte, daß von den Gebieten mit französischem Recht bedeutende Impulse für das Fortschreiten der Reform des Strafverfahrens ausgingen[11].

Unter dem Einfluß dieser freiheitlich demokratischen Bewegung setzte dann gegen Anfang des neunzehnten Jahrhunderts allmählich Kritik an der Verfahrensgestaltung des Inquisitionsprozesses ein. Insbesondere wurde bemängelt, daß unter Geltung des Inquisitionsverfahrens das Urteil von dem erkennenden Gericht unter Ausschluß der Öffentlichkeit allein aufgrund der Aktenlage gefällt wurde. Deshalb forderte man, dem Ermittlungsverfahren eine öffentliche und mündliche Hauptverhandlung nachzuschalten, in welcher die Beweismittel für eine Straftat öffentlich ausgebreitet und von den Prozeßbeteiligten mündlich erörtert werden sollten[12]. Die Einrichtung einer derartigen mündlichen und öffentlichen Hauptverhandlung wurde im Verlaufe der Reformbewegung unter dem Stichwort der Einführung des Mündlichkeits- und Öffentlichkeitsprinzips diskutiert.

Darüberhinaus wurde gefordert, die Eröffnung der nach diesen Verfahrensprinzipien ausgestalteten Hauptverhandlung wie in Frankreich von der Entscheidung einer unabhängigen Anklagebehörde abhängig zu machen. Dadurch sollte verhindert werden, daß der Richter wie bisher Ankläger, Verteidiger und urteilender Richter in einer Person war und dadurch eine zu große Machtfülle besaß[13]. Dies war die Geburtsstunde der Idee einer Staatsanwaltschaft, deren Einführung unter dem Stichwort des Anklageverfahrens erörtert wurde.

Auch das System der gesetzlichen Beweistheorie, nach welcher der Richter bei Vorliegen bestimmter Beweise von der Schuld des Angeklagten auszugehen hatte (positive Beweistheorie) geriet in die Kritik, und es wurde über die Einführung einer freien Beweiswürdigung debattiert. Um jedoch trotz der Einführung einer freien Beweiswürdigung eine Kontrolle über die Strafgewalt zu haben, wurde der Ruf nach Geschworenengerichten gemäß dem französischen

11 *Schmidt*, Geschichte, S. 327.

12 Vgl. etwa *Zachariä*, Gebrechen, S. 123 f.; *Mittermaier*, Mündlichkeit, S. 115 ff.; *Möhl*, ZsDtStrafverfahren 1842, S. 277 ff. (280).

13 Diese große Machtfülle, die dem Inquirenten im Rahmen des Untersuchungsverfahrens zustand, findet sich eindrucksvoll in den Ausführungen *Jagemanns*, der eine Anleitung dafür lieferte, wie der Inquirent „rohen Menschen" am besten „mit imponierenden Szenen" begegnete, um ein Geständnis zu erreichen, vgl. *Ders.*, Handbuch, S. 315 ff.

Vorbild laut, bei welchem juristische Laien über die Schuld oder Unschuld des Angeklagten entscheiden sollten[14].

Diese weitreichenden Forderungen nach Umgestaltung des Strafverfahrens blieben in der Gesetzgebung der deutschen Bundesstaaten nicht ohne Widerhall. Vielmehr wurden gegen Mitte des 19. Jahrhunderts in ihnen vermehrt Strafprozeßordnungen erlassen, welchen die neuen Verfahrensprinzipien zugrunde lagen. Außerdem wurden alle diese Grundsätze in der 1849 verabschiedetenen „Verfassung des Deutschen Reiches" (sog. Paulskirchenverfassung) verankert. Als schließlich nach dem Sieg über Frankreich 1871 das Deutsche Reich gegründet wurde und einheitliche Gesetze für ganz Deutschland geschaffen werden mußten, wurden die Maximen der Strafrechtsreform in die Strafprozeßordnung von 1877 aufgenommen.

Gemeinhin wird daher davon gesprochen, daß durch diese Gesetze der Inquisitionsprozeß durch den „reformierten Strafprozeß" ersetzt worden sei[15]. Allerdings darf dieser Begriff des reformierten Strafprozesses nicht insoweit mißverstanden werden, daß durch dessen Einführung das vorher geltende Inquisitionverfahren gänzlich abgeschafft worden wäre. Durch den reformierten Strafprozeß wurde vielmehr ein Prozeßtypus verwirklicht, in welchem das herkömmliche Inquisitionsverfahren für die Voruntersuchung weitgehend bestimmend blieb. Ihm wurden jedoch einzelne Elemente der Reformzeit wie die freie Beweiswürdigung oder ein öffentlich-mündliches Schlußverfahren übergestülpt[16]. Außerdem blieb der reformierte Strafprozeß in vielen Punkten hinter den Forderungen, wie sie in der Rechtsliteratur erhoben worden waren, zurück und wurde daher von Kritikern oftmals als „halber Inquisitionsprozeß"[17] bezeichnet.

Dessen ungeachtet wurden im Zuge der Reform jedoch auch tiefgreifende Neuerungen der Prozeßstruktur verankert, welche Auswirkungen bis in die Gegenwart zeitigen. Diesbezüglich sei insbesondere auf die im Zuge der Reformbewegung eingeführte freie richterliche Beweiswürdigung und auf die institutionelle Trennung von Anklage- und Richterfunktion verwiesen[18]. Deshalb erscheint es nicht verfehlt, abschließend festzustellen, daß die Entstehung

---

14 Vgl. zum Aufkommen dieser Reformforderungen: *Rüping*, Grundriß, S. 83.

15 Vgl. etwa: *Rüping*, Grundriß, S. 82.

16 *Sellert / Rüping*, Studien- und Quellenbuch, Bd. 2, S. 17; *Ignor*, Geschichte, S. 20.

17 *Gneist*, Vier Fragen, S. 6. Dieser spicht davon, daß durch die Reformgesetze zwar die „Grundprinzipien" zum Durchbruch gelangt seien, man „im Einzelnen den Anschluß an das Hergebrachte jedoch nach Kräften" festhalte.

18 Vgl. *Vormbaum*, Lex Emminger, S. 179.

des reformierten Strafprozesses im Bereich des Strafprozeßrechtes wegweisende Bedeutung hatte.

B) Themenstellung und Gang der Untersuchung

Im Rahmen der vorliegenden Arbeit wird der Beitrag, den der Jurist und liberale Politiker Jodocus Temme zu dieser Reform des Strafprozeßrechtes geleistet hat, durch eine Auswertung seiner zu diesem Thema erschienen zahlreichen Aufsätze und Monographien herausgearbeitet. Da Temme preußischer Staatsbürger und das Königreich Preußen außerdem der bedeutendste deutsche Staat im 19. Jahrhundert war, soll der Fokus auf seiner Arbeit für die Reform des Strafverfahrens in Preußen liegen. Temme, der Mitglied der äußersten Linken in der preußischen konstituierenden Versammlung war, trat bis zu dem Verlust von Amt und Würden für seine politischen Überzeugungen ein[19]. Er war Verfechter eines konstitutionellen Systems, in dem bürgerliche Freiheiten und bürgerliche Machtteilhabe wirksam gesichert sein sollten. Aufgrund des oben dargestellten und gemeinhin angenommenen Zusammenhangs zwischen der politischen Entwicklung im Staats- und Verfassungsrecht und der strafprozessualen Reformbewegung erscheint es insbesondere interessant zu untersuchen, inwiefern sich Temmes politische Geisteshaltung in seinen juristischen Schriften auf dem Gebiete des Strafverfahrensrechtes wiederfinden läßt.

Aus diesen Überlegungen ergibt sich folgende methodische Herangehensweise: Begonnen werden soll die Untersuchung mit einer Darstellung des Strafverfahrens nach der preußischen Kriminalordnung von 1805, das dem Typus eines Inquisitionsverfahrens entsprach und den Ausgangspunkt für die Strafrechtsreform in Preußen bildete. Danach soll ein Kommentar, den Temme im Jahr 1838 zu der preußischen Kriminalordung von 1805 geschrieben hat, auf Kritikpunkte an dieser Verfahrensgestaltung durchgesehen werden. In der Folge wird ein historischer Überblick über die Entwicklung der Gesetzgebung in Preußen ausgehend von der preußischen Kriminalordnung bis zum Erlaß der Reichsstrafprozeßordnung gegeben. Dies erscheint unerläßlich, da die Äußerungen Temmes zur Reform des Strafverfahrens sich insgesamt über einen Zeitraum von fast 40 Jahren erstrecken. In dieser Zeit nahm Temme auch immer wieder zum Stand der Gesetzgebung in Preußen Stellung und äußerte seine Meinung zu Reformgesetzen und Entwürfen, so daß dieser Überblick dem Verständnis der nachfolgenden Untersuchung dient. Daran anschließend

---

19 Vgl. zum Werdegang *Temmes* während der Revolution: 1. Teil, 1. Kapitel D).

wird, indem an die einzelnen Reformforderungen angeknüpft wird, Temmes Auffassung im Hinblick auf eine Reform des Strafverfahrensrechtes herausgearbeitet. Dabei wird regelmäßig auch der Bezug zu den Standpunkten anderer Reformautoren hergestellt und Temmes Auffassung in den historischen Kontext eingearbeitet. Abschließend sollen dann die Grundziele und Ideen, welche Temme mit der Reform des Strafverfahrens verfolgte, noch einmal zusammenfassend dargestellt und einer Würdigung unterzogen werden.

Viertes Kapitel: Die preußische Kriminalordnung von 1805 als Ausgangspunkt

Ausgangspunkt der Reformbewegung auf dem Gebiete des Strafverfahrensrechtes bildete in allen deutschen Staaten ein Strafverfahren, welches nach dem Typus des Inquisitionsverfahrens ausgestaltet war. In Preußen galt zu Anfang des 19. Jahrhunderts die Kriminalordnung von 1805 (KrimO). Im folgenden zunächst der Verfahrensgang nach der preußischen Kriminalordnung dargestellt werden, damit die im Zuge der Strafprozeßreform geübte Kritik besser nachvollzogen werden kann.

A) Die preußische Kriminalordnung von 1805

Bei der preußischen Kriminalordnung vom 11. Dezember 1805 handelte es sich um eine Revision der alten Kriminalordnung vom 1. März 1717, die auf der Grundlage der Carolina von 1532[1] entwickelt worden war[2]. Auch die Kriminalordnung von 1717 bestimmte als Strafverfahren den Inquisitionsprozeß. Die Kriminalordnung von 1805 trug jedoch dem Bedürfnis nach einer Neuordnung des Strafverfahrens Rechnung, welches unter anderem durch die Abschaffung der Folter durch *Friedrich den Großen*[3] im Jahre 1740 entstanden war[4]. Unter der Kriminalordnung von 1717 hatte das Gericht die zur Verurteilung hinreichenden Tatsachen nur dann als erwiesen ansehen dürfen, wenn zwei vollgültige Zeugen sie bekundet oder wenn der Inquisitus ein Geständnis

---

1 Die Constitution Criminalis Carolina (auch peinliche Halsgerichtsordnung) war das erste deutsche kodifizierte Strafrecht, das auf dem Reichstag zu Regensburg 1532 unter *Karl V.* zum Reichsgesetz erhoben wurde. Sie war eine Fortentwicklung aus der Verschmelzung von römischen und deutschen Recht und stellte in den nächsten drei Jahrhunderten die Basis für die weitere Entwicklung des gemeinen deutschen Strafrechts dar. In einigen Gebieten galt sie bis in das 19. Jahrhundert. Die Bezeichung als peinliche Halsgerichtsordnung stammt von der in ihr geregelten peinlichen Befragung, d.h. der schmerzhaften Befragung unter Einsatz von Folter, zum Strafprozeß der Carolina vgl. *Schild*, Gerichtsbarkeit, S. 166 ff.; *Schmidt*, Geschichte, S. 131; *Ignor*, Geschichte, S. 60 ff.

2 *Ignor*, Geschichte, S. 262.

3 Vgl. zur Person *Friedrichs des Großen* (1712–1786), König von Preußen, *Ranke*, ADB, Bd. 7, S. 656 ff.

4 Durch Kabinettorder vom 3. Juni 1740 wurde die Folter abgeschafft, vgl. *Fels*, Strafprozeß, S. 2; *Giese*, Rechtsgeschichte, S. 72; *Rüping*, Grundriß, S. 70.

abgelegt hatte. Durch die Abschaffung der Folter wurde dem Inquirenten jedoch die Möglichkeit genommen, ein Geständnis bei Fehlen vollgültiger Zeugenaussagen notfalls unter Anwendung der Folter zu erzwingen, so daß auch eine Änderung der gesetzlichen Beweisregeln notwendig erschien[5]. Prozeßrechtssystematisch war die Folter das notwendige Gegenstück zu der gesetzlichen Beweistheorie gewesen, nach welcher das Geständnis als „regina probationum" anzusehen war[6]. Dies war der Ansatzpunkt für die Entstehung der preußischen Kriminalordnung von 1805, welche den entstandenen Unsicherheiten abhelfen und eine klare Regelung treffen sollte.

Das Verfahren nach der Kriminalordnung von 1805 entsprach zwar durchaus noch dem Typus des Inquisitionsverfahrens, allerdings unterschied es sich in vielem von Ausprägungen, die dieses in der Jurisprudenz der frühen Neuzeit und in den Kriminalordnungen des 18. Jahrhunderts erfahren hatte. Beispielsweise traf die preußische Kriminalordnung keine Unterscheidung zwischen General- und Spezialuntersuchung mehr[7], sondern sie enthielt stattdessen ein einheitliches Ermittlungsverfahren, die Kriminaluntersuchung[8].

Die Entscheidung darüber, ob ein Verbrechen zu verfolgen war, oblag nach dem Verfahrensrecht der preußischen Kriminalordnung dem Untersuchungsrichter[9], der dann eine Kriminaluntersuchung einleiten sollte, wenn ein Veranlassungsgrund für diese bestand. Derartige Veranlassungsgründe konnten die eigene Wahrnehmung eines Verbrechens durch den Richter[10], das öffentliche Gerücht über ein begangenes Verbrechen[11], die Anzeige oder Denunziation eines Dritten oder die eigene Anzeige eines Verbrechers[12] sein.

Hatte der Richter durch einen dieser Veranlassungsgründe Kenntnis von einem möglichen Verbrechen erhalten, so mußte er daran anschließend versuchen, den Täter durch die Sammlung von Verdachtsgründen zu ermitteln, um die eigentliche Untersuchung gegen den Verdächtigen zu eröffnen[13]. Zu diesem

5 *Fels*, Strafprozeß, S. 2; *Rüping*, Grundriß, S. 70; *Schmidt*, Geschichte, S. 270.

6 Vgl. dazu *Vormbaum*, Schutz des Strafurteils, S. 83; *Schmidt*, Geschichte, S. 270.

7 Die Generalinquisition bestand aus der Tatbestandserhebung und der Forschung nach dem Verbrecher. Die Spezialinquisition beschränkte die Untersuchung auf einen bestimmten Beschuldigten, vgl. *Fels*, Strafprozeß, S. 50 f.

8 Vgl. §§ 1 ff., §§ 106 ff., §§ 202 ff. KrimO.

9 § 1 KrimO. Ausnahmen von diesem Grundsatz wurden jedoch nach § 2 KrimO zugelassen, soweit ein Gesetz dies zuließ.

10 § 106 1. Var. KrimO.

11 § 106 2. Var. KrimO.

12 § 106 3. Var. KrimO.

13 §§ 107 ff. KrimO.

Zweck konnte der Richter dem Verdächtigen nahestehende Personen oder auch den Verdächtigen selbst vernehmen[14].

Im Anschluß an diese vorläufige Untersuchung erfolgte die Feststellung des Tatbestandes des Verbrechens (corpus delicti). Darunter verstand die Kriminalordnung diejenigen Umstände, welche es „gewiß oder doch höchst wahrscheinlich“ machten, daß „ein Verbrechen begangen worden“[15] war. Hatte ein Verbrechen äußerlich wahrnehmbare Spuren hinterlassen, so bestand die Feststellung des Tatbestandes darin, daß der Richter sich von diesen mittels Augenscheins überzeugte[16]. Fehlte es an derartigen äußerlich wahrnehmbaren Spuren eines Verbrechens oder war die Einnahme von Augenschein nicht möglich, so konnte der Richter die Spuren auch anhand von Zeugen, Urkunden oder anhand eines Geständnisses ermitteln[17]. Für die Ermittlung des Tatbestandes einiger wichtiger Verbrechen wie z. B. bei Körperverletzungs-[18], Tötungsdelikten[19] oder Diebstahl[20] sah die Kriminalordnung jedoch besondere Regeln vor.

Nach der Feststellung des Tatbestandes erfolgte die eigentliche Untersuchung gegen den Beschuldigten. Diese Reihenfolge war von der Kriminalordnung jedoch nicht zwingend vorgeschrieben[21]. Die eigentliche Untersuchung wurde eröffnet, sobald ein begründeter Verdacht der Begehung eines Verbrechens durch eine bestimmte Person bestand[22]. Im Rahmen dieser Untersuchung konnte der Verdächtige auch festgenommen werden, sofern die Existenz eines Verbrechens wahrscheinlich war[23]. Die eigentliche Untersuchung gegen den

---

14 §§ 202, 203 KrimO.

15 § 133 KrimO. Unter dem Tatbestand war in erster Linie die durch die strafbare Handlung bewirkte Rechtsverletzung zu verstehen, *Fels*, Strafprozeß, S. 44.

16 *Fels*, Strafprozeß, S. 44.

17 *Fels*, Strafprozeß, S. 44.

18 §§ 140 ff. KrimO. Bei Körperverletzungen mußte etwa das Attest eines approbierten Wundarztes zu den Akten gereicht werden.

19 §§ 147 ff. KrimO. Für den Fall, daß ein Beschädigter bereits vor oder während der Untersuchung verstorben war, sah die KrimO etwa eine „Besichtigung“ des Leichnams durch einen Physikus im Beisein des Richters vor.

20 §§ 179 ff. KrimO. Bei Diebstählen durch „Einsteigen oder Erbrechen“, welche Spuren hinterlassen hatten, sollte der Richter ohne Zeitverlust, und ohne die Entdeckung des Diebes abzuwarten, die hinterlassenen Spuren in Augenschein nehmen und den Befund zu Protokoll niederschreiben.

21 *Fels*, Strafprozeß, S. 44.

22 § 204 KrimO.

23 Vgl. den Wortlaut von § 206 KrimO: „Die Verhaftung eines Verdächtigen setzt allemal voraus, daß die Existenz eines Verbrechens wahrscheinlich sei, wenn auch der Thatbestand noch nicht vollständig festgestellt worden [ist].“

Beschuldigten bestand in der Hauptsache aus seiner Vernehmung und aus der Beweisaufnahme. Nach Eröffnung der Untersuchung ließ der Richter den Beschuldigten zur Vernehmung vor Gericht erscheinen. Für den Fall, daß der Inquisit zuvor bereits festgenommen worden war, mußte die Untersuchung gegen den Verhafteten binnen 48 Stunden nach der Verhaftung durch seine Vernehmung oder die der Zeugen eröffnet werden[24]. Die Vernehmung seitens des Inquirenten dauerte an, bis der Inquisit sich nach Dafürhalten des Richters über alle erheblichen Umstände geäußert hatte[25]. Zweck der Vernehmung war in erster Linie die Erlangung eines Geständnisses, denn die Überführung mittels eines Beweises wurde gegenüber dem Geständnis als zweitrangig angesehen[26]. Dennoch durfte der Richter keine gewaltsamen Mittel wie Drohungen, Stoßen, Schlagen oder andere tätliche Handlungen anwenden, um ein Geständnis zu erlangen[27]. Dies galt auch dann, wenn der Inquisit offensichtlich log oder sich hartnäckig weigerte, überhaupt auf die Fragen des Richters zu antworten oder Tatbeteiligte zu nennen[28].

Andererseits hatte der Inquirent jedoch für den Fall, daß „halsstarrige und verschlagene Verbrecher“ versuchten, sich durch „freche Lügen, verstocktes Leugnen oder gänzliches Schweigen“ sich der „verdienten Strafe“[29] zu entziehen, die Möglichkeit, seinem Kollegium darüber Bericht zu erstatten. Auf diesen Bericht hin setzte das Richterkollegium durch ein Dekret eine Züchti-

---

24 § 260 KrimO i. V. m. Allg. Landrecht, Th. II. Tit. 20. § 381.

25 *Fels*, Strafprozeß, S. 54.

26 Nach § 370 KrimO kam einem Geständnis, welches „gerichtlich, ernstlich und ausdrücklich” abgelegt wurde, volle Beweiskraft zu. Eine einzelne Zeugenaussage war hingegen niemals geeignet, volle Beweiskraft zu erbringen, vielmehr bestimmte § 386 KrimO, daß volle Beweiskraft lediglich durch „zwei vereidete, über alle Einwendung erhabene Zeugen“ erlangt werden konnte.

27 Vgl. den Wortlaut von § 285 KrimO: „Um den Verdächtigen zum Geständnisse zu bringen, dürfen keine gewaltsamen Mittel, von welcher Art sie auch sein mögen, angewandt werden.“ Ferner untersagte § 288 KrimO, den Angeschuldigten durch „Zufügung irgend eines körperlichen Leidens zum Bekenntnis der Wahrheit zu nöthigen.“

28 Vgl. § 289 KrimO: „Auch wegen hartnäckig verweigerter Antwort oder Angabe der Mitschuldigen, oder Herbeischaffung der entwendeten Sachen, so wie wegen wirklicher Lügen, soll künftig niemand vom Richter eigenmächtig gezüchtigt, oder sonst thätlich gemißhandelt werden.“

29 Vgl. § 292 KrimO: „Damit aber halsstarrige und verschlagene Verbrecher durch freche Lügen und Erdichtungen, oder durch verstocktes Leugnen oder gänzliches Schweigen, sich nicht der verdienten Strafe entziehen möge, soll der Inquirent in solchen Fällen [...] dem Collegio, dessen Mitglied er ist, oder dem vorgesetzten Landes-Collegio die Sache vollständig anzeigen und dabei zugleich über den körperlichen Zustand des Angeschuldigten pflichtmäßig berichten.“

gung gegen den Angeschuldigten fest[30], die in einer fest bestimmten Anzahl von Peitschen- oder Rutenhieben oder in Entziehung der besseren Kost, einsamem Gefängnis oder einer ähnlichen Maßregel bestand[31]. Diese Züchtigung nannte man Ungehorsams- oder Lügenstrafe[32]. Sie unterschied sich von der durch den Gesetzgeber abgeschafften Tortur dadurch, daß durch sie nicht ein Geständnis des Inquisiten erstrebt werden, sondern nur erreicht werden sollte, daß der Inquisit die Wahrheit sagte[33].

Einen weiteren Teil der eigentlichen Kriminaluntersuchung nach der preußischen Kriminalordnung machte die Beweisaufnahme aus. Eine solche war immer dann notwendig, wenn der Angeschuldigte die ihm vorgeworfene Tat leugnete oder wenn es sich auch bei Vorliegen eines Geständnisses um ein besonders wichtiges und schwerwiegendes Verbrechen handelte[34]. Der Inquirent mußte in diesem Fall aufgrund seiner Stellung als allein berechtigtes Prozeßsubjekt von Amts wegen sowohl Beweise zur Be- als auch zur Entlastung des Angeschuldigten erheben[35].

Nach der Beweisaufnahme wurde die eigentliche Kriminaluntersuchung durch das Schlußverhör abgeschlossen[36]. In einem Schlußtermin las der Richter dem Beschuldigten noch einmal die wesentlichen Verhandlungsprotokolle vor, und ihm wurde Gelegenheit zur Stellungnahme gegeben. Bei einem Verbrechen, welches mit einer härteren Strafe als dreijähriger Strafarbeit bedroht war, wurde im Schlußtermin ein artikuliertes Verhör abgehalten[37]. Unter einem artikulierten Verhör verstand man eine Vernehmung des Inquisiten, bei welcher ihm

---

30 § 293 KrimO: „Das Collegium soll alsdann befugt sein, durch ein bloßes Dekret, von welchem kein Recurs stattfindet, eine Züchtigung gegen einen solchen Angeschuldigten zu verfügen."

31 § 296 KrimO.

32 Zu den Lügenstrafen vgl. auch *v. Kries*, Strafprozeß, S. 47; *Vormbaum*, Schutz des Strafurteils, S. 83 ff.

33 *Fels*, Strafprozeß, S. 56. Diese Konstruktion der Lügenstrafen litt jedoch an einem Mangel, da die Behauptung, daß der Inquisit die Unwahrheit sage, eigentlich erst nach Abschluß der Beweisaufnahme hätte feststehen können, vgl. zur Kritik an dieser Konstruktion: *Vormbaum*, Schutz des Strafurteils, S. 85 m. w. N.

34 § 300 KrimO.

35 *Fels*, Strafprozeß, S. 57.

36 § 418 KrimO.

37 § 419 KrimO: „Ist die auf das Verbrechen durch das Gesetz bestimmte Strafe nach dem Ermessen des Inquirenten größer, als eine dreijährige Strafarbeit; so sollen dem Angeschuldigten über alle erheblichen zur Sache gehörenden Umstände bestimmte Fragen vorgelegt, und sowohl diese, als auch die darauf gegebenen Antworten zu Protokoll wörtlich niedergeschrieben werden."

über alle erheblichen Umstände bestimmte Fragen vorgelegt wurden, welche genauso wie die Antworten wörtlich zu Protokoll genommen werden mußten[38].

Während der gesamten eigentlichen Kriminaluntersuchung hatte der Beschuldigte ferner das Recht, sich durch einen Verteidiger verteidigen zu lassen[39]. Dessen wichtigste Aufgabe bestand darin, in einer Verteidigungsschrift Gründe für die Verteidigung vorzubringen und darzulegen, warum der Inquisit unschuldig oder zumindest nicht ordentlich zu bestrafen sei.

Nach der Verteidigung des Beschuldigten wurden die Akten geschlossen und dem erkennenden Gericht zum Spruch vorgelegt[40]. Das Strafverfahren nach der preußischen Kriminalordnung endete mit der Abfassung eines förmlichen Erkenntnisses, durch welches festgelegt wurde, ob der Inquisit zu bestrafen oder freizusprechen war[41].

Bei Abfassung des Erkenntnisses überließ es die Kriminalordnung nicht der freien Beweiswürdigung des Richters, den Beschuldigten eines Verbrechens für überführt zu halten. Sie folgte vielmehr der positiven Beweistheorie[42], nach welcher der Richter die Tatsachen, die die Anwendung der angedrohten Strafe zur Folge hatten, als bewiesen ansehen mußte. Diesen Beweisregeln mußte der Richter sich auch dann fügen, wenn er das gesetzliche Beweisergebnis nicht billigte, sondern eine andere Überzeugung erlangt hatte[43].

Der Tenor der Entscheidung konnte auf ordentliche sowie außerordentliche Strafe, vorläufige Freisprechung oder auf völlige Freisprechung lauten. Bei der ordentlichen Strafe handelte es sich um die im Gesetz festgelegte Strafe, welche dann zur Anwendung kam, wenn alle wesentlichen Bestandteile des Verbrechens als bewiesen galten. Von einer außerordentlichen Strafe sprach man demgegenüber dann, wenn eine mildere als die gesetzlich vorgesehene Strafe zur Anwendung kam, weil der Beweis nur unvollständig war und daher nur der Verdacht der Schuld des Angeklagten bestand[44]. Bestand gegen den Ange-

---

38 Vgl. §§ 419 ff. KrimO.

39 § 433 KrimO.

40 §§ 431, 432, 469, 470 KrimO.

41 Vgl. §§ 469 ff. KrimO.

42 Zum Beweisrecht nach der preußischen Kriminalordnung siehe auch: *Glaser*, Geschichtliche Grundlagen, S. 8; *Geyer*, Beweis, S. 185 ff. (200); *Paalzow*, Kommentar, S. 130.

43 Zur positiven Beweistheorie vgl. *Geyer*, Beweis, S. 185 ff. (195); *Jarke*, Lehre vom unvollständigen Beweise, S. 109.; *Mittermaier*, Lehre vom Beweise, S. 82 f.; *Glaser*, Lehre vom Beweis, S. 10 ff.

44 Vgl. §§ 391, 405, 407 KrimO; zur außerordentlichen Strafe siehe auch: *Alker*, Handbuch II, S. 169, *Jarke*, Lehre vom unvollständigen Beweise; *Geyer*, Lehrbuch,

schuldigten jedoch lediglich ein Verdacht, welcher für die Erkennung auf eine außerordentliche Strafe nicht ausreichte, so wurde der Beschuldigte vorläufig freigesprochen[45]. Die Besonderheit dieser vorläufigen Freisprechung bestand darin, daß die Untersuchung gegen den vorläufig Freigesprochenen bei Vorliegen neuer Beweismittel jederzeit wieder eröffnet und auf ordentliche oder außerordentliche Strafe erkannt werden konnte. Im Gegensatz dazu wurde der Beschuldigte gänzlich freigesprochen, wenn seine Unschuld nachgewiesen war oder wenn seine Schuld nicht nachgewiesen werden konnte[46].

Sobald das Urteil des erkennenden Gerichts abgefaßt und bestätigt worden war, wurde es dem Beschuldigten von dem Inquirenten vorgelesen. Im Falle eines den Beschuldigten beschwerenden Urteils wurde dieser von dem Inquirenten über ihm zustehende Rechtsmittel belehrt[47]. Damit war das Strafverfahren nach der preußischen Kriminalordnung abgeschlossen.

B) Temmes Bewertung der preußischen Kriminalordnung

Die Tätigkeit Temmes als Richter in Preußen brachte es zwangsläufig mit sich, daß er sich in seinem Berufsalltag mit den Vorschriften der Kriminalordnung konfrontiert sah und diese unmittelbar anwenden mußte. Daher erscheint es wenig verwunderlich, daß seine erste Monographie auf dem Gebiete des Strafverfahrensrechtes eine Abhandlung zu der preußischen Kriminalordnung von 1805 war. Bei dieser handelte es sich um ein im Jahre 1838 veröffentlichtes Werk Temmes mit dem Titel „Commentar über die wichtigeren Paragraphen der Preußischen Criminalordnung“[48]. Wie aus dem Vorwort zu entnehmen ist, suchte Temme, der zum damaligen Zeitpunkt Mitglied des Hofgerichtes in Greifswald war[49], durch diese Schrift eine Lücke zu schließen, welche daraus resultierte, daß der gängigste Kommentar zur preußischen Kriminalordnung von *Paalzow*[50] bereits im Jahre 1807 erschienen war und in diesem daher viele Probleme, die in der Praxis offenbar geworden waren, nicht behandelt wur-

---

S. 81 f.; *Zachariä*, Handbuch II, S. 412 ff. Vgl. zum System der außerordentlichen Strafen nach der preußischen Kriminalordnung ferner *Allmann*, Außerordentliche Strafe, S. 66 ff.

45 §§ 409, 406 KrimO.

46 § 414 KrimO.

47 § 515 KrimO.

48 Eine sehr ausführliche Rezension dieses Werkes findet sich bei *Abegg*, Krit. Jahrb. f. dt. Rechtsw. 1839, S. 343 ff. Siehe ferner auch *o. N.*, Krit. Jahrb. f. dt. Rechtsw. 1839, S. 753 f.

49 Siehe dazu bereits oben 1. Teil, 1. Kapitel C).

50 *Paalzow*, Kommentar.

den[51]. Deshalb schien es ihm an der Zeit, durch sein „Werkchen“, das er technisch nicht als Kommentar verstanden wissen wollte, „einige der schwierigeren Punkte“ der „Criminalordnung herauszusuchen und darüber die Ansichten und Erfahrungen eines, wenigstens aufmerksamen Praktikers mitzutheilen“[52].

Dieser Kommentar Temmes stammt aus einer Zeit, in welcher er sich an anderer Stelle noch nicht zu der Notwendigkeit einer Reform des Strafverfahrens geäußert hatte. Seine meisten Äußerungen zur Reform des Strafverfahrens entstammen den 1840er Jahren, einem Zeitraum, in welchem die Reformdiskussion in Literatur und Praxis ihren Höhepunkt erreichte. Allerdings enthält der Kommentar bereits in seinem Vorwort einen Hinweis darauf, daß Temme bereits zu diesem Zeitpunkt grundsätzlich eine Reform des Strafverfahrens befürwortete:

> „Gleichwohl dürfte es gegenwärtig nicht an der Zeit seyn, noch einen Commentar unserer Criminalordnung zu schreiben. Haben wir uns dreißig Jahre und länger ohne einen solchen beholfen, so werden wir auch die wenigen Jahre ohne ihn fertig werden müssen, die wir (hoffentlich) bis zu einer neuen Criminalgesetzgebung noch haben.“[53]

Damit ist bereits deutlich ausgesprochen, daß Temme bereits zum damaligen Zeitpunkt Anhänger einer grundlegenden Reform des Strafverfahrens war. Deshalb scheint es um so interessanter, die Schrift Temmes zur preußischen Kriminalordnung genauer zu analysieren, um festzustellen, ob sich in ihr Anhaltspunkte finden, warum Temme die preußische Kriminalordnung abgeschafft wissen wollte und welche Regelungen derselben seine Kritik hervorriefen.

I. Kritikpunkte an der Kriminalordnung

Zu den „schwierigsten Punkten der ganzen Untersuchung“ nach der Kriminalordnung von 1805 gehörten für Temme die Vorschriften über die Eröffnung der Untersuchung durch den Richter (§§ 202 ff. KrimO), da diese „eben so unbestimmt und schwankend, als unvollständig“ seien. Dies führe dazu, daß „beinahe alles dem Gutdünken des Richters überlassen sei“. Dieses „Gebrechen“ des Gesetzes mache sich in der Praxis insbesondere deshalb bemerkbar,

---

51 *Temme*, Commentar, S. III f. Auf dieses Problem des Kommentars von *Paalzow* weist auch *Abegg* hin, vgl. *Ders.*, Rechts=Literatur, S. 16.

52 *Temme*, Commentar, S. IV.

53 *Temme*, Commentar, S. IV.

weil die meisten Inquisitoriate keine Kollegien bildeten und deshalb „im Grunde alles von der Ansicht eines einzigen Beamten“[54] abhänge.

Um dieses Problem zu entschärfen, schlug Temme vor, die Eröffnung der Untersuchung von der Entscheidung einer besonderen Anklagekammer abhängig zu machen:

> „So wie daher unbedenklich die Gesetzgebungen vollen Beifall verdienen, welche nach geschlossenem vorläufigen Verfahren die Eröffnung der Untersuchung durch besonderes Erkenntniß einer besonderen Anklagekammer festsetzen lassen; eben so sehnlich muß man es wünschen, daß auch unserer Gesetzgebung gerade in diesem Punkte recht bald eine durchgreifende Reform zu Theil werde.“[55]

Dies gelte insbesondere, weil von der „Eröffnung einer Untersuchung gegen ein bestimmtes Individuum Glück, Ehre und Existenz ganzer Familien abhängig“ sei und oftmals aus „Unverstand“ der „verkehrte Weg eingeschlagen“ werde und „ohne Grund Untersuchungen eröffnet würden, deren nachtheilige Wirkungen“ oftmals erst „nach Jahren“ durch völlige Freisprechung „aufgehoben“[56] werden könnten.

Noch problematischer als die Vorschriften über die Eröffnung der Untersuchung erschienen Temme diejenigen über die Verhaftung eines Verdächtigen (§§ 205 ff. KrimO). Die Vorschrift der Kriminalordnung, nach welcher eine Person verhaftet werden konnte, sobald die Existenz eines Verbrechens nach Abwägung durch den Richter wahrscheinlich war[57], empfand Temme als zu wenig aussagekräftig:

> „Es ist also, ohne daß irgend ein bestimmtes Criterium oder Requisit angegeben ist, an welchem der Richter sich halten kann, alles rein in die, sorgfältige Erwägung genannte, Willkür des Richters gegeben.“[58]

Er hielt diesen weiten Ermessenspielraum, der dem Richter bei seiner Entscheidung über die Verhaftung des Angeschuldigten zukam, insbesondere deshalb für verwerflich, weil dieser die Gefahr in sich berge, vom Richter mißbraucht zu werden:

> „Denn welcher Richter von nur etwas Verstand und Kenntnissen kann nicht, wenn er will, sein Verbrechen so colorieren, daß ihm das Verbrechen als wahrscheinlich und ein Verdacht gegen den Verhafteten als wirklich vorhanden erscheinen müßte?“[59]

---

54 *Temme*, Commentar, S. 70.

55 *Temme*, Commentar, S. 71.

56 *Temme*, Commentar, S. 71.

57 § 206 KrimO.

58 *Temme*, Commentar, S. 77.

59 *Temme*, Commentar, S. 77.

Um diese Willkür des Richters bei der Vornahme von Verhaftungen nach der preußischen Kriminalordnung einzuschränken, schlug Temme vor, daß der Richter nur in den Fällen, in denen das Verbrechen und der Täter durch Geständnis oder Beweis feststünden, von einer für die Verhaftung erforderlichen hinreichenden Wahrscheinlichkeit ausgehen dürfe[60]. Sei dies nicht der Fall, so solle der Richter einen Verdächtigen nur dann verhaften, wenn gegen den Angeschuldigten wenigstens so viele belastende Momente vorlägen, daß er diesen nicht mehr völlig, sondern nur vorläufig lossprechen könne[61]. Verfahre der Richter nach diesem Grundsatz, laufe er keine Gefahr, daß ihm durch die Kriminalordnung eingeräumte weite Ermessen zu mißbrauchen[62].

Weiterhin übte Temme auch Kritik an den Vorschriften über die Vernehmung des Angeklagten (§§ 260 ff. KrimO). Wie bereits dargestellt[63], mußte die Untersuchung gegen einen in Haft befindlichen Angeschuldigten binnen 48 Stunden durch dessen Vernehmung oder die Vernehmung der Zeugen eröffnet werden[64]. Diese Vorschrift bewertete er als „in einer Beziehung eben so klar, wie in einer anderen dunkel, oder aber unausführbar"[65]. Klar sei die Vorschrift dahingehend, daß der Richter wählen könne, ob er binnen 48 Stunden die Untersuchung durch Vernehmung der Zeugen oder durch Vernehmung des Arrestanten eröffne. Unausführbar erschien Temme die Vorschrift jedoch insoweit, als die meisten Verfügungen der Obergerichte und auch die allgemeine Praxis es dem Inquirenten zur Pflicht machen wollten, gerade den Verhafteten in diesem Zeitraum zu vernehmen. Als Grund für diese Verpflichtung wurde angegeben, daß dadurch sichergestellt werden könne, daß die Identität des wirklich Verhafteten mit dem eigentlich zu Verhaftenden übereinstimme[66]. Diesen Grund hielt Temme für „lächerlich", da eine derartige Verwechslung in der Praxis äußerst selten vorkomme und wohl auch noch „keinem lebenden Criminalrichter" in dem preußischen Staate „je ein solcher Fall vorgekommen"[67] sei. Außerdem sei diese Vorschrift auch im Hinblick darauf problematisch, daß die erste Vernehmung in vielen Fällen entscheidende Bedeutung besitze und sie deshalb nicht übereilt stattfinden dürfe. Der Richter sei auch so kurze Zeit nach der Verhaftung des Verdächtigen vielfach noch nicht in der

60 *Temme*, Commentar, S. 78.

61 Ebd., S. 79.

62 Ebd., S. 79.

63 Siehe 2. Teil, 4. Kapitel A).

64 Vgl. Th. II., Tit. 20. § 381.

65 *Temme*, Commentar, S. 87.

66 Ebd., S. 89.

67 Ebd., S. 89.

Lage, diesen bereits vollständig zu vernehmen, da zu diesem Zweck noch diverse Materialien gesammelt werden müßten und es auch an Zeit für ein angemessenes Aktenstudium fehle[68]. Um dieses Problem möglichst zu umgehen, schlug Temme vor, die erste Vernehmung lediglich summarisch durchzuführen und bloß auf Generalia zu beschränken[69].

Bezüglich der Art der Vernehmung des Inquisiten durch den Inquirenten bestimmte die Kriminalordnung, daß der Richter den Beschuldigten jederzeit ernsthaft, aber mit Schonung und Gleichmut behandeln müsse (§ 270 KrimO). Diese Vorschrift hielt Temme zwar inhaltlich nicht für problemtatisch, jedoch gab er zu Bedenken, daß sie in der Praxis zu einigen Schwierigkeiten führe. Zur Lösung dieser Schwierigkeiten gab er den Grundsatz an die Hand, daß der Inquirent sein Betragen gegenüber dem Inquisiten immer in der Gewalt haben und dieses darüber hinaus stets an der Individualität des Verbrechers ausrichten müsse[70]. Wichtig sei insbesondere, daß er sich niemals Unehrlichkeit zuschulden kommen lasse, was in der Praxis vielfach leider vernachlässigt werde und den Nachteil habe, daß der Inquisit gegenüber einem unehrlichen Inquirenten jedes Vertrauen verliere[71]. Ein solches unehrliches Verhalten sei jedoch in der Praxis ein von Untersuchungsrichtern häufig angewendetes Mittel, um den Inquisiten zum Geständnis zu bringen:

> „Ich habe leider am Anfange meiner criminalistischen Laufbahn einige, wenn gleich nur wenige unangenehme Erfahrungen in dieser Richtung machen müssen. Ergraute Inquirenten, deren Thaten und deren Ruf mich als Jüngling gezwungen hatten, sie als Heroen des Inquirirens anzustaunen, hatten sich selbst oft gerühmt, ihre erstaunlichen Resultate zumeist dadurch erlangt zu haben, daß sie durch ein vertrauliches, freundschaftliches, familiäres Betragen in das Vertrauen des Verbrechers sich eingeschlichen hatten. Bald hatten sie mit ihm sich im Gefängnisse oder in ihrer Stube zusammengesetzt und mit ihm über allerlei freundschaftlich geplaudert, bald hatten sie eine Pfeife Tabak mit ihm geraucht, bald eine Flasche Wein mit ihm getrunken; ihre Dose hatte immer für ihn offen gestanden, ihr Witz oder vielmehr ihre Witze waren immer für ihn bereit gewesen. Immer waren sie dabei falsch gegen ihn gewesen, und nie hatten sie ihren Zweck aus den Augen verloren, tief in sein Inneres einzudringen und zugleich ihn zu Uebereilungen, zum Vergessen seiner Rolle zu verleiten."[72]

---

68 *Temme*, Commentar, S. 89.

69 *Temme*, Commentar, S. 90.

70 *Temme*, Commentar, S. 91.

71 *Temme*, Commentar, S. 92 ff.

72 *Temme*, Commentar, S. 95.

Dieses Vorgehen, um bei der Kriminaluntersuchung zu Ergebnissen zu kommen, lehnte Temme als „unwürdig“[73] ab. Vielmehr sei ein „ernstes und ruhiges Benehmen“[74] dem Inquisiten gegenüber, von welchem „nie und unter keinen Verhältnissen“[75] Ausnahmen gemacht werden dürften, wesentlich erfolgversprechender. Allerdings widersprach Temme sich an dieser Stelle selber, wenn er einen Satz später dessen ungeachtet für Verbrecher, die sich der „frechsten Lügen“, der „schändlichsten Entweihung der Menschenwürde“ und dem „empörendsten Mißbrauche des Allerheiligsten“ bedienten, dennoch eine Ausnahme von der ruhigen Verhaltensweise dem Inquisiten gegenüber zulassen wollte. Gegenüber solchen Personen komme man mit Kälte und Nichtachtung nicht weiter[76]. Bei ihnen müsse man ein besonderes Verhalten an den Tag legen:

> „Den Lügen solcher Menschen begegnete ich nun, nachdem ich sie lange Zeit mit einer eisigen Kälte angehört hatte, auf einmal mit einem leisen, zuweilen auch mit einem scharfen Spotte. Sie wurden überrascht und verwirrt, und um so verwirrter, je mehr sie, ungeachtet meiner gleich wieder eintretenden Kälte, ein plötzliches Erneuern meiner Lachlust oder meines Hohnes befürchteten.“[77]

Er räumte zwar selber ein, daß ein solches Verhalten durch die Kriminalordnung wahrscheinlich nicht gewollt sei, jedoch hielt er es für ausreichend, daß sie es auch nicht verbiete, weshalb dieses Vorgehen eine „erlaubte Waffe gegen die Angriffe der berechnetesten Bosheit“[78] sei.

In bezug auf die Vorschriften über die körperliche Züchtigung des Inquisiten stellte Temme seinen näheren Ausführungen zunächst die Kritik voran, daß die Kriminalordnung keine unpraktischeren Vorschriften als diese zu bieten habe[79]. Zur Begründung verwies er darauf, daß durch sie die Abschaffung der Tortur faktisch wieder aufgehoben würde:

> „Der Sinn des Gesetzes ist folgender: Damit der Verbrecher durch Lügen, verstocktes Leugnen oder gänzliches Schweigen der verdienten Strafe sich nicht entziehen möge, ferner, wenn er Mitschuldige, die nothwendig da seyn müssen, nicht angeben, oder entwendete Sachen nicht anzeigen will, soll er gezüchtigt werden. Der Zweck dieser Züchtigung ist also nur der, den Verbrecher zum Sprechen, und

---

73 *Temme*, Commentar, S. 96.

74 *Temme*, Commentar, S. 97.

75 *Temme*, Commentar, S. 99.

76 *Temme*, Commentar, S. 99.

77 *Temme*, Commentar, S. 99.

78 *Temme*, Commentar, S. 99.

79 *Temme*, Commentar, S. 116 f.

zwar zum Sprechen der Wahrheit, also endlich zum Geständnisse zu zwingen. Die Züchtigung ist also nichts weiter als die Tortur."[80]

Neben diesen grundsätzlichen Bedenken, den Zweck der Lügenstrafen betreffend, hielt Temme jedoch auch deren Anwendung, wie sie durch das Gesetz vorgesehen war, für kritikwürdig. Insbesondere der Umstand, daß der untersuchende Richter nicht allein auf die Erteilung einer körperlichen Züchtigung erkennen könne, sondern dafür vielmehr die förmliche Festsetzung der Lügenstrafe durch sein Richterkollegium benötige, führe zu Problemen[81]. Für den Fall, daß der Verdächtige, so wie dies meistens zu beobachten sei, die Vorschriften der Kriminalordnung kenne, sei ihm durchaus bewußt, daß der Richter allein nicht in der Lage sei, eine Lügenstrafe gegen ihn festzusetzen. Dies veranlasse den Inquisiten dann jedoch dazu, auch bei Anwendung der Lügenstrafe aus mangelnder Furcht vor weiterer Bestrafung nicht die Wahrheit zu sagen, weshalb die Strafe ihren Zweck verfehle[82]. Dieses Problem werde von manchen Richterkollegien dadurch gelöst, daß auf den Bericht des Inquirenten hin gleich mehrere Züchtigungen festgesetzt würden, damit der Inquisit für den Fall des Verbleibens bei seinem verstockten Verhalten sofort erneut gezüchtigt werden könne[83]. Ein solches Vorgehen lehne er jedoch als „wahrhaft torturmäßig" und „einer ordentlichen Rechtspflege im höchsten Grade unwürdig"[84] ab.

Ein weiterer Kritikpunkt Temmes bezüglich der Vorschriften über die körperliche Züchtigung entzündete sich daran, daß die Kriminalordnung keine Vorschriften über die Glaubwürdigkeit von Geständnissen, welche unter dem Einsatz von Lügenstrafen zustandegekommen seien, enthalte. Schließlich habe die Carolina bei der alten Tortur eine dahingehende Regelung getroffen, daß Geständnisse, welche auf diese Weise erlangt worden seien, spätestens nach zwei Tagen hätten wiederholt werden müssen[85]. Eine derartige Regelung lasse sich in der Kriminalordnung jedoch nicht finden, weshalb jedem durch körperliche Züchtigung erlangten Geständnisse volle Glaubwürdigkeit beigemessen werden könne und der Verdächtige insofern sogar noch schlechter stehe als vor Abschaffung der Tortur[86].

---

80 *Temme*, Commentar, S. 117.

81 §§ 292, 293 KrimO.

82 *Temme*, Commentar, S. 117 f.

83 *Temme*, Commentar, S. 118.

84 *Temme*, Commentar, S. 118.

85 Art. 56 CCC. Dies wurde als Ratifizierung des Geständnisses bezeichnet, vgl. dazu *Ignor*, Geschichte, S. 67.

86 *Temme*, Commentar, S. 119.

Dennoch konnte Temme sich nicht gänzlich für eine Abschaffung des Instituts der körperlichen Züchtigung im Kriminalverfahren aussprechen. Vielmehr hielt er dieses Mittel dann für notwendig, wenn der Inquisit einer Lüge überführt war, um ihn von weiteren Lügen abzuschrecken:

> „Ein Inquisit nämlich, der einer Lüge, sey es auch in Verbrechen, vollständig überführt ist, hat, wenn er nur bei Strafe einer Züchtigung überhaupt verwarnt war, ohne weiteres die schärfste Züchtigung verwirkt und sie muß ihm auf der Stelle werden, bevor ein Wort weiter mit ihm verhandelt wird. Sie ist alsdann nicht ein Mittel, ihn zu einem Geständnisse durch physischen Zwang zu vermögen, sie ist nur eine Strafe für etwas Geschehenes, die ihn zugleich, zwar nach Grundsätzen der Abschreckungstheorie, aber desto sicherer, vor ferneren Lügen bewahren wird.“[87]

Leider sei jedoch eine derartige körperliche Züchtigung in der Kriminalordnung nicht angelegt. Zwar habe die Praxis einen Weg gefunden, indem sie diese unter Vernachlässigung des Gesetzeszweckes lediglich am Wortlaut „Lügen“ des § 292 KrimO[88] festmache, was eine „wahre Wohlthat für den Criminalprozeß“[89] sei, jedoch habe eine Züchtigung immer noch den Nachteil, daß sie nicht geschehen könne, ohne daß es einer Festsetzung durch das gesamte Richterkollegium bedürfe[90]. Solle die Züchtigung aber ihren Zweck erfüllen und den Inquisiten von weiteren Lügen abschrecken, so sei es von entscheidender Bedeutung, daß sie zeitlich gesehen in kurzem Abstand auf die Tat des Verdächtigen folge, was der Untersuchungsrichter am einfachsten veranlassen könne. Im Ergebnis regte Temme Vorschriften an, durch welche das Züchtigungsrecht allein auf den Untersuchungsrichter übertragen werden solle, wobei jedoch die Umstände, unter welchen der Richter zu der körperlichen Züchtigung greifen dürfe, genau festgelegt werden müßten:

> „Wenn man dem Richter bestimmt vorschreibt, an welche Regeln der Beweis der Lüge gebunden seyn solle, und wenn man ihm ein bestimmtes Maximun der Züchtigung setzt, so sind in der That keine Mißbräuche daraus zu erwarten, daß man seiner rechtlichen Erwägung allein die Festsetzung der Züchtigung und ihre sofortige Exekution überläßt.“[91]

Eine solche Übertragung des Züchtigungsrechtes auf den Untersuchungsrichter berge auch deshalb keine Gefahr in sich, weil der Richter, „um sich durch illegales Verfahren nicht verantwortlich oder strafbar zu machen“, in aller

87 *Temme*, Commentar, S. 119 f.

88 Zu § 292 KrimO siehe bereits oben: 2. Teil, 4. Kapitel A).

89 *Temme*, Commentar, S. 120.

90 *Temme*, Commentar, S. 120.

91 *Temme*, Commentar, S. 120 f.

Regel „vorsichtiger zu Werke gehen“ werde „als das vorgesetzte Collegium selbst“[92].

II. Zusammenfassung und Würdigung

Einer abschließenden Würdigung dieser Kritik Temmes an der preußischen Kriminalordnung muß man zunächst die Bemerkung voranstellen, daß es sich bei seiner Kritik um diejenige eines Praktikers handelt. Er verfolgte mit seinem Werk nicht die Absicht, eine in sich geschlossene Kritik des Systems der preußischen Kriminalordnung zu liefern, sondern es ging ihm vielmehr darum, eine für den Praktiker brauchbare Anleitung zum Umgang mit der Kriminalordnung zu verfassen, wobei er an vielen Stellen nicht umhin kam, Regelungen der Kriminalordnung in Frage zu stellen[93]. Dies schmälert jedoch nicht den Erkenntniswert, welchen man aus seinen Äußerungen ziehen kann. Vielmehr war es im Gegenteil gerade so, daß ein Großteil der Kritik, welche sich gegen Ende des 18. bzw. zu Anfang des 19. Jahrhunderts an dem Inquisitionsprozeß entzündete, auch aus praktischen Erwägungen heraus entstanden war.

Augenfällig ist bei näherer Betrachtung seiner Kritik zunächst, daß er sowohl bei den Vorschriften über die Eröffnung der Untersuchung als auch bezüglich der Vorschriften über die Verhaftung einen zu großen Entscheidungsspielraum des Inquirenten bemängelte, welcher zu einer Willkürlichkeit der richterlichen Entscheidung führen könne. Dies erschien ihm insofern problematisch, als dieses dem Richter eingeräumte Ermessen mißbraucht werden könne. Mißbräuche von seiten des Richters empfand er jedoch als Gefährdung für den Zweck des Strafverfahrens. Diesen sah er in der Sicherung der „Wohlfahrt und Freiheit des Einzelnen“ bei gleichzeitiger Wahrung der „Sicherheit des Ganzen“[94]. Diesem Zweck könne durch Mißbräuche jedoch insofern geschadet werden, als durch richterliches Fehlverhalten Verbrecher der gesetzmäßigen Strafe entgehen und Schuldlose in ihren Rechten betroffen werden könnten. Damit dies nicht geschehe, mahnte Temme auch bei der Anwendung der Vorschriften über die Veranlassung zur Untersuchung einen umsichtigen Umgang mit den Bestimmungen der Kriminalordnung seitens des Richters an.

Auch seine sonstigen Kritikpunkte am Strafverfahren nach der preußischen Kriminalordnung von 1805 liefen alle darauf hinaus, daß bestimmte Vorgehensweisen als ineffizient zur Bestrafung des Schuldigen bewertet wurden und

---

92 *Temme*, Commentar, S. 121.

93 *Temme*, Commentar, S. IV.

94 *Temme*, Commentar, S. 78.

seiner Ansicht nach dem Zweck des Strafverfahrens nicht dienlich waren. Dies zeigt sich insbesondere auch bei seinen Überlegungen bezüglich der Ungehorsams- oder Lügenstrafen. Seine Kritik an ihnen gründete er in erster Linie darauf, daß die Vorschriften ungeeignet seien, den Inquisiten zum Sprechen der Wahrheit anzuregen, und sie somit ihren Zweck nicht erfüllen könnten. Temme sprach sich jedoch nicht grundsätzlich gegen einen Einsatz körperlicher Züchtigung im Strafverfahren aus, sondern hielt diesen durchaus für legitim, sofern er auch zweckdienlich sei.

Es ist zwar nicht grundsätzlich kritikwürdig, wenn bei der Bewertung eines Strafverfahrensrechtes Gesichtspunkte der Zweckmäßigkeit berücksichtigt werden, jedoch fällt bei Temmes Kritik auf, daß Aspekte eines humanen Strafverfahrens, welches auch die Rechte desjenigen, der in die Fänge des Staates geraten ist, Rücksicht nimmt, nur eine sehr untergeordnete Rolle spielten.

Zwar wies er beispielsweise darauf hin, daß die mehrfache Züchtigung für dasselbe Fehlverhalten seitens des Inquisiten einer ordentlichen Rechtspflege unwürdig sei, und auch die Tatsache, daß der Verdächtige nach Abschaffung der Tortur schlechter stehe als vorher, schien ihn zu bekümmern, jedoch sah er all dies nicht als ausreichend an, für eine grundsätzliche Abschaffung der Züchtigung einzutreten.

Vielmehr stellte er die Erwägung an, daß eine allein durch den Untersuchungsrichter festgesetzte Züchtigung dem Zweck der Bestrafung des Schuldigen insofern dienlich sein könne, als dieser dadurch von weiteren Lügen abgeschreckt werde. Auch bei der Regelung bezüglich der in der Kriminalordnung geforderten Vernehmung des Angeklagten 48 Stunden nach dessen Festnahme stellte Temme keinerlei Überlegungen an, inwiefern eine solche Regelung, auch wenn sie für den Richter problematisch erscheinen mochte[95], dem Schutz des Verhafteten zugute kommen könnte. An dieser Stelle wird mithin klar, daß er als obersten Maßstab für ein geordnetes Strafverfahren dessen Zweckmäßigkeit ansah und er unzulässige Härte im Strafverfahren nur dann kritisierte, wenn diese für ihn nicht erforderlich war, um eine Bestrafung des Schuldigen zu erreichen.

In diesen Zusammenhang läßt sich auch seine folgende Äußerung in dem Vorwort zu seinem Kommentar über die preußische Kriminalordnung einordnen:

> „In der neueren, an Widersprüchen reichen Zeit giebt es der Männer nicht wenige, die aus zu weit getriebenem Philantropismus in dem Verbrecher nicht mehr den

95 Siehe dazu bereits: 2. Teil, 4. Kapitel B) I.

> Menschen neben dem Verbrecher, sondern nur einzig und allein den Menschen, den Bruder sehen, und die da wähnen, es gebühre ihm nur Mitleid. Diese Philantropen werden viele meiner Grundsätze und Regeln verdammen. Dagegen hoffe ich auf den Beifall derjenigen wahren Menschenfreunde, denen auch das Verderbte in der menschlichen Natur nicht entgeht, und die der Ueberzeugung sind, daß, je tiefer die Verdorbenheit eingewurzelt ist, desto strengere Mittel zu ihrer Ausrottung ergriffen werden müssen."[96]

Mit diesen Worten nahm er die oben geübte Kritik bereits vorweg, und es wird deutlich, daß er sich der an vielen Punkten bestehenden Inhumanität des Strafverfahrens durchaus bewußt war.

Auch *Abegg* griff in einer Rezension über Temmes Arbeit dessen Äußerung auf. Er stellte seinen Erwägungen zunächst die Überlegung voran, daß in neuerer Zeit tatsächlich „viel von der sog. Humanität im Strafrechte die Rede gewesen" sei, welche einen „Fortschritt und eine nothwendige Forderung"[97] darstelle. Es sei jedoch nicht minder erklärlich, daß der „Inquirent, welcher die Menschen auch von der unvorteilhaftesten Seite" kennen lerne, „sich gegen diese Forderung, wenn sie das Maß" überschreite, „mißbilligend"[98] äußere. Allerdings dürfe wahre Humanität niemals verleugnet werden, weshalb der Richter keinesfalls berechtigt sei, „seine individuellen Ansichten den Bestimmungen entgegenzusetzen, welche nachweislich als Gewährleistungen der stets zu achtenden bürgerlichen Freiheit, als Schutz dafür aufgestellt" seien, „daß nicht an die Stelle des Rechts die Willkühr trete"[99]. Vielmehr bleibe den Richtern innerhalb dieser gesetzlichen Grenzen immer noch „ein ziemlicher Raum, theils um jede mit dem gerechten Zweck des Verfahrens vereinbare Humanität walten zu lassen, theils um strenger zu handeln"[100], je nachdem, was im Einzelfall angemessener sei. Diese Grundüberlegungen ließen *Abegg* dann zu dem Schluß gelangen, daß Temme diesen gesteckten Rahmen in seinen Äußerungen überschritten habe:

> „Durch jene Sätze aber hat der Verf. den Gegnern unseres (nicht blos des Preussischen, sondern überhaupt des Deutschen) Untersuchungs-Verfahrens eine neue Waffe in die Hand gegeben, welche nun nicht blos die gesetzlichen Bestimmungen anklagen, die dem Richter ein der individuellen Freiheit gefährliche Macht einräumen, sondern auch die Richter selbst anschuldigen, welche damit nicht zufrieden, diese Macht noch über ihre Grenzen auszudehnen suchen."[101]

---

96 *Temme*, Commentar, S. VII f.

97 *Abegg*, Krit. Jahrb. f. dt. Rechtsw. 1839, S. 343 ff. (345).

98 *Abegg*, Krit. Jahrb. f. dt. Rechtsw. 1839, S. 343 ff. (345).

99 *Abegg*, Krit. Jahrb. f. dt. Rechtsw. 1839, S. 343 ff. (345).

100 *Abegg*, Krit. Jahrb. f. dt. Rechtsw. 1839, S. 343 ff. (345).

101 *Abegg*, Krit. Jahrb. f. dt. Rechtsw. 1839, S. 343 ff. (345) f.

In der Tat scheint Temme durch diese Äußerung genau das Argument der Kritiker des Inquisitionsprozesses, welche oftmals die „schrankenlose Gewalt" des Inquirenten kritisierten, zu bestätigen. Berücksichtigt man dabei, daß auch Temme selber, wie er an einigen Stellen anklingen ließ, sich bereits zu diesem Zeitpunkt eine Gesamtreform des Strafverfahrens wünschte, so kann man seine von *Abegg* kritisierte Äußerung als Versuch werten, sich gegen die mangelnde Zweckmäßigkeit des Verfahrens zur Bestrafung des Schuldigen durch Härte zur Wehr zu setzen. Er hatte als Inquisitionsrichter selber häufig mit leugnenden Angeklagten zu tun, denen bei fehlendem Geständnis unter Geltung der positiven Beweistheorie ihre Tat nur unter schwierigen Bedingungen nachweisbar war[102]. Deshalb wird man sein Plädoyer für Härte im Strafverfahren weniger als ein grundsätzliches Bekenntnis, vielmehr im Zusammenhang mit der für ihn als Praktiker besonders spürbaren Notwendigkeit einer Gesamtreform des Strafverfahrens sehen müssen. Unter Geltung der positiven Beweistheorie war ein strenges Vorgehen gegenüber dem Inquisiten erforderlich, um diesen zu einem Geständnis zu bewegen und somit zu einer Bestrafung des Beschuldigten zu gelangen. Temme kam es daher vorrangig darauf an, von ihm für schuldig gehaltene Inquisiten einer Bestrafung zuzuführen und sich nicht abstrakt Gedanken über deren Rechte im Strafverfahren zu machen. Daraus darf man allerdings nicht den Schluß ziehen, daß er ein Befürworter des Inquisitionsprozesses gewesen wäre. Vielmehr trat auch er, wie im folgenden zu zeigen sein wird, für ein Strafverfahren ein, welches übertriebene Härte gegenüber dem Angeklagten zum Zwecke seiner Bestrafung nicht erforderlich machte.

---

102 Siehe dazu 2. Teil, 4. Kapitel A).

Fünftes Kapitel:
Gesetzgebung in Preußen nach 1805

Bereits relativ kurze Zeit nach Inkrafttreten der preußischen Kriminalordnung von 1805 wurde für die preußische Regierung spürbar, daß diese nicht mehr den Zeiterfordernissen entsprach und deshalb Änderungen auf dem Gebiete des Strafverfahrensrechtes erfolgen mußten.

Der *Justizminister v. Kircheisen*[1] sprach in einem Immediatbericht vom 13. April 1811 aus:

> „Die Kriminal-Justizpflege bedarf einer Änderung, sie ist zu schwerfällig, zu langsam; der gehoffte Zweck der Strafe, daß ihre Impression dem Hange zu ähnlichen Vergehungen entgegen wirken soll, geht bei der langen Dauer der Kriminalprozesse verloren."[2]

Bewegung kam in die preußische Gesetzgebung auf dem Gebiete des Strafverfahrensrechtes jedoch erst zu dem Zeitpunkt, als durch die Neuordnung Europas im Zuge des Wiener Kongresses[3] im Jahre 1815 Preußen zu seinen früheren Territorien unter anderem die Rheinlande hinzugewann. Dort hatte *Napoleon* französisches Recht eingeführt, so daß auf dem Gebiet des Strafverfahrensrechtes der französische Code d'Instruction Criminelle von 1808 galt[4]. Deshalb stellte sich die Frage nach dem Fortbestand des fremdländischen französischen Rechtes in den Rheinlanden[5].

---

1 Zur Person *Friedrich Leopold von Kircheisens* (1749–1825) vgl. *Stölzel*, Rechtsverwaltung und Rechtsverfassung, Bd. II, S. 414 ff.; *Teichmann*, ADB, Bd. 15, S. 789 ff.; *Skalweit*, NDB, Bd. 11, S. 638 f. *Temme* spricht von *Kircheisen* als einem wahrhaft großen Staatsbeamten, welcher für die preußische Justizverfasssung „unsterbliche Verdienste" erworben habe, vgl. *Ders.*, (unter dem Pseudonym *H. St–l.*), Dem dritten Landtage der Provinz Westphalen gewidmet, in: Hermann 1830, S. 778 ff. (779).

2 Motive zu dem Entwurf einer StPO vom Jahre 1828, S. 6.

3 Kongreß der europäischen Monarchen und Diplomaten zum Zweck der politischen Neuordnung Europas nach dem Sturz Napoleons. Neben den Rheinlanden erhält Preußen durch die territoriale Neuordnung des Wiener Kongresses auch Schwedisch-Pommern mit Rügen, ein vergrößertes Westfalen und fast die Hälfte des Königreichs Sachsen, vgl. *Fuchs / Raab*, in: Geschichte, Band 2, 8. Auflage München 1992, S. 864.

4 *Conrad*, Preußen und das französische Recht, S. 78; zum Strafverfahren nach dem frz. CIC vgl. auch: *Geppert*, Unmittelbarkeit, S. 45 ff.

5 *Conrad*, Preussen und das französische Recht, S. 85; ferner auch *Stölzel*, Rechtsverwaltung und Rechtsverfassung, Bd. 2, Berlin 1888, S. 484 ff.

Bei der Beantwortung dieser Frage erschien es insbesondere als problematisch, daß das Strafverfahren nach dem französischen Code d'Instruction Criminelle von 1808 sich wesentlich von dem Verfahren nach der preußischen Kriminalordnung unterschied. Im Gegensatz zum geheimen Inquisitionsverfahren der Kriminalordnung fand nach dem Code d'Instruction Criminelle bereits eine öffentliche und mündliche Hauptverhandlung statt, welche mit dem Verdikt von Volksgeschworenen endete[6].

Der Justizminister *v. Kircheisen* war der Auffassung, daß das altpreußische Recht sofort auf die neuerworbenen Gebiete übertragen werden müsse[7]. Der Staatskanzler *v. Hardenberg*[8] setzte jedoch zur Entscheidung der Frage nach dem Fortbestand des französischen Rechtes im Jahre 1816 nach Maßgabe einer königlichen Kabinettorder eine Kommission ein, welche das rheinische Strafverfahren einer längeren Prüfung und Beobachtung unterziehen sollte[9]. Obwohl auf diese Rheinische-Immediat-Justiz-Kommission[10] von Beginn an Druck hinsichtlich der Einführung preußischen Rechtes ausgeübt wurde[11], votierte sie im Ergebnis eindeutig für die Beibehaltung des französischen Strafverfahrens in den Rheinlanden. Zu diesem Ergebnis gelangte die Kommission, indem sie vorbrachte, daß ein öffentliches und mündliches Verfahren „schon so sehr im Leben Wurzel gefaßt habe, daß den Rheinlanden durch die Entziehung desselben ein wirklicher und höchst empfindlicher Verlust werde zugefügt werden"[12]. Nur wenig später dehnte sie dieses Votum mit der Begründung, daß ein öffentliches und mündliches Verfahren und Schwurgerichte sich sinnvoll ergänzten, auch noch auf den Erhalt der französischen Schwurgerichte aus[13]. Die preußische Regierung sah sich nicht in der Lage, über das Votum der Rheinischen-Immediat-Justiz Kommission hinwegzusehen, so daß

---

6 Siehe Art. 310 ff. CIC.

7 *Schwinge*, Schwurgerichte, S. 19.

8 Zur Person *Karl August von Hardenbergs* (1750–1822) vgl. *Haussherr*, NDB Bd. 7, S. 658 ff., *Hermann*, Hardenberg, S. 1 ff.

9 *Stölzel*, Rechtsverwaltung und Rechtsverfassung, Band II, S. 444.; *Conrad*, Preussen und das französische Recht, S. 85.

10 Die im Rahmen der Frage nach der Geltung des französischen Rechtes in den Rheinlanden von der Kommission erstellten Gutachten finden sich in bei: *Landsberg*, Gutachten.

11 *Landsberg*, Gutachten, S. L f.

12 *Landsberg*, Gutachten, S. LXXIV.

13 Vgl. diesbezüglich das Gutachten der Kommission über das Geschworenengericht vom 19. Mai 1818, auszugsweise abgedruckt bei: *Landsberg*, Gutachten, S. 119 ff. (142 f.).

es im Ergebnis bei der Geltung des französischen Rechtes in den Rheinlanden blieb[14].

Obgleich dieses Festhalten am französischen Recht in diesem Gebiet als ein Indikator für die Notwendigkeit einer Gesetzesreform auch für Alt-Preußen angesehen werden konnte, kam die Reform dort nur sehr langsam in Gang. Zwar war bereits im Jahre 1817 durch eine königliche Kabinettorder[15] ein besonderes Ministerium für Gesetzrevision unter dem ehemaligen Großkanzler *v. Beyme*[16] eingerichtet worden[17], welches neben dem bestehenden Justizministerium Fortschritte auf dem Gebiete der Gesetzrevision erzielen sollte. Bis zu der Entbindung *v. Beymes* von seinem Amte im Jahre 1825 hatte sich dieses Ministerium aber nur ganz allgemein der Erörterung einzelner Gegenstände der Gesetzgebung widmen können, ohne wirklich konkrete Fortschritte auf dem Gebiet der Gesetzrevision zu erzielen[18].

Im Jahre 1826 erhielt Justizminister *Graf Danckelmann*[19] von *Friedrich Wilhelm III.* den Auftrag, Vorbereitungen für eine umfassende Revision der preußischen Gesetzgebung zu treffen[20]. Dabei wurde der Oberlandesgerichtsrat *Scheller*[21] mit der Ausarbeitung einer neuen Strafprozeßordnung betraut. Der von *Scheller* im Jahre 1828 ausgearbeitete Entwurf[22] glich noch in wesentlichen Zügen dem alten Inquisitionsprozeß der Kriminalordnung. Neuerungen

---

14 *Ignor*, Geschichte, S. 264.

15 Allerh. Order vom 3. November 1817.

16 *Carl Friedrich von Beyme* (1765–1838), Staatsminister für die Revision der Gesetzgebung von 1817 bis 1819; nach 1819 blieb *Beyme* der Auftrag, die Gesetze zu revidieren, als einem außerhalb des Ministeriums stehenden Sonderkommissar erhalten, bis er 1825 um seine Dispensierung bat; vgl. *Stölzel*, Rechtsverwaltung und Rechtsverfassung, Bd. II, S. 458; *Haussherr*, NDB Bd. 2, S. 208; *Caro*, ADB S. 601 ff.

17 Dazu *Stölzel*, Rechtsverwaltung und Rechtsverfassung, Bd. II, S. 448; vgl. aber auch: *Temme*, Revision der Preußischen Gesetzgebung über das Strafverfahren, in: ZsDtStrafverfahren 1844, S. 307 ff. (309).

18 *Temme*, Revision der Preußischen Gesetzgebung über das Strafverfahren, in: ZsDtStraverfahren 1844, S. 307 ff. (309); *Stölzel*, Rechtsverwaltung und Rechtsverfassung, Bd. II, S. 458.

19 Zu *Heinrich Wilhelm August Alexander Graf Danckelmann* (Staats- und Justizminister 1825–1830) vgl. *Stölzel*, Rechtsverwaltung und Rechtsverfassung, Bd. II, S. 484 ff.

20 *Regge*, Reformgeschichte, S. LX, *Temme*, Revision der Preußischen Gesetzgebung über das Strafverfahren, in: ZsDtStrafverfahren 1844, S. 307 ff. (310).

21 Zu *Friedrich Ernst Scheller* (1791–1869) vgl. die sich auf Akten aus dem ZStA Merseburg stützende Kurzbiographie *Schellers* von *Regge*, Revision des Straf- und Strafprozeßrechts, S. XXV ff. (LXXVI, Fn. 45).

22 „Vom Revisor vorgelegter Erster Entwurf der Straf-Prozeß-Ordnung für die Preußischen Staaten", Berlin 1828.

ergaben sich lediglich dahingehend, daß die Beweiserhebung im Rahmen einer mündlichen Hauptverhandlung stattfinden und die Staatsanwaltschaft für die Ermittelung und Anzeige von Verbrechen, die Erhebung der Anklage und die Einlegung von Rechtsmitteln zuständig sein sollte[23]. Dieser Entwurf *Schellers* entsprach jedoch nicht den Vorstellungen des Justizministers und der Mitglieder der Gesetzrevisionskommission[24]. Neben einer allgemeinen Skepsis gegenüber der Institution der Staatsanwaltschaft, welche aufgrund ihres Ursprungs im französischen Recht als revolutionsbehaftet abgelehnt wurde[25], befürchtete man, die Einrichtung einer solchen Institution könne dazu führen, daß eine Konkurrenzsituation zwischen Polizei und Staatsanwaltschaft entstehe[26]. Deshalb fertigte die Gesetzrevisionskommission ihrerseits im Jahre 1829 einen neuen Entwurf an, der sich wieder enger an die alte Kriminalordnung anlehnte[27]. Bedingt durch das Ableben des Justizministers im Jahre 1830 und durch die Notwendigkeit einer Abstimmung bestimmter Grundsätze des Strafverfahrens mit dem materiellen Strafrecht kam es in der Folge der Erörterung des Entwurfs von 1829 zu einem Stocken der Revisionsarbeiten[28].

Bewegung geriet in die Reformarbeiten erst wieder im Jahre 1841, als unter dem Minister *v. Kamptz*[29], welcher der Nachfolger *Danckelmanns* geworden war, ein abgeänderter Entwurf unter dem Titel „Revidierter Entwurf der Strafprozeßordnung für die Preußischen Staaten“[30] erschien[31]. Auch dieser Entwurf brachte jedoch keine wesentlichen Neuerungen, er suchte vielmehr das Verfah-

---

23 §§ 80, 90, 93 des Entwurfs von 1828.

24 Vgl. dazu auch *Temme*, Revision der Preußischen Gesetzgebung über das Strafverfahren, in: ZsDtStrafverfahren 1844, S. 307 ff. (311).

25 *Collin*, Staatsanwaltschaft, Rn. 18; *Stölzel*, Rechtsverwaltung und Rechtsverfassung, Bd. II, S. 509.

26 *Collin*, Staatsanwaltschaft, Rn. 18.

27 *Temme*, Revision der Preußischen Gesetzgebung über das Strafverfahren, in: ZsDtStrafverfahren 1844, S. 307 ff. (309).

28 *Lorenz*, Friedrich Carl von Savigny und die preussische Strafgesetzgebung, S. 116.

29 Über *Christoph Karl Heinrich Albert von Kamptz* (Justizminister für die Gesetzrevision 1832–1842) vgl. *Stölzel*, Rechtsverwaltung und Rechtsverfassung, Bd. 2, S. 485 ff.; *Wippermann*, ADB, Bd. 15, S. 66 ff.; *Baumgart*, NDB, Bd. 11, S. 95–97; ferner taucht *v. Kamptz* auch in den Erinnerungen *Temmes* auf, er wird dort als ein ausgewiesener Feind des französischen Rechtes beschrieben, dessen Ansichten nur „Schatten von freisinnigen Gedanken“ enthielten, vgl. *Temme*, Augenzeugenberichte, S. 127 ff. Zur Karriere von *v. Kamptz* siehe auch *Ders.*, Augenzeugenberichte, S. 304.

30 Vgl. *v. Kamptz*, Revidirter Entwurf der Strafprozeß-Ordnung für die Preußischen Staaten, Erster Theil (Entwurf), Zweiter Theil (Motive), Berlin 1841.

31 *Temme*, Revision der Preußischen Gesetzgebung über das Strafverfahren, in: ZsDtStrafverfahren 1844, S. 307 ff. (311).

ren nach der alten Kriminalordnung möglichst aufrechtzuerhalten[32], weshalb Temme in einer Besprechung dieses Entwurfs sogar anzweifelte, daß „überhaupt ein zeitgemäßer Fortschritt in diesem Entwurfe zu finden“[33] sei.

Die einzige echte Neuerung dieser Zeit war in der preußischen „Verordnung, betreffend die Kriminalgerichtsverfassung und das Untersuchungsverfahren in Neu-Vorpommern und Rügen“[34], aus dem Jahre 1839 zu sehen[35]. Nach § 5 dieser Verordnung hatte die Untersuchung als solche „vor versammeltem Gericht“ stattzufinden. Trotz Ausnahmen für Schwerkriminalität und besonders leichte Fälle wurde durch diese Verordnung erstmals die Idee einer unmittelbar-mündlichen Hauptverhandlung mit Gesetzeskraft verwirklicht, und auch auch die strengen Beweisregeln der Kriminalordnung von 1805 wurden durch sie gelockert[36].

Am 28. Februar 1842 wurde *v. Kamptz*, der als Gesetzgebungsminister in seiner Amtszeit etwa vierzig Gesetzesentwürfe ausgearbeitet hatte, von denen jedoch kein einziger Gesetz geworden war[37], durch den neuen König *Friedrich Wilhelm IV.*[38] aus dem Amt entlassen[39]. Mit dem Ministerium für Gesetzesrevision wurde nunmehr der in Juristenkreisen hoch angesehene *Friedrich Carl*

---

32 *Collin*, Staatsanwaltschaft, Rn. 19; *Krieter*, Historische Entwicklung des „Prinzips der freien Beweiswürdigung im Strafprozeß“, S. 22; *Temme*, Revison der preußischen Gesetzgebung über das Strafverfahren, in: ZsDtStrafverfahren 1844, S. 307 ff. (312).

33 *Temme*, ZsDtStrafverfahren 1844, S. 307 ff. (317); vgl. auch *Temmes* etwas abfällige Bemerkungen über *v. Kamptz'* Ansichten auf dem Gebiete des Strafverfahrensrechtes, in: Augenzeugenberichte, S. 133.

34 PrGS 1839, S. 207 ff.

35 Eine ausführliche Besprechung dieser Verordnung findet sich bei: *Temme*, Neue Verordnungen über das Strafverfahren in Preußen, in: ZsDtStrafverfahren 1841, S. 512 ff., der davon ausgeht, daß diese Verordnung ein „bedeutender Fortschritt“ sei. Zu dieser Verordnung auch bereits oben 1. Teil, 1. Kapitel C).

36 Vgl. § 13 der Verordnung, betreffend die Kriminalgerichtsverfassung und das Untersuchungsverfahren in Neu-Vorpommern und Rügen; ferner: *Ignor*, Geschichte, S. 264 f.; *Temme*, ZsDtStrafverfahren 1841, S. 512 ff. (520 f.).

37 *Ignor*, Geschichte, S. 266.

38 Zu *Friedrich Wilhelm IV.* siehe bereits oben, 1. Teil, 1. Kapitel C). *Temme* blickte dem Fortschreiten der Gesetzrevision unter dem neuen König mit Zuversicht entgegen, da die „liberalen Ansichten“ des Königs in bezug auf die Fragen „über Mündlichkeit und Oeffentlichkeit der Rechtspflege, über Anklage- und Inquisitonsprozeß“ bekannt seien, vgl. *Ders.*, Revision der Preußischen Gesetzgebung über das Strafverfahren, in: ZsDtStrafverfahren 1844, S. 307 ff. (325); ähnlich äußerte *Temme* sich auch in: *Ders.*, Sollen wir in Preußen ein öffentliches Ministerium haben?, in: Jahrb. f. d. CrimRpfl. 1840, S. 527 ff. (542).

39 *Collin*, Staatsanwaltschaft, Rn. 20.

von Savigny[40] betraut[41], der am 8. Januar 1842 „Vorschläge zu einer zweckmäßigen Einrichtung der Gesetzesrevision“[42] vorgelegt und sich damit dem König erfolgreich für dieses Amt empfohlen hatte[43].

Obwohl die Ernennung *Savignys* zum Gesetzgebungsminister sowohl von seiten des Königs als auch in Juristenkreisen mit großen Hoffnungen verbunden war, kam auch unter seiner Federführung die Reform zunächst nur langsam voran[44]. So entstanden in *Savignys* ersten Ministerjahren lediglich eine Verordnung über die Organisation der Censurbehörden (23. Februar 1843)[45], ein Gesetz betreffend das gerichtliche und Disziplinar-Strafverfahren gegen Beamte (29. März 1844)[46] und eine Verordnung über das Verfahren in Ehesachen (28. Juni 1844)[47]. Diese Gesetze bzw. Verordnungen besaßen jedoch eine

---

40 Zu *Friedrich Carl von Savigny* (1779–1861) vgl. *Landsberg*, ADB, Bd. 30, S. 425 ff.; *Nörr*, NDB, Bd. 22, S. 470 ff.; *Kleinheyer/Schröder*, Juristen, S. 239 ff.; *Stölzel*, Rechtsverwaltung und Rechtsverfassung, Bd. II, S. 526 ff.; *Wolf*, Rechtsdenker, S. 464 ff.; *Temme* zog später enttäuscht über die Tätigkeit *Savignys* als Minister für die Gesetzrevision das Resümee, daß nie „verunglücktere Gesetze gemacht worden“ seien, „als die, deren Urheber der Herr v. Savigny von seinem Eintritte in den preußischen Staatsrath an bis zu seinem Abtreten als preußischer Minister der Gesetzgebung“ gewesen sei, vgl. *Ders.*, Strafgesetzbuch für die preußischen Staaten, in: Neue Oder-Zeitung, Breslau, den 16. Mai 1851 (Titelseite); vgl. aber auch *Ders.*, Augenzeugenberichte, S. 134.

41 Einen Überblick über die Tätigkeit *Friedrich Carl von Savignys* als Minister für die Gesetzesrevision bietet: *Lorenz*, Friedrich Carl von Savigny; vgl. aber auch: *Temme*, Revison der preußischen Gesetzgebung über das Strafverfahren, in: ZsDtStrafverfahren 1844, S. 307 ff. (324), der zunächst noch aufgrund des hohen wissenschaftlichen Ansehens und des fortschrittlichen Geistes *Savignys* eine „gründliche, und von einem freien Sinn geleitete Prüfung jener hochwichtigen Fragen“ des Strafverfahrens erwartete.

42 Abgedruckt ist die Denkschrift bei *Stölzel*, Rechtsverwaltung und Rechtsverfassung, Bd. II, S. 731 ff., der diese als „eines der bedeutungsvollsten Actenstücke, vielleicht das bedeutungsvollste in der Geschichte der vaterländischen Gesetzgebungspolitik“ (S. 528) bezeichnet.

43 *Ignor*, Geschichte, S. 267; *Lorenz*, Friedrich Carl von Savigny, S. 117.

44 *Collin*, Staatsanwaltschaft, Rn. 21, *Ignor*, Geschichte, S. 268; *Schubert*, Reform des Strafprozeßrechts, S. XXIX ff. (XXIX).

45 PrGS 1844, S. 31 ff.; vgl. dazu auch *Temme*, Revision der Preußischen Gesetzgebung über das Strafverfahren, in: ZsDtStrafverfahren 1844, S. 308 ff. (326 f.).

46 PrGS 1844, S. 77 ff.; siehe auch *Temme*, Revision der Preußischen Gesetzgebung über das Strafverfahren, in: ZsDtStrafverfahren 1844, S. 308 ff. (327 f.).

47 *Ignor*, Geschichte in Deutschland, S. 264; vgl dazu ferner: *Temme*, Revision der Preußischen Gesetzgebung über das Strafverfahren, in: ZsDtStrafverfahren 1844, S. 308 ff. (328 f.).

große Bedeutung für die Reform des Strafverfahrensrechtes[48], weil in ihnen Teile der Reformforderungen der damaligen Zeit zur Geltung gebracht wurden. Die Verordnung über die Organisation der Zensurbehörden führte etwa erstmals das Institut der Staatsanwaltschaft ein[49], und das Disziplinargesetz und das Ehegesetz, in welchen ebenfalls eine Staatsanwaltschaft vorgesehen war[50], enthielten Regelungen bezüglich einer freien richterlichen Beweiswürdigung[51].

Die durch das Disziplinargesetz eingeführte Staatsanwaltschaft war dem König *Friedrich Wilhelm IV.* aber auch für das Strafprozeßrecht ein besonderes Anliegen, da er mit der Tätigkeit der Gerichte unzufrieden war und dafür sorgen wollte, daß dem Staat ein Rechtsmittel gegen Gerichtsurteile an die Hand gegeben wurde[52]. In dem Strafverfahren nach der preußischen Kriminalordnung hatte zwar der Angeklagte die Möglichkeit, eine ihm ungünstige Entscheidung durch Appellation an die höhere Instanz anzufechten, dem Staate jedoch war dieses Recht versagt, weil der Richter als einziges staatliches Organ im Strafverfahren nicht befugt war, sein eigenes Urteil anzufechten. Eine gewisse Einwirkung des Staates auf Strafurteile war bisher allenfalls durch das landesherrliche[53] und das justizministerielle[54] Bestätigungsrecht vorgesehen gewe-

---

48 Die Verordnungen wurden in ihrer Bedeutung auch von *Temme*, der in ihnen den „Gang des Fortschritts" zu sehen glaubte, erkannt, vgl. *Temme*, Revision der Preußischen Gesetzgebung über das Strafverfahren, in: ZsDtStrafverfahren 1844, S. 307 ff. (329).

49 Vgl. §§ 3, 4, der Verordnung.

50 Nach § 4 der Verordnung über das Verfahren in Ehesachen, sollte „bei jedem Ehegerichte erster Instanz ein Staatsanwalt bestellt werden, welcher in den Prozessen wegen Scheidung, Ungültigkeit oder Nichtigkeit einer Ehe, durch alle Instanzen das öffentliche Interesse wahrzunehmen hat", vgl. auch *Temme*, Revision der Preußischen Gesetzgebung über das Strafverfahren, in: ZsDtStrafverfahren 1844, S. 308 ff. (328).

51 Vgl. § 28 des Disziplinargesetzes bzw. § 39 der Verordnung über das Verfahren in Ehesachen; siehe auch: *Ignor*, Geschichte in Deutschland, S. 269.

52 Mündlicher Befehl erteilt auf der Sitzung des Staatsministeriums; schriftlich festgehalten in der Allgemeinen Kabinettorder vom 12. August 1843, vgl. *Collin*, „Wächter der Gesetze", S. 63 (Fn. 12).

53 Das landesherrliche Bestätigungsrecht, welches dem Begnadigungsrecht sehr ähnlich war, war Ausdruck der landesherrlichen Befugnis, Gnade vor Recht ergehen zu lassen, und war hauptsächlich für Bestrafungen zum Tode und zur lebenslänglichen Einsperrung vorgesehen, vgl. *Collin*, „Wächter der Gesetze", S. 27.

54 Durch das justizministerielle Bestätigungsrecht konnte der Justizminister Strafurteile rechtlich überprüfen lassen, vgl. §§ 508 ff. KrimO. Dieses wurde als Ersatz für eine der Regierung nicht zustehende Rechtsmittelbefugnis angesehen. Allerdings wurde dieses, da es den Angeklagten seinem gesetzlichen Richter entzog, als nicht mehr „zeitgemäß" angesehen und sein Geltungsbereich immer stärker eingeschränkt, vgl. *Collin*, „Wächter der Gesetze", S. 28 f.

sen. Deshalb wurde in der Folge über die Einführung einer Staatsanwaltschaft im Staatsministerium eingehend beraten. Eine Einigung über diese Frage konnte bis zum Ende des Jahres 1845 jedoch nicht erzielt werden[55]. Nachdem zunächst unter Federführung des damaligen Justizministers *Mühler*[56] und des Gesetzgebungsministers *Savigny* eindringlich an dieser Aufgabe gearbeitet worden war, kam erst durch die Mitarbeit des Assessors und späteren preußischen Justizministers *Heinrich von Friedberg*[57] neuer Schwung in die Arbeiten. Während *Savigny* und *Mühler* bei der Einführung der Staatsanwaltschaft den Fokus in erster Linie auf die Erschaffung eines Rechtsmittels für den Staat gelegt hatten, legte *Friedberg* den Schwerpunkt mehr auf die Gesetzeswächterfunktion der Staatsanwaltschaft[58]. *Friedberg* schlug ferner vor, der Staatsanwaltschaft die materielle Gewalt über die Polizei zu verschaffen, damit sie auch während der Voruntersuchung über die Beachtung der Gesetze wachen könne[59]. Bei einer Unterredung zwischen dem neuen Justizminister *Uhden*[60] und *Savigny* im Dezember 1845 billigte *Savigny* die Vorschläge *Friedbergs*[61]. Da diese jedoch im Staatsministerium auf Skepsis stießen, erarbeiteten die Justizminister ein Promemoria[62], in welchem sie die durch *Friedberg* ausgearbeitete Konzeption über die Einrichtung einer Staatsanwaltschaft ausführlich darlegten und an alle Staatsminister absandten[63]. Damit kamen die Arbeiten an der gesonderten Einführung einer Staatsanwaltschaft in Preußen zu ihrem vorläufigen Ende[64].

Eine unerwartete Wendung nahm die Reform des Strafprozeßrechtes jedoch durch den Aufstandsversuch der Polen in der preußischen Provinz Posen[65]. Zu

---

55 *Schubert*, Reform des Strafprozeßrechts, S. XXIX ff. (XXIX).

56 Zu *Heinrich von Mühler* (1780–1857) siehe bereits oben: 1. Teil, 1. Kapitel C).

57 Über *Heinrich von Friedberg* (1813–1895), preuß. Justizminister von 1879–1889, *Döhring*, NDB, Bd. 5, S. 444 f.; *Schubert*, Entstehung der Strafprozeßordnung von 1877, S. 1 ff. (10); ferner *Stölzel*, Rechtsverwaltung und Rechtsverfassung, Bd. II, S. 571.

58 *Collin*, Staatsanwaltschaft, Rn. 28.

59 *Collin*, „Wächter der Gesetze", S. 76.

60 Zu *Karl Albrecht Alexander von Uhden* (1798–1878) vgl. *Collin*, „Wächter der Gesetze", S. 72 f.; *Stölzel*, Rechtsverwaltung und Rechtsverfassung, Bd. II, S. 565 f.; *Verner*, ADB, Bd. 39, S. 765 ff.

61 *Collin*, „Wächter der Gesetze", S. 77.

62 Promemoria der Staats- und Justiz-Minister *Savigny* und *Uhden* über die Einführung der Staats-Anwaltschaft im Kriminal-Prozesse.

63 *Collin*, „Wächter der Gesetze", S. 79.

64 *Ignor*, Geschichte, S. 272.

65 Eingehend zum Polenaufstand von 1846: *Julius*, Polenprozeß, S. 1 ff.

Anfang des Jahres 1846 wurde dort die Verschwörung zu einem Aufstand gegen das preußische Regime aufgedeckt[66]. Dieser Aufstand führte jedoch nicht zu den befürchteten kriegerischen Auseinandersetzungen. Vielmehr gelang es, immer mehr Verschwörer festzunehmen, denen in der Folge der Prozeß gemacht werden mußte. Dabei tauchte das Problem auf, daß die Strafverfahren gegen die Verschwörer mit dem Mitteln des Inquisitionsprozesses nach der Kriminalordnung von 1805 Jahrzehnte in Anspruch genommen hätten[67]. Deshalb regte der damalige Innenminister *v. Bodelschwingh*[68] gegenüber dem Justizminister *Uhden* am 21. März 1846 an, der strafrechtlichen Abwicklung des Polenaufstandes durch die Einführung eines mündlichen Anklageprozesses mit Geschworenen, durch welche die Verfahrensdauer verkürzt werden könne[69], Herr zu werden[70]. Nachdem auch der König eine Kabinettorder als formelle Grundlage dieses Vorhabens erteilt hatte, betraute Justizminister *Uhden* den Assessor *Friedberg* damit, den Entwurf einer Verordnung über die Einrichtung eines mündlichen Anklageprozesses am Kammergericht Berlin auszuarbeiten[71]. Der Minister für die Gesetzrevision *Savigny* wurde an diesen Arbeiten nicht beteiligt, und zu seinem Mißfallen wurde er auch erst sehr spät über die in Angriff genommenen Arbeiten informiert[72]. Dabei hatte sein Ministerium für Gesetzrevision bereits Vorarbeiten zu einer neuen Strafprozeßordnung geleistet, die im Jahre 1843 in eine Denkschrift *Savignys* über

---

66 *Stölzel*, Rechtsverwaltung und Rechtsverfassung, Bd. II, S. 586.

67 *Ignor*, Geschichte, S. 272 f.; *Schubert*, Reform des Strafprozeßrechts, S. XXIX ff. (XXIX).

68 Über *Ernst Albert Karl Wilhelm Ludwig von Bodelschwingh* (1794–1854) vgl. *Bodelschwingh*, ADB, Bd. 3, S. 3 ff.

69 *Collin*, Staatsanwaltschaft, Rn. 33.

70 *Schubert*, Reform des Strafprozeßrechts, S. XXIX ff. (XXIX).

71 *Collin*, Staatsanwaltschaft, Rn. 34.

72 Der Anteil den *Savigny* an den Arbeiten zu dem Gesetz vom 17. Juli 1846 hatte, ist im einzelnen umstritten. Teilweise wird diesem auch ein „maßgeblicher" Einfluß an den Arbeiten zugeschrieben, vgl. etwa *Lorenz*, Friedrich Carl von Savigny, S. 152. Die hier wiedergegebene Beschreibung des Verlaufs der Arbeiten zu dem Gesetz vom 17. Juli 1846 beruhen auf den neueren Untersuchungen von *Collin*, „Wächter der Gesetze", S. 62 ff. und *Ignor*, Geschichte, S. 263, der seine Ausführungen auf Aktenstücke aus dem Nachlaß *Heinrich Friedbergs* stützt (siehe S. 263 Fn. 27 und S. 274 Fn. 77).

Prinzipienfragen der neuen Strafprozeßordnung[73] eingeflossen waren, die er im November 1845 auch dem Justizminister hatte zukommen lassen[74].

Aus den von *Friedberg* in Angriff genommenen Arbeiten ging im Ergebnis der Entwurf einer neuen Strafprozeßordnung hervor, welcher im Anschluß daran in ausführlichen Beratungen und auch unter Berücksichtigung der in der Denkschrift von Savigny enthaltenen Gedanken erweitert und abgeändert wurde[75]. Das Ergebnis dieser Änderungen trat als das „Gesetz vom 17. Juli 1846 betreffend das Verfahren in den bei dem Kammergericht und dem Kriminalgericht zu Berlin zu führenden Untersuchungen"[76] in Kraft[77]. Durch dieses Gesetz wurde das Prinzip der Mündlichkeit umgesetzt[78], eine Staatsanwaltschaft[79] eingeführt, und dem Richter wurde die Möglichkeit gegeben, allein „nach seiner freien, aus dem Inbegriff der vor ihm erfolgten Verhandlungen geschöpften Überzeugung zu entscheiden"[80].

Da das Gesetz vom 17. Juli 1846 großen Anklang gefunden hatte[81], wurde im Laufe der Zeit vermehrt der Drang spürbar, es mit all seinen Reformprinzipien auch auf den Rest Preußens zu übertragen[82]. Die dahingehenden Bemühungen sollten jedoch zunächst von den Märzereignissen des Jahres 1848 gestört werden. In der vom König nach der Niederschlagung der Revolution oktroyierten Verfassung vom 5. Dezember 1848[83] legte man sich dann aber auf die Einführung eines öffentlichen und mündlichen Verfahrens in allen Teilen Preußens

---

73 Diese Denkschrift *Savignys* ist auszugsweise unter den Überschriften „Über Schwurgerichte und Beweistheorie im Strafprozesse" (Arch. f. pr. StrafR 1858, S. 469 ff.) und „Über das Institut der Staatsanwaltschaft" (Arch. f. pr. StrafR 1859, S. 577 ff.) abgedruckt.

74 *Ignor*, Geschichte, S. 273; *Schubert*, Reform des Strafprozeßrechts, S. XXIX ff. (XXIX).

75 *Schubert*, Reform des Strafprozeßrechts, S. XXIX ff. (XXX f.).

76 PrGS 1846, S. 267 ff.

77 Eine gute Zusammenfassung des Verfahrens nach dem pr. G. v. 17.Juli 1846 findet sich bei *Temme*, ZsDtStrafverfahren 1846, S. 343 ff. Teilweise wird davon gesprochen, dieses Gesetz gehöre zu „den wichtigsten und in gewissem Grade auch erstaunlichsten Resultaten der Strafprozeßreform im 19. Jahrhundert", vgl. *Küper*, Historische Bemerkungen, S. 25.

78 Vgl. § 15 pr. G. v. 17. Juli 1846.

79 §§ 2, 3 pr. G. v. 17. Juli 1846.

80 § 19 pr. G. v. 17. Juli 1846.

81 *Temme* spricht davon, daß der „Wunsch nach Verallgemeinerung" dieses Gesetzes im ganzen Staate mit Ausnahme der Rheinprovinzen „allgemein" geworden sei, vgl. *Ders.*, Zu dem Gesetze vom 17. Juli 1846, in: JWPrS 1847, S. 249 ff. (249).

82 *Collin*, „Wächter der Gesetze", S. 96; *Krieter*, Historische Entwicklung, S. 25.

83 PrGS 1848, S. 375 ff.

fest. Ferner wurde im Artikel 93 der Verfassungsurkunde bestimmt, daß bei den mit schweren Strafen bedrohten Verbrechen, bei allen politischen Verbrechen und bei Preßvergehen die Entscheidung über die Schuld des Angeklagten durch Geschworene erfolgen sollte[84].

In Ausführung dieser Artikel der Verfassung erschien dann am 3. Januar 1849 die „Verordnung über Einführung des mündlichen und öffentlichen Verfahrens mit Geschworenen in Untersuchungssachen"[85], welche auf einem Gesetzentwurf *Friedbergs* beruhte und ohne vorherige Genehmigung und Beratung seitens der preußischen Kammern erlassen worden war[86]. Diese Verordnung führte die Prinzipien des Gesetzes vom 17. Juli 1846 mit einigen Änderungen für das ganze Gebiet des preußischen allgemeinen Landrechts ein. Die größte Modifikation im Vergleich zu dem Gesetz vom 17. Juli 1846 stellten die durch die Verordnung eingeführten und im Zuge der Revolution geforderten[87] Schwurgerichte dar. Die Geschworenen waren nach der Verordnung beisitzende Richter, die gemeinsam mit dem Gerichtshof das Schwurgericht bildeten[88] und nach ihrer freien und gewissenhaften Überzeugung entscheiden konnten, ob der Angeklagte schuldig oder nicht schuldig sei[89].

Das Besondere an der Verordnung vom 3. Januar 1849 war, daß neben den durch diese getroffenen Bestimmungen die alte Kriminalordnung von 1805 weitergalt[90]. Da diese jedoch nicht in allen Landesteilen in Kraft war, besaß man in Preußen nach wie vor kein einheitliches Strafverfahrensgesetz für das gesamte preußische Staatsgebiet. Dieser Umstand wurde bald als unbefriedigend empfunden, und man machte sich an die Ausarbeitung eines neuen Entwurfs für eine Strafprozeßordnung, welcher im März des Jahres 1851 veröffentlicht wurde[91]. Dieser Entwurf, der sich eng an die Verordnung vom 3. Januar 1849 anlehnte, kam jedoch nicht zur Ausführung, da sich der König und das Staatsministerium mehrheitlich dagegen aussprachen, weil sie vor

---

84 Art. 92, 93 der oktroyierten Verfassung.

85 PrGS 1849, S. 14 ff.

86 *Krieter*, Historische Entwicklung, S. 25; diesen Umstand bemängelte auch *Temme*, in: Grundzüge, S. 14.

87 Vgl. *Schwinge*, Schwurgerichte, S. 153.

88 § 60 der pr. V. v. 3. Januar 1849.

89 § 110 der pr. V. v. 3. Januar 1849.

90 *Krieter*, Historische Entwicklung, S. 26.

91 Entwurf der Straf-Prozeß-Ordnung für die Preußischen Staaten nebst dem Entwurf eines Gesetzes über die Bildung der Schwurgerichte für die ganze Monarchie, Berlin 1851; ferner auch veröffentlicht in: JMBl. 1851, S. 85 ff; *Krieter*, Historische Entwicklung, S. 26.

einer derartigen neuen Regelung noch mehr praktische Erfahrungen mit der Verordnung vom 3. Januar 1849 sammeln wollten[92]. Man beschloß daher, diesen alten Entwurf nachträglich von den preußischen Kammern genehmigen zu lassen, was unter gleichzeitigem Beschluß einiger Änderungen durch ein Gesetz vom 3. Mai 1852 dann auch geschah[93].

Beeinflußt durch Bestrebungen der Badischen Regierung und des Hessischen Justizministers, die sich für einen gemeinsamen deutschen Strafprozeß einsetzten, veranlasste *Wilhelm der I.*[94] im Jahre 1860 die Wiederaufnahme der Strafprozeßreform. Zu diesem Zweck setzte er eine Kommission für die Herbeiführung einer gemeinsamen deutschen Gesetzgebung auf dem Gebiete der Stafprozeßordnung ein[95]. Produkt der Arbeiten dieser Kommission war der „Entwurf einer Strafprozeß-Ordnung für den Preußischen Staat"[96] aus dem Jahre 1865. Dieser fand zwar ein reges Echo in der Fachpresse, im Ergebnis wurde er jedoch nicht Gesetz. Nach dem Sieg Preußens im Deutschen Krieg von 1866 erlangte er allerdings neue Bedeutung: Die von Preußen im Rahmen des Krieges neu erworbenen Landesteile[97] mussten mit einer Strafprozessordnung versehen werden. Zu diesem Zweck griff man auf den Entwurf von 1865 zurück und konnte so die neuerlich mit der preußischen Monarchie vereinigten Landesteile ohne größere Schwierigkeiten mit einer modernen Anforderungen genügenden Prozeßordnung versehen. Die so entstehende „Strafprozeß-Ordnung für die durch das Gesetz vom 20. September 1866 und die beiden Gesetze vom 24. Dezember 1866 mit der Monarchie vereinigten Landestheile"[98] wich nur geringfügig von dem Entwurf aus dem Jahre 1865 ab[99].

Nach der Gründung des Norddeutschen Bundes und des Deutschen Reiches wurde dann das Bedürfnis spürbar, das Strafverfahrensrecht in ganz Deutschland einer einheitlichen Lösung zuzuführen. Bereits mit Art. 4, Nr. 13 der

---

92 *Regge*, Strafrechtsreform unter Savigny, S. XIV ff. (XXXV).

93 *Krieter*, Historische Entwicklung, S. 26.

94 Zu *Wilhelm Friedrich Ludwig von Preußen* (1797–1888) der später preußischer König und deutscher Kaiser wurde, vgl. *Marcks*, ADB Bd. 42, S. 517–692.

95 *Regge*, Reformgeschichte, S. XLIV f.

96 Entwurf einer Strafprozeß-Ordnung für den Preußischen Staat. Nebst motivierenden Anmerkungen. Berlin 1865.

97 Im Rahmen des Deutschen Krieges von 1866 gewann Preußen das Königreich Hannover, das Kurfürstentum Hessen, das Herzogtum Nassau, die freie Stadt Frankfurt, ehemals bayerische und Großherzoglich hessische Landesteile sowie die Herzogtümer Holstein und Schleswig hinzu.

98 PrGS 1867, S. 933 ff.

99 Diese Strafprozeßordnung wurde durch Gesetz vom 4. Dezember 1869 auch in Lauenburg eingeführt.

Verfassung vom 26. Juli 1867[100] hatten die Mitglieder des Norddeutschen Bundes, der deutlich unter der Vorherrschaft Preußens stand, eine einheitliche Regelung des Strafverfahrens in Aussicht genommen. Daraufhin beschloß der Reichstag des Norddeutschen Bundes am 18. April 1868, den Bundeskanzler aufzufordern, einen Entwurf eines gemeinsamen Strafprozesses vorzubereiten und ihm vorlegen zu lassen[101]. Entsprechende Inititativen des Gesetzgebers wurden jedoch durch die Reichsgründung im Jahre 1871, welche zu größerer Diskussion zwang, verzögert. Deshalb dauerte es bis zum Januar 1873, bis der „Entwurf einer Deutschen Strafprozeßordnung“[102] vorgelegt werden konnte[103]. Nach endgültiger Festlegung dieses Entwurfs durch den Bundesrat[104] wurde dieser am 29. Oktober 1874 in den Reichstag eingebracht[105] und wurde am 1. Februar 1877 Gesetz[106]. Die deutsche Strafprozeßordnung, welche am 1. Oktober 1879 für das gesamte Deutsche Kaiserreich in Kraft trat, stellte auf dem Gebiet des Strafverfahrens die lange ersehnte Rechtseinheit her.

---

100 BGBl. Norddt. Bund 1867, S. 4.

101 *Krieter*, Historische Entwicklung, S. 69; *Schubert*, Entstehung der Strafprozeßordnung von 1877, S. 1 ff. (4 f.).

102 Entwurf einer Deutschen Strafprozeß-Ordnung. Berlin, im Januar 1873.

103 Vgl. dazu: *Geyer*, Lehrbuch, S. 170 ff.

104 *Schubert*, Entstehung der Strafprozeßordnung von 1877, S. 1 ff. (5).

105 Ein Abdruck des vorgelegten Entwurfs findet sich bei *Hahn*, Die gesammten Materialien zur Strafprozeßordnung und dem Einführungsgesetz zu derselben, Erste Abt., S. 3 ff.

106 RGBl. 1877, Nr. 8, S. 253.

Sechstes Kapitel: Prinzipienfindung im Strafverfahren: Das akkusatorische und das inquisitorische Prinzip

A) Einführung

Parallel zu den gerade geschilderten legislatorischen Reformbemühungen der preußischen Regierung verlief die Debatte um die Reform des Strafverfahrens im rechtswissenschaftlichen Schrifttum. Man war sich spätestens seit Beginn der zwanziger Jahre des 19. Jahrhunderts einig, daß das geltende Inquisitionsverfahren einer Reform bedürfe. Gefordert wurden eine Staatsanwaltschaft, die nach Abschluß der Untersuchungen die Ermittlungsergebnisse prüfen und das Verfahren entweder einstellen oder den wahrscheinlichen Straftäter anklagen sollte, und eine öffentliche und mündliche Hauptverhandlung, die der Entscheidung über die Schuld oder Unschuld des Angeschuldigten zu dienen hatte[1]. Diese Forderungen wurden oftmals unter dem Oberbegriff der Einführung „eines öffentlichen und mündlichen Anklageverfahrens" diskutiert. Allerdings war diese Bezeichnung in zwei Richtungen irreführend. Öffentlich und mündlich sollte nur die Hauptverhandlung vor dem erkennenden Gericht sein, nicht jedoch das Untersuchungsverfahren durch das ermittelnde Gericht. Außerdem sollte es sich nicht um ein Anklageverfahren in der Gestalt des römischen Rechtes handeln, bei welchem die Parteien ihre Beweise jeweils selbst beibringen mußten und das Gericht sich lediglich auf das Urteilen beschränkte. Vielmehr sollte sich an der Geltung des Untersuchungsgrundsatzes nichts ändern, nach welchem der Untersuchungsrichter von Amts wegen zur Aufnahme von Ermittlungen und Beweisen verpflichtet war. Insofern sollte das „Wesen des Inquisitionsprozesses" bei der Reform erhalten bleiben[2].

Da es sich bei der Reform mithin um eine Mischung aus altem und neuem Prozeßrecht handeln sollte, enstanden terminologische Unklarheiten, welche dazu führten, daß man sich über die Bezeichnung der dem neuen Verfahren zugrundeliegenden Verfahrensgrundsätze nicht einigen konnte[3]. Diese Unklarheiten beruhten unter anderem darauf, daß in der Debatte um die Bezeichnung

---

1 Siehe dazu bereits oben 2. Teil, 3. Kapitel A).

2 Siehe dazu: *Ignor*, S. 231.

3 Vgl. dazu: *Wohlers*, Staatsanwaltschaft, S. 56 ff.; *Sellert / Rüping*, Studien- und Quellenbuch, Bd. 2, S. 26.

des neuen Strafverfahrens nicht nur zwischen akkusatorischem und inquisitorischem Strafverfahren, sondern auch zwischen dem akkusatorischen und inquisitorischen Prinzip unterschieden wurde. Diese Unterscheidung zwischen Form und Prinzip ging zurück auf das Prozeßrecht der Carolina, welches zwei Verfahrensarten unterschied, den alten Akkusationsprozeß[4] und das neue Inquisitionsverfahren. Allerdings bestanden die Unterschiede zwischen den beiden Verfahrensarten der Carolina nur in der Art und Weise der Verfahrenseinleitung. Das Inquisitionsverfahren kam durch eine Ermittlung von Amts wegen in Gang[5], während beim Anklageverfahren eine Klage des Verletzten zur Aufnahme der Ermittlungen erforderlich war[6]. Die Durchführung der Ermittlungen lag in beiden Fällen in den Händen der Obrigkeit, so daß für diese die Inquisitionsmaxime galt[7].

Ausgehend von dieser Verfahrengestaltung der Carolina wurde in der Reformliteratur eine Unterscheidung zwischen inquisitorischem und akkusatorischem Strafverfahren und inquisitorischem und akkusatorischem Prinzip getroffen. Bei dem Versuch, den im Rahmen der Reform geforderten neuen Verfahrenstypus diesen Begriffen zuzuordnen, ergaben sich jedoch viele Unklarheiten, die im wesentlichen darauf beruhten, daß Uneinigkeit darüber bestand, was genau unter diesen Begriffen zu verstehen sei[8].

Unter den Befürwortern einer Reform war man sich weitgehend einig, daß das neu zu schaffende Strafverfahren ein Anklageverfahren (akkusatorisches Strafverfahren) sein müsse. Unter einem solchen verstand man ein Verfahren, bei welchem die dem Inquisitionsrichter obliegende Funktion eines Anklägers auf ein selbständiges Organ, den öffentlichen Ankläger, übertragen wurde[9]. Im Laufe der Zeit wurde dieser Begriff jedoch so erweitert, daß er auch die öf-

---

4 Der Akkusationsprozeß oder Anklageprozeß ist ein älterer Prozeßtyp als das Inquisitionsverfahren, vgl. *Ignor*, Geschichte, S. 43 (Fn. 14) m. w. N.

5 Vgl. Art. 6 der CCC.

6 Dazu *Ignor*, Geschichte, S. 60 ff.

7 Vgl. Art. 8, 188 CCC.

8 Dazu auch *Sellert / Rüping*, Studien- und Quellenbuch, Bd. 2, S. 26 und *Bandemer*, Heinrich Albert Zachariae, S. 145 ff.

9 Dieser Auffassung hing auch *Temme* an, so daß die Forderung nach Einführung eines Anklageverfahrens in der vorliegenden Arbeit unter dem Punkt der Einrichtung einer Staatsanwaltschaft diskutiert wird.

fentliche und mündliche Hauptverhandlung einschloß und folglich den Oberbegriff für die Reform bildete[10].

Weniger einig war man sich jedoch, was unter den Begriffen des akkusatorischen und inquisitorischen Prinzips zu verstehen sei und welchen Einfluß diese Prinzipien auf die Form des Strafverfahrens ausüben sollten.

Das Charakteristikum des akkusatorischen Prinzips wurde überwiegend darin gesehen, daß Untersuchung und Bestrafung eines Verbrechens lediglich von dem beliebigen, willkürlichen Antrage irgendeiner Partei abhänge, während bei dem inquisitorischen Prinzip der Staat im Falle eines zu seiner Kenntnis gelangenden Verbrechens einschreiten müsse[11]. Der Unterschied zwischen den beiden Prinzipien bestand danach darin, daß nach dem einen nur aufgrund einer willkürlichen Anklage, nach dem anderen jedoch von Amts wegen untersucht und bestraft werden sollte.

Darüber hinausgehend sahen manche Reformautoren den Unterschied zwischen den beiden Prinzipien darin, daß es bei einem nach dem akkusatorischen Prinzip gestalteten Strafverfahren lediglich darum gehe, die formelle Wahrheit zu ermitteln, wohingegen die Feststellung der materiellen Wahrheit nur durch das inquisitorische Prinzip beabsichtigt sei[12].

Ausgehend von diesen Definitionen gelangten jedoch fast alle Reformautoren zu der Forderung nach Einführung eines Anklageverfahrens unter Fortgeltung des inquisitorischen Prinzips.

Einen völlig anderen Ansatz bezüglich der Frage der Abgrenzung des akkusatorischen vom inquisitorischen Prinzip lieferte der berühmte Strafrechtler *Heinrich Albert Zachariä*[13], der die Unterscheidung zwischen den Prinzipien

---

10 So war auch § 179 der Paulskirchenverfassung zu verstehen, der bestimmte: „In Strafsachen gilt der Anklageprozeß", vgl. dazu: *Ignor*, Geschichte, S. 244; *Limbach*, Strafrecht, S. 99.

11 *Abegg*, Beiträge, S. 43 f.; *Sundelin*, Staatsanwaltschaft, S. 14 f.; *Biener*, Abhandlungen, S. 46 f.; *Köstlin*, Wendepunkt, S. 44; *Hepp*, Anklageschaft, S. 6; *Dalcke*, Archiv für Preußisches Strafrecht 1859, S. 734 ff. (741); *Schwarze*, GS 1859, S. 3 ff. (7).

12 So z. B. *Walther*, Rechtsmittel im Strafverfahren, S. 78; insgesamt dazu: *Hepp*, ZsDtStrafverfahren 1846, S. 153 ff. (155); im Jahre 1845 war auch noch *Zachariä* dieser Ansicht, jedoch verwarf er diese bereits im Jahre 1846 zugunsten seiner eigenen aus dem Prozeßrechtlichen gelösten Definition der Prinzipien, vgl. dazu *Bandemer*, Heinrich Albert Zachariä, S. 163.

13 Zu *Heinrich Albert Zachariä* (1806–1875) vgl. *Bandemer*, Heinrich Albert Zachariä, S. 5 ff.; *Brodauf*, Lebenswerk, S. 1 ff. Allerdings war *Zachariä* nicht der einzige, der versuchte, eine eigene Definition für die Abgrenzung dieser Prinzipien zu liefern. Vielmehr hatten viele Strafrechtstheoretiker sich an den Versuch einer Ausformulierung der Verfahrensprinzipien gewagt, vgl. die Nachweise bei *Bandemer*, Heinrich

aus ihrem prozeßrechtlichen Rahmen herauslöste und eine formelle Abgrenzung zwischen den beiden vornahm[14]. Dabei sollte die Definition der beiden Verfahrensprinzipien unabhängig von jedem positiven Rechtssatz sein, diese vielmehr rein logisch herauskristallisiert werden[15]. Seiner Auffassung nach bildete die Feststellung der Zuständigkeiten und deren Auswertung den Ausgangspunkt für die Begriffsfindung des inquisitorischen Prinzips. Nach diesem werde die Entscheidung über die Tat- und Schuldfrage dadurch herbeigeführt, daß der Richter nach eigenem Ermessen einschreite und in seiner Person Anklage, Verteidigung und Richteramt vereinige[16]. Deshalb beruhe das Wesen des inquisitorischen Prinzips auf subjektiver Willkür und Handeln nach individuellem Ermessen, wobei *Zachariä* den Begriff der Willkür nicht negativ verstanden wissen wollte[17]. Ausgehend von den schlechten Erfahrungen, die man mit der Ermessensausübung der Inquirenten des Inquisitionsprozesses gemacht hatte, würdigte er die Stellung des Verdächtigen in einem nach inquisitorischem Prinzip ausgestalteten Strafverfahren allerdings als bloßes Objekt des Verfahrens[18]. Demgegenüber definierte er ein nach dem akkusatorischen Prinzip ausgestaltetes Strafverfahren als eine kontradiktorische Verhandlung zwischen zwei „selbständig auftretenden Subjecten des Angriffs und der Vertheidigung (dem Ankläger und Angeklagten), welche sich in gleichberechtigter Stellung“[19] gegenüberständen. Ausgehend von diesen Definitionen der Prinzipien gelangte *Zachariä* zu der Auffassung, daß das inquisitorische Prinzip im Vorverfahren zur Anwendung kommen solle, da in diesem Verfahrensstadium „das Walten des subjectiven Ermessens“ als „Kern“[20] des inquisitorischen Prinzips am rechten Platze sei, hingegen im Hauptverfahren das akkusatorische Prinzip vorherrschend sein müsse[21].

Albert Zachariae, S. 159. Die Ansicht *Zachariäs* wird hier deshalb hervorgehoben, weil *Temme* sich mit dieser intensiv auseinandersetzte.

14 Einen ähnlichen Ansatz wie *Zachariä* vertrat auch *Mittermaier*, vgl. dazu: *Ders.*, Mündlichkeit, S. 281 ff. Eine ausführliche Auswertung der Ausgestaltung der Prinzipien bei *Zachariä* liefern *Bandemer*, S. 145 ff. und *Brodauf*, S. 35 ff.

15 Vgl. dazu *Brodauf*, Lebenswerk, S. 36.

16 *Zachariä*, Handbuch, Bd. 1, S. 42.

17 *Zachariä*, Gebrechen, S. 43.

18 Im Gegensatz zur Partei, vgl. *Brodauf*, Lebenswerk, S. 37; *Bandemer*, Heinrich Albert Zachariä, S. 148.

19 *Zachariä*, Handbuch, Bd. 1, S. 42.

20 *Zachariä*, Gebrechen, S. 73 .

21 *Zachariä*, Gebrechen, S. 36. Allerdings wandelte *Zachariä* seine Auffassung später dahingehend ab, daß er auch für das Vorverfahren eine Anwendung des akkusatorischen Prinzips befürwortete, vgl. *Ders.*, Handbuch, Bd. 1, S. 46.

Wie fast alle Strafrechtstheoretiker seiner Zeit beteiligte sich auch Temme an der Diskussion um die Geltung des akkusatorischen und inquisitorischen Prinzips im Strafverfahren. Dabei entwickelte er naturgemäß seine eigene Auffassung darüber, was unter den Prinzipien und dem Anklageverfahren zu verstehen sei.

B) Temme als Gegner des akkusatorischen Prinzips

Temme zeigte sich in der Diskussion um die Geltung des akkusatorischen und inquisitorischen Prinzips im Strafverfahren als ein überzeugter Gegner des ersteren[22]. Um zu dieser Auffassung zu gelangen, setzte er sich auch mit den definitorischen Schwierigkeiten im Zusammenhang mit der Forderung nach einem Anklageverfahren auseinander, und betonte, daß es von entscheidender Bedeutung sei, Form und Prinzip des Strafverfahrens streng voneinander zu trennen. Nach seiner Ansicht handelte es sich dann um ein akkusatorisches Strafverfahren, wenn eine „zwischen zwei Parteien, dem Ankläger und Angeklagten, vom Richter nach den Regeln eines contradictorischen Rechtsverfahrens geleitete Verhandlung“ stattfand. Demgegenüber sei ein inquisitorisches Strafverfahren:

> „ein Verfahren, welches ohne Zulassung eines Anklägers von dem Richter, zwar gleichfalls nach bestimmten gesetzlichen Proceßregeln, aber in einer Weise geleitet werde, in welcher der Richter zugleich die Stelle des Anklägers, des Richters und großentheils auch des Vertheidigers übernehme.“[23]

Eine völlig andere Frage war für ihn aber diejenige nach dem akkusatorischen und dem inquisitorischen Prinzip. Seiner Auffassung nach drückte man sich richtig aus,

> „wenn man das inquisitorische Prinzip dasjenige nennt, nach welchem von Amtswegen, das accusatorische aber dasjenige, nach welchem nur auf die Anklage einer von Seiten des Staats zur Anklage nicht verpflichteten Person, mit der Verfolgung und Bestrafung des Verbrechers verfahren“[24]

werde. Genauso wie eine große Zahl anderer zeitgenössischer Strafrechtler der Zeit sah Temme mithin die Unterscheidung zwischen dem inquisitorischen und

---

22 *Temme*, Ueber das accusatorische und inquisitorische Prinzip, in: ZsDtStrafverfahren 1847, S. 90 ff.; *Ders.*, Sollen wir in Preußen ein öffentliches Ministerium haben, in: Jahrb. f. d. CrimRpfl. 1840, S. 527 ff. (533); *Ders.*, Anzeigen und Kritiken, in: ZsDtStrafverfahren 1844, S. 428 ff. (432); *Ders.*, Gesetz über das Untersuchungsverfahren vom 17. Juli 1846, in: ZsDtStrafverfahren 1846, S. 343 ff.

23 *Temme*, Ueber das accusatorische und inquisitorische Prinzip, in: ZsDtStrafverfahren 1847, S. 90 ff. (106).

24 Ebd., S. 90 ff. (105).

dem akkusatorischen Prinzip vorrangig darin begründet, daß das erstere einen Zwang zur Anklage mit sich bringe, wohingegen das letztere die Anklage in das Belieben irgendeiner Person stelle[25].

Die gegenteilige Auffassung, daß nur das inquisitorische Prinzip nach materieller Wahrheit strebe und das akkusatorische Prinzip sich hingegen mit der Feststellung der formellen Wahrheit begnüge, lehnte er als nicht mehr zeitgemäß ab:

> „Es darf im Allgemeinen wohl als ausgemacht angenommen werden, daß beide Prinzipe, wenn gleich in verschiedener Weise, nur dasselbe, das Auffinden und Feststellen der materiellen Wahrheit, wollen."[26]

Infolge dieser Verwerfung der Gegenmeinung, welche allerdings ohne nähere Begründung erfolgte, setzte er sich unter Zugrundelegung der von ihm befürworteten Unterscheidung zwischen akkusatorischem und inquisitorischem Prinzip damit auseinander, welches der beiden er im Strafprozesse für vorzugswürdig halte. Im Ergebnis fällte er diesbezüglich eine klare Entscheidung zugunsten des Inquisitionsprinzips[27]. Diese begründete er mit Veränderungen des politischen Lebens in der Gegenwart gegenüber der Vergangenheit. Zwar sei es der „früheren Zeit, den früheren Verhältnissen des Lebens des Staats, der Gemeinde und des Einzelnen" angemessen gewesen, „keinen Staatsankläger zu bestellen und auch den freien Mann zur Anklage nicht zu zwingen"[28]. So wie der Staat und das gesellschaftliche Leben heute jedoch ausgestattet seien, wäre ein solcher Zustand „die Quelle vollständiger moralischer Verderbniß und politischer Verrüttung"[29].

Seine Rechtsanschauung erklärte Temme an anderer Stelle mit seiner Auffassung von Strafgerechtigkeit. Diese könne man dann nicht erreichen, wenn die Verfolgung und Bestrafung des Verbrechers von der Willkür irgendeiner Person abhinge. Schließlich sei „der Staat selbst, als höchste weltliche Rechtsordnung, durch das Verbrechen verletzt"[30], weshalb es notwendig sei, die verletzte Rechtsordnung durch Verfolgung des Verbrechens wieder herzustellen. Er-

---

25 Siehe auch: *Temme*, Grundzüge, S. 32.

26 *Temme*, Ueber das accusatorische und inquisitorische Prinzip, in: ZsDtStrafverfahren 1847, S. 90 ff. (91).

27 Ebd., S. 90 ff. (91). Siehe auch *Ders.*, Gesetz über das Untersuchungsverfahren vom 17. Juli 1846, in; ZsDtStrafverfahren 1846, S. 343 f. (363); *Ders.*, Anzeigen und Kritiken, ZsDtStrafverfahren 1844, S. 428 ff. (432); *Ders.*, Grundzüge, S. 33.

28 *Temme*, Grundzüge, S. 33.

29 Ebd., S. 33.

30 *Temme*, Ueber das accusatorische und inquisitorische Prinzip, in: ZsDtStrafverfahren 1847, S. 90 ff. (92).

freulicherweise sei das deutsche Strafrecht genau wie das anderer Völker inzwischen längst zu dieser Auffassung von Strafgerechtigkeit gekommen:

> „Und überall in Deutschland, wie in unseren auf Bildung Anspruch machenden Staaten, wird von Amtswegen das Verbrechen erforscht und der Verbrecher zur Untersuchung und Strafe gezogen. Im deutschen Strafprocesse, wird er in den Formen der Anklage oder der Untersuchung verhandelt, besteht also nur noch das Untersuchungsprincip; das Anklageprincip ist folglich verschwunden.“ [31]

Dieses Verschwinden des akkusatorischen Prinzips aus dem Strafgesetze fand mithin seine volle Zustimmung. Dies bedeutete für ihn auf der anderen Seite jedoch nicht, daß ein nach der akkusatorischen Form ausgestaltetes Strafverfahren ebenfalls abzulehnen sei. Vielmehr stellte er ausdrücklich klar, daß Prinzip und Verfahren für ihn zwei völlig voneinander unabhängige Größen seien.

> „Nähme man an, oder müßte man annehmen, daß das Prinzip des Strafprocesses auch dessen Form bedinge und hervorrufe, daß also der Anklageproceß durch das Anklageprinzip, und andererseits in gleicher Weise der Inquisitionsproceß durch das Inquisitionsprinzip gestaltet sey, so böte, da das hier dargestellte inquisitorische Prinzip nicht aufgegeben werden kann, die Erscheinung des wiedererstehenden Anklageprocesses in der That einen sehr auffallenden, nicht zu lösenden Widerspruch dar.“[32]

Gerade diesen Widerspruch sah er jedoch als nicht existent an, weshalb er betonte, daß diese von ihm vorgebrachte Befürwortung des inquisitorischen Prinzips keineswegs bedeute, daß zwangsläufig auch das inquisitorische Strafverfahren dem akkusatorischen gegenüber vorzugswürdig sei. Vielmehr hege auch er die Hoffnung, daß die Zukunft der akkusatorischen Form des Strafverfahrens gehöre[33].

C) Auseinandersetzung mit Zachariä

Temme setzte sich in einem Aufsatz aus dem Jahre 1847 auch ausführlich mit der oben dargestellten von *Zachariä* vertretenen Ansicht bezüglich des Unterschiedes zwischen akkusatorischem und inquisitorischem Prinzip auseinander. Dieser hatte in seinem Werk „Die Gebrechen und die Reform des deutschen Strafverfahrens“ aus dem Jahre 1846 die von Temme vertretene Ansicht bezüglich der Abgrenzung von inquisitorischem und akkusatorischem Prinzip als

---

31 *Temme*, Ueber das accusatorische und inquisitorische Prinzip, in: ZsDtStrafverfahren 1847, S. 90 ff. (92).

32 Ebd., S. 90 ff. (93).

33 Ebd., S. 90 ff. (107).

unhaltbar kritisiert[34]. Dabei mißfiel ihm zunächst der Umstand, daß unter Zugrundelegung der von ihm kritisierten Auffassung viele Rechtswissenschaftler, zu denen auch Temme zählte, zu der Forderung nach einem akkusatorisch ausgestalteten Strafverfahren mit inquisitorischem Prinzip gelangten:

> „Ist das nicht ein sonderbares Verfahren, das auf dem entgegengesetzten Prinzip seiner wirklichen Gestaltung beruht? Ist hier nicht die accusatorische Form ein unberechtigter Aufdringling, der seine Legitimation aus fremden Papieren beschaffen muß?“[35]

Die Fehlerhaftigkeit der Ansicht, welche das Verfahren von Amts wegen und das inquisitorische Prinzip miteinander gleichsetzte, ergab sich für *Zachariä* daraus, daß diese Ansicht im Widerspruch zu der amtlichen Verfolgung die Privatwillkür des Einzelnen impliziere. Dementsprechend müsse das akkusatorische Prinzip es mit sich bringen, daß die Strafverfolgung immer von dem Willen des Einzelnen abhänge. Dagegen spreche jedoch die Geschichte. Zwar gebe es in dieser genügend Beispiele dafür, „daß zwar die Privatwillkühr gesetzlich immer in den akkusatorischen Weg gewiesen worden“ sei, jedoch könne genau so gut „die amtliche Verpflichtung zur Verfolgung des Verbrechens im Interesse des Staats mit der Festhaltung des Anklage=Prinzips verbunden“[36] sein. *Zachariä* vertrat somit die Auffassung, daß Privatwillkür deswegen kein Gegensatz zum Untersuchungsprinzip sein könne, weil die theoretische Möglichkeit bestehe, diese als inquisitorisches Verfahren auszugestalten. Deshalb gelangte er zu seiner eigenen bereits kurz dargestellten Auffassung[37], was unter akkusatorischem und inquisitorischem Prinzip zu verstehen sei.

Gegen diese Auffassung *Zachariäs* wandte sich Temme, der diesem vorwarf, daß er davon ausgehe, daß das gesamte Strafverfahren von dem ihm zugrundeliegenden Prinzip notwendigerweise bestimmt sein müsse, so daß er nur aufgrund dieser Überzeugung zur Ablehnung der von ihm vertretenen Auffassung gelange[38]. Nur die von *Zachariä* befürwortete Gleichschaltung von Form und Prinzip führe dazu, daß dieser seinen eigenen Ansatz von dem Wesen des

---

34 *Zachariä*, Gebrechen, S. 36.

35 Ebd., S. 32.

36 Ebd., S. 36.

37 Siehe 2. Teil, 6. Kapitel A).

38 *Temme*, Ueber das accusatorische und inquisitorische Prinzip, in: ZsDtStrafverfahren 1847, S. 90 ff. (98). Ähnlich wie *Temme* warf auch *Köstlin Zachariä* vor, Form und Prinzip des Strafverfahrens gleichzusetzen; vgl. *Ders.*, Wendepunkt, S. 39.

akkusatorischen und inquisitorischen Prinzips entwickeln könne, was jedoch eigentlich gar nicht notwendig sei[39].

Außerdem warf Temme *Zachariäs* Definitionsversuchen Widersprüchlichkeit vor. Nach dessen Definition des inquisitorischen Prinzips habe der Untersuchungsrichter grundsätzlich eine unbeschränkte Gewalt über den Angeschuldigten, um hauptsächlich durch ein Geständnis die materielle Wahrheit zu ermitteln. Für diesen sei das Untersuchungsverfahren damit auf die Erlangung eines Geständnisses ausgerichtet, zu welchem der Angeschuldigte auch gegen seinen Willen genötigt werden könne[40]. Andererseits sei die Beurteilung der Beweisgründe bei dem Untersuchungsprinzip jedoch auch dem subjektiven Ermessen desjenigen unterworfen, der die Untersuchung selbst vorgenommen habe. Diesem obliege jedoch am Ende auch die Urteilsfällung. Dies bedeute aber auch, daß nach *Zachariäs* Ansicht das Untersuchungsprinzip, seinem wahren Wesen nach betrachtet, jede bestimmte Vorschrift über die Würdigung der Beweise oder die Geltung einer gesetzlichen Beweistheorie ausschließe, weshalb der Ausgang des Strafprozesses lediglich von der inneren oder moralischen Überzeugung des Richters abhängig sei[41].

Diese Überlegung empfand Temme jedoch als einen „nie zu lösenden Widerspruch“[42], welcher ihm als Beweis dafür diente, daß das gesamte inquisitorische Prinzip, so wie es von *Zachariä* verstanden werde, ein „unwahres“[43] sei. Der Widerspruch bestand für Temme darin, daß der Untersuchungsrichter auf ein Geständnis hinarbeiten und den Inquisiten sogar selbst wider dessen Wissen dazu zwingen solle, am Ende aber doch alles nur auf seine innere Überzeugung ankomme. Gegenüber dieser Überzeugung des Richters sei das Geständnis dann schließlich „die gleichgültigste Sache von der Welt“[44].

Ein weiterer Grund für Temme, *Zachariäs* Definitionsversuch des inquisitorischen Prinzips abzulehnen, war, daß die von diesem aufgezeigten Konsequenzen des inquisitorischen Prinzips im deutschen Untersuchungsprozeß niemals zur Geltung gelangt seien. Temme räumte zwar ein, daß das von *Zachariä* in der Theorie aufgestellte Prinzip wohl niemals ein einzelnes Strafverfahren

---

39 *Temme*, Ueber das accusatorische und inquisitorische Prinzip, in: ZsDtStrafverfahren 1847, S. 90 ff. (94).

40 *Zachariä*, Gebrechen, S. 45.

41 *Temme*, Ueber das accusatorische und inquisitorische Prinzip, in: ZsDtStrafverfahren 1847, S. 90 ff. (100).

42 Ebd., S. 90 ff. (100).

43 Ebd., S. 90 ff. (100).

44 Ebd., S. 90 ff. (100).

gänzlich bestimmen könne, jedoch ging er schon davon aus, daß das derzeit in Preußen geltende Untersuchungsverfahren nach der preußischen Kriminalordnung durch das Untersuchungsprinzip geprägt sei, weshalb sich wesentliche Konsequenzen desselben in ihm zeigen müssten. Temmes Ansicht nach ließ sich aber in dem preußischen Untersuchungsverfahren nach der Kriminalordnung von 1805 keine fast schrankenlose Gewalt des Untersuchungsrichters über den Angeschuldigten finden[45]. Es sei zwar nicht zu leugnen, daß der Angeschuldigte zu dem Zweck, die Wahrheit zu ermitteln und ein Geständnis zu erlangen, der Gewalt des Inquirenten unterworfen sei. Früher sei es sogar so gewesen, daß der physische Zwang ein gesetzliches Mittel zur Erforschung der Wahrheit gewesen sei, wovon mit dem Zwangsmittel der Züchtigung bei offenbaren Lügen bis heute noch Reste erkennbar seien[46]. Jedoch wehrte sich Temme entschieden gegen die sich aus *Zachariäs* Äußerungen ergebende Konsequenz, daß in der preußischen Kriminalordnung der Untersuchungsrichter eine schrankenlose Gewalt ausüben könne. Schließlich seien überall genau und bestimmt die Stufen und Mittel der Gewalt und die Voraussetzungen, unter denen sie ausgeübt werden dürfe, angegeben. So verordne die preußische Kriminalordnung in § 270 auch, daß der Richter den Angeschuldigten „jederzeit ernsthaft, aber mit Schonung und Gleichmuth behandeln" müsse. Darüber hinaus regele auch § 285 KrimO noch einmal explizit, daß der Untersuchungsrichter zum Zweck der Erlangung eines Geständnisses „keine gewaltsamen Mittel" anwenden dürfe. Deshalb sei von einer Willkür oder schrankenlosen Gewalt in dem Untersuchungsverfahren der preußischen Kriminalordnung nichts zu finden.

Temme räumte in diesem Zusammenhang ein, daß *Zachariä* seinen Ausführungen in diesem Punkt wohl entgegenhalten würde, daß in den von ihm angeführten Vorschriften eben nur eine Beschränkung der Gewalt des Inquirenten liege, da diese Gewalt erst einmal grundsätzlich, ohne daß sie Beschränkungen durch konkrete Gesetze erfahre, vermöge des Prinzips an sich bestehe. Er stellte sich demgegenüber jedoch auf dem Standpunkt, „daß der Untersuchungsrichter alle Gewalt, die er über den Angeschuldigten" habe, „nur gerade aus dem Gesetze selbst herleiten" und sie ihm auch „nur durch dieses eingeräumt seyn"[47] könne:

> „Und wenn wir auf der einen Seite ein Gesetz vor uns sehen, in dem wir nicht finden, daß dem Richter Willkür und Gewalt eingeräumt seyen, von der anderen Seite

---

45 Siehe 2. Teil, 4. Kapitel B).

46 *Temme*, Ueber das accusatorische und inquisitorische Prinzip, in: ZsDtStrafverfahren 1847, S. 90 ff. (101).

47 Ebd., S. 90 ff. (102).

> aber die Behauptung hören, dieses Gesetz beruhe auf dem Prinzip der Willkür und Gewalt, und müsse daher Willkür und Gewalt einräumen, so vertrauen wir doch jenem Gesetze mehr als dieser Behauptung, und können uns nicht der Ueberzeugung erwehren, daß dem Gesetze eben nur willkürlich ein falsches Prinzip unterlegt sey."

Trotz dieser Bemerkungen mochte Temme sich jedoch nicht als ein absoluter Befürworter des Verfahrens nach der preußischen Kriminalordnung verstanden wissen. Deshalb gab er an, daß auch er sich durchaus bewußt sei, daß die Praxis des deutschen Strafverfahrens „leider noch häufig, anstatt der gesetzlich abgeschafften physischen Tortur, eine moralische Tortur" aufweise, „die zu den empörendsten Gebrechen der Rechtspflege gezählt werden"[48] müsse. Allerdings betonte er hier erneut, daß für ihn diese Mißbräuche weder auf dem Gesetz noch auf dem Recht beruhten, da selbst eine auf den absolut richtigen Grundsätzen ruhende Institution zu Mißbräuchen anregende Fehler mit sich bringen könne. Zum Beweis dieser Behauptung verwies Temme auf den akkusatorischen Prozeß, in welchem auch Mißbräuche zu finden seien. Es verhalte sich so, daß die unzulässige Tortur nicht aus dem Bewußtsein oder der Notwendigkeit des inquisitorischen Prinzips hervorgegangen, diese vielmehr nur ein „verkehrtes Mittel zu einem eben so unbestritten richtigen als tadellosen Zwecke"[49] sei. Basis der Tortur sei die Überzeugung, daß es die Aufgabe des Richters sei, die materielle Wahrheit festzustellen und daß zu diesem Zwecke ein Geständnis die „corona probationum"[50] sei. Dies gelte jedoch für den akkusatorischen genauso wie für den inquisitorischen Prozeß[51].

In Anbetracht aller dieser Kritikpunkte gelangte Temme dann zu dem Ergebnis, daß sich

> „das von Zachariä aufgestellte inquisitorische Prinzip nach allen Seiten als ein grund- und haltloses Gebilde ohne alle innerliche und äußerliche Realität"[52]

darstelle.

Aus dieser Feststellung der Fehlerhaftigkeit des von *Zachariä* formulierten inquisitorischen Prinzips folgerte Temme, daß auch die von diesem definierte Unterscheidung zwischen den beiden Prinzipien fehlerhaft sein müsse.

---

48 *Temme*, Ueber das accusatorische und inquisitorische Prinzip, in: ZsDtStrafverfahren 1847, S. 90 ff. (102).

49 Ebd., S. 90 ff. (103).

50 Ebd., S. 90 ff. (103).

51 Ebd., S. 90 ff. (103).

52 Ebd., S. 90 ff. (105).

Deshalb kennzeichnete er zum Vergleich noch einmal seine eigene Unterscheidung zwischen dem akkusatorischen und inquisitorischen Prinzip, wobei er offensichtlich keine großen Schwierigkeiten sah:

> „Man muß nur einfach unterscheiden zwischen dem Prinzipe, das der Einleitung des Strafverfahrens überhaupt unterliegt und demjenigen Prinzipe, welches die Formen des Strafverfahrens bedingt.“[53]

Aus dieser Überlegung ergab sich für ihn dann die Möglichkeit, das inquisitorische Prinzip des Strafverfahrens „eben sowohl mit den Formen des accusatorischen, als denen des inquisitorischen Verfahrens“[54] zu gestalten.

Dennoch gab Temme *Zachariä* zum Abschluß seiner Ausführungen darin Recht, daß die Geschichte des Inquisitionsverfahrens gezeigt habe, daß dieses in einem gewissen Maße Gewalt des Richters erlaube. Schließlich führe gerade der Umstand, daß sich im inquisitorischen Prozeß nicht zwei Parteien gegenüber ständen, „eine Gefahr der Willkühr und der übergreifenden Gewalt des Richters in hohem Grade mit sich“[55], ohne daß diese Willkür und Gewalt jedoch direkt im Prinzip des Verfahrens begründet seien. Gerade diese im inquisitorischen Prinzip angelegte Gefahr sei es nun aber, die der akkusatorischen Form des Strafverfahrens „freie Bahn brechen“ müsse. Einen Zusammenhang mit dem inquisitorischen Prinzip an sich sah Temme jedoch nicht.

D) Zusammenfassung und Würdigung

Betrachtet man den Streit um das akkusatorische und inquisitorische Prinzip im Zusammenhang, so läßt sich zunächst erkennen, daß dieser von dem Bemühen getragen wurde, Klarheit über die Prinzipien, aus denen eine Reform des Strafverfahrens folgen sollte, zu erlangen. Da von den meisten Reformautoren eine durchgreifende und wesentliche Reform für erforderlich gehalten wurde, wollte man diese unter eine klare Überschrift stellen. Temme forderte eine Reform des Strafverfahrens in dem Sinne, daß er die Einführung eines Anklageverfahrens unter Geltung des inquisitorischen Prinzips wünschte. *Zachariä* hingegen stellte sich ein Strafverfahren vor, das in der Hauptuntersuchung nach dem akkusatorischen und in der Voruntersuchung nach dem inquisitorischen Prinzip ausgestaltet sein sollte, wobei er, wie oben dargestellt, die beiden Prinzipien anders als Temme definiert hatte.

---

53 *Temme*, Ueber das accusatorische und inquisitorische Prinzip, in: ZsDtStrafverfahren 1847, S. 90 ff. (105).

54 Ebd., S. 90 ff. (106).

55 Ebd., S. 90 ff. (107).

Die Bedeutung der von *Zachariä* aufgestellten Definitionen für die Prinzipien ist darin zu sehen, daß er diese idealisiert und abstrakt beschrieb und bei ihrer Kennzeichnung gerade nicht von bestehenden Verfahrensgestaltungen wie etwa dem gemeinrechtlichen Inquisitionsprozeß ausging. In dieser Abstraktion liegt auch der Wert der Begriffsbildung *Zachariäs* gegenüber der von Temme und vielen anderen Reformautoren der damaligen Zeit getroffenen Bestimmung der Prinzipien, die an die durch die Carolina vorgegebene Unterscheidung zwischen Form und Prinzip anknüpfte. Wenn Temme seine Kritik an der Definition der Prinzipien bei *Zachariä* vorrangig darauf stützte, daß die preußische Kriminalordnung dem Untersuchungsrichter keine schrankenlose Gewalt einräume und diese daher nicht Wesensmerkmal des inquisitorischen Prinzips sein könne, so mißachtete er mit diesem Argument, daß *Zachariä* die Prinzipien gerade rein abstrakt verstanden wissen wollte.

Ungeachtet dessen zeigt sich bei der tieferen Betrachtung des geführten Streites jedoch auch, daß diese abstrakte Begriffsdefinition letzlich keinen Einfluß auf *Zachariäs* und Temmes Ansicht in der Reformfrage hatte, sondern es sich in erster Linie um einen „Streit um Worte"[56] handelte.

Sowohl Temme als auch *Zachariä* hielten die Strafverfolgung für eine staatliche Aufgabe. Für Temme lag dieser Wunsch in der Forderung nach dem inquisitorischen Prinzip begründet, während *Zachariä* dasselbe Bedürfnis durch die Forderung ausdrückte, daß Strafverfahren möge in jedem Falle bis zur Anklageerhebung durch das inquisitorische Prinzip geprägt sein.

Ferner bestand Übereinstimmung darin, daß das geltende Inquisitionsverfahren die Gefahr richterlicher Willkür und übermäßiger Gewalt des Richters in sich berge. Für *Zachariä* war dieses Problem unmittelbarer Ausdruck des inquisitorischen Prinzips, weshalb er ein nach akkusatorischem Prinzip ausgestaltetes Hauptverfahren wünschte. Temme hingegegen sah diese Gefahr weder in direktem Zusammenhang mit dem inquisitorischen Verfahren noch mit dessen Prinzip; er sah lediglich einen mittelbaren Zusammenhang zwischen der Gefahr der Willkür und dem inquisitorischen Strafverfahren. Diese mittelbare Gefahr ließ jedoch auch ihn die Einführung eines akkusatorischen Hauptverfahrens fordern, so daß er in Hinblick auf das Ergebnis mit *Zachariä* konform ging.

In Anbetracht dieser im Ergebnis bestehenden Einigkeit zwischen *Zachariä* und Temme erscheint es erstaunlich, warum Temme der Widerlegung der Ansicht *Zachariäs* so viel Aufmerksamkeit schenkte.

---

56 *Glaser*, Handbuch, Bd. I, S. 36; in bezug auf die ähnliche Auseinandersetzung zwischen *Köstlin* und *Zachariä*; *Brodauf*, Lebenswerk, S. 41.

In die Beurteilung muß man einbeziehen, daß er langjähriger Untersuchungsrichter für den preußischen Staat war und sich daher gegen die Behauptung *Zachariäs* wehren wollte, daß das inquisitorische Verfahren zwangsläufig ein System der Willkür darstellte. Dabei machte er den Fehler, die von *Zachariä* abstrakt gedachte Formulierung des inquisitorischen Prinzips unmittelbar auf das Verfahren nach der preußischen Kriminalordnung zu übertragen. Dadurch fühlte er sich mittelbar dem Vorwurf ausgesetzt, daß er selbst als Untersuchungsrichter subjektive Willkür walten lasse und ausführendes Organ eines Unrechtssystems sei. Diese Behauptung schwächte Temme unter Zugrundelegung seiner eigenen Definition von Form und Prinzip im Strafverfahren dahingehend ab, daß allenfalls die Form des inquisitorischens Verfahrens die Gefahr der Willkür in sich trage, eine Gefahr, die jedoch keinesfalls zwangsläufig Realität werden müsse und die mit dem inquisitorischen Prinzip nichts zu tun habe.

Letztlich hatte diese abstrakte Begriffsdefinition keinen Einfluß auf *Zachariäs* und Temmes Ansichten in der Reformfrage, vielmehr gingen sie inhaltlich in vielen ihrer Anschauungen sogar konform, wie im folgenden zu zeigen sein wird.

Siebentes Kapitel: Die Forderung nach einer Staatsanwaltschaft[1]

A) Einführung

Trotz aller terminologischen Unklarheiten, von denen die Debatte um die Einführung eines Anklageverfahrens mitbestimmt wurde, waren sich fast alle Reformautoren einig, daß die Rolle des Inquirenten des gemeinrechtlichen Inquisitionsverfahrens auf mehrere staatliche Organe aufgeteilt werden werden müsse. Es stand weitestgehend außer Streit, daß die Einleitung des gerichtlichen Verfahrens an den Antrag eines Staatsanwaltes als öffentlichen Ankläger gebunden sein[2] und die verfahrensbeendende Entscheidung bei den Gerichten verbleiben sollte[3]. Lediglich diejenigen, die sich grundsätzlich gegen die Abschaffung des geltenden Inquisitionsverfahrens aussprachen, waren infolgedessen auch gegen die Einführung einer Staatsanwaltschaft[4].

Zwar bestand unter den Befürwortern einer Reform des Strafverfahrens über die grundsätzliche Notwendigkeit der Einrichtung einer Staatsanwaltschaft somit kein Streit, jedoch war man sich über den genauen Umfang der staatsanwaltlichen Funktion bei der Sachverhaltsermittlung und Beweiserhebung uneinig[5]. Diese Uneinigkeit hatte ihre Ursache darin, daß unterschiedliche Auffassungen über das Wesen der Staatsanwaltschaft überhaupt bestanden. Teilweise huldigte man der vom französischen Recht beeinflußten Auffassung[6], daß es sich bei dem Staatsanwalt um einen Gesetzeswächter handeln müsse, der auch im Strafverfahren nicht Gegner des Angeklagten, also nicht

---

1 Vgl. zu der Forderung nach Einführung einer Staatsanwaltschaft insbesondere die neuere Arbeit von *Collin*, „Wächter der Gesetze“, S. 41 ff.; siehe aber auch *Carsten*, Staatsanwaltschaft, S. 15 ff; *Meckbach*, Inquisitionsrichter und Staatsanwalt, S. 43 ff.; *Elling*, Staatsanwaltschaft, S. 26 ff.; *Wohlers*, Staatsanwaltschaft, S. 43 ff.

2 *Elling*, Staatsanwaltschaft, S. 28; vgl. aus der zeitgenössischen Literatur z. B. *Zachariä*, Gebrechen, S. 274.

3 *Wohlers*, Staatsanwaltschaft, S. 59.

4 Vgl. dazu: *Collin*, „Wächter der Gesetze“, S. 41 ff.; *Carsten*, Staatsanwaltschaft, S. 15 ff.; *Meckbach*, Inquisitionsrichter und Staatsanwalt, S. 43 ff.; *Elling*, Staatsanwaltschaft, S. 26 ff.; *Wohlers*, Staatsanwaltschaft, S. 43 ff.

5 *Wohlers*, Staatsanwaltschaft, S. 59.

6 Zur Ausgestaltung der Staatsanwaltschaft im frz. Strafverfahren vgl. *Carsten*, Staatsanwaltschaft, S. 7 ff.

Partei sei, sondern objektiv als Staatsbehörde neben oder noch über dem Richter stehe[7]. Im Gegensatz dazu verlangten andere, daß die Rolle des Staatsanwaltes sich darauf beschränken solle, die Anklage zu erheben und dem Angeklagten als Partei vor dem Richter entgegenzutreten[8].

Wie bereits dargestellt wurde[9], bestand seit der Übernahme des Thrones durch *Friedrich Wilhelm IV.* im Jahre 1840 auch von seiten der Gesetzgebung in Preußen der Wunsch nach Einführung einer Staatsanwaltschaft im Strafverfahren. Dieser Wunsch wurde durch das Gesetz vom 17. Juli 1846 „betreffend das Verfahren in den bei dem Kammergericht und dem Kriminalgericht in Berlin zu führenden Untersuchungen" zunächst für einen Teil Preußens in die Tat umgesetzt[10]. Infolge dieses Gesetzes wurden an den genannten Gerichten Staatsanwälte eingeführt, denen im Strafverfahren folgende Rolle zukam: Ebenso wie im französischen Strafverfahren sollte dem Staatsanwalt das Anklagemonopol gewährt werden, so daß das Gericht eine Untersuchung nur auf Antrag der Staatsanwaltschaft einleiten durfte[11]. Die neue Behörde unterstand der Aufsicht des Justizministers und war verpflichtet, dessen Anweisungen Folge zu leisten[12]. Sie war als Gesetzeswächter gedacht und hatte nicht nur darauf zu achten, daß kein Schuldiger der Strafe entgehe, sondern auch darauf, daß niemand schuldlos verfolgt wurde[13]. Allerdings war das Gericht in seiner rechtlichen Beurteilung nicht an die Anträge des Staatsanwaltes gebunden[14].

---

7 *Müller*, Staatsanwaltschaft, S. 181 ff; *Sundelin*, Staatsanwaltschaft, S. 132; *Schwarze*, GS 1859, S. 3 ff. (13 f., 23 ff.); *Mittermaier*, Mündlichkeit, S. 197; *Braun*, Hauptstükke, S. 13 f.

8 *Zachariä*, Gebrechen, S. 271 f.; *Planck*, Systematische Darstellung, S. 169; *Ortloff*, Strafverfahren, S. 196.

9 Siehe 2. Teil, 5. Kapitel.

10 Zu den genauen Umständen bei Zustandekommen d. pr. G. v. 17. Juli 1846 siehe 2. Teil, 5. Kapitel.

11 § 5 d. pr. G.. v. 17. Juli 1846: „Die Gerichte sollen bei Einleitung und Führung der Untersuchungen nicht ferner von Amts wegen, sondern nur auf Antrag des Staatsanwalts einschreiten; sie sind aber verpflichtet, von allen amtlich zu ihrer Kenntniß kommenden Verbrechen dem Staatsanwalte sogleich Mittheilung zu machen, auch den von demselben an sie gerichteten Anträgen wegen Feststellung des Thatbestandes und wegen sonst erforderlicher Ermittelungen zu genügen und zu deren Erledigung, wenn es nöthig ist, einen Untersuchungsrichter zu ernennen."

12 § 3 d. pr. G. v. 17. Juli 1846: „Die Staatsanwälte und deren Gehülfen gehören nicht zu den richterlichen Beamten; sie sind in ihrer Amtsführung nicht der Aufsicht der Gerichte, sondern der des Justizministers unterworfen und müssen den Anweisungen desselben Folge leisten." [...].

13 § 6 d. pr. G. v. 17. Juli 1846: „Dem Staatsanwalt legt sein Amt die Pflicht auf, darüber zu wachen, daß bei dem Strafverfahren den gesetzlichen Vorschriften überall genügt

Diese durch das Gesetz vom 17. Juli 1846 getroffenen Regelungen für die Staatsanwaltschaft wurden durch die Verordnung vom 3. Januar 1849 weitestgehend übernommen und für das gesamte preußische Staatsgebiet in Geltung gebracht.

B) Temme als Befürworter einer Staatsanwaltschaft

Temme nahm in den 1840er Jahren ebenfalls an der Debatte um die Einführung einer Staatsanwaltschaft teil. Gemäß der fast einhelligen Auffassung der Reformautoren sprach er sich für die Einführung einer Staatsanwaltschaft aus[15]. Im Jahre 1848 wurde er dann selber, wenn auch nur für kurze Zeit, einer der ersten Staatsanwälte Preußens[16]. Um so interessanter erscheint es, Temmes Auffassung von der genauen Rolle und Ausgestaltung der staatsanwaltlichen Befugnisse im Prozeß genauer zu untersuchen.

I. Einführung der Staatsanwaltschaft als eigenständiges Reformziel

Grundsätzlich stand der Gedanke der Einführung einer Staatsanwaltschaft in der öffentlichen Debatte immer in einem engen Zusammenhang mit den anderen Umgestaltungen im Sinne einer umfassenden Verfahrensreform. Dennoch wurde zu einem relativ frühen Zeitpunkt in der Diskussion um die Einführung der Staatsanwaltschaft vereinzelt auch der Gedanke geäußert, daß die Einführung der Staatsanwaltschaft auch unter Beibehaltung des bisher geltenden Inquisitionsverfahrens Sinn haben könne[17].

---

werde. Er hat daher nicht blos darauf zu achten, daß kein Schuldiger der Strafe entgehen, sondern auch darauf, daß niemand schuldlos verfolgt werde."

14 § 11 d. pr. G. v. 17. Juli 1846: „Die Gerichte sind an die Anträge des Staatsanwalts nicht dergestalt gebunden, daß sie nur darüber, ob solche in der angebrachten Art begründet seien, zu entscheiden hätten; sie sind vielmehr verpflichtet, die That, deren Untersuchung und Bestrafung der Staatsanwalt beantragt hat, ihrer Beurtheilung zu unterwerfen, und wenn sie hierbei finden, daß diese Tat zwar eine strafbare ist, allein gegen ein anderes Strafgesetz, als das von dem Staatsanwalt bezeichnete, verstößt, so liegt ihnen ob, demgemäß was rechtens zu beschließen."

15 *Temme*, Sollen wir in Preußen ein öffentliches Ministerium haben?, in: Jahrb. f. d. CrimRpfl. 1840, S. 527 ff. (533); *Ders.*, Anzeigen und Kritiken, ZsDtStrafverfahren, S.428 ff, (432); *Ders.*, Grundzüge, S. 34.

16 Siehe 1. Teil, 1. Kapitel D).

17 Bereits im Jahre 1825 äußerte *Müller* diesen Gedanken, *Ders.*, Staatsanwaltschaft, S. 1. Später äußerten sich auch *Abegg*, Beiträge, S. 47, 50; *Puchta*, Inquisitionsprozeß, S. 122 ff. und *Biener*, Zeitschr. f. gesch. Rechtsw. 1845, S. 69 ff. (96 ff.) in diesem Sinne.

In diesem Sinne sprach sich Temme im Jahre 1840 ebenfalls dafür aus, die Staatsanwaltschaft auch unter einer vorläufigen Beibehaltung des Inquistionsprozesses nach der preußischen Kriminalordnung als eigenständiges Reformziel einzuführen. Diesem Gedanken lag dabei als Ausgangspunkt die Feststellung zugrunde, daß in Preußen genauso wie in den meisten anderen deutschen Bundesstaaten zu dieser Zeit „jedermann mit dem bestehenden schriftlichen Verfahren unzufrieden“[18] sei. Der Richter erkenne, daß dieses keine Resultate liefere, und der Anwalt sehe, daß er und seine Verteidigung jeglicher Bedeutung im Strafprozeß entbehrten. Jedermann sehe folglich „ein Institut, das mit seiner Langweiligkeit und Schwerfälligkeit hinter allen Fortschritten der Zeit zurückgeblieben“[19] sei. Deshalb sei der Wunsch nach einem öffentlichen und mündlichen Strafverfahren überall spürbar. Demgegenüber sei das Verfahren der Gesetzesrevision jedoch nur sehr langsam vorwärts gekommen. Temme hegte allerdings die Hoffnung, daß diese Schwerfälligkeit der Gesetzgebung mit der Übernahme des Thrones durch den neuen *König Friedrich Wilhelm IV.* ein Ende finde, da dieser der Strafgesetzgebung seine besondere Aufmerksamkeit widme. Dennoch verwies er darauf, daß es zu einer gänzlichen „Umwälzung“ des bestehenden Strafverfahrensrechtes durch die Einführung eines öffentlichen und mündlichen Verfahrens in den nächsten Jahren noch nicht kommen könne, da es sich bei solchen Umwälzungen um „gefährliche Operationen“ handele, die vorher „besonders reiflich geprüft und erwogen werden“[20] müßten. Dies dürfe die Gesetzgebung jedoch nicht davon abhalten, die Staatsanwaltschaft als einen sinnvollen Teil des neuen Strafverfahrens bereits vorher isoliert einzuführen. Dadurch könne auch der Forderung der Öffentlichkeit nach einer Umgestaltung des Strafverfahrens Genüge getan werden, indem diese vielleicht auch vorläufig unter Beibehaltung des alten Strafverfahrens mit der Einführung der Staatsanwaltschaft als „Theile des ersehnten Ganzen vorlieb“[21] nehmen könne.

Diese nur teilweise Umgestaltung des Strafverfahrens nach der preußischen Kriminalordnung von 1805 durch Einführung der Staatsanwaltschaft stellte Temme sich so vor, daß die Einleitung einer Untersuchung zwingend von

---

18 *Temme*, Sollen wir in Preußen ein öffentliches Ministerium haben?, in: Jahrb. f. d. CrimRpfl. 1840, S. 527 ff. (536).

19 *Temme*, Sollen wir in Preußen ein öffentliches Ministerium haben?, in: Jahrb. f. d. CrimRpfl. 1840, S. 527 ff. (536).

20 *Temme*, Sollen wir in Preußen ein öffentliches Ministerium haben?, in: Jahrb. f. d. CrimRpfl. 1840, S. 527 ff. (542).

21 *Temme*, Sollen wir in Preußen ein öffentliches Ministerium haben?, in: Jahrb. f. d. CrimRpfl. 1840, S. 527 ff. (536).

einem Antrag der Staatsanwaltschaft abhängig gemacht werden sollte. Als Grund für diese Übertragung der Anklagefunktion auf die Staatsanwaltschaft führte er an, daß die unter dem geltenden Inquisitionsverfahren bestehende Regelung, nach welcher die Frage, ob eine Untersuchung einzuleiten sei, durch den Richter entschieden werden müsse, „mehrere unverkennbare Uebelstände“[22] mit sich bringe. Dieser, der von Amts wegen eine Untersuchung einleite, sei damit Richter und Ankläger in einer Person, was nicht mit dem Interesse des Staates an der Bestrafung des Verbrechens in Einklang zu bringen sei[23]. Darüber hinaus werde dem Richter mit der Einführung einer Anklagebehörde, „das Gehässige der Anklage insoweit entzogen, als dadurch dem Gange des Rechts selbst keine Hemmung oder kein Hinderniß entgegengestellt“[24] werde. Dagegen bestehe ohne die Existenz einer Staatsanwaltschaft die Gefahr, daß durch den Richter unnötige Untersuchungen eingeleitet würden oder aber, „daß da, wo sie einzuleiten gewesen wären, die Acten ohne weiteres reponirt“[25] würden. Diese möglichen Vorgehensweisen des Richters liefen jedoch den Interessen des Staates zuwider und seien gefährlich; insbesondere könne man dem Fall, daß eine eigentlich notwendige Untersuchung durch den Richter nicht eingeleitet werde, dadurch beikommen, daß man der neu einzurichtenden Staatsanwaltschaft das Recht der Berufung oder Beschwerde gebe[26].

Zur Führung der eingeleiteten Untersuchung sollte der Staatsanwalt nach Temmes Auffassung nicht hinzugezogen werden. Vor allem könne man ihm nicht das Sammeln und Aufnehmen von Beweismitteln gestatten, damit nicht der Charakter des Verfahrens als Inquisitionsverfahren völlig verloren gehe[27]. Allerdings solle der Staatsanwalt vor Abschluß der Sache unter Mitteilung der geführten Verhandlung noch einmal gehört werden, um Anträge stellen zu können. Diese Möglichkeit hielt Temme für eine wesentliche und wichtige Neuerung gegenüber dem geltenden Verfahren, da man dadurch jedenfalls die

---

22 *Temme*, Sollen wir in Preußen ein öffentliches Ministerium haben?, in: Jahrb. f. d. CrimRpfl. 1840, S. 527 ff. (538).

23 *Temme*, Sollen wir in Preußen ein öffentliches Ministerium haben?, in: Jahrb. f. d. CrimRpfl. 1840, S. 527 ff. (538 f.).

24 *Temme*, Sollen wir in Preußen ein öffentliches Ministerium haben?, in: Jahrb. f. d. CrimRpfl. 1840, S. 527 ff. (538).

25 *Temme*, Sollen wir in Preußen ein öffentliches Ministerium haben?, in: Jahrb. f. d. CrimRpfl. 1840, S. 527 ff. (539).

26 *Temme*, Sollen wir in Preußen ein öffentliches Ministerium haben?, in: Jahrb. f. d. CrimRpfl. 1840, S. 527 ff. (539).

27 *Temme*, Sollen wir in Preußen ein öffentliches Ministerium haben?, in: Jahrb. f. d. CrimRpfl. 1840, S. 527 ff. (537).

„Garantie" erhalte, „daß im Interesse des Staats nichts bei der Untersuchung übergangen werden"[28] könne.

Des weiteren sollte die Staatsanwaltschaft das Recht erhalten, gegen jedes Strafurteil Berufung einzulegen. Eine solche Einflußnahme war unter Geltung der preußischen Kriminalordnung von seiten der Regierung im wesentlichen nur im Rahmen der Ausübung des Weisungsrechtes des Justizministers und des landesherrlichen Bestätigungsrechtes möglich[29]. Für die Notwendigkeit dieser Rechtsmittelbefugnis führte Temme keine nähere Begründung an, sondern verwies nur pauschal darauf, daß dieser Punkt der bloßen „Erwähnung" bedürfe, da jeder Kriminalgerichtshof täglich die Notwendigkeit eines solchen Rechtsmittels erkenne[30].

Betrachtet man die Gründe, die ihn dazu brachten, unabhängig von einer umfassenden Verfahrensreform eine isolierte Einführung der Staatsanwaltschaft zu fordern, so fällt zunächst einmal ins Auge, daß er mit der Einführung der Staatsanwaltschaft vorrangig staatliche Interessen verfolgte. Es kam ihm im wesentlichen darauf an, das Interesse des Staates als eines Instituts zur Handhabung der Gerechtigkeit bei der ganzen Untersuchung überall gewahrt zu wissen. Sowohl das Recht der Staatsanwaltschaft zur Anklage als auch das Recht, im Rahmen der Hauptverhandlung Anträge zu stellen, und insbesondere auch die Befugnis, Rechtsmittel einzulegen, waren dazu geeignet, dem staatlichen Wunsch nach Einflußnahme auf das Strafverfahren zu genügen. Dem Vorwurf einer damit einhergehenden Benachteiligung des Angeschuldigten begegnete Temme mit dem Hinweis, daß dieser im Rahmen des Verfahrens seine Rechte selbst oder durch seinen Verteidiger wahrnehmen könne[31]. Er deutete in einem Nebensatz aber auch an, daß durch die Einführung einer Staatsanwaltschaft im Verfahren eine wünschenswerte Funktionenteilung im Strafprozeß erreicht werden könne, indem dem Richter die Aufgabe der Anklage entzogen werde. Außerdem versprach er sich von dieser Einführung einen segensreichen Einfluß auf das bestehende Strafverfahren, mit dessen langsamem und schwerfälligem Verfahrensgang derzeit niemand zufrieden sein könne.

---

28 *Temme*, Sollen wir in Preußen ein öffentliches Ministerium haben?, in: Jahrb. f. d. CrimRpfl. 1840, S. 527 ff. (539).

29 Siehe 2. Teil, 5. Kapitel.

30 *Temme*, Sollen wir in Preußen ein öffentliches Ministerium haben?, in: Jahrb. f. d. CrimRpfl. 1840, S. 527 ff. (539).

31 *Temme*, Sollen wir in Preußen ein öffentliches Ministerium haben?, in: Jahrb. f. d. CrimRpfl. 1840, S. 527 ff. (539).

II. Die Staatsanwaltschaft als Teil einer Gesamtreform

Im Laufe der Zeit begriff Temme jedoch die Einführung einer Staatsanwaltschaft mehr und mehr als Teil einer notwendigen Gesamtreform des Strafverfahrensrechtes, und er ging auf sie stets im Zusammenhang mit seinen Überlegungen bezüglich der Notwendigkeit einer Gesamtreform ein[32].

Im Jahre 1841 kritisierte er nachdrücklich, daß bei der durchaus lobenswerten Verordnung über das Strafverfahren in Neuvorpommern und Rügen aus dem Jahre 1839[33] nicht an die Errichtung eines öffentlichen Ministeriums gedacht worden sei. Als Grund für die Notwendigkeit der Einrichtung einer Staatsanwaltschaft verwies er ebenso wie bei seiner früheren Forderung nach ihrer isolierten Einführung darauf, daß ein Bedürfnis bestehe, dem Staat ein „Aggravations-Rechtsmittel gegen freisprechende oder zu gelinde strafende Erkenntnisse"[34] einzuräumen.

Deshalb freute er sich wenige Jahre später auch über die Verordnung über die Organisation der Censurbehörde vom 23. Februar 1843[35], welche seiner Ansicht nach „den ersten Schritt zur Einführung des Instituts des öffentlichen Ministeriums"[36] im Strafverfahren enthalte. Durch diese Verordnung wurde bei dem Oberzensurgericht ein rechtsverständiger Staatsanwalt bestellt, welcher im öffentlichen Interesse das gesamte Zensurwesen zu überwachen hatte. Auch der Umstand, daß in der Verordnung über das Verfahren in Ehesachen vom 18. Juni 1844[37] das Institut des öffentlichen Ministerums als notwendiger Bestandteil eines geordneten Prozeßverfahrens anerkannt und sogar dergestalt „weiter ausgebildet"[38] worden sei, daß der Staatsanwalt in allen Prozessen wegen Scheidung, Ungültigkeit oder Nichtigkeit einer Ehe zu allen im Prozeß auftauchenden Erklärungen und Anträgen, welche sich auf die Aufrechterhaltung der Ehe bezögen, ermächtigt worden sei, fand Temmes ausdrückliches

32 *Temme*, Neue Verordnungen über das Strafverfahren, in: ZsDtStrafverfahren 1841, S. 512 ff. (520).

33 Zu dieser Verordnung siehe 2. Teil, 5. Kapitel.

34 *Temme*, Neue Verordnungen über das Strafverfahren, in: ZsDtStrafverfahren 1841, S. 512 ff. (520).

35 Siehe zu dieser Verordnung auch 2. Teil, 5. Kapitel.

36 *Temme*, Revision der Preußischen Gesetzgebung über das Strafverfahren, in: ZsDtStrafverfahren 1844, S. 307 ff. (326 f.).

37 Zu dieser Verordnung siehe auch 2. Teil, 5. Kapitel.

38 *Temme*, Revision der Preußischen Gesetzgebung über das Strafverfahren, in: ZsDtStrafverfahren 1844, S. 307 ff. (328).

Lob[39]. Die Einführung der Staatsanwaltschaft durch diese beiden Verordnungen wertete er als eindeutigen Hinweis darauf, daß die Reform des Strafverfahrens einen Gang in die richtige Richtung nehme[40].

Temmes Erwartungen erlitten jedoch im Jahre 1846 einen starken Rückschlag. In diesem Jahr wurde, wie bereits dargestellt[41], durch das Gesetz betreffend das Verfahren in den bei dem Kammergericht und dem Kriminalgericht zu Berlin zu führenden Untersuchungen vom 17. Juli 1846 eine Staatsanwaltschaft eingeführt. Obwohl er das Gesetz durchaus als einen Schritt in die richtige Richtung empfand[42], konnte die konkrete Ausgestaltung, die das Institut der Staatsanwaltschaft in diesem Gesetz gefunden hatte, nicht seine Zustimmung finden[43]. In seiner Kritik an der durch das Gesetz eingerichteten Staatsanwaltschaft störte er sich insbesondere an der dem Staatsanwalt durch das Gesetz in § 6[44] auferlegten Pflicht, über die richtige Anwendung der Strafgesetze zu wachen:

> „Durch diese Vorschrift, in so weit sie namentlich auch auf das gerichtliche Verfahren bezogen werden muß, wird der Staatsanwalt geradezu zum Aufseher über die richterliche Thätigkeit bestellt, er wird also über den Richter gestellt. Dieß widerspricht eben so völlig seiner Stellung als Partei, wie es die richterliche Stellung aufhebt und den Richter in der, nur vom Gesetze zu beschränkenden Freiheit seines Rechtsspruches beeinträchtigt.“[45]

Er ging bei seiner Bewertung des Gesetzes vom 17. Juli 1846 davon aus, daß diesem Gesetz die von *Savigny* veröffentlichten „Prinzipienfragen“ aus dem Jahre 1846 als Motive zugrunde gelegen hätten, weshalb er sich verwundert darüber zeigte, wie die gesetzliche Regelung, welche dem Staatsanwalt die Aufsicht über die Einhaltung der gesetzlichen Vorschriften gebe, zustande gekommen sei. Schließlich habe auch *Savigny* in seinen Prinzipienfragen die

39 *Temme*, Revision der Preußischen Gesetzgebung über das Strafverfahren, in: ZsDtStrafverfahren 1844, S. 307 ff. (328).

40 *Temme*, Revision der Preußischen Gesetzgebung über das Strafverfahren, in: ZsDtStrafverfahren 1844, S. 307 ff. (329 f.).

41 Siehe 2. Teil, 5. Kapitel.

42 *Abegg*, ACR 1847, S. 103 ff. (103); *Scheller*, Äußerungen, S. 13 ff. Zum Ganzen siehe auch: *Collin*, „Wächter der Gesetze“, S. 91.

43 *Temme*, Gesetz über das Untersuchungsverfahren vom 17. Juli 1846, in: ZsDtStrafverfahren 1846, S. 343 ff.

44 Zu dem Wortlaut dieser Norm siehe 2. Teil, 7. Kapitel A).

45 *Temme*, Gesetz über das Untersuchungsverfahren vom 17. Juli 1846, in: ZsDtStrafverfahren 1846, S. 343 ff. (365).

Stellung des Staatsanwaltes richtig als Prozeßpartei erkannt[46]. An dieser Stelle wird deutlich, daß die genaueren Umstände des Zustandekommens des Gesetzes vom 17. Juli nicht an die Öffentlichkeit gelangt waren[47]. Wie bereits dargestellt wurde[48], lagen die Prinzipienfragen *Savignys* dem Gesetz vom 17. Juli gerade nicht zugrunde, vielmehr war dieses eindeutig auf eine Konzeption *Friedbergs* zurückzuführen.

Als die Bestimmungen des preußischen Gesetzes aus dem Jahre 1846 durch die Verordnung aus dem Jahre 1849 unter leichten Modifikationen für das gesamte Staatsgebiet Geltung erlangten[49], äußerte Temme erneut Kritik an der Stellung der Staatsanwaltschaft. Er berief sich wiederum darauf, daß der Staatsanwalt der Ankläger sein müsse, der dem Angeklagten als Partei gegenüberstehe. Nach der Verordnung vom 3. Januar 1849 sei die Stellung des Staatsanwaltes jedoch eine andere:

> Er ist ein polizeilicher Verfolger, mit aller Macht einer „großen und starken Polizei" ausgerüstet, dem der Angeklagte mehr als Opfer, denn als Gegner unterworfen ist. Dabei ist er ein fast willenloses Werkzeug in der Hand der Regierung, und dennoch ist ihm die Oberaufsicht über das gerichtliche Prozeßverfahren übertragen."[50]

Auf die Gründe, die im einzelnen dazu führten, daß er, der doch grundsätzlich ein Befürworter der Einführung einer Staatsanwaltschaft war, die Ausprägungen, die diese Institution durch die preußische Gesetzgebung gegen Mitte des 19. Jahrhunderts erfahren hatte, ablehnte, soll nun näher eingegangen werden.

III. Temmes Konzeption von der Staatsanwaltschaft als Partei

Die Äußerungen Temmes zur Staatsanwaltschaft im Rahmen seiner Kritik an der Reformgesetzgebung zeigen, daß er ihrer Einführung auch im Rahmen einer Gesamtreform des Strafverfahrens keineswegs uneingeschränkt zustimmte, sondern er war lediglich Befürworter einer Staatsanwaltschaft, die seinen Vorstellungen entsprach. Er leitete die Rechte und Pflichten der Staatsanwaltschaft aus der Form des Strafverfahrens als Anklageverfahren ab und

---

46 *Temme*, Gesetz über das Untersuchungsverfahren vom 17. Juli 1846, in: ZsDtStrafverfahren 1846, S. 343 ff. (364 f.).

47 Vgl. dazu auch *Collin*, „Wächter der Gesetze", S. 91.

48 Siehe 2. Teil, 5. Kapitel.

49 Vgl. hierzu: 2. Teil, 5. Kapitel.

50 *Temme*, Grundzüge, S. 14.

wollte sie nur als eine neben dem Angeklagten „gleichberechtigte Partei“[51] verstanden wissen.

Während viele Reformautoren der damaligen Zeit die Staatsanwaltschaft nach französischem Vorbild[52] als „Wächterin des Gesetzes“ anstrebten, verwarf er gerade diese Idee, welche auch dem preußischen Gesetz über das Untersuchungsverfahren vom 17. Juli 1846 zugrundelag, als „falsch“ und „verwerflich[53].“

Temme leitete seine Auffassung von der Stellung der Staatsanwaltschaft aus dem Wesen des Anklageprozesses ab, nach welchem es sich bei der Tätigkeit des „Nachspürens des Verbrechens und des Verfolgens des Verbrechers“ um eine solche der Kriminalpolizeigewalt handele, wohingegen die Tätigkeit des Rechtsprechens der richterlichen Gewalt des Staates obliege. Zwar verfolgten beide Gewalten letztlich denselben Zweck, indem es beiden nur auf die Ausübung von Gerechtigkeit im Strafverfahren ankomme. Jedoch sei es gerade ein Erfordernis der Gerechtigkeit, daß die richterliche Tätigkeit so wenig wie möglich den menschlichen Schwächen unterworfen sei. Die Erfahrung habe gezeigt, daß die „richterliche Unbefangenheit und Unparteilichkeit in einem hohen Grade getrübt werde, wenn einem und demselben Individuum zugleich die Function des Rechtsprechens und das Aufspüren und Verfolgen des Verbrechers übertragen werde“[54]. Deshalb sei eine Trennung dieser Funktionen vonnöten, wobei die Staatsanwaltschaft die Funktion eines im öffentlichen Interesse handelnden Anklägers übernehmen solle[55]. Die Notwendigkeit einer Verteilung der unterschiedlichen Funktionen des Strafverfahrens auf mehrere Personen habe sich im geltenden Verfahren auch bereits dadurch gezeigt, daß man dem Richter die Funktion der Verteidigung abgenommen und diese auf eine gesonderte Person, den Verteidiger, übertragen habe. Genauso müsse es auch mit der auf den Staatsanwalt zu übertragenden Anklagefunktion gesche-

---

51 *Temme*, Anzeigen und Kritiken, in: ZsDtStrafverfahren 1844, S. 428 ff. (432); *Ders.*, Gesetz über das Untersuchungsverfahren vom 17. Juli 1846, in: ZsDtStrafverfahren 1846, S. 343 ff. (364); *Ders.*, Grundzüge, S. 37.

52 In Frankreich wurde die Stellung der Prokuratoren durch Gesetz vom 24. August 1790 festgelegt, in welchem ihr Amt als das eines objektiven Gesetzeswächters und nicht als das eines parteiischen Anklägers beschrieben wurde, vgl. zum Ganzen: *Carsten*, Staatsanwaltschaft, S. 9.

53 *Temme*, Grundzüge, S. 35. Seine Ablehnung gegenüber der als „Gesetzeswächterin“ ausgestalteten Staatsanwaltschaft des französischen Strafverfahrens brachte *Temme* auch deutlich in: *Ders.*, Grundzüge, S. 35, zum Ausdruck.

54 *Temme*, Gesetz über das Untersuchungsverfahren vom 17. Juli 1846, in: ZsDtStrafverfahren 1846, S. 343 ff. (364).

55 Ebd., S. 343 ff. (364).

hen[56]. Dies habe dann zur Folge, daß der Staatsanwalt allein die notwendige Gegenposition zu dem Angeschuldigten und dessen Verteidiger einnehme:

> „Dem Gerichte gegenüber kann der Staatsanwalt nur als Ankläger, als Partei, dastehen. Das Verhältniß richtig aufgefaßt, darf er auch nur gleichberechtigte Partei neben dem Angeschuldigten sein. Es liegt kein Grund vor, hiervon abzugehen, oder auch nur Ausnahmen zu machen. Es würde darin nur eine Verletzung der Gerechtigkeit gefunden werden müssen."[57]

Auf diese gleichberechtigte Stellung gegenüber dem Angeklagten und dem Verteidiger solle der Staatsanwalt auch beschränkt bleiben, weshalb Temme ein Aufsichts- oder Weisungsrecht des Staatsanwaltes gegenüber dem Richter konsequent ablehnte. Schließlich verfolge der Staatsanwalt als Partei im Strafprozeß lediglich sein eigenes Recht, nämlich das Recht des Staates, im öffentlichen Interesse die Anklage zu erheben. Räume man ihm ein Weisungsrecht ein, so werde er durch dieses über den Richter gestellt, da er „geradezu zum Aufseher über die richterliche Tätigkeit"[58] gemacht werde. Eine solche Aufsehertätigkeit widerspreche jedoch sowohl der Parteistellung des Staatsanwaltes als auch der richterlichen Stellung, die nur vom Gesetz beschränkt werden könne.

Andererseits legte er jedoch auch Wert darauf, daß die der Staatsanwaltschaft im Rahmen ihrers Anklagemonopols eingeräumten Rechte keineswegs durch die Gerichte unterwandert wurden. Deshalb hielt er es insbesondere für unzulässig, dem Richter zu gestatten, seine eigene rechtliche Würdigung an die Stelle derjenigen des Staatsanwaltes zu setzen, wie es aufgrund der Vorschrift des § 11[59] des Gesetzes vom 17. Juli 1846 geschehen könne[60]. Nach dieser Bestimmung seien die Gerichte nicht an die Anträge des Staatsanwaltes gebunden, sondern es sei ausschließlich die von der Staatsanwaltschaft angeklagte prozessuale Tat ihrer Beurteilung unterworfen. Zwar räumte Temme ein, daß es grundsätzlich anzuerkennen sei, daß die Gerichte, wenn die von der Staatsanwaltschaft angeklagte Tat gegen ein anderes, als das von der Staatsanwaltschaft bezeichnete Strafgesetz verstoße, eine aus materiell-rechtlicher Sicht richtige Entscheidung zu treffen hätten, jedoch dürfe dieser Satz nicht zu

56 *Temme*, Anzeigen und Kritiken, in: ZsDtStrafverfahren 1844, S. 428 ff. (432).

57 *Temme*, Grundzüge, S. 37.

58 *Temme*, Gesetz über das Untersuchungsverfahren vom 17. Juli 1846, in: ZsDtStrafverfahren 1846, S. 343 ff. (365).

59 Zum Wortlaut dieser Norm siehe 2. Teil, 7. Kapitel A).

60 *Temme*, Gesetz über das Untersuchungsverfahren vom 17. Juli 1846, in: ZsDtStrafverfahren 1846, S. 343 ff. (370); *Ders.*, Betrachtungen über das Gesetz vom 17. Juli 1846, in: JWPrS 1847, S. 2 ff. (4).

einer Aufhebung des Prinzips des Anklageverfahrens führen. Denke man sich nun aber den Fall, daß der Staatsanwalt nach der Ansicht des bei besonders schweren Delikten über die Versetzung in den Anklagestand entscheidenden Gerichtes[61] das Verbrechen unrichtig bezeichnet habe und das Gericht daher, so wie es nach der Vorschrift des preußischen Gesetzes vom 17. Juli 1846 vorgesehen sei, die Untersuchung nach seiner eigenen Rechtsansicht einleite, so gerate durch diese Vorgehensweise der Staatsanwalt in eine „schiefe Stellung“[62], die das gesamte Verfahren möglicherweise beeinträchtige. Da sowohl die Anklageschrift als auch der eine Untersuchung einleitende Beschluß des Gerichtes dem Angeklagten mitgeteilt würden, würde die Meinungsverschiedenheit während der mündlichen Verhandlung bekannt, was sich negativ auf Richter und Staatsanwalt auswirken könne:

> „Es kann nicht ausgeschlossen werden, daß dadurch ein gewisses Gefühl und eine Reizbarkeit der Eifersucht zwischen beiden geweckt wird. Diese wird beide befangen machen. Jeder wird um so mehr versuchen, festzustellen, daß doch am Ende seine Ansicht die richtige sei.“[63]

Ein weiteres Problem, welches die fehlende Bindung des Richters an die Rechtsauffassung der Staatsanwaltschaft hervorrufe, sah Temme für den Fall, daß das Gericht, nachdem die mündliche Verhandlung bereits geschlossen sei und man sich bereits zur Beratung des Urteils zurückgezogen habe, anschließend die Überzeugung gewinne, daß ein anderes als das von dem Staatsanwalt angeklagte Verbrechen einschlägig sei. Die von dem preußischen Gesetz vom 17. Juli 1846 getroffene Regelung erlaube für diesen Fall, daß der Angeklagte wegen des nunmehr neu gefundenen Verbrechens verurteilt werde. Durch diese Vorgehensweise werde jedoch gerade die Form des Anklageverfahrens auf das vollständigste verletzt[64]. Der Angeklagte werde dann wegen eines Verbrechens bestraft, über welches er noch gar nicht gehört worden sei und gegen dessen Vorwurf er sich nicht im geringsten habe verteidigen können. Demgegenüber könne man auch nicht einwenden, daß der Angeklagte zwar

---

61 Gemäß § 66 d. pr. G. v. 17. Juli 1846 mußte bei besonders schweren Verbrechen nach dem Schluß der gerichtlichen Voruntersuchung von einer aus drei Mitgliedern bestehenden Gerichtsdeputation ein Beschluß gefasst werden, ob der Beschuldigte nach dem Antrag des Staatsanwaltes in den Anklagezustand zu versetzen sei.

62 *Temme*, Gesetz über das Untersuchungsverfahren vom 17. Juli 1846, in: ZsDtStrafverfahren 1846, S. 343 ff. (370).

63 *Temme*, Gesetz über das Untersuchungsverfahren vom 17. Juli 1846, in: ZsDtStrafverfahren 1846, S. 343 ff. (371).

64 *Temme*, Gesetz über das Untersuchungsverfahren vom 17. Juli 1846, in: ZsDtStrafverfahren 1846, S. 343 ff. (370); *Ders.*, Betrachtungen über das Gesetz vom 17. Juli 1846, in: JWPrS 1847, S. 2 ff. (4).

nicht über das konkrete Delikt, aber über die Tat gehört worden sei, da es gegen jede Gattung von Verbrechen ganz verschiedene Möglichkeiten der Verteidigung gebe, die dem Angeklagten durch ein derartiges Verfahren genommen würden[65]. Außerdem werde durch diese Verfahrensweise der Richter „aus seiner eigentlichen richterlichen Stellung wieder herausgeworfen“ und werde „von Neuem zum Ankläger, zum Verfolger des Angeklagten“ gemacht[66]. Deshalb sprach er sich dafür aus, die in dem preußischen Gesetz vom 17. Juli 1846 getroffene Regelung zu ändern, da ansonsten das Prinzip des Anklageverfahrens und die Stellung der Staatsanwaltschaft als Verfahrenspartei verletzt würden.

IV. Die Ausgestaltung der staatsanwaltlichen Verfahrensteilhabe

Ausgehend von seiner Konzeption der Staatsanwaltschaft als Prozeßpartei im Strafverfahren nahm Temme im Laufe der Zeit auch zu den Befugnissen der Staatsanwaltschaft in den verschiedenen Verfahrensstadien Stellung. Dabei unterzog er insbesondere immer wieder die Regelungen des Gesetzes vom 17. Juli 1846 und der Verordnung vom 3. Januar 1849 einer eingehenden Kritik.

1. Anklagemonopol und Weisungsgebundenheit der Staatsanwaltschaft

Die Grundvoraussetzung für die Einrichtung einer Staatsanwaltschaft mit Parteifunktion im Anklageverfahren sah Temme darin, daß dieser Institution allein das uneingeschränkte Anklagemonopol[67] im Strafverfahren zustehe. Dabei verstand er unter diesem Begriff, daß ein gerichtliches Verfahren nur eröffnet werden könne, wenn die Staatsanwaltschaft Anklage erhoben habe, wobei eine jegliche Änderung oder Ersetzung der staatsanwaltlichen Entscheidung ausgeschlossen sein müsse[68]. Dieses Anklagemonopol der Staatsanwaltschaft war durch § 5 des preußischen Gesetzes vom 17. Juli 1846 in die Tat umgesetzt und durch die preußische Verordnung vom 3. Januar 1849 beibehalten worden.

---

65 *Temme*, Gesetz über das Untersuchungsverfahren vom 17. Juli 1846, in: ZsDtStrafverfahren 1846, S. 343 ff. (372).

66 *Temme*, Betrachtungen über das Gesetz vom 17. Juli 1846, in: JWPrS 1847, S. 2 ff. (4).

67 Der Begriff des Anklagemonopols entspricht damit dem, was heute unter Anklageprinzip verstanden wird, vgl. *Collin*, „Wächter der Gesetze“, S. 181.

68 *Temme*, Grundzüge, S. 35.

Gegen dieses Anklagemonopol der Staatsanwaltschaft brandetete, sowohl in juristischer als auch in politischer Hinsicht Widerstand auf, da diese Institution als weisungsabhängige Behörde unter der Aufsicht des Justizministeriums stand[69]. Deshalb befürchtete man, daß sie von seiten der Regierung zur Durchsetzung ihrer politischen Zwecke mißbraucht werden könnte[70]. Aus diesem Grund wurde in der juristischen Literatur teilweise gefordert, daß die Staatsanwälte genauso wie die Richter unabsetzbar und unversetzbar zu sein hätten[71]. Diese Debatte gewann insbesondere im Zusammenhang mit der gescheiterten Revolution von 1848/49 und der Verfolgung politischer Gegner durch die Regierung einen immer größeren Stellenwert[72].

Auch Temme sah die Gefahr, daß die Regierung durch die Weisungsgebundenheit der Staatsanwaltschaft in unzulässiger Weise Einfluß auf deren Entscheidungsfindung nehmen könnte. Allerdings brachte ihn diese Gefahr nicht dazu, für die Staatsanwälte eine den Richtern ähnliche unabhängige Stellung zu fordern. Vielmehr hielt er eine hierarchische Gliederung unter der „höchsten Spitze, dem Justizministerium"[73], für zwingend erforderlich, um eine gleichmäßige Verfolgung von Verbrechen zu gewährleisten[74].

Diese hierarchische Gliederung bringe es mit sich, daß der Staatsanwalt den Befehlen seines Vorgesetzten und somit in letzter Konsequenz dem Justizminister Folge leisten müsse. Deshalb bleibe einem Staatsanwalt, der von einem Vorgesetzten gegen seinen eigenen Willen zu der Erhebung einer Anklage gezwungen werde, im allgemeinen nichts anderes übrig, als zu gehorchen, oder, falls die Weisung seiner Überzeugung in besonderem Maße zuwiderlaufe, seinen Abschied zu fordern[75]. Diesbezüglich ging er jedoch davon aus, daß es im Regelfall wegen einer Weigerung, eine Weisung auszuführen, nicht zu der endgültigen Entlassung des Staatsanwaltes aus dem Amte kommen werde:

---

69 Vgl. § 3 d. pr. G. v. 17. Juli 1846 und § 3 d. pr. Verodn. v. 3. Januar 1849.

70 Diese Befürchtung äußerten *Mittermaier*, Mündlichkeit, S. 317; *Ders.*, Gesetzgebung, S. 179 f.; *Sundelin*, Staatsanwaltschaft, S. 61. Zu der Frage inwiefern und in welchem Zusammenhang die Regierung von ihrem Weisungsrecht Gebrauch machte, vgl. *Collin*, „Wächter der Gesetze", S. 119 ff.

71 *Mittermaier*, Gesetzgebung, S. 180.

72 Vgl. *Carsten*, Staatsanwaltschaft, S. 44 m. w. N.

73 *Temme*, Grundzüge, S. 35.

74 *Temme*, Grundzüge, S. 35. Dabei sollte die Staatsanwaltschaft dem Justizministerium und nicht dem Innenministerium und der Polizei unterstellt sein, was sich daraus ergebe, daß sie zur gerichtlichen und nicht zur vollziehenden Polizei gehöre; *Ders.*, Grundzüge, S. 36.

75 *Temme*, Grundzüge, S. 48 f.

> „Es müßte schon eine völlig zerrüttete Regierung sein, die in einem solchen Falle einen sonst tüchtigen Mann des Dienstes entlassen wollte. Eine solch zerrüttete Regierung kann aber auf längere Zeit nicht despotisiren, und der Mann, der die Kraft hatte, seine äußere Stellung seiner Überzeugung zu opfern, wird bald Entschädigung erhalten.“[76]

Dieses Vertrauen in die Loyalität der Regierung überrascht in Anbetracht der Tatsache, daß Temme sich zum Zeitpunkt dieser Äußerung selber wegen seiner Teilnahme am Rumpfparlament in Untersuchungshaft befand und von seinem richterlichen Dienst suspendiert war[77].

Hinsichtlich der Weisungsunterworfenheit der Staatsanwaltschaft sah Temme jedoch dann eine Grenze erreicht, wenn das Justizministerium von dem Staatsanwalt gegen dessen eigene Überzeugung verlange, von einer Anklage abzusehen. Man könne nämlich „in der That, wo der untergebene Staatsanwalt gegen den Befehl seines Vorgesetzten anklagen“ wolle, „wohl nur Gewissenhaftigkeit voraussetzen“[78]. Seine andersartige Beurteilung dieses Falles gegenüber demjenigen, in welchem ein Staatsanwalt dazu angehalten werde, entgegen seiner eigenen Überzeugung anzuklagen, rechtfertigte er damit, daß eine zu Unrecht erhobene Anklage in der Regel keine schlimmen Konsequenzen nach sich ziehe:

> „Läßt ihn diese im einzelnen Falle einen Mißgriff thun, so sind die Gerichte da, den möglichen nachtheiligen Folgen desselben vorzubeugen.“[79]

Insofern trat er also für eine Einschränkung der Weisungsunterworfenheit des Staatsanwaltes für den Fall einer von seiten des Vorgesetzten mißbilligten Anklage ein.

Um einen weiteren Ausgleich für die durch die Weisungsunterworfenheit zwangsläufig gegebene Abhängigkeit des Staatsanwaltes von der Regierung zu schaffen, sprach Temme sich außerdem für die Einführung der subsidiären Privatklage eines jeden Dritten, der sog. Popularklage, aus[80]. Es könne nämlich der Fall auftauchen, daß ein Beteiligter, womit jeder gemeint sei, der in irgendeiner Weise ein Interesse an der Untersuchung einer Sache habe, bei einem Staatsanwalt die gerichtliche Verfolgung einer Straftrat beantragt habe, welche jedoch durch diesen abgelehnt worden sei. In einem solchen Fall sei dem Gesetz nach nur eine Beschwerde an den Vorgesetzten des die Untersu-

---

76 *Temme*, Grundzüge, S. 49.

77 Siehe dazu 1. Teil, 1. Kapitel E).

78 *Temme*, Grundzüge, S. 49.

79 Ebd., S. 49.

80 Ebd., S. 49 f.

chung ablehnenden Staatsanwaltes zulässig. Bei der bestehenden Weisungsunterworfenheit der Staatsanwaltschaft könne jedoch eine solche Vorgehensweise „den einseitigen Zwecken einer Regierung gegenüber, durchaus keine Garantien für eine unparteiische Rechtspflege“[81] gewähren. Deshalb schlug Temme für solche Fälle vor, daß der von dem Staatsanwalte zurückgewiesene Beteiligte, nachdem er vergeblich bis an den höchsten Vorgesetzten des Staatsanwalts seine Beschwerde verfolgt habe, anstelle des Staatsanwaltes die Anklägerrolle bei Gericht übernehme. Dabei solle der Privatbeteiligte die Rolle des Anklägers jedoch keinesfalls den ganzen Prozeß hindurch innehaben. Das Gericht müsse vielmehr, wenn es seine Anträge als begründet ansehe, die weitere Verfolgung dem Staatsanwalt übertragen können, wobei dem Beteiligten dann lediglich das Recht der Assistenz verbleibe[82].

Diese Ausführungen machen deutlich, daß Temme zwar grundsätzlich das Anklagemonopol der Staatsanwaltschaft unterstützte, sich allerdings durchaus auch der Probleme bewußt war, die dieses im Zusammenhang mit der Weisungsunterworfenheit der Staatsanwaltschaft verursachen konnte, und er stellte Überlegungen an, wie ein Machtmißbrauch in problematischen Fällen zu vermeiden war. Dabei kam die von ihm vorgeschlagene Lösung, die Abhängigkeit der Staatsanwaltschaft von der Regierung dadurch auszugleichen, daß er jedem, der irgendein Interesse an der Verfolgung einer bestimmten Straftat vorweisen konnte, ein Privatklagerecht zuerkannte, fast einer gänzlichen Abschaffung des Anklagemonopols gleich.

2. Die Voruntersuchung

a) Die Befugnisse der Staatsanwaltschaft in der Voruntersuchung

In der Diskussion um die Einführung einer Staatsanwaltschaft im Strafverfahren wurde insbesondere auch immer wieder kontrovers erörtert, welche Rolle die Staatsanwaltschaft in der gerichtlichen Voruntersuchung spielen sollte. Diese Diskussion verschärfte sich noch, als die Staatsanwaltschaft in den meisten deutschen Staaten bereits eingeführt worden war und man daher begann, über Verbesserungsmöglichkeiten hinsichtlich der Ausgestaltung der staatsanwaltlichen Verfahrensteilhabe nachzudenken. Im Hinblick auf die Voruntersuchung wurde teilweise die Auffassung vertreten, daß die Staatsanwaltschaft als öffentliche Anklägerin soweit wie möglich aus dem Ermittlungsverfahren selbst herausgehalten werden müsse, um sie nicht zu einem Werkzeug der

81 *Temme*, Grundzüge, S. 50.

82 *Temme*, Grundzüge, S. 50 f.

Despotie zu machen[83]. Es gab aber andererseits auch viele Stimmen, die darauf pochten, daß eine wirksame Staatsanwaltschaft voraussetze, daß man dieser auch die Mittel gebe, um das Recht zur Anwendung zu bringen. Wer die Staatsanwaltschaft fordere, könne ihr nicht die ihr in der Voruntersuchung zustehenden Kompetenzen versagen[84].

Das Gesetz sah in Preußen durch die Verordnung vom 3. Januar 1849 folgende Regelungen vor: Zunächst einmal wurde zwischen einer Voruntersuchung mit einem Untersuchungsrichter (gerichtliche Voruntersuchung) und einer Voruntersuchung ohne Einschaltung eines Untersuchungsrichters unterschieden; die erstere war lediglich bei Fällen, die in den Kompetenzbereich der Schwurgerichte fielen, obligatorisch. Sowohl bei der nichtförmlichen als auch bei der gerichtlichen Voruntersuchung durften „Untersuchungs-Verhandlungen", unter denen damals Verhaftung, Beschlagnahme, Zeugenvernehmung, Augenscheinseinnahme und Haussuchung verstanden wurden, nicht durch die Staatsanwaltschaft selbst vorgenommen werden. Deren Durchführung mußte vielmehr bei den Polizeibehörden oder den Gerichten beantragt werden. Ausnahmsweise konnte die Staatsanwaltschaft die notwendigen Untersuchungsmaßnahmen selbständig durchführen bei Gefahr im Verzug oder der Ergreifung auf frischer Tat[85]. Im Regelfall mußte sie die strafprozessualen Zwangsmaßnahmen aber beim Richter beantragen, wobei gemäß § 5 der preußischen Verordnung vom 3. Januar 1849 bei der nichtförmlichen Untersuchung für diesen die Pflicht bestand, den Anträgen der Staatsanwaltschaft auf Durchführung von Untersuchungsmaßnahmen nachzukommen[86].

Ausgehend von diesen gesetzlichen Bestimmungen setzte sich Temme mit der Stellung der Staatsanwaltschaft in der gesetzlichen Voruntersuchung intensiv auseinander. Als Ausgangspunkt diente ihm auch hier seine Konzeption von der Staatsanwaltschaft als einer Prozeßpartei. Fasse man nämlich den ankla-

---

83 *Brauer*, GS 1849, S. 321 ff., 328; *Mittermaier*, Mündlichkeit, S. 211.

84 Verhandlungen der Kammer der Reichsräthe, Band I, S. 350 f.

85 Vgl. den Wortlaut von § 7 d. pr. Verordn. v. 3. Januar 1849: „Untersuchungs-Verhandlungen, Verhaftungen oder Beschlagnahmungen hat der Staatsanwalt, wenn nicht Gefahr im Verzug obwaltet, und der Fall der Ergreifung auf frischer Tat vorliegt, nicht selbst vorzunehmen, sondern solche nach den Umständen entweder bei der Polizeibehörde oder den Gerichten zu beantragen. [...]".

86 Vgl. den Wortlaut von § 5 d. pr. Verordn. v. 3. Januar 1849: „Die Gerichte sind verpflichtet, von Verbrechen, welche amtlich zu ihrer Kenntnis kommen, dem Staatsanwalte sogleich Mittheilung zu machen, auch den von denselben an sie gerichteten Anträgen wegen Feststellung des Thatbestandes und wegen sonst erforderlicher Ermittlungen zu genügen, und wenn es nötig ist, einen Untersuchungsrichter zu ernennen. [...]".

genden Staatsanwalt richtigerweise als „völlig außerhalb des richterlichen Standpunktes" auf, so dürfe ihm „nach dem ersten Angriffe keinerlei Art von Gewalt über den Beschuldigten eingeräumt werden"[87]. Aus der Stellung des Staatsanwaltes als Ankläger ergebe sich vielmehr, daß der Beschuldigte „gegen alle Gewalt des Anklägers in sicheren Schutz gestellt" und einem „gerechten Verfahren übergeben"[88] werden müsse. Für ein solches gerechtes Verfahren könne jedoch nur das „unter den strengen Formen des Gesetzes handelnde Gericht die erforderlichen Garantien darbieten"[89]. Deshalb dürfe dem Staatsanwalt auch keinesfalls die „Herrschaft"[90] über das Vorverfahren eingeräumt werden und ihm könnten keinerlei Handlungen gestattet werden, welche Beweismittel für die Untersuchung enthielten, da man damit den Angeschuldigten geradezu „machtlos in die Hände seines Verfolgers"[91] gebe[92]. Die Aufgabe des Staatsanwaltes sei es vielmehr nur, die in Frage kommenden Beweise zu sammeln, um diese dann zu einem späteren Zeitpunkt gerichtlich aufnehmen zu lassen. Von diesem Grundsatz dürften auch keinerlei Ausnahmen zugelassen werden, da durch jegliche Ausnahme die Stellung des Staatsanwaltes als Partei unterlaufen würde[93].

Unter Zugrundelegung dieser Grundsätze erschien Temme insbesondere die Ausgestaltung des Vorverfahrens im französischen Strafprozeß kritikwürdig. Danach sei der Richter nämlich nichts weiter als ein Gehilfe des Staatsanwaltes, dessen Befehlen er unterworfen sei[94]. Eine solche Stellung des Untersuchungsrichters sei eine „völlig falsche und verwerfliche", da der Richter unter

---

87 *Temme*, Gesetz über das Untersuchungsverfahren vom 17. Juli 1846, in: ZsDtStrafverfahren 1846, S. 343 ff. (367); *Ders.*, Grundzüge, S. 51.

88 *Temme*, Gesetz über das Untersuchungsverfahren vom 17. Juli 1846, in: ZsDtStrafverfahren 1846, S. 343 ff. (367).

89 *Temme*, Gesetz über das Untersuchungsverfahren vom 17. Juli 1846, in: ZsDtStrafverfahren 1846, S. 343 ff. (367).

90 *Temme*, Gesetz über das Untersuchungsverfahren vom 17. Juli 1846, in: ZsDtStrafverfahren 1846, S. 343 ff. (368).

91 *Temme*, Grundzüge, S. 38.

92 *Temme*, Grundzüge, S. 37 f., 51. Diese Auffassung vertrat Temme in etwas abgeschwächter Form auch bereits einige Jahre zuvor, vgl. *Ders.*, Anzeigen und Kritiken, in: ZsDtStrafverfahren 1844, S. 428 ff. (433 f.).

93 *Temme*, Grundzüge, S. 51.

94 Hier zeigt sich ein Wandel in *Temmes* Auffassung: Im Jahre 1840, als er noch über die Einführung einer Staatsanwaltschaft als eigenständiges Reformziel im Inquisitionsprozeß nachdachte, befand er noch, daß das öffentliche mündliche Verfahren notwendig einen öffentlichen Ankläger „und zwar ohne Zweifel mit allen jenen Befugnissen und Pflichten, die ihm das französische Strafverferfahren bei- und auflegt", erfordere, vgl. *Ders.*, Sollen wir in Preußen, in: Jb. f. d. CrimRpfl. 1840, S. 527 ff. (535).

allen Umständen „bloßer Richter“[95] bleiben und niemals ein Organ des Staatsanwaltes werden dürfe. Schließlich sei die gerichtliche Anklage kein polizeilicher, sondern ein gerichtlicher Akt, und das Urteil darüber sei kein polizeiliches, sondern ein gerichtliches Urteil[96].

Jedoch fasse auch die preußische Verordnung vom 3. Januar 1849 die Stellung der Staatsanwaltschaft in der Voruntersuchung teilweise falsch auf, wenn sie, obwohl sie mit dem Antragserfordernis der Staatsanwaltschaft hinsichtlich der Vornahme von Untersuchungsmaßnahmen grundsätzlich die richtige Regelung treffe, dem Staatsanwalt gestatte, bei Gefahr im Verzug selbständig Beweise aufzunehmen:

> „Solche Verhandlungen sind und bleiben unter allen Umständen nichts anderes als einseitige Handlungen des Anklägers, die, wenn sie nicht durch andere Autorität, z.B. das Zeugniß zugezogener Personen, unterstützt werden, keinen mehreren Glauben mehr haben können, als sonst irgendeine Aeußerung oder Handlung des Staatsanwalts.“[97]

Aus der Stellung des Staatsanwaltes als dem Angeklagten gegenübergestellter Ankläger resultierte für Temme mithin auch dessen Parteilichkeit, weshalb er davon ausging, daß Beweisen, die selbständig von dem Staatsanwalt erhoben würden, nur noch ein verminderter Beweiswert zukomme. Aus diesem Grunde hielt er eine selbständige Aufnahme von Beweisen seitens des Staatsanwaltes auch nicht für zweckmäßig[98].

Daß außerdem die preußische Verordnung vom 3. Januar 1849 für den Richter teilweise die Pflicht normierte, Anträgen des Staatsanwaltes nachzukommen, empfand er darüber hinaus als unvereinbar mit der Rolle, die dem Richter in der Voruntersuchung zukommen solle:

> „Auch der Staatsanwalt ist nur Ankläger, Partei; der Richter aber steht über den Parteien und er kann niemals zu Amtshandlungen gezwungen werden, bloß weil eine Partei sie verlangt. Eine Gesetzgebung, die anderes bestimmt, bestimmt Ungerechtes.“[99]

Eine derartige Unterordnung der Beurteilung des Untersuchungsrichters unter den Willen des Staatsanwaltes, durch welche jener zum „Organ des Staatsan-

---

95 *Temme*, Grundzüge, S. 54.

96 *Temme*, Grundzüge, S. 54.

97 *Temme*, Grundzüge, S. 52.

98 *Temme*, Grundzüge, S. 52.

99 *Temme*, Grundzüge, S. 54.

waltes“ degradiert werde, stand Temme zufolge in starkem Widerspruch zu der Stellung des Gerichtes als „völlig freie, selbständige Behörde“[100].

Die von Temme geäußerten Bedenken hinsichtlich einer zu großen „Machtfülle“ des Staatsanwaltes in der Voruntersuchung bedeuten jedoch nicht, daß er diesem im Rahmen der Voruntersuchung gar keine Rechte zukommen lassen wollte. Vielmehr verwies Temme ausdrücklich darauf, daß sich aus der Stellung des Staatsanwaltes als Prozeßpartei zwangsläufig ergebe, daß dieser allen polizeilichen und gerichtlichen Untersuchungsmaßnahmen beiwohnen dürfe und daß ihm, ebenso wie dem Angeklagten die Einsicht in die polizeilichen und gerichtlichen Akten gewährt werden müsse[101]. Der Umfang der Beteiligung des Staatsanwaltes an der gerichtlichen Voruntersuchung lasse sich nämlich aus dem Prinzip der „Gleichberechtigung“[102] zwischen den beiden Prozeßparteien herleiten. Diese Gleichberechtigung erfordere auch:

> „daß sämmtliche Beweismittel, die in dem Hauptverfahren vorgebracht werden sollen, in der Voruntersuchung gegenseitig mitgetheilt werden.“[103]

Dies sei erforderlich, damit sich der Gegner auf ihre „Widerlegung und Entkräftung vollständig vorbereiten“[104] könne. Deshalb dürfe der Ankläger auch, nachdem der Angeschuldigte in der Voruntersuchung abschließend gehört worden sei, keine neuen Tatsachen und Beweismittel mehr vorbringen, ohne daß dem Angeschuldigten vor der abschließenden Entscheidung über die Anklage durch das Gericht noch einmal Gelegenheit zur Stellungnahme gegeben werde[105].

Aus der Stellung des Staatsanwaltes als Partei folgte für Temme außerdem, daß es diesem auch während der gerichtlichen Voruntersuchung zu jedem Zeitpunkt möglich sein müsse, eine erhobene Anklage zurückzunehmen[106]. Deshalb hielt er die Vorschrift der preußischen Verordnung vom 3. Januar 1849, welche bestimmte, daß sogar in der Voruntersuchung das Verfahren auf Antrag des Staatsanwaltes nur mit Bewilligung des Gerichts eingestellt werden

---

100 *Temme*, Grundzüge, S. 55.

101 *Temme*, Grundzüge, S. 36.

102 *Temme*, Grundzüge, S. 97.

103 *Temme*, Grundzüge, S. 97.

104 *Temme*, Grundzüge, S. 97 f.

105 *Temme*, Grundzüge, S. 98. Allerdings wollte *Temme* eine nach dem Grundsatz des „favor defensionis“ eine Ausnahme von dem Grundsatz der Gleichberechtigung der Parteien in der Voruntersuchung dann zulassen, wenn der Angeschuldigte nach dem Schluß der Voruntersuchung noch neue Beweismittel vorbringen konnte.

106 *Temme*, Grundzüge, S. 106.

konnte[107], für „verwerflich". Durch eine solche Vorschrift werde nämlich der Richter wieder zum Ankläger. Fasse man das akkusatorische Verfahren und die Stellung des Richters richtig auf, so müsse dem Staatsanwalt „die Zurücknahme der Anklage zu allen Zeiten bis zur Erlassung der Definitivsentenz gestattet sein"[108]. Seine natürliche Grenze finde dieses Widerspruchsrecht des Staatsanwaltes jedoch darin, daß dem Angeschuldigten zu jeder Zeit das Recht zustehen müsse, der Rücknahme zu widersprechen[109].

Faßt man mithin die Überlegungn Temmes zu den staatsanwaltlichen Befugnissen im Rahmen der Voruntersuchung zusammen, so ergibt sich, daß er der Staatsanwaltschaft sämtliche Befugnisse geben wollte, die sich direkt aus ihrer Stellung als anklagende Partei ableiten ließen und die auch dem Angeschuldigten und seinem Verteidiger als Gegenpartei zustanden. Allerdings wollte er den Staatsanwalt auf diese Parteirechte absolut beschränkt wissen und lehnte jede Befugnis ab, die geeignet war, die Gleichberechtigung zwischen den Parteien zu gefährden.

b) Die Mitwirkung des Staatsanwaltes bei der Verhaftung

Nach der preußischen Verordnung vom 3. Januar 1849 war die Beteiligung der Staatsanwaltschaft an einer Verhaftung des Beschuldigten nur bei Vorliegen eines richterlichen Haftbefehls zulässig[110]. Allerdings wurde in einer Verfügung des Justizministers aus dem Jahre 1849 festgeschrieben, daß die Staatsanwaltschaft befugt sei, Steckbriefe zu erlassen. Nach der in diesem Bereich noch Gültigkeit beanspruchenden preußischen Kriminalordnung setzte der Erlaß eines Steckbriefes aber voraus, daß Haftgründe gegeben waren, was jedoch nur ein Richter entscheiden konnte[111].

Die Übertragung der Verhaftung auf den Richter wurde von Temme uneingeschränkt befürwortet, da er es für eine „unabweisliche Forderung" hielt, daß

107 Vgl. § 47 d. pr. V. v. 3. Januar 1849: „Nach Abschließung der Voruntersuchung legt der Untersuchungsrichter die Akten dem Staatsanwalte zur Stellung der nöthigen Anträge vor. Trägt der Staatsanwalt hierbei auf Einstellung des weiteren Verfahrens an, so hat das Gericht hierüber zu befinden, und wenn es sich mit dem Antrage einverstanden erklärt, die Zurücklegung der Akten, auch sofern der Beschuldigte verhaftet ist, dessen Freilassung zu verfügen. [...]".

108 *Temme*, Grundzüge, S. 106.

109 *Temme*, Grundzüge, S. 106.

110 § 13 d. pr. Verordn. v. 3. Januar 1849: „Sowohl während der Voruntersuchung, als während des ganzen Laufes der gerichtlichen Untersuchung steht dem Gericht die Beschlußnahme über die Verhaftung oder Freilassung des Angeklagten zu".

111 *Collin*, „Wächter der Gesetze", S. 201 m. w. N.

Verhaftungen nur auf dessen Anordnung hin und folglich unter dem Schutze bestimmter Gesetze geschähen, weil nur dadurch „Willkühr ausgeschlossen“[112] werden könne. Insofern könne es auch nur als „verwerflich“ bezeichnet werden, wenn das französische Recht diesbezüglich eine andere Regelung treffe und eine Verhaftung durch den Staatsanwalt zulasse[113]. Zur Begründung für seine Ablehnung eines staatsanwaltlichen Verhaftungsrechtes verwies er darauf, daß dem Staatsanwalt auf keinen Fall mehr Rechte zustehen dürften als der Polizei, weshalb es richtig sei, daß eine Ausnahme von der Anordnung der Verhaftung durch den Richter in den meisten Gesetzen, wie auch in derr preußischen Verordnung vom 3. Januar 1849[114], nur für die Ergreifung auf frischer Tat gemacht werde. In allen anderen Fällen könne keineswegs von dem Grundsatz abgewichen werden, daß der Staatsanwalt nicht eigenmächtig verhaften dürfe, was sich auch bereits aus der Habeas Corpus-Akte ergebe, nach welcher die Freiheit der Person gegen willkürliche Verhaftungen geschützt sei. Deshalb könne man ihm auch „unter keinen Umständen“ die Befugnis einräumen, „Steckbriefe oder andere, die Freiheit der Person beeinträchtigende, private oder öffentliche Aufforderungen“[115] zu erlassen.

In diesem Zusammenhang läßt sich noch anführen, daß die Einführung der Anklageform in den Strafprozeß für Temme auch zwangsläufig die Unzulässigkeit der Kollusionshaft mit sich brachte, da er diese als ein Überbleibsel des Inquisitionsverfahrens empfand. Eine derartige Haft sei mit einem Strafverfahren, in welchem sich ein Staatsanwalt und der Angeschuldigte als Parteien gegenüberständen, nicht vereinbar[116]. Im Anklageprozeß sei es nämlich jeder Partei gestattet, mit allen Waffen, die ihr zu Geboten ständen, um ihr Recht zu kämpfen. Dabei müsse der Richter, der im Gegensatz zum Inquisitionsprozeß gänzlich unparteiisch sei, in jedem Fall von der Unschuld des Angeschuldigten ausgehen, solange noch nichts Gegenteiliges erwiesen sei. Ebenso dürfe der Richter auch nicht einfach annehmen, daß der Angeschuldigte zu dem rechtswidrigen Mittel der Kollusion greifen werde, selbst wenn er dies anderweitig bereits einmal versucht habe. Daraus ergebe sich dann jedoch auch, daß die

---

112 *Temme*, Grundzüge, S. 65.

113 Im Falle des „delit flagrant“, welches eine Leibes- oder entehrende Strafe nach sich ziehen konnte, war der Staatsanwalt in Frankreich berechtigt, richterliche Untersuchungshandlungen vorzunehmen, und er konnte in diesen Fällen den Beschuldigten auch vernehmen und die Haft über ihn verhängen, vgl. Art. 40 code d'instruction criminelle. Zum ganzen vgl. *Elling*, Staatsanwaltschaft, S. 59.

114 § 7 d. pr. G. v. 3. Januar 1849 gestattete dem Staatsanwalt die selbständige Festnahme bei Ergreifung des Täters auf frischer Tat.

115 *Temme*, Grundzüge, S. 53.

116 *Temme*, Grundzüge, S. 63.

Kollusionshaft unzulässig sein müsse, es sei denn, man gestehe dem Richter auch grundsätzlich das Recht zu, aus der bloßen „Furcht, daß jemand ein Verbrechen begehen könne“[117], Verhaftungen vorzunehmen. Insgesamt gesehen hielt Temme die Kollusionshaft also für nicht vereinbar mit der aus der Überparteilichkeit des Richters folgenden grundsätzlichen Unschuldsvermutung zugunsten des Angeschuldigten.

3. Die Hauptverhandlung

Nach der preußischen Verordnung vom 3. Januar 1849 unterstand die Beweisaufnahme der Leitung des Gerichts. Allerdings war gemäß § 98 dieser Verordnung die Staatsanwaltschaft befugt, auf den Ablauf der Vernehmung von Zeugen Einfluß zu nehmen:

> „Dieser [der Vorsitzende] muß dem Staatsanwalte, und kann dem Angeklagten oder dessen Verteidiger, sowie den Geschworenen gestatten, Fragen, welche sie zur Aufklärung der Sache für angemessen erachten, unmittelbar an die Betheiligten zu richten.“

Ausgehend von dieser durch das Gesetz gefundenen Lösung machte sich auch Temme Gedanken über Art und Umfang der staatsanwaltlichen Verfahrensteilhabe im Rahmen der Beweisaufnahme durch Zeugen. Ausgangspunkt seiner Erwägungen war dabei ein Vergleich zwischen dem englischen und französischen Strafprozeß. Dieser Vergleich wurde im Rahmen der Strafprozeßreform gegen Mitte des 19. Jahrhunderts vermehrt angestellt. Nachdem spätestens nach der Revolution von 1848/49 in den deutschen Bundesstaaten die Entscheidung für ein öffentliches und mündliches Anklageverfahren gefallen war, erlebte die Strafprozeßreform dadurch einen neuen Aufschwung, daß man nun über die genaue Ausgestaltung des reformierten Verfahrens stritt. Hatte das französische Recht im Rahmen der Reformgesetzgebung in vielen Punkten als unmittelbares Vorbild gedient, so wurde jetzt vermehrt Kritik an der französischen Verfahrensgestaltung laut. Dies führte dazu, daß der englische Strafprozeß aus dem Schatten des französischen heraustrat und stärkere Beachtung fand[118].

Temme begann sich in dieser Zeit ebenfalls vermehrt mit dem Strafprozeß nach englischem Vorbild auseinanderzusetzen, und er wählte einen Vergleich zwischen den beiden Rechtsordnungen als Ausgangspunkt für seine Überlegungen hinsichtlich der Stellung des Staatsanwaltes bei der Beweisaufnahme.

---

117 *Temme*, Grundzüge, S. 64.

118 Vgl. zur Rolle des englischen Strafverfahrens im Rahmen der Reformbestrebungen, *Herrmann*, Hauptverhandlung, S. 52 ff.

Dabei eröffnete er seine Ausführungen mit einer Darstellung des englischen Rechtes, nach welchem eine Zeugenvernehmung in der Form durchgeführt wurde, daß der Zeuge zuerst von demjenigen vernommen werde, der ihn benannt hatte. Im Anschluß daran fand dann das sogenannte Kreuzverhör (cross-examination) statt, bei welchem der Staatsanwalt als Ankläger und der Angeklagte und sein Verteidiger Fragen stellen durften[119].

In völligem Gegensatz dazu oblag nach dem französischen Recht dem Richter, welchen Temme als die „Seele der Verhandlung"[120] bezeichnete, neben der sonstigen Verfahrensleitung auch die Vernehmung der Zeugen. Dabei hatte er die Pflicht, durch seine Fragestellung den Geschworenen die Wahrheitsfindung zu erleichtern.

In seinem Vergleich dieser beiden Verfahrensordnungen bevorzugte Temme eindeutig die französische, da diese eher der „Würde des Gerichts" entspreche und im Hinblick auf das Ziel der Wahrheitsermittlung zu besseren Ergebnissen führe:

> „Denn daß ein unparteiischer Richter durch ruhiges und besonnenes Fragen ein bei weitem objektiveres und richtiges Resultat der Zeugenvernehmung erzielen wird, als alle wenn auch noch so scharfsinnige und künstliche, doch stets einseitige und größtentheils, wiewohl unwillkürlich auf Verwirrung abzielende Kreuz- und Querfragen der Parteien allein, ist wohl keine Frage und wird durch die Erfahrung selbst der englischen Gerichtshöfe, in Beziehung auf das letztere, häufig genug bestätigt."[121]

Aus diesen Erwägungen folgerte er, daß es der Wahrheitsfindung im Strafprozeß am meisten diene, wenn dem Richter ebenso wie in Frankreich die Verhandlungsleitung übertragen werde und dieser auch die Zeugen vernehme. Allerdings sollte „sowohl dem Staatsanwalte, als auch dem Angeklagten und Vertheidiger, als auch den Geschworenen" gestattet sein, an die Zeugen „bestimmte, nach ihrer Ansicht zur Aufklärung der Sache dienliche Fragen zu richten"[122].

Folglich erklärte er sich grundätzlich mit der in der preußischen Verordnung vom 3. Januar 1849 getroffenen Lösung, die es sowohl dem Staatsanwalt als auch dem Angeklagten gestattete, Fragen an den Zeugen zu richten, einver-

---

119 *Temme*, Grundzüge, S. 125.

120 *Temme* (*Ders.*, Grundzüge, S. 125) macht sich an diesem Punkt ein Zitat *Mittermaiers* zu eigen, der in einem Aufsatz von dem französischen Präsidenten des Assisengerichtshofes als der „Seele der Verhandlung" gesprochen hatte. Vgl. *Mittermaier*, GS 1849, S. 17 f. (18).

121 *Temme*, Grundzüge, S. 127.

122 *Temme*, Grundzüge, S. 127.

standen. Als „ungerecht" an dieser Vorschrift empfand er allerdings, daß der Vorsitzende dazu verpflichtet war, dem Staatsanwalt die Befugnis zu Fragestellungen einzuräumen, wohingegen die Einräumung eines Fragerechtes für den Angeklagten und dessen Verteidiger in seinem freien Ermessen lag:

> „Es wird dadurch die Gleichberechtigung der Parteien vor dem Gerichte geradezu verletzt und dem ohnehin schon genug bevorzugten Staatsanwalt eine neue, durchaus nicht zu rechtfertigende Macht beigelegt."[123]

Mit dieser Auffassung stand Temme jedoch im Gegensatz zu vielen anderen namhaften Reformautoren der damaligen Zeit, die die Übertragung der Beweisaufnahme auf die Parteien allein als notwendige Folge des Anklageprinzips empfanden[124]. Dabei wurde das Wesen des Anklageprinzips von ihnen gerade darin gesehen, daß das Gericht nicht an der Stoffsammlung teilnehme, sondern sich auf dessen Beurteilung beschränke. Außerdem hielt man die Übertragung der Beweisaufnahme auf die Parteien für notwendig, um die Unparteilichkeit des Richters zu bewahren[125]. Im Jahre 1852 wurde in Preußen die Beweisaufnahme durch die Parteien im Schwurgerichtsverfahren durch Gesetz als eine Alternative neben der richterlichen Vernehmung eingeführt[126], eine Regelung, die insbesondere von seiten der preußischen Staatsanwaltschaft große Unterstützung erfuhr[127].

4. Die Rechtsmittelbefugnis der Staatsanwaltschaft

Bezüglich der Befugnis der Staatsanwaltschaft, Rechtsmittel einzulegen, sprach sich Temme insbesondere dafür aus, daß jeder Partei im akkusatorischen Prozesse die gleichen Rechtsmittel zustehen sollten, da die „Gleichberechtigung der Parteien im Prozesse einem anderen Gedanken gar nicht Raum"[128] gebe.

Allerdings war er unter Geltung des preußischen Gesetzes vom 17. Juli 1846 noch für eine relativ weitgehende Ausnahme von diesem Grundsatz eingetre-

---

123 *Temme*, Grundzüge, S. 128.

124 *Zachariä*, Handbuch, Bd. 2, S. 203; *Planck*, Systematische Darstellung, S. 153.

125 *Mittermaier*, GS 1849, S. 17 ff. (23).

126 Vgl. Art. 77 d. pr. G. v. 1852: „Der Vorsitzende kann auch der Staatsanwaltschaft und dem Vertheidiger, auf dessen übereinstimmenden Antrag, das Verhör der Zeugen überlassen. [...]". Vgl. dazu auch *Herrmann*, Hauptverhandlung, S. 57.

127 Siehe die Nachweise bei *Herrmann*, Hauptverhandlung, S. 57 (Fn. 54).

128 *Temme*, Grundzüge, S. 168.

ten, soweit es um die Tatfrageentscheidung ging[129]. Grundsätzlich stand dem Staatsanwalt nach diesem Gesetz nämlich die unbeschränkte Befugnis zur Appellation, und zwar auch über die Tatfrage, zu[130]. Diese Regelung empfand er als eine „Maßregel, deren Härte und geradezu Ungerechtigkeit gegen den Angeklagten sich niemals“[131] werde rechtfertigen lassen. Die Ungerechtigkeit ergab sich für ihn daraus, daß nach dem preußischen Gesetz vom 17. Juli 1846 die Tatfrage keinesfalls Gegenstand der Entscheidung dritter Instanz sein konnte[132]. Dies führe zu der unerträglichen Konsequenz, daß der Angeklagte gegen den Schuldspruch des Appellationsrichters auch dann, wenn er nur durch den Appellationsgerichtshof und nicht durch das Gericht erster Instanz für schuldig befunden worden sei, kein weiteres Rechtsmittel ergreifen könne. Dieses Ergebnis beurteilte er als einen eindeutigen Widerspruch zu dem allgemeinen Grundsatz, daß sich „der Angeklagte nur bei zwei conformen Entscheidungen beruhigen“ müsse. Deshalb forderte er in letzter Konsequenz eine Beschränkung der Appellation des Staatsanwaltes, die er für eine „unabweisliche Forderung der Gerechtigkeit“[133] hielt.

Unter Geltung der preußischen Verordnung vom 3. Januar 1849 hatte sich dieses Problem weitgehend dadurch entschärft, daß eine Appellation nur gegen Erkenntnisse, die über Polizeiübertretungen und Vergehen, und nicht gegen Erkenntnisse, die aufgrund eines Verdiktes von Geschworenen ergangen waren, zulässig war. Gegen letztere sah die preußische Verordnung das Rechtsmittel der Nichtigkeitsbeschwerde vor, welches bei der Verletzung bestimmter Verfahrensvorschriften oder der Verletzung materiellen Rechtes durch ein Geschworenengericht geltend gemacht werden konnte. Dieses Rechtsmittel sollte der Staatsanwaltschaft nach der Verordnung jedoch nicht zukommen, sofern von den Geschworenen auf einen Freispruch erkannt worden war[134]. Diese Regelung, welche dazu führte, daß freisprechende Urteile der Schwurgerichte für die Staatsanwaltschaft praktisch unangreifbar waren, und die deshalb

---

129 Allerdings war *Temme* mit dieser Auffassung in der Literatur nicht allein. Auch *Zachariä* wollte dem Staatsanwalt nur ein beschränktes Anfechtungsrecht zugestehen (*Ders.*, Gebrechen, S. 222), und *Gerau* befürwortete ebenso wie *Temme* eine Ausnahme für die Tatfrageentscheidnung (*Ders.*, ZsDtStrafverfahren 1847, S. 251 ff., 252, 268). Vgl. zum Ganzen: *Behr*, Rechtsmittel gegen Strafurteile, S. 61 ff.

130 § 72 d. pr. G. v. 17. Juli 1846.

131 *Temme*, Gesetz über das Untersuchungsverfahren vom 17. Juli 1846, in: ZsDtStrafverfahren 1846, S. 343 ff. (381).

132 § 91 der preußischen Verordnung vom 17. Juli 1846.

133 *Temme*, Gesetz über das Untersuchungsverfahren vom 17. Juli 1846, S. 343 ff. (382).

134 § 143 d. pr. Verordn. v. 3. Januar 1849.

auf seiten der Regierung keine große Zustimmung fand[135], wurde von Temme jedoch als zulässige Ausnahmeregelung befürwortet. Zur Rechtfertigung dieser Vorschrift erklärte er, Temme sich darauf, daß es dafür durchaus einen „tieferen Grund"[136] gebe:

> „Indem es für die Verdikte der Geschworenen niemals eine erkennbare Begründung gibt, kann mit Sicherheit nicht festgestellt werden, ob nicht der Rechtswille der Geschwornen, auch wenn sie die stattgefundene Rechtsverletzung gekannt hätten, dennoch in derselben Weise würde ausgesprochen worden sein."[137]

Er berief sich mithin auf die Unsicherheit über die dem Verdikt der Geschworenen zugrundeliegenden Gründe, die seines Erachtens nicht zu Lasten des Angeklagten gehen dürfe. Deshalb müsse man zu dessen Gunsten von einer fehlenden Kausalität zwischen der von der Staatsanwaltschaft gerügten Rechtsverletzung und dem erfolgten Freispruch ausgehen.

Allerdings stellte er abschließend noch einmal fest, daß diese Ungleichbehandlung der Staatsanwaltschaft gegenüber dem Angeklagten eine absolute Ausnahme darstellen müsse, welche nur aufgrund der Besonderheiten der Entscheidungsfindung der Geschworenen zugunsten des Angeklagten eingreife; ansonsten solle es jedoch zwingend bei der Gleichberechtigung der Parteien bleiben[138].

C) Zusammenfassung und Würdigung

Unzweifelhaft hatte die Einführung der Staatsanwaltschaft im 19. Jahrhundert einen großen Einfluß auf die Änderung der Struktur des Strafverfahrens. Die Bündelung von Ankläger-, Verteidiger- und Urteilsfunktion in der Person des Richters war das herausstechende Charakteristikum des Inquisitionsprozesses gewesen. Die Übertragung der Anklagefunktion auf die Institution der Staatsanwaltschaft lieferte daher einen entscheidenden Impuls auf dem Weg zu einer Ablösung des Inquisitionsprozesses. Gerade wegen dieser Bedeutung der Einführung einer Staatsanwaltschaft im Hinblick auf die Beseitigung der Mißstände des alten Inquisitionsverfahrens bestand in der Reformliteratur weitgehende Einigkeit über deren Notwendigkeit.

---

135 Zu den Versuchen, diese Vorschrift von seiten der Regierung auszuhebeln vgl. *Collin*, „Wächter der Gesetze", S. 232.

136 *Temme*, Grundzüge, S. 171.

137 *Temme*, Grundzüge, S. 171.

138 *Temme*, Grundzüge, S. 171.

Temme sprach sich von Beginn an für die Einführung der Staatsanwaltschaft aus, die er anfangs sogar isoliert unter Fortgeltung der preußischen Kriminalordnung einführen wollte. Wie bereits dargestellt[139], war diese Forderung in erster Linie von seinem Wunsch getragen, der „Langweiligkeit und Schwerfälligkeit"[140] des geltenden schriftlichen Inquisitionsverfahrens zunächst einmal durch die Einführung der Staatsanwaltschaft nach französischem Modell[141] abzuhelfen, bevor eine gänzliche Umstellung des Strafverfahrens möglich werde. Indem er hier die Abtretung eines Teils der Strafrechtspflege an die nichtrichterliche Behörde der Staatsanwaltschaft forderte, glaubte er, das unflexible und zur wirksamen Kriminalitätsbekämpfung ungeeignete Inquisitionsverfahren verbessern zu können. Er gab dabei ganz offen zu, mit dieser Forderung auch staatlichen Interessen genügen zu wollen.

Als die Staatsanwaltschaft im Jahre 1846 in Preußen dann tatsächlich eingeführt wurde, setzte jedoch zeitgleich die Kritik Temmes an der Ausgestaltung dieser Institution ein. Obwohl er kurze Zeit zuvor noch nichts gegen einen Ankläger nach französischem Vorbild einzuwenden gehabt, ja diesen sogar ausdrücklich befürwortet hatte, richtete sich seine Kritik nun gezielt gegen die durch das Gesetz nach französischem Vorbild eingeführte „Wächterfunktion" der Staatsanwaltschaft. Seine neu einsetzende Kritik vermittelt den Eindruck, daß ihm erst zu diesem Zeitpunkt klar wurde, was die Einführung der Staatsanwaltschaft für die Realität des Strafprozesses bedeutete und daß die Rechte des Angeklagten durch die Teilnahme eines mit umfangreichen Befugnissen ausgestatteten Staatsanwaltes als staatlicher Ankläger auch gefährdet werden konnten. Grundsätzlich hielt Temme zwar an seiner Befürwortung des Instituts der Staatsanwaltschaft fest, jedoch wies er nun vermehrt darauf hin, daß er nur eine Staatsanwaltschaft, die auf die Rolle der anklagenden Partei beschränkt sei, unterstütze. Insofern hatte sich seine Auffassung von der Bedeutung der Staatsanwaltschaft im Strafprozeß gewandelt. Während er sich früher über Beschränkungen der staatsanwaltlichen Machtbefugnisse relativ wenig Gedanken gemacht hatte und für eine Übernahme des französischen Modells eingetreten war, wollte er die Staatsanwaltschaft nun auf ihre Stellung als

---

139 Siehe 2. Teil, 7. Kapitel B) I.

140 *Temme*, Sollen wir in Preußen ein öffentliches Ministerium haben?, in: Jahrb. f. d. CrimRpfl. 1840, S. 527 ff. (536).

141 Eher beiläufig und in einem Nebensatz erwähnt *Temme* in seinem Aufsatz, daß für den Fall der gänzlichen Reformierung des Strafverfahrens im Sinne eines öffentlichen und mündlichen Verfahrens die Einführung eines öffentlichen Anklägers mit allen jenen Befugnissen und Pflichten des französischen Strafrechtes erforderlich sei, vgl. *Ders.*, Sollen wir in Preußen ein öffentliches Ministerium haben?, in: Jahrb. f. d. CrimRpfl. 1840, S. 527 ff. (535).

anklagende Prozeßpartei beschränkt wissen. Die Staatsanwaltschaft, die in Preußen Gesetz geworden war, empfand er dagegen als „willenloses Werkzeug in der Hand der Regierung", der „der Angeklagte mehr als Opfer, denn als Gegner unterworfen war"[142].

Diese kritische Stellungnahme zu der gesetzlichen Ausprägung, die das Institut der Staatsanwaltschaft durch die Regierung erhalten hatte, bietet einen guten Ansatzpunkt, die Motive, die im 19. Jahrhundert zu der einer Einführung der Staatsanwaltschaft geführt haben, einer genaueren Untersuchung zu unterziehen.

In der rechtsgeschichtlichen Analysen der heutigen Zeit war lange Zeit die Auffassung vorherrschend, die Staatsanwaltschaft sei als „Kind der Revolution"[143] eine „liberale Errungenschaft"[144], die im Zusammenhang mit der Umsetzung der anderen vormärzlichen Forderungen nach Öffentlichkeit, Mündlichkeit und Geschworenengerichten gesehen werden müsse[145]. Die Einführung der Staatsanwaltschaft wurde als Element des Fortschritts und als Beitrag zur Humanisierung der Strafrechtspflege verstanden.

Neuerdings wird an dieser Auffassung jedoch Kritik geübt. Eine neuere Arbeit[146], in welcher am Beispiel Preußens die Motive für die Einführung der Staatsanwaltschaft im 19. Jahrhundert untersucht werden, gelangt nämlich zu dem Ergebnis, daß ihre Einführung keineswegs auf liberalem Gedankengut basiere, sondern sie vielmehr als „Organ der Staatsregierung"[147] eingerichtet worden sei, um der Regierung Einfluß auf den Bereich der Strafrechtspflege zu verschaffen[148]. Dabei wird auch ausdrücklich darauf hingewiesen, daß die Einführung der Staatsanwaltschaft im 19. Jahrhundert zwar parallel zu den Forderungen nach dieser Institution in der Reformliteratur verlief, allerdings trotzdem weitgehend keine Übereinstimmung zwischen den Forderungen der

---

142 *Temme*, Grundzüge, S. 14.

143 Diese zum Schlagwort gewordene Formulierung geht zurück auf das gleichnamige Buch von *Günther*; *Ders*., Staatsanwaltschaft. Kind der Revolution.

144 *Nipperdey*, Deutsche Geschichte 1800–1866, S. 682; zitiert nach: *Collin*, „Wächter der Gesetze", S. 1.

145 Diese Ansicht vertreten ebenfalls: *Schmidt*, Geschichte, S. 330 ff.; *Köbler*, Deutsche Rechtsgeschichte, S. 202 f.; *Laufs*, Rechtsentwicklungen, S. 260 f.

146 *Collin*, „Wächter der Gesetze"; *Collin*, Staatsanwaltschaft.

147 *Collin*, Staatsanwaltschaft, Rn. 37.

148 Allerdings gab es auch zuvor schon verzeinzelte Stimmen, die hinsichtlich der Einführung der Staatsanwaltschaft in den deutschen Strafprozeß eine andere Sichtweise verfochten, vgl. etwa *Kehr*, Genesis, S. 47.

Reformer und den Interessen, die die Regierung mit der Einführung der Staatsanwaltschaft verfolgte, bestand[149].

Diese neueren Forschungsergebnisse finden auch ihre Bestätigung in Temmes Ablehnung der durch die preußischen Regierung eingeführten „Art" der Staatsanwaltschaft. Beispielhaft sei diesbezüglich noch einmal auf seine Kritik Temmes an der Staatsanwaltschaft nach dem preußischen Gesetz vom 17. Juli 1846 verwiesen:

> „[...] die Staatsanwaltschaft hat, indem sie einerseits mit der Regierung identifiziert, also unselbstständig, andererseits geradezu mit einer ihrem reinem Begriffe geradezu widersprechenden Macht ausgerüstet ist, eine Stellung erhalten, wie sie für die Beugung und Unterdrückung des Rechts im Interesse der Regierung kaum gefährlicher gedacht werden kann."[150]

Auch Temme unterstellte der Regierung mithin, daß diese sich bei der Ausgestaltung der Staatsanwaltschaft im wesentlichen von ihren eigenen politischen Interessen habe leiten lassen und er folgerte daraus, daß die Staatsanwaltschaft daher als ein im Sinne der Regierung handelndes Organ anzusehen sei. Er setzte deshalb der nach dem Vorbild des französischen Rechtes eingeführten, als „Gesetzeswächterin" ausgestalteten Staatsanwaltschaft seine Auffassung der Staatsanwaltschaft als Prozeßpartei entgegen. Diese Auffassung fand ihr Vorbild im anglo-amerikanischen Recht, wo der Staatsanwalt als Ankläger allein das Interesse an der Verurteilung des wirklichen Schuldigen zu vertreten hatte[151]. Eine solche Rolle der Staatsanwaltschaft als Partei brachte es mit sich, daß streng auf gleiche Verfahrensrechte von Anklage und Verteidigung geachtet wurde. Diesen Gedanken der Gleichberechtigung zwischen den Parteien griff auch Temme immer wieder auf und suchte aus ihm sowohl die Befugnisse der Staatsanwaltschaft als auch auch deren Begrenzungen herzuleiten.

Es erscheint nicht verfehlt, den Gedanken der Gleichstellung von Ankläger und Angeklagtem, der konsequent in die Rolle der Staatsanwaltschaft als Prozeßpartei mündet, als Ausfluß einer liberalen Staatsauffassung zu werten. Ihm liegt nämlich die Vorstellung zu Grunde, daß auch der Staat, der im Strafprozeß seinen Anspruch durchsetzen möchte, sich der Gerichtsbarkeit des in seiner Stellung unabhängigen Richters unterwerfen und sich dabei als Gegner des Beschuldigten mit diesem auf eine Stufe begeben muß[152]. Insofern kann man durchaus davon sprechen, daß in der von Temme befürworteten Rolle der

149 *Collin*, „Wächter der Regierung", S. 405.

150 *Temme*, Grundzüge, S. 13.

151 Vgl. dazu: *Wohlers*, Staatsanwaltschaft, S. 65.

152 Vgl. dazu: *Müller*, Rechtsstaat, S. 201.

Staatsanwaltschaft als Prozeßpartei insbesondere auch seine liberale Staatsauffassung zum Ausdruck kam. Dafür spricht auch, daß er vor allem in der Zeit nach der Revolution von 1848/49 immer wieder die grundlegende Bedeutung dieser Konzeption hervorhob.

Andererseits darf jedoch nicht übersehen werden, daß Temmes Modell von der Staatsanwaltschaft als Partei im wesentlichen aus seiner Ablehnung der Stellung des Staatsanwaltes als Gesetzeswächter resultierte. Als ihm klargeworden war, welche Gefahren die neue eingeführte Staatsanwaltschaft barg, bot ihm die Berufung auf deren Parteirolle die Möglichkeit, die Macht der neu eingeführten Institution zu begrenzen. Ihm war es immer darauf angekommen, dem Inquisitionsrichter einen Teil seiner Befugnisse durch Einführung der Staatsanwaltschaft zu nehmen. Deshalb wollte er nicht einfach dessen Macht auf den Staatsanwalt verlagert wissen. Temme versuchte daher, die Macht der Staatsanwaltschaft möglichst gering zu halten. Zwar nahm er einerseits für die Staatsanwaltschaft das Anklagemonopol in Anspruch, andererseits wollte er dieses durch die Einführung der Möglichkeit einer Popularklage so weit beschränken, daß ihm nahezu keine praktische Bedeutung mehr zukam[153]. Da Temme die Privatklage für jeden zulassen wollte, der nur irgendein Interesse an der Verfolgung einer Straftat vorweisen konnte, verblieb das Anklagemonopol nur noch für solche Taten uneingeschränkt bei der Staatsanwaltschaft, durch die niemand in irgendeiner Weise betroffen wurde. Über die Zulassung der Privatklage sollte dann wiederum ein Richter entscheiden. Dies führte bei genauerer Betrachtung nicht nur zu einer Umgehung des Anklagemonopols, sondern auch zu einer völligen Aushöhlung der von Temme befürworteten Parteistellung der Staatsanwaltschaft im Strafprozeß, da in diesen Fällen die Unparteilichkeit des Richters, die durch die Funktionenteilung eigentlich gesichert werden sollte, nicht mehr gewährleistet werden konnte.

Zusammenfassend zeigt sich in den Schriften Temmes immer wieder die Tendenz, der Staatsanwaltschaft möglichst wenig Befugnisse zukommen zu lassen: Von den meisten Befürwortern der Parteirolle der Staatsanwaltschaft wurde entgegensetzt zu Temmes Auffassung gefordert, die Beweisaufnahme im Rahmen der Hauptverhandlung allein den Prozeßparteien zu übertragen, da dies als konsequente Umsetzung des Parteienprozesses gewertet wurde. Man gewinnt jedoch den Eindruck, daß es Temme auf eine derartige konsequente Umsetzung des anglo-amerikanischen Anklageprozesses gar nicht ankam. Vorrangig suchte er nämlich, durch die Zurückdrängung der Staatsanwaltschaft in die Parteirolle deren Einflußnahme auf den Strafprozeß zu verringern.

153 Siehe 2. Teil, 7. Kapitel B) IV. 1.

Seine Begrenzungstendenzen lassen eine gewisse Scheu vor der Institution der Staatsanwaltschaft erkennen, die darauf schließen läßt, daß ihm im Laufe der Zeit die mit der Einführung der Staatsanwaltschaft verbundenen politischen Gefahren bewußt geworden waren. Deshalb versuchte er, für jeden einzelnen Abschnitt des Strafverfahrens den Weg der geringsten staatlichen Einflußnahme zu finden.

Obwohl Temme mit seiner Ablehnung der Staatsanwaltschaft nach dem französischen Vorbild keineswegs allein dastand und auch viele andere Reformautoren in der Öffentlichkeit für die gegenläufige Konzeption der Staatsanwaltschaft als Prozeßpartei eintraten[154], konnte sich dieser Gedanke trotzdem langfristig nicht durchsetzen. In den partikularstaatlichen Strafverfahrensgesetzen der fünfziger und sechziger Jahre des 19. Jahrhunderts bemühte man sich zwar, die Mitwirkungsrechte von Staatsanwaltschaft und Verteidigung einander anzunähern und es lassen sich auch vereinzelte Anlehnungen an das anglo-amerikanische Strafverfahren finden[155]. Aber im Grundsatz beließ man es bei der Entscheidung für das französische Verfahrensmodell[156].

Diese Grundhaltung wurde auch bei Erlaß der Reichsstrafprozeßordnung grundsätzlich beibehalten. Man hielt die aus dem englischen Recht stammende Vorstellung von einer strikteren Durchführung des Anklageprinzips in bezug auf Deutschland nicht für passend[157]. Deshalb wies die Reichsstrafprozeßordnung der Staatsanwaltschaft keine reine Parteistellung zu, sondern sie hielt grundsätzlich an der Verfahrensstruktur des partikularstaatlichen Verfahrensrechtes fest[158].

Diese Tendenz, der Staatsanwaltschaft über ihre Funktion als Anklägerin hinaus im Strafverfahren Befugnisse einzuräumen, fand ihren traurigen Höhepunkt dann in der Zeit des Nationalsozialismus, als unter dem Deckmantel einer besseren Wahrheitserforschung, die Rechte des Beschuldigten im Strafprozeß gegenüber der Staatsanwaltschaft und dem Gericht derart eingeschränkt wurden, daß an eine eventuelle „Waffengleichheit" zwischen den Prozeßparteien nicht mehr zu denken war[159].

---

154 *Mittermaier*, Gesetzgebung, S. 279; *Zachariä*, Gebrechen, S. 272.

155 Vgl. etwa die Institution des Kreuzverhörs in dem preußischen Gesetz vom 3. Mai 1852, siehe dazu 2. Teil, 7. Kapitel B) IV. 3.

156 Dazu ausführlich *Wohlers*, Staatsanwaltschaft, S. 172.

157 *Wohlers*, Staatsanwaltschaft, S. 196.

158 Damit ist dann auch die in der Literatur oftmals vorgebrachte Behauptung, bei der Einführung der Staatsanwaltschaft hätten in erster Linie Forderungen der Wissenschaft eine Rolle gespielt, widerlegt, vgl. *Wohlers*, Staatsanwaltschaft, S. 185 ff., 203.

159 Vgl. dazu: *Müller*, Rechtsstaat, S. 201; *Ders.*, Leviathan 1977, S. 522 ff. (526 ff.).

Achtes Kapitel:
Die Forderung nach Schwurgerichten[1]

A) Einführung

Besonders umstritten war in dem halben Jahrhundert der Strafprozeßreform die Frage nach der Einführung von Geschworenengerichten[2]. Ursache dafür war die Tatsache, daß das Geschworenengericht mehr noch als der öffentliche und mündliche Anklageprozeß als eine grundlegende politische Einrichtung angesehen wurde[3] und unter dem stärker werdenden Einfluß des Liberalismus der Ruf nach einer solchen Institution immer lauter wurde[4]. In Frankreich wurde die von *Montesquieu* geforderte Teilung der Gewalten mit der französischen Verfassung von 1791 vollzogen. Auf dem Gebiete des Strafverfahrensrechtes bildete man dabei nach dem Vorbild des englischen Geschworenensystems für Strafsachen eine Anklage- und eine Urteilsjury, durch welche das Volk vor richterlicher Gewalt geschützt werden sollte. Dabei galten die Geschworenengerichte als „Palladium der bürgerlichen Freiheit"[5] und damit als die Entsprechung der Volksvertretung auf strafprozessualem Boden[6]. Bald erwiesen sich diese jedoch als lenkbare Werkzeuge der Revolutionäre[7]. Aus diesem Grunde erwuchs diesem Institut in Frankreich eine immer größer werdende Gegnerschaft, so daß bei der Erarbeitung der Vorschriften des Code d'Instruction

1 Einen guten Überblick über die Diskussion um die Schwurgerichte im 19. Jahrhundert gibt: *Schwinge*, Schwurgerichte; vgl. ferner aber auch: *Böttges*, Laienbeteiligung.

2 *Ignor*, Geschichte, S. 249; *Schmidt*, Geschichte, S. 332; Die Diskussion um die Einführung von Schwurgerichten wurde von einer breiten Öffentlichkeit geführt. Diesen Umstand bemängelte auch Temme in der Bemerkung, daß jeder, der „in seinem Leben ein paar Zeitungs=Correspondenzen geschrieben hat", sich stracks berufen fühlt „mit- und abzusprechen, leider oft am meisten über Sachen, von denen er nichts versteht", vgl. *Temme*, Aphorismen, in: CrimZ 1841, S. 162 f. (162).

3 Vgl. *Feuerbach*, Geschwornen=Gericht, S. 1 ff.; *Zachariae*, Gebrechen, S. 303 ff.

4 *Ignor*, Geschichte, S. 249; *Schwinge*, S. 43.

5 Dieser Ausdruck, welcher in der Diskussion um die Einführung der Schwurgerichte zum Kampfbegriff wurde, stammt von *Blackstone*; *Ders.*, Commentaries S. 196, 417 und *de Lolme*; *Ders.*, Constitution, S. 175 ff., so zumindest *Schwinge*, Schwurgerichte, S. 51 (Fn. 3, 4).

6 *Ignor*, Geschichte, S. 249; *Schmidt*, Geschichte, S. 326.

7 *Schmidt*, Geschichte, S. 326; *Schwinge*, Schwurgerichte, S. 2.

Criminelle[8] von 1808 bereits wieder über dessen Abschaffung diskutiert wurde[9]. Nachdem *Napoleon* sich jedoch ausdrücklich für deren Erhalt ausgesprochen hatte[10], blieb die Jury in Form der Urteilsjury für schwere Verbrechen erhalten[11]. Allerdings wurde das Institut der Anklagejury wieder abgeschafft[12], und auch das Institut der Urteilsjury wurde vielfachen Modifikationen unterzogen[13].

Auch in Deutschland wurde im Zusammenhang mit den allgemeinen liberalen Reformbestrebungen und unter der Geltung des Code d'Instruction Criminelle in den Rheinlanden der Ruf nach Geschworenengerichten englischer oder französischer Prägung immer lauter[14]. Ferner trugen die zahlreichen politischen Prozesse, welche in der Folge der Karlsbader Beschlüsse[15] in den zwanziger und dreißiger Jahren des 19. Jahrhunderts durchgeführt wurden[16], dazu bei, das Vertrauen zu den Berufsrichtern zu schmälern[17]. Infolge dieser Prozesse war in der Öffentlichkeit die Überzeugung entstanden, daß man der vorherrschenden Richterwillkür und Kabinettjustiz nur durch die Mitwirkung von Laien im Strafprozeß wirksam begegnen könne[18]. Obwohl es auch einige Be-

---

8 Zu der Entstehung des Code d'Instruction Criminelle, vgl. *Feldhausen*, Geschichte.

9 *Feldhausen*, Geschichte S. 145, 154; *Schmidt*, Geschichte, S. 326.

10 *Feldhausen*, Geschichte, S. 155; *Schmidt*, Geschichte, S. 326; Schwinge, Der Kampf um die Schwurgerichte bis zur Frankfurter Nationlaversammlung, S. 2.

11 Vgl. Art. 217 ff. CIC.

12 Die Institution der Anklagejury wurde dem generellen Erhalt des Instituts der Schwurgerichte in Form der Urteilsjury geopfert, vgl. *Hepp*, Vergleichung der englischen und der französischen Jury, in: ACR 1849, S. 368 ff. (401); ferner auch *Feldhausen*, Geschichte, S. 147.

13 *Schmidt*, Geschichte, S. 326; *Schwinge*, Schwurgerichte, S. 5.

14 Vgl. hierzu: 2. Teil, 5. Kapitel.

15 Ausgelöst durch das Attentat des Studenten *Karl Sand* auf den russischen Beamten *A. von Kotzebue* (22. März 1819) wurden von zehn deutschen Staaten auf den Karlsbader Konferenzen Entwürfe zu vier Bundesgesetzen beschlossen: einem Universitätsgesetz, einem Pressegesetz, einem Untersuchungsgesetz gegen bundesfeindliche Umtriebe und einer Exekutionsordnung. Diese Entwürfe wurden am 20. September 1819 im Bundestag angenommen. Die Karlsbader Beschlüsse waren die schärfsten Maßnahmen im Deutschen Bund gegen die „demagogischen Umtriebe", die Burschenschaften und die nationalen und liberalen Bestrebungen. Eingehend zu den Karlsbader Beschlüssen: *Büssem*, Karlsbader Beschlüsse, S. 1 ff.

16 Als Beispiele sind hier die Prozesse gegen *Friedrich Ludwig Jahn* (1778–1852), *Ernst Moritz Arndt* (1769–1860), *Carl Theodor Welcker* (1790–1869) und *Joseph Görres* (1776–1848) zu nennen; zu den zahlreichen politischen Prozessen dieser Zeit vgl. *Haber*, ZStW 91 (1979), S. 590 ff. (60).

17 *Schwinge*, Schwurgerichte, S. 45.

18 *Schmidt*, Geschichte, S. 332; *Schwinge*, Schwurgerichte, S. 45.

fürworter des Instituts der Geschworenengerichte gab[19], lehnten die meisten deutschen Strafrechtswissenschaftler diese politische Forderung des Liberalismus zunächst ab[20].

B) Temme als Gegner der Schwurgerichte

Auch Temme befaßte sich in vielen Schriften mit der Frage der Einführung einer Jury im Strafprozeß[21]. Dabei nutzte er insbesondere seine Mitherausgeberschaft der Criminalistischen Zeitung und der Zeitschrift für deutsches Strafverfahren[22] für kontinuierliche Stellungnahmen zu dieser aktuellen Streitfrage des Strafprozeßrechtes. Obwohl er, wie noch zu zeigen sein wird, für die Grundsätze der Öffentlichkeit und Mündlichkeit im Strafprozeß eintrat, gehörte er auch zu denjenigen, welche die Einführung der Juryverfassung zunächst entschieden ablehnten und sich gegen die Tendenz bestimmter „Classen" wandten, „die Geschworenengerichte einmal unbedingt gut zu finden"[23].

I. Fehlende historische Verwurzelung der Geschworenengerichte

Als ein wichtiges Argument, welches für ihn gegen die Einführung von Schwurgerichten sprach, führte Temme vielfach an, diese besäßen in

19 Z. B. *Geib*, Reform, S. 127; *Krause*, Schwurgerichte, S. 258; *Siebenpfeiffer*, Gerechtigkeitspflege, S. 204.

20 Vgl. z. B.: *Feuerbach*, Geschwornen=Gericht, S.167 ff., 190 ff. (diese Schrift wird oftmals als Ausgangspunkt der Schwurgerichtsdebatte in Deutschland bezeichnet); *Savigny*, Schwurgerichte, in: Arch. f. pr. StrafR 1858, S. 469 ff.; *Zachariä*, Gebrechen, S. 300 ff.; zu den Gegnern der Schwurgerichte gehörten weiter *Stahl*, *Wächter*, *Falck*, *Jagemann*, *Martin*, *Bauer*, *Roßhirt* und *Abegg*, vgl. m. w. N.: *Schwinge*, Schwurgerichte, S. 71 ff.

21 Vgl. insbesondere: *Temme*, Die Geschwornen in Nordamerika, in: CrimZ 1841, S. 186 f.; *Temme / Noerner*, Prozeß Lafarge; *Ders*., Französische Geschworne, in: CrimZ 1841, S. 40 ff, 66 f., 177 f., CrimZ 1842, S. 143; *Ders*., Aphorismen, in: CrimZ 1841, S. 162 ff., 201, CrimZ 1842, S. 39 f.; *Ders*., Verordnung vom 20. Oktober 1839, in: ZsDtStrafverfahren, Bd. 2, Jg. 1842, S. 480 ff.; *Ders*. Mißhandlung der Kinder gegen ihre Eltern, in: CrimZ 1842, S. 134 f., *Ders*., Ueber die Behandlung der Begnadigungsgesuche, in: ZsDtStrafverfahren 1846, S. 268 ff. (272 f.); *Ders*., Grundzüge; *Ders*., Statistik der Todesurtheile, in: GS 1856, S. 453 ff.; *Ders*., Schwurgericht und Schöffengericht.

22 Siehe dazu oben, 1.Teil, 2. Kapitel, B), I.

23 *Temme*, Verordnung vom 20. Oktober 1839, in: ZsDtStrafverfahren 1842, S. 480 ff. (495).

Deutschland keinerlei historische Tradition[24]. Die Behauptung, das Institut der Geschworenen sei ein echt germanisches, habe den Zweck, die Öffentlichkeit über den nationalen Ursprung der Geschworenengerichte in die Irre zu leiten[25]. So berief sich Temme darauf, nach der germanischen Gerichtsverfassung sei die Gerichtsbarkeit im Kaiser konzentriert gewesen, welcher diese seinen Grafen übertragen habe, weshalb Grafschaft und Jurisdiktion eins gewesen seien. Aus der Grafschaft sei nach und nach die Landeshoheit entstanden, wobei der Inbegriff der Landeshoheitsrechte die Jurisdiktion gewesen sei. Dennoch sei alle Gerichtsbarkeit beim Kaiser gewesen, und da, wo der Kaiser sich befunden habe, habe kein anderes Recht gesetzt werden können. In diesem Zusammenhang verwies Temme auf das altdeutsche Sprichwort:

> „Wohin der König (Kaiser) kommt, da sind ihm alle Gerichte offen."[26]

Das Volk hingegen sei nur dazu dagewesen, das Recht zu weisen. Aufgrund des Mangels an geschriebenem Recht sei es damals die Aufgabe des Richters gewesen, die Repräsentanten des Volkes (die Schöffen) zu fragen, was Recht sei. Diese Aufgabe sei aber heute überflüssig, da dem Richter inzwischen Kodifikationen des Rechts in der Form von Gesetzbüchern für die Weisung des Rechts zur Verfügung ständen. Aus seiner Klarstellung der bloßen Rechtsweisungsfunktion der Schöffen zog Temme anschließend die Folgerung, daß früher das Volk ebensowenig Gerichtsbarkeit besessen habe wie die geschriebenen Gesetzbücher in neuerer Zeit[27].

Zwar könne man versuchen, durch eine Einführung von Geschworenen diese alte Rechtsweisungsbefugnis wiederzubeleben, jedoch müsse dieses Unterfangen wohl zwangsläufig an dem „zu uns ins Land gekommenen Wust von fremden Gesetzen, von Römischen, Canonischen, Langobardischen Rechten"[28] scheitern. Eben durch dieses Eindringen fremder Rechte sei das einheimische in dem deuschen Volke selbst lebende Recht verdrängt worden, und an dessen Stelle seien fremde Normen getreten[29]. Zwar sei diese Rezeption fremden

---

24 *Temme*, Aphorismen, in: CrimZ 1841, S. 162 ff. (162); *Ders.*, Verordnung vom 20. Oktober 1839, in: ZsDtStrafverfahren 1842, S. 480 ff. (493); *Ders.*, Anzeigen und Kritiken, in: ZsDtStrafverfahren 1844, S. 428 ff. (434); *Ders.*, Ueber die Behandlung der Begnadigungsgesuche, in: ZsDtStrafverfahren 1846, S. 268 ff. (272); *Ders.*, Zu dem Gesetze vom 17. Juli 1846, in: JWPrS 1847, S. 241 ff. (243).

25 *Temme*, Anzeigen und Kritiken, ZsDtStrafverfahren 1844, S. 428 ff. (434).

26 *Temme*, Aphorismen, in: CrimZ 1841, S. 162 ff. (162).

27 *Temme*, Aphorismen, in: CrimZ 1841, S. 162 ff. (162).

28 *Temme*, Aphorismen, in: CrimZ 1841, S. 162.

29 *Temme*, Verordnung vom 20. Oktober 1839, in: ZsDtStrafverfahren 1842, S. 480 ff. (493 f.).

Rechts nun bereits über 300 Jahre her, jedoch könne und dürfe man trotz des erheblichen Zeitablaufs solche fremden von außen eingedrungenen Rechtseinflüsse nicht als historisch bezeichnen[30]. Man müsse in diesem Zusammenhang immer sauber unterscheiden, ob bestimmte Rechtsinstitute einen historischen Boden in Deutschland besäßen und deshalb gegebenenfalls wiederherzustellen seien oder nicht. Als Methode, diesen historischen Boden zu bestimmen, schlug Temme dabei vor:

> „Was durch äußerliche, nicht in unserer Nationalität liegende, sondern von ferne her uns zugekommene, uns sogar aufgedrängte Einflüsse getödtet ist, von dem kann man annehmen, das es wieder zu einem fruchtbaren und wohlthätigen Leben für uns erweckt werden kann. Selbst dies gilt nicht ganz allgemein; denn wenn seit jener Tödtung unsere Zustände so ganz anderer Art geworden sind, daß jenes, wenn es noch existent wäre, nun doch, durch diese veränderten Zustände, in sich selbst absterben müßte, so kann es zu einem historischen Leben nicht mehr erweckt werden. Niemals aber kann das wieder irgend ein historisches, nationales Leben gewinnen, was durch unsere national gewordenen Zustände nothwendig in sich selbst erstorben ist. Von einem solchen Tode ist keine andere Auferstehung möglich, als zu einem kurzen, flüchtigen schattenähnlichen Scheinleben."[31]

Die Anwendung dieser Methode zur Bestimmung des historischen Bodens auf das Institut der Geschworenen führte ihn dann zu dem Ergebnis, daß es eine „platte Unmöglichkeit"[32] sei, jemals wieder zu den einfachen Elementen des germanischen Rechts zur Zeit seiner Veränderung durch die fremden Rechte zurückzukehren, weshalb das Institut der Volksgeschworenen notwendig in sich selbst erstorben sei. Schließlich sei das gesamte gegenwärtige Recht etwas durchaus Nationales geworden. Es durchdringe das gesamte politische, bürgerliche und auch sittliche Leben. Dies bringe jedoch auch zwangsläufig die Unmöglichkeit mit sich, das „gegenwärtig bestehende Recht jemals wieder so zu einem im gesamten Volke lebenden Rechte zu machen"[33], wie dies beim germanischen Recht möglich gewesen sei. Vielmehr sei das Recht inzwischen eine Wissenschaft, die nur „von den Eingeweiheten, von den Priestern erkannt und auf die praktischen Fälle angewendet" werden könne. Aus diesem Umstand folgerte er, daß es nicht möglich sei, zu den germanischen Volksgerichten zurückzukehren:

---

30 *Temme*, Aphorismen, in: CrimZ 1841, S. 162.

31 *Temme*, Verordnung vom 20. Oktober 1839, in: ZsDtStrafverfahren 1842, S. 480 ff. (493).

32 *Temme*, Verordnung vom 20. Oktober 1839, in: ZsDtStrafverfahren 1842, S. 480 ff. (493).

33 *Temme*, Verordnung vom 20. Oktober 1839, in: ZsDtStrafverfahren 1842, S. 480 ff. (494).

„Ei ja, werft einmal alle unsere Rechtssysteme über den Haufen, mit all ihren mannigfaltigen politischen und bürgerlichen Verzweigungen, und stellt das einfache deutsche Recht des Mittelalters wieder her, und nun macht zum Andern, daß dieses Recht nun wieder so lebendig im Volke lebe. Alsdann könnt ihr auch wieder von einer Anforderung sprechen, daß das Volk sein Recht finde. Alsdann könnt ihr alle studirten und besoldeten Richter über die Grenze jagen. Aber so lange ihr jenes Wunder nicht zu bewirken vermögt, so lange bleibt auch mit diesem wunderlichen Einfalle zu Hause."[34]

Diese Auseinandersetzung Temmes mit dem Ursprung des Geschworenengerichts entspringt einer damals herrschenden Tendenz, den Ursprung des Instituts der Geschworenen aufzudecken. Von Anfang bis über die Mitte des 19. Jahrhunderts hinaus war der Erforschung des Ursprungs des Geschworenengerichts von Deutschen, Engländern und Franzosen ein enormer Aufwand gewidmet worden[35]. Die rechsthistorischen Untersuchungen, welche die deutsche Wissenschaft zu diesem Thema vornahm, standen in unmittelbaren Zusammenhang mit der Frage der Einführung des Geschworenengerichts in den deutschen Ländern. Die Debatte, welche sich um seine Einführung rankte, gab eben auch Anlaß zu Forschungen über die Entstehung dieses Rechtsinstituts[36].

Temme wandte sich mit seinen oben dargestellten Erwägungen gegen die als „Schöffentheorie"[37] bezeichnete Ansicht, die beinhaltete, das Geschworenengericht sei ein ursprünglich deutsches Institut, welches auf das altgermanische Schöffengericht zurückgehe[38]. Die Anhänger dieser Theorie sahen in der Einführung der Schwurgerichte lediglich die Wiederbelebung eines eines bereits früher bestandenen Rechtsinstituts[39]. Dabei wurde die Beteiligung des Volkes an der Rechtsprechung als das Charakteristikum des Geschworenengerichtes herausgestellt und darauf verwiesen, daß nach der germanischen Gerichtsverfassung die zu Gericht versammelten Volksgenossen das Urteil fanden[40]. Deshalb sei das Amt der Schöffen im altgermanischen Recht mit dem Amt der Geschworenen vergleichbar. Neben der von Temme vorgebrachten Kritik, daß

---

34 *Temme*, Verordnung vom 20. Oktober 1839, in: ZsDtStrafverfahren 1842, S. 480 ff. (495).

35 *Brunner*, Entstehung der Schwurgerichte, S. 8.

36 *Brunner*, Entstehung der Schwurgerichte, S. 8.

37 Vgl. *Schwinge*, Schwurgerichte, S. 39; ferner auch *Brunner*, Entstehung der Schwurgerichte, S. 20 ff.

38 So z. B. das Gutachten über das Geschworenengericht der Rheinischen Immediat-Justiz Commission vom 19. Mai 1818, S. 40 ff., abgedruckt bei *Landsberg*, Gutachten, S. 119 ff.; vgl. ferner weitere Nachweise über Vertreter der Schöffentheorie bei *Brunner*, Die Entstehung der Schwurgerichte, S. 13 f.

39 Vgl. *Schwinge*, Schwurgerichte, S. 39.

40 *Schwinge*, Schwurgerichte, S. 39.

die Schöffen nur eine Rechtsfindungsfunktion besessen und insoweit mit der Untersuchung der Tatsachen nichts zu tun gehabt hätten[41], wurde die Schöffentheorie in der juristischen Literatur auch insbesondere deswegen kritisiert, weil bei den altgermanischen Schöffengerichten eine Unterscheidung zwischen Tat- und Rechtsfrage, andes als bei den Geschworenengerichten, nicht stattgefunden habe[42]. Aufgrund dieser Bedenken kam es in der wissenschaftlichen Literatur in der Folge zu einer deutlichen Abwendung von der Schöffentheorie, und man suchte andere Erklärungen für den Ursprung des Geschworenengerichts[43].

Trotz seiner Kritik an der Herleitung des Geschworenengerichts aus dem altgermanischen Schöffengericht beteiligte Temme sich jedoch nicht an der weiteren wissenschaftlichen Debatte um den Ursprung des Geschworenengerichts. Seine Ausführungen beschränken sich auf die geschilderte Kritik. Es ging ihm mit seinen Erwägungen in erster Linie wohl darum, ein Argument für ihn unhaltbares Argument der Befürworter von Schwurgerichten zu entkräften.

II. Freie Beweiswürdigung auch ohne Schwurgerichte

Ein weiteres Argument, welches Temmes den Befürwortern der Einführung von Geschworenengerichten entgegenhielt, war, daß er keineswegs die Notwendigkeit erkennen konnte, die Einführung einer freien Beweiswürdigung notwendigerweise mit der Einrichtung von Schwurgerichten zu verbinden[44]. Zum Verständnis der Argumente, die er diesbezüglich vorbrachte, muß man zunächst erklären, warum in der Schwurgerichtsdebatte vielfach ein derartiger Zusammenhang angenommen wurde[45]. Der Grund für die Verknüpfung dieser beiden Problemkreise bestand darin, daß in Frankreich die Einführung des Prinzips der freien Beweiswürdigung eine Folge der Einführung der Schwur-

41 Dieses Argument wurde in der Literatur noch von vielen anderen vertreten, vgl. etwa: *Rogge*, Gerichtswesen der Germanen, S. 245.

42 *Brunner*, Entstehung der Schwurgerichte, S. 21.

43 Spätestens seit *Rogges* Untersuchung wurde die Schöffentheorie von der Beweismitteltheorie, welche den Ursprung der Geschworenen in den altgermanischen Eideshelfern sah, verdrängt; vgl. *Rogge*, Gerichtswesen der Germanen, S. 242 ff.; später kam dann noch die Urteilsfinder-Hypothese hinzu, vgl. *Schwinge*, Schwurgerichte, S. 93.

44 *Temme*, Aphorismen, in: CrimZ 1842, S. 39 f. (39); *Ders.*, Gesetz über das Untersuchungsverfahren vom 17. Juli 1846, in: ZsDtStrafverfahren 1846, S. 343 ff.

45 Dieser Zusammenhang ist insbesondere bei *Schwinge*, Schwurgerichte, S. 74 (vgl. aber auch das Vorwort, S. V.) deutlich herausgearbeitet; vgl. ferner aber auch *Küper*, Richteridee, S. 214; *Hoehn*, Stellung des Strafrichters, S. 79; *Nobili*, Überzeugungsbildung, S. 161 ff.; *Schmitt*, Beweiswürdigung, S. 155.

gerichte gewesen war[46]. Der freien Beweiswürdigung durch die Geschworenen lag die Lehre von der „intime conviction“ zugrunde, welche besagte, daß mit der Stellung eines Geschworenen eine räsonierte Urteilsfindung nicht zu vereinbaren sei, sondern daß der Geschworene nur aufgrund seiner orakelhaften moralischen Überzeugung urteilen könne[47]. Diese Lehre fand ihren gesetzlichen Ausdruck in der Instruktion, welche der Geschworenen-Vorsteher gemäß Artikel 342 des Code d'Instruction Criminelle seinen Mitgeschworenen zu Beginn der Beratung vorlesen mußte:

> „Das Gesetz fordert von den Geschwornen keine Rechenschaft über die Gründe, wodurch sie sich überzeugt gefunden haben; es schreibt ihnen keine Regeln vor, nach welchen sie vorzüglich beurtheilen sollen, ob ein Beweis vollkommen und hinreichend sey: was es von ihnen fordert, ist, daß sie in der Stille, und ganz in sich zurückgezogen, sich selbst befragen, und in dem Innersten ihres Gewissens erforschen, welchen Eindruck die wider den Angeklagten vorgebrachten Beweise und Gründe, worauf dessen Vertheidigung beruht, auf ihre Urtheils=Kraft gemacht haben. Das Gesetz sagt ihnen nicht: Sie sollen jeden Thatumstand für wahr halten, der von dieser oder jener Zeugen=Anzahl für wahr angegeben ist, es sagt ihnen eben so wenig: Sie sollen jeden Beweis als unzureichend verwerfen, der nicht auf diesem oder jenem Protokoll, auf diesen oder jenen Urkunden, auf so und so viel Zeugen oder Anzeigen beruht; es macht an sie nur die einzige Frage, welche den Inbegriff aller ihrer Pflichten enthält: Sind sie innig überzeugt?“

Diese Lehre von der „intime conviction“ kehrte dann in Deutschland als Lehre vom „Totaleindruck“[48] wieder und war zunächst Ausgangspunkt der Debatte, ob auch in Deutschland das Schwurgericht einzuführen sei oder nicht[49]. Hintergrund war, daß man nur den Geschworenen eine ungebundene Meinungsbildung gestatten wollte[50]. An die Möglichkeit, auch den Richter nach freier Beweiswürdigung urteilen zu lassen, dachte zunächst niemand[51]. Hinter dieser empfundenen Unvereinbarkeit von Berufsrichtertum und freier richterlicher

---

46 *Küper*, Richteridee, S. 214.

47 *Glaser*, Lehre vom Beweis, S. 17 f.

48 Diese Lehre baute den Unterschied zwischen der Entscheidung eines Richters und derjenigen eines Geschworenen dahingehend auf, daß sich der Richter bei seinem Entscheidungsfindungsprozeß jeden Schrittes bewußt sei, wohingegen die Entscheidung des Geschworenen durch einen unwillkürlichen, plötzlichen Akt der inneren Überzeugung, den Totaleindruck, entstehe. Am entschiedensten ist die Lehre vom Totaleindruck von *Köstlin* zum Ausdruck gebracht worden, siehe *Ders.*, Wendepunkt, S. 107 ff.; vgl. ferner aber auch *Oppen*, Geschworene und Richter, S. 45; *Seeger*, Geschworenengericht, S. 58 ff. und *Zentner*, Geschworenengericht, S. 439.

49 *Küper*, Richteridee, S. 217.

50 So z. B. das Gutachten der Rheinischen Immediat Justiz Kommission, abgedruckt bei *Landsberg*, Gutachten, S. 173 ff.

51 *Küper*, Richteridee, S. 218.

Beweiswürdigung steckte eine tiefe Skepsis, die man zur damaligen Zeit gegenüber den Richtern als „Exponenten der politischen Macht“[52] empfand[53]. Die Bindung der Richter an eine gesetzliche Beweistheorie sollte dazu dienen, richterliche Willkür auszuschließen[54]. Dieses Mißtrauen gegenüber der Richterschaft führte dazu, daß die Diskussion zunächst in die Richtung lief, daß von der einen Seite wegen der allseits anerkannten Mängel der gesetzlichen Beweistheorie die Einführung von Geschworenengerichten gefordert wurde, während die andere Seite die Einführung von Schwurgerichten ablehnte, weil diese nicht mit der gesetzlichen Beweistheorie vereinbar und die ihr entgegenstehende Lehre von der „intime conviction“ abzulehnen sei[55].

Infolgedessen erscheint es verwunderlich, daß durch das preußische Gesetz über das Untersuchungsverfahren vom 17. Juli 1846[56] zwar kein Schwurgericht eingeführt wurde, der Richter jedoch von jeglicher Beweistheorie entbunden wurde. So bestimmte § 19 des Gesetzes:

> „[...] Dagegen treten die bisherigen positiven Regeln über die Wirkungen der Beweise außer Anwendung. Der erkennende Richter hat fortan nach genauer Prüfung aller Beweise für die Anklage und Vertheidigung nach seiner freien, aus dem Inbegriff der vor ihm erfolgten Verhandlungen geschöpften Überzeugung zu entscheiden: ob der Angeklagte schuldig oder nicht schuldig, oder ob derselbe von der Anklage zu entbinden sei. Er ist aber verpflichtet, die Gründe, welche ihn dabei geleitet haben, in dem Urtheil anzugeben [...].“[57]

Die Entstehung dieser Vorschrift ist auf eine Entwicklung in der vorstehenden Debatte zurückzuführen, in welcher die Tendenz mehr und mehr dahin ging, sich von der antithetischen Gegenüberstellung eines unter freier Beweiswürdigung urteilenden Schwurgerichtes und eines nach gesetzlichen Beweisregeln entscheidenden Richters zu lösen und zu versuchen, einen Mittelweg zu gehen[58]. Dieser Mittelweg bestand zunächst in einer zunehmenden „Rationalisie-

---

52 *Schmidt*, Geschichte, S. 339.

53 *Walter*, Freie Beweiswürdigung, S. 69; *Gebhardt*, Freiheit des Strafrichters, S. 22.

54 Die Gefahr einer derartigen richterlichen Willkür bei Einführung freier richterlicher Beweiswürdigung sahen z.B. *Abegg*, Beiträge, S. 191; *Gans*, Richter als Geschworne, S. 68 ff. (68); *Mittermaier*, Lehre vom Beweise, S. 84 ff., 118 ff.; *Rintel*, Jury, S. 31, 55.

55 *Schwinge*, Schwurgerichte, S. 74.; *Walter*, Freie Beweiswürdigung, S. 69; *Glaser*, Lehre vom Beweis, S. 20; zu diesem Zusammenhang aus der Literatur der damaligen Zeit: *Feuerbach*, Geschwornen=Gericht, S. 126 ff.; *Mittermaier*, Lehre vom Beweise, S. 86, 93; *Zachariä*, Gebrechen, S. 197.

56 Siehe zu diesem Gesetz 2. Teil, 5. Kapitel.

57 § 19 des pr. G. v. 17. Juli 1846.

58 Dieser Mittelweg wurde erstmals von *Jarke* ausgesprochen, vgl. *Jarke*, Lehre vom unvollständigen Beweise, S. 14.

rung der Schwurgerichtsidee"[59]. Dabei wurde der grundsätzliche Unterschied zwischen der Denkweise des Geschworenen und derjenigen des rechtsgelehrten Richters nicht mehr anerkannt und bestritten, daß das Urteil der Geschworenen Ergebnis eines instinktartigen Wahrheitsgefühls sei oder auf unreflektierter „Totalanschauung" beruhe. Vielmehr sei sowohl das Ergebnis der Geschworenen als auch das des Richters Ergebnis eines Prozesses der Reflexion[60]. Die direkte Konsequenz dieser geänderten Auffassung war, daß vermehrt die Ansicht vertreten wurde, sowohl Richter als auch Geschworene sollten die Gründe für ihre Entscheidung angeben[61], ein Umstand, welcher letztendlich dann auch in dem preußischen Gesetz aus dem Jahre 1846 seinen Niederschlag gefunden hatte[62].

In dieser Debatte um das Prinzip der freien richterlichen Beweiswürdigung und um die Schwurgerichtsidee meldete sich auch Temme in den 40er Jahren zu Wort. Er wandte sich zunächst gegen den oben beschriebenen notwendigen Zusammenhang zwischen freier Beweiswürdigung und einer Juryverfassung. Dabei stellte er seinen diesbezüglichen Erwägungen die Frage voran:

> „Warum sollen angestellte Staatsbeamte, namentlich Richter, nicht eben sowohl als andere Staatsbürger und Unterthanen eine freie, selbstständige Ueberzeugung sich verschaffen können?"[63]

Temme, der zu diesem Zeitpunkt bereits seit 22 Jahren als Richter im Dienste des preußischen Staates stand, zeigte insbesondere kein Verständnis für das Mißtrauen dem Berufsrichtertum gegenüber[64], indem er zu bedenken gab, daß es für dieses keinen Anlaß gebe. Vielmehr habe der preußische Richterstand zwar den Ruf, „strenger Rächer des Verbrechens" zu sein, jedoch gelte er seit jeher auch als ein „Beschirmer und Beschützer der verfolgten Unschuld"[65].

---

59 *Küper*, Richteridee, S. 222.

60 *Jarke*, Lehre vom unvollständigen Beweise, S. 7 ff.; später auch *Mittermaier*, ACR 1844, S. 274 ff. (293 f.).

61 Vgl. etwa *Mittermaier*, Mündlichkeit, S. 405.

62 *Küper*, Richteridee, S. 219; *Glaser*, Lehre vom Beweis, S. 22 (Fn. 23). Neben dem preußischen Gesetz verfolgten auch das sächsische Gesetz von 1838 und der bayerische Entwurf von 1831 das System eines Strafverfahrens mit Berufsrichtern, welche unter Angabe von Entscheidungsgründen nach freier Beweiswürdigung urteilten, vgl. *Glaser*, Lehre vom Beweis, S. 22 f. (Fn. 23).

63 *Temme*, Aphorismen, in: CrimZ 1842, S. 39 f. (39); dieser Ansicht verlieh *Temme* auch fünf Jahre später noch Ausdruck, vgl. *Ders.*, Zu dem Gesetze vom 17. Juli 1846, S. 241 ff. (243).

64 Ebenso wie *Temme* wandten sich z. B. ebenfalls gegen die Berechtigung des Mißtrauens gegen die Beamtenrichter: S. 210; *Möhl*, Geschworenengericht, S. 143.

65 *Temme*, Aphorismen, in: CrimZ 1842, S. 39 f. (39).

Dabei müsse man in die Überlegungen miteinbeziehen, daß sich dieser ehrenwerte Ruf des preußischen Richtertums auch in der „zeugenlosen Gerichtsstube“[66] des Inquisitionsverfahrens nach der preußischen Kriminalordnung von 1805 erhalten habe. Insofern erscheine es doch als fragwürdig, inwiefern sich der Ruf des Richterstandes plötzlich dadurch ändern könne, daß man ihn der Öffentlichkeit, welche mit der freien richterlichen Beweiswürdigung zwangsläufig verbunden wäre, übergebe[67].

Ebenso hielt er den in der Diskussion vielfach vorgebrachten Vorwurf, der Richter sei aufgrund seiner bisherigen praktischen Erfahrungen unter der Geltung einer Beweistheorie nicht in der Lage, nach freier Beweiswürdigung zu urteilen, für unbegründet. Er gab zu bedenken, daß dies nichts anderes bedeute, als daß man dem Richter unterstelle, ihm sei durch seine bisherige theoretische und praktische Ausbildung die gesunde Vernunft abhanden gekommen[68]. Dies sei ein Einwurf, den man der Rechtswissenschaft, wenn überhaupt, nur ganz grundsätzlich entgegenhalten könne, weshalb in einem solchen Falle zu überlegen bleibe, ob, hielte man diesen Einwand für begründet, das Studium der Rechtswissenschaften nicht vollständig abzuschaffen sei[69]. Auf jeden Fall könne man den obenstehenden Einwand überhaupt nur der heutigen Richtergeneration machen, da sich dieses Problem durch Zeitablauf mit einer neuen Generation von Richtern, welche dann keinerlei Erfahrungen im Umgang mit gesetzlichen Beweistheorien hätten, erledigen werde[70].

Temme hielt es mithin keineswegs für notwendig, mit der Einführung einer freien richterlichen Beweiswürdigung zwangsläufig auch die Einführung des Instituts der Geschworenen zu verbinden.

Das Gesetz vom 17. Juli 1846 mit seiner Regelung der Einführung einer freien Beweiswürdigung durch einen Richter fand hingegen seine uneingeschränkte Zustimmung[71]. Er strich insbesondere die Tatsache positiv heraus, daß die Richter eben nicht wie Geschworene, niemandem von ihrer Entscheidung Rechenschaft ablegen müßten, sondern daß sie verpflichtet seien, die Gründe für ihre Entscheidung anzugeben:

---

66 *Temme*, Aphorismen, in: CrimZ 1842, S. 39 f. (39).

67 Ebd., S. 39 f. (39); seine Ablehnung des Mißtrauens gegenüber der Richterschaft zeigte Temme auch in: *Ders.*, Betrachtungen über das Gesetz vom 17. Juli 1846, in: JWPrS 1847, S. 241 ff. (243).

68 Ebd., S. 39 f. (39).

69 Ebd., S. 39 f. (39).

70 Ebd., S. 39 f. (39).

71 *Temme*, Gesetz über das Untersuchungsverfahren vom 17. Juli 1846, in: ZsDtStrafverfahren 1846, S. 343 ff. (351).

> „In Beziehung auf Beweis und Urtheil ist zunächst die Entbindung des Richters von allen positiven Beweisregeln in vollem Maße anzuerkennen. In gleichem Maße muß anerkannt werden, daß dem Richter nicht die Stellung eines, nur seinem Gewissen Rechenschaft ablegenden Geschwornen angewiesen, daß er vielmehr verpflichtet ist, die Gründe seiner Entscheidung, mithin auch seiner Ueberzeugung, in dem Urtheile anzugeben."[72]

Denselben Gedanken formulierte er noch an anderer Stelle folgendermaßen:

> „Wir verwahren uns nur ausdrücklich dagegen, daß wir in der That Richter=Geschworne wollten. Der Richter, welcher Recht spricht, soll unter allen Umständen nicht bloß seinem Gewissen, sondern auch denjenigen, für und gegen welche er Recht spricht, seinen Rechtspruch rechtfertigen. Denn das Recht ist nur Recht, wenn es als solches anerkannt wird. Schon aus diesem Grunde würden wir uns stets gegen das Institut aller Geschwornen aussprechen. Auch das Urtheil über die bloße Thatfrage muß also mit Gründen abgegeben werden."[73]

An diesen Stellen wird einerseits deutlich, wie viel Wert Temme auf die Bekanntgabe von Entscheidungsgründen legte. Nach seiner Auffassung boten nämlich gerade die Entscheidungsgründe die Gewähr dafür, Willkür bei der Entscheidungsfindung auszuschließen. Außerdem hielt er die Entscheidungsgründe für besonders geeignet, die Richtigkeit des Urteils zu sichern und die Urteilskraft zu schärfen[74]. Auf der anderen Seite kann man diesen Aussagen jedoch auch entnehmen, daß für ihn ein großer Unterschied zwischen Richtern und Geschworenen bestand[75]. Gerade die Möglichkeit der Bekanntgabe von Entscheidungsgründen, welche seiner Meinung nach eben nur bei Richtern gegeben war, führte ihn dazu, das Institut des Geschworenengerichts abzulehnen. So ist es für ihn das Wesensmerkmal der Geschworenen, daß diese das Recht, welches sie zur Anwendung bringen,

> „einzig und allein aus ihrer inneren Überzeugung hervorholen, so daß die Gründe ihres Spruches, so wie sie nur in ihrem Innern für diesen verantwortlich sind, so auch lediglich in ihrem Inneren verbleiben und niemals äußerlich erkennbar werden können."[76]

Dadurch wird deutlich, daß Temme, den Zusammenhang zwischen der freien Beweiswürdigung und den Geschworenengerichten betreffend, entgegen der Ansicht vieler anderer Autoren davon ausging, daß es Geschworenen nicht möglich sei, ihr Urteil durch strikte Reflexion zu erlangen, und daß sie zur

---

72 *Temme*, Gesetz über das Untersuchungsverfahren vom 17. Juli 1846, in: ZsDtStrafverfahren 1846, S. 343 ff. (375).

73 *Temme*, Anzeigen und Kritiken, in: ZsDtStrafverfahren 1844, S. 428 ff. (436 f.).

74 *Temme*, Recension, in: CrimZ 1841, S. 138 ff. (155).

75 Siehe dazu auch *Temme*, Zu dem Gesetze vom 17. Juli 1846, S. 268 ff. (271 f.).

76 *Temme*, Grundzüge, S. 167; ferner in ähnlicher Weise auch S. 136.

Angabe von Entscheidungsgründen nicht in der Lage seien. Auf dieser Auffassung gründete er auch sein Hauptargument gegen Geschworene. Er hielt die Richter zwar nicht per se für besonders geeignet, Entscheidungen zu treffen, aber die ihnen gegebene berufliche Fähigkeit, ihre Entscheidungen zu begründen, machte für ihn ihre Überlegenheit gegenüber Geschworenen aus. Seiner Auffassung verlieh er auch inen einem direkten Vergleich zwischen Richtern und Geschworenen Ausdruck:

> „Ich würde es ferner [...] für den schlimmsten Ausweg halten, sachverständige Richter zu solchen Geschworenen zu machen, wie die Volksgeschworenen sind, die heimlich auch ohne irgend jemanden in der Welt, selbst der Oeffentlichkeit nicht, und dem Volke nicht, das sie doch vertreten sollen, Rechenschaft zu geben, das Urtheil finden und beschließen, da ich auch solche Volksgeschworenen für den schlimmsten Ausweg halte[n], und nur nicht einsehe[n], wie Richter noch schlimmer sein könnten."[77]

Die Tatsache, daß die Geschworenen nicht in der Lage waren, ihr Urteil zu begründen, führte Temme wiederum zu einem Folgeproblem, welches für ihn ein weiteres Argument gegen die Einführung von Schwurgerichten war: Es war seiner Ansicht nach nicht möglich, gegen die Urteile von Geschworenen ein Rechtsmittel einzulegen[78]. Um dieses Problem zu erläutern, zog er als Beispiel die zweite Instanz des französischen Strafverfahrens heran. Erkläre der französische Kassationshof[79] ein in einer Kriminalsache vor Geschworenen ergangenes Urteil für nichtig, so verweise er die Sache zu einem nochmaligen ganz neuen Verfahren an ein anderes Geschworenengericht[80]. Bei einer Auswertung[81] der Ergebnisse der Verhandlungen durch das zweite Geschworenengericht in einem Zeitraume von acht Jahren (1830–1837) ergebe sich, daß ein Viertel der von der ersten Jury Verurteilten von der zweiten Jury gänzlich freigesprochen worden sei und ein weiteres Viertel eine bedeutende Strafmilderung erfahren habe. Lediglich knapp die Hälfte aller Verurteilungen sei

---

77 *Temme*, Recension, in: CrimZ 1841, S. 138 ff. (154).

78 Vgl. *Temme*, Resultate der zweiten (Französischen) Jury, in: CrimZ 1841, S. 14 ff.; ferner aber auch: *Ders.*, Grundzüge, S. 167.

79 Die Kassation steht sämtlichen Beteiligten des Verfahrens zu, wenn wesentlichen Formen des Prozesses oder materiellen gesetzlichen Vorschriften zuwidergehandelt worden ist. Sie ist auf Vernichtung des beschwerenden Erkenntnisses gerichtet, vgl. *Temme*, Grundzüge, S. 162.

80 Vgl. Art. 428, 429 CIC.

81 Abgedruckt bei *Temme*, Resultate der zweiten Französischen Jury, in: CrimZ 1841, S. 14; die Statistik stammt nach Angaben *Temmes* aus Heft 2, Band 13, der „Kriminalistischen Zeitung für Rechtswissenschaft und Gesetzgebung des Auslandes", welche von *Mittermaier* und *Zachariä* herausgegeben wurde.

bestätigt worden[82]. Temme sah den Grund für diese Resultate als dem Geschworenengericht immanent an. So sei die „Verhandlung vor den Geschworenen ihrer Idee, wie ihrem Wesen nach, eine Reproduktion der gesammten, den Gegenstand der Anklage ausmachenden That“[83]. Diese Reproduktion sei möglich, sofern es sich um die Tat selbst handele. In einem Verfahren der zweiten Instanz gehe es dann allerdings um eine „Reproduktion der Reproduktion der That“[84], denn etwas anderes könne „eine jede nochmalige Verhandlung derselben Sachen durch dieselben Personen unmöglich mehr sein“[85]. Diese zweite Reproduktion führe beim Angeklagten dazu, daß dieser aufgrund seiner Erfahrungen aus der ersten Verhandlung auf alles gefaßt sei und ihn deshalb kein Umstand mehr überraschen könne. Diese neu gewonnene Sicherheit des Angeklagten bewirke jedoch, daß die erneut zu vernehmenden Zeugen unsicherer würden. Bei einer solchen erneuten Befragung lasse sich für die Zeugen nicht mehr sauber zwischen den Umständen der ursprünglichen Begebenheit und der in der ersten Verhandlung von ihr gegebenen Schilderung trennen. Dies gelte umso mehr, als die Zeugen in der ersten Vernehmung bereits durch Querfragen des Staatsanwaltes in einen „Zustand der Verwirrung“[86] gebracht worden seien. All diese Umstände machten es den Zeugen in der zweiten Verhandlung unmöglich, die volle Wahrheit zu sagen. Ein weiterer Umstand, welcher die zweite Verhandlung vor den Geschworenen in der Regel erschwere, sei die Tatsache, daß die übrigen Beweisstücke, namentlich bei Kapitalverbrechen, oft ganz fehlten[87]. Infolgedessen gelangte Temme zu der Folgerung, daß unter solchen Umständen die Wahrheit nicht ans Licht kommen könne, wodurch sich die Statistik, daß die Hälfte der Urteile in der zweiten Instanz milder werde, erklären lasse. Dies liege insbesondere daran, daß ein derartiges Verfahren in zweiter Instanz immer den „Stempel der Comödie“ trage und den „Charakter einer lügenhaften Unnatur“[88] annehme. Seine so geäußerten Vorbehalten veranlaßten ihn wieder dazu, sich gänzlich gegen das Institut der Schwurgerichte auszusprechen[89].

---

82 *Temme*, Resultate der zweiten (Französischen) Jury, in: CrimZ 1841, S. 14 ff. (14).
83 Ebd., S. 14 ff. (15).
84 Ebd., S. 14 ff. (15).
85 Ebd., S. 14 ff. (15).
86 Ebd., S. 14 ff. (14).
87 Ebd., S. 14 ff. (14).
88 Ebd., S. 14 ff. (15).
89 Ebd., S. 14 ff. (15).

III. Die Trennung von Tat- und Rechtsfrage

Ein weiterer Kritikpunkt Temmes an der Institution der Schwurgerichte hatte mit dem Verhältnis zwischen Richter und Geschworenen zu tun. So war er der Auffassung, gegen die Einführung von Schwurgerichten spreche der Umstand, daß sich Tat- und Rechtsfrage nicht sauber trennen ließen[90]. Eine derartige Trennung[91] wurde aber nach französischem Recht bei der Entscheidung durch Schwurgerichte insofern vorgenommen, als den Geschworenen nur die Entscheidung über die Tat- und dem Richter allein die Entscheidung über die Rechtsfrage oblag[92]. Dabei war die Vorgehensweise zunächst die, daß in Frankreich die Geschworenen über einzelne vom Richter gestellte Fragen entscheiden sollten[93]. Diese Zersplitterung der Tat in einzelne Fragen führte jedoch zu vielen Widersprüchen, so daß mit der Einführung des Code d'Instruction Criminelle von 1808 den Geschworenen nur noch die Frage gestellt wurde[94]:

> „Ist der Angeklagte schuldig, diese oder jene Mordthat, diesen oder jenen Diebstahl oder jenes andere Verbrechen mit allen Umständen, welche in der summarischen Wiederholung des Anklage=Actes enthalten sind, begangen zu haben?"[95]

Zwar könnte man aufgrund dieser neuen gesetzlichen Regelung theoretisch annehmen, daß in Frankreich unter Geltung des Code d'Instruction Criminelle den Geschworenen jetzt die Entscheidung über die vollständige Tatfrage mit ihren faktischen und rechtlichen Elementen eingeräumt worden sei[96], aber in der gerichtlichen Praxis setzte sich allmählich der Verfahrensmodus durch, die Geschworenen nur noch nach den einzelnen gesetzlichen Merkmalen des Ver-

---

90 *Temme*, Verordnung vom 20. Oktober 1839, in: ZsDtStrafverfahren, Bd. 2, S. 480 ff. (494 f.); allgemein zum Problem der Trennung von Tat- und Rechtsfrage vgl. *Meyer*, That- und Rechtsfrage.

91 Diese nach französischem Recht vorgenommene Trennung zwischen Tat- und Rechtsfrage wird oft auf *Montesquieus* Theorie der Gewaltenteilung zurückgeführt, vgl. *Meyer*, That- und Rechtsfrage, S. 50.

92 Vgl. die Konstitutionen vom 3. September 1791, 24. Juni 1793, 22. August 1795 und 13. Dezember 1799, welche übereinstimmend feststellen, daß die Jury „réconnait le fait e les juges appliquent la peine", vgl. *Meyer*, That- und Rechtsfrage, S. 49; ferner auch *Schwinge*, Schwurgerichte, S. 11.

93 Vgl. Art. 374 des Code de délits et des peines aus dem Jahre 1796, abgedruckt bei *Meyer*, That- und Rechtsfrage, S. 50.

94 Vgl. dazu: *Feldhausen*, Geschichte, S. 143.

95 Art. 337 Abs. I CIC.

96 Dies hat z. B. *Feuerbach*, Geschwornen=Gericht, S. 222 angenommen, ferner aber auch *Zachariä*, Das mündlich-öffentliche Verfahren, S. 56 ff.

brechens zu befragen[97]. Dabei blieben jedoch gewisse gesetzliche Merkmale, welche Rechtskenntnis erforderten, von einer Beurteilung durch die Geschworenen ausgenommen, da die als nur dazu berufen angesehen wurden, über die „faits" zu entscheiden[98]. Mithin blieb die Trennung zwischen Tat- und Rechtsfrage auch unter Geltung des Code d'Instruction Criminelle als tief im französischen Recht wurzelndes Institut erhalten[99].

Diese Trennung wurde jedoch in der deutschen Rechtswissenschaft sehr viel kritisiert und oftmals als Argument von den Schwurgerichtsgegnern herangezogen[100]. *Feuerbach*[101] hatte bereits 1813 in seinen Betrachtungen über das Geschworenengericht bemängelt, daß sich die Frage, ob der Angeklagte schuldig sei, nicht sauber in rechtliche und faktische Elemente aufteilen lasse, mithin „gemischter Natur"[102] sei. Trenne man aus der Frage nach der Schuldigkeit die rechtlichen Elemente heraus und überlasse man mithin allein dem Richter die Entscheidung darüber, ob die durch die Geschworenen festgestellten Tatsachen strafbar seien, verkomme die Jury zum bloßen „Spiel", und die eigentlichen „Herren und Meister über Schuld und Unschuld"[103] seien die Richter.

Auch Temme sprach sich klar gegen die Zerlegung der Schuldfrage in rechtliche und faktische Elemente aus. Mit dieser Trennung könne keine Vergleichbarkeit zwischen den modernen Schwurgerichten und den altgermanischen Schöffengerichten hergestellt werden[104]. Eine derartige Vergleichbarkeit werde aber vielfach angenommen, indem man vorbringe, beide Institutionen seien in der Lage, dafür Sorge zu tragen, daß das Volk selbst sein Recht finde. Einer Rechtsfindung durch das moderne Schwurgericht ständen jedoch die seit dem Mittelalter um vieles verkomplizierten Rechtsvorschriften entgegen. Diesem Problem könne man auch nicht beikommen, indem man eine Trennung zwischen Tat- und Rechtsfrage vornehme und das Volk nur über erstere entschei-

97 *Meyer*, That- und Rechtsfrage, S. 74.

98 *Meyer*, That- und Rechtsfrage, S. 80.

99 *Meyer*, That- und Rechtsfrage, S. 95.

100 In dem Gutachten der Rheinischen Immediat-Justiz-Kommission aus dem Jahre 1818 wurde die Untrennbarkeit dieser beiden Bereiche zwar zugegeben, jedoch wurde das rechtliche Element der Tatfrage als durch den gesunden Menschenverstand lösbar anerkannt, vgl. dazu: *Schwinge*, Kampf um die Schwurgerichte, S. 27 f.

101 Zu *Paul Johann Anselm Ritter von Feuerbach* (1775–1833) siehe: Marquardsen, ADB Bd. 6, S. 731.

102 *Feuerbach*, Geschwornen=Gericht, S. 169.

103 *Feuerbach*, Geschwornen=Gericht, S. 170.

104 *Temme*, Verordnung vom 20. Oktober 1839, in: ZsDtStrafverfahren, Bd. 2, S. 480 ff. (494 f.).

den lasse. Dem stehe nämlich die Untrennbarkeit dieser beiden Bereiche entgegen, die sich daraus ergebe, daß es nie allein auf die „nackte äußere That" ankommen könne[105]. Diese könne zu Unrecht nur werden

> „durch das Innere, durch die Willensstimmung, von der sie hervorgerufen ist. Diese aber hat wiederum nur Bedeutung durch ihre Unrechtmäßigkeit und durch das Bewußtsein des Thäters von ihrer Unrechtmäßigkeit. Ei, so trennt denn einmal hier die That von dem Rechte, wenn ihr könnt."[106]

Diese Äußerung Temmes macht seinen Standpunkt deutlich, daß die Tatfrage eben immer auch Rechtselemente wie das Bewußtsein der Unrechtmäßigkeit enthält. Deshalb sei es unmöglich, ein Geschworenengericht zu denken, welches lediglich über die Tatfrage zu entscheiden habe, die Schwurgerichte französischer Prägung seien infolgedessen grundsätzlich abzulehnen[107].

IV. Kritik an der Rechtsprechung der französischen Schwurgerichte

Ein weiterer Punkt, der immer wieder Temmes Kritik an den Schwurgerichten französischer Prägung hervorrief, war ihre Rechtsprechung. In der von ihm gemeinsam mit *Friedrich Wilhelm Bonseri* herausgegebenen „Criminalistischen Zeitung für die Preussischen Staaten"[108] veröffentlichte er eine Rubrik unter dem Titel „Mittheilungen aus der Praxis des Französischen Strafrechts zur Vergleichung mit dem Preußischen Strafrechte"[109], in welcher er regelmäßig Fälle aus der Praxis der französischen Schwurgerichte mitteilte. Ferner erschien im Jahre 1831 unter dem Titel „Der Prozeß Lafarge beleuchtet nach preußischem Strafrechte"[110] eine von Temme gemeinsam mit *Noerner* herausgegebene Schrift, in welcher die beiden Verfasser einen vor einem französischen Schwurgericht stattgefundenen aufsehenerregenden[111] Prozeß näher

105 *Temme*, Verordnung vom 20. Oktober 1839, in: ZsDtStrafverfahren, Bd. 2, S. 480 ff. (495).

106 *Temme*, Verordnung vom 20. Oktober 1839, in: ZsDtStrafverfahren, Bd. 2, S. 480 ff. (495).

107 *Temme*, Verordnung vom 20. Oktober 1839, in: ZsDtStrafverfahren, Bd. 2, S. 480 ff. (495).

108 Siehe dazu bereits oben: 1. Teil, 2. Kapitel B) I.

109 *Temme*, Mittheilungen aus der Praxis des Französischen Strafrechts zur Vergleichung mit dem Preußischen Strafrechte, in: CrimZ 1841, S. 40 ff., 49 f., 79, 106, 131, 177 f., 201 f., CrimZ 1842, S. 143, 151 f., 207.

110 *Temme / Noerner*, Der Prozeß Lafarge.

111 Der Prozeß Lafarge hatte zur damaligen Zeit allgemein für Aufregung gesorgt und findet daher auch in vielen anderen Schriften der damaligen Zeit Erwähnung, vgl. etwa *Rintel*, Jury, S. 226 ff; *Bernhard*, Madame Lafarge unschuldig!

beleuchten[112]. Den Mitteilungen Temmes aus der Praxis französischer Schwurgerichte lag die Vorstellung zugrunde, durch die „Prüfung einzelner ausgezeichneter Fälle [...] einen Maßstab für den Werth oder Unwerth des Instituts der Geschworenen“[113] zu gewinnen.

Er lieferte jedoch im Anschluß an seine Darstellung der Schwurgerichtsfälle keineswegs ausführliche Analysen derselben, sondern es ging ihm darum, das Institut der französischen Geschworenengerichte allein durch die Darlegung der prozessualen Tatsachen in Frage zu stellen, wie sich an folgender Äußerung zeigt:

> „Allein wir sind keine Freunde des Instituts der französischen Geschwornen. Mag Frankreich dieses Institut behalten, mag es dasselbe behalten, trotz Fällen wie der vorliegende. Für unser deutsches, für unser preußisches Vaterland wünschen wir es nicht, wir fürchten es sogar. Es wird uns ein großer Lohn sein, wenn wir in unserer Schrift, ohne darin ein einziges Wort gegen das Institut der Geschwornen gesprochen zu haben, also durch bloße Thatsachen und deren unpartheiischer Darlegung, einen Beitrag zu dem Nachweis der Gefährlichkeit dieses Instituts sollten geliefert haben.“[114]

Obwohl Temme seine Sammlung französischer Strafrechtsfälle unkommentiert ließ, kann man allein anhand der Auswahl und der Hinweise auf die Abweichungen gegenüber dem preußischen Recht die Willkürlichkeit der schwurgerichtlichen Verdikte als seinen Hauptkritikpunkt ausmachen[115]. Von den Gegnern der Schwurgerichte in der damaligen Zeit wurde vielfach vorgebracht, daß die französischen Geschworenen dazu neigten, sich gegen das Gesetz zu stellen und eine ungesetzliche Milde walten zu lassen[116]. Diese Milde in der Rechtsprechung der Schwurgerichte ist im Zusammenhang mit dem Zustand der materiellen Strafgesetzgebung im Frankreich der damaligen Zeit

---

112 Die Schrift von *Temme* und *Noerner* erregte großes Aufsehen, da in ihr eine Verurteilung des Instituts der Geschworenen gesehen wurde, vgl. *Geißler*, Blutzeugen, S. 262. Eine Kritik dieser Schrift findet sich bei: *Woringen*: Gegen Temme's und Noerner's Beleuchtung, S. 1 ff. *Woringen* bringt vor, daß *Temmes* und *Noerners* Grundthese, daß Madame Lafarge nach preußischem Rechte nicht hätte bestraft werden können, keinesfalls richtig sei, da zumindest auf eine außerordentliche Strafe hätte erkannt werden können, vgl. *Ders.*, Gegen Temme's und Noerners Beleuchtung, S. 26. Eine Besprechung der Thesen *Temmes* zum Prozeß Lafarge findet sich auch bei: *Steinmann*, Temme, S. 45.

113 *Temme / Noerner*, Prozeß Lafarge S. III f.

114 *Temme / Noerner*, Prozeß Lafarge, S. IV f.

115 *Temme* spricht an einer Stelle sogar selbst davon, daß es „Noth“ tue, „wenigstens manchmal daran zu erinnern, daß und wie die maßlose Willkür der Französischen Geschwornen in ihren Verdicten noch in ihrem vollen Gange ist“, vgl. *Temme*, Französische Geschworne, in: CrimZ 1841, S. 177 f. (178).

116 *Schwinge*, Schwurgerichte, S. 110.

zu sehen. So waren die französischen Strafgesetze, wie Temme feststellte, „mehr mit Blut geschrieben, als ein Strafgesetz [...] einer Nation sein sollte, die zu den gebildeteren Europas gehört“, und sie waren deshalb von einer „brutalen Härte“[117], die zu der Fortschrittlichkeit der französischen Nation im Widerspruch stand[118]. Diese Härte des Gesetzes führte wiederum dazu, daß es zu vielen Freisprechungen erwiesenermaßen Schuldiger kam[119]. Um diesem Übel ein Ende zu machen, wurde in Frankreich im Jahre 1832 ein Gesetz erlassen, nach welchem die Geschworenen in jedem Fall zu befragen seien, ob mildernde Umstände vorlägen[120]. In diesem Zusammenhang ist auch Temmes Zusammenstellung französischer Schwurgerichtsfälle zu sehen. Abgesehen von der Schilderung eines Falles, in welchem die Geschworenen ein juristisch unmögliches Urteil gesprochen hatten[121], kam er in fast allen der von ihm zitierten Fälle zu dem Schluß, daß die Geschworenen zu milde Entscheidungen getroffen hätten, sei es dadurch, daß sie einen Schuldigen in ungerechtfertigter Weise freigesprochen[122], oder dadurch, daß sie ein Urteil durch die ungerechtfertigte Annahme mildernder Umstände abgemildert hätten[123]. Dabei stellte er sich die Frage:

> „Existieren die Gesetze, damit nicht nach ihnen gesprochen werde?“[124]

Auch der von Temme so ausführlich geschilderte Prozeß Lafarge ist im Zusammenhang mit der Gewohnheit der Geschworenen in Frankreich zu sehen, bei der Beurteilung eines Falles allzu häufig das Vorliegen mildernder Umstände anzunehmen. Grob zusammengefaßt ging es in diesem Prozeß um *Marie Lafarge*, welche am 19. September 1840 als Vierundzwanzigjährige in

---

117 *Schwinge*, Schwurgerichte, S. 111.

118 *Schwinge*, Schwurgerichte, S. 111, vgl. ferner auch *Temme*, Mißhandlung der Kinder gegen ihre Eltern, in: CrimZ 1842, S. 135 (136).

119 *Schwinge*, Schwurgerichte, S. 113.

120 Siehe Gesetz vom 28. April 1832; *Schwinge*, Schwurgerichte, S. 113.

121 Die Verneinung des Meineides durch den Angeschuldigten bei gleichzeitiger Bejahung der Anstiftung zum Meineid von zwei Beteiligten, vgl. *Temme*, Französische Geschworne, in: CrimZ 1842, S. 143 (143).

122 Vgl. diesbezüglich den Fall Crotté: *Temme*, Französische Geschworne, in: CrimZ 1841, S. 177 f., ferner den Fall eines durch den Ehemann umgebrachten Geliebten, *Ders.*, Französische Geschworne, in: CrimZ 1841, S. 201 f. (202); ebenso im Falle einer freigesprochenen Kindsmörderin, vgl. *Ders.*, Mittheilungen aus der Praxis des Französischen Strafrechts zur Vergleichung mit dem Preußischen Strafrechte, in: CrimZ 1842, S. 151 f.

123 Vgl. z.B. den von *Temme* geschilderten Fall eines Ehebruchs mit anschließendem Kindsmord: *Temme*, Französische Geschworne, in: CrimZ 1841, S. 201.

124 *Temme*, Französische Geschworne, in: CrimZ 1841, S. 201 f. (202).

Tulle unter der Anklage vor Gericht stand, ihren Ehemann *Carl Lafarge* mit Arsenik ermordet zu haben. Sie wurde durch Verdikt der Geschworenen für schuldig befunden. Es wurde jedoch zugleich ausgesprochen, daß mildernde Umstände zugunsten der Angeklagten vorhanden seien. Daraufhin wurde sie zu lebenslanger Zwangsarbeit verurteilt[125]. In seiner Schrift über diesen Prozeß machte Temme es sich zur Aufgabe zu überprüfen, ob *Marie Lafarge* auch nach preußischen Gesetzen, insbesondere unter Geltung einer Beweistheorie, hätte verurteilt werden müssen. Er kam dabei zu dem Ergebnis, daß anhand der vorgetragenen Beweise vor einem preußischen Strafgericht nicht hätte bewiesen werden können, daß der Ehemann *Marie Lafarges* an Gift gestorben sei[126]. Außerdem sei auch der Beweis der Täterschaft von *Marie Lafarge* vor dem französischen Schwurgericht nicht wirklich gelungen[127]. So habe es diesbezüglich nur Vermutungen gegeben, welche auf unglaubwürdigen Zeugen gefußt hätten, und es hätten sogar dringende Verdachtsgründe gegen andere Personen bestanden[128]. Deshalb vertrat er die Auffassung, daß in einem solchen Falle nach preußischem Recht eine völlige Freisprechung wegen Mangels an Beweisen hätte erfolgen müssen. Schließlich wäre in diesem Fall sogar eine nur vorläufige Lossprechung nach preußischem Rechte nicht gerechtfertigt gewesen, da der dafür notwendige Verdacht gegen die Angeschuldigte nicht vorhanden gewesen sei[129]. Dies führte Temme dann zu der von ihm zunächst noch offengelassenen Frage, warum die französischen Geschworenen in diesem Fall dennoch zu einer Verurteilung gekommen seien. Dies sei umso erstaunlicher, als die Geschworenen doch das gesamte Volk repräsentieren sollten, zu dem wohl auch die Zuschauer bei den Assisen zu Tulle zu zählen seien. Die Zuschauer im Gerichtssaal seien jedoch von der Schuld der Angeklagten keinesfalls überzeugt gewesen[130]. Infolgedessen erschien es ihm umso weniger erklärbar, was die Geschworenen zur Annahme der Schuldigkeit bewegt haben könnte, obwohl der vor Gericht vorgetragene Beweis auch nicht der mildesten Beweisregel genügt habe[131]. Einen kleinen Anhaltspunkt dafür,

125 *Temme / Noerner*, Prozeß Lafarge, S. 1.

126 Zur Beweisführung bezüglich des Nachweises der Vergiftung vgl. *Temme / Noerner*, Prozeß Lafarge, S. 89 ff.

127 Vgl. zu dieser Frage: *Temme/Noerner*, Prozeß Lafarge, S. 110 ff.

128 *Temme / Noerner*, Prozeß Lafarge, S. 210.

129 *Temme / Noerner*, Prozeß Lafarge, S. 210.

130 *Temme / Noerner*, Prozeß Lafarge, S. 210.

131 *Woringen* kritisiert an diesem Punkt, daß „keiner, der nicht als Geschworener dabei war, das Tuller Urteil anzugreifen kompetent seyn kann“. So hätten *Temme* und *Noerner* das, „was grade durch die lebendige Verhandlung sich den Geschworenen immer mehr zum Ganzen, Zusammenhängenden gestaltete, bis das Letzte daran gethan war“,

daß auch die Geschworenen an der Schuld der *Marie Lafarge* gezweifelt haben könnten, sieht er in der ihm „unbegreiflichen Annahme mildernder Umstände“[132]. Diese Möglichkeit der Annahme mildernder Umstände ließ er in seiner Darstellung des Prozesses *Lafarge* zwar unkommentiert, jedoch äußerte er sich an anderer Stelle, ebenfalls im Zusammenhang mit der Bewertung dieses Prozesses, dahingehend, daß die neuere Regelung der Erkennung auf mildernde Umstände durch die Geschworenen nur zu dem zurückführe, was auch am preußischen Rechte zu kritisieren sei[133], nämlich der außerordentlichen Strafe[134] bei nicht vollständig geführtem Beweise[135]. Dieses Institut erscheine jedoch besonders gefährlich in den Händen einer Jury[136].

Zusammenfassend läßt sich mithin festhalten, daß Temme in seinen Darstellungen der französischen Strafverfahrenspraxis zwar oft die schwurgerichtlichen Entscheidungen wegen vieler seiner Ansicht nach ungerechtfertigter Freisprüche bemängelt hatte, er jedoch auch in der Möglichkeit der Geschworenen, bei einer Verurteilung auf mildernde Umstände zu erkennen, keine überzeugende Lösung des Problems sah. Diese Möglichkeit, auf mildernde Umstände zu erkennen, führe nämlich nur dazu, daß die Geschworenen auch gegen alle vernünftige Beweistheorie ihre Überzeugung aussprechen können. Dadurch sei ihnen, obgleich sie sich bezüglich der Schuld des Angeklagten unsicher seien, die Möglichkeit eingeräumt, ähnlich der außerordentlichen Strafe der preußischen Kriminalordnung trotzdem unter Erkennung auf mildernde Umstände zu verurteilen[137]. Damit werde jedoch der Willkür in der schwurgerichtlichen Rechtsprechung weiter Vorschub geleistet[138].

„in einzelne Stücke“ zerschnitten und jeden Abschnitt gesondert betrachtet, vgl. *Ders.*, S. 73.

132 Diese Äußerung erfolgt unter ausdrücklicher Bezugnahme auf den Prozeß Lafarge in: *Temme*, Neue Verordnungen über das Strafverfahren in Preussen, in: ZsDtStrafverfahren 1841, S. 512 ff. (521).

133 Die außerordentlichen Strafen wurden in der Tat in der Wissenschaft oft abgelehnt, vgl. etwa *Feuerbach*, Revision, S. 64; *Grolman*, Grundsätze, S. 717 f.; vgl. zum ganzen auch: *Jarke*, Lehre vom unvollständigen Beweise.

134 Zu den außerordentlichen Strafen nach § 391 der preußischen Kriminalordnung von 1805 vgl.: 2. Teil, 4. Kapitel A).

135 In der Literatur wurde vielfach ein Vergleich zwischen der Möglichkeit der Geschworenen, auf mildernde Umstände zu erkennen, und der außerordentlichen Strafe gezogen, vgl. etwa *Woringen*, Gegen Temme's und Noerner's Beleuchtung, S. 75 f.

136 *Temme*, Falschmünzerei, in: CrimZ 1841, S. 49 f. (50).

137 Dem entgegengesetzt hatten die rheinischen Gutachter in ihrem Gutachten, betreffend der Geschworenengerichte, noch positiv herausgestellt, daß es unter Geltung des CIC keine außerordentliche Strafe bei nicht vollständig geführtem Beweise gebe, vgl. Gutachten der Commission über das Geschwornengericht, zitiert nach *Landsberg*, Gut-

V. Schwurgerichte als Errungenschaft konstitutioneller Staaten

Bereits *Feuerbach* hatte in seiner grundlegenden Schrift über die Schwurgerichtsfrage darauf hingewiesen, daß man bei deren Bewertung politische und strafrechtliche Gesichtspunkte unterscheiden müsse[139]. In strafrechtlicher Hinsicht hatte er viele Bedenken gegen die Einführung von Geschworenengerichten, jedoch gelangte er bei der Beurteilung der Jury unter politischen Gründen zu einem differenzierteren Ergebnis: Er war der Auffassung, daß die Jury zwar in demokratischen und konstitutionellen Staaten ein notwendiges Element der allgemeinen Staatsverfassung sei, diese sich jedoch nicht mit einer Regierungsform vereinbaren lasse, die alle Staatsgewalt im Monarchen vereinige[140]. Damit hatte er bereits zu Beginn der Debatte um die Einführung der Schwurgerichte klargemacht, daß die Frage um deren Einführung immer auch eine politische Dimension hatte.

Im Gegensatz zu vielen anderen Schwurgerichtsgegnern, die die Gleichrangigkeit politischer und strafrechtlicher Argumente bestritten und darauf verwiesen, daß es in dieser Debatte im wesentlichen auf die strafrechtlichen Argumente ankommen müsse[141], erkannte Temme klar die politische Bedeutung der Schwurgerichtsfrage und ging darauf ein.

Zu Beginn der 40er Jahre äußerte er sich dahingehend, daß die Ausübung des Richteramtes durch das Volk nur in konstitutionellen Staaten geboten scheine[142]. Schließlich bestehe nur dort ein direkter Zusammenhang zwischen der Rechtsprechung und der Gesetzgebung durch das Volk:

---

achten, S. 119 ff. (144 ff.). Dies war zeitlich gesehen jedoch noch vor Einführung der Möglichkeit der Geschworenen, auf mildernde Umstände zu erkennen.

138 Für dieses Problem berief *Temme* sich neben dem Prozeß Lafarge auch auf den Fall Souesme, welcher sich seiner Meinung nach den Merkwürdigkeiten des Prozesses Lafarge anschloß, vgl. *Temme*, Der Prozeß Souesme, in: CrimZ 1841, S. 40 ff. (41 ff.).

139 *Feuerbach*, Geschwornen=Gericht, S. 47 ff., 167 ff.; vgl. dazu auch *Schwinge*, Schwurgerichte, S. 6 ff.

140 *Feuerbach*, Geschwornen=Gericht, S. 48, 67 f.

141 Vgl. dazu die Nachweise bei: *Schwinge*, Schwurgerichte, S. 74.

142 *Temme*, Sollen wir in Preußen ein öffentliches Ministerium haben, in: Jahrb. f. d. CrimRpfl. 1840, S. 527 ff. (527 ff.); *Ders.*, Recension, in: CrimZ 1841, S. 145 ff. (155); *Ders.*, Verordnung vom 20. Oktober 1839, in: ZsDtStrafverfahren 1842, S. 480 ff. (492).

> „Wo das Volk unmittelbaren Antheil an der Gesetzgebung hat, da spricht es auch selbst zugleich Recht, zumal in Strafsachen. Es ist dies sehr natürlich.“[143]

Diesen Zusammenhang begründete er genauer mit der in konstitutionellen Staaten gegebenen Beteiligung des Volkes an der Gesetzgebung und seinem sich daraus ergebenden Racht, die Einhaltung der Gesetze zu kontrollieren:

> „Die Gesetzgebung ist, oder soll vielmehr nichts sein als die Fixierung des Rechts, das im Volke und dessen Bewußtsein lebt. Geht diese Fixierung vom Volke selbst und unmittelbar, ohne das Dazwischentreten nicht volksthümlicher, dem Volke nicht angehöriger Organe aus, so muß auch dem Volke selbst die Controle zustehen, daß dasjenige, was es auf diese Weise fixiert hat, wirklich als Recht gehandhabt und ausgeübt werde.“[144]

Nähme man dem Volk dieses Recht, die Ausübung der Gesetze zu kontrollieren, so würde dadurch „auch das Recht des Volks, die Gesetze zu geben, illusorisch werden“. An dieser Stelle wird deutlich, daß Temme die Beteiligung des Volkes an der Rechtsprechung durch Geschorenengerichte in konstitutionellen Staaten nicht nur für möglich, sondern auch für notwendig hielt. Im Umkehrschluß dazu vertrat er die Auffassung, daß in absolutistischen Staaten die Beteiligung des Volkes an der Rechtspflege ausgeschlossen sein müsse:

> „Wo aber das Recht der Gesetzgebung mit den übrigen Rechten der Regierung sich in den Händen des Fürsten concentrirt, da würde die Ausübung des Richteramts durch das Volk eben so sehr ein Widerspruch sein, wie sie in jenen constitutionellen Staaten natürlich und nothwendig erscheint.“[145]

Insofern berief sich Temme bei seiner Ablehnung der Geschworenengerichte in den 1840er Jahre neben strafrechtlichen Gründen auch darauf, daß im absolutistischen Preußen kein „historischer Grund“[146] für deren Einführung erkennbar sei.

C) Temmes gewandelte Anschauung nach der Revolution

Unter dem Eindruck der revolutionären Geschehnisse in Deutschland wandelte sich die in der Rechtswissenschaft vorherrschende Ablehnung gegenüber den Schwurgerichten. Die entscheidende Wendung hin zu einer überwiegenden Befürwortung der Schwurgerichte brachte die Lübecker Germanistenver-

143 *Temme*, Sollen wir in Preußen ein öffentliches Ministerium haben, in: Jahrb. f. d. CrimRpfl. 1840, S. 527 ff. (527).

144 Ebd., S. 527 ff. (527).

145 Ebd., S. 527 ff. (528 f.).

146 *Temme*, Verordnung vom 20. Oktober 1839, in: ZsDtStrafverfahren 1842, S. 480 ff. (493).

sammlung im Herbst 1847[147], auf welcher der Zusammenhang zwischen der Rechtswissenschaft und der liberalen politischen Bewegung hergestellt wurde[148].

In letzter Instanz fiel die Entscheidung zugunsten der Schwurgerichte jedoch nicht auf dem Gebiete der Wissenschaft, sondern die politischen Ereignisse der Revolutionsjahre 1848/49 sorgten für die entscheidende Wende. Infolgedessen hielt das Schwurgericht, wie in Preußen durch das Gesetz vom 3. Januar 1849 geschehen[149], in vielen Teilen Deutschlands „als Verwirklichung einer programmatischen Forderung des deutschen Liberalismus“[150] Einzug. Dabei wurde diese neue Institution jedoch in den meisten Fällen ohne wesentliche Modifikationen aus dem französischen Recht übernommen[151].

Unter dem Eindruck der veränderten politischen und auch juristischen Verhältnisse nach der Revolution von 1848/49 veränderte auch Temme seine Argumentationsweise bezüglich der Notwendigkeit von Schwurgerichten[152]. Nach den Revolutionsereignissen legter er plötzlich Wert auf die Feststellung, seine früher den Geschworenengerichten gegenüber geäußerte Kritik habe nur dem französischen Schwurgericht gegolten[153]. So habe er

> „in dem Französischen Strafprozesse mit Geschwornen [...] immer nur das Muster eines Strafprozesses erblicken können, wie er nicht sein sollte.“[154]

Seine Ablehnung des französischen Schwurgerichts bedeute jedoch nicht, daß dieses Institut gänzlich zu verwerfen sei. Vielmehr könne er sich sowohl von einem „politischen“ als auch von seinem

> „juristischen Standpunkte“ aus „nur entschieden für Volksgerichte aussprechen, nenne man diese Geschworenengerichte oder anders.“[155]

---

147 Zu den Teilnehmern der Germanistenversammlung gehörten so namhafte Gelehrte wie *E. M. Arndt*, *Beseler*, *Dahlmann*, *Falck*, *Gervinus*, die *Gebrüder Grimm*, *Lachmann*, *Mittermaier*, *Ranke*, *Reyscher*, *Uhland* und *Wilda*, vgl. *Schwinge*, Schwurgerichte, S. 146.

148 Vgl. dazu: *Schwinge*, Schwurgerichte, S. 146 ff.

149 Siehe dazu: 2. Teil, 5. Kapitel.

150 *Schwinge*, Schwurgerichte, S. 153.

151 *Schmitt*, Beweiswürdigung, S. 165.

152 Äußerungen *Temmes* zu der Institution des Schwurgerichtes, welche zeitlich gesehen nach der Revolution von 1848/49 liegen, finden sich insbesondere in: *Temme*, Grundzüge; *Ders.*, Todesurtheile in Preußen, GS 1856, S. 453 ff.; *Ders.*, Lehrbuch des Teutschen gemeinen Criminal-Processes.

153 *Temme*, Todesurtheile in Preußen, in: GS 1856, S. 453 ff. (457 f.); *Ders.*, Was wir wollen, Teil VII, in: Neue Oder-Zeitung, Breslau 21. Juni 1851 (Titelblatt).

154 *Temme*, Todesurtheile in Preußen, in: GS 1856, S. 453 ff. (457 f.).

Infolgedessen ging Temme insbesondere in dem während seiner Untersuchungshaft im Jahre 1850 veröffentlichten Werk „Grundzüge eines deutschen Strafverfahrens“[156] dazu über, differenziert aufzuzeigen, welchen Anforderungen das Institut der Geschworenengerichte seiner Auffassung nach genügen müsse, um nicht die Fehler des französischen Schwurgerichtes zu übernehmen. In der Folge soll nun zunächst dargestellt werden, warum er sich aus politischer und juristischer Sicht grundsätzlich für die Einführung von Schwurgerichten aussprach, um anschließend genauer darauf einzugehen, wie das Institut der Geschworenengerichte seiner Meinung nach im einzelnen ausgestaltet sein sollte.

I. Die Geschworenengerichte als politische Notwendigkeit

Im Anschluß an die Revolution von 1848/49 begriff Temme das Schwurgericht als eine politische Notwendigkeit und sprach sich uneingeschränkt für dessen Einführung aus[157]. Als Ausgangspunkt seiner Erwägungen führte er den Grundsatz der Volkssouveränität an[158]. Auch wenn die Befürworter des Absolutismus vergeblich versuchten, das Gegenteil zu beweisen, so gelte doch

> „der einfache Satz, daß das Volk nicht um des Regenten und nicht um der Regierung willen, sondern Regent und Regierung nur um des Volkes willen da sind und da sein können.“[159]

Deshalb gehe auch alle Gewalt im Staate vom Volke aus, welches sie selber ausüben oder ihre Ausübung bestimmten Organen übertragen könne[160]. Hierbei könne das Volk selbst die Art und das Ausmaß der Ausübung bestimmen. Je lebendiger der Sinn für Freiheit in dem Volk lebe, desto mehr werde das Volk auch in der Übertragung seiner Gewalt seine Freiheit wahren, und desto freier seien mithin auch seine staatlichen Institutionen[161]. Das gegenwärtige deutsche Strafverfahren sei jedoch nicht geeignet, den im Volke lebenden Anforderungen der Volksfreiheit zu entsprechen. Diese Tatsache sei dem Volke im Zuge der liberalen politischen Bewegung der letzten Jahre mehr und mehr ins Bewußtsein gelangt, und der Kampf für freiheitlichere politische

---

155 *Temme*, Todesurtheile in Preußen, in: GS 1856, S. 453 ff. (457 f.).

156 Siehe dazu bereits oben: 1. Teil, 2. Kapitel C).

157 *Temme*, Grundzüge, S. 33.; *Ders.*, Statistik der Todesurtheile, in: GS 1856, S. 453 ff. (457 f.); *Ders.*, Lehrbuch des Teutschen gemeinen Criminal-Processes, S. 519.

158 *Temme*, Grundzüge, S. 16.

159 Ebd., S. 3.

160 Ebd., S. 3.

161 Ebd., S. 3.

Verhältnisse habe begonnen[162]. Dieser Kampf betreffe auch das Gebiet des Strafprozeßrechtes, da es sich bei diesem um das mächtigste „Bollwerk für die Freiheit des Einzelnen und somit des Ganzen"[163] handele, weshalb man es zwangsläufig nach dem Prinzip der Volkssouveränität umgestalten müsse[164]. Verlange nun aber das Volk zum Ausdruck der eigenen Souveränität und somit zum Erhalt der Freiheit nach Geschworenengerichten, so müsse diesem Verlangen unbedingt nachgegeben werden[165]. Aus diesem Grund befürwortete Temme die Einführung von Geschworenengerichten als unverzichtbaren Ausdruck der Volkssouveränität, dem sich weder die Wissenschaft noch die Gesetzgebung entgegenstellen dürfe[166].

II. Befürwortung aus juristischen Gründen: Berufung auf das Rechtsbewußtsein im Volke

Temme ging in seinen Erwägungen bezüglich der Einführung des Schwurgerichtes jedoch noch über dessen Anerkennung aufgrund politischer Notwendigkeit hinaus und sprach sich auch aus juristischen Gründen für dieses Institut aus. Er ging dabei von der grundlegenden Vorstellung aus, daß nur Volksgeschworene das im Volke lebende Recht angemessen zum Ausdruck bringen könnten[167]. Als Beleg für diese Auffassung kann dabei seine folgende Äußerung herangezogen werden:

> „Ich kann auf meinem politischen und juristischen Standpunkte mich nur entschieden für Volksgerichte aussprechen, nenne man diese Geschworenengerichte oder anders. Als Jurist namentlich, weil ich als wahres Recht eines Volks nur dasjenige Recht anerkennen kann, das in dem allgemeinen Rechtsbewußtsein des Volkes lebt."[168]

Entscheidend ist in diesem Zusammenhang seine Berufung auf das Rechtsbewußtsein im Volke[169]. Dieses war für ihn der naturgemäße Zustand alles beste-

---

162 *Temme*, Grundzüge, S. 11.

163 *Temme*, Grundzüge, S. IV.

164 *Temme*, Grundzüge, S. IV.

165 *Temme*, Grundzüge, S. 33.

166 *Temme*, Grundzüge, S. 33.

167 *Temme*, Grundzüge, S. 41.; *Ders.*, Statistik der Todesurtheile, in: GS 1856, S. 453 ff. (457 f.).

168 *Temme*, Statistik der Todesurtheile, in: GS 1856, S. 453 ff. (457 f.).

169 Diese Berufung auf das Rechtsbewußtsein im Volke findet sich in nahezu allen juristischen Werken *Temmes*, insbesondere in denen, die nach der Revolution erschienen sind, vgl. z.B: *Temme*, Grundzüge, S. 2, 41; *Ders.*, Glossen, S. III, 98; *Ders.*, Berufung auf das Rechtsbewußtsein im Volke, in: ArchCrimR N.F. 1854, S. 586 ff., *Ders.*, Statistik der Todesurtheile, in: GS 1856, S. 453 ff. (457 f.).

henden Rechts. Jedes Volk habe sein eigenes auf seiner Individualität beruhendes Recht, welches durch „Klima, Bodenbeschaffenheit, nachbarliche Verhältnisse, Schicksale, religiösen Glauben und den durch alles ausgeprägten Geist und Charakter des Volkes“[170] beeinflußt sei. In der geschichtlichen Entwicklung des deutschen Rechtes sei dieser naturgemäße Zustand des Rechts jedoch durch die Rezeption römischen Rechtes im ausgehenden 15. und 16. Jahrhundert unterdrückt und vernichtet worden[171]. Das römische Recht sei jedoch kein Volksrecht gewesen, da es in seiner praktischen Anwendung „meist als ein Geheimniß in den Händen Einzelner, die es dem Volke vorenthielten“[172], erschienen sei. Insofern habe es sich bei dem ältesten römischen Recht um ein Regierungs- und nicht um ein Volksrecht gehandelt[173]. Das älteste deutsche Recht hingegen sei unzweifelhaft ein Volksrecht gewesen, welches durch den allgemeinen Rechtswillen des Volkes gebildet worden sei und nur in diesem gelebt habe. Insofern habe zu dieser Zeit ein Zustand des Rechts und der Freiheit bestanden[174]. Zwar solle man sich in der heutigen Zeit nicht nach den „primitiven Zuständen“[175] der damaligen Zeit zurücksehnen, trotzdem könne man einen Zustand, in welchem das „Recht in der Überzeugung eines Jeden so allgemein und lebendig lebt, daß eben Jedermann aus dem Volke der Handhabung desselben gewachsen wäre“[176], nur befürworten. Mit Hilfe eines Beispiels aus der juristischen Praxis stellte Temme dann einen Vergleich mit der Gegenwart an und kam zu dem Urteil, daß derzeit ein Rechtszustand bestehe, „wo das geltende Recht so unbekannt und dabei so dunkel und verworren“ sei, daß der „ehrliche Mann“ nur durch besonders scharfsinnige Juristen vor Gericht gegen „Unbill“[177] geschützt werden könne. Aufgrund dieser Beurteilung regte er an, daß das neue Regierungsrecht mehr Rücksicht auf das

---

170 *Temme*, Berufung auf das Rechtsbewußtsein im Volke, in: ArchCrimR N.F. 1854, S. 586 ff. (591 f.).

171 *Temme*, Berufung auf das Rechtsbewußtsein im Volke, in: ArchCrimR N.F. 1854, S. 586 ff. (593).

172 *Temme*, Berufung auf das Rechtsbewußtsein im Volke, in: ArchCrimR N.F. 1854, S. 586 ff. (593).

173 *Temme*, Berufung auf das Rechtsbewußtsein im Volke, in: ArchCrimR N.F. 1854, S. 586 ff. (593).

174 *Temme*, Berufung auf das Rechtsbewußtsein im Volke, in: ArchCrimR N.F. 1854, S. 586 ff. (594).

175 *Temme*, Berufung auf das Rechtsbewußtsein im Volke, in: ArchCrimR N.F. 1854, S. 586 ff. (596).

176 *Temme*, Berufung auf das Rechtsbewußtsein im Volke, in: ArchCrimR N.F. 1854, S. 586 ff. (598 f.).

177 *Temme*, Berufung auf das Rechtsbewußtsein im Volke, in: ArchCrimR N.F. 1854, S. 586 ff. (598).

im Volke wurzelnde Rechtsbewußtsein nehmen müsse, anstatt dieses durch schlechte Gesetzgebung mehr und mehr zu „verwirren“[178]. Dasselbe gelte für die Rechtswissenschaft, denn diese dürfe sich nicht einbilden,

> „daß sie eine Quelle, eine Schöpferin des Rechts sei. Ihre Aufgabe ist, die Grundsätze des Rechts zum klaren und allgemeinen Bewußtsein zu bringen, durch Aufsuchung des obersten Grundsatzes des Rechts, durch Entwicklung der weisen Grundsätze aus jenem, durch Verbindung aller miteinander, durch Ordnung und Darstellung des gesammten Rechtsstoffs auf historischem, wie auf dogmatischem Wege.“[179]

Durch ihre Kodifizierungspraxis werde die Rechtswissenschaft zwar zur „Bildnerin des Rechts“, jedoch mache sie dadurch kein Recht. Das Privileg, Recht zu schaffen, müsse nämlich beim Volke verbleiben:

> „Das Recht ist in dem Volke, das Recht ist für das Volk, es gehört durch und durch dem Volke, dem Ganzen an. Wenn man das Volk, dieses Ganze, nicht als eine unmündige Masse ansieht, die geleitet, bevormundet, beherrscht werden muß, so kann man ihm unmöglich das Vermögen und die Befugnis absprechen, sein Recht selbst zu bilden und zu pflegen. Nur Absolutismus und Despotismus können es anders wollen.“[180]

An dieser Stelle wird auch die politische Dimension des Begriffes des Rechtsbewußtseins im Volke deutlich, denn für Temme stellte das Rechtsbewußtsein des Volkes auf juristischem Boden das Gegenstück zur Volkssouveränität auf politischem Boden dar. So wie politisch gesehen alle Gewalt vom Volke ausgehen mußte, so mußte das gesamte staatliche Recht zurückgehen auf das im Volke wurzelnde Rechtsbewußtsein.

Aus dieser Überzeugung ergab sich für ihn notwendigerweise die Institution der Geschworenengerichte. Seiner Ansicht nach bestand die Idee des Instituts der Geschworenen gerade darin

> „daß durch dieselben das im Volke lebendige Recht nur unmittelbar aus diesen heraus zur konkreten Erscheinung gelangen kann.“[181]

Diese Äußerung macht deutlich, daß für ihn das Geschworenengericht ein adäquates Werkzeug war, um das auf dem Rechtsbewußtsein des Volkes fu-

---

178 *Temme*, Berufung auf das Rechtsbewußtsein im Volke, in: ArchCrimR N.F. 1854, S. 586 ff. (599).

179 *Temme*, Berufung auf das Rechtsbewußtsein im Volke, in: ArchCrimR N.F. 1854, S. 586 ff. (601).

180 *Temme*, Berufung auf das Rechtsbewußtsein im Volke, in: ArchCrimR N.F. 1854, S. 586 ff. (596).

181 *Temme*, Grundzüge, S. 41.

ßende Recht unmittelbar zum Ausdruck zu bringen[182], wohingegen die Richterschaft dies lediglich in mittelbarer Weise tun könne.

An anderer Stelle brachte Temme seine Forderung nach Schwurgerichten sogar noch eindeutiger zum Ausdruck indem er entgegen der früher von ihm vertretenen Ansicht[183] das Berufrichtertum scharf kritisierte[184] und diesem die Eignung zur Feststellung des im Volke wurzelnden Rechtes gänzlich absprach:

> „Unterdrückt und vernichtet wird dagegen der Rechtssinn des Volkes zuletzt durch eine parteiische Rechtspflege. Die Parteilichkeit der Gerichte, ein ungerechter, ein gewissenloser, ein der Bestechlichkeit, der Furcht, der Feindschaft, der Rache, der Servilität zugänglicher, ein von solchen Leidenschaften abhängiger Richterstand muß auf die Dauer allen Sinn, alles Gefühl für Recht im Volke nothwendig tödten und vernichten."[185]

Aus dieser überaus negativen Beurteilung der juristischen Praxis des Richterstandes zog er dann jedoch nicht nur die Konsequenz, daß man dem Volk stattdessen durch die Institution der Schwurgerichte das Recht wieder näher bringen müsse, sondern er ging in dem hier zitierten Artikel noch darüber hinaus, indem er sogar die gänzliche Abschaffung des Berufsrichtertums forderte[186]. Dabei erinnerte er an die alten germanischen Schöffengerichte, in welchen die Gemeinde selbst „nach dem eigenen, angestammten, einzig und allein von dem Volke selbst durch eigenstes Leben ausgebildeten Rechte"[187] Recht gesprochen habe. Er beendete seinen Gedankengang damit, daß er die Hoffnung ausdrückte, es möge der von ihm befürworteten Demokratie gelingen, „ein solches Recht, solche Richter, eine solche Zeit des Rechts wiederherzustellen"[188].

---

182 Diesem Gedanken verlieh *Temme* in seinem Werk „Grundzüge" mehrfach Ausdruck, siehe etwa S. 43, 105, 114, 139, 167.

183 Vgl. hierzu: 2. Teil, 8. Kapitel B) II.

184 Neben dem in der Folge zitierten Artikel äußerte Temme seine nunmehr dem Berufsrichtertum gegenüber bestehende Skepsis auch in *Ders.*, Grundzüge, S. 17 und *Ders.*, Was wir wollen, Teil VI, in: Neue Oder-Zeitung, Breslau, 14. Juni 1851 (Titelblatt).

185 *Temme*, Was wir wollen, Teil V, in: Neue Oder-Zeitung, Breslau, 12. Juni 1851 (Titelblatt).

186 *Temme*, Was wir wollen, Teil V, in: Neue Oder-Zeitung, Breslau, 12. Juni 1851 (Titelblatt).

187 *Temme*, Was wir wollen, Teil V, in: Neue Oder-Zeitung, Breslau, 12. Juni 1851 (Titelblatt).

188 *Temme*, Was wir wollen, Teil V, in: Neue Oder-Zeitung, Breslau, 12. Juni 1851 (Titelblatt).

III. Temmes Anforderungen an ein gerechtes Geschworenengericht

Im Anschluß an seine Befürwortung der Schwurgerichte aus politischen und juristischen Gründen ging Temme dazu über genauer herauszuarbeiten, wie die Schwurgerichte seiner Ansicht nach ausgestaltet sein müßten. Ausgangspunkt seiner Erwägungen war seine feste Überzeugung, daß als Grund und Zweck der Strafe einzig und allein die Gerechtigkeit anzuerkennen sei[189]. Das „gegenwärtige deutsche Strafverfahren" entspreche jedoch nicht den Anforderungen der Gerechtigkeit und könne auch nicht den Anforderungen, welche die Volksfreiheit an die Gerechtigkeit zu stellen habe, genügen[190]. Um diese Auffassung zu untermauern, verwies er insbesondere auf die preußische Verordnung über Einführung des öffentlichen und mündlichen Verfahrens mit Geschworenen in Untersuchungssachen vom 3. Januar 1849, in welcher der „Geist der neuen Zeit"[191] verkannt worden sei. Diese Verordnung enthielt seiner Ansicht nach „neue Elemente zur Unterdrückung der Freiheit des Volkes", und auch das Institut der Geschworenen sei „vollkommen im Sinne des absoluten Polizeistaates gebildet"[192]. Außerdem seien „alle Mängel der französischen Jury, die bisher den Einsichtigeren die Einführung derselben in Deutschland als gefährlich für die Freiheit erscheinen ließen", nicht nur aufgenommen"[193], sondern sogar vergrößert worden[194]. Deshalb sei der Zustand der Strafrechtspflege in Deutschland jetzt nicht viel besser, als er ursprünglich gewesen sei. Vielmehr sei die Strafrechtspflege

> „ein furchtbares Werkzeug in der Hand der Regierungen zur Unterdrückung der Volksfreiheit."[195]

Temme verlieh jedoch seiner Zuversicht Ausdruck, daß, obwohl die „Contrerevolution"[196] momentan in Deutschland gesiegt habe und die alten politischen Verhältnisse wiederherstellen wolle, bald auch für Deutschland eine neue Zeit anbrechen werde. Wenn es soweit gekommen sei, werde man auch in Deutschland daran denken, „die Freiheit durch freisinnige Institutionen im Innern zu befestigen", und man werde „als eine der ersten und wichtigsten, die

---

189 *Temme*, Grundzüge, S. 1.

190 *Temme*, Grundzüge, S. 5.

191 *Temme*, Grundzüge, S. 14.

192 *Temme*, Grundzüge, S. 15.

193 *Temme*, Grundzüge, S. 15.

194 *Temme*, Grundzüge, S. 15.

195 *Temme*, Grundzüge, S. 15.

196 *Temme*, Grundzüge, S. 15.

Strafrechtspflege erkennen“[197]. Deshalb ging Temme in der Folge in seinem Werk dazu über, genauer zu erläutern, wie das deutsche Strafverfahren ausgestaltet sein müsse, damit es „gerecht und der Freiheit des Volkes ein Schutz und Schirm“[198] sein könne.

1. Ausweitung der Kompetenz der Schwurgerichte

Im Sinne eines gerechten Strafverfahrens hielt Temme es für wichtig, die Zuständigkeit der Geschworenengerichte auf möglichst viele Straftaten zu erstrecken[199]. Dies begründete er damit, daß es ein wichtiges Argument für Geschworenengerichte sei, daß

> „die Genossen des Angeklagten, die gleich ihm aus dem Volke hervorgegangen, einer richtigeren Auffassung der Lebensverhältnisse, der individuellen Stimmung, der Denkweise gewisser Kreise des Volkes fähig sind.“[200]

Daraus ergebe sich jedoch zwangsläufig, daß es die Regel sein müsse, daß bei einem Strafprozeß ein Urteil durch die Geschworenen gefällt werde, während eine Überweisung an den Richter nur die Ausnahme sein dürfe. Zwar sei diese Regel grundsätzlich auch vom französischen Recht anerkannt, jedoch habe der „absolutistische Geist“[201] dieses Rechtes diese Regel nicht zur Anwendung kommen lassen. So sei in Frankreich das Strafmaß hinsichtlich der den angestellten Richtern überwiesenen Verbrechen so hoch geschraubt[202], daß dem Verdikte der Geschworenen nur sehr wenige Fälle verblieben[203]. Schließlich seien die französischen Zuchtpolizeigerichte in der Lage, auf bis zu zehn Jahre Gefängnisstrafe zu erkennen[204].

---

197 *Temme*, Grundzüge, S. 15.

198 *Temme*, Grundzüge, S. 15.

199 Temme, Grundzüge, S. 41; *Ders.*, Was wir wollen, Teil VII, in: Neue Oder-Zeitung, Breslau, 21. Juni 1851 (Titelblatt); zum Problemkreis der Kompetenz der Schwurgerichte, vgl. ferner *Schwinge*, Schwurgerichte, S. 131 ff.

200 *Temme*, Grundzüge, S. 41.

201 *Temme*, Grundzüge, S. 41.

202 Nach französischem Recht wurden einfache Polizeiübertretungen (contraventions de police simple), welche vor den einfachen Polizeigerichten verhandelt wurden (Art. 137 CIC), Vergehen (délits), welche vor den Zuchtpolizeigerichten (Art. 160 CIC) verhandelt wurden, und Verbrechen (crimes) unterschieden. Lediglich bei Verbrechen fand grundsätzlich ein Verfahren vor dem Geschworenengericht statt (Art. 231 CIC).

203 *Temme*, Grundzüge, S. 42.

204 *Temme*, Grundzüge, S. 41.

Diese im französischen Recht enthaltene Tendenz, die Zuständigkeit der Geschworenengerichte zu begrenzen[205], sei auch in den neueren deutschen Strafprozeßgesetzgebungen enthalten. Zwar sei namentlich bei der preußischen Verordnung vom 3. Januar 1849 eine Zuständigkeit der Geschworenengerichte bereits bei allen Verbrechen, welche vom Gesetz mit einer härteren als dreijährigen Freiheitsstrafe bedroht seien[206], gegeben. Eine Tendenz zur Beschränkung der Zuständigkeit der Schwurgerichte lasse sich jedoch auch in dieser Verordnung erkennen, wenn man bedenke, daß die Kriminalgerichte nicht bloß auf einfache Gefängnisstrafe, sondern auch auf Arbeitshaus- und Zuchthausstrafe und ferner innerhalb des Strafrahmens von drei Jahren auch auf den Verlust sämtlicher Ehrenrechte[207] erkennen könnten[208].

Eine derartige Begrenzung der Zuständigkeit der Schwurgerichte berechtigte seiner Ansicht nach zu der Frage:

> „Warum überhaupt noch Geschworne? Welche Garantien sollen sie denn da noch bieten? [...] Wer gefragt würde, ob denn die Geschwornen unter solchen Umständen viel mehr als ein Spielwerk seien, das man dem Volke zu seiner Beruhigung in die Hände gegeben, der würde in der That mit einer aufrichtigen Antwort sehr in Verlegenheit sein.“[209]

Deshalb müsse man, wenn man den Zweck eines gerechten Strafverfahrens verfolge, dem Rechtsbewußtsein des Volkes wieder überall zur praktischen Geltung verhelfen. So müßten „sämmtliche eigentliche Strafgesetzübertretungen wieder dem unmittelbaren Urtheile der Volksgeschwornen unterworfen werden“[210], denn nur auf diese Weise könne man gewährleisten, daß der „Sinn für Recht und Freiheit allgemein und überhaupt im Volke wieder geweckt und fortwährend lebendig erhalten“[211] werde. Zum Abschluß dieser Erwägungen verlieh er dem Wunsch Ausdruck:

> „Möge es bald geschehen.“[212]

---

205 Siehe auch: *Schwarze*, Schwurgericht, S. 141 f.

206 Vgl. §§ 58, 60 d. pr. V. v. 3. Januar 1849.

207 Vgl. § 27 III d. pr. V. v. 3. Januar 1849.

208 *Temme*, Grundzüge, S. 42.

209 *Temme*, Grundzüge, S. 43.

210 *Temme*, Grundzüge, S. 43.

211 *Temme*, Grundzüge, S. 43.

212 *Temme*, Grundzüge, S. 43.

2. Einführung einer Anklagejury

Für besonders wichtig hielt Temme auch die Einführung einer Anklagejury, damit das Institut der Geschworenengerichte nicht einer gerechten Ordnung des Strafverfahrens im Wege stehe[213]. Zu dieser Auffassung gelangte er, als er sich die Mängel des Anklageverfahrens nach der preußischen Verordnung vom 3. Januar 1849 genauer ansah, welches mit geringen Modifikationen ganz nach dem französischen Verfahren des Code d'Instruction Criminelle[214] ausgestaltet war[215]. So war nach dem französich-deutschen Strafprozeß die Entscheidung über die Versetzung in den Anklagestand ausschließlich den Gerichten übertragen. Dabei mußte in allen Fällen, in denen eine Voruntersuchung durch den Untersuchungsrichter stattgefunden hatte[216], eine Entscheidung des Gerichts, dem er angehörte, über die Einstellung oder den weiteren Gang des Verfahrens erfolgen[217]. Für den Fall, daß die Einleitung eines schwurgerichtlichen Verfahrens beschlossen wurde, mußte noch eine Entscheidung des vorgesetzten Gerichts[218] hinzutreten, bevor der Fall einer endgültigen Entscheidung durch die Geschworenen zugeführt wurde[219].

In dieser dreifachen Entscheidung über die Schuld oder Unschuld des Angeklagten sah Temme einen großen Kritikpunkt des französisch-deutschen Strafverfahrens. Dieser ergab sich für ihn im einzelnen daraus, daß die ersten beiden Entscheidungen der Gerichte über die Versetzung in den Anklagestand

---

213 *Temme*, Grundzüge, S. 100 ff.; *Ders.*, Was wir wollen, Teil VII, in: Neue Oder-Zeitung, Breslau, 21. Juni 1851 (Titelblatt); ebenso wie *Temme* hielt auch *Feuerbach*, Öffentlichkeit und Mündlichkeit, Bd. I, S. 431 eine Anklagejury für unentbehrlich. Gegen eine Anklagejury sprechen sich jedoch *Geib*, Reform S. 135; *Seeger*, Geschworenengericht, S. 129 ff.; und ferner wohl auch *Hepp*, in: ACR 1849, S. 368 ff. (406 f.), aus. Zum ganzen vgl. *Schwinge*, Schwurgerichte, S. 140 ff.

214 Auch in Frankreich bestand in der unmittelbaren Folge der französischen Revolution noch eine Anklagejury, diese wurde jedoch mit der Einführung des CIC von 1808 wieder aufgehoben. vgl. *Hepp*, ACR 1849, S. 368 ff. (385).

215 *Temme*, Grundzüge, S. 100.

216 Ausgenommen sind also die Fälle, in denen bei Polizeiübertretungen durch das Polizeigericht eine Voruntersuchung für nötig erachtet worden war.

217 Der Untersuchungsrichter muß die Verhandlungen der sog. „Rathskammer" seines Gerichtes vorlegen. Diese besteht aus dem Untersuchungsrichter und noch zwei anderen Mitgliedern dieses Gerichts, vgl. Art. 127 CIC bzw. § 38 d. pr. V. v. 3. Januar 1849.

218 Es handelte sich dabei um die Entscheidung der sog. Anklagekammer, welche aus fünf Mitgliedern des Appellationsgerichts bestand und nach § 78 der pr. V. v. 3. Januar 1849 (Art.217 ff. CIC) definitiv über die Versetzung in den Anklagestand durch einen Beschluß entschied.

219 Art. 128 ff. CIC; §§ 39 ff., 75 ff. d. pr. V. v. 3. Januar 1849.

ihrer Natur nach provisorisch seien. Es liege jedoch „in der Natur eines Provisoriums“, daß dieses nicht dieselbe Bedeutung „wie das Definitivum“ habe[220]. So mache sich innerhalb der Gerichtskollegien fortwährend der Gedanke breit, „am Ende werde sich ja alles finden“[221]. Daraus könne man nun folgern, daß die Gerichte der Frage nach der Versetzung in den Anklagestand nicht die „erforderliche geistige und moralische Sorgfalt“[222] widmeten, da ja die Mitglieder des ersten Gerichts (Ratskammer) immer noch den Bericht der Mitglieder des zweiten Gerichts (Anklagekammer) und diese wiederum das abschließende Urteil der Geschworenen im Hintergrunde erblickten[223]. Dies führte ihn zu dem folgenden Schluß:

> „Jeder wird nur zu leicht denken, der Andere werde ja schon das Richtige treffen.“[224]

Das eigentliche Problem in dieser Entscheidungskette, in welcher jeder die Verantwortung an die nächsthöhere Instanz abzugeben versuchte, lag Temmes Ansicht nach darin, daß das Ende dieser Kette von den Geschworenen gebildet werde, deren Urteilsspruch, auch wenn man noch so sehr versuche diesen auf die reinen Tatsachen zu beschränken, immer auch einen rechtlichen Charakter aufweise[225]. Bei den Geschworenen handele es sich jedoch um „ungelehrte Richter“, die in bezug auf die rechtlichen Fragen, geneigt seien, „sich auf die Ansicht des Rechtskundigen zu verlassen“[226]. Insofern sehe er die Gefahr, daß das vorherige zweimalige Urteil Einfluß auf die Entscheidung der Geschworenen habe, weshalb der vorgebliche Schutz, welcher durch diese zweimalige Prüfung der Anklage erreicht werden solle[227], sich in Wahrheit eher als eine Gefahr für den Angeklagten herausstelle[228].

---

220 *Temme*, Grundzüge, S. 103.

221 *Temme*, Grundzüge, S. 103.

222 *Temme*, Grundzüge, S. 103.

223 *Temme*, Grundzüge, S. 103.

224 *Temme*, Grundzüge, S. 103.

225 *Temme*, Grundzüge, S. 103 f.; zum Problem der Trennung von Tat- und Rechtsfrage siehe 2. Teil, 8. Kapitel B) III.

226 *Temme*, Grundzüge, S. 103 ff.

227 Die Berufung auf diese größere Garantie durch die Schuldigsprechung durch zwei Kollegien findet sich bei *Rudhart*, Verfahren in Strafsachen, S. 66 und *Siebenpfeiffer*, Gerechtigkeitspflege, S. 229 ff.

228 *Temme*, Grundzüge, S. 104.

Um dieser Gefahr zu entgehen, berief Temme sich auf das englische Strafverfahren[229]. Dort mußte die Anklageschrift zuerst vor die große (Anklage-) Jury gebracht werden[230]. Erst wenn diese die Anklage für begründet erklärte, kam die Sache vor die kleine (Urteils-) Jury zur öffentlichen Verhandlung und Entscheidung[231]. Dementsprechend war Temme der Auffassung, man könne durch eine Übertragung dieser englischen Institution auf das deutsche Recht erreichen, daß der eben beschriebene Konflikt zwischen den gelehrten Richtern einerseits und den Volksgeschworenen andererseits behoben werde[232].

Darüber hinaus sprächen aber auch genau die gleichen Argumente, welche generell für die Einführung von Geschworenengerichten anzuführen seien, dafür, eine Jury über die Versetzung in den Anklagestand entscheiden zu lassen. Genau wie bei den Geschworenengerichten komme es auch bei dieser Institution

> „auf die Geltendmachung des im Volke lebendigen Rechtes an, das durch die gelehrten, wie von der Regierung mehr oder weniger abhängigen Richter nicht so rein und klar zur Entscheidung kommen kann. Das Volk muß also auch hier den Richterspruch eben sowohl, wie bei dem endlichen Verdikt in seiner Hand behalten."[233]

Ausgehend von diesen Erwägungen sprach in seinen Augen nichts dagegen, eine von der Urteilsjury verschiedene Anklagejury, die in regelmäßigen Versammlungen über die Versetzung in den Anklagestand zu entscheiden habe, einzurichten. Vielmehr sei gerade diese unabdingbar, wenn man in Deutschland ein gerechtes Geschworeneninstitut einrichten wolle[234].

3. Freie Wahl und Wählbarkeit der Geschworenen

Ein weiterer wichtiger Punkt in bezug auf die genauere Ausgestaltung eines Strafverfahrens mit Geschworenen stellte für Temme die Regelung der Aus-

---

229 Zu der Tendenz, Elemente des englischen Strafverfahens als Vorbild für die deutsche Strafrechtspflege zu verwenden: 2. Teil, 7. Kapitel B) IV. 3.

230 Zur Anklagejury des englischen Rechts vgl. *Hornthal*, peinliche Rechtspflege, S. 92.

231 Zum System der englischen Anklagejury, vgl. *Hepp*, ACR 1849, S. 368 ff. (394 ff.); ferner auch *Rüttimann*, Über die englische Strafrechtspflege, Zürich 1831, S. 68.

232 *Temme*, Grundzüge, S. 105.

233 *Temme*, Grundzüge, S. 105.

234 *Temme*, Grundzüge, S. 105 f.

wahl der Geschworenen dar[235]. Dabei ging es ihm um die beiden Fragen: „Wer kann Geschworner sein? Wie werden die Geschwornen bestimmt?“

Bezüglich dieser beiden Fragen seien durch die Strafprozeßgesetze der neueren Zeit vielfach Institutionen eingerichtet worden, die „namentlich einzelnen Zwecken der Regierungen entsprechen“; es sei aber „noch kein Institut geschaffen“, „das auf Erfüllung seines wahren Zwecks, der Gerechtigkeit“[236] gerichtet sei.

Diesbezüglich ging Temme zunächst zu einer Schilderung der Bildung der Geschworenengerichte nach französischem Recht über[237]. Zum Amt des Geschworenen war nach französischem Recht zunächst jeder zugelassen, der 30 Jahre alt war und die vollen staatsbürgerlichen Rechte besaß[238]. Diese Bestimmung war jedoch dahingehend weiter eingeschränkt, daß aus diesen generell zum Geschworenenamt befähigten Personen noch eine weitere Auswahl nach „Vermögen und Intelligenz“[239] erfolgte. So wurden nur Personen zugelassen, die entweder zu den dreihundert Bürgern, welche in ihrem Department die höchsten Steuern bezahlten[240], oder zu den Personen gehörten, welche besondere intellektuelle Fähigkeiten besaßen[241]. Aus der durch diese Auswahl festgestellten Zahl der generell zum Richteramt befähigten Personen bildete der Präfekt[242] des Departements eine Liste von 60 Namen, welche er an den Präsidenten des Assisenhofes übersandte[243]. Dieser reduzierte die Liste dann noch einmal auf 36 Personen, welche anschließend zur Verhandlung vorgeladen wurden[244].

---

235 *Temme*, Grundzüge, S. 107 ff.; *Ders.*, Was wir wollen, Teil VII, in: Neue Oder-Zeitung, Breslau 21. Juni 1851; vgl. zum ganzen ferner auch *Schwinge*, Schwurgerichte, S. 123 ff. Zur damaligen Zeit bereits: *Gneist*, Bildung der Geschworenengerichte, *Woringen*, Fragmentarische Betrachtungen, S. 26 ff.

236 *Temme*, Grundzüge, S. 107.

237 Zur Bildung der Geschworenengerichte nach französischem Recht vgl. insbesondere *Gneist*, Bildung der Geschworenengerichte, S. 107 ff.; *Rintel*, Jury, S. 159 ff.; *Stemann*, Jury, S. 59 ff.

238 Vgl. franz. Gesetz v. 7. August 1848, §§ 1,2 (zitiert nach *Glaser*, Strafverfahren, S. 30); ferner auch: *Temme*, Grundzüge, S. 108.

239 *Schwinge*, Schwurgerichte, S. 125.

240 Art. 382 Nr.3 CIC.

241 So z. B. Doktoren bestimmter Fakultäten, Notare, bestimmte Kaufleute, Verwaltungsangestellte und Mitglieder der Wahlkollegien, vgl. Art. 382 Nr. 1, 3, 4, 5, 6, 7 CIC.

242 Ein Präfekt ist der oberste Verwaltungsbeamte eines Departements in Frankreich.

243 Art. 387 Abs. I CIC.

244 Art. 387 Abs. III. CIC.

Diese Zulassung und Auswahl der Geschworenen nach französischem Recht kritisierte Temme als „absolutistische Einrichtung“[245], wobei er insbesondere auf die Tatsache anspielte, daß die Regierung über den Präfekten, welcher als Verwaltungsbeamter der Regierung unterstellt war, Einfluß auf die Bildung der Geschworenenlisten nehmen konnte[246]. Infolgedessen drückte er auch sein Befremden darüber aus, daß das Verfahren zur Bildung der Geschworenengerichte in der preußischen Verordnung vom 3. Januar 1849 an das französische Rechtssystem angelehnt worden war[247]. Bezüglich der generellen Zulassung zum Amt des Geschworenen gehe die Verordnung sogar noch über die französischen Regelungen hinaus, indem die Fähigkeit, Geschworener zu sein, von der Zahlung eines bestimmten jährlichen Steuersatzes[248] abhängig gemacht werde[249].

Anerkennung fand bei Temme jedoch die Zusammensetzung der Jury nach englischem Recht[250]:

> „In England, wo das Geschworeneninstitut nicht am grünen Tische fertig aufgestellt und dem Leben aufgedrängt ist, wo es vielmehr geschichtlich in und aus dem Leben sich entwickelt hat, erfolgt die Bildung der Schwurgerichte auf einfache und naturgemäße Weise.“[251]

---

245 *Temme*, Grundzüge, S. 110.

246 *Temme*, Grundzüge, S. 115.

247 Die Möglichkeit der Einflußnahme auf die Zusammenstellung der Geschworenenlisten von seiten der Regierung gemäß der preußischen Verordnung vom 3. Januar 1849 wurde von *Temme* auch noch im Jahre 1874 in seiner Schrift „Schwurgericht und Schöffengericht, Ein Flugblatt an das deutsche Volk“, auf S. 12 ausdrücklich gerügt, und auch in seinen „Erinnerungen“ wies er im Zusammenhang mit der Schilderung seines eigenen Prozesses vor dem Schwurgericht in Münster darauf hin, daß die Geschworenenlisten in Preußen „nach dem allerschlechtesten Napoleonischen Muster“ zusammengestellt würden, „bis man zuletzt Geschworene“ habe, „mit denen man zufrieden sein“ könne, vgl. *Temme*, Augenzeugenberichte, S. 201.

248 Wenigstens 18 Taler Klassen- oder 20 Taler Grund-, oder 24 Taler Gewerbesteuer, vgl. § 63 Nr. 9 d. pr. V. v. 3. Januar 1849.

249 *Temme* erwähnte in diesem Zusammenhang lediglich den badische Entwurf eines Strafprozeßgesetzes lobend, nach dessen § 242 zum Amt des Geschworenen „alle badischen Staatsbürger, welche das dreißigste Lebensjahr zurückgelegt haben, berechtigt und verpflichtet seien“, vgl. *Temme*, Grundzüge, S. 110.

250 Zur Frage der Zusammensetzung der Schwurgerichte nach englischem Recht vgl. *Gneist*, Die Bildung der Geschworenengerichte in Deutschland, S. 80 ff.; *Stemann*, Jury, S. 220 f.

251 *Temme*, Grundzüge, S. 107. Bereits zu früherer Zeit hatte *Temme* sich einmal dahingehend geäußert, daß das amerikanische Verfahren der Juryauswahl dem französischen vorzuziehen sei. Allerdings hatte die prinzipiell notwendige sehr komplizierte Vorgehensweise bei der Auswahl von Geschworenen ihm dabei als ein Grund gedient,

Er lobte am englischen System insbesondere, daß die Zulassung zum Amt des Geschworenen nicht an hohe Voraussetzungen geknüpft sei[252], und daß ferner die Auswahl der Geschworenen zwecks Aufstellung zweier Listen (für die große und die kleine Jury) von dem eine unabhängige Stellung innehabenden Sheriff[253] vorgenommen werde[254].

Da es im deutschen Gemeindewesen jedoch kein dem Sheriff vergleichbares Amt gab, ging Temme dazu über, ein eigenes seinen Vorstellungen entsprechendes System zur Auswahl der Geschworenen zu entwickeln. Dafür nahm er zunächst Bezug auf den Ursprung der Geschworenengerichte. Auch wenn diesbezüglich viele Einzelheiten noch im Unklaren lägen, gingen die Schwurgerichte doch unzweifelhaft aus dem rechtlichen Gemeindeleben hervor[255]. In diesem Gemeindeleben hätten sie früher die Aufgabe gehabt, „das Rechtsbewußtsein des Volks auch unmittelbar durch das Volk in dem konkreten Falle zur Erscheinung und Geltung“[256] zu bringen. Zwar habe sich inzwischen das Leben des Volkes erweitert und sei aus dem beschränkten Verbande der Gemeinde herausgetreten. Trotzdem sei der Kern des Volkslebens immer noch in dieser zu suchen, weshalb es seiner Ansicht nach ohne ein freies Gemeindeleben kein freies Volk geben konnte[257].

Diesen Gedanken übertrug Temme nun auf das Geschworenengericht und kam so zu der Folgerung, daß auch dieses, „wenn es das Rechtsbewußtsein und den Rechtswillen des Volkes klar und ungetrübt aussprechen soll“, dies nur könne, „sofern es seine Entwickelung aus der Gemeinde und aus dem freien Leben der Gemeinde“[258] herleite. Dies habe zur Konsequenz, daß die Geschworenen

---

das Institut der Schwurgerichte grundsätzlich abzulehnen, vgl. *Temme*, Die Geschwornen in Nordamerika, in: CrimZ 1841, S. 186 f.

252 Eine Geschworenenpflicht bestand nach englischem Recht für jeden, der in einer Grafschaft seinen ordentlichen Wohnsitz hatte, und einen bestimmten Steuersatz zahlte oder der ein bestimmtes Einkommen bezog, vgl. *Glaser*, Strafverfahren, S. 30.

253 Der englische Sheriff war nach dem Lordlieutenant der erste Beamte der Grafschaft. Seine Aufgabe war die Aufrechterhaltung der öffentlichen Ordnung und der Vollzug aller Gesetze, aller erlassenen Urteile und aller gegen Einwohner der Grafschaft verhängten Verhaftbefehle. Er war in seiner Stellung von der Regierung unabhängig, da es sich bei dem Amt des Sheriffs um ein Ehrenamt handelte und man dieses nur für eine Amtsperiode ausüben konnte. Zum Amt des Sheriffs vgl. ferner, *Hornthal*, Peinliche Rechtspflege, S. 93 f.

254 *Temme*, Grundzüge, S. 108.

255 *Temme*, Grundzüge, S. 114.

256 *Temme*, Grundzüge, S. 114.

257 *Temme*, Grundzüge, S. 114.

258 *Temme*, Grundzüge, S. 114; diesen Gedanken äußerte Temme ebenson in: *Ders.*, Was wir wollen, Teil VII, in: Neue Oder-Zeitung, Breslau, 21. Juni 1851 (Titelblatt).

„frei von und in der Gemeinde gewählt werden“[259] müßten. Lasse man dagegen die Gemeinde an dieser Entscheidung noch nicht einmal teilnehmen, so bedeute dies, daß man „dem Institute von vornherein alle Bedeutung, alles Leben“[260] nehme.

In diesem Zusammenhang hielt Temme es nicht für ausreichend, wenn man die Wahl der Geschworenen Gemeindebeamten übertrage und somit eine indirekte Wahl vornehme, vielmehr stehe das Institut der Geschworenen in seiner Bedeutung so hoch, daß man ihm die maximale Teilnahme durch die Gemeinde zukommen lassen solle. Um zu verdeutlichen, worin eine solche maximale Teilnahme durch die Gemeinde bestehen könne, zog Temme einen Vergleich zwischen den Abgeordneten der Landesvertretung und den Schwurgerichten:

> „Die Abgeordneten des Volks zu seiner allgemeinen Landesvertretung sollen seinen Rechtswillen allgemein durch abstrakte Normen, Gesetze, zur Geltung bringen. Seine Abgeordneten zu dem Geschworenengerichte sollen diesen nämlichen Rechtswillen in dem konkreten Falle aussprechen. Das Eine korrespondirt dem Anderen. Die Wichtigkeit beider Arten von Abgeordneten ist eine gleiche. Warum sollte die Wahl eine verschiedene sein?“[261]

Neben seiner Forderung, daß die Geschworenen durch die Gemeinde gewählt werden müßten, sprach sich Temme dafür aus, daß auch die „Wahl der Geschworenen durch keinen Census irgend einer Art beschränkt werden“[262] dürfe. Die Bedenken, welche einer freien Wählbarkeit der Geschworenen aus der Gemeinde entgegengebracht würden, daß man nämlich zur Ausübung dieses Amtes eine gewisse intellektuelle Befähigung brauche und man deshalb den Kreis der passiv Wählbaren einschränken müsse[263], versuchte er auszuräumen, indem er vorbrachte, daß eine Gemeinde, „in der nur eine Ahnung von politischem und rechtlichem Leben“ existiere, zu Geschworenen nur die „fähigsten und geeignetsten Männer“[264] auswählen werde. Auch bei politischen Prozessen schien ihm sein System der Geschworenenauswahl nur Vorteile zu bieten, da durch die freie Wahl und Wählbarkeit der Geschworenen für lediglich ein Jahr in deren Zusammensetzung immer die „wahre herrschende Rechtsansicht des Volkes“[265] zur Geltung komme. Dies sei ein Vorteil, den man bei notwendi-

---

259 *Temme*, Grundzüge, S. 114.

260 *Temme*, Grundzüge, S. 115.

261 *Temme*, Grundzüge, S. 115.

262 *Temme*, Grundzüge, S. 115.

263 Zu diesem Punkt vgl. *Schwinge*, Schwurgerichte, S. 124.

264 *Temme*, Grundzüge, S. 116.

265 *Temme*, Grundzüge, S. 116.

gerweise auf Lebenszeit gewählten Richtern, selbst wenn diese aus Wahlen des Volkes hervorgegangen seien, nicht erreichen könne[266].

Berücksichtige man dieses System der freien Wahl und Wählbarkeit der Geschworenen durch die Gemeinde, so sei den Anforderungen der Gerechtigkeit bei der Bildung der Schwurgerichte Genüge getan, und man könne die weiteren Einzelheiten getrost dem Gesetzgeber überlassen[267].

4. Entscheidung der Geschworenen über Tat- und Rechtsfrage

Temme hielt es bei der Einrichtung eines gerechte Maßstäbe verfolgenden Strafverfahrens außerdem für unentbehrlich, das Verhältnis zwischen Richtern und Geschworenen klar zu definieren[268]. Dabei sei insbesondere von Bedeutung, daß man eine eindeutige Regelung hinsichtlich der Entscheidungskompetenz der Geschworenen treffe. Leider sei dies in den neueren Gesetzgebungen oftmals nicht geschehen. Dabei führte er beispielhaft die preußische Verordnung vom 3. Januar 1849 an, welche eine unklare Regelung bei der Frage treffe, ob die Geschworenen lediglich die Tat- oder auch Rechtsfragen entscheiden sollten[269]. Im Vergleich dazu gelangte er zu der eindeutigen Auffassung, daß aufgrund der Tatsache, daß die Geschworenen vom Richter gefragt würden, ob der Angeklagte „schuldig" sei, daß diese notwendigerweise auch zur Entscheidung über die rechtlichen Elemente der Tatfrage berufen seien, da eine Entscheidung über Schuld oder Unschuld immer zugleich ein Urteil über Rechtsmomente enthalte[270]. In diesem Zusammenhang stellte er entgegen der überwiegenden Auffassung[271] ausdrücklich fest, daß sich auch den französischen Regelungen des Code d'Instruction Criminelle vom Wortlaut her keine Beschränkung auf die Tatfrage entnehmen lasse. Eine derartige Beschränkung sei eindeutig abzulehnen, da man diese nicht mit einem gerechten Strafverfahren vereinbaren könne:

> „Nach dem was wir in dieser Abhandlung zum öftern über das Wesen und die Bedeutung der Geschworenengerichte gesagt haben, kann es gar keine Frage sein, daß diesem Wesen nur das Verdikt über die gesammte strafbare Schuld des Ange-

---

266 *Temme*, Grundzüge, S. 116.

267 *Temme*, Grundzüge, S. 116.

268 *Temme*, Grundzüge, S. 118 ff.

269 *Temme*, Grundzüge, S. 119.

270 *Temme*, Grundzüge, S. 120 f. Entgegen *Temmes* Ansicht nahm die allgemeine Ansicht, welche auch vorherrschend in die Praxis einging, jedoch an, daß die Verordnung eine Beschränkung der Geschworenen auf konkrete Tatsachen gewollt habe, vgl. *Meyer*, That- und Rechtsfrage, S. 114.

271 Siehe dazu bereits oben: 2. Teil, 8. Kapitel B) III.

klagte entspricht. Jede andere Beschränkung des Verdikts dürfte eben eine Maßregel, und zwar, so wie eine halbe, so sehr eine gefährliche sein."[272]

Er mahnte hier auch noch einmal an, daß das Rechtsbewußtsein des Volkes, welches durch das Verdikt der Geschworenen unmittelbar zum Ausdruck kommen solle, auf keinen Fall durch eine Begrenzung auf die Tatsachen[273] unterdrückt werden dürfe[274]. Gehe man nun von der Prämisse aus, daß die Geschworenen ihr Urteil über die gesamte strafbare Tat zu fällen hätten, so ergäben sich auch für das Verhältnis zwischen Richtern und Geschworenen keine Probleme mehr. Den Geschworenen obliege hiernach zunächst die Feststellung der Schuld oder Unschuld des Angeklagten, während der Richter die Aufgabe habe, die sich aus dem Verdikt der Geschworenen ergebenden Folgen festzustellen. Dem Richter falle mithin die Aufgabe zu, die im Gesetz angedrohte Strafe gegebenenfalls zuzuerkennen und zuzumessen[275].

Aus dieser Art der Aufgabenteilung zwischen Richter und Geschworenen ergab sich für Temme die Konsequenz, daß bezüglich der Frage welche der Richter den Geschworenen am Ende der Verhandlung zu stellen habe, nur eine Möglichkeit in Frage komme. Von diesen könne nur „gefordert werden, daß sie die allgemeine Frage beantworteten, ob der Angeklagte des angeschuldigten Verbrechens schuldig sei"[276]. Dies ergebe sich nicht zuletzt aus der Aufgabe der Geschworenen. Diese sollten nämlich die „Bürgschaft für die gerechte Anwendung des Strafgesetzes nach dem im Volke lebenden Rechtsbewußtsein bilden"[277]. Die Grundlage ihres Verdikts sei folglich dieses „Rechtsbewußtsein, gehalten an die positive Gesetzgebung"[278]. Dieses sei jedoch rein innerlich und rein subjektiv und könne deshalb nur durch sein Resultat nach außen treten. Infolge seiner Annahme von der Subjektivität des Urteils der Geschworenen, welche an die Lehre der „intime conviction" erinnert, gelangte Temme dann zu der Überzeugung, daß man von den Geschworenen keine logische Begründung für ihr Urteil fordern könne. Genau dies geschehe aber, wenn man, wie dies in vielen Gesetzgebungen üblich sei, fordere, daß die Geschwo-

---

272 *Temme*, Grundzüge, S. 122. Diesen Gedanken wiederholt *Temme* später noch einmal auf S. 135.

273 Sofern eine Begrenzung generell für möglich gehalten wird. Dies ist ein Punkt, auf den *Temme* an dieser Stelle nicht eingeht.

274 Diesen Gedanken äußert *Temme* auch in: *Ders.*, Was wir wollen, Teil VII, in: Neue Oder-Zeitung, Breslau, 21. Juni 1851 (Titelblatt).

275 *Temme*, Grundzüge, S. 122.

276 *Temme*, Grundzüge, S. 136.

277 *Temme*, Grundzüge, S. 136.

278 *Temme*, Grundzüge, S. 136.

renen sich neben der Schuldfrage zugleich über die faktischen Prämissen des Urteils „als der logischen Schlußfolgerung aus derselben“ aussprechen müßten.

An dieser Stelle zeigt sich deutlich, wie sehr sich Temmes Auffassung über die Geschworenengerichte geändert hatte. Seine Überzeugung, daß den Geschworenen die Bekanntgabe von Urteilsgründen nicht möglich sei[279], war früher noch ein Grund für ihn gewesen, die Institution der Schwurgerichte gänzlich abzulehnen[280]. Außerdem war ihm klar, daß das Fehlen von Urteilsgründen auch zur Folge hatte, daß das Verdikt der Geschworenen schwerlich in einer zweiten Instanz überprüft werden konnte. Wurde dieser Umstand von ihm noch wenige Jahre zuvor als ein gravierender Nachteil der Institution des Geschworenengerichts empfunden, so nahm er diesen Nachteil nun als systemimmanent billigend in Kauf:

> „Die Bedeutung der Geschworenen ist nun aber, daß sie einmal das in ihnen, als Repräsentanten des gesammten Volkes, lebende Recht zur Anwendung bringen, und zum anderen, daß sie dieses Recht, ohne objektive Gründe dafür anzugeben, einzig und allein aus ihrer inneren Überzeugung hervorholen, so daß die Gründe ihres Spruches, so wie sie nur in Ihrem Inneren für diesen verantwortlich sind, so auch lediglich in ihrem Inneren verbleiben und niemals äußerlich erkennbar werden können. Es ist hiernach klar, daß gegen das Verdikt der Geschworenen selbst niemals ein Rechtsmittel existieren kann.“[281]

Etwaigen Gefahren, welche sich aus der fehlenden Rechtsmittelfähigkeit ergeben könnten, begegnete er nun unter Berufung auf die Gewissenhaftigkeit der Geschworenen:

> „Sind die Geschworenen gewissenhaft, so liegt in ihrer bloß allgemeinen Antwort wahrlich keine Gefahr. Gewissenlosen Geschworenen gegenüber helfen auch solche Kontrollen nicht.“[282]

5. Einstimmigkeit des Verdikts der Geschworenen

Bezüglich der näheren Ausgestaltung eines Strafverfahrens mit Geschworenen stellte sich auch die Frage, auf welche Art und Weise das Verdikt der Geschworenen zustande kommen sollte. Dafür gab es drei verschiedene Möglich-

279 Siehe oben: 2. Teil, 8. Kapitel B) II.

280 *Temme*, Gesetz über das Untersuchungsverfahren vom 17. Juli 1846, in: ZsDtStrafverfahren 1846, S. 343 ff. (375).

281 *Temme*, Grundzüge, S. 167.

282 Ebd., S. 137.

keiten: Einstimmigkeit[283], Stimmenmehrheit der Geschworenen allein und die Stimmenmehrheit der Geschworenen und des Gerichtshofes zusammen[284]. Die Möglichkeit, ein rechtsgültiges Verdikt durch eine Kombination aus der einfachen Stimmenmehrheit der Geschworenen und der Mehrzahl der Richter herbeizuführen, lehnte Temme eindeutig ab, da durch eine solche Regelung „Idee und Bedeutung"[285] des Geschworenengerichts vollständig vernichtet würden. Habe man infolgedessen nur noch die Wahl zwischen der Stimmenmehrheit und der Einstimmigkeit der Geschworenen, so müsse die Idee des Geschworenengerichts „nothwendig zu der Forderung der Einstimmigkeit hinleiten"[286]. Dabei berief Temme sich erneut darauf, daß es die Idee des Gechworenengerichtes sei, „das im Volke lebende Recht [...] mit Gewißheit zur Erscheinung"[287] zu bringen[288]. Dies könne jedoch nur dann gewährleistet werden, wenn keiner der Repräsentanten des Volkes in der Abstimmung widerspreche, denn der Widerspruch eines Einzigen hebe die Gewißheit auf. Deshalb zeuge jede Vorschrift, welche festlege, daß eine solche Gewißheit trotz des Widerspruchs eines einzelnen Geschworenen angenommen werden könne von „Willkür" oder „Unrecht"[289]. Diese Einstimmigkeit der Geschworenen mußte nach seiner Ansicht sowohl für das Nichtschuldig als auch das Schuldig gelten[290]. Könne in einem einzelnen Falle vor Gericht das einstimmige Verdikt nicht erreicht werden, so müsse die Entscheidung von einer neuen Jury herbeigeführt werden[291].

---

283 Diese wurde vom englischen System verlangt, wie *Temme* lobend erwähnte, vgl. *Ders*., Grundzüge, S. 138.

284 Eine solche Mehrheit entschied nach französischem Recht (§§ 347 ff. CIC), wenn der Angeklagte von den Geschworenen lediglich mit einfacher Mehrheit für schuldig befunden wurde. Genauso hielt es auch die preußische Verordnung vom 3. Januar 1849 (§ 111), vgl. *Temme*, Grundzüge, S. 138.

285 *Temme*, Grundzüge, S. 139.

286 *Temme*, Grundzüge, S. 139.

287 *Temme*, Grundzüge, S. 139.

288 In seinen Erinnerungen schildert *Temme*, wie er während seiner Zeit in Untersuchungshaft in Münster von dem Präsidenten des Oberappellationsgerichtes in Wolfenbüttel um ein Gutachten, betreffend die Einstimmigkeit des Verdiktes der Geschworenen, gebeten worden war und er sich für diese Einstimmigkeit ausgesprochen habe: „Ich war dafür, wie ich denn dem Geschworenengericht überhaupt und natürlich ohne das Erforderniß dieser Einstimmigkeit nie einen rechten Wert habe beilegen können.", vgl. *Temme*, Augenzeugenberichte, S. 199.

289 *Temme*, Grundzüge, S. 139.

290 *Temme*, Grundzüge, S. 141 f.

291 *Temme*, Grundzüge, S. 143.

D) Schwurgericht oder Schöffengericht? Die Zukunft der Schwurgerichte in Deutschland

I. Einführung

Auch wenn die im Zuge der revolutionären Geschehnisse in Deutschland eingeführten Schwurgerichte zunächst von der Bevölkerung überwiegend positiv aufgenommen worden waren[292], wich die anfängliche Begeisterung schnell einer zunehmenden Ernüchterung[293]. Diese war auf die Tatsache zurückzuführen, daß die im Zuge der revolutionären Umtriebe überstürzte Einführung der Schwurgerichte zu einer unausgereiften Ausgestaltung des Strafverfahrens geführt hatte[294]. Dennoch richtete sich die allgemein geäußerte Kritik in den seltensten Fällen gegen die Institution der Schwurgerichte an sich. Vielmehr wurde die Beteiligung des Volkes an der Strafrechtspflege als grundsätzlich wünschenswert angesehen, und die in der Öffentlichkeit diskutierten Fragen zielten lediglich darauf ab, das „Wie" dieser Beteiligung genauer zu untersuchen[295], wie dies auch Temme in seiner Monographie über die Grundzüge des deutsche Strafverfahrens getan hatte. Dabei versuchte man zunächst, die Probleme, die sich aufgrund der vielfach festgestellten Mängel des französischen Schwurgerichtsverfahrens ergeben hatten, dadurch zu lösen, daß man sich enger an das englische Strafverfahren anlehnte[296].

Demgegenüber machte der sächsische Generalstaatsanwalt *Schwarze* den Vorschlag, die Mängel des geltenden Schwurgerichtsverfahrens durch eine Ersetzung der Schwurgerichte durch Schöffengerichte zu beheben[297]. Nur auf diese Weise könne man den Mangel des französisch-deutschen Strafverfahrens, die Geschworenen als Richter über die Tatfrage in unnatürlicher Weise von den Berufsrichtern als Richter über die Rechtsfrage zu trennen, vermeiden[298]. Die-

---

292 Vgl. *Mittermaier*, GS 1852, S. 3 ff. (10).

293 *Böttges*, Laienbeteiligung, S. 33; zu dieser nachlassenden Begeisterung bereits in der damaligen Zeit: *Jagemann*, GS 1852, S. 352 ff.

294 *Böttges*, Laienbeteiligung, S. 32.

295 *Böttges*, Laienbeteiligung, S. 33.

296 *Böttges*, Laienbeteiligung, S. 33; aus der Literatur zur damaligen Zeit, vgl. etwa *Gneist*, Bildung der Geschworenengerichte; *Seuffert*, Schwurgerichte und Schöffengerichte, S. 32 ff.; zu diesem Vorschlag, Einrichtungen der englischen Jury zu übernehmen, vgl. auch *Schwarze*, Schwurgericht, S. 134 ff.

297 Diesen Vorschlag unterbreitete er zunächst anonym in der Schrift: Geschworenengericht und Schöffengericht; später dann: *Schwarze*, Schwurgericht, S. III ff. Zum Ganzen siehe *Schubert*, Gerichtsverfassung, S. 117 ff. (209).

298 *Schwarze*, Schwurgericht, S. IV, 32 ff.

sem Problem könne man nämlich auch nicht dadurch Herr werden, daß man eine Anlehnung an den englischen Strafprozeß versuche. Zwar kenne dieser den unnatürlichen Dualismus zwischen Richtern und Geschworenen nicht, jedoch erscheine eine solche Anlehnung aufgrund des Fehlens der spezifischen englischen Verhältnisse unmöglich[299]. Eine zufriedenstellende Lösung aller Probleme böten jedoch Schöffengerichte, in denen Richter und Laien aufgrund gemeinsamer Beratung und Beschlußfassung über die gesamte Schuldfrage entschieden[300]. Dabei sei der entscheidende Vorteil der Schöffengerichte gegenüber den Schwurgerichten in der Gemeinsamkeit der Entscheidungsfindung zwischen Geschworenen und Richtern zu sehen[301].

Diese von *Schwarze* ins Leben gerufene Diskussion um die Einführung der Schöffengerichte übte einen wesentlichen Einfluß aus, als es in den siebziger Jahren des 19. Jahrhunderts galt, eine einheitliche Rechtsordnung für das Deutsche Reich zu schaffen[302]. Auch die Regierung wünschte nämlich die Einrichtung von Schöffengerichten, wie aus der 1873 veröffentlichten „Amtlichen Denkschrift über die Schöffengerichte"[303] hervorging. Dabei lehnte man sich im wesentlichen an die von *Schwarze* hervorgebrachte Kritik an den Schwurgerichten an[304]. In diesem Zusammenhang wurde auch darauf hingewiesen, daß es nicht möglich sei, von einem lediglich aus Laien bestehenden Kollegium Entscheidungsgründe zu verlangen, was dazu führe, daß Rechtsirrtümer verdeckt würden und deren Beseitigung unmöglich bleibe[305]. Diese Auffassung fand in dem Entwurf zu einer deutschen Gerichtsverfassung aus dem Jahre 1873[306] ihren Niederschlag[307]. So sah dieser, den Wünschen der Regierung folgend, im Strafverfahren eine Besetzung der ersten Instanz mit Schöffengerichten vor[308]. Allerdings wurde diese Entscheidung zugunsten der Schöffengerichte nach Beratung des Entwurfs im Bundesrat wieder revi-

299 *Schwarze*, Schwurgericht, S. 140.

300 *Schwarze*, Schwurgericht, S. 165 ff.

301 *Schwarze*, Schwurgericht, S. 165 ff.

302 *Benz*, Laienrichter im Strafprozeß, S. 51.

303 Amtliche Denkschrift über die Schöffengerichte, ausgearbeitet im Kgl. Preuß. Justizministerium, 1872.

304 Amtliche Denkschrift über die Schöffengerichte, GA 1873, S. 40 ff. (48).

305 Amtliche Denkschrift über die Schöffengerichte, GA 1873, S. 40 ff (53).

306 Entwurf eines Gesetzes betreffend die zur Einführung der deutschen Civil- und Strafprozeß-Ordnung erforderliche Einrichtung der Gerichte im Deutschen Reich (v. 4. Januar 1873).

307 *Benz*, Laienrichter im Strafprozeß, S. 51.

308 In erster Instanz sollten kleine, mittlere und große Schöffengerichte zur Entscheidung berufen werden, vgl. *Kern*, Geschichte, S. 88; *Schmidt*, Geschichte, S. 345.

diert[309], da ein Entwurf ohne Geschworenensystem im Reichstag keine Aussicht hatte, angenommen zu werden[310]. In dem durch den Bundesrat umgearbeiteten Entwurf des Gerichtsverfassungsgesetzes aus dem Jahre 1874[311] verblieb dem Schöffengericht lediglich die Entscheidung geringerer Straffälle[312], die mittelschweren Delikte sollten hingegen von mit Berufsrichtern besetzten Strafkammern entschieden werden[313], und für die schweren Delikte waren Schwurgerichte vorgesehen[314]. Als Begründung für diese Entscheidung zugunsten der Schwurgerichte wurde in den Motiven angegeben, daß das Schwurgericht zwar unbestreitbare Mängel aufweise, einer gänzlichen Einführung von Schöffengerichten jedoch deren fehlende Erprobung als Gerichte höchster Ordnung entgegenstehe[315].

Die durch diesen Entwurf vorgeschlagene Strafgerichtsverfassung als Teil des Gerichtsverfassungsgesetzes wurde vom Reichstag akzeptiert und am 27. Januar 1877 verkündet[316]. Sie trat mit den anderen Reichsjustizgesetzen am 1. Oktober 1879 in Kraft[317]. Der Streit um die Schwurgerichte war damit einem vorläufigen Ende zugeführt[318].

II. Ablehnung der Schöffengerichte durch Temme

In die Diskussion um den Erhalt der Schwurgerichte oder deren Austausch durch Schöffengerichte schaltete sich auch Temme aus dem Schweizer Exil[319]

309 *Schmidt*, Geschichte, S. 346.

310 *Benz*, Laienrichter im Strafprozeß, S. 51; *Schubert*, Gerichtsverfassung, S. 117 ff. (220 f.).

311 Entwurf eines Gerichtsverfassungsgesetzes in der vom Justizausschuß des Bundesrates am 12. Mai 1874 verabschiedeten Fassung.

312 Vgl. §§ 14 ff. des Entwurfs.

313 Vgl. §§ 46 ff. des Entwurfs.

314 Vgl. §§ 59 ff. des Entwurfs.

315 Vgl. Begründung des Entwurfs eines Gerichtsverfassungsgesetzes und des Einführungs=Gesetzes, S. 17 ff.

316 Gerichtsverfassungsgesetz und Einführungsgesetz vom 27.Januar 1877.

317 Das Schöffengericht war nach der Regelung des GVG von 1879 am Amtsgericht als erstinstanzliches Gericht für geringfügige Strafsachen zuständig (§§ 25 ff. GVG 1879). Zur Regelung der Schöffengerichte nach dem Gerichtsverfassungsgesetz von 1879 im einzelnen vgl. *Benz*, Laienrichter im Strafprozeß, S. 53 f.; ferner auch *Vormbaum*, Lex Emminger, S. 109 ff.

318 *Böttges*, Laienbeteiligung, S. 41.

319 Siehe dazu bereits oben 1. Teil, 1. Kapitel F).

im Jahre 1874 ein[320]. Seine Ausführungen sind dabei als eine eindeutig ablehnende Reaktion auf den durch Gesetzentwurf aus dem Jahre 1873 gemachten Vorschlag, die Schwurgerichte durch Schöffengerichte zu ersetzen, zu werten. Er setzte sich zunächst mit den Argumenten der Befürworter einer Einführung von Schöffengerichten auseinander. Für die Einrichtung der Schöffengerichte wurde damals oft angeführt, sie seien ein echt deutsches, schon seit den ältesten Zeiten im deutschen Volke wurzelndes Institut, welches nur wiederherzustellen sei. Diesem Argument begegnete Temme mit dem Einwand, die letzten deutschen Schöffen seien diejenigen der peinlichen Gerichtsordnung von 1532 gewesen, welche bei jeder Hauptverhandlung dazu dagewesen seien, eine Garantie gegen die Willkür des inquirierenden Kriminalgerichts zu geben. Sie seien jedoch nur stumme Zeugen und allenfalls, sofern sie nicht, wie es durchaus üblich gewesen sei, geschlafen hätten, bloße Zuhörer des Prozesses gewesen. Man könne doch wohl kaum eine Wiedereinführung dieses Schöffengerichtes wollen[321].

Das zweite wesentliche Argument der Befürworter des Schöffengerichtes war, daß durch ihre Einführung die unglückliche Trennung zwischen Tat- und Rechtsfrage vermieden werden könne. Diesem Argument gestand Temme zunächst insoweit Berechtigung zu, als er einräumte, daß „jene Theilung bei den Geschworenengerichten [...] vom Uebel“[322] sei. Die Ursache für die Entstehung dieses Übels sah er aber darin, daß die deutschen Regierungen die Geschworenengerichte aus Frankreich übernommen hätten und das französische Recht die Trennung von Tat- und Rechtsfrage „verkümmert und verstümmelt“[323] aus dem englischen Recht entlehnt habe. Diese Trennung sei dann von *Napoleon* (dem Ersten) in vollem Bewußtsein beibehalten worden. Schließlich sei dieser aber unter dem Druck der französischen Revolution dazu gezwungen gewesen, Zugeständnisse an das Volk zu machen. Durch die Beibehaltung der Trennung von Tat- und Rechtsfrage habe *Napoleon* jedoch beabsichtigt, nur ein halbes Zugeständnis an das Volk zu machen, da der Einfluß der Berufsrichter auf das Urteil durch diese Trennung in größerem Umfang erhalten geblieben sei. Dieses halbe Zugeständnis hätten dann später auch die

---

320 *Temme*, Schwurgericht und Schöffengericht. Allerdings hatte *Temme* bereits in den 40er Jahren im Zusammenhang mit seinen Äußerungen zur Gesamtreform des Strafverfahrens darauf hingewiesen, daß sich das Institut der Schöffengerichte seiner Ansicht nach „überlebt“ habe, vgl. *Ders.*, Revision der Preußischen Gesetzgebung über das Strafverfahren, in: ZsDtStrafverfahren 1844, S. 307 ff. (319).

321 *Temme*, Schwurgericht und Schöffengericht, S. 6.

322 *Temme*, Schwurgericht und Schöffengericht, S. 7.

323 *Temme*, Schwurgericht und Schöffengericht, S. 7.

deutschen Regierungen in unmittelbarer Reaktion auf die Revolution von 1848 gemacht[324]. Aus der Feststellung, daß des sich bei den Schwurgerichten französischer Prägung nur um eine „Halbheit"[325] handelte, konnte nach Temmes Ansicht jedoch keineswegs der Schluß gezogen werden, daß man diese einfach durch ein anderes System ersetzen dürfe. Bei genauerer Betrachtung erweise sich nämlich, daß es sich auch bei den Schöffengerichten in keiner Weise um ein Zugeständnis an das Volk handele, sondern

> „das neue projectirte Schöffengericht die Autorität, die Macht der Staatsrichter, die diesen durch Geschworenengerichte entzogen wird, wieder herstellen soll. Das Laien-Element in dem Schöffengericht ist nur zum Schein da; die volle richterliche Gewalt vor den Zeiten des Geschwornengerichts soll wieder aufleben; das neue Schöffenthum soll es verdecken."[326]

Diese Skepsis dem Schöffengericht gegenüber beruhte also darauf, daß Temme durch dessen Einführung die Grundidee der Mitwirkung des Volkes an der Rechtsprechung gefährdet sah. Es gebe zwar keine direkten Äußerungen bezüglich der Besetzung der neu einzuführenden Schöffengerichte[327], jedoch sei er der Auffassung, daß in jedem Fall die Gefahr bestehe, daß durch das Schöffengericht die Laienbeteiligung an der Strafrechtspflege unterdrückt werde. Aber selbst wenn man davon ausgehe, daß in jedem Fall eine Majorität der Schöffen gegenüber den Berufsrichtern bestehe, so müsse man berücksichtigen, daß die große Gefahr einer Beeinflussung der Schöffen „durch Ueberredung, durch Versprechungen, durch Schmeichelei, oder durch Autorität"[328] von seiten des Richters bestehe und daß dadurch das Laienelement in dem Schöffengericht leicht in die Minderheit gebracht werden könne[329]. Ferner sah er auch ein Problem darin, daß es Überlegungen dahingehend gebe, das Amt des Schöffen nur von den „Bestgebildeten"[330] ausüben zu lassen[331]. Denn

---

324 *Temme*, Schwurgericht und Schöffengericht, S. 7.

325 Ebd., S. 7.

326 Ebd., S. 8.

327 *Temme* berief sich jedoch darauf, aus verschiedenen Quellen gehört zu haben, daß die Schöffengerichte aus einem Präsidenten und sieben Mitgliedern bestehen sollten. Seine Annahme entsprach jedoch nicht den Tatsachen, da die Bundesratsvorlage des GVG aus dem Jahre 1873 bestimmte, daß die kleinen Schöffengerichte mit einem Amtsrichter und zwei Schöffen, die mittleren Schöffengerichte mit drei Mitgliedern der Strafkammer und vier Schöffen und die großen Schöffengerichte mit drei Mitgliedern der Strafkammer und sechs Schöffen zu besetzen seien, vgl. *Schubert*, Gerichtsverfassung (1869–1877), S. 243 f.

328 *Temme*, Schwurgericht und Schöffengericht, S. 9.

329 Ebd., S. 9.

330 Ebd., S. 9.

durch diese Begrenzung des Kreises der zum Schöffenamt befähigten Personen entstehe eine „Hinterthür“, durch welche der „bei Weitem größte Theil des Volkes von der Richterbank zurückgewiesen und aus dem Richtersaale hinausgeworfen“[332] werde.

Infolge dieser Gefahren, welche durch eine entsprechende Besetzung der Schöffengerichte und die Auswahl der Schöffen hervorgerufen werden könnten, gelangte Temme zu der Annahme, daß die Einführung des Schöffengerichtes von der Regierung eben nur deshalb erwogen werde, um wieder die „Herrschaft des von der Regierung abhängigen Richterstandes“[333] zu installieren. Mit dieser Überlegung kam er wieder auf seinen Ausgangspunkt zurück: Selbst wenn man an der Einrichtung der Schwurgerichte nach französischem Vorbild berechtigte Kritik üben könne und müsse[334] und diese auch nur ein halbes Zugeständnis an das Volk machten, sehe dieses in ihnen doch ein „Bollwerk gegen ungerechte Verfolgungen und Verurtheilungen“[335]. Wenn man berücksichtige, wie bedenkenlos die deutschen Regierungen das Schwurgericht beseitigen wollten, obwohl keine Regierung normalerweise „ohne den äußersten Zwang“[336] ihre Zwecke aufgebe, so müsse man dem Volk in seinem Festhalten an den Schwurgerichten recht geben[337]. Deshalb schloß er seine Erwägungen mit einem – im Hinblick auf die spätere Einführung der Schöffengerichte durch die Reichsstrafprozeßordnung ergebnislosen – Aufruf:

> „Darum aber noch eine ernste und dringende Mahnung an das deutsche Volk. Seine Kammern, seine Landtage und Reichstage haben ihm längst den Beweis geliefert, wie wenig es von ihnen für sein Recht, seine Freiheit und sein Wohl zu erwarten hat, daß es auch den glattesten wie den fettesten Worten nicht mehr vertrauen darf. Nehme es sich diesmal besonders in Acht!“[338]

---

331 Diese Befürchtungen *Temmes* bezüglich der Auswahl der Schöffen wurde jedoch in der gesetzlichen Regelung von 1879 nicht in die Tat umgesetzt. So wurde das Amt des Schöffen vielmehr grundsätzlich jedem Deutschen eröffnet, der das 30. Lebensjahr vollendet hatte und eine Mindestzeit in seiner Gemeinde ansässig war, vgl. dazu: *Schubert*, Die deutsche Gerichtsverfassung (1869–1877), S. 231.

332 *Temme*, Schwurgericht und Schöffengericht, S. 10.

333 *Temme*, Schwurgericht und Schöffengericht, S. 15.

334 In diesem Zusammenhang ging *Temme* erneut auf die schon früher von ihm geäußerte Kritik bezüglich der Auswahl der Geschworenen ein.

335 *Temme*, Schwurgericht und Schöffengericht, S. 8.

336 *Temme*, Schwurgericht und Schöffengericht, S. 8.

337 *Temme*, Schwurgericht und Schöffengericht, S. 15.

338 *Temme*, Schwurgericht und Schöffengericht, S. 15.

E) Zusammenfassung und Würdigung

Betrachtet man die sich über dreißig Jahre erstreckenden Äußerungen Temmes im Zusammenhang, so ist augenfällig, daß die Revolution des Jahres 1848 nicht nur einen Wendepunkt in der Gesetzgebung, sondern auch einen Wendepunkt in seiner Argumentation markierte. Es läßt sich keine einzige vorrevolutionäre Äußerung von ihm finden, welche auch nur eine Andeutung in die Richtung macht, er könne das System der Schwurgerichte unterstützen. Vielmehr sind sämtliche seiner Äußerungen aus dieser Zeit eindeutig ablehnender Natur. In der Zeit nach der Revolution entwickelte er sich jedoch zu einem Befürworter der Geschworenengerichte, und es finden sich zahlreiche Stellungnahmen, in denen er sich eindeutig als Unterstützer eines schwurgerichtlichen Systems zu erkennen gab. Dieser auffällige Wandel in seinem Denken vermag eindrucksvoll zu belegen, wie eng die Schwurgerichtsdebatte mit der politischen Entwicklung zusammenhing.

Ein solcher Zusammenhang war Temme wohl bereits vor der Revolution bewußt. Er hatte selbst darauf hingewiesen, daß Geschworenengerichte in konstitutionellen Staaten aus politischen Gründen unabdingbar seien, um eine Kontrolle über die Einhaltung der durch das Volk erlassenen Gesetze zu gewährleisten. Allerdings erfolgte der Hinweis auf diesen Zusammenhang immer eher am Rande. Vorrangig widmete er sich in der vorrevolutionären Zeit noch der ausführlichen Darlegung, warum ein Geschworenengericht aus juristischen Gründen nicht erstrebenswert sei.

Nach der Revolution wollte Temme von seiner ursprünglichen Ablehnung der Schwurgerichte nichts mehr wissen. Er berief sich nun darauf, seine frühere Kritik habe lediglich den französischen Schwurgerichten gegolten. Dieser Erklärung für seine veränderte Argumentation könnte man insoweit Glauben schenken, als die Schwurgerichtsdebatte zu dieser Zeit aufgrund der Geltung des französischen Rechts in den Rheinlanden in der Tat eng auf die Erörterung des französischen Systems ausgerichtet war. Andererseits hatte Temme das andersartige System der englischen Jury, das in der strafprozessualen Literatur bereits seit den 20er Jahren zunehmend Berücksichtigung gefunden hatte[339], vor der Revolution an keiner Stelle erwähnt. Deshalb muß man wohl eher davon ausgehen, daß seine Ablehnung der Geschworenengerichte im Vormärz genereller Natur war und seine Auffassung sich im Verlaufe der Revolution von 1848/49 gewandelt hat.

---

339 *Schwinge*, Schwurgerichte, S. 134 ff.

Dieser Entwicklung Temmes von einem harten Kritiker zu einem Befürworter der Geschworenengerichte vermag die politische Dimension der Schwurgerichtsdebatte zu belegen. Selbst wenn im Rahmen dieser Diskussion immer wieder darauf verwiesen wurde, daß das Problem der Geschworenengerichte in erster Linie mit juristischen Argumenten gelöst werden müsse, so waren letztendlich politische Gründe ausschlaggebend. Die Schwurgerichte wurden als das passende juristische Gegenstück zur Volksvertretung auf der politischen Ebene angesehen, so daß ein konstitutioneller Staat ohne sie schlichtweg undenkbar erschien. Dabei waren diese politischen Gründe durchaus geeignet, sämtliche Bedenken, die gegen die Jury in juristischer Hinsicht bestanden, zu überlagern. Die überragende politische Bedeutung, die den Geschworenengerichten in der damaligen Zeit zugemessen wurde, vermag eine Äußerung *Feuerbachs* eindrucksvoll zu belegen:

> „Ist die Nation eine Jury wert, der Staat einer Jury fähig, dann sind mit allen von mir geschilderten kriminalrechtlichen Nachteilen, welche dieser Einrichtung anhängen, die umfassenden Vorteile, welche sie der Menschheit und dem Bürgerthum gewährt, bei weitem nicht zu teuer bezahlt."[340]

Temme dagegen wog in der Nachrevolutionszeit die politischen Vorteile und die juristischen Nachteile der Geschworenengerichte nie mehr gegeneinander ab. Zwar verwies er an vielen Stellen darauf, daß die Einführung der Geschworenengerichte eine politische Notwendigkeit sei[341], jedoch ging er mit keinem Wort auf seine früher gegen diese gehegten juristischen Bedenken ein. Vielmehr gab er sogar ausdrücklich an, die Geschworenengerichte auch aus juristischen Gründen zu unterstützen. Er verwies in diesem Zusammenhang auf das im Volke wurzelnde Rechtsbewußtsein, welches nur durch die Geschworenengerichte angemessen zum Ausdruck gebracht werden könne[342]. Allerdings scheint auch diese Berufung auf das Rechtsbewußtsein im Volke keineswegs frei von politischen Einflüssen, da auch diesem Begriff der Gedanke der Einflußnahme des Volkes auf die Gesetzgebung unterlegt ist[343]. Insofern ist davon auszugehen, daß die veränderte Rechtsauffassung Temmes eher auf der Änderung der politischen Gegebenheiten als auf der Aufgabe seiner in juristischer Hinsicht bestehenden Skepsis den Schwurgerichten gegenüber beruhte. Bei

---

340 *Feuerbach* in einem Brief an *Villers* im Jahre 1813. Zitiert nach *Schwinge*, Schwurgerichte, S. 72.

341 Siehe 2. Teil, 8. Kapitel C) I.

342 Siehe 2. Teil, 8. Kapitel C) II.

343 Eine eingehende Auseinandersetzung mit diesem Begriff des Rechtsbewußtseins im Volke erfolgt im Rahmen der Gesamtbetrachtung des strafprozessualen Lebenswerk Temmes, 12. Kapitel, A).

einer Auswertung seiner Aussagen zu den Schwurgerichten verwundert, daß er die juristische Debatte um die Einführung der Schwurgerichte nicht nutzte, um seiner politischen Grundhaltung Ausdruck zu verleihen. Es kann angenommen werden, daß seine politische Überzeugung in den 1840er Jahren bereits die gleiche wie während der Revolution war, indem er sich schon zu dieser Zeit insgeheim ein konstitutionelles System für Preußen wünschte. In der öffentlichen Debatte der damaligen Zeit verwies er jedoch nur darauf, daß die Einführung von Schwurgerichten im absolutistischen Königreich widersprüchlich sei. Dabei zog er die Möglichkeit, durch die Forderung nach Schwurgerichten einem konstitutionellen Staat auf juristischer Ebene ein Stückchen näher kommen zu können, ohne daß dieser politisch gesehen schon Wirklichkeit geworden war, nicht in Betracht.

Im Zuge der revolutionären Ereignisse in den Jahren 1848/49 gab Temme jedoch seine zurückhaltende Art, auf juristischem Gebiet Stellung zu beziehen, auf. In seinem in der Untersuchungshaft geschriebenen Werk „Grundzüge eines deutschen Strafverfahrens" aus dem Jahre 1850 räumte er ein, daß die „Contrerevolution" zwar „augenblicklich in Deutschland gesiegt" habe, jedoch sei die Revolution noch nicht beendet und sie werde „unter allen Umständen nur mit der vollen Anerkennung der Rechte des deutschen Volkes" enden. Daher erschien es ihm notwendig auf dem Gebiete des Strafverfahrensrechtes schon einmal vorzugreifen und darzulegen, nach welchen Grundprinzipien der Strafprozeß in einem demokratischen Staat ablaufen müsse:

> „Wenn alsdann die staatlichen Institutionen auf eine vernünftige und auf Dauer Anspruch machende Weise geregelt werden, dann wird man auch, so wie die Rechtsinstitutionen unter den Staatseinrichtungen überall voranstehen, unter ihnen besonders dem Strafprozesse, als dem mächtigsten Bollwerk für die Freiheit des Einzelnen und somit des Ganzen, die nothwendige Beachtung zuwenden und man wird ihn ordnen nur nach den Anforderungen der Volkssouveränetät. Diese Grundsätze aber, die zu jener Zeit Geltung finden müssen und finden werden, können nicht zu früh, vor der Öffentlichkeit besprochen werden."[344]

Unter dem klaren Einfluß der revolutionären Ereignisse war Temme bestrebt, dem Volke ein Geschworenengericht zu geben, welches seine unmittelbare Einflußnahme auf die Rechtspflege ermöglichte. Hatte er noch relativ kurze Zeit vor der Revolution keinerlei Skepsis gegenüber dem Berufsrichtertum gezeigt, so bewertete er nun den Richter als „Organ der Regierung", der „außerhalb des Volkes" stehe. Diese neuartige Skepsis seinem eigenen Stand gegenüber, die nicht zuletzt auch persönliche Hintergründe gehabt haben mag, veranlaßte ihn dazu, den Geschworenengerichten sehr weitreichende Befugnis-

---

344 *Temme*, Grundzüge, S. IV.

se zuzugestehen. Temme ging über die Forderungen vieler Zeitgenossen hinaus, indem er keinerlei Beschränkungen der schwurgerichtlichen Kompetenzen zulassen[345] und die Juroren sowohl über die Tat- als auch über die Rechtsfrage entscheiden lassen wollte[346]. Außerdem wollte Temme das Element der freien Wählbarkeit der Juroren durch die Gemeinde als zusätzliches plebiszitäres Element in der Strafprozeßordnung verankert wissen. Durch diese Forderungen sah Temme die möglichst umfassende Umsetzung seiner Ansichten zum Jurysystem gewährleistet. Auch wenn seine Vorstellungen eines Geschworenengerichtes in Preußen niemals Gesetz wurden und es sich bei den dann eingeführten Geschworenengerichten französischer Prägung seiner Ansicht nach nur um „Halbheiten"[347] handelte, so hielt er auch noch im Jahre 1874 an deren Notwendigkeit fest. Dennoch mußte er miterleben, wie den Geschworenengerichten im Jahre 1877 durch die Reichsstrafprozeßordnung und das Gerichtsverfassungsgesetz weite Teile ihrer Zuständigkeit genommen und auf Schöffengerichte und Berufsrichter übertragen wurden.

345 Siehe 2. Teil, 8. Kapitel C) III. 1.

346 Siehe 2. Teil, 8. Kapitel C) III. 5.

347 *Temme*, Schwurgericht und Schöffengericht, S. 7.

Neuntes Kapitel: Die freie richterliche Beweiswürdigung[1]

A) Einführung

Ein weiterer Punkt, der in der Reformbewegung der damaligen Zeit viel diskutiert wurde, war die Einführung einer freien Beweiswürdigung. Folgte die Kriminalordnung von 1805 noch einer positiven Beweistheorie[2], so wurde in Preußen bereits durch das Gesetz vom 17. Juli 1846[3] das Prinzip der freien Beweiswürdigung eingeführt[4]. Die Ursache für diese Wendung läßt sich nur dann verstehen, wenn man sich klarmacht, was für eine Lücke die Abschaffung der Folter[5] in das Beweisrecht der damaligen Zeit gerissen hatte[6]. Nach dem Beweisrecht des Inquisitionsprozesses galten Tatsachen erst dann als für eine Verurteilung ausreichend bewiesen, wenn zwei vollgültige Zeugen sie

---

1 Ein guter Überblick über die Diskussion um die Einführung einer freien Beweiswürdigung findet sich bei: *Küper*, Richteridee, S. 214 ff., *Ders.*, Historische Bemerkungen; vgl. ferner auch: *Walter*, Freie Beweiswürdigung; *Krieter*, Historische Entwicklung; *Gebhardt*, Freiheit des Strafrichters, insbes. S. 20 ff.; *Schmitt*, Beweiswürdigung. *Nobili*, Überzeugungsbildung, gibt einen Überblick über die historische Entwicklung dieses Prinzips in Italien, Frankreich und Deutschland.

2 Vgl. dazu: 2. Teil, 4. Kapitel A).

3 Zu der Entstehung dieses Gesetzes vgl. 2. Teil, 5. Kapitel.

4 Vgl. § 19 d. pr. V. v. 17. Juli 1846. Das Prinzip der freien richterlichen Beweiswürdigung wurde jedoch mit folgender Ausnahme eingeführt: „Wenn jedoch im Gesetz Todesstrafe oder lebenswierige Freiheitsstrafe angedroht ist, so ist das Gericht ermächtigt, in denjenigen Fällen, in welchen gegen den für schuldig Erklärten ein nach den bisherigen positiven Regeln der Kriminal=Ordnung für vollständig zu erachtender Beweis nicht geführt ist, an Statt der Todesstrafe auf lebenswierige oder zeitige Freiheitsstrafe, an Statt der lebenswierigen Freiheitsstrafe aber auf zeitige Freiheitsstrafe zu erkennen“ (§ 20 d. pr. V. v. 17. Juli 1846); zu der Einführung des Prinzips der freien richterlichen Beweiswürdigung durch die preußische Verordnung vom 17. Juli 1846 vgl. auch: *Temme*, Zu dem Gesetze vom 17. Juli 1846, in: JWPrS 1847, S. 268 ff. (271).

5 Zur Abschaffung der Folter durch *Friedrich den Großen* vgl. auch: 2. Teil, 4. Kapitel A). Siehe aber auch *Rüping*, Grundriß, S. 70 f.; *Schmidt*, Geschichte, S. 269.

6 Vgl. zu dem Zusammenhang zwischen der Abschaffung der Folter und der freien Beweiswürdigung: *Glaser*, Lehre vom Beweis, S. 6 ff.; *Ignor*, Geschichte, S. 252 ff., *Krieter*, Historische Entwicklung, S. 8; *Walter*, Freie Beweiswürdigung, S. 61 ff.; *Schwinge*, Schwurgerichte, S. 74 ff.

bekundeten oder der Angeklagte die Tat gestanden hatte[7]. Da hinreichende Zeugenaussagen eher selten waren, war die Folter als Mittel, um Geständnisse zu erzwingen, für die Effektivität der Strafrechtspflege von großer Bedeutung. Zu einem Geständnis konnte der Angeschuldigte nach Abschaffung der Folter aber nicht mehr mittels Gewaltanwendung gebracht werden, weshalb bei leugnenden Angeschuldigten Freisprüche die Folge waren[8].

In der Rechtsprechung entstanden nun Unsicherheiten darüber, wie die zur Verurteilung erforderlichen Voraussetzungen zu erlangen seien. Als Ausgleich für die abgeschaffte Folter versuchten die Untersuchungsrichter, die Angeschuldigten durch raffinierte Fragestellungen zu einem Geständnis zu überlisten[9] oder sie in eine Lage zu bringen, in der die Anwendung von Ungehorsams- oder Lügenstrafen erlaubt war. Die Lügenstrafen, welche bereits am Beispiel der preußischen Kriminalordnung von 1805 erläutert wurden[10], erlaubten es den Untersuchungsrichtern, bei hartnäckigem Schweigen oder offensichtlichen Lügen des Angeschuldigten eine körperliche Züchtigung gegen diesen festsetzen zu lassen[11]. Eigentlich sollten die Lügenstrafen den Inquisiten nur zu einer deutlichen und richtigen Beantwortung der Fragen des Richters anhalten. Aufgrund der beweisrechtlichen Probleme nach Abschaffung der Folter wurden sie jedoch vielfach als Gewaltmittel zur Erzwingung von Geständnissen zweckentfremdet, indem die Angeschuldigten durch Drohungen und Scheinmanöver in eine Lage gebracht wurden, in der widersprechende Aussagen oder hartnäckiges Schweigen die Anwendung von Lügenstrafen erlaubten[12].

Ein weiteres Mittel, den beweisrechtlichen Schwierigkeiten, die nach Abschaffung der Folter entstanden waren, Herr zu werden, war die Anerkennung des Indizienbeweises[13]. So wurden vielfach – wie auch in der preußischen Kriminalordnung von 1805[14] – Regeln getroffen, nach welchen bei Vorliegen von Indizienbeweisen, die auf eine hohe Wahrscheinlichkeit der Tatbegehung

---

7 Diesem System der gesetzlichen Beweistheorie der peinlichen Gerichtsordnung folgten alle späteren deutschen Partikulargesetze bis zum Anfang bzw. bis zur Mitte des 19. Jahrhunderts, vgl. *Krieter,* Historische Entwicklung, S. 7.

8 Eine Kritik dieser Freisprechungen findet sich u. a. bei *Struve,* ZsDtStrafverfahren 1844, S. 358 f., vgl. dazu: *Krieter*, Historische Entwicklung, S. 8.

9 Vgl. dazu: *Küper*, Richteridee, S. 117 f.

10 Siehe 2. Teil, 4. Kapitel A).

11 Vgl. etwa §§ 292, 293, 296 KrimO.

12 *Ignor*, Geschichte, S. 252 f.; *Schmidt*, Geschichte, S. 272.

13 *Krieter*, Historische Entwicklung, S. 7.

14 Vgl. §§ 391, 405 KrimO.

schließen ließen, auf eine mildere außerordentliche Strafe erkannt werden durfte[15]. Die Zulässigkeit dieser außerordentlichen Strafen und die damit verbundene Anerkennung des Indizienbeweises waren jedoch in der Wissenschaft stark umstritten, und es wurde ihnen vielfach die Eignung zur Lösung der bestehenden Probleme abgesprochen[16].

Dennoch lag dieser Anerkennung des Indizienbeweises bereits die Erkenntnis zugrunde, daß es für eine Verurteilung entscheidend auf die Überzeugung des Richters ankam. Insofern erschien dann auch der Schritt zur Anerkennung einer freien richterlichen Beweiswürdigung nicht mehr weit. Im Laufe der vierziger Jahre begannen sich die Stimmen zu mehren, die eine Befreiung der Richter auch vom negativ verstandenen Beweisregelsystem verlangten[17].

Der Übergang zu dem neuen Beweisverfahren verlief jedoch nicht reibungslos, sondern führte zunächst in eine Sackgasse. Weil man unter dem Einfluß des französischen Rechts glaubte, eine von Beweisregeln freie Überzeugungsbildung nur bei Geschworenen zulassen zu dürfen[18], blieb die freie Beweiswürdigung noch lange Zeit untrennbar mit der Diskussion um die Schwurgerichte

---

15 Das Besondere an der außerordentlichen Strafe war dabei, daß bereits aufgrund erheblichen Verdachtes, nicht vollständigen Beweises oder mehrerer Anzeigen auf eine Strafe erkannt werden durfte (vgl. §§ 391, 405 KrimO). Eine Begrenzung erfuhr die außerordentliche Strafe jedoch dahingehend, daß niemals auf die außerordentliche Strafe des Todes oder der lebenslangen Haft erkannt werden durfte (§ 408 KrimO). Zu dem Zusammenhang zwischen Abschaffung der Folter und Einführung der außerordentlichen Strafen vgl. *Jarke*, Lehre vom unvollständigen Beweise, S. 30.

16 Insbesondere aufgrund des Art. 22 der Carolina, welcher bestimmte, daß jemand nur „aus eigen Bekennen oder Beweisung [...] und nicht auf Vermuthung oder Anzeigung“ zu peinlicher Strafe verurteilt werden dürfe, vertraten viele Juristen unter Hinweis auf das gemeine Recht die Ansicht, daß eine Verurteilung auf Grund von Indizien nicht zulässig sei, vgl. etwa *Rosshirt*, Criminalistische Abhandlungen, S. 19 f. Demgegenüber versuchte *Jarke* in seiner Abhandlung über den unvollständigen Beweis den Nachweis zu führen, daß in der preußischen Kriminalordnung die Indizien Gewißheit brächten und die außerordentlichen Strafen der Kriminalordnung nicht die Bestrafung wegen eines bloßen Verdachtes oder wegen der hohen Wahrscheinlichkeit der Tatbegehung regeln sollten, da diese im Gesetz enthaltenen Begriffe lediglich technisch zu verstehen seien, vgl. *Ders.*, Lehre vom unvollständigen Beweise, S. 33 ff.

17 Als erster hatte der Oberprokurator *Leue* die allgemeine Anerkennung des Prinzips der freien Beweiswürdigung gefordert, vgl. *Ders.*, Anklage=Proceß, S. 135 ff. In der Folgezeit fand diese Ansicht *Leues* bald weitere Verfechter, zu denen *Möhl*, vgl. *Ders.*, ZsDtStrafverfahren 1842, S. 277 ff. und auch *Temme* gehörten.

18 Siehe: 2. Teil, 8. Kapitel B) II.

verknüpft[19]. Verbunden mit einer, wie dargestellt[20], zunehmenden Rationalisierung der Schwurgerichtsidee, setzte sich dann jedoch in der Literatur allmählich und zunächst vereinzelt die Idee durch, daß man auch Berufsrichtern die freie Würdigung der Beweise einräumen könne, sofern man eine ausreichende Vorsorge gegen Mißbräuche treffe[21]. Damit wurden langsam die Vorbehalte, welche man aufgrund einer allgemeinen Skepsis dem Berufsrichtertum gegenüber hegte, ausgeräumt[22].

Diesen Ansatz griff dann auch die Gesetzgebung auf, und in Preußen fand dann die Hinwendung zu einer freien Beweiswürdigung durch das bereits in anderem Zusammenhang erwähnte Gesetz vom 17. Juli 1846 ihren vorläufigen Abschluß[23]. Die Vorschrift dieses Gesetzes, welche die freie Beweiswürdigung durch Berufsrichter für zwei Gerichte in Berlin einführte[24], diente später als Muster für den größten Teil der nach 1848 ergangenen partikularen Strafprozeßgesetze[25]. Der in ihr enthaltene Grundgedanke ging auch als § 261[26] in die Reichsstrafprozeßordnung ein[27].

---

19 *Küper*, Richteridee, S. 214; *Küper*, Historische Entwicklung, S. 31; *Krieter*, Historische Entwicklung, S. 10 f.; *Nobili*, Überzeugungsbildung, S. 158 f.; *Gebhardt*, Freiheit des Strafrichters, S. 19.

20 Siehe 2. Teil, 8. Kapitel B) II.

21 Vgl. für die Idee der Vereinbarkeit von freier richterlicher Beweiswürdigung und Berufsrichtertum: *Möhl*, ZsDtStrafverfahren 1842, S. 277 ff. (295); *Temme*, Aphorismen, in: CrimZ 1841, S. 162. Vgl. zum Ganzen auch: *Küper*, Richteridee, S. 221 f.

22 Teilweise wird der Übergang von der gesetzlichen Beweistheorie zur freien richterlichen Beweiswürdigung auch ausschließlich mit der Übernahme des französischen Vorbildes aus politischen Motiven erklärt, siehe etwa: *Kries*, Lehrbuch, S. 62; *Glaser*, Geschichtliche Grundlagen, S. 18; *Westhoff*, Grundlagen, S. 116; zum ganzen vgl. *Küper*, Richteridee, S. 220.

23 Diese Regelung wurde auch in dem nachfolgenden Gesetz vom 3. Januar 1849 beibehalten (vgl. § 22. d. pr. G. v. 3. Januar 1849).

24 Es handelt sich dabei um § 19 d. pr. V. v. 17. Juli 1846. Diese Vorschrift bestimmte in ihrem zweiten Absatz: „Dagegen treten die bisherigen positiven Regeln über die Wirkungen der Beweise außer Anwendung. Der erkennende Richter hat fortan nach genauer Prüfung aller Beweise, für die Anklage und Verteidigung, nach seiner freien, aus dem Inbegriff der vor ihm erfolgten Verhandlungen geschöpften Ueberzeugung zu entscheiden: ob der Angeklagte schuldig, oder nicht schuldig, oder ob derselbe von der Anklage zu entbinden sei. Er ist aber verpflichtet, die Gründe, welche ihn dabei geleitet haben, in dem Urtheil anzugeben."

25 *Küper*, Richteridee, S. 219; *Planck*, Systematische Darstellung, S. 196; vgl. dazu auch *Ignor*, Geschichte, S. 252, der § 19 der pr. V. v. 17. Juli 1846 als „normative Geburtsstunde der freien richterlichen Beweiswürdigung im Bereich des Strafprozeßrechts" bezeichnet. Allgemeine Verbreitung in den deutschen Staaten fand das neue System jedoch erst in Verbindung mit der Einführung der Geschworenengerichte.

B) Temme als Befürworter einer freien Beweiswürdigung

Temme beteiligte sich in seinen zahlreichen Schriften zur Reform des Strafprozeßrechtes ebenfalls an der Diskussion um die Einführung einer freien richterlichen Beweiswürdigung. Dabei erwies er sich als deren uneingeschränkter Befürworter[28]. Er gehörte zu den ersten, die unabhängig von der Einführung einer Juryverfassung, vielmehr sogar zunächst noch als ein ausdrücklicher Gegner derselben[29], die Einführung der freien richterlichen Beweiswürdigung forderten.

Im Jahre 1841 zeigte er sich bereits erfreut über die Abkehr von den „Schulfuchsereien" der herkömmlichen Beweislehre, die 1839 durch eine preußische Verordnung für die Provinz Neu-Vorpommern und Rügen, in welcher bis dahin noch die peinliche Gerichtsordnung des gemeinen Rechts gegolten hatte[30], erfolgt war[31]. Nach dieser Verordnung war es dem Richter entgegen der Regelung in der preußischen Kriminalordnung von 1805 möglich, auch aufgrund eines Indizienbeweises die volle Strafe des Verbrechens zuzulassen und nicht nur auf eine außerordentliche Strafe zu erkennen. Wann der Richter den vollen Beweis, welcher einen Schuldspruch rechtfertigte, für erbracht hielt,

---

26 Der Wortlaut des § 261 lautete dabei: „Über das Ergebnis der Beweisaufnahme entscheidet das Gericht nach seiner freien, aus dem Inbegriff der Verhandlung geschöpften Überzeugung."

27 Bei seiner Einführung in die Reichsstrafprozeßordnung wurde der Grundsatz der freien Beweiswürdigung nicht mehr näher diskutiert, sondern in den Motiven der StPO wurde vielmehr lediglich festgestellt: „Der Grundsatz der freien Beweiswürdigung bedarf gegenwärtig nicht mehr der Rechtfertigung", vgl. Motive zum Entwurf einer Strafprozeßordnung und zum Entwurf eines Einführungsgesetzes, Begründung zu § 220 des Entwurfs, S. 144. Zum Ganzen siehe *Küper*, Historische Bemerkungen, S. 43 f.; *Küper*, Richteridee, S. 219; *Geyer*, Beweis im Strafprozeß, S. 185 (201); *Ignor*, Geschichte, S. 252.

28 Aussagen Temmes die freie Beweiswürdigung betreffend finden sich insbesondere in: *Temme*, Aphorismen, in: CrimZ 1841, S. 162 f, 201; *Ders*., Recension, in: CrimZ 1841, S. 138 ff.; *Ders*, Neue Verordnungen über das Strafverfahren, in: ZsDtStrafverfahren 1841, S. 512 ff.; *Ders*., Errichtung von Provinzial-Oberappellations-Gerichten, in: CrimZ 1842, S. 165 ff; *Ders*., Revision der Preußischen Gesetzgebung über das Strafverfahren, in: ZsDtStrafverfahren 1844, S. 308 ff.; *Ders*., Anzeigen und Kritiken, in: ZsDtStrafverfahren 1844, S. 428 ff. (436).

29 Siehe 2. Teil, 8. Kapitel B).

30 Vgl. dazu 2. Teil, 5. Kapitel.

31 *Temme*, Neue Verordnungen über das Strafverfahren in Preussen, in: ZsDtStrafverfahren 1841, S. 512 ff. (521).

blieb seinem Gewissen überlassen[32]. Damit – so Temme – habe der Gesetzgeber nun dem Umstand Rechnung getragen, daß die Überzeugung des Richters sich nicht in die „Fesseln“ einer positiven Beweistheorie schlagen lasse. Dies sei die unstreitig „wichtigste Frage des gesammten Untersuchungsprocesses“[33].

Temme ging die Regelung dieser Verordnung jedoch noch nicht weit genug, und er kritisierte den Umstand, daß die Anerkennung der freien richterlichen Beweiswürdigung nur auf den Indizienbeweis (indirekten Beweis) beschränkt worden war[34]. Stattdessen müsse man „die freie Ueberzeugung des Richters“ nunmehr allgemein anerkennen und mit den Prinzipien der Mündlichkeit und Öffentlichkeit verbinden:

> „Aus dem lebendigen Eindrucke [...], den das Ganze der Verhandlung auf ihn gemacht hat, soll der Richter seine Ueberzeugung von der Schuld oder Unschuld des Angeschuldigten schöpfen, und diese Ueberzeugung soll die einzige Basis seines Urte[i]ls werden.“[35]

Deshalb zeigte er sich 1844 auch enttäuscht von den Vorschriften über den Beweis, welche in dem Entwurf einer Strafprozeßordnung von 1841[36] getroffen worden waren. Er bedauerte daß darin „die positive Beweistheorie der Criminalordnung mit allen ihren Gebrechen vollkommen beibehalten“[37] worden sei.

Lobend erwähnte er jedoch in diesem Zusammenhang das Gesetz, betreffend das gerichtliche und Disciplinar=Strafverfahren gegen Beamte vom 29. März 1844, und die Verordnung über das Verfahren in Ehesachen vom 28. Juni 1844[38]. In diesen Gesetzeswerken sei nämlich mit der Anerkennung einer freien richterlichen Beweiswürdigung ein „Grundsatz anticipirt“, der in dem für die Zukunft wünschenswerten künftigen Strafverfahren eine „allgemeine Geltung erhalten“[39] sollte.

---

32 *Temme*, Neue Verordnungen über das Strafverfahren in Preussen, in: ZsDtStrafverfahren 1841, S. 512 ff. (522).

33 Ebd., S. 512 ff. (522).

34 Ebd., S. 512 ff. (522).

35 *Temme*, ZsDtStrafverfahren, S. 518, 522.

36 Siehe zu diesem Entwurf 2. Teil, 5. Kapitel.

37 *Temme*, Revision der Preußischen Gesetzgebung über das Strafverfahren, in: ZsDtStrafverfahren 1844, S. 307 ff. (323).

38 Siehe zu diesen Gesetzeswerken bereits: 2. Teil, 5. Kapitel.

39 *Temme*, Revision der Preußischen Gesetzgebung über das Strafverfahren, in: ZsDtStrafverfahren 1844, S. 307 ff. (323).

1846 nahm die Entwicklung des preußischen Strafverfahrensrechtes eine von Temme gewünschte Wendung, als durch das preußische Gesetz über das Untersuchungsverfahren vom 17. Juli 1846 die Richter wenigstens beim Kammergericht und beim Kriminalgericht Berlin von allen positiven Beweisregeln befreit wurden[40]. In diesem Zusammenhang kritisierte er jedoch, daß dieses Gesetz die Vernehmung sogenannter Informationszeugen gestatte, obgleich bei ihnen aufgrund ihrer Verbindung zu dem Angeklagten die Vermutung bestehe, daß sie nicht immer ganz die Wahrheit sagten[41]. Ohne die Geltung der positiven Beweisregeln müßten der Richter durch deren Vernehmung notwendigerweise in eine Konfliktlage geraten, da er in seinen Gründen die Aussage eines solchen Informationszeugen nicht gänzlich außer Acht lassen könne[42].

Wie bereits dargestellt[43], wandelte sich Temmes Auffassung nach den Revolutionsjahren 1848/49 dahingehend, daß er ein Strafverfahren mit Geschworenen als eine politische und juristische Notwendigkeit begriff. Da die Geschworenen ihr Urteil jedoch zwangsläufig ohne gesetzliche Beweisregeln fällten, finden sich in der Zeit nach 1848 keine Äußerungen Temmes mehr, in welchen dieser für die Einführung einer freien Beweiswürdigung durch Berufsrichter eintrat.

Im folgenden sollen nun die Argumente, mit denen er im Vormärz die freie Beweiswürdigung durch Berufsrichter befürwortete, näher beleuchtet werden.

I. Zu viele Freisprechungen unter Geltung der Beweistheorie

Bereits eine Äußerung Temmes aus dem Jahre 1825, die im Rahmen einer Gedankensammlung in einer westfälischen Zeitschrift erschien, läßt den Grund anklingen, der ihn später zu einem uneingeschränkten Befürworter der freien richterlichen Beweiswürdigung werden ließ:

> „Wenn ein Unschuldiger verurtheilt wird, so schreit die ganze Welt; die Namen von Calas[44], Le Surque, P. Marron u. s. w. sind noch immer im Gedächtnisse eines Jeden. Der tausend Schuldigen, die nicht verurtheilt werden, gedenkt Niemand."[45]

---

40 *Temme*, Gesetz über das Untersuchungsverfahren vom 17. Juli 1846, in: ZsDtStrafverfahren 1846, S. 343 ff. (343).

41 Ebd., S. 343 ff. (375).

42 Ebd., S. 343 ff. (375).

43 Siehe 2. Teil, 8. Kapitel C).

44 Am 9. März 1762 wurde in Toulouse, wo 1562 etwa 4.000 Hugenotten erschlagen worden waren – ein Ereignis, das später noch lange gefeiert wurde und das vom Papst sanktioniert worden war – der gichtkranke Kaufmann Jean Calas, der einen Stoffhan-

Aus dieser Äußerung läßt sich schließen, daß das wohl wichtigste Argument, welches Temme einige Jahre später dann dazu brachte, für den Strafprozeß unbedingt die Einführung einer freien Beweiswürdigung zu fordern, für ihn war, daß ihm der Strafprozeß unter Geltung der positiven Beweistheorie, wie sie die preußische Kriminalordnung vorsah, aufgrund der durch sie hervorgerufenen zahlreichen Freisprüche nicht mehr praktikabel erschien.

1841 behauptete Temme, daß das „gegenwärtige Vertheidigungssystem" der Angeklagten „fast ohne Ausnahme in einem frechen Ableugnen" bestehe und es daher „fast zum Sprüchworte geworden" sei, daß vor dem Strafrichter nur der „Narr"[46] gestehe. Diese Tendenz der Angeklagten, die von ihnen begangenen Verbrechen zu leugnen, führte er darauf zurück, daß unter Geltung der positiven Beweistheorie das Leugnen des Angeklagten häufig dazu führe, daß dieser am Ende geringer zu bestrafen, mitunter sogar freizusprechen sei[47]. Schließlich sei eine Verurteilung zu der gesetzlichen Strafe nach der preußischen Kriminalordnung nur infolge eines Geständnisses oder anhand der Aussage zweier klassischer Zeugen möglich. Scheitere der Richter im Falle eines leugnenden Angeklagten daran, zwei klassische Zeugen herbeizurufen, müsse er in vielen Fällen freisprechen oder die Akten von vornherein zurücklegen, „obgleich er in den meisten Fällen aus Gründen der Vernunft" „überzeugt sein und verurteilen"[48] dürfe.

Um dieses Ergebnis zu vermeiden, waren unter Geltung der preußischen Kriminalordnung viele Richter dazu übergegangen, Ungehorsamsstrafen anzuwenden, um den Willen des Angeschuldigten zu beugen. Diese Praxis empfand Temme als negativen Ausfluß der gesetzlichen Beweistheorie. In einem Kapitel der von ihm verfaßten „Erinnerungen", in welchem er seine

---

del betrieb, nach grausamen Folterungen gerädert. Der 63jährige Protestant stand im Verdacht, seinen Sohn, der zum Katholizismus übergetreten war, erhängt zu haben. Voltaire, der von der Unschuld des Kaufmanns überzeugt war, erreichte durch seine Schrift „Traite sur la Tolerance a l'occasion de la mort de Jean Calas" („Traktat über die Toleranz aus Anlass des Todes von Jean Calas", 1763), daß der Hingerichtete in einem Wiederaufnahmeverfahren nach seinem Tode für unschuldig erklärt wurde.

45 *Temme* (unter dem Pseudonym *H. Stahl*), Allerlei, in: Hermann 1825, S. 713 ff. (727).

46 *Temme*, Aphorismen, in: CrimZ 1841, S. 162 f (163).

47 *Temme*, Aphorismen, in: CrimZ 1841, S. 162 f. (163); dieser Gedanke findet sich ferner auch in *Temme*, Revision der Preußischen Gesetzgebung über das Strafverfahren, in: ZsDtStrafverfahren 1844, S. 307 ff. (323) und in *Ders.*, Sollen wir in Preußen ein öffentliches Ministerium haben, in: Jahrb. f. d. CrimRpflege 1840, S. 527 (536).

48 *Temme*, Aphorismen, in: CrimZ 1841, S. 162 f. (163).

Erlebnisse als Richter in Littauen schildert[49], findet sich eine eindrucksvolle Schilderung dieser Praxis:

> „Wenn ich nämlich einem verstockten Inquisiten strenge zuredete, sofort hielt mein Protokollführer mit beiden Händen sich die Ohren zu und starrte auf das Papier, das vor ihm lag. Ich fragte ihn zuletzt, warum er das thue, und er gestand mir, die Herren Referendarien, die meinen Vorgängern zur Aushülfe gedient, hätten der Verstocktheit der Inquisiten durch „Ochs" und „Esel", durch Ohrfeigen, Treten auf die Fußzehen und dergleichen abzuhelfen gesucht, und um sein Gewissen als Protokollführer, der alles, was er wahrnehme, getreu verzeichnen müsse, nicht zu verletzen, habe er nichts gehört und nichts gesehen. Wenn ich streng redete, hatte er nun gedacht, ich werde es auch machen, wie jene Referendarien, und sein Gewissen wollte er doch salviren."[50]

Auch der Versuch, dieses Problems durch Anerkennung der aufgrund eines Indizienbeweises ergehenden außerordentlichen Strafe Herr zu werden, sprach Temme jegliche Eignung zur Lösung des beschriebenen Problems ab, da die außerordentliche Strafe „leider in jeder Beziehung etwas ganz Außerordentliches"[51] sei.

Zwar führte er an dieser Stelle seine Kritik an der außerordentlichen Strafe nicht näher aus, jedoch äußerte er sich andernorts dahingehend, daß die außerordentliche Strafe, welche das „Schoßkind" der preußischen Kriminalordnung sei, an vielen „Inconvenienzen und Inconsequenzen"[52] leide. Obgleich die gerichtliche Praxis schon viele der Ungerechtigkeiten, welche sich dadurch ergäben, daß leugnende Angeklagte oftmals nur außerordentlich bestraft werden könnten, ausgeglichen habe, indem sie außerordentlich auch über den niedrigsten Grad der ordentlichen Strafe hinaus bis nahe an den höchsten Grad erkenne, ließen sich trotzdem nicht sämtliche Ungerechtigkeiten vermeiden. So führe § 408 der Kriminalordnung, nach welchem die außerordentliche Strafe niemals bis zur Todesstrafe, zur lebenslagen Freiheitsstrafe oder zur körperlichen Züchtigung ausgedehnt werden dürfe[53], dazu, daß der „verstockte und freche Verbrecher" mit einer „ungleich gelinderen Strafe als der reuige, ge-

---

49 Siehe 1. Teil, 1. Kapitel C).

50 *Temme*, Augenzeugenberichte, S. 91 f.

51 *Temme*, Aphorismen, in: CrimZ 1841, S. 162 f. (163).

52 *Temme*, Revision der Preußischen Gesetzgebung über das Strafverfahren, in: ZsDtStrafverfahren 1844, S. 307 ff. (323).

53 Vgl. § 408 d. pr. KrimO: „Die außerordentliche Strafe kann nie bis zur Todesstrafe, auch wenn die Strafgesetze in einem oder dem andern Falle nicht Abweichendes verordnen, nicht bis zur lebenswierigen Gefangenschaft ausgedehnt werden, sondern nur in Geldbuße oder zeitiger Strafarbeit bestehen. Es soll auch dabei niemals auf köperliche Züchtigung erkannt werden, wenn die Gesetze nicht ausdrücklich eine Ausnahme gestatten."

ständige"[54] davonkomme. Die diesem System immanente Ungerechtigkeit werde insbesondere dann augenfällig, wenn mehrere Mitschuldige vorhanden seien, von denen einige aufgrund eines Geständnisses ordentlich und andere die Tat leugnend außerordentlich zu bestrafen seien[55]. Durch dieses System der außerordentlichen Strafen werde deshalb „unmittelbar Lug und Trug herbeigeführt"[56].

Dies sei jedoch noch nicht die schlimmste Konsequenz des Beweissystems der Kriminalordnung. Berücksichtige man, daß die Verhandlungen und Resultate der Rechtspflege im Volke besprochen würden, so habe das derzeit geltende Beweissystem negative Auswirkungen auf die Gesellschaft im Ganzen:

> „Da spricht es sich denn nothwendig aus und herum, daß Lug und Trug die siegreichen Waffen vor Gericht sind, und so wie ein ehrlicher Mann sich darüber erbittert oder grämt, so nehmen zehn Andere ein Beispiel daran. Kann da Ehrenhaftigkeit im Volke bleiben?"[57]

Werfe man aber im Gegensatz dazu im Rahmen einer öffentlichen unmittelbaren Hauptverhandlung die abstrakten Beweisregeln fort und gebe dem Richter die Gewalt, „nach den concreten Umständen der vor ihm sich reproducirenden That seine Ueberzeugung und sein Urteil auszusprechen", vergehe bald „dem Frechsten der Muth des Lügens" oder es gebiete ihm die Klugheit, den Richter durch die Bekennung der Wahrheit milde zu stimmen[58]. Infolgedessen werde durch die Abschaffung der positiven Beweisregeln der Wahrheit im Strafprozeß wieder zum Durchbruch verholfen, was darüber hinaus einen „segensreichen Eindruck"[59] auf das Volk mache[60].

II. Beweistheorie als Unterdrückung der inneren Überzeugung

Ein weiterer Umstand, welcher für Temme gegen eine vom Gesetz vorgegebene Beweistheorie sprach, war, daß man durch die Anerkennung einer solchen

---

54 *Temme*, Revision der Preußischen Gesetzgebung über das Strafverfahren, in: ZsDtStrafverfahren 1844, S. 307 ff. (323).

55 Ebd., S. 307 ff. (323); *Temme*, Gesetz über das Untersuchungsverfahren vom 17. Juli 1846, in: ZsDtStrafverfahren 1846, S. 343 ff. (377).

56 *Temme*, Aphorismen, in: CrimZ 1841, S. 162 f. (163).

57 Ebd., S. 162 f. (163).

58 Ebd., S. 162 f. (163).

59 Ebd., S. 162 f. (163).

60 Ebd., S. 162 f. (163).

Theorie Gefahr laufe, die innere Überzeugung des Richters zu unterdrücken[61]. Besonders schlimm daran sei, daß diese Unterdrückung nicht durch eine andere innere Überzeugung geschehe, sondern daß sie durch eine fremde abstrakte Regel hervorgerufen werde[62]. Eine solche Unterdrückung könne jedoch nur dann toleriert werden, wenn sie dazu beitrage, das Ziel des Strafverfahrens, die Ermittlung der Wahrheit, zu erreichen. Die Wahrheit könne man aber im Strafverfahren nur dadurch ermitteln, daß man versuche eine „Ueberzeugung von dem Vorhandensein oder Nichtvorhandensein der den Vorwurf der Untersuchung ausmachenden Tatsachen hervorzubringen". Diese Überzeugung müsse „für und in dem Richter hervorgebracht werden"[63], der das Urteil zu sprechen habe. Eine Strafgesetzgebung mit positiver Beweistheorie verhindere dagegen „fortwährend die vernünftige Anwendung der Denkgesetze auf den concreten Fall". Dies führe wiederum dazu, daß der Kriminalrichter täglich „gegen seine feste, volle Ueberzeugung freisprechen" müsse, „weil die Regel des Gesetzes über den Beweis nicht erfüllt"[64] sei. Zwar sei dies kein so großes Übel, wie wenn der Richter auch gegen seine Ueberzeugung strafen müßte, aber es bleibe doch ein „den Rechtszustand in einem hohen Grade beeinträchtigendes Uebel"[65]. Dieses Übel könne seiner Ansicht nach nur dann behoben werden, „wenn dem Richter das Recht der freien Ueberzeugung über das Schuldig oder Unschuldig zurückgegeben"[66] werde.

Hier zeigt sich, wie Temme bei der Beurteilung der freien Beweiswürdigung eine subjektivierte Betrachtung vornahm, bei der er davon ausging, daß ein Urteil ohne ein urteilendes Subjekt nicht möglich sei. Damit stellte er sich den Anhängern einer gesetzlichen Beweistheorie entgegen, die glaubten, daß der Zweck des Strafprozesses die Erforschung der objektiven Wahrheit sei. Dieses Prinzip der objektiven Wahrheit wurde in einen Gegensatz zur bloßen subjektiven Wahrheit (Fürwahrhalten) gestellt, wobei man die subjektive Wahrheit als ausreichende Grundlage für einen Urteilsspruch nicht anerkannte. Der Richter sollte nur dann befugt sein, seinen für das Lebensschicksal des Angeklagten entscheidenden Spruch zu fällen, wenn er sich objektive Gewißheit verschafft hatte, d. h. wenn die Gründe oder Gegengründe geeignet waren, nicht nur seine subjektive Überzeugung zu begründen, sondern unabhängig

61 *Temme*, Recension, in: CrimZ 1841, S. 138 ff. (154); *Ders.*, Anzeigen und Kritiken, in: ZsDtStrafverfahren 1844, S. 428 ff. (437).

62 *Temme*, Recension, in: CrimZ 1841, S. 138 ff. (154).

63 Ebd., S. 138 ff. (155).

64 *Temme*, Anzeigen und Kritiken, in: ZsDtStrafverfahren 1844, S. 428 ff. (437).

65 Ebd., S. 428 ff. (437).

66 Ebd., S. 428 ff. (437).

von der Individualität des Richters Gewißheit für jedermann zu verschaffen[67]. Dieser Drang nach Objektivität im Strafverfahren, welche man durch eine Beweistheorie zu erreichen glaubte, lag in einer tiefen Skepsis gegenüber dem Berufsrichtertum begründet[68]; man wollte dem Richter nicht gestatten, die Besonderheiten des konkreten Einzelfalls bei seiner Entscheidung in vollem Umfang zu berücksichtigen[69]. Man extrahierte vielmehr aus den Erfahrungen der Gerichtspraxis entsprechende abstrakte Regeln, von denen man annahm, daß ihre Anwendung in jedem Falle objektive Wahrheit verbürge[70].

Gerade diese Kasuistik der gesetzlichen Beweisregeln, die eine objektive Wahrheit verbürgen sollten, ließ jedoch die Kritiker der gesetzlichen Beweistheorie, zu denen auch Temme gehörte, deren Abschaffung fordern[71]. Temme gab in diesem Zusammenhang zu bedenken, daß alle Kasuistik des Gesetzes lückenhaft und deshalb bedenklich sei. Um diese Behauptung zu stützen, verwies er auf seine kriminalrichterliche Praxis:

> „Man muß längere Zeit Praktiker gewesen sein, [...] um den Unwillen, die Betrübnis begreifen zu können, die sich des für Recht und Gerechtigkeit streitenden Richters bemächtigt, wenn gegen die einstimmige Überzeugung eines ganzen aus zehn oder mehreren rechtlichen und intelligenten Richtern bestehenden Collegiums, erkannt werden muß, bloß weil diese Ueberzeugung nicht mit den abstrakten Beweisregeln des Gesetzes in Uebereinstimmung zu bringen ist. Und man glaube nicht das solche Fälle selten sind."[72]

Diesem Problem, das sich bei jeder gesetzlichen Kasuistik stellt, ließ sich nach Temmes Ansicht auch nicht mit dem Hinweis begegnen, daß die abstrakten Regeln eben das zum Inhalt hätten, was für jeden Fall das Vernünftige sei. In den Fällen, in welchen ein Widerspruch zwischen der individuellen Überzeugung des Richters und den gesetzlichen Beweisregeln bestehe, sei der Richter mit einem seiner Vernunft widersprechenden Ergebnis konfrontiert, und man könne schwerlich davon sprechen, daß dieses, nur weil die gesetzliche Kasui-

---

67 Vgl. dazu z.B. *Zachariä*, Gebrechen, S. 195, 196, der vorbringt, daß man den „Ausspruch über Schuldig und Nichtschuldig eines Angeklagten" „geradezu dem Gebiete des Rechts" entziehe, „wenn man diese Frage lediglich der subjektiven Überzeugung" überlassen wolle.

68 Auf diese Skepsis dem Berufsrichtertum gegenüber wurde bereits oben im Zusammenhang mit der Schwurgerichtsdebatte hingewiesen siehe 2. Teil, 8. Kapitel B) II. Eine Beweistheorie zur Verhinderung richterlicher Willkür fordern etwa *Abegg* und *Mittermaier*, vgl. *Abegg*, Beiträge, S. 142; *Mittermaier*, Lehre vom Beweise, S. 89.

69 Gegner einer freien Beweiswürdigung aus diesem Grunde ist *Jarke*, Lehre vom unvollständigen Beweise, S. 49.

70 *Gebhardt*, Freiheit des Strafrichters, S. 23.

71 *Möhl*, ZsDtStrafverfahren 1842, S. 277 ff.

72 *Temme*, Recension, in: CrimZ 1841, S. 138 ff. (155).

stik es bestimme, notwendig auch vernünftig sei. Schließlich seien auch die vom Gesetze aufgestellten Beweisregeln nur Menschenwerk und deshalb „nicht weniger trügerisch als die vom Richter in dem einzelnen Falle aus dessen Umständen und Besonderheiten gebildeten“[73]. Eine Gewähr für die Berücksichtigung von Recht und Gerechtigkeit im Strafverfahren könne somit weder durch eine gesetzliche Beweistheorie noch durch eine freie richterliche Beweiswürdigung zwingend geschaffen werden.

Damit erkannte Temme an, daß weder unter Geltung einer positiven Beweistheorie noch bei der Beurteilung eines Sachverhaltes nach freier richterlicher Überzeugung eine absolute Gewähr für die Wahrheit des richterlichen Ausspruchs bestehen konnte[74].

Im Folgenden wandte er sich sich aber entschieden gegen die von den Befürwortern einer gesetzlichen Beweistheorie dem Berufsrichtertum entgegengebrachte Skepsis, indem er die „tüchtige Gesinnung und Intelligenz“ der Berufsrichter voraussetzte und diese gerade als Sicherheit dafür empfand, daß im Strafverfahren „Recht und Gerechtigkeit“ gehandhabt würden. Gehe man vom Vorhandensein dieser Eigenschaften unter den Berufsrichtern aus, so bedürften diese,

> „um das Recht zu finden, nicht eines Wegweisers“, der, wie alle gesetzliche Beweistheorie, nur in allgemeinen Abstractionen der gesunden Vernunft“[75]

bestehe. Hege man bereits Zweifel an der Intelligenz und der aufrechten Gesinnung der Berufsrichter, so sei auch die gesetzliche Beweistheorie nicht geeignet, eine ausreichende Sicherheit zu bieten[76].

> „Nichts ist am Ende leichter zu chikanieren als die gesetzliche Beweistheorie.“[77]

Deshalb müsse bei jedem Verfahren und auch bei jeder Beweistheorie ein gewissenhafter Richter vorausgesetzt werden. Letzlich könne es nur darauf ankommen, die Irrtümer des Richters zu vermeiden[78].

---

73 *Temme*, Recension, in: CrimZ 1841, S. 138 ff. (155).

74 Diese Auffassung *Temmes* teilt auch *Savigny*. Vgl dazu auch *Lorenz*, Friedrich Carl von Savigny, S. 132.

75 *Temme*, Recension, in: CrimZ 1841, S. 138 ff. (155).

76 Als Beispiel für diesen von *Temme* nicht näher ausgeführten Gedanken könnte die Bestimmung in der preußischen Kriminalordnung von 1805 dienen, nach welcher es dem Richter überlassen blieb zu entscheiden, unter welchen Umständen ein Geständnis „ernstlich und ausdrücklich“ oder „aus freien Stücken“ abgelegt worden war und somit volle Beweiskraft entfaltete; vgl. § 370 KrimO.

77 *Temme*, Recension, in: CrimZ 1841, S. 138 ff. (155).

78 *Temme*, Anzeigen und Kritiken, in: ZsDtStrafverfahren 1844, S. 428 ff. (437).

Neben der Intelligenz und tüchtigen Gesinnung der Richter, welche bei freier Beweiswürdigung dafür sorgen könnten, daß Recht und Gerechtigkeit im Strafprozeß zum Tragen kämen, betrachtete Temme, wie bereits im Zusammenhang mit seiner Ablehnung der Geschworenengerichte dargestellt wurde[79], die Möglichkeit der Bekanntgabe von richterlichen Entscheidungsgründen als einen wichtigen Schutz für den Angeklagten in einem Strafverfahren ohne Beweistheorie. Die Verpflichtung, die Gründe für den Urteilsspruch bei der Entscheidung mit anzugeben, könne dazu beitragen, die Urteilskraft der Richter zu schärfen, die Richtigkeit des Urteils zu sichern und Willkür zu verhindern[80].

III. Unzulänglichkeit gesetzlicher Beweisregeln

Ein weiteres Argument, welches Temme anführte, um seine Befürwortung einer freien richterlichen Beweiswürdigung zu stützen, war die Unzulänglichkeit jeder gesetzlichen Beweisregel[81]. In jeder positiven Beweistheorie liege ein „nothwendiger innerer Widerspruch". Dieser zeige sich, wenn man die Gesetzgebungen der Bundesstaaten mit positiven Beweisregeln näher betrachte. Nach preußischem Recht halte man im Strafprozeß beispielsweise zwei klassische Zeugen ohne weiteren Unterschied für vollkommen beweisend. Wenn also diese beiden einen Totschlag bekundeten, werde ohne weiteres auf die Todesstrafe erkannt. Diese Beweisregel des Strafprozesses stehe jedoch im eklatanten Widerspruch zu einer Bestimmung des Zivilverfahrensrechtes, nach welcher es aufgrund der Unzuverlässigkeit des Zeugenbeweises für nötig gehalten werde, einen Vertrag über mehr als 50 Taler nicht durch Zeugen, sondern nur durch schriftliche Urkunden beweisen zu lassen[82]. Indem er dies Widersprüche, die zwischen den verschiedenen Rechtsgebieten bestanden, aufzeigte, wollte Temme verdeutlichen, daß es eine objektiv für die Wahrheit streitende Beweistheorie nicht geben könne und daß jede Beweistheorie in letzer Konsequenz die Ansicht desjenigen widerspiegele, der diese Regel aufgestellt habe.

---

79 Siehe 2. Teil, 8. Kapitel B) II.

80 *Temme*, Recension, in: CrimZ 1841, S. 138 ff. (155). Zu diesem Zeitpunkt war *Temme*, unter anderem weil er die Veröffentlichung von Entscheidungsgründen für unentbehrlich hielt, ein Gegner der Schwurgerichte, deren Entscheidungen aufgrund des Fehlens von Entscheidungsgründen nicht überprüft werden konnten, siehe 2. Teil, 8. Kapitel B) II.

81 *Temme*, Aphorismen, in: CrimZ 1841, S. 201 ff. (201).

82 Ebd., S. 201.

C) Zusammenfassung und Würdigung

Wie bereits dargestellt wurde[83], hing die Debatte um die Einführung der freien richterlichen Beweiswürdigung in der Mitte des 19. Jahrhunderts eng mit der Frage nach Einführung einer Juryverfassung im Strafverfahren zusammen.

Würdigt man Temmes Äußerungen im Hinblick auf die freie Beweiswürdigung, wird augenfällig, daß dieser zu den zunächst in der Literatur nur sehr vereinzelt auftauchenden Stimmen gehörte, die eine freie richterliche Beweiswürdigung nicht nur für möglich hielten, sondern sogar forderten. Seine nachdrückliche Befürwortung einer freien richterlichen Beweiswürdigung bildete das Gegenstück zu seiner bis zur Revolution von 1848/49 konsequent beibehaltenen Ablehnung von Geschworenengerichten. Obgleich er sich uneingeschränkt für eine Abkehr von der herkömmlichen Beweistheorie aussprach, verband er damit nicht zwangsläufig die Einführung von Geschworenengerichten.

Gab es nach der in der Literatur herrschenden Auffassung immer nur die Alternative zwischen einer Prozeßordnung mit an festen Beweisregeln gebundenen Berufsrichtern und der Einführung von Schwurgerichten mit freier Beweiswürdigung, so gehörte Temme Anfang der vierziger Jahre des 19. Jahrhunderts bereits zu den sehr vereinzelten Stimmen, die die Forderung nach Berufsrichtern erhoben, welche befugt sein sollten, ohne jegliche Bindung an gesetzliche Beweisregeln nach freiem Ermessen zu jederArt von Strafe zu verurteilen.

Sucht man nach einer Erklärung für die von ihm vertretene Auffassung, so läßt sich auch an dieser Stelle, genauso wie bei seiner zunächst ablehnenden Haltung gegenüber den Schwurgerichten, seine fehlende Skepsis den Berufsrichtern gegenüber und sein Vertrauen auf ihre aufrechte Gesinnung anführen. Die Mehrzahl der Reformautoren, von denen viele Universitätsprofessoren und Rechtsgelehrte und nicht Richter im Dienste des Staates waren, brachte dagegen dem Berufsrichtertum großes Mißtrauen entgegen. Dies hatte zur Folge, daß ohne feste Beweisregeln urteilende Richter für sie außerhalb des vorstellbaren Bereichs lagen.

Es fällt auf, daß Temmes Forderung nach Einführung einer freien richterlichen Beweiswürdigung in erster Linie praktische Erwägungen zugrunde lagen. Das Strafverfahren sollte dadurch effektiver gestaltet und die teilweise ungerechten Konsequenzen der geltenden Beweistheorie sollten vermieden werden. Daß

---

83 Siehe 2. Teil, 8. Kapitel B) II.

das Strafverfahren unter Geltung der preußischen Gesetzgebung zunehmend weniger praktikabel geworden war, dürfte auch dazu beigetragen haben, daß Temme zu den ersten Befürwortern einer freien richterlichen Beweiswürdigung gehörte, da ihm als Praktiker die Probleme, die unter der Geltung der Beweistheorie zutage traten, tagtäglich vor Augen geführt wurden. Die Analyse der Aussagen Temmes zeigt jedoch auch, daß man die Einführung der freien richterlichen Beweiswürdigung in den deutschen Strafprozeß nicht als Ausfluß einer liberalen Grundtendenz im Strafverfahren ansehen darf. Zwar wird die Einführung der freien Beweiswürdigung gemeinhin in einem Atemzug mit den anderen Reformforderungen der Öffentlichkeit und Mündlichkeit und der Einführung von Geschworenengerichten genannt, jedoch entsprang ihre Einführung eindeutig weniger freiheitlichen politischen Bestrebungen als vielmehr einer von vielen erkannten praktischen Notwendigkeit.

Zehntes Kapitel: Die Forderung nach Öffentlichkeit[1]

A) Einführung

Zu den Reformbestrebungen des 19. Jahrhunderts gehörte auch die Forderung nach einem öffentlichen Strafverfahren. Die Nachteile des Inquisitionsprozesses – mit seinen geheimen Verfahren und der Aktenversendung[2] – sollten durch Zulassung der Öffentlichkeit in der entscheidenden Schlußverhandlung vor dem erkennenden Gericht beseitigt werden. Für die Forderung nach Öffentlichkeit wurden in der Reformliteratur hauptsächlich drei Gründe angeführt, die auch bereits im Gutachten der Rheinischen Immediat-Justiz-Kommission[3] enthalten waren: Die Öffentlichkeit der Hauptverhandlung, so wurde vorgebracht, ermögliche die Kontrolle der Justiz[4], sie schaffe Vertrauen in die Strafrechtspflege[5] und sie diene ferner der Abschreckung[6].

Trotz dieser starken Befürwortung in der Reformliteratur dauerte es in der preußischen Gesetzgebung noch eine ganze Weile, bis der Grundsatz der Öffentlichkeit Eingang in die Strafprozeßgesetzgebung fand. Zwar hatte sich der Revisor der Strafprozeßordnung *Scheller* im Jahre 1828[7] prinzipiell für die Einführung der Öffentlichkeit ausgesprochen, jedoch war er unter Bezugnah-

---

1 Ausführlich zur Geschichte der Öffentlichkeit im Strafverfahren: *Haber*, Strafrechtliche Öffentlichkeit; *Alber*, Öffentlichkeit; *Fögen*, Gerichtsöffentlichkeit; *Schiff*, Oeffentlichkeit.

2 Vgl. etwa den Verfahrensgang nach der preußischen Kriminalordnung: 2. Teil, 4. Kapitel A).

3 Vgl. zur Rheinischen Immediat-Justiz-Kommission bereits oben: 2. Teil, 5. Kapitel.

4 *Hepp*, Anklageschaft, S. 115, *Leue*, Anklage=Proceß, S. 185, 202 ff.; *Landsberg*, Gutachten, S. 1 ff., 23; *Bender*, Ueber das mündliche und öffentliche Verfahren, S. 82 f.; *Gast*, Nothwendigkeit, S. 26 ff. Gegen diesen Gedanken einer Kontrolle der Richter durch die Gerichtsöffentlichkeit wandte sich jedoch Feuerbach mit Entschiedenheit, vgl. *Ders.*, Öffentlichkeit und Mündlichkeit, Bd. 1, S. 147 ff.

5 *Feuerbach*, Öffentlichkeit und Mündlichkeit, Bd. 1, S. 93; *Nöllner*, ZsDtStrafverfahren 1844, S. 86 ff. (98); *Mittermaier*, Mündlichkeit, S. 336; *Zachariä*, Gebrechen, S. 318 ff.; *Jagemann*, ZsDtStrafverfahren 1842, S. 373 ff. (386 f.); *Bewer*, Ueber das öffentliche mündliche Verfahren, S. 26.

6 *Mittermaier*, Mündlichkeit, S. 340, 349; *Leue*, Anklage=Proceß, S. 264; *Hepp*, Anklageschaft, S. 120; *Krause*, Entgegnung, S. 29; *Landsberg*, Gutachten, S. 31.

7 Zu dem Entwurf einer Strafprozeßordnung aus dem Jahre 1828 siehe: 2. Teil, 5. Kapitel.

me auf die vielen Gegenstimmen der Meinung, daß es zu bedenklich sei, von dem bisherigen geheimen Verfahren unmittelbar zur vollen Öffentlichkeit überzugehen[8]. Bei der Beratung dieses Entwurfs einer Strafprozeßordnung aus dem Jahre 1828 lehnte der maßgebliche Justizminister *Graf v. Danckelmann* das öffentliche Verfahren ab[9]. Dabei blieb es auch im Entwurf des Ministers *v. Kamptz* aus dem Jahre 1841, da dieser sich für „verpflichtet" hielt, „nach dem Vorgange aller anderen deutschen Gesetzgebungen sich gegen die Einführung der Öffentlichkeit zu erklären"[10].

Auch in dem preußischen „Gesetz betreffend das Verfahren in den bei dem Kammergericht und dem Kriminalgericht zu Berlin zu führenden Untersuchungen"[11] aus dem Jahre 1846 fand das Prinzip der Öffentlichkeit noch keine vollständige Anerkennung. Die Teilnahme an der Hauptverhandlung wurde außer den am Verfahren beteiligten Personen nur Justizbeamten gestattet[12]. Durch Verordnung vom 7. April 1847 erfuhr die auf Justizbeamte beschränkte Öffentlichkeit jedoch eine erhebliche Erweiterung, indem nun allen Männern der Zutritt gestattet wurde[13].

Zu einem vollen Durchbruch gelangte das Prinzip der Öffentlichkeit in Preußen jedoch erst in der preußischen Verordnung vom 3. Januar 1849[14], in welcher die Beschränkung auf männliche Personen aufgehoben wurde. Eine

---

8 Motive zu dem von dem Revisor vorgelegten Ersten Entwurfe der Straf-Prozeß-Ordnung für die Preußischen Staaten, S. 23. Dies hatte auch Feuerbach schon geltend gemacht, vgl. *Ders.*, Öffentlichkeit und Mündlichkeit, Bd. 1, S. 348.

9 Vgl. *Lorenz*, Friedrich Carl von Savigny, S. 126, der sich diesbezüglich auf Akten aus dem geheimen preußischen Staatsarchiv beruft.

10 Motive zu dem Revidirten Entwurf der Strafprozeß=Ordnung für die Preußischen Staaten (1841), S. XLVI. In den Motiven wurde ebenfalls hervorgehoben, daß die Gerichtssäle in den Ländern mit öffentlichem Verfahren häufig mit Tagedieben und Gesindel gefüllt und daher „Bildungsschulen der Immoralität" seien, vgl. Motive, S. XXXII.

11 Vgl. zu diesem Gesetz bereits oben 2. Teil, 5. Kapitel.

12 Siehe § 17 d. preuß. G. v. 17. Juli 1846: „Zu dem mündlichen Verfahren haben, außer den dabei betheiligten Personen, alle Justiz=Beamte, insbesondere auch die Justiz=Kommissarien, Referendarien und Auskultatoren Zutritt. Alle bei der Sache nicht betheiligten Personen müssen sich aber entfernen, wenn der Angeklagte darauf anträgt, oder das Gericht dies aus Gründen der öffentlichen Ordnung oder der Sittlichkeit für angemessen erachtet."

13 *Alber*, Öffentlichkeit, S. 143.

14 Vgl. § 14 d. preuß. Verord. v. 3. Januar 1849:„Der Fällung des Urtheils soll bei Strafe der Nichtigkeit ein mündliches öffentliches Verfahren vor dem erkennenden Gericht vorhergehen, bei welchem der Staatsanwalt und der Angeklagte zur hören, die Beweisaufnahme vorzunehmen und die Vertheidigung des Angeklagten mündlich zu führen ist."

Einschränkung war in dieser Verordnung lediglich in der Form vorgesehen, daß die Öffentlichkeit der Verhandlungen ausgeschlossen werden konnte, sofern Gründe des öffentlichen Wohls oder der Sittlichkeit dies erforderten[15].

Mit dieser Einführung der Öffentlichkeit im Strafprozeß war die Debatte um das Prinzip der Öffentlichkeit jedoch noch nicht beendet, sondern sie verlagerte sich, nachdem die Forderung nach einer öffentlichen Hauptverhandlung erfüllt worden war, auf einen anderen Teil des Strafverfahrens. Die Diskussion um die Einführung der Öffentlichkeit im Strafverfahren war nämlich ursprünglich durch das Beispiel des französischen Strafprozesses angestoßen worden. Dies brachte es mit sich, daß die Debatte sich überwiegend um die Öffentlichkeit in der Hauptverhandlung drehte, da diese auch in Frankreich der einzige Verfahrensteil war, zu welchem die Öffentlichkeit zugelassen wurde. Nachdem die meisten deutschen Staaten ebenso wie Preußen die Öffentlichkeit der Hauptverhandlung in ihr Strafverfahrensrecht aufgenommen hatten, verlagerte sich die Kontroverse um das öffentliche Strafverfahren in der zweiten Hälfte des 19. Jahrhunderts von der Hauptverhandlung auf die gerichtliche Voruntersuchung[16]. Die Befürworter einer Öffentlichkeit der gerichtlichen Voruntersuchung lehnten sich dabei meist an die Gestaltung des englischen Vorverfahrens an. Obwohl sich in der nachrevolutionären Literatur die Stimmen stetig mehrten[17], welche die Öffentlichkeit auch der Voruntersuchung forderten[18], wurde in die preußische Strafprozeßordnung aus dem Jahre 1867 im Gegensatz zur Öffentlichkeit der Haupterverhandlung die Öffentlichkeit des Vorverfahrens nicht mit aufgenommen[19]. Diese in der preußischen Strafprozeßordnung getroffene Regelung blieb auch nach der Gründung des deutschen Reiches erhalten. So traf der 14. Titel des Gerichtsverfassungsgesetzes in den §§ 170–176 die Bestimmung, daß die strafrechtliche Hauptverhandlung

---

15 Diese Regelung traf § 15 d. pr. Verordn. v. 3. Januar 1849 unter folgendem Wortlaut: „Die Oeffentlichkeit der Verhandlungen kann von dem Gerichte durch einen öffentlich zu verkündenden Beschluss ausgeschlossen werden, wenn es dies aus Gründen des öffentlichen Wohls oder der Sittlichkeit für angemessen erachtet."

16 Vgl. dazu: *Alber*, Öffentlichkeit, S. 150; *Schiff*, Oeffentlichkeit, S. 155 ff.

17 In der ersten Hälfte des 19. Jahrhunderts finden sich nur sehr vereinzelt Stimmen, welche die Öffentlichkeit der gerichtlichen Voruntersuchung fordern, zu ihnen gehört etwa, *Siebenpfeiffer*, Gerechtigkeitspflege, S. 276 f.

18 Befürworter einer öffentlichen gerichtlichen Voruntersuchung waren: *Gneist*, Vier Fragen, S. 86; *Dalcke*, Archiv für Preußisches Strafrecht 1866, S. 15 ff. (27); *Heinze*, Strafprocessuale Erörterungen, S. 45. Gegen die Öffentlichkeit der Voruntersuchung sprach sich aus: *Ortloff*, Strafverfahren, S. 99 ff.

19 Zu dieser Strafprozeßordnung siehe: 2. Teil, 5. Kapitel.

eine öffentliche sei[20]. Allerdings wurde die Öffentlichkeit der Voruntersuchung auch hier nicht aufgenommen[21].

B) Temme als Befürworter der Öffentlichkeit

Auch Temme nahm insbesondere in der Zeit zwischen 1840 und 1850 vermehrt zu der Einführung einer öffentlichen Hauptverhandlung Stellung. Er zeigte sich von Beginn an als deren Befürworter, indem er in vielen Aufsätzen die Einführung der Öffentlichkeit im Strafverfahren forderte[22].

Als *Kamptz* im Jahre 1841 seinen „Revidierten Entwurf der Strafprozeßordnung für die preußischen Staaten"[23] vorlegte, in welchem keine öffentliche Hauptverhandlung vorgesehen war, urteilte Temme darüber in einer Besprechung, der Entwurf enthalte im eigentlichen Sinne nur eine Revision des bisher in Preußen bestehenden Strafprozeßrechts. Der Entwurf sei nämlich lediglich auf die Grundsätze des in Deutschland gemeinrechtlich geltenden inquisitorischen schriftlichen und geheimen Verfahrens gebaut und enthalte nur wenige Modifikationen in der Ausführung dieser Grundsätze. Besonders bemängelte Temme das Fehlen jeder Öffentlichkeit. Ohne diese bleibe die – in diesem Entwurf in gewissem Umfang vorgesehene – Mündlichkeit „nur eine halbe Maßregel und jede halbe Maßregel" sei „eine schädliche"[24].

Als die Öffentlichkeit durch das Gesetz vom 17. Juli 1846 eingeführt worden war, freute Temme sich zunächst, daß damit dem wünschenswerten Prinzip der

---

20 So traf § 170 des GVG von 1877 folgende Regelung: „Die Verhandlung vor dem erkennenden Gerichte, einschließlich der Verkündung der Urtheile und Beschlüsse desselben, erfolgt öffentlich." Auch in diesem Gesetz war jedoch wiederum in § 173 die Regelung getroffen worden, daß die Öffentlichkeit im Falle der „Gefährdung der öffentlichen Ordnung" oder der „Sittlichkeit" ausgeschlossen werden konnte.

21 Bei der Beratung der StPO hatte die Debatte um die Einführung einer öffentlichen Voruntersuchung noch eine gewisse Rolle gespielt. Die Motive zum Strafprozeßentwurf hatten sie abgelehnt, da die Öffentlichkeit nur dort von Bedeutung sei, wo, wie in England, das Anklageprinzip auch das Vorverfahren beherrsche, vgl. *Alber*, Öffentlichkeit, S. 160.

22 Siehe dazu insbesondere: *Temme*, Aphorismen, in: CrimZ 1841, S. 162 ff., *Ders*, in: CrimZ 1842, S. 39 f.; *Ders.*, Errichtung von Provinzial-Oberappellationsgerichten, in: CrimZ 1842, S. 165 ff.; *Ders.*, Revision der Preußischen Gesetzgebung über das Strafverfahren, in: ZsDtStrafverfahren 1844, S. 307 ff.; *Ders.*, Recension, in: ZsDtStrafverfahren 1844, S. 428 ff.; *Ders.*, Gesetz über das Untersuchungsverfahren vom 17. Juli 1846, in: ZsDtStrafverfahren 1846, S. 343; *Ders.*, Grundzüge, S. 91 ff.

23 Zu diesem Entwurf siehe: 2. Teil, 5. Kapitel.

24 *Temme*, Revision der Preußischen Gesetzgebung über das Strafverfahren, in: ZsDtStrafverfahren 1844, S. 307 ff. (312).

Öffentlichkeit „die Bahn gebrochen"[25] sei, auch wenn die Öffentlichkeit dieses Gesetzes eine nur „sehr beschränkte"[26] sei.

Dennoch nahm er auch in der Folge immer wieder zum Grundsatz der Öffentlichkeit Stellung, indem er die bestehenden Vorschriften kritisierte und Vorschläge zu deren Verbesserung machte. Ferner nahm er auch Anteil an der Debatte um die Einführung eines öffentlichen Vorverfahrens.

In der Folge sollen nun zunächst die Argumente, mit denen Temme seine Forderung nach einer öffentlichen Hauptverhandlung untermauerte, näher untersucht werden. Danach werden dann seine Kritik an den bestehenden Gesetzen und seine Verbesserungsvorschläge einer genaueren Betrachtung unterzogen.

I. Gründe für die Öffentlichkeit

1. Strafverfolgung als öffentliche Angelegenheit

Ein sehr wichtiges Argument für die Öffentlichkeit im Strafverfahren war für Temme, daß es sich bei der Teilnahme an den Gerichtsverhandlungen um ein Recht des Volkes und folglich um eine öffentliche Angelegenheit handele[27]. Schließlich mache letztlich das Volk den Staat aus, und um seinetwillen werde auch sämtliches Recht im Staat gehandhabt[28]. Infolgedessen wandte er sich in einer Rezension ausdrücklich gegen die von dem Justizrat *Biener*[29], einem Gegner der öffentlichen Hauptverhandlung, in einem Aufsatz über die Reformvorschläge vertretene Ansicht, es lasse sich kein Recht für das Publikum feststellen, der Schlußverhandlung beizuwohnen und von dem Gang der Untersuchung unmittelbar unterrichtet zu werden[30]. Zur Begründung dieser Ablehnung verwies *Biener* anhand einer historischen Betrachtungsweise darauf, daß die auf der Schöffenverfassung beruhende altdeutsche Gerichtsöffentlichkeit sich wesentlich von der neueren unterscheide und deshalb für ein modernes Verfahren, das eine andere Gerichtsverfassung zur Grundlage habe, nicht passe[31]. Diese Aussage wurde von ihm in der Folge aber dahingehend eingeschränkt, daß es ihm auch so scheine, „als ob die Oeffentlichkeit keine großen

---

25 *Temme*, Gesetz über das Untersuchungsverfahren vom 17. Juli 1846, in: ZsDtStrafverfahren 1846, S. 343 ff. (374).

26 *Temme*, Betrachtungen über das Gesetz vom 17. Juli 1846, in: JW 1847, S. 2 ff. (2).

27 *Temme*, Anzeigen und Kritiken, in: ZsDtStrafverfahren 1844, S. 428 ff. (435); *Temme*, Grundzüge S. 91.

28 *Temme*, Anzeigen und Kritiken, in: ZsDtStrafverfahren 1844, S. 428 ff. (435).

29 Zu *Friedrich August Biener* (1787–1861) vgl. *Mthr.*, ADB Bd. 2, S. 626 f.

30 *Biener*, Zeitschr. f. gesch. Rechtsw. Bd. 12 1845, S. 69 ff. (110).

31 *Biener*, Zeitschr. f. gesch. Rechtsw. Bd. 12 1845, S. 69 ff. (87).

Nachteile“ hervorbringe, weshalb die „nahen Angehörigen des Inkulpaten, z. B. Eltern, Ehegatten u. s. w.“ zur Gerichtssitzung zugelassen werden könnten[32].

Gegen diese Ansicht bezog Temme ganz entschieden Stellung, indem er vorbrachte, es handele sich bei der Gerichtsöffentlichkeit nicht um ein Recht des Publikums, sondern vielmehr um ein Recht des Volkes, der Mitglieder des Staatenverbandes, um derentwillen alles Recht im Staate gehandhabt werde. Dieses Recht werde infolge seiner zunehmenden Bekanntwerdung in der Öffentlichkeit von vielen Zweigen der Staatsverwaltung immer weitgehender anerkannt und müsse deswegen in Zukunft auch im Strafprozeß zwingend zu voller Geltung kommen[33]. Schließlich sei alle richterliche Strafe Sühnung des gebrochenen Rechts. Diese Sühnung erfolge jedoch im Interesse des Rechts und damit auch des Volkes, denn das Recht habe sein Leben im Volke und damit in der Gesellschaft[34]. Aus dieser Grundüberzeugung folgerte er dann in bezug auf die Öffentlichkeit im Strafverfahren:

> „Durch die Strafe gegen den Verbrecher wird also auch dem Volke sein Recht und das Volk ist bei dem Ausspruche derselben unmittelbar betheiligt, wie auf der anderen Seite der Verbrecher. [...] Soll nun das Volk, in dessen Interesse das Strafrecht gehandhabt wird, von dem Strafverfahren ausgeschlossen werden, so ist nur eine halbe Unmittelbarkeit da.“[35]

In diesem Zusammenhang betonte er des weiteren, daß die konkrete Ausgestaltung des Grundsatzes der Öffentlichkeit von entscheidender Bedeutung sei, damit dem Recht des Volkes Genüge getan werde. Als ein Negativbeispiel, in welchem das Öffentlichkeitsprinzip seinen Zweck verfehle, verwies er auf ein deutsches Strafprozeßgesetz[36], in dem man die Forderung nach Öffentlichkeit so unzureichend umgesetzt habe, daß sie ihren eigentlichen Zweck nicht habe erfüllen können. In diesem Gesetz laufe das eigentliche Strafverfahren nämlich nach wie vor schriftlich vor dem Inquirenten hinter der verschlossenen Gerichtstür ab, und der einzige Unterschied zum gängigen Inquisitionsverfahren liege in der Beteiligung eines Staatsanwaltes. Nach Beendigung der Untersu-

---

32 *Biener*, Zeitschr. f. gesch. Rechtsw., Bd. 12 1845, S. 69 ff. (108).

33 *Temme*, Anzeigen und Kritiken, in: ZsDtStrafverfahren 1844, S. 428 ff. (435).

34 *Temme*, Revison der preußischen Gesetzgebung über das Strafverfahren, in: ZsDtStrafverfahren 1844, S. 305 ff. (320).

35 *Temme*, Revison der preußischen Gesetzgebung über das Strafverfahren, in: ZsDtStrafverfahren 1844, S. 305 ff. (321).

36 *Temme* nennt dieses Strafprozeßgesetz an dieser Stelle nicht namentlich. Es könnte sich dabei jedoch um die Württembergische Strafprozeßordnung von 1843 (§ 278) handeln, da in dieser die Öffentlichkeit lediglich für die Schlußverhandlung zugelassen wurde.

chung werde dann gemäß diesem Gesetz eine große, feierliche Gerichtssitzung abgehalten. Bei dieser kämen dann sämtliche erkennende Richter, der Angeschuldigte mit seinem Verteidiger und jener „apokryphische Staatsanwalt" mit einem Publikum zusammen, da „die Gerichtstüren offen"[37] seien. In dieser Sitzung werde der Angeklagte dann noch einmal über die Hauptbestandteile seines Verbrechens befragt, und der Verteidiger halte seine Abschlußrede. Nach eingehenden Beratungen beschließe der Gerichtshof dann im Beisein des Publikums das Erkenntnis[38].

Eine derartige Vorgehensweise empfand Temme als eine unzureichende Umsetzung des Öffentlichkeitsgrundsatzes, da das Publikum in einem solchen Fall von der Strafsache nichts als eine einseitige Verteidigungsrede und wenig aussagekräftige Fragen des Präsidenten an den Angeschuldigten gehört habe. Von dem Recht des Volkes, welches die Öffentlichkeit der Gerichtsverhandlungen doch eigentlich sei, bleibe bei einem derartigen Verfahrensgang nichts übrig:

> „Wie wird in jenem Lande das Volk sich über seine Gerechtigkeit verwundern, wenn es von fünf Menschen, von denen es nur Gutes gehört, die ihm der Verteidiger als brav oder entschuldbar dargestellt hat, mindestens vier verurtheilt sieht, ohne die Gründe dieser Verurtheilung zu erfahren?"[39]

Deshalb könne man eine derartige mangelhafte Umsetzung des Öffentlichkeitsprinzips nicht akzeptieren, und es trage auf diese Weise seine Vernichtung bereits in sich selbst. Er appellierte daher zum Abschluß seines Gedankengangs an die Gesetzgebung, klare Linien zu verfolgen und nicht Reformen zu machen, die noch nicht einmal „halbe Maßregeln" seien:

> „Wenn man einem Volke Öffentlichkeit und Mündlichkeit nicht geben will, so sei man doch ehrlich und schlage sie ihm geradezu ab."[40]

Faßt man die obenstehenden Ausführungen zusammen, so ergibt sich, daß Temme aus dem öffentlichen Charakter der Strafjustiz die Forderung nach Öffentlichkeit der Hauptverhandlung ableitete. Mit dieser Forderung war Temme zur damaligen Zeit keineswegs ein Exot. Die Erkenntnis, daß durch jedes Verbrechen oder Vergehen die ganze bürgerliche Gesellschaft angegriffen sei, weshalb jedes Mitglied der Gesellschaft ein Interesse an der Bestrafung des Verbrechers habe, war in der damaligen Zeit weit verbreitet und

---

37 *Temme*, Aphorismen, in: CrimZ 1841, S. 162 f. (163).

38 Ebd., S. 162 f. (163).

39 Ebd., S. 162 f. (162 f.).

40 Ebd., S. 162 f. (163).

gehörte zu den Hauptargumenten der Befürworter der Öffentlichkeit des Strafverfahrens[41].

2. *Erzeugung eines positiven Rechtsbewußtseins im Volke*

Ein weiteres Argument, welches Temme dazu bewog, die Öffentlichkeit der Hauptverhandlung zu fordern, war, daß er sich von einer öffentlichen Hauptverhandlung positive Auswirkungen auf das Rechtsbewußtsein im Volke versprach[42]. Diese positiven Auswirkungen sah er insbesondere dadurch gewährleistet, daß eine öffentliche Hauptverhandlung besonders bei Kapitalverbrechen einen in die Augen fallenden Vorzug habe. Auf diesen Vorzug des öffentlichen Verfahrens ging er in einem Vergleich mit dem geltenden nicht öffentlichen und schriftlichen Inquisitionsverfahren ein. Gemäß letzterem werde bei einem Kapitalverbrechen die Todesstrafe an einem Verbrecher in der Regel erst nach Ablauf von zwei oder drei Jahren vollstreckt, wobei das dem Vollzug der Todesstrafe beiwohnende Publikum in eine unruhige Stimmung gerate, die ihren Grund darin finde, daß dieses Publikum aufgrund der fehlenden Öffentlichkeit bei dem vorhergegangenen Strafverfahren und der Länge der seither verstrichenen Zeit praktisch keine Erinnerung mehr an das Kapitalverbrechen des Delinquenten habe:

> „Nach so langer Zeit nun, wenn die That und der Thäter, die eigentlich niemals für das Publikum so recht zum Leben haben gelangen können, jedenfalls für dasselbe längst todt sind, tritt auf einmal der arme Sünder aus seinem langjährigen einsamen Kerker hervor, an das Tageslicht, an die Oeffentlichkeit, um von Henkershand den gräßlichsten Tod zu empfangen, für ein Verbrechen von dem fast niemand mehr etwas weiß. Welche Stimmung muß sich da des Publicums bemächtigen?“[43]

Temme betonte anschließend, daß im Gegensatz zu der Situation in den deutschen Staaten, in den Ländern mit einem öffentlichen Verfahren die Strafe dem Verbrechen viel schneller nachfolge. Als Beispiel führte er diesbezüglich das französische Strafverfahren an, bei welchem es eine Seltenheit sei, wenn zwischen der Tat und dem rechtskräftigen Todesurteil ein Zeitraum von mehr als vier oder sechs Monaten liege, weshalb sich die Bevölkerung noch gut an das geschehene Verbrechen erinnern könne[44]. Während in den deutschen

---

41 Ebenso wie *Temme* führten dieses Argument bspw. an: *Abegg*, Betrachtungen, S. 33; *Jagemann*, Oeffentlichkeit, S. 78; *Mittermaier*, Mündlichkeit, S. 335; *Sparre-Wangenstein*, Geschwornen-Gerichte, S. 86 f.; *Donsbach*, Proceßverfahren, S. 114; *Buchner*, Gerichtsverfahren, S. 253; *o. N*, Bemerkungen, S. 7; *Zachariä*, Gebrechen, S. 316.

42 *Temme*, Aphorismen, in: CrimZ 1842, S. 39 f. (39 f.).

43 *Temme*, Aphorismen, in: CrimZ 1842, S. 39 f. (40).

44 *Temme*, Aphorismen, in: CrimZ 1842, S. 39 f. (40).

Staaten beim Vollzug der Todesstrafe an einem in einem nicht öffentlichen Verfahren verurteilten Verbrecher das Publikum in eine unruhige Stimmung gerate, werde dies bei einem öffentlichen Verfahren wie beispielsweise in Frankreich deshalb vermieden, weil das Verbrechen durch die öffentliche Verhandlung desselben, durch die „öffentliche Reproduction der ganzen That mit allen ihren einzelnen Umständen, vor dem Gerichtshofe, ganz frisch und in seinem ganzen Umfange, so wie in klaren, bestimmten Umrissen, wieder in die allgemeine Erinnerung gebracht worden“[45] sei. Deshalb sei dem Volk der Grund für die Hinrichtung des „Missethäters“ noch bekannt, was sich sehr positiv auf den Glauben der Bevölkerung an die Rechtssicherheit im Staate auswirke[46].

Als ein weiteres Beispiel dafür, daß der Glaube der Bevölkerung an die Rechtssicherheit derzeit nicht ausreichend vorhanden sei, führte Temme an anderer Stelle an, daß die Zahl der Begnadigungsgesuche in Preußen in neuerer Zeit stark gestiegen sei[47]. Seiner Ansicht nach lag den meisten der gestellten Begnadigungsgesuche jedoch nicht unmittelbar die Überzeugung zu Grunde, daß eine rechtlich richtige Entscheidung aus außerhalb des Gesetzes liegenden Gründen aufzuheben sei. Vielmehr seien die meisten Begnadigungsgesuche auf ein Mißtrauen gegen die Gerechtigkeit des Richterspruches zurückzuführen. Der Thron des Fürsten werde daher bei diesen Begnadigungsgesuchen als eine letzte richterliche Instanz angesehen. Aus ihrer Zunahme folgerte Temme, daß das Volk, welches von der Rechtssicherheit im Staat nicht überzeugt sei, zu einem Rechtsbewußtsein gelangt sei, da es sich vermehrt gegen vermeintlich ungerechte Richtersprüche wehre. Gebe man dem Volke aber die Öffentlichkeit des Gerichts, so werde sich das Rechtsbewußtsein des Volkes, welches derzeit noch „unklar, schwankend und in allerlei Weise Irre geleitet“ sei, „alsdann läutern und befestigen“[48]. Ein öffentliches Strafverfahren werde dafür sorgen, daß das Rechtsbewußtsein des Volkes in die richtigen Bahnen gelenkt werde und sein Vertrauen in die Rechtspflege wiederkehre[49].

---

45 *Temme*, Aphorismen, in: CrimZ 1842, S. 39 f. (40).

46 *Temme*, Aphorismen, in: CrimZ 1842, S. 39 f. (40).

47 *Temme*, Ueber die Behandlung der Begnadigungsgesuche, in: ZsDtStrafverfahren 1846, S. 286 ff. (286).

48 *Temme*, Ueber die Behandlung der Begnadigungsgesuche, in: ZsDtStrafverfahren 1846, S. 286 ff. (272).

49 *Temme*, Ueber die Behandlung der Begnadigungsgesuche, in: ZsDtStrafverfahren 1846, S. 286 ff. (272).

Diese Ansicht Temmes, daß die Öffentlichkeit der Verhandlungen das Vertrauen des Volkes in die Strafjustiz fördere, wurde von vielen Reformautoren geteilt[50]. Beispielhaft sei an dieser Stelle auf *Feuerbach* verwiesen, der die Bedeutung des Öffentlichkeitsprinzips folgendermaßen hervorhob:

> „Gäbe es auch keine allgemeinen inneren Gründe für die Oeffentlichkeit der Gerichte, so müßte schon der von der mißtrauenden Volksmeinung auf unser gegenwärtiges Gerichtswesen in Deutschland geworfene Verdacht für sich allein mehr als hinreichen, wenigstens für uns die Nothwendigkeit einer Aenderung zu erweisen."[51]

3. *Öffentlichkeit als Voraussetzung für Mündlichkeit*

Ein weiteres Argument, welches Temme zur Untermauerung seiner Forderung nach einem öffentlichen Strafverfahren diente, war, daß die Öffentlichkeit in einem inneren Zusammenhang mit dem ebenso wünschenswerten mündlichen Verfahren stehe[52]. Das Institut der Mündlichkeit werde nämlich erst durch das Öffentlichkeitsprinzip vollständig abgerundet. Es bleibe ohne dieses nur eine „halbe Maßregel" und „jede halbe Maßregel" sei eine „schädliche"[53]. Auf diesen Zusammenhang wies er in seiner Besprechung des Entwurfs einer preußischen Strafprozeßordnung aus dem Jahre 1841[54] hin. In diesem Entwurf war zwar eine eingeschränkte Mündlichkeit vorhanden, jedoch fand das mündliche Verfahren ohne jede Öffentlichkeit statt. Temmes Ansicht nach standen Mündlichkeit und Öffentlichkeit jedoch in einer untrennbaren Beziehung zueinander, weshalb ein mündliches Verfahren ohne die gleichzeitige Einführung der Öffentlichkeit wertlos sei.

Mit dieser Ansicht stellte Temme sich denjenigen entgegen, die meinten, daß eine Strafsache ohne weiteres mündlich verhandelt werden könne, auch wenn die Verhandlung nicht öffentlich sei[55]. Im Gegensatz zu Temme, der nicht begründete, warum Mündlichkeit und Öffentlichkeit zwangsläufig miteinander verbunden seien, wurde von der Gegenseite vorgebracht, daß eine wirkungs-

---

50 *Mittermaier*, Mündlichkeit, S. 335; *Jagemann*, Oeffentlichkeit, S. 16; *Leue*, Anklage=Proceß, S. 264; *Puchta*, Inquisitionsprozeß, S. 129; *Braun*, Hauptstücke, S. 44; *Beseler*, Volksrecht, S. 291.

51 *Feuerbach*, Öffentlichkeit und Mündlichkeit, S. 105.

52 *Temme*, Revison der preußischen Gesetzgebung über das Strafverfahren, in: ZsDtStrafverfahren 1844, S. 305 ff. (320).

53 *Temme*, Revison der preußischen Gesetzgebung über das Strafverfahren, in: ZsDtStrafverfahren 1844, S. 305 ff. (320).

54 Vgl. zu diesem Entwurf: 2. Teil, 5. Kapitel.

55 *Feuerbach*, Öffentlichkeit und Mündlichkeit, S. 195; *Jagemann*, Oeffentlichkeit, S. 5 f.

volle Verteidung und eine unmittelbare Beweisaufnahme durch den erkennenden Richter auch dann möglich seien, wenn die Türen des Gerichtssaales dem Publikum verschlossen blieben[56]. Dennoch gab es unter den Befürwortern des öffentlichen Strafverfahrens auch viele Stimmen, die genauso wie Temme Mündlichkeit und Öffentlichkeit des Strafverfahrens als eine Einheit betrachteten. Zur Begründung wurde meist darauf verwiesen, daß bei einer mündlichen Verhandlung, wo es keinerlei Akten über den Verlauf der Strafverhandlung gebe, die Zulassung der Öffentlichkeit notwendig sei, um das Gericht zu ordnungsgemäßem Arbeiten anzuhalten[57].

4. Öffentlichkeit als historische Notwendigkeit

Unter dem Einfluß der sich mehr und mehr verbreitenden historischen Rechtsschule wurde in der Reformliteratur von fast allen Reformautoren der damaligen Zeit versucht, die Notwendigkeit eines öffentlichen Strafverfahrens auch historisch zu begründen[58]. So bemühte sich auch Temme, der bereits in bezug auf die Notwendigkeit einer Juryverfassung historische Argumente vorgebracht hatte[59], seine Forderung nach einer öffentlichen Hauptverhandlung geschichtlich zu untermauern[60]. Er berief sich in diesem Zusammenhang darauf, daß sowohl im römischen[61] als auch im germanischen[62] Strafprozeß der Grundsatz der Öffentlichkeit verankert gewesen sei[63] und jetzt kein Grund

---

56 *Jagemann*, Oeffentlichkeit, S. 6.

57 *Braun*, Hauptstücke, S. 43.

58 Als richtungsweisend auf diesem Sektor muß die Arbeit von *Maurer* aus dem Jahre 1824 angesehen werden, vgl. *Ders.*, Geschichte, S. 1 ff. Ausführlich zu dem Einfluß der historischen Rechtsschule auf die Debatte um die Gerichtsöffentlichkeit auch: *Fögen*, Gerichtsöffentlichkeit, S. 54 ff.

59 Vgl. dazu: 2. Teil, 8. Kapitel B) I.

60 *Temme*, Aphorismen, in: CrimZ 1841, S. 162 f. (162); ferner auch: *Ders.*, Grundzüge, S. 91.

61 Bereits im römischen Gerichtsverfahren der frühesten Zeit war die Öffentlichkeit als Ausdruck der Souveränität des römischen Bürgerstammes vorhanden. Erst durch die Jurisdiktion des Senats am Ende der Republik legte man der Öffentlichkeit einige Beschränkungen auf, bis dann in der Kaiserzeit die Öffentlichkeit ganz verdrängt wurde, vgl. dazu: *Schiff*, Oeffentlichkeit, S. 6.

62 Das germanische Strafverfahren beruhte bis zur Karolina auf der allgemeinen Volksöffentlichkeit. Der Grundsatz der Öffentlichkeit lag dabei in der Staatsverfassung begründet. Der altgermanische Staat erschien als Kriegs- und Rechtsgenossenschaft der freien Volksgenossen und beruhte insofern auf demokratischer Grundlage, vgl. dazu: *Beese*, Öffentlichkeit, S. 9.

63 Zur Öffentlichkeit des Strafverfahrens nach römischen und germanischem Recht, vgl. *Beese*, Grundsatz der Öffentlichkeit, S. 9 ff.

mehr bestehe, die Nichtöffentlichkeit des Verfahrens, welche sich im Mittelalter durchgesetzt habe, beizubehalten[64]. Um diese These zu beweisen, ging er näher auf die Gründe ein, welche seiner Ansicht nach dazu geführt hatten, daß im Mittelalter das öffentliche Verfahren mehr und mehr verdrängt und durch eine heimliche Verhandlung ersetzt worden war. Ein wichtiger Aspekt in diesem Zusammenhang sei die Einführung der Schriftlichkeit des Verfahrens im Mittelalter gewesen, welche aufgrund der stets mehr um sich greifenden Herrschaft der Geistlichkeit im Kanonischen Recht und die Verbreitung des nur den Gelehrten zugänglich gewordenen römischen Rechtes eingeführt worden sei. Die Abschaffung der Mündlichkeit habe dann später auch zu einer Verdrängung der Öffentlichkeit aus dem Prozeß geführt.

Ein anderer oft vergessener Umstand, der in diesem Zusammenhang ebenfalls eine entscheidende Rolle gespielt habe, sei der rohe und anarchische Zustand des Faustrechts, „des Rechts des Stärkeren im Mittelalter“[65] gewesen:

> „Der Zeuge, der zum Nachteile eines Mächtigen ausgesagt, der Schöppe, der gegen ihn das Recht gewiesen, hatten sich öffentliche und mächtige Feinde zugezogen, und waren in jener Zeit ihres Lebens nicht mehr sicher. Die Rechtspflege verbarg sich immer mehr hinter der verschlossenen Gerichtsthüre. Haben wir im neunzehnten Jahrhunderte noch etwas Aehnliches zu fürchten? Oder warum sonst geben wir das Recht nicht wieder frei und offen?“[66]

Temme befürwortete also die Einführung der Öffentlichkeit im Strafverfahren auch aufgrund gewandelter gesellschaftlicher Lebensumstände, die eine Rückkehr zum ursprünglichen nationalen Recht möglich machten.

5. Selbstkontrolle des Richters

Von den Befürwortern einer öffentlichen Hauptverhandlung wurde verschiedentlich auch als Argument vorgebracht, diese ermögliche eine bessere Kontrolle der Rechtspflege. Dem Volk, welches die Öffentlichkeit bilde, komme dabei die Aufgabe zu, die Rechtmäßigkeit des Verfahrens und der Urteilsverkündung zu überprüfen[67].

---

64 *Temme*, Grundzüge, S. 91.

65 *Temme*, Aphorismen, in: CrimZ 1841, S. 162 f. (162).

66 *Temme*, Aphorismen, in: CrimZ 1841, S. 162 f.

67 Eine derartige Kontrollfunktion erkennen auch die Gesetzmaterialien der badischen StPO an, vgl. *Nöllner*, ZsDtStrafverfahren 1844, S. 86 ff. (98). Dieses Argument findet sich ferner bei: *Gast*, Nothwendigkeit des öffentlichen und mündlichen Gerichtsverfahrens, S. 26 ff. In der neueren Literatur wird dieses Argument vielfach als Hauptargument für die Einführung eines öffentlichen Verfahrens im 19. Jahrhundert hervorgehoben, vgl. *Kleinknecht*, Schutz der Persönlichkeit, S. 112; *Ignor*, Geschich-

Demgegenüber wurde von weiten Teilen des juristischen Schrifttums eine derart verstandene Öffentlichkeit abgelehnt[68]. Teilweise wurde vorgebracht, der Bürger sei nicht dazu berufen, als Wächter über dem Gesetz und den die Gesetze anwendenden Richtern zu stehen[69]. Von manchen wurde auch die Fähigkeit des Volkes zu einer derartigen Kontrolle bestritten[70]. Auch Temme lehnte eine so verstandene Kontrolle mit eindeutigen Worten ab, wobei er seiner Ablehnung jedoch keinerlei Begründung hinzufügte:

> „Es ist allerdings zu bestreiten, daß es der Oeffentlichkeit bedürfe, um eine Controle des Richters durch das Publikum zu beschaffen."[71]

In einem der darauffolgenden Sätze schränkte er seine Ablehnung aber dahingehend ein, daß er der Öffentlichkeit eine anders verstandene Kontrollfunktion zubilligte:

> „Aber desto erheblicher ist sie, um jene Selbstcontrole des Richters zu verschärfen, ohne welche, wie die Erfahrung genugsam beweiset, gerade die Stellung des Criminalrichters fortwährend eine bedenkliche und gefährliche bleibt."[72]

Diese Äußerung Temmes läßt erkennen, daß er glaubte, die Öffentlichkeit der Verhandlung werde den Richter dazu veranlassen, sich korrekt zu verhalten und sich mithin selber zu kontrollieren. In diesem Sinne bemerkte er an anderer Stelle im Zusammenhang mit der Einführung einer freien richterlichen Beweiswürdigung, daß in der Öffentlichkeit der strafgerichtlichen Hauptverhandlung „eine bei weitem größere und sicherere Garantie für ein richtiges Abwägen und Abmessen der Beweismomente durch den Richter" liege, „als sie durch noch so viele abstracte allgemeine Beweisregeln geschaffen werden"[73] könne.

---

te, S. 242. Wie die vielen Gegner einer derartigen Kontrolle zeigen, kann diese Interpretation jedoch nicht überzeugen. Vgl. zum Ganzen: *Alber*, Öffentlichkeit, S. 77 (Fn. 1).

68 *Feuerbach*, Öffentlichkeit und Mündlichkeit, S. 147 ff.; *Kettenacker*, Denkschrift, S. 42; *Jagemann*, Öffentlichkeit, S. 34; *Zachariä*, Gebrechen, S. 314; *Mittermaier*, ACR 1842, S. 259 ff. (260).

69 *Jagemann*, Öffentlichkeit, S. 34.

70 *Feuerbach*, Öffentlichkeit und Mündlichkeit, S. 151; *Kettenacker*, Denkschrift, S. 42; *Holzschuher*, Rechtsweg, S. 44.

71 *Temme*, Revision der Preußischen Gesetzgebung über das Strafverfahren, in: ZsDtStrafverfahren 1844, S. 307 ff. (320).

72 *Temme*, Revision der Preußischen Gesetzgebung über das Strafverfahren, in: ZsDtStrafverfahren 1844, S. 307 ff. (320).

73 *Temme*, Neue Verordnungen über das Strafverfahren in Preussen, in: ZsDtStrafverfahren 1841, S. 512 ff. (522).

Ebenso wie Temme bauten auch viele andere Befürworter der Öffentlichkeit im Strafprozeß auf deren psychologische und praktische Wirkung und hofften, der Richter möge sich durch diese zu korrektem Verhalten gezwungen sehen[74].

II. Öffentlichkeit bezüglich einiger Verfahrensteile

Nachdem dem Prinzip der Öffentlichkeit in der Gesetzgebung der meisten deutschen Bundesstaaten die Bahn gebrochen war, verlagerte sich, wie bereits angedeutet[75], die Kontroverse um die Öffentlichkeit des Strafverfahrens in der zweiten Hälfte des 19. Jahrhunderts von der Hauptverhandlung auf die öffentliche Voruntersuchung. Dabei wurden insbesondere die beiden Fragen nach der Öffentlichkeit in der Voruntersuchung und nach der Zulassung des Publikums zu Beratung und Abstimmung kontrovers diskutiert.

1. Voruntersuchung

In seiner im Jahre 1850 erschienenen Schrift „Grundzüge eines deutschen Strafverfahrens" setzte Temme sich eingehend mit der Frage auseinander, ob auch die gerichtliche Voruntersuchung der Öffentlichkeit zugänglich gemacht werden sollte. Genauso wie er schon in den vierziger Jahren vor der Revolution von 1848/49 entschieden für die Öffentlichkeit in der Hauptverhandlung eingetreten war, setzte er sich jetzt in der nachrevolutionären Zeit für die Öffentlichkeit in der Voruntersuchung ein[76]. Er wies zunächst darauf hin, daß man sich zwar mittlerweile in den neueren Gesetzen dazu entschlossen habe, das Hauptverfahren öffentlich stattfinden zu lassen, jedoch werde die Voruntersuchung mit Ausnahme von England überall

> „noch eben so geheim geführt, als wenn wir mitten in den Zeiten des geheimsten und heimlichsten Inquisitionsprozesses lebten."[77]

In den meisten Fällen würden bei der Voruntersuchung noch nicht einmal der Angeschuldigte oder ein Verteidiger zugelassen. Jedoch bestehe für einen derartigen Ausschluß kein überzeugender Grund. Temme argumentierte hier

---

74 *Mittermaier*, Mündlichkeit, S. 338 f.; *Bender*, Ueber das mündliche und öffentliche Verfahren, S. 82 f.; *Wigand*, Öffentlichkeit und Mündlichkeit, S. 150.

75 Vgl. hierzu bereits: 2. Teil, 10. Kapitel A).

76 *Temme*, Grundzüge, S. 93 f. Auch bereits im Jahre 1841 deutete *Temme* in einem Aufsatz seine Auffassung an, daß auch die Voruntersuchung der Öffentlichkeit übergeben werden müsse, indem er vorbrachte, daß die Übergabe des Schlußverfahrens an die Öffentlichkeit lediglich eine „halbe Maßregel" sei, vgl. *Ders.*, Aphorismen, in: CrimZ 1841, S. 201 ff. (201).

77 *Temme*, Grundzüge, S. 93.

gegen die Gegner einer öffentlichen Voruntersuchung, die oftmals vorbrachten, daß die Öffentlichkeit in der Voruntersuchung die Gefahr mit sich bringe, daß Dritte die Wahrheit verdunkelten und ihnen die Gelegenheit geboten werde, sich der Strafe zu entziehen[78]. Diesem Argument begegnete er konkret mit dem Einwand, daß man diese Bedenken genauso gut in bezug auf das öffentliche Hauptverfahren geltend machen könne. Außerdem müsse man, wenn man diese Gefahr völlig ausschließen wolle, nach dem Abschluß der Voruntersuchung dafür sorgen, daß dem Angeklagten die Resultate der Voruntersuchung nicht mitgeteilt würden, und diesen in einer hermetisch abgeschlossenen Haft halten. Deshalb könne dieser Einwand auch nur von denjenigen vorgebracht werden, die den geheimen Inquisitionsprozeß befürworteten. Spreche man sich allein aufgrund der Rücksicht auf die Mitschuldigen gegen ein öffentliches Vorverfahren aus, so würdige man den Angeschuldigten zu einem Mittel für fremde Zwecke herab. Wenn man dies rechtfertige, so könne man auch die Tortur rechtfertigen, durch die nämlich das gleiche geschehe[79].

Nach Temmes Auffassung folgte die Öffentlichkeit der Voruntersuchung ferner zwingend aus der Anerkennung des Anklageverfahrens, da mit diesem eine andere Vorgehensweise ohne inneren Widerspruch nicht vereinigt werden könne. Um diese These zu stützen, verwies er auf das englische Strafverfahren, in dem es eine öffentliche Voruntersuchung gebe und in dem das Volk es für einen nie zu duldenden Eingriff in das Recht und die Freiheit halten würde, wenn diese Öffentlichkeit genommen oder beschränkt würde[80].

Zum Abschluß seiner Erwägungen in bezug auf die Öffentlichkeit der Voruntersuchung verlieh er daher seiner Hoffnung Ausdruck, daß diese in Deutschland bald einen ähnlichen Stellenwert wie in England haben werde:

> „Auch in Deutschland wird diese Oeffentlichkeit sich wieder Bahn brechen, wieder ihre alte volksthümliche Geltung erhalten, und hoffentlich wird auch bei uns die Zeit nicht mehr fern sein, wo ihre Wiederaufhebung als eine Unmöglichkeit sich darstellen würde.“[81]

Obwohl die Frage der Öffentlichkeit in der Voruntersuchung gemäß dem englischen Vorbild nach Einführung der öffentlichen Hauptverhandlung seit der Mitte des 19. Jahrhunderts vermehrt diskutiert wurde, sprachen sich entgegen der Auffassung Temmes die meisten Autoren gegen eine solche Öffentlichkeit

---

78 *Ortloff*, Strafverfahren, S. 101 f.

79 *Temme*, Grundzüge, S. 93.

80 *Temme*, Grundzüge, S. 94.

81 *Temme*, Grundzüge, S. 94.

aus[82]. Dabei wurde oftmals auf die praktischen Schwierigkeiten hingewiesen, welche die Publizität in diesem Verfahrensabschnitt hervorrufen könne. Die Anwesenheit in der Voruntersuchung könne nämlich dazu führen, daß die Wirksamkeit der Ermittlungen beeinträchtigt werde und die Beschuldigten von Geständnissen abgehalten würden. Außerdem bestehe die Gefahr, daß die Justiz durch nutzlose Bemühungen und Fehlschläge bei der Voruntersuchung kompromittiert würde[83].

2. Beratung und Abstimmung

Temme setzte sich im Jahre 1850 ferner mit der Frage auseinander, ob auch „die Beschlüsse der Gerichte, die Abstimmungen sowohl der Richter als der Geschworenen" der Öffentlichkeit zugänglich gemacht werden sollten und die Öffentlichkeit somit nicht auf die „Verhandlungen, welche die Vernehmungen des Angeschuldigten und die Aufnahme der Beweise"[84] beträfen, beschränkt bleiben sollte. Eine Ausweitung des Grundsatzes der Öffentlichkeit auf die richterlichen Beratungen lehnte er im Ergebnis ab. Dabei verwies er auf die Subjektivität der Meinungsbildung der Richter und Geschworenen:

> „Das unpartheiische Urtheil wird allein in dem Innern eines Jeden fertig. Das Wie! kann nicht in die äußeren Sinne fallen. Insofern kann also bei den Beschlüssen der Gerichte kein Dritter in irgend einer Weise interessiren. Aus demselben Grunde muß es auch in Beziehung auf die eigentliche Gerechtigkeit für jeden Dritten völlig gleichgültig sein, in welcher Weise da, wo ein Zusammenstimmen Mehrerer zu einem Beschlusse erforderlich ist, Jeder der Mehreren dem oder den Anderen sein Urtheil mitgetheilt hat."[85]

In dieser Ablehnung der Öffentlichkeit bei der richterlichen Beratung war Temme kein Einzelgänger[86]. Obgleich die Einführung einer derartigen Öffentlichkeit insbesondere nach Einführung der öffentlichen Hauptverhandlung diskutiert wurde, vermochte sich kaum jemand dafür auszusprechen. Neben der von Temme vertretenen Überzeugung, daß die Meinungsbildung der

---

82 *Jagemann*, Oeffentlichkeit, S. 49 f.; *Feuerbach*, Öffentlichkeit und Mündlichkeit I, S. 58; *Mittermaier*, Mündlichkeit, S. 343 ff. (in einer früheren Schrift hatte dieser sich jedoch noch für die Öffentlichkeit der Voruntersuchung ausgesprochen), vgl. *Leue*, Anklage=Proceß, S. 211 f.

83 *Jagemann*, Oeffentlichkeit, S. 49 f. Vgl. zum Ganzen auch: *Alber*, Öffentlichkeit, S. 125.

84 *Temme*, Grundzüge, S. 92.

85 *Temme*, Grundzüge, S. 92.

86 *Abegg*, Beiträge, S. 114; *Seckendorff*, Bedenken, S. 7 ff.

Richter als innerer geistiger Akt und als Gewissensache erfolge[87], wurden als Gründe für ihre Ablehnung angeführt, daß durch die Anwesenheit von Zuhörern die allgemeine Vertraulichkeit unter den Beratenden gestört werde[88]. Darüber hinaus könne eine Öffentlichkeit der Beratung zu einer Bedrohung für die Unbefangenheit und Unabhängigkeit der Urteilenden werden, indem die zur Entscheidung berufenen Personen durch das anwesende Publikum eingeschüchtert und möglicherweise zu vorschnellen und hastigen Entscheidungen genötigt würden[89].

Allerdings wollte Temme nicht nur die Beratung der zur Entscheidung berufenen Personen der Öffentlichkeit entziehen, sondern auch die richterliche Abstimmung weiterhin unter Ausschluß der Öffentlichkeit stattfinden lassen, ohne jedoch nähere Gründe für seine ablehnende Haltung in diesem Punkt anzugeben[90].

Während die öffentliche Beratung einhellig abgelehnt wurde, gab es in der juristischen Literatur gewichtige Stimmen, welche entgegen der Auffassung Temmes die Öffentlichkeit bei der richterlichen Abstimmung forderten[91]. Als Argument dafür wurde angeführt, daß gerade die Abstimmung als Haupthandlung des Gerichtes bei einer sonst öffentlichen Rechtspflege nicht geheim sein dürfe. Schließlich könne nur eine öffentliche Stimmabgabe die Sicherheit bieten, daß die Voten vom Vorsitzenden zum wahren Beschluß geformt und die Stimmen richtig gesammelt und gezählt würden[92].

III. Beschränkungen der Öffentlichkeit

Je weniger im Verlaufe des 19. Jahrhunderts der Grundsatz der Öffentlichkeit im Strafverfahren als solcher in Frage gestellt wurde, um so mehr konzentrierte sich das Interesse auf einzelne Details bei der Ausgestaltung des Öffentlichkeitsprinzips[93]. Dabei spielten insbesondere Überlegungen hinsichtlich

---

87 Darauf beriefen sich neben *Temme* auch *Abegg*, Beiträge, S. 114; *Seckendorff*, Bedenken, S. 7 ff.

88 *Seckendorff*, Bedenken, S. 43 ff.

89 *Abegg*, Beiträge, S. 115; *Feuerbach*, Öffentlichkeit und Mündlichkeit, Bd.1, S. 128; *Siebenpfeiffer*, Gerechtigkeitspflege, S. 178; *Leue*, Anklage=Proceß, S. 215.

90 *Temme*, Grundzüge, S. 92.

91 *Feuerbach*, Öffentlichkeit und Mündlichkeit, Bd. 1, S. 130; *Siebenpfeiffer*, Gerechtigkeitspflege, S. 176 ff. Wie Temme dagegen: *Leue*, Anklage=Proceß, S. 217 ff.; *Abegg*, Beiträge, S. 114.

92 *Feuerbach*, Öffentlichkeit und Mündlichkeit I, S. 127 f.

93 Vgl. dazu: *Alber*, Öffentlichkeit, S. 130.

der Beschränkung der Öffentlichkeit in der Hauptverhandlung eine erhebliche Rolle. In diesem Zusammenhang erwog man sowohl einen Ausschluß des Publikums aus sachlichen Gründen als auch eine Beschränkung des Zuhörerkreises aus persönlichen Gründen. Daraus entwickelte sich eine öffentliche Debatte, an der auch Temme teilnahm.

1. Beschränkungen der Öffentlichkeit in sachlicher Hinsicht

Im Jahre 1850 kritisierte Temme nachdrücklich die Möglichkeit, den Umfang der Öffentlichkeit im Strafverfahren mit Rücksicht auf den Gegenstand des Untersuchungsverfahrens zu beschränken. Eine derartige Beschränkung wurde von vielen Anhängern der Publizität für den Fall befürwortet, daß durch die öffentliche Verhandlung die Sittlichkeit der Zuschauer gefährdet würde[94]. „Zucht und Ehrbarkeit“[95] seien eine wichtige sittliche Grundlage des Staates, weshalb deren Beachtung bei der öffentlichen Verhandlung „fleischlicher Vergehen“ absolute Priorität besitze. Die Bewahrung der Ehrbarkeit sei in solchen Fällen bedeutsamer als das Prinzip der Gerechtigkeit, weshalb bei allen Kriminalprozessen, deren Gegenstand gegen die Sittlichkeit im strengsten Sinne, d. h. gegen die Keuschheit, verstoße, die Türen des Gerichtssaales geschlossen bleiben müssten[96].

Teilweise wurde ein Ausschluß der Öffentlichkeit auch dann gefordert, wenn eine Gefährdung des Staates oder der öffentlichen Sicherheit zu befürchten sei[97]. Eine solche Gefährdung wurde dabei insbesondere bei Untersuchungen wegen Hochverrat, Landesverrat, Majestätsbeleidigung, Aufruhr und Tumult angenommen.

Diese speziellen Beschränkungen der Öffentlichkeit im Strafverfahren gingen dann auch in die Partikulargesetzgebung ein. Die Möglichkeit, die Öffentlichkeit aus Gründen der Sittlichkeit oder des öffentlichen Wohls oder der öffentlichen Sicherheit auszuschließen, wurde nämlich sowohl in der württembergischen Strafprozeßordnung aus dem Jahre 1843 als auch in der badischen Strafprozeßordnung aus dem Jahre 1845 vorgesehen. Demgegenüber ließen das hessische Gesetz aus dem Jahre 1848 und der badische Entwurf von 1849 einen Ausschluß der Öffentlichkeit nur dann zu, wenn dies aus

---

94 *Jagemann*, Oeffentlichkeit, S. 41 ff.; *Leue*, Anklage=Proceß, S. 285; *Mittermaier*, Mündlichkeit, S. 353 f.; *Böhmer*, Gedanken, S. 21.

95 *Böhmer*, Gedanken, S. 21.

96 *Jagemann*, Öffentlichkeit, S. 42 f.

97 Vgl. dazu: *Alber*, Öffentlichkeit, S. 131 m. w. N.

Gründen der Sittlichkeit erforderlich sei[98]. Eine Kombination dieser Beschränkungsmöglichkeiten sah die preußische Verordnung vom 3. Januar 1849 vor, nach der die Öffentlichkeit von den Verhandlungen aus Gründen des öffentlichen Wohles oder der Sittlichkeit ausgeschlossen werden konnte[99].

Derartige Beschränkungen des Grundsatzes der Öffentlichkeit im Strafverfahren hielt Temme für gänzlich inakzeptabel. Dabei kritisierte er vor allem, daß diese Beschränkungen völlig außerhalb der Untersuchung liegenden Zwecken dienten. Das Untersuchungsverfahren müsse jedoch in allen seinen Teilen ausschließlich dem Zweck der Feststellung des Rechts dienen, welchem gegenüber jeder andere Zweck als ein unrechtmäßiger erscheinen müsse. Halte man schließlich die Öffentlichkeit im Strafverfahren „für das Wesen und den Zweck desselben für nothwendig", so sei es ein „unabweisbarer innerer Widerspruch", diese Öffentlichkeit „anderen Zwecken wieder zum Opfer bringen zu wollen"[100]. Man gebe dadurch nur zu erkennen, daß man die Öffentlichkeit für gänzlich überflüssig, ja sogar für eine „Spielerei" halte, mit der man lediglich den „kindischen Anforderungen der Zeit"[101] gerecht werden wolle. Eine derartige Haltung dem Grundsatz der Öffentlichkeit gegenüber lasse sich insbesondere daran erkennen, daß die neueren Gesetzgebungen der Bundesstaaten durch ihre vielfältigen Möglichkeiten, die Öffentlichkeit zu beschränken, ihren „Handel"[102] mit diesem Grundsatz trieben. Insbesondere gehe man in manchen Gesetzgebungen von der Vorstellung aus, daß der Staat in der größten Gefahr sei, wenn die Öffentlichkeit nicht ausdrücklich um des Wohles des Staates und der öffentlichen Sicherheit willen ausgeschlossen würde. Allerdings habe man in einigen anderen Gesetzgebungen diese Rücksichten schon aufgegeben und lasse eine Beschränkung nur noch unter Berufung auf Gründe der Sittlichkeit zu[103].

Temmes Ansicht zufolge konnte jedoch keiner dieser Gründe ausreichend für eine Beschränkung des absolut zu achtenden Öffentlichkeitsprinzips sein:

> „Allein so wenig der Staat und die öffentliche Sicherheit durch die Öffentlichkeit der Strafgerichtsverhandlungen gefährdet werden können, eben so wenig kann durch dieselbe eine Gefährdung der Sittlichkeit herbeigeführt werden. Sicherheit

98 *Alber*, Öffentlichkeit, S. 131.

99 Vgl. den Wortlaut von § 15 d. pr. V. v. 3. Januar 1849: „Die Oeffentlichkeit kann für die ganze Hauptverhandlung oder für einen Theil derselben ausgeschlossen werden, wenn der Ordnung oder den guten Sitten Gefahr droht."

100 *Temme*, Grundzüge, S. 95.

101 *Temme*, Grundzüge, S. 95.

102 *Temme*, Grundzüge, S. 95.

103 *Temme*, Grundzüge, S. 95.

> und Wohl des Staats, wie Sitte und Sittlichkeit müssen, wenn sie gesichert sein sollen, auf anderen Stützen ruhen, als solchen, die durch eine öffentliche Gerichtssitzung zerstört oder fortgezogen werden können."[104]

Die Tatsache, daß die Regierungen der Bundesstaten eine Beschränkung der Öffentlichkeit im Strafverfahren mit diesen Gründen rechtfetigten, empfand Temme als symptomatisch für die selbst nach der Revolution von 1848 immer noch vorherrschenden Verhältnisse in Deutschland, hinter denen „nichts weiter als der Absolutismus verborgen"[105] liege. Wenn diese Regierungen stattdessen selber in ihrer Amtsführung mehr Recht und Sitte beachteten, dann würden auch Recht und Sitte im Volke wieder gekräftigt. Falls nämlich im Volke wirklich sittlicher Sinn lebe, so würden bei Verhandlungen, die einen negativen Einfluß auf die Sittlichkeit haben könnten, die „Gerichtshallen von unberufenen Neugierigen nicht besucht"[106]. Fehle dieser sittliche Sinn im Volke jedoch, so könne dieser auch nicht durch ein Verbot, sittengefährdende Gerichtsverhandlungen zu besuchen, wiederhergestellt werden.

Eine Beschränkung der Öffentlichkeit auf Antrag des Angeklagten lehnte Temme ebenfalls ab. Eine solche Beschränkung war in dem preußischen Gesetz über das Untersuchungsverfahren vom 17. Juli 1846 vorgesehen. In diesem fand sich nämlich die Bestimmung, daß alle unbeteiligten Personen sich aus dem Gerichtssaal entfernen müßten, wenn der Angeklagte dies verlange[107].

Eine solche Möglichkeit, die Öffentlichkeit aus dem Gerichtsverfahren aufgrund eines Antrages des Angeklagten auszuschließen, betrachtete Temme als ein völliges „Verkennen des Princips der Oeffentlichkeit"[108]. Die Möglichkeit des Ausschlusses der Öffentlichkeit durch den Angeklagten bringe es nämlich mit sich, daß man die Zulassung der Öffentlichkeit im Strafverfahren als ein Recht des Angeklagten mißverstehe, welches er nur in „einigen Fällen nicht beanspruchen, auf das er aber im Übrigen willkürlich verzichten könne"[109]. Richtig verstanden sei die Gerichtsöffentlichkeit jedoch „um des ganzen Vol-

---

104 *Temme*, Grundzüge, S. 95.

105 *Temme*, Grundzüge, S. 95.

106 *Temme*, Grundzüge, S. 95.

107 Vgl. den Wortlaut des § 17 S. 2.: „Alle bei der Sache nicht betheiligten Personen müssen sich aber entfernen, wenn der Angeklagte darauf anträgt [...]".

108 *Temme*, Das preußische Gesetz über das Untersuchungsverfahren, in: ZsDtStrafverfahren 1846, S. 343 ff. (374). Seine ablehnende Haltung gegenüber dieser Möglichkeit äußert Temme auch in: *Ders.*, Aphorismen, in: CrimZ 1841, S. 201 ff. (201).

109 *Temme*, Das preußische Gesetz über das Untersuchungsverfahren, in: ZsDtStrafverfahren 1846, S. 343 ff. (374).

kes willen da"[110] und damit auch um des Angeklagten willen, der ja auch Angehöriger des Volkes sei. Schließlich solle sich das Volk, für das alles Recht im Staate ausgeübt werde, überzeugen, daß das Recht auch beachtet werde. Gestehe man dem Angeklagten nun das Recht zu, die Öffentlichkeit auf seinen Wunsch auszuschließen, so stehe dahinter der Gedanke, daß die Gerichtsöffentlichkeit ihren Sinn nur darin habe, Zeugen für den Angeklagten bereitzustellen, die bestätigen könnten, daß auch wirklich Recht über den Angeklagten gesprochen werde[111]. Ein solches Verständnis des Öffentlichkeitsgrundsatzes empfand Temme jedoch als Entwürdigung des Gerichtes.

Neben diesen Bedenken brachte Temme außerdem noch vor, daß eine solche Vorschrift auch aus rechtspraktischen Gründen abzulehnen sei. Es könnten nämlich Probleme auftreten, wenn sich von mehreren Mitangeklagten einer die Öffentlichkeit wünsche, einer anderer diese jedoch ablehne. In einem solchen Fall stehe „Recht gegen Recht"[112], und es sei unklar, wessen Recht in einer derartige Kollision höher zu bewerten sei. Eine Einschränkung der Öffentlichkeit auf Antrag des Angeklagten sei daher auf jeden Fall abzulehnen.

2. Beschränkungen der Öffentlichkeit in persönlicher Hinsicht

Erste Erwägungen Temmes zu einer Beschränkung der Öffentlichkeit in der Hauptverhandlung in persönlicher Hinsicht finden sich in seiner Stellungnahme zu dem preußischen Gesetz über das Untersuchungsverfahren vom 17. Juli 1846[113]. Wie bereits angedeutet, sah dieses Gesetz eine Beschränkung der Öffentlichkeit auf Justizbeamte vor. In bezug auf diese Bestimmung war er der Auffassung, daß er diese keinesfalls direkt angreifen könne, da „auch die unbegründetste Öffentlichkeit nicht schaden", sondern vielmehr „unter allen Umständen nur Nutzen bringen" könne[114]. Deshalb zog er es im Jahre 1846 vor, statt Kritik an einer gesetzlichen Beschränkung zu üben, ein Lob dafür auszusprechen, daß dem Prinzip der Öffentlichkeit generell durch dieses Ge-

---

110 *Temme*, Das preußische Gesetz über das Untersuchungsverfahren, in: ZsDtStrafverfahren 1846, S. 343 ff. (374).

111 *Temme*, Das preußische Gesetz über das Untersuchungsverfahren, in: ZsDtStrafverfahren 1846, S. 343 ff. (374).

112 *Temme*, Das preußische Gesetz über das Untersuchungsverfahren, in: ZsDtStrafverfahren 1846, S. 343 ff. (375).

113 *Temme*, Gesetz über das Untersuchungsverfahren, in: ZsDtStrafverfahren 1846, S. 343 ff.

114 *Temme*, Gesetz über das Untersuchungsverfahren, in: ZsDtStrafverfahren 1846, S. 343 ff. (374).

setz „die Bahn gebrochen“[115] sei. Er ziehe die Beschränkung, welche im preußischen Gesetz vorgenommen worden war, jedenfalls derjenigen der badischen Strafprozeßordnung vor, welche den freien Zutritt zur mündlichen Hauptverhandlung vor dem erkennenden Gericht nur erwachsenen Personen männlichen Geschlechts gestattete[116]. Schließlich könnten der Schulmeister oder die Polizei die unerwachsenen Buben zurückhalten; sie durch ein Gesetz auszuschließen, sei „wahrlich zu viel“[117].

In diesem Zusammenhang findet sich auch eine Äußerung Temmes zu einer anderen viel diskutierten Frage der damaligen Zeit. Vor dem Jahre 1848 gab es in der juristischen Literatur einen erheblichen Streit über die Frage, ob Frauen grundsätzlich Zutritt zu den Verhandlungen haben sollten; Befürwortung[118] und Ablehnung[119] waren ungefähr gleich stark vertreten. Eine Zulassung von Frauen wurde häufig mit dem Argument abgelehnt, die deutsche Frau gehöre nicht in den Gerichtssaal, da für sie ein anderes Tätigkeitsfeld bestimmt sei[120]. Die Befürworter der Teilnahme von Frauen im Gerichtssaal verwiesen demgegenüber darauf, daß man Frauen aufgrund der fortschreitenden Emanzipation und ihrer daraus folgenden größeren Selbständigkeit nicht mehr im altdeutschen Sinne von den öffentlichen Verhandlungen ausschließen dürfe[121].

Auf diese Thematik ging Temme ebenfalls im Zusammenhang mit seiner Kritik an der badischen Strafprozeßordnung aus dem Jahre 1845 ein. Nach diesem Gesetz sollten zu den Verhandlungen ausnahmsweise auch „Frauenspersonen“ zugelassen sein, wenn die angeschuldigte Person weiblich war[122]. Diese Regelung des badischen Gesetzes veranlaßte ihn zu folgendem Kommentar:

---

115 *Temme*, Gesetz über das Untersuchungsverfahren, in: ZsDtStrafverfahren 1846, S. 343 ff. (374).

116 Vgl. § 224 der badischen Strafprozeßordnung von 1845. Auch die württembergische Prozeßordnung gestattete nur Männern den Zutritt und sah eine Teilnahme von Frauen an den Gerichtsverhandlungen nicht vor.

117 *Temme*, Gesetz über das Untersuchungsverfahren, in: ZsDtStrafverfahren 1846, S. 343 ff. (374).

118 *Mittermaier*, Mündlichkeit, S. 357, Fn. 56; *Zentner*, Geschworenengericht, S. 477; *Jagemann*, Oeffentlichkeit, S. 57 f.; *Biener*, Abhandlungen, S. 182.

119 Siehe etwa *Feuerbach*, Öffentlichkeit und Mündlichkeit, Bd. 1, S. 179; *Zachariä*, Gebrechen, S. 324.

120 *Feuerbach*, Öffentlichkeit und Mündlichkeit, S. 179.

121 *Biener*, Abhandlungen, S. 182.

122 § 224 der badischen StPO von 1845.

„Wie niedlich gefühlt, aber wie unrichtig gedacht!“[123]

Nur vier Jahre nach dieser Äußerung im Jahre 1850, nachdem sich der Streit hinsichtlich der Beschränkung der Öffentlichkeit zugunsten einer unbeschränkten Öffentlichkeit im Strafverfahren gelöst hatte, nahm er zu dieser Problematik noch einmal Stellung, wobei er sich jetzt eindeutig gegen jegliche Beschränkungen in diesem Bereich aussprach:

> „Ueber den Umfang der Oeffentlichkeit in Beziehung auf die zu den Verhandlungen zuzulassenden Personen kann gegenwärtig wohl kein Streit mehr sein. Die Künsteleien, mit denen man hier beschränken und beschneiden wollte, liegen hinter uns. Wird die Gewalt und Willkür der Reaktion wieder auf sie zurückkommen, nun, so ist eben Gewalt und Willkür da, mit denen das Recht nichts zu schaffen hat. Für das ganze Volk soll die Oeffentlichkeit bestehen; da kann man einzelne Personen, Geschlechter, Klassen u. s. w. nicht ausschließen.“[124]

Diese Äußerung Temmes zeigt, wie sehr er besonders jetzt nach den Revolutionsereignissen von 1848/49 die Forderung nach einer unbeschränkten Öffentlichkeit als eine politische empfand. Parallel zu der unbedingten Anerkennung der Rechte des Volkes auf politischer Ebene sah er nun auch die unbeschränkte Zulassung der Öffentlichkeit zum Strafverfahren als zwingend notwendig an.

C) Zusammenfassung und Würdigung

In rechtsgeschichtlichen Analysen, welche die Einführung des Öffentlichkeitsprinzips im Strafprozeß des 19. Jahrhunderts thematisieren, begegnet man häufig der These, das öffentliche Gerichtsverfahren sei von den Liberalen als Ausdruck der Volkssouveränität verstanden worden, welche im Kampf gegen den Absolutismus durch die Zulassung der Öffentlichkeit eine demokratische Kontrolle der Justiz bezweckt hätten[125].

Untersucht man die Auffassung Temmes im Hinblick auf diese These, so läßt sich diese durch seine Äußerungen nur teilweise bestätigen. Wie bereits dargestellt[126], lehnte er den Gedanken einer Justizkontrolle durch das Volk in der Form ab, daß der Öffentlichkeit die Aufgabe zukomme die Rechtmäßigkeit des Verfahrens zu überprüfen. Es finden sich bei ihm keinerlei Überlegungen dahingehend, daß eine solche Art von Kontrolle ein wirksames Mittel im Kampf gegen den Absolutismus darstellen könnte. Seine pauschale Ablehnung des

---

123 *Temme*, Gesetz über das Untersuchungsverfahren, in: ZsDtStrafverfahren 1846, S. 343 ff. (374).

124 *Temme*, Grundzüge, S. 94.

125 *Kleinknecht*, Schutz der Persönlichkeit, S. 112. So auch: *Reuter*, Implementation, S. 563 ff. (579).

126 Siehe: 2. Teil, 10. Kapitel B) I. 5.

Erfordernisses einer solchen Kontrolle der Richter durch die Öffentlichkeit deutet vielmehr an, daß er das Grundübel des geltenden Strafverfahrensrechtes keineswegs in der Richterschaft, der er ja selber angehörte, sah.

Im Gegensatz dazu lassen sich in seinen Ausführungen aber auch Erwägungen finden, welche geeignet sind, die obenstehende These von dem politischen Hintergrund der Einführung der Gerichtsöffentlichkeit im 19. Jahrhundert doch noch zu bestätigen. Die Analyse der Aussagen Temmes verdeutlicht nämlich, daß für ihn bei der Öffentlichkeitsdebatte durchaus auch politische Gründe im Vordergrund standen. Er empfand die Gerichtsöffentlichkeit als ein unabdingbares Recht des Volkes, das geeignet sei, ein positives Rechtsbewußtsein im Volke zu erzeugen. Seine Überlegungen, daß das Volk den Staat, um dessentwillen sämtliches Recht überhaupt ausgeübt werde, ausmache, sind deutlich vom Gedanken der Volkssouveränität getragen. Dieser politischen Grundidee, welche er im Bereich der Justiz durch das Öffentlichkeitsprinzip umgesetzt sah, wollte er insbesondere in den Jahren nach der Revolution möglichst umfassend Geltung verschaffen. Deshalb trat er im Gegensatz zu vielen anderen Reformautoren auch für die Öffentlichkeit in der gerichtlichen Voruntersuchung und folglich gegen jegliche Form ihrer Beschränkung ein.

Zusammenfassend läßt sich daher festhalten, daß Temme das Öffentlichkeitsprinzip damit nicht negativ in dem Sinne bewertete, daß es geeignet sei, den Freiheiten der Richter, Staatsanwälte und Verteidiger Grenzen zu setzen, daß er es vielmehr als positiv dahingehend verstand, daß es geeignet sei, dem Recht des Volkes auf Verfahrensteilhabe angemessen Ausdruck zu verleihen.

Elftes Kapitel: Die Forderungen nach Mündlichkeit und Unmittelbarkeit[1]

A) Einführung

Parallel zu der Forderung nach einem öffentlichen Strafverfahren verlief die Debatte um die Einführung einer mündlichen Hauptverhandlung.

Zu Beginn der Debatte war die Forderung nach Einführung einer mündlichen Hauptverhandlung noch eng mit der Forderung nach Öffentlichkeit verknüpft. Die Mündlichkeit wurde als ein wirksames Mittel angesehen, die erstrebte Öffentlichkeit des Strafverfahrens und die damit verbundene Beteiligung des Volkes an der Strafrechtspflege umzusetzen[2]. Es sollte nicht schriftlich „hinter verschlossenen Thüren" geurteilt, sondern die Öffentlichkeit zugelassen werden, und diese sollte ein Verfahren erleben, „wo freie Kräfte gegen einander in Kampf gestellt" seien und nicht ein „pflichtmäßig kalter Berichterstatter von dem trockenen Papier einen trockenen Bericht über einen trockenen Gegegenstand"[3] ablese. Nur bei einer derartigen Ausgestaltung des Verfahrens dürfe man auf „einige Theilnahme des Volkes an gerichtlichen Verhandlungen"[4] hoffen.

Im weiteren Verlauf der Reformbewegung wandelte sich jedoch das Verständnis des Mündlichkeitsprinzips. Die Forderung nach Mündlichkeit wurde von der Forderung nach Öffentlichkeit abgetrennt und ihre beweisrechtliche Komponente hervorgehoben[5]. Dabei stand die Überlegung im Vordergrund, daß die Mündlichkeit dazu geeignet sei, mit der Schriftlichkeit des Inquisitionsprozes-

---

1 Vgl. dazu: *Geppert*, Unmittelbarkeit, S. 67 ff.; *Stegmaier*, Unmittelbarkeit, S. 12 ff.; *Löhr*, Unmittelbarkeit, S. 31 ff.; *Grisebach*, Unmittelbarkeit, S. 1 ff.; *Heissler*, Unmittelbarkeit, S.12 ff.; *Maas*, Unmittelbarkeit, S. 23. ff.; aus neuerer Zeit insbesondere: *Stüber*, Unmittelbarkeit, insbes. S. 35 ff.; *Limbach*, Strafrecht, S. 104 ff.; mit dem Schwerpunkt auf dem Zivilprozeß : *Kip*, Mündlichkeitsprinzip, S. 26 ff.

2 Siehe etwa *Feuerbach*, Öffentlichkeit und Mündlichkeit, S. 295. Vgl. dazu auch: *Stegmaier*, Unmittelbarkeit, S. 15; *Limbach*, Strafrecht, S. 104.

3 *Feuerbach*, Öffentlichkeit und Mündlichkeit, S. 295.

4 *Feuerbach*, Öffentlichkeit und Mündlichkeit, S. 295.

5 Zwar hatte auch *Feuerbach* bereits den Zusammenhang zwischen der Mündlichkeit des Verfahrens und der richterlichen Überzeugungsbildung gesehen, jedoch hatte er diesem Umstand keine entscheidende Bedeutung beigemessen, vgl. zum Ganzen *Küper*, Richteridee, S. 185; *Geppert*, Unmittelbarkeit, S. 75.

ses verbundene indirekte und daher verfälschende Einwirkungen auf die Überzeugungsbildung des Richters zu beseitigen. Das den Prozeß führende und entscheidende Gericht sollte unmittelbar an den Prozeßstoff herangeführt werden, indem es von den Einlassungen des Angeklagten und Zeugenaussagen nicht erst durch schriftliche Berichte Dritter, sondern aufgrund eigener Wahrnehmung erfuhr[6]. Mit dieser Entwicklung hatte sich das Mündlichkeitsprinzip fast unmerklich in das Unmittelbarkeitsprinzip gewandelt[7].

Allerdings erkannte man zur Zeit der Reformbewegung im 19. Jahrhundert noch nicht, daß es sich bei den Grundsätzen der Mündlichkeit und Unmittelbarkeit um zwei selbständige Prinzipien mit unterschiedlicher prozessualer Bedeutung handelte. Mit der Forderung nach der „Mündlichkeit" des Strafverfahrens wurde vielmehr sowohl die mündliche Erörterung des Prozeßstoffs vor dem erkennenden Gericht im Rahmen der Hauptverhandlung als auch als eine positive Konsequenz der mündlichen Verhandlung die unmittelbare Wahrnehmung von Verfahrensbeteiligten und Beweismitteln durch das erkennende Gericht angestrebt[8]. Die Unterscheidung zwischen der Mündlichkeit und den unterschiedlichen Ausgestaltungen der Unmittelbarkeit[9] ist ein Verdienst der neueren Prozeßwissenschaft[10].

Die von der Reformliteratur erhobene Forderung nach Einführung einer mündlichen und unmittelbaren Schlußverhandlung beeinflußte schon zu einem verhältnismäßig frühen Zeitpunkt die Arbeiten an der Gesetzrevision in Preußen. Bereits in dem preußischen Entwurf einer Strafprozeßordnung aus dem

6 Vgl. etwa: *Mittermaier*, Mündlichkeit, S. 295 ff.; *Leue*, Anklage=Proceß, S. 100, vgl. auch *Küper*, Richteridee, S. 185 m. w. N.

7 Vgl. dazu: *Küper*, Richteridee, S. 185.

8 Vgl. zu dieser „Vermengung" von Mündlichkeit und Unmittelbarkeit *Maas*, Unmittelbarkeit, S. 24 f. Siehe aber auch *Küper*, Richteridee, S. 186; *Stegmaier*, Unmittelbarkeit, S. 19. Vgl. aus der damaligen Literatur: *Zachariä* (Gebrechen, S. 83) und *Hepp* (GS 1851, S. 506 ff., 512) definierten bspw. den Mündlichkeitsgrundsatz in dem Sinne von Unmittelbarkeit.

9 Nach neuerem Verständnis wird oftmals zwischen Unmittelbarkeit im formellen und materiellen Sinn unterschieden. Nach der formellen Unmittelbarkeit muß das Gericht die Beweisaufnahme in der Hauptverhandlungs selbst durchführen, so daß die Verwertung eines Prozeßstoffes, der nicht Gegenstand der Hauptverhandlung war, nicht erlaubt ist. Der Grundsatz der materiellen Unmittelbarkeit verlangt, daß das Gericht die Tatsache aus der Quelle selbst schöpfen muß und nicht auf die leichter zugänglichen Beweissurrogate zurückgreifen darf. Vgl. dazu: *Stüber*, Unmittelbarkeit, S. 44 ff.; *Ahlf*, „Neue Unmittelbarkeit", S. 113 ff. (119).

10 Vgl. zum Ganzen: *Löhr*, Unmittelbarkeit, S. 17 ff. Die gänzlich fehlende bzw. unklare Abgrenzung in den Forderungen der Reformbewegung mag jedoch teilweise erklären, warum auch nach heutigem Verständnis keine abschließende Einigkeit über Definition und Abgrenzung von Mündlichkeit und Unmittelbarkeit besteht.

Jahre 1828[11] war eine mündliche Schlußverhandlung vorgesehen, die nach der vollständigen Untersuchung vor der Abfassung des Urteils zum Zwecke der persönlichen Anhörung und Begutachtung der Beweismittel stattfinden sollte[12]. Allerdings wurde die Bedeutung dieser Schlußverhandlung wieder dadurch entwertet, daß in schwierigen und zweifelhaften Fällen ein Rückgriff auf die Akten zulässig war[13].

Der revidierte Entwurf aus dem Jahre 1841[14] sah ebenfalls grundsätzlich eine mündliche Schlußverhandlung vor. Diese mußte aber nur stattfinden, wenn es dem erkennenden Gericht zweckmäßig erschien, Bedenken über die Schuld oder Unschuld des Angeschuldigten bestanden oder der Inquisit oder sein Verteidiger auf eine derartige mündliche Verhandlung angetragen hatten[15]. Damit war die Durchführung einer mündlichen Verhandlung weitestgehend in das Belieben des Gerichtes gestellt.

Der Grundsatz der Unmittelbarkeit wurde erstmals in der preußischen „Verordnung betreffend die Kriminalgerichtsverfassung und das Untersuchungsverfahren in Neu-Vorpommern und Rügen" vom 18. Mai 1839 gesetzlich verankert. Diese unternahm den Versuch, den Gedanken der Unmittelbarkeit in das bestehende Inquisitionsverfahren zu integrieren, und normierte ein unmittelbares, schriftliches Verfahren. Nach § 5 dieser Verordnung vollzog sich die Untersuchung „vor versammeltem Gericht"[16], das die Zeugen selbst lud und

---

11 Siehe zu diesem Entwurf: 2. Teil, 5. Kapitel.

12 Vgl § 443 Abs. 1 des Entwurfes von 1828: „Findet der Dezernent die Untersuchung hinreichend vollständig; so verfügt er nach dem Beschlusse des Kollegii die Verweisung der Sache zur mündlichen Spruchverhandlung [...]."

13 Vgl. die Ausnahmevorschrift des § 443, Abs. 3 des Entwurfs: „Ist die Vorladung eines während der bisherigen Untersuchung bereits abgehörten Zeugen oder Sachverständigen zu der mündlichen Schlußverhandlung unmöglich, oder mit besonderen Schwierigkeiten verknüpft, so genügt die demnächstige Verlesung der Deposition derselben zu der mündlichen Schlußverhandlung [...]."

14 Zu diesem Entwurf siehe 2. Teil, 5. Kapitel.

15 Vgl. § 317 des Entwurfs von 1841: „Es muß indessen nach dem Schluß der Berathung über den Vortrag des Referenten vor der Abstimmung eine mündliche Verhandlung vor dem erkennenden Gerichte statt finden, wenn entweder demselben die nochmalige Vernehmung des Inquisiten, der Zeugen oder anderer Personen nothwendig oder zweckmäßig erscheint oder Bedenken über die Schuld oder Unschuld vorhanden sind, oder wenn der Inquisit oder sein Vertheidiger auf eine solche mündliche Verhandlung angetragen hat." Vgl. auch *Temmes* Ausführungen zu dieser Regelung des Entwurfs: *Ders.*, Revision der Preußischen Gesetzgebung, in: ZsDtStrafverfahren 1844, S. 307 ff. (314 f.). Zu diesem Entwurf siehe 2. Teil, 5. Kapitel.

16 § 5 der Verordn. betr. d. Untersuchungsverfahren in Neu-Vorpommern und Rügen: „Die Untersuchung erfolgt mit Ausnahme der in den §§ 6 und 15 bezeichneten Fälle, vor versammeltem Gericht [...]."

unmittelbar vor sich vernahm. Allerdings wurde über die gesamte Untersuchung Protokoll geführt, das einen „zu Kriminal=Verhandlungen vereidigten Protokollführer oder einem immatrikulirten Notar in die Feder diktirt" wurde[17].

Sieben Jahre später wurde dann durch das Gesetz über das Untersuchungsverfahren vom 17. Juli 1846 die Forderung nach Einführung einer mündlichen und unmittelbaren Schlußverhandlung erstmals mit Gesetzeskraft verwirklicht. Nach § 15 dieses Gesetzes sollte der „der Fällung des Urtheils" ein „mündliches Verfahren vor dem erkennenden Gericht vorgehen, bei welchem der Staatsanwalt und der Angeklagte zu hören, die Beweisaufnahme vorzunehmen und die Vertheidigung des Angeklagten mündlich zu führen"[18] sei. Diese Regelung wurde nahezu wörtlich in der preußischen Verordnung vom 3. Januar 1849 beibehalten[19]. Obgleich in beiden Gesetzen der Grundsatz enthalten war, daß grundsätzlich alle Beweise unmittelbar in der mündlichen Verhandlung erhoben werden sollten, wurde allerdings in Ausnahmefällen gleichzeitig auch eine Verlesung der Vernehmungsprotokolle von Zeugen aus der Voruntersuchung in der mündlichen Hauptverhandlung zugelassen[20].

Gegen Mitte des neunzehnten Jahrhunderts war somit die mündliche und unmittelbare Beweisaufnahme grundsätzlich vom Gesetz her anerkannt. Allerdings bestand gleichzeitig die Tendenz, die Prinzipien der Mündlichkeit und Unmittelbarkeit durch sehr weitgehende Ausnahmefälle wieder zu verwässern. Als Beispiel dafür läßt sich auch der Art. 25 des preußischen Gesetzes vom 3. Mai 1852[21] anführen, der bestimmte:

> „Ueber die Thatsachen, welche für die Entscheidung von Erheblichkeit sind, müssen die Personen, welche darüber Auskunft geben können, der Regel nach mündlich vernommen werden. Insoweit es jedoch [...] zur Aufklärung der Sache als nothwendig oder dienlich erscheint, ist das Gericht befugt, auf den Antrag der

---

17 § 5 S. 2 d. Verordn. betr. d. Untersuchungsverfahren in Neu-Vorpommern und Rügen.

18 Vgl. § 15 d. pr. V. v. 17. Juli 1846.

19 Vgl. § 14 d. pr. V. v. 3. Januar 1849: „Der Fällung des Urtheils soll bei Strafe der Nichtigkeit ein mündliches öffentliches Verfahren vor dem erkennenden Gericht vorhergehen, bei welchem der Staatsanwalt und der Angeklagte zu hören, die Beweisaufnahme vorzunehmen und die Vertheidigung des Angeklagten mündlich zu führen ist."

20 Vgl. § 36 d. pr. G. v. 17. Juli 1846 bzw. den wortgleichen § 21 d. pr. Verordn. v. 3. Januar 1849: „Kann bei dem mündlichen Verfahren die Vernehmung eines Zeugen wegen Krankheit, Altersschwäche, großer Entfernung, oder wegen anderer unabwendbarer Hindernisse nicht erfolgen, so ist solche anderweit zu bewirken, und in diesen Fällen, sowie alsdann, wenn ein schon zuvor gerichtlich vernommener Zeuge inzwischen verstorben ist, das Vernenhmungsprotokoll bei dem mündlichen Verfahren vorzulesen."

21 Siehe zu diesem Gesetz bereits 2. Teil, 5. Kapitel.

Staatsanwaltschaft, des Angeklagten oder von Amtswegen die Vorlesung eines jeden Schriftstückes anzuordnen."

Parallel zu dieser Entwicklung in der Gesetzgebung, welche die Bedeutung der Hauptverhandlung zugunsten des Vorverfahrens wieder abzuschwächen suchte, entspannt sich in der juristischen Literatur die Debatte darüber, welche konkrete Ausprägung der Grundsatz der Unmittelbarkeit erhalten müsse und inwieweit man die unmittelbare Beweisaufnahme im Rahmen der Hauptverhandlung durch Beweise aus der Voruntersuchung ersetzen könne[22]. Dabei war man sich aber darüber einig, daß das akkusatorische Schlußverfahren für die Urteilsfällung des Richters maßgeblich sein müsse und nicht bloß ein formales, sachlich bedeutungsloses Instrument darstellen dürfe[23]. Deshalb traten die meisten Reformautoren dafür ein, Beweise, die im Vorverfahren gesammelt worden waren, nur in engen Ausnahmefällen der Urteilsfällung zugrunde zu legen[24].

Im folgenden soll ausführlich dargestellt werden, wie Temme die Einführung der Mündlichkeit in das Strafverfahren beurteilte, wobei auch darauf eingegangen werden soll, wie er sich das Verhältnis zwischen Voruntersuchung und mündlicher Verhandlung vorstellte.

B) Temme als Befürworter der Mündlichkeit

Neben seiner Befürwortung einer freien richterlichen Beweiswürdigung und eines öffentlichen Strafverfahrens trat Temme auch für die Einführung der Mündlichkeit in das Strafverfahren ein[25]. Deshalb befand er zunächst im Jahre 1841, daß in der preußischen Verordnung über das Strafverfahren in Neuvor-

---

22 Vgl. dazu: *Geppert*, Umittelbarkeit, S. 76, *Küper*, Richteridee, S. 193 m. w. N.

23 *Zachariä*, Gebrechen, S. 252 f.; *Leue*, Anklage=Proceß, S. 69.

24 *Mittermaier* trat etwa dafür ein, daß die Verlesung von Zeugenprotokollen aus der Vorverhandlung nur bei zwischenzeitlich verstorbenen Zeugen zulässig sei. Allerdings wollte er die Verlesung früherer Geständnisprotokolle des Angeklagten in der Hauptverhandlung grundsätzlich zulassen, es sei denn, der Angeklagte konnte plausible Gründe für seinen Widerruf vorbringen, vgl. *Ders.*, Mündlichkeit, S. 273 ff. Auch *Feuerbach* bemängelte, daß im Rahmen der Hauptverhandlung zu häufig Protokolle der Voruntersuchung verlesen würden, vgl. *Ders.*, Öffentlichkeit und Mündlichkeit, Bd. II, S. 374 f.

25 *Temme*, Aphorismen, in: CrimZ 1841, S. 162 f. (163); *Ders.*, Neue Verordnungen über das Strafverfahren in Preussen, in: ZsDtStrafverfahren 1841, S. 512 ff (518); *Ders.*, Errichtung von Provinzial-Oberappellations-Gerichten, in: CrimZ 1842, S. 165 ff. (167); *Ders.*, Revision der Preußischen Gesetzgebung über das Strafverfahren, in: ZsDtStrafverfahren 1844, S. 307 ff. (319); *Ders.*, Rezension, in: ZsDtStrafverfahren 1844, S. 428 ff. (436 ff.).

pommern und Rügen aus dem Jahre 1839 ein „wichtiger Fortschritt"[26] liege. Allerdings ergab sich für ihn die Bedeutung der Mündlichkeit zunächst im wesentlichen aus ihrem Gegensatz zur Schriftlichkeit des Inquisitionsverfahrens. Die Praktizierung der Mündlichkeit im Strafverfahren bringe es zwangsläufig mit sich, daß auf eine schriftliche Fixierung der Verhandlung verzichtet werden müsse. Insofern empfinde er die durch die Verordnung vorgesehene Protokollierung der Hauptverhandlung als „großen Fehler"[27], da diese zu einem „zerstückelten und langsamen Gange"[28] der Verhandlungen führe[29].

Auch die mündliche Verhandlung vor dem erkennenden Richter, die nach dem preußischen Entwurf von 1841 unter sehr engen Voraussetzungen vorgesehen war und Temmes Auffassung zufolge „die einzige wesentliche Neuerung dem bisherigen Verfahren gegenüber"[30] enthielt, rief eher seine Kritik als seine Zustimmung hervor. Er sah nämlich einen engen Zusammenhang zwischen der Mündlichkeit und der Öffentlichkeit, so daß er eine mündliche Hauptverhandlung, die nach diesem Entwurf unter Ausschluß der Öffentlichkeit stattfinden sollte, nur als eine „halbe Maßregel"[31] empfand.

Im Jahre 1846 sprach Temme dann aber den die Mündlichkeit betreffenden Bestimmungen des Gesetzes über das Untersuchungsverfahren vom 17. Juli 1846 seine „volle Anerkennung"[32] aus. Dabei fand insbesondere der Umfang, in welchem der Grundsatz der Mündlichkeit in das Gesetz Eingang gefunden hatte, seine Zustimmung:

> „Es ist hier nicht etwa von einer Schlußverhandlung, von einem Stücke des Verfahrens die Rede, das vor dem erkennenden Gerichte vor sich gehen soll. Alle wesentlichen, ein klares Bild der Sache herausstellenden Theile der Untersuchung, die ausführliche Vernehmung des Angeklagten sowohl, als die Aufnahme sämmtlicher, zur Aufklärung der Sache dienenden Beweismittel soll dort erfolgen, damit

---

26 *Temme*, Neue Verordnungen über das Strafverfahren in Preussen, in: ZsDtStrafverfahren 1841, S. 512 ff. (517.)

27 *Temme*, Neue Verordnungen über das Strafverfahren in Preussen, in: ZsDtStrafverfahren 1841, S. 512 ff. (519).

28 *Temme*, Neue Verordnungen über das Strafverfahren in Preussen, in: ZsDtStrafverfahren 1841, S. 512 ff. (518).

29 Ebenso wie *Temme* kritisierte auch *Hepp* die Schwerfälligkeit der durch die Verordnung vorgesehen Protokollierung, vgl. *Ders.*, GS 1851, S. 506 ff. (512).

30 *Temme*, Revision der Preußischen Gesetzgebung über das Strafverfahren, in: ZsDtSrafverfahren 1844, S. 307 ff. (315).

31 *Temme*, Revision der Preußischen Gesetzgebung über das Strafverfahren, in: ZsDtSrafverfahren 1844, S. 307 ff. (320).

32 *Temme*, Gesetz über das Untersuchungsverfahren vom 17. Juli 1846, in: ZsDtStrafverfahren 1846, S. 343 ff. (373).

das Gericht einen lebendigen, umittelbaren Eindruck von der gesammten Schuldbarkeit des Angeklagten gewinne."[33]

Aus diesem Zitat wird deutlich, daß auch Temme im Laufe der vierziger Jahre des 19. Jahrhunderts dazu überging, die Bedeutung der Mündlichkeit in der Unmittelbarkeit der Beweisaufnahme zu sehen. Auch er hielt die unmittelbare Beweisaufnahme für eine positive Konsequenz, die aus der Mündlichkeit folgte, und wollte diese daher in möglichst großem Umfang verwirklicht wissen. Auf diese hier skizzierte Entwicklung seiner Argumentation wird bei der folgenden genauen Analyse seiner Ansichten vertieft einzugehen sein.

I. Keine Öffentlichkeit ohne Mündlichkeit

Ebenso wie viele andere Reformautoren[34] leitete auch Temme die Notwendigkeit der Einführung einer mündlichen Hauptverhandlung zunächst aus der Forderung nach Öffentlichkeit im Strafverfahren ab. Temme hielt eine Protokollierung der Hauptverhandlung nämlich für nicht mit dem wünschenswerten Prinzip der Öffentlichkeit vereinbar:

„Schriftlichkeit und Öffentlichkeit des Verfahrens widersprechen einanander."[35]

Gerade die Zulassung der Öffentlichkeit in der Hauptverhandlung bedinge notwendigerweise, daß diese mündlich ohne eine den Gang der Verhandlung störende Protokollierung durchgeführt werde[36]. Zur Erklärung für diesen Zusammenhang zwischen Öffentlichkeit und Mündlichkeit verwies er auf die negativen Auswirkungen, die eine schriftlich protokollierte Hauptverhandlung auf den Zuschauer habe:

„Denn es ist für den Menschen, wie er einmal ist, eine Aufgabe der Unmöglichkeit, an Verhandlungen Interesse zu finden, sie sich fest einzuprägen, die unter allen Elementen der Zerstückelung und Langeweile sich vor ihm entwickeln. Niemand, [...] ist im Stande, bei einem solchen zerstückelten und langsamen Gange der Verhandlungen, eine Erinnerung, geschweige einen lebendigen Eindruck des Verhandelten, in sich zu behalten."[37]

---

33 *Temme*, Gesetz über das Untersuchungsverfahren vom 17. Juli 1846, in: ZsDtStrafverfahren 1846, S. 343 ff. (373).

34 Siehe dazu: 2. Teil, 11. Kapitel A).

35 *Temme*, Neue Verordnungen über das Strafverfahren in Preussen, in: ZsDtStrafverfahren 1841, S. 512 ff. (518).

36 *Temme*, Neue Verordnungen über das Strafverfahren in Preussen, in: ZsDtStrafverfahren 1841, S. 512 ff. (518).

37 *Temme*, Neue Verordnungen über das Strafverfahren in Preussen, in: ZsDtStrafverfahren 1841, S. 512 ff. (518).

Insofern schien ihm ein schriftliches Verfahren den Vorteilen, die eine öffentliche Hauptverhandlung mit sich bringen sollte, im Wege zu stehen, da deren Vorteile wie zum Beispiel die Erzeugung eines positiven Rechtsbewußtseins im Volke[38], durch die Schriftlichkeit des Verfahrens unmöglich gemacht würden.

II. Langsamkeit des schriftlichen Verfahrens

Ein weiteres Argument, welches Temme die Einführung eines mündlichen Verfahrens fordern ließ, war die große Langsamkeit des schriftlichen Verfahrens, welche er als der Wahrheitsfindung im Strafprozeß hinderlich betrachtete[39]. Müßte der gesamte Verhandlungsverlauf protokolliert werden, wie es nun einmal bei einem dem mündlichen Verfahren entgegengesetzten schriftlichen Verfahren der Fall sei, so bedeute dies, daß man Verhandlungen bekomme, die durch „Zerstückelung und Langeweile“[40] geprägt seien. Dieser Verfahrensgang habe dann jedoch auch Auswirkungen auf die Beweiswürdigung durch die Richter:

> „Da sitzen sie nun, die ohnehin mit Arbeit genug geplagten Richter, deren mindestens drei sein müssen, und verfolgen einen langen Faden der Untersuchung, der sich manchmal durch mehrere Jahre hindurchzieht, und hören es an, wie schwer und langsam oft die unbedeutendsten Gegenstände zum gerichtlichen Protocolle dictiert werden, und erliegen unter der bleiernen Last der langsam dahin schleichenden Stunden. Wer will einen Stein auf sie werfen, wenn mindestens zwei von ihnen, die mit dem Dictiren nichts zu thun haben, andere Arbeiten vornehmen, oder, falls sie das nicht wollen, aus Ermüdung manches überhören.“[41]

Bei einem derart langsamen Gang der Verhandlung sei es „ein der menschlichen Natur widersprechendes Verlangen, daß eine oder mehrere zumal an Thätigkeit gewohnte Personen, in vollster Unthätigkeit dem langsamen schleppenden Gange eines von einem anderen geleiteten vollständig zu Protocoll

---

38 Siehe dazu 2. Teil, 10. Kapitel B) 2.

39 *Temme*, Aphorismen, in: CrimZ 1841, S. 162 f. (163); *Ders.*, Neue Verordnungen über das Strafverfahren in Preussen, in: ZsDtStrafverfahren 1841, S. 512 ff. (518); *Ders.*, Errichtung von Provinzial-Oberappellations-Gerichten, in: CrimZ 1842, S. 165 ff. (167); *Ders.*, Revision der Preußischen Gesetzgebung über das Strafverfahren, in: ZsDtStrafverfahren 1844, S. 307 ff. (319); *Ders.*, Rezension, in: ZsDtStrafverfahren 1844, S. 428 ff. (436 ff.).

40 *Temme*, Neue Verordnungen über das Strafverfahren in Preussen, in: ZsDtStrafverfahren 1841, S. 512 ff. (518).

41 *Temme*, Aphorismen, in: CrimZ 1841, S. 162 f. (163).

niederzuschreibenden Verhörs mit Aufmerksamkeit und Theilnahme"[42] folgten.

Diese negativen Auswirkungen der Schriftlichkeit führten seiner Ansicht nach dazu, daß dem Richter die „Auffindung der Wahrheit"[43] erschwert werde. Schließlich müsse dieser seine „Ueberzeugung von der Schuld oder Unschuld des Angeschuldigten aus dem Eindruck, den die Hauptverhandlung auf ihn gemacht habe, schöpfen:

> „Das ängstliche und langsame Niederschreiben eines jeden gesprochenen Wortes, einer jeden vorgenommenen Handlung zerstört aber und tödtet alle lebendige Entwickelung, mithin auch allen lebendigen Eindruck. Es trübt selbst die Erinnerung."[44]

Aufgrund dieser Nachteile einer schriftlichen Protokollierung des Geschehens in der Hauptverhandlung gelangte er zu der Auffassung, daß diese unbedingt unterbleiben solle. Es müsse vielmehr ausreichen, sämtliche Verhandlungen der gerichtlichen Voruntersuchung vollständig zu protokollieren[45]. An diesem Punkt des Verfahrens seien sämtliche „Ermittelungen und Beweismittel zu sammeln und vorzubereiten, so daß sie in der eigentlichen öffentlichen Untersuchung in einer ununterbrochenen Reihenfolge festgestellt und aufgenommen werden"[46] könnten. Daran wird deutlich, daß Temme unter der Forderung nach Mündlichkeit im wesentlichen verstand, an die schriftliche inquisitorische Voruntersuchung eine mündliche Schlußverhandlung anzuhängen. Unter der Prämisse, daß der Hauptverhandlung eine derartige Voruntersuchung vorausgegangen war, hielt er eine schriftliche Protokollierung in der Hauptverhandlung für verzichtbar:

> „Soll der Richter auf Grund des von ihm Gesehenen und Gehörten urtheilen, so bedarf es der Schrift eben nicht. Soll er aufgrund des Niedergeschriebenen sprechen, so war seine Anwesenheit beim Verhandeln unnöthig, sie könnte allenfalls

---

42 *Temme*, Revision der Preußischen Gesetzgebung über das Strafverfahren, in: ZsDtStrafverfahren 1844, S. 307 ff. (319).

43 *Temme*, Neue Verordnungen über das Strafverfahren in Preussen, in: ZsDtStrafverfahren 1841, S. 512 ff. (519).

44 Ebd., S. 512 ff. (519).

45 *Temme*, Rezension, in: ZsDtStrafverfahren 1844, S. 428 ff. (436); *Ders.*, Neue Verordnungen über das Strafverfahren in Preussen, in: ZsDtStrafverfahren 1841, S. 512 ff. (519). Ebenso wie *Temme* befürwortete auch *Feuerbach* die Schriftlichkeit im Ermittlungsverfahren, vgl. *Ders.*, Mündlichkeit, Bd. I, S. 323 ff.

46 *Temme*, Neue Verordnungen über das Strafverfahren in Preussen, in: ZsDtStrafverfahren 1841, S. 512 ff. (519).

nur zur Controle des eigentlichen Inquirenten dienen, die in der Praxis sich zweifelhaft genug darstellen würde."[47]

Auch die dem Richter obliegende Pflicht, sein Urteil genau zu begründen[48], rechtfertigte für ihn keine andere Beurteilung. Zwar wurde von Befürwortern der Schriftlichkeit teilweise darauf verwiesen, daß aufgrund der für Berufsrichter bestehenden Verpflichtung, die Gründe für ihr Urteil anzugeben, die Niederschrift des Verhandelten zwingend erforderlich sei[49], jedoch ließ Temme dieses Argument nicht gelten. Er verwies diesbezüglich darauf, daß Protokolle über die mündliche Hauptverhandlung den erkennenden Richter allenfalls als Gedächtnisstütze oder der Klärung dienen könnten, wenn zwischen ihnen unterschiedliche Auffassungen über das Verhandelte beständen. Dies würde jedoch bedeuten, daß es gerade nicht mehr auf das in der mündlichen Verhandlung Gehörte ankomme, sondern daß die Protokolle allein ausschlaggebend seien, womit der Grundsatz, daß der Richter allein aufgrund des „von ihm Gesehenen und Gehörten urtheilen"[50] solle, vollkommen leerlaufe. Stattdessen müsse der Richter sich bei der Niederschrift seiner Urteilsgründe einzig auf seine Erinnerung an das unmittelbar Wahrgenommene stützen[51]. In der Zusammenfassung sah er also Schriftlichkeit und freie Beweiswürdigung als einander widersprechende Verfahrensgrundsätze an, und er empfand die Mündlichkeit als ein bestens geeignetes Mittel, die Urteilsbildung ohne gesetzliche Beweisregeln zu ermöglichen.

III. Unmittelbarkeit der Beweisaufnahme als positive Konsequenz der Mündlichkeit

Im Laufe der Zeit erkannte Temme, daß der Grundsatz der Mündlichkeit auch ohne das Öffentlichkeitsprinzip eine eigenständige Bedeutung hatte, und er nahm davon Abstand, die Mündlichkeit allein unter dem Blickwinkel ihres Gegensatzes zur Schriftlichkeit zu betrachten[52]. Infolgedessen ging er dazu

---

47 *Temme*, Anzeigen und Kritiken, in: ZsDtStrafverfahren 1844, S. 428 ff. (438).

48 Zu der Debatte um die Angabe von Urteilsgründen siehe 2. Teil, 8. Kapitel B) II.

49 *Biener*, Zeitschr. f. gesch. Rechtsw. 1845, Bd. 12, 1845, S. 69 ff. (117 f.).

50 *Temme*, Anzeigen und Kritiken, in: ZsDtStrafverfahren 1844, S. 428 ff. (438).

51 *Temme*, Anzeigen und Kritiken, in: ZsDtStrafverfahren 1844, S. 428 ff. (438).

52 Siehe 2. Teil, 11. Kapitel B) II.

über, die eigentliche Bedeutung des mündlichen Verfahrens in der Unmittelbarkeit der Beweisaufnahme zu sehen[53]:

> „Die Mündlichkeit des Rechtsverfahrens überhaupt besteht in der Unmittelbarkeit zwischen demjenigen, welchem Recht gesprochen werden soll, und demjenigen, welcher Recht spricht.“[54]

An anderer Stelle verstand er unter Unmittelbarkeit, daß „der erkennende Richter unmittelbar, von Angesicht zu Angesicht, den Angeschuldigten und seine Zeugen, seine Belastungs- wie Vertheidigungs-Zeugen gesehen habe“, was dagegen unter Geltung der preußischen Kriminalordnung von 1805 „nicht anerkannt“[55] gewesen sei.

Diese Unmittelbarkeit der Beweisaufnahme hielt er ebenso wie den Wegfall der Protokollierung in einem Strafverfahren, in welchem der Richter keinerlei Beweisregeln unterworfen sei, sondern frei nach seiner eigenen Überzeugung urteilen könne, für unverzichtbar, da sie diesem die Urteilsfindung wesentlich erleichtere:

> „Was der Mensch unmittelbar und lebendig sich vor ihm entwickeln sieht, das nimmt er unmittelbar und lebendig in sich auf, und zwar desto lebendiger, je lebendiger die Entwicklung selbst geschah.“[56]

Allerdings lag für Temme die Bedeutung des mündlichen Verfahrens nicht allein darin, dem urteilenden Richter die unmittelbare sinnliche Wahrnehmung der Beweismittel zu ermöglichen. Vielmehr hatte das Mündlichkeitsprinzip für ihn außerdem noch zur Folge, daß die Beweisaufnahme auch unmittelbar in Gegenwart der Parteien des Prozesses vorgenommen werden müsse:

> „Die Mündlichkeit des Verfahrens besteht [...] darin, daß die gerichtlichen Proceßhandlungen mündlich in Gegenwart nicht nur der erkennenden Richter (mit Einschluß der Geschworenen), sondern auch der Proceßparteien vorgenommen werden. Sie besteht insofern eigentlich in einer Gerichts= und Parteien=Unmittelbarkeit der Proceßverhandlungen.“[57]

---

53 *Temme*, Neue Verordnungen über das Strafverfahren in Preussen, in: ZsDtStrafverfahren 1841, S. 512 ff. (517 f.); *Ders.*, Revision der Preußischen Gesetzgebung über das Strafverfahren, in: ZsDtStrafverfahren 1844, S. 307 ff. (320).

54 *Temme*, Revision der Preußischen Gesetzgebung über das Strafverfahren, in: ZsDtStrafverfahren 1844, S. 307 ff. (320).

55 *Temme*, Neue Verordnungen über das Strafverfahren in Preussen, in: ZsDtStrafverfahren 1841, S. 512 ff. (517).

56 *Temme*, Neue Verordnungen über das Strafverfahren in Preussen, in: ZsDtStrafverfahren 1841, S. 512 ff. (518).

57 *Temme*, in: Lehrbuch des Teutschen gemeinen Criminal-Prozesses, S. 543.

Somit unterschied er die Unmittelbarkeit der Tatsachenerschließung durch den Richter von der Unmittelbarkeit des Umgangs zwischen dem Gericht und den Prozeßparteien. Beide Ausprägungen der Unmittelbarkeit entsprangen für ihn dem Mündlichkeitsprinzip. Nachfolgend soll nun gezeigt werden, wie er sich Gerichts- bzw. Parteienunmittelbarkeit im einzelnen vorstellte und welche Ausnahmen von diesem Grundsatz seiner Auffassung nach zuzulassen waren.

1. Unmittelbarkeit der Beweisaufnahme durch das Gericht

Temme hielt eine unmittelbare Beweisaufnahme durch den Richter im Rahmen der Hauptverhandlung für unabdingbar, um diesem die Wahrheitsfindung im Wege der freien Beweiswürdigung zu ermöglichen. Genauso wie andere Autoren in der Literatur erkannte er, daß es für die Gewährleistung einer unmittelbaren Beweisaufnahme entscheidend auf das Verhältnis zwischen der Voruntersuchung und der mündlichen Hauptverhandlung ankam[58]. Ließ man im Rahmen der mündlichen und unmittelbaren Hauptverhandlung den Rückgriff auf Beweise, die bereits im Rahmen der Voruntersuchung aufgenommen worden waren zu, so bedeutete dies, daß der Beweis nicht mehr unmittelbar vor dem Richter im Rahmen der mündlichen Verhandlung erhoben wurde. Deshalb machte er sich eingehend Gedanken über die „das Wesen und die Behandlung der Vor- und Hauptuntersuchung" prägenden Regularien und zählte diese zu „den wichtigsten Bestimmungen"[59], mit deren Anwendung ein Gesetz stehe und falle.

a) Beweissammlung in der Voruntersuchung

Temme trat zunächst einmal dafür ein, daß sämtliche im Rahmen der Voruntersuchung erhobenen Beweise nicht der späteren Urteilsfindung dienen durften[60]. Einziger Zweck des Vorverfahrens sei es nämlich zu ermitteln, ob Grund zur Zulassung einer Anklage vorhanden sei. Jede Anklage auf ein Verbrechen enthalte notwendigerweise einen schweren Angriff auf „die Ehre, auf die moralische und bürgerliche Existenz des Angeklagten". Deshalb habe der Staat die „dringende Verpflichtung, Garantien gegen unbegründete Anklagen zu geben". Eine solche Garantie liege in der Durchführung der gerichtlichen Voruntersuchung.

---

58 Siehe zu diesem Zusammenhang bereits 2. Teil, 11. Kapitel A).

59 *Temme*, Betrachtungen über das Gesetz vom 17. Juli 1846, in: JWPrS 1847, S. 249 ff. (250).

60 *Temme*, Betrachtungen über das Gesetz vom 17. Juli 1846, in: JWPrS 1847, S. 268 ff. (271); *Ders.*, Grundzüge, S. 97.

Dieser Zweck der Voruntersuchung steckte für ihn auch gleichzeitig den Rahmen für die Beweisaufnahme an dieser Stelle ab. Grundsätzlich dürfe die Untersuchung der Frage, ob Anklage zu erheben sei, nicht bis zur Ermittlung eines vollständigen gerichtlichen Beweises ausgedehnt werden. Vielmehr sei im Gegenteil die Ermittlung einer gewissen Wahrscheinlichkeit der Tatbegehung für die Anklageerhebung ausreichend. Insofern müsse der Richter die Beweise in der Voruntersuchung bloß „sammeln", um dann über die Frage der Zulässigkeit einer Anklage sicher entscheiden zu können[61]. Deshalb stellte er sich die Verfahrensweise bei der gerichtlichen Voruntersuchung folgendermaßen vor:

> „Es liegt indeß auf der Hand, daß das Verfahren nur eben ein kurzes, summarisches sein kann, daß sich einfach darauf beschränken muß, die zur Feststellung des Thatbestandes und der Thäterschaft dienenden Momente in einer solchen Weise zu sammeln und zusammenzustellen, daß sie dem über Zulassung der Anklage entscheidenden Richter einen möglichst festen, sicheren Anhalt geben, und zugleich einen zuverlässigen Leitfaden bei der demnächstigen Hauptuntersuchung bilden."[62]

Auf eine derartige Sammlung der Beweise zum Zwecke der Entscheidung über die Zulässigkeit der Anklage wollte Temme die Voruntersuchung dann allerdings auch beschränkt wissen. Infolgedessen bemängelte er im Jahr 1850, nachdem in Preußen durch die Verordnung vom 3. Januar 1849 bereits eine mündliche Schlußverhandlung eingeführt worden war, den Umstand, daß viele ehemalige Inquisitionsrichter nicht in der Lage seien, den Unterschied zwischen der gerichtlichen Voruntersuchung nach dem neuen Verfahren und dem alten Inquisitonsprozeß zu erkennen. Die „älteren, an ein solches Verfahren gewohnten Praktiker" machten seiner Ansicht nach nämlich den Fehler, daß sie „ein spezielles und genaues Verfahren, wie in dem bisherigen Inquisitionsprozesse", zu dem ein „Verfolgen der einzelnen Punkte usque ad minutissima"[63] gehöre, für erforderlich hielten. Richtigerweise sollten im Rahmen der Voruntersuchung jedoch nur der Tatbestand und der Täter ermittelt, die zur Anklageerhebung erforderlichen Beweise erhoben und die Schlußverhandlung vorbereitet werden[64]. Allerdings räumte er ein, daß es wohl „immer schwer"

---

61 *Temme*, Betrachtungen über das Gesetz vom 17. Juli 1846, in: JWPrS 1847, S. 268 ff. (271); *Ders.*, Grundzüge, S. 97; *Ders.*, Lehrbuch des Teutschen gemeinen Criminal-Prozesses, S. 556.

62 *Temme*, Grundzüge, S. 57.

63 *Temme*, Grundzüge, S. 57.

64 Als Beispiel für ein richtig verstandenes Verhältnis zwischen gerichtlicher Voruntersuchung und der späteren Hauptvehandlung verwies *Temme* in diesem Zusammenhang auf die §§ 69, 193 des badischen Entwurfs eines Strafprozeßordnung aus dem Jahre 1849, vgl. *Ders.*, Grundzüge, S. 58.

sei, bei der Beweisaufnahme in der Voruntersuchung das „richtige Maß" zu finden. Entscheidend sei jedoch, daß der Richter der Voruntersuchung sich vor Augen führe, daß er die Beweise lediglich zum Zwecke der Anklage sammeln solle. Die umfassende und vollständige Erhebung der Beweise müsse dagegen der Hauptverhandlung überlassen bleiben[65].

b) Beweisaufnahme in der Hauptverhandlung

Mit diesen Erwägungen hinsichtlich des Umfangs der Beweisaufnahme in der Voruntersuchung war jedoch auch schon der Rahmen für die unmittelbare Beweisaufnahme in der Hauptverhandlung abgesteckt. Temme hielt es für zwingend erforderlich, im Rahmen der Hauptverhandlung sämtliche Beweise unmittelbar vor dem erkennenden Richter aufzunehmen[66]. Dieses Erfordernis stellte er bei Gelegenheit einer Kritik des preußischen Entwurfs von 1841 klar heraus. Nach diesem Entwurf sollte die Beweisaufnahme in der mündlichen Schlußverhandlung mit der Verlesung der in den Akten der Voruntersuchung enthaltenen Geschichtserzählung beginnen[67]. Dieser Verlesung sollte sich dann eine Befragung anschließen, in welcher „die bei dem Vortrag der Referenten sich herausgestellten Bedenken" geklärt werden sollten[68]. Eine derartige Beschränkung der Beweisaufnahme in der Hauptverhandlung auf Zweifelsfragen, die nach einer Relation aus den Akten der Voruntersuchung noch übrig blieben, hielt Temme für verfehlt[69]. Er sah diesbezüglich die Gefahr, daß der erkennende Richter durch die Kenntnis der Akten der Voruntersuchung seine Objektivität verliere und dem Angeschuldigten gegenüber voreingenommen sei. Deshalb sei die deutsche Gesetzgebung auch seit Jahrhunderten von dem Grundsatz ausgegangen, „daß der inquirirende Richter nicht selbst erkennen dürfe", da „die nähere Bekanntschaft mit dem Inquisiten den erkennenden Richter leicht zu einem unzeitigen Mitleid oder Haß verleiten"[70] könne. Weil

---

65 *Temme*, Betrachtungen über das Gesetz vom 17. Juli 1846, in: JWPrS 1847, S. 268 ff. (271); *Ders.*, Grundzüge, S. 97.

66 *Temme*, Revision der Preußischen Gesetzgebung über das Strafverfahren, in: ZsDtStrafverfahren 1844, S. 307 ff. (321 f.).

67 Vgl. § 318 des Entwurfs.

68 § 318 Abs. 1, S. 2 des Entwurfs.

69 Diesbezüglich kritisierte *Temme* den preußischen Entwurf einer Strafprozeßordnung aus dem Jahre 1841. Gemäß § 318 des Entwurfs sollte die mündliche Schlußverhandlung „mit der Vorlesung der in der Relation enthaltenen Geschichtserzählung" beginnen.

70 *Temme*, Revision der Preußischen Gesetzgebung über das Strafverfahren, in: ZsDtStrafverfahren 1844, S. 307 ff. (321).

in dieser Überlegung sicherlich „etwas Wahres“[71] liege, müsse man daraus auch die notwendigen Konsequenzen für den Strafprozeß ziehen, in dem sich erkennender Richter und Angeschuldigter unmittelbar gegenüberständen. Dieser müsse in bezug auf den Umgang des Richters mit dem Angeschuldigten so strukturiert sein, daß von vornherein ausgeschlossen sei, „dem Richter eine vorgefaßte Meinung von dem Inquisiten zu verschaffen“[72]. Eine solche in dem Strafverfahren angestrebte Objektivität des Richters sei jedoch von Beginn an unmöglich, wenn der Richter sich aufgrund der ihm vorgetragenen Relation aus den Akten bereits ein Urteil über den Angeschuldigten gebildet habe und zur Berichtigung dieses Urteils Beweise lediglich ganz vereinzelt unmittelbar in der Hauptverhandlung erhoben würden[73]. Die im Entwurf von 1841 in bezug auf die mündliche Hauptverhandlung getroffene Beschränkung der unmittelbaren Beweisaufnahme auf die Vernehmung einzelner Zeugen oder Personen hielt Temme deswegen für eine „höchst bedenkliche Maßregel“[74]. Wenn das Gericht in der Hauptverhandlung nur noch einzelne Zeugen oder Personen, deren Vernehmung es für notwendig oder zweckmäßig halte, unmittelbar höre, so werfe dies „nothwendig auf das Ganze ein einseitiges Licht, das nothwendig für das Ganze ein falsches Licht“ sei. Zu dieser Überzeugung gelangte er, indem er sich darauf berief, daß in der mündlichen Hauptverhandlung Zeugen oftmals von ihrer in der Voruntersuchung getätigten Aussage abwichen, wozu dann aber nur diejenigen Zeugen Gelegenheit hätten, denen vom Richter noch einmal Gehör gewährt würde[75].

Außerdem berge die im Entwurf von 1841 fehlende Unmittelbarkeit in der mündlichen Hauptverhandlung, die zur Folge habe, daß der erkennende Richter von vielen Zeugenaussagen nur über den Referenten der Voruntersuchung erfahre, weitere Gefahren in sich. Der Berichterstattung des die Voruntersuchung leitenden Richters liege nämlich immer dessen subjektive Wahrnehmung zugrunde, wie er in seiner Praxis als Untersuchungsrichter in Litauen selbst erfahren habe:

---

71 *Temme*, Revision der Preußischen Gesetzgebung über das Strafverfahren, in: ZsDtStrafverfahren 1844, S. 307 ff. (321).

72 *Temme*, Revision der Preußischen Gesetzgebung über das Strafverfahren, in: ZsDtStrafverfahren 1844, S. 307 ff. (321).

73 *Temme*, Revision der Preußischen Gesetzgebung über das Strafverfahren, in: ZsDtStrafverfahren 1844, S. 307 ff. (321).

74 *Temme*, Revision der Preußischen Gesetzgebung über das Strafverfahren, in: ZsDtStrafverfahren 1844, S. 307 ff. (322).

75 *Temme*, Revision der Preußischen Gesetzgebung über das Strafverfahren, in: ZsDtStrafverfahren 1844, S. 307 ff. (322).

„Es geschah nicht selten, daß, wenn ich eine und dieselbe Person über eine und dieselbe Thatsache durch verschiedene Dolmetscher befragte, nicht durchaus verschiedene Resultate zum Vorschein kamen. Diese machten dann wieder ein Zurückgehen auf eine Menge anderer Ermittlungen nöthig, oft eine gänzliche Wiederaufnahme der Untersuchung. Der Inquirent und der Referent in der Untersuchung sind nun aber zwischen dem erkennenden Gerichte und dem Angeschuldigten eben nichts weiter, als Dolmetscher. Nur durch sie hatte das erkennende Gericht bis zu der mündlichen Verhandlung den Angeschuldigten und die Zeugen gehört. Es soll sie jetzt selbst hören."[76]

Temme trat also nachdrücklich dafür ein, daß dem Richter eine unmittelbare eigene Wahrnehmung der Beweise in der Hauptverhandlung ermöglicht werden müsse, da nur so Ungenauigkeiten und Abweichungen vermieden werden könnten.

Diese Auffassung behielt er auch bei, nachdem in Preußen durch die Verordnung vom 3. Januar 1849 Geschworenengerichte eingeführt worden waren und er selber diesen gegenüber von seiner ablehnenden Haltung zu ihrer uneingeschränkten Befürwortung umgeschwenkt war[77]. Infolgedessen verlangte er für die Beweisaufnahme, die im Rahmen der Hauptverhandlung jetzt vor den Geschworenen stattfinden mußte, wiederum nachdrücklich die „Reproduktion eines vollständigen Bildes der That unmittelbar vor den Geschwornen", wobei es die „Regel" sein müsse, „daß sämmtliche Beweise unmittelbar vor den Geschwornen neu aufgenommen"[78] würden.

In diesem Zusammenhang machte er sich auch Gedanken darüber, inwiefern es gestattet sein sollte, den Zeugen und Sachverständigen für den Fall, daß diese sich nicht mehr genau erinnern konnten oder wollten, ihre in der Voruntersuchung gemachten Aussagen vorzulesen. Obgleich die Gesetzgebungen der meisten Bundesstaaten darüber keine Bestimmung enthielten, stellte er sich auf den Standpunkt, daß ein solches Verlesen in der Regel unstatthaft sein müsse. Allerdings hob Temme diesen Grundsatz in seinem nächsten Satz nahezu vollständig wieder auf, indem er dafür eintrat, daß bei einem Widerspruch der Prozeßparteien, eine Verlesung der Aussagen dann gestattet sein müsse, wenn der die Richter oder die Geschworenen dies beschlössen[79].

Genauso wollte Temme aber auch von dem Grundatz, daß sämtliche Beweise im Rahmen der mündlichen Hauptverhandlung zu erheben seien, bestimmte

76 *Temme*, Revision der Preußischen Gesetzgebung über das Strafverfahren, in: ZsDtStrafverfahren 1844, S. 307 ff. (322).

77 Vgl. hierzu: 2. Teil, 8. Kapitel C).

78 *Temme*, Grundzüge, S. 133.

79 *Temme*, Grundzüge, S. 132, Fn. 2.

Ausnahmen zulassen. Diese seien dann zu gestatten, wenn die Beweise „ihrer Natur nach" wie bei „Augenscheinsverhandlungen, Obduktionen[80] und Vernehmungen kranker und entfernter Personen"[81] in dem späteren Hauptverfahren nicht reproduziert werden könnten und es sich somit um „nicht zu konservirende"[82] Beweismittel handele. In solchen Fällen habe der Richter der Voruntersuchung die Beweise „zugleich so vollständig zu Protokoll aufzunehmen, daß die demnächstige Verlesung des Protokolls die Stelle ihrer unmittelbaren Aufnahme vertreten"[83] könne.

Es bleibt somit festzuhalten, daß Temme zwar grundsätzlich dafür eintrat, sämtliche Beweise unmittelbar im Rahmen der Hauptverhandlung zu erheben, aber daß er auch Ausnahmen von diesem Grundsatz zulassen wollte.

c) Unmittelbarkeit der Beweisaufnahme in der Rechtsmittelinstanz

Ein weiterer Punkt, der im Zusammenhang mit dem Grundsatz der Mündlichkeit und der daraus resultierenden Unmittelbarkeit heftig diskutiert wurde, war die Frage, ob die auf den Grundsätzen der Mündlichkeit beruhenden Tatsachenfeststellungen überhaupt einer Überprüfung durch ein Rechtsmittelgericht zugänglich sein konnten. Im Gegensatz zum Inquisitionsprozeß, bei welchem die gesamten Grundlagen der erstinstanzlichen Entscheidung aktenkundig waren und dem Appellationsgericht vorgelegt werden konnten, mußte bei einem auf den Grundsätzen der Mündlichkeit und Unmittelbarkeit beruhenden Verfahren die Berücksichtigung derartiger Beanstandungen Bedenken begegnen. Es war nämlich eine offene Frage, wie das Rechtsmittelgericht ohne das Vorliegen eines eingehenden Protokolls über die erstinstanzliche Hauptverhandlung ein erstinstanzliches Urteil überprüfen sollte[84].

Allerdings bestand dieses Problem nur, soweit es sich um die Rechtspflege durch Berufsrichter handelte, und nicht auch für das im Rahmen der Reform geforderte und in Preußen durch die Verordnung vom 3. Januar 1849 eingeführte Schwurgericht. In der juristischen Literatur bestand nämlich Einigkeit darüber, daß die Einrichtung einer zweiten Tatsacheninstanz mit dem Wesen

---

80 Allerdings wollte *Temme* im Falle der Obduktionen der Unmittelbarkeit der Beweisaufnahme dadurch nachkommen, daß er die bei der Obduktion zugezogenen Ärzte im Rahmen der mündlichen Verhandlung erneut vernehmen ließ, vgl. *Ders.*, Betrachtungen über das Gesetz vom 17. Juli 1846, in: JWPrS 1847, S. 273 ff. (275).

81 *Temme*, Grundzüge, S. 97.

82 *Temme*, Grundzüge, S. 57.

83 *Temme*, Grundzüge, S. 97.

84 Vgl. zum Ganzen: *Behr*, Rechtsmittel gegen Strafurteile, S. 45 ff.

des Schwurgerichts nicht vereinbar war, da man den Wahrspruch der Geschworenen als „Ausspruch des Vaterlands über die Schuld des Angeklagten“[85] empfand, der nicht durch eine zweite Tatsacheninstanz in Frage gestellt werden durfte[86].

Temme war, wie dargstellt[87], ebenfalls der Auffassung, „daß gegen das Verdikt der Geschworenen selbst niemals ein Rechtsmittel existiren“[88] könne. Allerdings wollte er diese Unanfechtbarkeit auf die durch Geschworenen gesprochenen Urteile beschränkt wissen, indem er nachdrücklich betonte, daß es bei „allen anderen“ gerichtlichen Urteilen „anders“[89] sein müsse. Bei diesen sei nämlich auch das „Wie“ der Entscheidung infolge der Bekanntgabe von Urteilsgründen durch das Gericht nach außen erkennbar. Deshalb müsse grundsätzlich gegen jedes gerichtliche Urteil, das nicht ein Verdikt von Geschworenen sei, ein Rechtsmittel zulässig sein[90].

Dies war jedoch in der Reformliteratur keineswegs unumstritten. Im Rahmen der Debatte wurde von den Gegnern eines mündlichen und öffentlichen Verfahrens oftmals vorgebracht, daß eine zweite Tatsacheninstanz mit diesem unvereinbar sei[91]. Dabei verwiesen diese Autoren darauf, daß eine Wiederholung der mündlichen Verhandlung in der Rechtsmittelinstanz kein Urteil zweiter Instanz, vielmehr ein zweites Urteil erster Instanz hervorbringe, da eine Reproduktion der erstinstanzlichen Verhandlung vor dem Berufungsrichter nicht möglich sei[92]. Nachdem dann jedoch die mündliche und unmittelbare Hauptverhandlung in die Strafprozeßordnungen der meisten Bundesstaaten aufgenommen worden war, veränderte sich diese Debatte dahingehend, daß auch von manchen Befürwortern des mündlichen und unmittelbaren Verfahrens teilweise die Abschaffung des Rechtsmittels der Appellation vorgeschlagen wurde[93]. Diesem Vorschlag lag die Auffassung zugrunde, daß es nahezu unmöglich sei, dem Richter der zweiten Instanz alle Beweismittel in derselben

85 *Mittermaier*, GS 1850, S. 291 ff. (291).

86 Vgl. dazu m. w. N: *Behr*, Rechtsmittel gegen Strafurteile, S. 32 f.

87 Vgl. hierzu: 2. Teil, 7. Kapitel B) IV. 4.

88 *Temme*, Grundzüge, S. 167.

89 *Temme*, Grundzüge, S. 167.

90 *Temme*, Grundzüge, S. 167.

91 Vgl. zu dieser Auffassung m. w. N: *Behr*, Rechtsmittel gegen Strafurteile, S. 46.

92 *Krug*, Mündlichkeit, S. 38 f.

93 Vgl. *Behr*, Rechtsmittel gegen Strafurteile, S. 104 ff. m. w. N. In der Regel sollte diese Abschaffung jedoch unter gleichzeitiger Verstärkung der Spruchkörper in der ersten Instanz geschehen, um die Richtigkeit der erstinstanzlichen tatrichterlichen Feststellungen in erhöhtem Maße garantieren zu können.

Vollständigkeit wie dem Richter der ersten Instanz vorzulegen[94]. Außerdem wurde darauf hingewiesen, daß, selbst wenn eine solche Wiederholung der Beweisaufnahme gelänge, der Appellationsricher kein zuverlässigeres Urteil als der Richter der ersten Instanz über den Sachverhalten fällen könne[95]. Demgegenüber gab es jedoch auch Stimmen, die die Beibehaltung einer zweiten Tatsacheninstanz befürworteteten, da ohne eine solche der Wert des mündlichen Verfahrens beeinträchtigt werde[96].

Die preußische Verordnung vom 3. Januar 1849 traf zu dieser Frage die Regelung, daß gegen Urteile, die nicht auf Grund eines Verdikts von Geschworenen ergangen seien, das Rechtsmittel der Appellation zulässig sei. Allerdings wurde die Befugnis zur Appellation dahingehend eingeschränkt, daß die tatsächlichen Feststellungen des erstinstanzlichen Gerichts nur mittels neuer Tatsachen oder neuer Beweismittel angefochten werden konnten. Die Entscheidung über die Erheblichkeit der neuen Tatsachen oder Beweismittel oblag dem Appellationsrichter[97]. Diese Regelung, durch welche der Grundsatz der Unmittelbarkeit für die Berufungsinstanz weitgehend aufgegeben wurde, kritisierte Temme mit den Worten:

> „Nur als eine die Gerechtigkeit geradezu und in höchstem Grade beeinträchtigende Bestimmung kann es betrachtet werden, wenn die preuß. Verordnung vom 3. Januar 1849 § 126 den hier allerdings vorhandenen Streit dadurch löset, daß der Appellant das vom ersten Richter als thatsächlich feststehend Angenommene nur mittelst neuer Thatsachen oder neuer Beweismittel soll anfechten können. Eine gewaltsamere und ungerechtere Zerhauung des Knotens läßt sich kaum denken."[98]

---

94 *Schwarze*, ACR 1855, S. 173 ff. (284).

95 *Voitus*, GA 1854, S. 621 ff. (632 ff.).

96 So *Gerau*, ACR 1854, S. 255 (261). Skeptisch hinsichtlich einer Abschaffung der zweiten Tatsacheninstanz waren bspw. auch *Merkel*, GS 1854, S. 377 ff. (385) und *Mittermaier*, der von einer bedenklichen Richtung sprach, *Ders.*, ACR 1854, S. 291 ff. (291). Vgl. zum Ganzen auch: *Behr*, Rechtsmittel gegen Strafurteile, S. 122.

97 Vgl. den Wortlaut von § 126 d. pr. V. v. 3. Januar 1849: „Gegen die von den Einzelrichtern und den Gerichtsabtheilungen für Verbrechen gefällten Urteile ist sowohl die Staatsanwaltschaft, als der Angeklagte innerhalb einer präkludierten Frist von zehn Tage das Rechtsmittel der Appellation einzulegen berechtigt. Der Appellant kann dasjenige, was vom ersten Richter als thatsächlich feststehend angenommen worden ist, nur mittelst neuer Thatsachen oder neuer Beweismittel anfechten, und der Appellationsrichter hat zu beurtheilen, ob diese neuen Thatsachen und neuen Beweismittel erheblich sind." Diese Regelung war allerdings bereits bei den Beratungen zur Ausarbeitung des Gesetzes umstritten gewesen, siehe *Behr*, Rechtsmittel gegen Strafurteile, S. 104.

98 *Temme*, Grundzüge, S. 170.

Temme trat darüber hinaus für eine konsequente Umsetzung der Grundsätze der Öffentlichkeit und Mündlichkeit auch in der Rechtsmittelinstanz ein[99]. Seiner Ansicht nach war es ein Erfordernis des Grundsatzes der „mündlichen Unmittelbarkeit des Verfahrens vor dem erkennenden Richter", daß „das Thatsächliche, in soweit es von von dem ersten Richter unrichtig aufgefasst worden" sei, „vor dem Appellationsrichter lebendig reproduziert werde"[100]. Eine derartige erneute unmittelbare Beweisaufnahme im Rahmen der Berufungsinstanz empfand er als ein unabweisliches Recht des Beschwerten, das zwangsläufig mit der „Befugniß des Richters", sich durch „solche Unmittelbarkeit eine klare und richtige Einsicht in die Thatsachen zu verschaffen"[101] korrespondieren müsse.

2. Unmittelbarkeit des Verfahrens den Parteien gegenüber

Temme zog aus der Forderung nach Mündlichkeit die weitere Konsequenz, daß die Beweisaufnahme nur unmittelbar vor den Prozeßparteien durchgeführt werden durfte[102].

a) Voruntersuchung

Nach Temmes Auffassung verlangte eine konsequente Umsetzung des Gedankens der Parteiunmittelbarkeit insbesondere, daß der Angeklagte das Recht haben mußte, schon bei der Beweisaufnahme im Rahmen der gerichtlichen Voruntersuchung zugegen zu sein[103]. Diese Verpflichtung des Gerichts, den Angeklagten bei der Beweisaufnahme hinzuziehen, ergebe sich zwangsläufig aus der Anerkennung des Verteidigungsrechtes des Angeklagten. Unabhängig davon, ob die Beweisaufnahme im Rahmen der Voruntersuchung zur Be- oder Entlastung des Angeschuldigten führe, müsse diesem in beiden Fällen das Recht der Verteidigung zustehen. Dieses Recht könne der Angeklagte jedoch

---

99 Ebenso wie *Temme* kritisierte auch *Planck* die durch eine derartige Vorschrift vorgenommene Beschränkung der Unmittelbarkeit im Berufungsrechtzug, vgl. *Ders.*, Systematische Darstellung, S. 567 f.

100 *Temme*, Grundzüge, S. 170. Von einer Reproduktion der Beweismittel in der Berufungsinstanz sprach auch *Zachariä*, vgl. *Ders.*, Gebrechen, S. 221. Später gab er diese Auffassung jedoch auf. Vgl. zum Ganzen, *Brodauf*, Lebenswerk, S. 72.

101 *Temme*, Grundzüge, S. 170.

102 Teilweise wurde die Unmittelbarkeit des Verkehrs zwischen den Parteien und dem Gericht auch als „Parteiöffentlichkeit" bezeichnet und dem Öffentlichkeitsprinzip zugeordnet, vgl. etwa *Feuerbach*, der zwischen „partheilicher" und „volksthümlicher Öffentlichkeit" unterschied; *Ders.*, Mündlichkeit, S. 147 ff.

103 *Temme*, Grundzüge, S. 87 ff.

nur dann wirksam ausüben, wenn ihm diese Ausübung sofort und unmittelbar möglich gemacht werde. Verweigere man dem Angeschuldigten das Recht, sich durch unmittelbare Teilnahme an der Beweisaufnahme direkt zu verteidigen, könne er beispielsweise nicht auf Gedächtnisfehler solcher Zeugen hinweisen, die vor der Hauptverhandlung verstorben seien oder deren Vernehmung im Rahmen der mündlichen Hauptverhandlung aus anderen Gründen unmöglich sei[104].

Außerdem folge die Notwendigkeit der Anwesenheit des Angeschuldigten bei der Beweisaufnahme im Rahmen der Voruntersuchung auch aus dem Grundsatz der Gleichberechtigung zwischen den Prozeßparteien. Schließlich sei es nach den Bestimmungen der Gesetzgebungen in den meisten Bundesstaaten dem Staatsanwalt gestattet, bei allen Verhandlungen der Voruntersuchung zugegen zu sein. Daraus ergebe sich zwangsläufig, daß dem Angeschuldigten das gleiche Recht zustehen müsse[105].

Diesen Grundsatz wollte Temme umfassend auf alle Beweiserhebungen der Voruntersuchung angewendet wissen. Insbesondere dürfe man gegen dieses umfassende Anwesenheitsrecht des Angeklagten auch nicht einwenden, daß dadurch die Untersuchung ihren Zweck verfehlen oder der Angeklagte diese durch die Kenntnis der Zeugenaussagen in die Länge ziehen könnte:

> „Man sollte gerade heraus gesagt, sich schämen, solche des Inquisitionsprozesses unwürdige Gründe einer perfiden Heimlichkeit auf den öffentlichen Anklageprozeß übertragen zu wollen. Mir ist in meiner langjährigen kriminalgerichtlichen Praxis kein einziger Fall vorgekommen, in welchem ich nicht gewünscht hätte, den Angeschuldigten, ohne Verletzung des Gesetzes, bei allen Beweisverhandlungen zuziehen zu dürfen. Welches Zutrauen wird sich ein Richter erwerben, von dem es bei der öffentlichen Verhandlung sich herausstellt, daß er auf Grundsätze, wie jene Einwendung sie enthält, sein Verfahren gebaut hatte!“[106]

b) Anklagerhebung

Auch in dem Verfahrensabschnitt der Anklageerhebung wollte Temme die Unmittelbarkeit gegenüber dem Angeschuldigten gewahrt wissen. In den Vorschriften über die Erhebung der Anklage, wie sie die preußische Verordnung vom 3. Januar 1849 vorsah, sah er diese jedoch verletzt. Diese sahen in Anlehnung an das französische Strafverfahren vor, daß nach Abschluß der Voruntersuchung, eine Entscheidung der Ratskammer des Gerichts, dem der Untersuchungsrichter angehörte, über die Einstellung oder den Fortgang des

---

104 *Temme*, Grundzüge, S. 88.

105 *Temme*, Grundzüge, S. 88.

106 *Temme*, Grundzüge, S. 89.

Verfahrens erfolgen müsse. Für den Fall, daß die Einleitung eines schwurgerichtlichen Verfahrens beschlossen wurde, trat noch die Entscheidung der Anklagekammer des vorgesetzten Gerichts hinzu, bevor der Fall einer endgültigen Entscheidung durch die Geschworenen zugeführt wurde[107].

Temme hielt diese Vorgehensweise des Gesetzes für nicht mit dem Grundsatz der Unmittelbarkeit gegenüber dem Angeschuldigten vereinbar, da der Angeklagte von der Ratskammer weder mittelbar noch unmittelbar gehört werde. Vielmehr erfahre diese nur das „was sein Gewalthaber, der Untersuchungsrichter“[108], für mitteilungswürdig halte. Dieses Unrecht dem Angeschuldigten gegenüber werde noch dadurch erhöht, daß auch die Anklagekammer ihre Entscheidung treffe, ohne den Angeschuldigten anzuhören. Dem Staatsanwalt hingegen gewähre die Anklagekammer nicht nur Gehör, sondern lasse sogar dessen Anwesenheit bei einem Teil des Verfahrens zu. Außerdem stütze die Anklagekammer ihre Entscheidung einzig auf das Vorlesen der Akten der Voruntersuchung, was Temme als ebenso „unbeholfen“ wie „ungerecht“[109] empfand:

> „Dieses ganze Verfahren ist so vollständig im Sinne eines starren Absolutismus und zur Bedrückung des Rechts und der persönlichen Freiheit eingerichtet, daß es, ein Akkusationsverfahren einmal festgehalten, kaum schlechter erdacht werden kann.“[110]

c) Hauptverhandlung

Auch in der Hauptverhandlung sollte das Verfahren dem Angeklagten gegenüber Temmes Ansicht zufolge dergestalt unmittelbar sein, daß diesem das Recht zustehen müsse, über die Anklage gehört zu werden[111]. Keinesfalls dürfe dabei jedoch so vorgegangen werden wie es die preußische Verordnung vom 3. Januar 1849 in Anlehnung an das französische Strafverfahren vorsehe, wenn sie nach der Verlesung der Anklage durch den Staatsanwalt „mit dem Angeklagten ein vollständiges inquisitorisches Verhör“ anstelle, „in welchem es, zur Betrübniß eines Jeden, der die französischen Gerichtshallen“ besuche, „an suggestiven und kaptiösen Fragen in Wahrheit nicht“[112] mangele[113]. Eine der-

107 Siehe dazu 2. Teil, 8. Kapitel C) III. 2.

108 *Temme*, Grundzüge, S. 100.

109 Ebd., S. 101.

110 Ebd., S. 99.

111 Ebd., S. 131.

112 Ebd., S. 130.

113 *Temme* bezog sich hier auf § 34 d. pr. V. v. 3. Januar 1849: „In dem Termine wird, nachdem die Anklage durch den Polizeianwalt vorgetragen und der Angeklagte dar-

artige Vorgehensweise hielt Temme für nicht mit dem von ihm geforderten akkusatorischen Strafverfahren vereinbar, und er brandmarkte die Vernehmung des Angeklagten im Rahmen der Hauptverhandlung als verwerfliches „Ueberbleibsel des inquisitorischen Prozesses"[114]:

> „Das inquisitorische Verfahren sieht desn Angeklagten als ein Mittel zu seiner eigenen Vernichtung an; das akkusatorische Verfahren, welches Einrichtungen enthält, die faktisch zu denselben Resultaten führen, ist eine Lüge."[115]

Deshalb trat Temme dafür ein, daß der Angeklagte im Rahmen der Hauptverhandlung nur das Recht haben könne, gehört zu werden und an der Aufklärung der Tat in dem Rahmen mitzuwirken, den er von seinem Standpunkt aus für nötig halte. Keinesfalls sei es jedoch zulässig, den Angeklagten durch eine Pflicht zur Aussage „zum gezwungenen Beweismittel gegen sich selbst zu machen"[116]:

> „Es ist eine Verkennung der ersten Begriffe des Akkusationsprozesses, wenn man den Angeklagten zwingen will, der Ankläger gegen sich selbst zu werden."[117]

Temme trat mithin dafür ein, daß das Verfahren dem Angeklagten gegenüber zwar auch in der Hauptverhandlung unmittelbar sein müsse, jedoch dürfe diese Unmittelbarkeit sich nicht dahingehend verdichten, daß diese eine Pflicht des Angeklagten gegen sich selbst auszusagen mit sich bringe.

Die Äußerungen Temmes zur Unmittelbarkeit des Verfahrens vor den Parteien zeigen deutlich, daß er den Ablauf der Verhandlung vor dem Angeklagten als ein Wesensmerkmal des öffentlichen Anklageprozesses empfand und daß er diese Unmittelbarkeit des Verfahrens als eine entscheidende Verbesserung gegenüber der Heimlichkeit des Inquisitionsprozesses einstufte. Deshalb wollte er den Grundsatz der Unmittelbarkeit gegenüber dem Angeschuldigten auch möglichst umfassend gewahrt wissen.

C) Zusammenfassung und Würdigung

Grundsätzlich bekannte Temme sich mithin zu einer mündlichen und vor allem unmittelbaren Hauptverhandlung. Bei einer Analyse seiner Äußerungen im

---

über vernommen worden, mit der Beweisaufnahme, soweit dies erforderlich ist, verfahren, der Polizeianwalt mit seinen Anträgen, sowie der Angeklagte mit seiner Vertheidigung gehört, sodann aber das Urtheil gefällt und mit Gründen verkündet."

114 *Temme*, Grundzüge, S. 131.

115 *Temme*, Grundzüge, S. 131.

116 *Temme*, Grundzüge, S. 131.

117 *Temme*, Grundzüge, S. 131 f.

Hinblick auf diese Prozeßmaxime zeigt sich, wie sich aus dem Prinzip der Mündlichkeit im Laufe der Zeit immer mehr der Gedanke der Unmittelbarkeit herauskristallisierte. Zu Beginn der Debatte berief er sich vorrangig darauf, daß ein mündliches Verhandeln erforderlich sei, um zu gewährleisten, daß die Öffentlichkeit an den Verhandlungen Interesse finde. Insofern sah er die Mündlichkeit des Strafverfahrens als ein Mittel an, dem Volk die Beteiligung an der Strafrechtspflege zu ermöglichen. Weil er diese also als eine öffentliche Angelegenheit auffaßte, trat er vehement für die Durchsetzung des Öffentlichkeitsprinzips im Strafverfahren ein[118], wobei er diesem Prinzip mit seiner Forderung nach der Mündlichkeit des Strafprozesses Geltung verschaffen wollte. In diesem Zusammenhang wies der Mündlichkeitsgedanke, der dem Volk die Beteiligung an der Strafrechtspflege in gewisser Weise erst möglich machen sollte, damit auch eine politische Dimension auf.

Im Laufe der Zeit hob Temme jedoch vermehrt den für ihn in dem Mündlichkeitsprinzip wurzelnden Gedanken der Unmittelbarkeit hervor. Er sah es als einen großen Vorzug des mündlichen Verfahrens an, daß dieses zu einer unmittelbaren Wahrnehmung der Einlassungen des Angeklagten und der Zeugenaussagen führe und so dem urteilenden Richter oder den Geschworenen eine zuverlässigere Würdigung der Beweise ermögliche. Insofern betrachtete er die Mündlichkeit als ein Mittel, dem Richter oder den Geschworenen die freie Würdigung der Beweise zu ermöglichen. In diesem Zusammenhang erkannte er auch das Problem, welches in dem Nebeneinander von inquisitorischem Vorverfahren und akkusatorischer Hauptverhandlung lag. Temme war sich nämlich durchaus der Gefahren bewußt, die der Unmittelbarkeit drohten, wenn dem Richter die Akten der Voruntersuchung zugänglich gemacht würden und somit das schriftliche Verfahren in die Hauptverhandlung eingeschoben würde. Daher trat er auch für eine strikte Trennung zwischen der Beweissammlung in der Voruntersuchung und der eigentlichen Beweisaufnahme in der Hauptverhandlung ein. Allerdings wollte er diese Regel zugunsten derjenigen Beweise, die in dem späteren Hauptverfahren nicht reproduzierbar waren, durchbrechen. In diesem Zusammanhang läßt er jedoch detailliertere Ausführungen dazu, welche Anforderungen an diese Ausnahme zu stellen waren, vermissen. Er führte zwar einige Beispiele an, jedoch ging er bspw. nicht näher darauf ein, wann eine Person zu „entfernt" sei, um im Rahmen der gerichtlichen Hauptverhandlung vernommen zu werden. Eine nähere Auseinandersetzung mit den Anforderungen, die an eine solche Durchbrechung des Grundsatzes der Unmittelbarkeit zu stellen waren, wäre jedoch durchaus wün-

118 Siehe dazu 2. Teil, 10. Kapitel B) I. 1.

schenswert gewesen, da bei den von ihm gewählten verhältnismäßig unbestimmten Formulierungen die Gefahr bestand, den Grundsatz der Unmittelbarkeit zu umgehen. Dies gilt umso mehr, weil auch er selber die Gefahr erkannte, daß die durch die langjährige Praxis des Inquisitionsprozesses beeinflußten Richter geneigt sein könnten, durch eine Vermengung von Voruntersuchung und Hauptverhandlung die Grundsätze des neuen Verfahrens auszuhöhlen.

Neben der Unmittelbarkeit der Beweisaufnahme entnahm Temme dem Mündlichkeitsprinzip auch die Forderung nach der Unmittelbarkeit des Verfahrens vor den Prozeßparteien. Er wollte erreichen, daß dem Angeklagten nicht nur im Rahmen der mündlichen Hauptverhandlung, sondern zu jedem Zeitpunkt des Verfahrens rechtliches Gehör gewährt wurde, ein Grundsatz, dessen Bedeutung sich nicht zuletzt daran festmachen läßt, daß er heute mit Verfassungsrang ausgestattet ist. Dieser Forderung liegt seine innere Überzeugung zugrunde, die Rechte des Angeschuldigten im Prozeß wahrzunehmen und die Degradierung des Beschuldigten zum Verfahrensobjekt endgültige zu beenden. Eine wichtige Bedingung für den Umgang mit dem Beschuldigten als Verfahrenssubjekt war nämlich, daß der Richter diesen unmittelbar als mit allen staatsbürgerlichen Rechten ausgestatteten Menschen wahrnahm und ihm, so wie Temme es forderte, jederzeit das Recht zur Verteidigung gegeben wurde. Außerdem wies Temme auch darauf hin, daß eine Aussagepflicht in der mündlichen Verhandlung den Angeklagten zum Beweismittel gegen sich selbst herabwürdige und diesem daher das für ein rechtsstaatliches Strafverfahren aus heutiger Sicht so entscheidende Recht zu schweigen zustehen müsse. Auch der Umstand, daß Temme entgegen vielen anderen Stimmen entschieden für die Gewährung möglichst vieler Rechtsgarantien zum Schutz des Unschuldigen eintrat, indem er richterliche Urteile in einer zweiten Tatsacheninstanz noch einmal voll überprüfen lassen wollte, zeigt die Tendenz, Rechte des Angeklagten im Prozeß wahrzunehmen und der Unterwerfung des Beschuldigten unter die staatliche Strafgewalt Grenzen zu setzen.

Zwölftes Kapitel: Gesamtbetrachtung

Mit dem Verlangen nach einem öffentlichen und mündlichen, auf dem Anklageprinzip beruhenden Verfahren, in welchem ein Richter bzw. ein Geschworenengericht nach freier Beweiswürdigung urteilen durfte, sind die Forderungen erschöpft, die Temme an den Gesetzgeber stellte. Allerdings geben seine Ausführungen Anlaß dazu, sich abschließend und zusammenfassend über Temmes methodische Herangehensweise an strafprozessuale Fragestellungen zu machen und die in der Einleitung aufgeworfene inhaltliche Frage nach dem Zusammenhang zwischen Recht und Politik auf strafprozessualem Gebiet abschließend zu beantworten.

A) Methodische Betrachtung: Temme, ein Vertreter der historischen Rechtsschule?

Bei einem Überblick über die Beiträge Temmes auf strafprozessualem Gebiet fällt auf, daß Temme fast jede seine Erörterungen mit einem geschichtlichen Überblick eröffnete, in dem er versuchte, die Wurzeln der geschilderten Einrichtung darzulegen und aus ihnen heraus in möglichst geschlossener Entwicklung das Recht der Gegenwart abzuleiten[1]. Neben diesen Studien über die Wurzeln des geltenden Rechtes berief er sich im Rahmen seiner Erwägungen auch immer wieder auf das in dem Volke lebende Rechtsbewußtsein als Rechtsquelle[2]. Obwohl Temme sich nie ausdrücklich im Rahmen einer theoretischen Schrift zu einer Denkschule bekannte, bietet diese methodische Herangehensweise Anlaß, sich Gedanken über sein Verhältnis zur historischen Rechtsschule zu machen.

---

1 Siehe etwa die Erwägungen *Temmes* in Bezug auf die Geschichte der Schwurgerichte in Deutschland: 2. Teil, 8. Kapitel B) I. oder seine Erwägungen zur Wiedereinführung der Öffentlichkeit als historische Notwendigkeit: 2. Teil, 10. Kapitel, B) I. 4. Auch sein Werk „Grundzüge eines deutschen Strafverfahrens" begann er mit einem Überblick über die geschichtliche Entwicklung des deutschen Strafverfahrensrechtes, vgl. *Ders.*, Grundzüge, S. 5 ff.

2 Siehe dazu im Zusammenhang mit der Schwurgerichtsdebatte 2. Teil, 8. Kapitel C), I. und im Zusammenhang mit der Forderung nach Einführung einer öffentlichen Hauptverhandlung 2. Teil, 10. Kapitel B) I. 2.

Bei der historischen Rechtsschule, als deren Begründer *Friedrich Carl von Savigny* anzusehen ist[3], handelt es sich um eine Richtung in der Rechtswissenschaft, die in der ersten Hälfte des 19. Jahrhunderts in Abwendung von den naturrechtlichen Schulen die historische Bedingtheit des Rechtes wieder in das Bewußtsein rief[4]. Die Grundvorstellung der historischen Rechtsschule war, daß das Recht nicht durch die „Willkühr eines Gesetzgebers“, sondern primär durch „Sitte und Volksglaube, dann durch Jurisprudenz“[5] entstehe. Als Ursprung des Rechtes wurde das Bewußtsein des Volkes, der „Volksgeist“[6] angesehen, demgegenüber Gesetzgebung und Rechtswissenschaft nachrangig seien. Aus dieser Grundauffassung wurde weiter abgeleitet, daß das Recht weder willkürlich noch zufällig zur Entstehung gelange, sondern unmittelbar aus dem Wesen und dem Charakter des Volkes fließe, also untrennbar mit diesem verbunden sei und damit derselben organischen Entwicklung wie das Volk unterliege. *Savigny* beschrieb diesen Zusammenhang zwischen Recht und Volk folgendermaßen:

> „Das Recht wächst als mit dem Volke fort, bildet sich aus diesem und stirbt endlich ab, so wie das Volk seine Eigenthümlichkeit verliert.“[7]

Nach dem Rechtsbegriff der historischen Rechtsschule stand das Gewohnheitsrecht an der Spitze der Rechtsquellen, da alles Recht aus der Rechtsüberzeugung des Volkes hervorgehe. Dabei komme jedoch in einem entwickelten Rechtssystem dem Juristenstand die Aufgabe zu, das Volksbewußtsein dadurch zu repräsentieren, daß er das geltende Recht auf der Grundlage rechtswissenschaftlicher Arbeit darlege und anwende[8].

Innerhalb der historischen Rechtsschule konkurrierten die Romanisten mit den Germanisten. Die Romanisten, zu deren Hauptvertretern *Savigny* und *Puchta*[9] gehörten, meinten, daß das rezipierte römische Recht dem Volksgeist entspre-

---

3 Neben *Savigny* waren *Georg Friedrich Puchta* und *Bernhard Windscheid* die bekanntesten Vertreter der historischen Rechtsschule, vgl. dazu: *Horster*, Rechtsphilosophie, S. 57 f.

4 Vgl. zur historischen Rechtsschule: *Schröder*, Recht als Wissenschaft, S. 191 ff.; *Wieacker*, Privatrechtsgeschichte, S. 353 ff.; *Klemann*, Historische Rechtsschule, S. 13 ff.

5 *Savigny*, Beruf, S. 14.

6 *Savigny*, System I, S. 14. Von Volksgeist sprach ebenfalls *Puchta* in: *Ders.*, Cursus der Institutionen I, S. 15. Allerdings war dieser Begriff keine Erfindung der historischen Rechtsschule, vgl. dazu m. w. N. *Klemann*, Historische Rechtsschule, S. 26.

7 *Savigny*, Beruf, S. 11.

8 Diese Auffassung vertraten z.B. *Savigny* und *Puchta*, vgl. *Klemann*, Historische Rechtsschule, S. 33. m. w. N.

9 Zu *Georg Puchta* (1798–1846) vgl. *Eisenhart*, ADB Bd. 26, S. 685 ff.

che. In Anlehnung an das rationalistische Denken der Aufklärung rückte *Puchta* dabei jedoch von dem organischen Rechtsdenken *Savignys* ab, indem er ein wissenschaftliches Recht als Rechtsquelle anerkannte und den Rechtsbegriffen eine selbständige intellektuelle Existenz zusprach. Bei diesem wissenschaftlichen Recht handelte es sich um Rechtssätze, von denen man annahm, daß sie durch die wissenschaftliche Betrachtung des Rechts hervorgebracht seien und daß sie durch ihre innere Wahrheit zum Recht würden[10].

Die Germanisten[11], zu dessen bedeutendsten Vertretern *Georg Beseler*[12] zählte, verstanden hingegen *Savignys* methodischen Ansatz von der organischen Bildung des Rechts aus der Volksüberzeugung als Verweis auf das ältere germanische und mittelalterliche deutsche Recht[13].

Ihre Geburtsstunde erlebte die historische Rechtschule 1814 mit dem Erscheinen von *Savignys* Schrift „Vom Beruf unserer Zeit für Gesetzgebung und Rechtswissenschaft“[14], welche als Antwort auf *Thibauts*[15] Forderung nach der Kodifizierung eines allgemeinen bürgerlichen Rechts für ganz Deutschland gedacht war[16]. Von diesem Zeitpunkt an begann die historische Methode sich von ihrem Ausgangspunkt im Privatrecht auszubreiten, bis sie schließlich auch

---

10 Vgl. *Puchta*, Gewohnheitsrecht, Bd. II, S. 15 f. Es gab nur wenige Juristen, die so konsequent wie *Puchta* ein wissenschaftliches Recht anerkannten, vgl. dazu m. w. N: *Schröder*, Recht als Wissenschaft, S. 199. Bei *Savigny* war das wissenschaftliche Recht nur eine Rechtsquelle im „relativen Sinn“, indem er forderte, daß die wissenschaftlich nicht ausreichend gebildeten Praktiker sich an der herrschenden Meinung der wissenschaftlichen Rechtslehrer orientieren sollten, vgl. dazu. m. w. N: *Schröder*, Recht als Wissenschaft, S. 199.

11 Die einflußreichsten Germanisten waren *Georg Beseler* und *Otto von Gierke*, vgl. *Schröder*, Recht als Wissenschaft, S. 207.

12 Zu *Georg Beseler* (1809–1888) vgl. *Kleinheyer / Schröder*, Juristen, S. 52 ff.; *Hübner*, ADB Bd. 46, S. 445 ff.

13 Vgl. zu dem Konflikt zwischen Germanisten und Romanisten: *Bekker*, Jahrb. f. Gesellsch. u. Staatsw., 1865, S. 393 ff. (409).

14 *Savigny*, Vom Beruf unserer Zeit für Gesetzgebung und Rechtswissenschaft, Heidelberg 1814.

15 Zu *Anton Friedrich Justus Thibaut* (1772–1880) vgl. *Landsberg*, ADB, Bd. 37, S. 737 ff.

16 *Thibaut*, Ueber die Notwendigkeit eines allgemeinen bürgerlichen Rechts für Deutschland, Heidelberg 1814. *Thibaut* wollte mit dieser Schrift zeigen, daß den Deutschen „nichts heilsamer sein“ könne, „als ein durch Benutzung der Kräfte der gebildetesten Rechtsgelehrten verfaßtes bürgerliches Recht für ganz Deutschland“, so jedenfalls, *Bekker*, Jahrb. f. Gesellsch. u. Staatsw. 1865, S. 393 ff. (399).

auf das Strafrecht angewendet wurde[17]. Gleichzeitig hielt sie auch Einzug in das Lehrprogramm der juristischen Fakultäten[18].

In bezug auf Temmes juristischen Werdegang stellt sich die Frage, ob er, der im Jahre 1814 sein Studium begann, bereits an der Universität mit den Lehren der historischen Rechtsschule in Berührung kam. Die Universität Göttingen, die er ab dem Wintersemester 1816 für ein Jahr besuchte, wurde schon zu diesem Zeitpunkt von der historischen Rechtsschule bestimmt. Einerseits unterrichtete dort bereits *Gustav Hugo*[19], der als ein Wegbereiter der historischen Rechtsschule bezeichnet werden kann, und andererseits lehrte dort seit dem Sommersemester 1817 auch *Carl Friedrich Eichhorn*[20], mit dessen Lehrbeginn die Georgia Augusta in Göttingen nach Berlin zum Zentrum der geschichtlichen Rechtswissenschaft wurde[21]. Man kann also durchaus davon ausgehen, daß Temme bereits während seiner Studienzeit mit der Denkrichtung der historischen Rechtsschule konfrontiert und von dieser beeinflußt wurde.

Allerdings bedarf die Frage, inwiefern man ihn als einen typischen Vertreter der historischen Rechtsschule bezeichnen kann, einer eingehenderen Untersuchung. Im Rahmen seiner Darstellung der Züricher Professorentätigkeit Temmes[22] kommt *Odermatt* zu dem Ergebnis, dieser sei ein „überzeugter Anhänger der historischen Rechtsschule"[23] gewesen. Es wird im einzelnen zu klären sein, ob dieser These vollumfänglich zugestimmt werden kann.

Unzweifelhaft ist, daß Temme den Wert historischer Forschung für Fragen der Reform des Strafverfahrens durchaus anerkannte, wofür beispielhaft sein klares Bekenntnis zur historischen Methode in dem Vorwort seines Lehrbuches des preußischen Strafrechts[24] aus dem Jahre 1853 angeführt werden kann:

> „Ueber einiges Andere in dem Buche darf ich noch wenige Worte beifügen. Zuvörderst zwar nicht darüber, daß ich, sowohl bei den einzelnen Verbrechen, als bei den wichtigeren Lehren des allgemeinen Theils eine kurze geschichtliche Einleitung vorangeschickt habe; eine solche Behandlung, namentlich der Strafrechts-

---

17 Zu dem Einfluß der historischen Schule auf das Strafrecht vgl. *Biener*, ACR 1829, S. 476 ff. Vgl. dazu auch: *Schmidt*, Geschichte, S. 285.

18 Vgl. dazu *Siemann*, Frankfurter Nationalversammlung 1848/49, S. 44 ff.

19 Zu *Gustav Hugo* (1764–1844) siehe *Mejer*, ADB Bd. 13, S. 321 ff. Zu seiner Person auch: *Bekker*, Jahrb. f. Gesellsch. u. Staatsw. 1865, S. 393 ff. (397 f.).

20 Zu *Carl Friedrich Eichhorn* (1779–1856) vgl. *Mejer*, ADB Bd. 5, S. 737 ff.

21 *Siemann*, Frankfurter Nationalversammlung 1848/49, S. 49.

22 Zu dieser Zeit siehe: 1. Teil, 1. Kapitel F).

23 *Odermatt*, Universität Zürich, S. 106.

24 Zu diesem Werk *Temmes* bereits oben: 1. Teil, 2. Kapitel C).

> wissenschaft in einem Lehrbuche , dürfte gegenwärtig allgemein als nothwendig anerkannt sein."[25]

Dies allein kann allerdings nicht ausreichen, ihn als einen ausgewiesenen Vertreter der historischen Rechtsschule einzuordnen. Man muß vielmehr einräumen, daß die allmähliche Verbreitung der Lehren der historischen Rechtsschule in Deutschland ganz generell zu einer bemerkenswerten Belebung des rechtsgeschichtlichen Studiums geführt hatte. Gerade bei Erörterungen von Fragen zur Rechtsreform wurden oftmals historische Forschungen über den Ursprung eines Rechtsinstituts angestellt, ohne daß diese Untersuchungen in direktem Zusammenhang mit der Volksgeist- oder Organismuslehre der historischen Rechtsschule standen. Dabei waren sich viele Juristen selber nicht darüber im klaren, ob sie nun Anhänger der historischen Rechtsschule waren oder nicht[26]. Temme war, wie angedeutet, ebenfalls durch diese Strömungen in der Rechtswissenschaft beeinflußt, allerdings unterschied sich sein Denkansatz in vielem von der historischen Rechtsschule *Savignys*.

Ein erster Unterschied, der bei näherer Betrachtung der historischen Untersuchungen Temmes sofort ins Auge fällt, besteht darin, daß er im Gegensatz zu *Savigny* nicht der Auffassung war, daß das römische Recht dem Volksgeist entspreche, was zur Folge hatte, daß er sich von dem romanistischen Zweig der historischen Rechtsschule gänzlich abwandte. Er verstand *Savignys* methodischen Ansatz von der organischen Entwicklung des Rechts aus dem Volksgeist vielmehr als Rückbesinnung auf das ältere germanische Recht. Infolgedessen kritisierte Temme in Übereinstimmung mit den Germanisten die einseitige Berufung auf das römische Recht als Rechtsquelle[27]:

> „Das Recht, das unsere germanischen Vorfahren mit ihrem klaren, geraden redlichen Rechtssinne aus ihrem ganzen innersten Leben heraus sich gebildet hatten, war schon vor vielen hundert Jahren durch das fremde römische Recht immer mehr inficirt und nach und nach, immer mehr inficirt oder bis zur Unkenntlichkeit verändert, romanisiert worden. Das römische Recht aber war entstanden in einem Staat, in welchem die Unterdrückung der einzelnen Klassen des Volkes durch die anderen höher stehenden Klassen förmlich hierarchisch ausgebildet war."[28]

In bezug auf den Strafprozeß stellte er fest, daß das altgermanische Strafverfahren in seinen Grundzügen einfacher und gerechter als jedes andere gewesen

---

25 *Temme*, Lehrbuch des Preussischen Strafrechts, S. VI.

26 *Klemann*, Historische Rechtsschule, S. 41.

27 Auf diese Auffassung *Temmes* wurde bereits im Zusammenhang mit der Schwurgerichtsdebatte hingewiesen, vgl. 2. Teil, 8. Kapitel B) I.

28 *Temme*, Was wir wollen, Teil IV, in: Neue Oder-Zeitung, Breslau 7. Juni 1851. Diese negative Bewertung der Rezeption des römischen Rechtes findet sich in *Temmes* Ausführungen an vielen Stellen, siehe etwa auch: *Ders.*, Grundzüge, S. 6 f.

sei und die Freiheit des Individuums und des ganzen Volkes in weit höherem Maße als jedes andere gewährleistet habe. Dieses Verfahren sei vor allem durch das Anklageprinzip geprägt gewesen, und dabei habe der Angeklagte nur von der Gemeinde, also von Seinesgleichen, gerichtet werden können. Deshalb sei bei den alten Germanen die „Freiheit geschützt“[29] gewesen.

Dieses „heimische Recht“ sei jedoch durch das römische und kanonische Recht mehr und mehr verdrängt worden. Zwar räumte Temme ein, daß das römische Strafprozeßrecht in seinen Anfängen durchaus viele „Elemente der Freiheit“ enthalten habe, jedoch sei dieses im Lauf der Zeit durch „privilegirte Kasten“ des römischen Volkes in ihrem Interesse modifiziert worden, und habe dadurch seinen „ursprünglichen Charakter“[30] verloren:

> „So finden wir denn in dem Justinianischen Rechte den Grundsatz des Gerichtsstandes der That starr ausgeführt; den Anklageprozeß im Interesse eines dem Absolutismus dienenden Offizialverfahrens durchlöchert und zerrissen und dadurch dem schnödesten Denunciantenwesen die Bahn geöffnet; dadurch zugleich ein Beweisverfahren herbeigeführt, das, um seine Mängel weniger fühlbar zu machen, großen Theils auf bestimmte abstrakte Regeln zurückgeführt werden mußte, die eben, weil sie abstrakt waren, dem konkreten Leben überall Hohn sprachen; selbst die größte Schmach der civilisirten Welt, die Tortur war nicht verschmäht.“[31]

Obwohl der „zähe Charakter des Deutschen seinen angestammten Anklageprozeß, mit dessen die Freiheit schützenden Formen“ nicht ganz habe aufgeben wollen und dieser für leichtere Vergehen als „Scheinbild“ erhalten geblieben sei, sei der Zustand der deutschen Strafrechtspflege infolge des Eindringens der fremden Gesetze „empörend, grausam und unmenschlich“[32], ja geradezu ein „Hohn auf die Gerechtigkeit“[33] geworden. Die Strafgesetze, die auf diese Weise in Deutschland im Laufe der Jahrhunderte Einzug gehalten hätten, kodifizierten „alles andere, nur nicht ein Recht, das das Volk als Recht anerkennt oder anerkennen kann“[34].

> „Die älteste Geschichte des römischen Rechts zeigt uns dieses einerseits fest und starr, andererseits für seine praktische Anwendung meist als ein Geheimnis in den

29 *Temme*, Grundzüge, S. 6.

30 *Temme*, Grundzüge, S. 7.

31 *Temme*, Grundzüge, S. 7.

32 *Temme*, Grundzüge, S. 8.

33 *Temme*, Grundzüge, S. 9.

34 *Temme*, Was wir wollen, Teil IV, in: Neue Oder-Zeitung, Breslau,7. Juni 1851.

Händen Einzelner, die es dem Volke vorenthielten. Das war ein Regierungs- aber kein Volksrecht."[35]

Infolgedessen forderte er, daß die „Berechtigung des im Volke lebenden Rechtssinnes und Rechtes" wieder anerkannt und das in ihm lebende Rechtsbewußtsein wieder zur Geltung gebracht werden müsse. Dieses solle wie vormals die alleinige Rechtsquelle sein. Temmes Berufung auf das Rechtsbewußtsein im Volke, entspricht im Grundsatz der Berufung *Savignys* auf den Volksgeist als Rechtsquelle. Zwar vertrat dieser die Auffassung, daß das römische Recht dem Volksgeist am ehesten entspreche, während Temme ihn primär mit dem germanischen Recht verband, jedoch ist ihr gedanklicher Ansatz ähnlich. Sie waren beide der Überzeugung, daß alles Recht zuerst als Gewohnheitsrecht in der Rechtsüberzeugung des Volkes verwurzelt sei. *Savigny* entfernte sich dann jedoch gedanklich von Temme, indem er die Auffassung vertrat, daß die Juristen bei der Rechtssetzung das Volk repräsentierten und das von ihnen geschaffene Juristenrecht mit dem im Volke lebenden Gewohnheitsrecht übereinstimme. Diese Vorstellung *Savignys* von der Repräsentation des Volkes durch den Juristenstand stellte Temme jedoch nachdrücklich in Frage, indem er andeutete, daß dieser insgeheim den Juristenstand als einen „Handlanger der Obrigkeit" ansehe, der das „Geschäft der Obrigkeit" zu betreiben habe:

„Wie sehr Savigny dabei, wenn er es auch nicht geradezu ausspricht, das Gesetzgeben nur als ein Geschäft der Obrigkeit ansieht, was er denn auch konsequent nicht anders kann, zeigt sein Ausspruch, daß 'in der Geschichte jedes Volkes Entwickelungsstufen und Zustände eintreten, die der Rechtserzeugung durch ein gemeinsames Volksbewußtsein nicht mehr genügend sind, wo also diese unter allen Umständen unentbehrliche Thätigkeit großentheils der Gesetzgebung von selbst zufallen werde'. Das Volk wird in solcher Weise nicht einmal mehr als ein bloßer Unmündiger aufgefaßt, sondern auch als ein krankes Kind, dem der Arzt Medicin geben müsse. Den besonderen 'Juristenstand' als den ausschließlichen Träger der Jurisprudenz von dem er spricht, stellt er sich gleichfalls natürlich nur als einen Handlanger der Obrigkeit vor."[36]

Folglich lehnte Temme das von den Juristen geschaffene Recht gänzlich ab:

„Das Juristenrecht, wenn man darunter das von Juristen gemachte Recht versteht, ist vom Uebel. Vom Guten ist das Juristenrecht nur, wenn und in so weit es dem in dem allgemeinen Bewußtsein des Volkes lebenden Rechte dienet."[37]

---

35 *Temme*, Berufung auf das Rechtsbewußtsein im Volke, in: ACR 1854, S. 586 ff. (593).

36 *Temme*, Lehrbuch des Preussischen Strafrechts, S. 24.

37 *Temme*, Berufung auf das Rechtsbewußtsein im Volke, in: ACR 1854, S. 586 ff. (601).

Ein Juristenrecht war für ihn nur dann zulässig, wenn dieses unmittelbar der Kodifizierung des auf der Überzeugung des Volkes fußenden Gewohnheitsrechtes diente. Im Gegensatz zu *Puchta* wollte er also auf keinen Fall wissenschaftliches Recht als eingene Rechtsquelle anerkennen:

> „Wie jede Wissenschaft für ihren Gegenstand, so hat auch die Rechtswissenschaft unstreitig eine hohe Aufgabe für das Recht. Aber sie muß sich darum nicht einbilden, daß sie eine Quelle, eine Schöpferin des Rechts sei. Ihre Aufgabe ist, die Grundsätze des Rechts zum klaren und allgemeinen Bewußtsein zu bringen durch Aufsuchung des obersten Grundsatzes des Rechts, durch Entwicklung der weisen Grundsätze aus jenem, durch Verbindung aller miteinander, durch Ordnung und Darstellung des gesamten Rechtsstoffes auf historischem wie dogmatischen Wege."[38]

In diesem Zusammenhang kritisierte er, daß sich das wissenschaftliche Recht inzwischen vollkommen von dem im Volke lebenden Gewohnheitsrecht gelöst habe, indem er darauf hinwies, daß „ein Institut, das einzelne Gelehrte mit großem Aufwande von Wissenschaft und Scharfsinn zu kultivieren und zu heben" suchten, „unmöglich in dem Leben des Volkes wurzeln"[39] könne[40].

Im Rahmen der kurzen Besprechung von Temmes „Glossen zum Strafgesetzbuch für die preußischen Staaten" wurde bereits darauf hingewiesen, daß dieser den Grundsatz, daß das wissenschaftliche bzw. das Juristenrecht auf dem allgemeinen Rechtsbewußtsein des Volkes gegründet sein müsse, von den Strafrechtswissenschaftlern der damaligen Zeit mißachtet sah[41]. Deshalb seien Gesetze entstanden, die „alles Andere, nur nicht ein Recht, das das Volk als Recht"[42] anerkenne, enthielten:

> „Der vernünftige, verständige, unbefangene Mann, wenn der gelehrte Jurist noch so gelehrt und scharfsinnig ihm das Gesetz auslegt, wird erstaunen, er wird die Hände über dem Kopf zusammenschlagen über solch ein Recht, begreifen wird er nie und nimmer, daß das in der Tat Recht sein könne."[43]

---

38 *Temme*, Berufung auf das Rechtsbewußtsein im Volke, in: ACR 1854, S. 586 ff. (601).

39 *Temme*, Grundzüge, S. 10.

40 In seiner Kritik am wissenschaftlichen Recht und seiner Berufung auf das Volksrecht erinnert *Temme* an *Georg Beseler*, der davon ausging, daß Juristenrecht dem Volksrecht feindlich gegenübertreten könne, und dafür eintrat, gegenüber dem Juristenrecht wieder das Volksrecht zur Geltung zu bringen, vgl. dazu: *Schröder*, Recht als Wissenschaft, S. 198; *Kern*, Georg Beseler, S. 371 ff.

41 Siehe dazu: 1. Teil, 2. Kapitel D).

42 *Temme*, Was wir wollen, Teil IV, in: Neue Oder-Zeitung, Breslau,7. Juni 1851.

43 *Temme*, Was wir wollen, Teil VI, in: Neue Oder-Zeitung Breslau, 14. Juni 1851.

Infolgedessen distanzierte er sich von der Methodik der historischen Rechtsschule, die „mit allem Apparat der Gelehrsamkeit" wissenschaftliche Untersuchungen anstelle und dabei festzustellen suche, „was vor tausend und mehreren tausend Jahren das Rechtsbewußtsein fremder Völker als Recht anerkannte"[44]:

> „In der neueren Zeit bricht sich in der deutschen Rechtswissenschaft mehr und mehr die Anerkennung des Satzes Bahn, daß das wahre Recht in einem Staate nur dasjenige sein könne, das in dem allgemeinen Rechtsbewußtsein des Volkes lebt. Nicht der eigentlich sog. historischen Schule unserer Juristen gebührt das Verdienst dieser Anerkennung. Sie hat eine Stellung eingenommen, die solche Ansichten nicht als berechtigt gelten lassen konnte."[45]

Im Rahmen seiner Kritik an der von der Rechtsüberzeugung des Volkes gänzlich abgehobenen Wissenschaftlichkeit der historischen Methode hielt Temme es für sehr „sonderbar", daß die historische Rechtsschule „die Geschichte als mit der Gegenwart beendigt"[46] ansehe und sich nicht damit beschäftige, was gegenwärtig in dem Volke und dessen Bewußtsein als Recht lebe[47]. In diesem Zusammenhang mißfiel ihm insbesondere die Herangehensweise *Bieners*[48], der sich in einer Abhandlung aus dem Jahre 1845 in bezug auf die Notwendigkeit der Einführung einer Staatsanwaltschaft dahingehend geäußert hatte, daß man aus der Tatsache, daß in „Deutschland im Mittelalter und im 16. Jahrhundert nur ein förmlicher Kläger von Amtswegen anerkannt" worden sei „und seitdem wo der Fiscal angenommen wurde, ein articulirter Klaglibell üblich war", folgern könne, daß dem „Staatsanwalt die Stellung als öffentlicher Ankläger im Allgemeinen"[49] zugeschrieben werden müsse. Dieser „einseitig historische Standpunkt" rief Temmes Kritik hervor:

> „Nur dann dürfen wir ein historisches Institut wieder aufnehmen, wenn es zugleich seine fortdauernde historische Berechtigung hat, wenn die Bedingungen, unter denen es sich als ein nothwendiges erzeugte und ausbildete, noch dieselben, und

---

44 *Temme*, Berufung auf das Rechtsbewußtsein im Volke, in: ACR 1854, S. 586 ff. (602).

45 *Temme*, Berufung auf das Rechtsbewußtsein im Volke, in: ACR 1854, S. 586 ff. (586).

46 *Temme*, Berufung auf das Rechtsbewußtsein im Volke, in: ACR 1854, S. 586 ff. (602).

47 *Temme*, Berufung auf das Rechtsbewußtsein im Volke, in: ACR 1854, S. 586 ff. (602).

48 *Biener*, Zeitschr. f. gesch. Rechtsw. Bd. 12 1845, S. 69 ff. *Biener* besaß zur damaligen Zeit eine hervorragende Bedeutung als strafrechtshistorischer Forscher, vgl. dazu: *Schmidt*, Geschichte, S. 286.

49 *Temme*, Anzeigen und Kritiken, in: ZsDtStrafverfahren 1844, S. 428 ff. (429).

wenn auch sie wieder als nothwendige Erscheinungen in dem Leben des Staates, um welchen es sich handelt, sich darstellen."[50]

Temme lehnte somit eine ausschließlich historische Betrachtungsweise eindeutig ab und sprach sich in diesem Zusammenhang gegen die Wiederbelebung von Rechtsinstituten aus, die zwar einen historischen Boden in Deutschland, jedoch keine „fortdauernde historische Berechtigung"[51] mehr besäßen. Er wollte also die im Volke wurzelnde Rechtsüberzeugung immer an der Gegenwart überprüft wissen[52].

Diesen Gegenwartsaspekt betonte er im Laufe der Zeit immer mehr und er begann sich allmählich von der einseitigen Betrachtung des Rechtes in seiner geschichtlichen Entwicklung zu lösen. Parallel dazu bekam der Begriff des im Volke wohnenden Rechtsbewußtseins für ihn eine immer stärker werdende politische Bedeutung, auf die bereits im Zusammenhang mit der Schwurgerichtsdebatte hingewiesen wurde[53]. Infolgedessen verknüpfte er in der Zeit nach der Revolution den Begriff des Rechtsbewußtseins des Volkes unmittelbar mit dem demokratischen Grundprinzip der Volkssouveränität:

> „So wie alles Recht, besonders das Strafrecht, nur vom Volke ausgeht, so hat es auch sein wahres und lebendiges Leben stets nur im Volke selbst. Nur in dem Volke selbst kann daher die klarste und richtigste Ueberzeugung wohnen, ob auch durch eine einzelne That das Recht gebrochen sei oder nicht, ob der Thäter eine Strafe verdient habe habe oder nicht."[54]

Für Temme korrespondierte die Zielvorstellung des politischen Liberalismus, den Regierungen der deutschen Bundesstaaten und dem ihnen hörigen Juristenstand, der für *Savigny* bei der Kodifizierung des Rechts noch das Volk repräsentierte, das Recht der Gesetzgebung zu entziehen und es auf dem Wege über gewählte Volksvertretungen direkt in die Hände des Volkes zu legen, unmittelbar mit der rechtspolitischen Forderung, das Bewußtsein des Volkes als die alleinige Rechtsquelle anzuerkennen. Er war davon überzeugt, daß die „Jurisprudenz des gesamten Volkes unstreitig für das Volk mehr und besser Recht bilden könne, als die Jurisprudenz eines besonderen Juristenstandes"[55].

---

50 *Temme*, Anzeigen und Kritiken, in: ZsDtStrafverfahren 1844, S. 428 ff. (429).

51 *Temme*, Anzeigen und Kritiken, in: ZsDtStrafverfahren 1844, S. 428 ff. (429).

52 Dies steht im Widerspruch zu der Rechtsauffassung *Savignys*, der davon ausging, daß eine Verwerfung des Gegebenen unmöglich sei und man dieses zwangsläufig in der Gegenwart als Gewordenes respektieren müsse, vgl. *Ders.*, Zeitschr. f. gesch. Rechtsw. 1815, S. 1 ff. (4).

53 Siehe dazu: 2. Teil, 8. Kapitel C) I. und E).

54 *Temme*, Grundzüge, S. 17.

55 *Temme*, Lehrbuch des Preussischen Strafrechts, S. 25.

Dies gelte in besonderem Maße für das Strafrecht, da die Rechtsanschauung des Volkes darüber, was als Verletzung des objektiven Rechts, als zu strafendes Unrecht gelte, so „klar und entschieden" sei, „daß eben nur durch positive Gesetze Unklarheit und Schwankung darin hervorgebracht werden"[56] könnten.

Damit stellte er sich eindeutig in Gegnerschaft zu *Savigny*, dem es fernlag, dem Volk auf der Grundlage seiner Volksgeistlehre politische Souveränität zuzusprechen. Dieser verknüpfte mit dem Begriff des Volksgeistes keinesfalls die Vorstellung einer politisch bestimmenden Staatsnation. Für ihn entstand das Recht nicht in staatlicher, sondern allein in geistiger Sphäre mittels eines ungreifbaren Prozesses, der sich auf der Gefühls- und Glaubensebene des Volkes vollzog. Eine solche Vorstellung lehnte Temme nachdrücklich ab:

> „Das Recht des Volkes entsteht nicht blos, wie Savigny behauptet, durch den Volksglauben und durch die darauf gebaute Gewohnheit, also wie unsichtbar, so auch unbewußt, und eben so wenig wird das eigentliche Volksrecht auch blos in solcher Weise fortgebildet. Wie vielmehr nicht ein dunkles Gefühl, ein Glaube, blos eine Ahnung, sondern nur ein lebendiges Bewußtsein des Rechts das Recht in dem Volke erzeugt, so bildet auch nur dieses Rechtsbewußtsein das Recht durch Fortzeugung weiter aus. Und wie das bewußt geschieht, so geschieht es auch sichtbar."[57]

Savigny ordnete dagegen das Recht dem Bereich des Geistes und den Staat dem Bereich der Politik zu und wollte diese beiden Bereiche streng voneinander geschieden wissen[58]. Gegen diese Trennung von Recht und Staat wehrte Temme sich entschieden:

> „Allerdings kann man den Staat in gewisser Weise die Rechtsordnung nennen. Aber seinem eigentlichen Wesen nach, in seiner weitesten und tiefsten Bedeutung ist der Staat eine Vereinigung zur ausgedehntesten menschlichen, geistigen, sittlichen und körperlichen Entwickelung. In sofern ist denn das Recht, so wie allerdings mit Zweck, so aber auch Mittel für die Existenz des Staats. Der Staat kann nicht gedacht werden ohne die Herrschaft des Rechts. Die Herrschaft des Rechts ist aber weder der alleinige Zweck, noch das alleinige Mittel seiner Existenz. Die Handhabung des Rechts bildet daher nur einen Theil der Staatsgewalt. Aber sie ist immer einer der wesentlichsten Theile derselben."[59]

---

56 *Temme*, Lehrbuch des Preussischen Strafrechts, S. 25. Allerdings mußte *Temme* sich später von *Osenbrüggen* den Vorwurf gefallen lassen, bei der Berufung auf das Rechtsbewußtsein im Volke handele es sich um eine „unbestimmte Größe", und man könne nicht annehmen, daß das Volk der Handhabung der Rechtspflege gewachsen sei, vgl. *Ders.*, ACR 1854, S. 159, 169.

57 *Temme*, Lehrbuch des preußischen Strafrechts, S. 23.

58 Vgl. dazu: *Siemann*, Frankfurter Nationalversammlung 1848/49, S. 62.

59 *Temme*, Grundzüge, S. 3.

Stattdessen stellte er das Recht in einen unmittelbaren staatsrechtlichen und politischen Zusammenhang. Damit löste er sich von der durch *Savigny* geprägten Vorstellung vom organischen Ganzen des Staates und des Volkes und von der ausschließlich evolutionären Entfaltung des Rechtes aus dem Volksgeist, welche einem Widerstandsrecht des Volkes gegen die Obrigkeit und damit der politischen Revolution jegliche Legitimation absprach. In diesem Zusammenhang sah er die konsequente Beachtung des von ihm für grundlegend gehaltenen Rechtsbewußtseins des Volkes in der Rechtspflege im politischen Bereich nur auf dem Boden der Volkssouveränität bzw. der Demokratie gewährleistet:

> „Was wir wollen? Wir wollen ihn aus der Welt schaffen, diesen Satz, nach welchem das positive Recht sich als das größte Unrecht im Rechtssinne des Volkes darstellen darf. Wir wollen Wiederherstellung der Berechtigung des im Volke lebenden Rechtssinnes und Rechtes. Sie ist leicht, diese Wiederherstellung, freilich ist sie nur der Demokratie leicht. Jedem anderen Regiment ist sie unmöglich.“[60]

Zusammenfassend läßt sich mithin folgendes festhalten: Man kann zwar durchaus annehmen, daß Temme der historischen Methode und ihrer Betrachtung der historischen Bedingtheit des Rechts nahestand, jedoch ist klar erkennbar, daß er dieser gegenüber im Laufe der Zeit eine gewisse Eigenständigkeit entwickelte. Er war ein ausgesprochener Gegner der französischen Elemente im deutschen Straf- und Strafverfahrensrecht, da diese „ihren Ursprung dem napoleonischen Terrorismus zur Befestigung des Kaiserregiments in Frankreich“[61] verdankten und er so viel wie möglich „Deutsches Recht und Deutsche Rechtsanschauungen gegenüber der französischen Jurisprudenz“[62] retten wollte. Die historische Methode diente ihm als ein Mittel, unerwünschten französischen Rechtsinstitutionen wie bspw. den Schwurgerichten den „historischen Boden“ für die deutschen Bundesstaaten zu entziehen und deren Einführung in Deutschland mithin abzulehnen[63]. Außerdem war er infolge seiner gezielten Anwendung der historischen Methode neuen Kodifikationen des Rechtes gegenüber abgeneigt, da er mit ihnen die Gefahr verband, daß die „wesentlichen Grundsätze, die seit mehr als tausend Jahren in dem deutschen Strafrechte galten“, zugunsten von neuen Grundsätzen, die „theoretisch mit den germanischen Rechtsansichten sich nie vereinigen“ ließen, auf einmal

---

60 *Temme*, Was wir wollen, Teil IV, in: Neue Oder-Zeitung, Breslau,7. Juni 1851.

61 *Temme*, Das Strafgesetzbuch für die preußischen Staaten, in: Neue Oder-Zeitung, Breslau, 16. Mai 1851.

62 *Temme*, Lehrbuch des Preussischen Strafrechts, S. VII.

63 Vgl. hierzu: 2. Teil, 8. Kapitel B) I.

„völlig über den Haufen"[64] geworfen würden. Berücksichtigt man weiter, daß er das römische Recht für nicht mit dem Rechtsbewußtsein des deutschen Volkes vereinbar hielt und die wissenschaftliche Beschäftigung mit ihm daher ablehnte, so erscheint es durchaus gerechtfertigt, ihn als Vertreter einer germanistischen, strafrechtlich akzentuierten Richtung der historischen Rechtsschule anzusehen. Andererseits konnte jedoch auch gezeigt werden, daß Temme eine ihm zu einseitig erscheinende ausschließlich historische Betrachtungsweise, die von einer absoluten Macht des Gewordenen ausging und keinen Raum für Veränderungen in der Gegenwart ließ, ablehnte. Schließlich ging er im Zusammenhang mit den revolutionären Ereignissen von 1848/49 und aufgrund seiner dabei immer deutlicher werdenden demokratischen Grundüberzeugung dazu über, die grundlegende Vorstellung vom Rechtsbewußtsein im Volk aus ihrem historischen Zusammenhang zu lösen und diesen Begriff auf rechtlicher Ebene mit dem Gedanken der Volkssouveränität bzw. der Demokratie auf der politischen Ebene zu verknüpfen. Nicht durch den Juristenstand oder einen absolutistischen Gesetzgeber dürfe das Recht gemacht werden, sondern einzige Rechtsquelle müsse das Rechtsbewußtsein des Volkes sein, wobei das Volk seine Rechtsüberzeugung in einem demokratischen Staat unmittelbar zum Ausdruck bringen könne.

Wenn der historischen Rechtsschule *Savignys* gemeinhin der Vorwurf gemacht wird, daß diese die Interessen der Reaktion vertreten habe, indem die Annahme der organischen Entwicklung des Rechts aus dem Volksgeist grundlegende und einschneidende Neuerungen auf rechtliche Ebene nicht zuließ[65], so kann dieser Vorwurf gegen die Ausprägung, die der Begriff des im Volke wurzelnden Rechtsbewußtseins und die Berufung auf das germanische Recht bei Temme erfuhren, sicher nicht erhoben werden. Dieser hatte die Zielvorstellung, daß die Rechtswissenschaft nicht mehr als Juristenrecht über den einfachen Staatsbürgern schweben und infolgedessen dem Volk auch das Recht nicht mehr von einem absolutistischen Gesetzgeber oktroyiert werden sollte.

Deshalb stellte er einen unmittelbaren gedanklichen Zusammenhang zwischen seiner rechtspolitischen Berufung auf das „Rechtsbewußtsein im Volke" und der allgemeinpolitischen Forderung nach der Volkssouveränität bzw. der Demokratie her. Zusammenfassend kann man daher feststellen, daß Temme in seinen Schriften aus der Zeit nach der Revolution von 1848/49 unter dem Begriff des im Volke lebenden Rechtsbewußtseins weniger nach den historischen

64 *Temme*, Das Strafgesetzbuch für die preußischen Staaten, in: Neue Oder-Zeitung, Breslau, 16. Mai 1851.

65 Zu dieser Kritik vgl. *Klemann*, Historische Rechtsschule, S. 27.

Wurzeln bestimmter Rechtsinstitute forschte, sondern daß er diesen Begriff nunmehr mit der politischen Forderung verband, daß die Kompetenz zur Rechtssetzung grundsätzlich vom Volk ausgehen müsse. Damit löste er den Begriff des Rechtsbewußtseins im Volke endgültig aus seiner engen Anbindung an die historische Rechtsschule und formte ihn unter dem Einfluß der in der Revolution lautstark vertretenen Ideen von nationaler Einheit und demokratischer Freiheit zu einem politischen „Kampfbegriff gegen die bestehenden Verhältnisse“[66] um.

B) Inhaltliche Betrachtung: Temme, ein liberaler Strafverfahrensrechtler?

Wenn man Temmes politischen und juristischen Werdegang insgesamt betrachtet und dabei den Fokus auf seinen Beitrag zur Reform des Strafprozeßrechts in Deutschland richtet, so kann man ihn zusammenfassend als einen bedeutenden Strafprozessualisten des 19. Jahrhundersts und zugleich als einen engagierten liberalen und dem modernen Konstitutionalismus seiner Zeit zugewandten Politiker beurteilen. Es wird gemeinhin angenommen, daß die liberal-konstitutionelle Bewegung im politischen Raum einen wesentlichen Einfluß auf die Entwicklung des Straf- bzw. Strafverfahrensrechtes im 19. Jahrhundert genommen habe[67]. Infolgedessen erscheint es angebracht, noch einmal zusammenfassend und abschließend der Frage nachzugehen, inwiefern die politische und die rechtliche Komponente im Werk Temmes eine Verbindung aufweisen, und er nicht nur als Politiker, sondern auch als Reformer des Strafprozeßrechts ein Liberaler war.

In diesem Zusammenhang ist es unerläßlich, zunächst den Begriff des „Liberalismus“, der in unserer Zeit zunehmend „unschärfer“[68] geworden ist, klar und präzise zu definieren und anschließend die Auswirkungen der liberalen Gedankenwelt auf das Rechtsdenken des 19. Jahrhunderts, insbesondere auf dem Gebiet des Strafverfahrensrechtes näher zu beleuchten.

Unter der Idee des „Liberalismus“[69] versteht man eine freiheitliche Welt-, Staats- und Wirtschaftsanschauung, die im Zeitalter der Aufklärung aus dem Glauben an die Allgemeingültigkeit menschlicher Vernunfterkenntnis und an

---

66 So *Hettinger*, J.D.H. Temme, S. 167.

67 Auf diesen Zusammenhang wurde bereits in der Einleitung hingewiesen.

68 *Gall*, Liberalismus, S. 99 ff. (99).

69 Der Begriff stammt aus dem Lateinischen „liber“: frei, „liberalis“: die Freiheit betreffend, freiheitlich.

die unabdingbare Berechtigung ihrer freien und uneingeschränkten Betätigung entstand. Dieser Vernunftoptimisums forderte nicht nur Gedankenfreiheit sondern auch politische und wirtschaftliche Freiheit; er glaubte an den Fortschritt der Menschheit aus dem freien Spiel der Kräfte und lehnte obrigkeitliche, vornehmlich kirchliche oder staatliche Eingriffe in die freie geistige oder materielle Betätigung des Individuums ab[70].

Vor dem geistesgeschichtlichen Hintergrund der Aufklärung entwickelte sich der Liberalismus konkret als eine politische Bewegung gegen den Absolutismus des 17. und 18. Jahrhunderts. Die Aufklärung hatte im Bereich der Politik infolge der Auflösung des mittelalterlichen Ständestaates und der Schaffung einer zentralisierten Staatsverwaltung eine neue gegen die absolutistische Staatsordnung gerichtete Staatsidee entwickelt. Im Gegensatz zur Staatstheorie des Absolutismus, welche die absolute Herrschaft der Fürsten und Könige auf ihr Gottesgnadentum gründete, wurde in dieser Staatsidee der Aufklärung die Entstehung des Staates auf einen Gesellschaftsvertrag zwischen den einzelnen Individuen eines Volkes zurückgeführt, mit dem das Volk insgesamt als Souverän des Staates, welches seinen politischen Willen im Akt der Gesetzgebung Ausdruck verleiht, dem Einzelnen durch einen Verzicht auf seine schrankenlos natürliche Freiheit seine staatsbürgerliche Freiheit sichert[71].

Ausfluß dieser die geistigen und politischen Freiheit des Individuums betonenden Gedankenwelt der Aufklärung war die Entwicklung der liberalen Weltanschauung, die nach der Diskreditierung der absolutistischen Staatsidee im Gefolge der französischen Revolution allmählich die geistige und politische Vorherrschaft in Europa gewann[72]. Unter dem Einfluß der gezielteren Denkrichtung des politischen Liberalismus wurde die philosophisch fundierte Ideenwelt der Aufklärung im 19. Jahrhundert, der „Epoche des Liberalismus“[73], in eine politische Programmatik umgewandelt, die dann in die Gründung liberaler Parteien mündete. Die Hauptforderungen des politischen Liberalismus waren die Überwindung der absolutistischen Staatsordnung durch den Verfassungsstaat in der Form der konstitutionellen Monarchie, die nationalstaatliche Einheit und in letzter Konsequenz die Konstituierung der parlamentarischen Demokratie. Dabei stand im Hintergrund die politische Vorstellung, daß der Mensch von unnötigen Bindungen möglichst frei sein solle, damit jeder seine

---

70 Vgl. zum Liberalismus: *Gall*, Liberalismus, S. 99 ff.

71 *Dannenberg*, Liberalismus, S. 5; *Reinhard*, Vorabend der Französischen Revolution, S. 241 ff. (357).

72 *Fenske*, Politisches Denken, S. 379 ff. (380).

73 *Sellert / Rüping*, Studien- und Quellenbuch, S. 39. Ähnlich auch: *Fenske*, Politisches Denken, S. 379 ff. (380).

Fähigkeiten ungehindert entwickeln und mit seinem eigenen Nutzen zugleich dem allgemeinen Fortschritt dienen könne[74].

Ausgehend von dieser Kennzeichnung des liberalen Weltbildes und seines philosophischen Hintergrundes soll in der Folge kurz skizziert werden, welchen Einfluß der politische Liberalismus des 19. Jahrhunderts im allgemeinen auf die Entwicklung des Strafverfahrensrechtes in dieser Zeit genommen hat[75]. Gemäß dem grundlegenden Postulat von der Freiheit des Einzelnen wurde bei der Reform des Strafprozeßrechts vor allem die Forderung erhoben, daß ein Beschuldigter im Rahmen des Strafverfahrens vor der übermächtigen Strafgewalte des Staates weitgehend geschützt und folglich für eine effektive Stärkung seiner Rechte im Strafverfahren eingetreten werden müsse[76]. Außerdem wird in rechtsgeschichtlichen Untersuchungen darauf verwiesen, daß das liberale Gedankengut dazu beigetragen habe, Kritik an der Objektstellung des Beschuldigten im Strafverfahen zu äußern und davon ausgehend die Forderung zu erheben, dem Beschuldigten die Stellung eines Subjektes des Verfahrens einzuräumen[77]. Schließlich hatte die liberal-konstitutionelle Bewegung in der politischen Öffentlichkeit der deutschen Bundesstaaten zur Folge, daß parallel zu der Forderung nach einer Beteiligung des Volkes an der Gesetzgebung im Sinne einer parlamentarischen Demokratie der Ruf nach einer Partizipation des Volkes an der Strafrechtspflege laut wurde[78].

Diese kurze Auseinandersetzung mit dem Begriff des Liberalismus und seiner Beziehung zum Strafverfahrensrecht gibt die Methode an die Hand, nach welcher bei der abschließenden Beurteilung der Frage, ob Temme ein liberaler Strafverfahrensrechtler war, vorgegangen werden kann. Zunächst wird in dem ersten Schritt gezielt danach gefragt, ob und bei welcher Gelegenheit sich Temme im Rahmen seiner Überlegungen zur Reform des Strafverfahrensrechtes direkter politischer Argumente aus dem liberalen Gedankengut bediente und sich somit ein unmittelbarer Zusammenhang zwischen seinen Rechtsvorstellungen und den politischen Ideen des Liberalismus nachweisen

---

74 *Fenske*, Politsches Denken, S. 381.

75 Zu dem Zusammenhang zwischen Liberalismus und Strafverfahren vgl. *Sellert / Rüping*, Studien- und Quellenbuch, Bd. 2, S. 39 f.; *Frommel*, Reform des Strafverfahrens, S. 548 ff. Zu der Beziehung zwischen Liberalismus und materiellem Strafrecht im 19. Jahrhundert siehe: *Dannenberg*, Liberalismus, S. 1 ff.

76 So *Sellert / Rüping*, Studien- und Quellenbuch, Bd. 2., S. 39.

77 Vgl. dazu: *Frommel*, Reform des Strafverfahrens, S. 548 ff. (550).

78 Vgl. dazu: *Schwinge*, Schwurgerichte, S. 50, der davon spricht, daß die Forderung nach Schwurgerichten einen „Niederschlag im Programm des deutschen Liberalismus" gefunden habe und diese als „unentbehrliche Bestandteile des konstitutionellen Systems" betrachtet worden seien.

läßt. Zu einer differenzierten Beantwortung der Frage, ob Temme ein liberaler Strafverfahrensrechtler war, reicht die Untersuchung, inwiefern er bei seinen strafprozessualen Reformforderungen unmittelbar politisch argumentierte jedoch nicht aus. Vielmehr muß in einem zweiten Schritt sorgfältig geprüft werden, inwieweit er bei seinen Ausführungen zum Strafprozeß zwar nicht direkt und unmittelbar politische Ideen des Liberalismus propagierte, diese jedoch indirekt und mittelbar in seine Überlegungen zur Reform des Strafverfahrensrechtes zum Ausdruck kamen, indem er zum Beispiel für eine Stärkung der Rechte des Beschuldigten im Strafverfahren oder für eine Beteiligung des Volkes an der Strafrechtspflege eintrat.

Überprüft man man das strafprozessuale Lebenswerk Temmes zunächst darauf hin, inwiefern dieser in den Streit um die Reform des Strafverfahrens unmittelbar mit liberal-politischen Argumenten eingriff, zeigt sich, daß die Revolution von 1848/49 einen Markstein in seiner Argumentation bildete. In der Zeit des Vormärz lassen seine Ausführungen zum Strafprozeß keinerlei direkte politische Bezüge erkennen. In diesen Zusammenhang ist inbesondere Temmes eindeutige und klare Ablehnung von Schwurgerichten vor der Revolutionszeit hervorzuheben[79]. Der Kampf um die Schwurgerichte war von Beginn an keine rein juristische Angelegenheit, sondern er war eine Folgeerscheinung der französischen Revolution durch welche in den Staaten des Deutschen Bundes nach dem Jahre 1815 liberal gesinnte Bildungsbürger und Politiker ihre politischen Forderungen erhoben[80]. Diese warfen den Strafrichtern vor, sie seien obrigkeitshörig und verträten ausschließlich die Interessen ihrer absolutistischen Landesherrn. Deshalb forderten sie die Beteiligung von Laien an der Strafrechtspflege, um damit das Vertrauen in die Justiz wiederherzustellen. In diesem Zusammenhang wurden die Schwurgerichte von den Kräften des politischen Liberalismus zu einem „Palladium der bürgerlichen Freiheit“ stilisiert, d. h. zu einem Schutzschild des freien Bürgers gegen die Willkürjustiz der vom Landesherren abhängigen Richter[81]. Betrachtet man Temmes Beiträge zu der Debatte um die Reform des Strafverfahrensrechtes in den vierziger Jahren des 19. Jahrhunderts nicht nur unter einem rein juristischen, sondern auch unter einem politischen Blickwinkel, und bezieht sein mutiges Eintreten für die Volkssouveränität im Rahmen der Revolution von 1848/49 in die Erwägungen mit ein, so erscheint seine rigorose Ablehnung der Schwurgerichte zunächst verwunderlich. Er versuchte aber in der Zeit des Vormärz in seinen Ausführungen zur Reform des Strafverfahrens die politischen Argumente möglichst

79 Siehe dazu: 2. Teil, 8. Kapitel B).

80 Vgl. dazu bereits: 2. Teil, 8. Kapitel A).

81 Vgl. zu dieser Skepsis gegenüber den Richtern bereits 2. Teil, 8. Kapitel B) II.

weit zurückzudrängen und seine Ablehnung größtenteils mit einer juristischen und sachlichen Argumentation zu untermauern. Lediglich am Rande wies er darauf hin, daß die Schwurgerichte eine Errungenschaft konstitutioneller Staaten seien, da die Beteiligung des Volkes an der Gesetzgebung notwendigerweise auch zu seiner Beteiligung an der Rechtsprechung führen müsse. Auch diesen direkten Hinweis auf die politische Bedeutung der Schwurgerichte nutzte er jedoch, um seine Ablehnung der Schwurgerichte nochmals zu unterstreichen, indem er sich, in bezug auf die Staatsordnung am Status Quo festhaltend, darauf berief, daß diese für das absolutistische Königreich Preußen jeglicher Grundlage entbehrten[82]. Man kann seine eindeutige Ablehnung der Schwurgerichte in der Zeit vor der Revolution damit erklären, daß Temme selbst als beamteter Richter für den preußischen Staat arbeitete und sich auf gutem Wege befand, in der preußischen Justiz Karriere zu machen[83]. Es ist davon auszugehen, daß er nicht zuletzt aus diesem Grund die in der gerade aufkeimenden liberalen Öffentlichkeit vertretene ablehnende Haltung dem Berufsrichtertum gegenüber nicht teilen konnte und wollte. Diese Solidarität mit seinem eigenen Berufsstand fand ihre folgerichtige Ergänzung in seinem Eintreten für eine freie richterliche Beweiswürdigung[84]. Während von den liberalen Befürwortern der Einrichtung von Schwurgerichten die Einführung einer freien richterlichen Beweiswürdigung wegen der dadurch dem Richter zukommenden Machtfülle grundsätzlich abgelehnt wurde[85], hatte Temme hingegen keinerlei Furcht davor, die Richter von den Fesseln der positiven Beweistheorie zu befreien, da er seinen Kollegen gegenüber keinerlei Mißtrauen hegte[86].

Ebenso lassen Temmes vorrevolutionäre Äußerungen zur Einführung einer mündlichen Hauptverhandlung in den Strafprozeß keinen direkten Bezug zu den politischen Strömungen der Zeit erkennen. Im wesentlichen berief er sich zu diesem Zeitpunkt darauf, daß ein durch Schriftlichkeit verlangsamtes Verfahren der Wahrheitsfindung im Weg stehe und damit nicht zweckmäßig sei[87].

Außerdem war er bestrebt, seine Forderung nach Einführung einer öffentlichen Hauptverhandlung möglichst von unmittelbarer politischer Argumentation freizuhalten. Viele dezidiert liberale Reformer verbanden die Forderung nach

---

82 Vgl. dazu: 2. Teil, 8. Kapitel B) V.

83 Siehe zum Werdegang Temmes im Vormärz: 1. Teil, 1. Kapitel C).

84 Siehe dazu: 2. Teil, 9. Kapitel B) II.

85 Vgl. hierzu: 2. Teil, 8. Kapitel B) II.

86 Vgl. hierzu: 2. Teil, 8. Kapitel B) II.

87 Siehe: 2. Teil, 11. Kapitel B) II.

Einführung einer öffentlichen Hauptverhandlung mit der weitergehenden politischen Zielsetzung, eine unmittelbare Kontrolle des Richters durch das Volk zu bewirken[88]. Temme lehnte im Gegensatz dazu eine derartige Kontrolle der Richterschaft durch das Volk ab und berief sich bei seiner Befürwortung der öffentlichen Hauptverhandlung auf Argumente, die zumindest auf den ersten Blick weniger stark politisch gefärbt waren[89].

Damit läßt sich als Zwischenergebnis an dieser Stelle festhalten, daß Temme zwar bereits vor der Revolution von 1848/49 alle wesentlichen Reformforderungen mit Ausnahme der Schwurgerichte befürwortete, aber in seiner Argumentation keine unmittelbaren politischen Bezüge erkennen ließ. Stattdessen veruschte er, die Diskussion um die Reform des Strafverfahrens weitestgehend mit sachlichen und juristischen Argumenten zu führen. Wenn man dazu noch berücksichtigt, daß von liberaler Seite eine konstitutionelle Monarchie ohne Schwurgerichte als „Halbheit"[90] empfunden wurde, muß man den von ihm im Vormärz eingenommenen Standpunkt sogar ausdrücklich als konservativ einstufen.

Nachdem er in den Jahren 1848 und 1849 auf seiten der äußersten Linken an der Revolution teilgenommen hatte und dabei mit der preußischen Obrigkeit in Konflikt geraten war, wandelte sich dieses Bild allerdings ganz entschieden. In seinem in unmittelbarer zeitlicher Nähe zur Revolution in der Untersuchungshaft verfaßten Werk „Grundzüge eines deutschen Strafverfahrens"[91] aus dem Jahre 1850 berief er sich fortwährend auf den engen Zusammenhang zwischen dem spezfischen Aufbau eines Staates und der Grundstruktur des in ihm praktizierten Strafverfahrens und legte dar, wie ein Strafverfahrensrecht beschaffen sein müsse, das auf dem „Boden der Souveränität des Volkes"[92] stehe. Dabei betonte er insbesondere, daß die politische Freiheit eines Volkes unter anderem an der Ausgestaltung des Strafverfahrens ablesbar sei:

> „Die politische Freiheit eines Volkes bestimmt seine strafrechtlichen Institutionen. Je mehr diese dazu angethan sind, den Zweck des Strafverfahrens zu erfüllen, nämlich den Schuldigen zu bestrafen, den Unschuldigen vor Strafe zu schützen, und je mehr sie dabei die Person des Einzelnen achten, desto freier und desto mehr seiner Freiheit bewußt ist das Volk. Je mehr sie im Gegentheil Gefahr mit sich führen, daß der Schuldige der Strafe entgehe, der Unschuldige aber bestraft werde,

---

88 Siehe dazu bereits: 2. Teil, 10. Kapitel C).

89 Siehe: 2. Teil, 10. Kapitel B) I. 1.–5.

90 *Schwinge*, Schwurgerichte, S. 53.

91 Siehe zu diesem Werk bereits oben: 1. Teil, 2. Kapitel C).

92 *Temme*, Grundzüge, S. III.

und je weniger sie zugleich den Einzelnen in seiner Persönlichkeit achten, desto unfreier, desto unterdrückter steht das Volk da."[93]

In den folgenden Jahren nach der Revolution wies Temme immer wieder auf den Zusammenhang zwischen Staatsaufbau und Strafverfahrensstruktur hin, wobei seine juristischen Ausführungen jetzt an vielen Stellen direkte politische Bezüge beinhalteten. Dieses nun von ihm besonders betonte Ineinandergreifen von Politik und Recht hatte zur Folge, daß er sich teilweise von zuvor vertretenen Ansichten distanzierte und mitunter seine früheren Auffassungen ins völlige Gegenteil verkehrte. In gänzlicher Abkehr von seiner vor der Revolution geäußerten Ansicht berief er sich beispielsweise darauf, daß Geschworenengerichte unentbehrlich seien[94], und er trat vereinzelt sogar für eine gänzliche Abschaffung des Berufsrichtertums ein[95]. Er war zwar bestrebt, seine plötzliche Befürwortung von Geschworenengerichten mit juristischen Gründen zu untermauern, indem er sich darauf berief, daß Geschworenengerichte besonders geeignet seien, das im Volke lebende Rechtsbewußtsein zum Ausdruck zu bringen[96]. Allerdings wies diese Berufung auf das Rechtsbewußtsein im Volke, wie im Rahmen der Auseinandersetzung mit der historischen Rechtsschule gezeigt wurde[97], einen politischen Einschlag auf. Abgesehen von seinem Versuch die Befürwortung der Schwurgerichte juristisch zu begründen, argumentierte er jetzt jedoch ausdrücklich politisch, in dem er die Auffassung vertrat, daß Geschworenengerichte die Volkssouveränität unmittelbar zum Ausdrück brächten. Deshalb wollte er den Zuständigkeitsbereich und das Arbeitsfeld der Schwurgerichte auch möglichst umfassend gewahrt wissen und wehrte sich gegen eine Beschränkung ihrer Kompetenzen[98]. Außerdem strebte er an, dem von ihm als unmittelbaren Ausdruck der Volkssouveränität empfundenen Institut der Geschworenengerichte auch dadurch eine demokratische Grundlage zu geben, daß er als einzigen Weg zur Auswahl der Geschworenen die Wahl durch die Gemeinde für zulässig hielt[99], was von vielen anderen Befürwortern der Schwurgerichte wegen der Sorge um die politische Beeinflussung einer solchen Wahl abgelehnt wurde[100].

93 *Temme*, Grundzüge, S. 4.
94 2. Teil, 8. Kapitel C).
95 Vgl. dazu: 2. Teil, 8. Kapitel C) II.
96 Siehe: 2. Teil, 8. Kapitel C) II.
97 Siehe 2. Teil, 12. Kapitel A).
98 Vgl. 2. Teil, 8. Kapitel C) III. 1.
99 Siehe 2. Teil, 8. Kapitel C) 3. III. 3.
100 Vgl. dazu: *Schwinge*, Schwurgerichte, S. 128.

Auch im Zusammenhang mit den anderen Reformforderungen wies Temmes Argumentation in den Jahren nach der Revolution vermehrt einen unmittelbaren politischen Bezug auf. Beispielsweise brandmarkte er eine seiner Auffassung nach in der Gesetzgebung der deutschen Bundesstaaten bestehende Tendenz, die Öffentlichkeit der Hauptverhandlung in sachlicher oder persönlicher Hinsicht zu beschränken, als eine reaktionäre Bestrebung, hinter der „nichts als der Absolutismus verborgen" liege[101]. Als exemplarisch für seine in dieser Zeit sich immer mehr verstärkende Neigung, die Frage nach der Reform bzw. der Umgestaltung des Strafverfahrens zu politisieren, kann eine aus dem Jahre 1850 stammende Kritik Temmes an der preußischen Verordnung vom 3. Januar 1849 angeführt werden:

> „Nach dieser [der Verordnung vom 3. Januar 1849] ist der Staatsanwalt kein Ankläger, der einem Angeklagten gegenüber steht. Er ist ein polizeilicher Verfolger, mit aller Macht einer 'großen und starken Polizei' ausgerüstet, dem der Ankläger mehr als Opfer, denn als Gegner unterworfen ist. Dabei ist er ein fast willenloses Werkzeug in der Hand der Regierung, und dennoch ist ihm die Oberaufsicht über das gerichtliche Prozeßverfahren übertragen. Dem Richter ist, indem die alte Kriminalordnung mit ihren Institutionen des heimlichen Inquisitionsprozesses bis auf Weniges beibehalten ist, namentlich für die Voruntersuchung eine von Willkür nicht sehr entfernte Macht eingeräumt. Dabei ist durch eine neue Gerichtseinrichtung dafür gesorgt worden, daß gerade die Kriminalgerichte fortwährend mit der Regierung ergebenen Personen besetzt werden können. Das Institut der Geschworenen ist vollkommen im Sinne eines absoluten Polizeistaates gebildet. Alle Mängel der französischen Jury, die bisher den Einsichtigeren die Einführung derselben in Deutschland als gefährlich für die Freiheit erscheinen ließen, sind nicht nur aufgenommen, sie sind vergrößert, vermehrt."[102]

An diesem Zitat zeigt sich deutlich, wie sehr die Reformfrage für Temme nach der Revolution von den politischen Strömungen dieser Zeit unmittelbar durchdrungen war und er seine liberale Grundüberzeugung, vielleicht auch in Anbetracht der Tatsache, daß seine eigene Karriere in der Justiz durch seine Teilnahme an den Revolutionsereignissen ein jähes Ende gefunden hatte[103], nicht mehr zu verstecken suchte. Festgehalten werden kann damit, daß die politischen Anschauungen der damaligen Zeit, vor allem die Ideen des politischen Liberalismus, im wesentlichen erst nach der Revolution einen unmittelbaren Niederschlag in seinem Werk gefunden haben.

Damit ist jedoch noch nichts über die indirekten und mittelbaren Auswirkungen gesagt, die das liberal-konstitutionelle Weltbild des 19. Jahrhunderts auf

---

101 Siehe 2. Teil, 10. Kapitel B) III. 1. u. 2.

102 *Temme*, Grundzüge, S. 15.

103 Vgl. hierzu: 1. Teil, 1. Kapitel E).

Temmes Ansichten zur Reform des Strafverfahrens hatte. Es wurde bereits kurz darauf hingewiesen, daß der politische Liberalismus durchaus auch mittelbare Einflüsse auf das Strafverfahrensrecht zeigte. Diese könnten zum Beispiel darin bestehen, daß gewissen Reformforderungen, die Temme in der Debatte um die Änderung des Strafverfahrensrechtes erhob, der Gedanke der Volkssouveränität unterlegt war, ohne daß er dies direkt zum Ausdruck brachte. Außerdem könnten sich liberale Gedanken indirekt auch dadurch in seinen Reformforderungen niedergeschlagen haben, daß diese die Zielsetzung hatten, die Subjektstellung des Beschuldigten im Strafverfahren und somit ganz im Sinne des politischen Liberalismus einen möglichst großen Schutz des Individuums gegenüber dem staatlichen Strafanspruch durchzusetzen. Wenn man die im Rahmen dieser Arbeit gefundenen Ergebnisse in dieser Hinsicht überprüft, ergibt sich folgendes Bild:

Temmes frühste Äußerungen zum Strafverfahrensrecht, welche sich seinem Kommentar über die wichtigeren Paragraphen der Kriminalordnung entnehmen lassen, geben keinerlei Anhaltspunkte dafür, daß es ihm bei einer wünschenswerten Reform des Strafverfahrensrechtes darum ging, Rechte des Angeschuldigten im Strafprozeß wahrzunehmen. Er übte zwar Kritik an den Vorschriften der preußischen Kriminalordnung, jedoch bezweckte er damit vorrangig nachzuweisen, daß diese zur Bestrafung des Schuldigen ungeeignet seien. Seine Stellungnahme gegen den Inquisitionsprozeß aus dem Jahre 1837 erwuchs somit nicht in erster Linie aus einer Gegnerschaft zu der damals herrschenden monarchischen Staatsform in Preußen, sondern vorrangig aus der Überzeugung von der Unzulänglichkeit des Inquisitionsprozesses als Verfahrenseinrichtung[104].

Erste Ansätze zur Befürwortung eines liberalen Strafverfahrens, in dem auch die Rechte des Angeschuldigten beachtet werden sollten, zeigten sich bei Temme jedoch noch in der Zeit des Vormärz im Zusammenhang mit seiner Forderung nach Einführung der Staatsanwaltschaft. Wenn er auch zunächst noch die Eingliederung einer Staatsanwaltschaft nach französischem Vorbild in das geltende Inquisitionsverfahren befürwortete und dadurch zu einem großen Teil auch Regierungsinteressen wahrnehmen wollte[105], ging er relativ bald, nachdem die Staatsanwaltschaft in Preußen eingeführt worden war, dazu über, deren konkrete Ausgestaltung zu kritisieren und zu fordern, daß der Staatsanwaltschaft im Strafprozeß wegen der „Waffengleichheit“ zwischen Angeklag-

104 Vgl. hierzu bereits: 2. Teil, 4. Kapitel B).

105 Siehe hierzu: 2. Teil, 7. Kapitel B) I.

tem und Ankläger lediglich die Rolle einer Prozeßpartei zufallen dürfe[106]. Infolgedessen erkannte er jetzt dem Angeschuldigten eine eigene Subjektstellung als Partei im Strafverfahren zu. Gleichzeitig suchte er den Angeschuldigten auch durch eine Begrenzung der Rechte des Staatsanwaltes auf dessen Rechte als Partei, die seiner Auffassung nach an keiner Stelle überschritten werden durften, vor der staatlichen Strafgewalt zu schützen. Diese liberale Verfahrensweise, bei der der Beschuldigte vor einer übermächtigen Staatsgewalt dadurch geschützt wird, daß Anklage und Verteidigung als gleichberechtigte Prozeßparteien vor ein unparteiisches Gericht treten, dem durch die Abtrennung der Anklagefunktion ein Teil seiner Macht genommen ist, wollte Temme im Laufe der Zeit immer stärker durchgesetzt wissen. In der Zeit nach der Revolution ließ er sich in allen auftauchenden Fragen zur Reform immer von der Gleichberechtigung zwischen den Prozeßparteien leiten und entwikkelte ausgehend von diesem Grundsatz seine Vorstellungen, wie der Strafprozeß in Einzelheiten ausgestaltet sein müsse. Beispielsweise stellte er ausdrücklich fest, daß dem Staatsanwalt keineswegs die Herrschaft über das Vorverfahren zustehen und dieser auch nicht zur Einleitung von Untersuchungshandlungen befugt sein dürfe, da dies den Grundsatz der Waffengleichheit der Parteien verletze und der Angeschuldigte dadurch dem Ankläger als seinem Verfolger schutzlos ausgeliefert werde[107]. Er wies an vielen Stellen in seinen Schriften zur Strafprozeßreform darauf hin, daß der Staatsanwalt ein Organ der Regierung sei, weshalb der Angeschuldigte vor diesem möglichst geschützt werden müsse, und warnte vor einer Übernahme des französischen Modells der Staatsanwaltschaft, da eine so konzipierte Anklagebehörde zwangsläufig zum Instrument politischer Steuerung werden müsse[108]. Auch eine mittelbare Einflußnahme des Staatsanwaltes auf den Angeschuldigten wollte er nicht zulassen, weshalb er sich dagegen wehrte, daß der Richter gezwungen sein sollte, Anträgen des Staatsanwaltes nachzukommen[109]. Vergleicht man diese Konzeption von der Stellung der Staatsanwaltschaft als eine dem Angeklagten gegenüberstehende Prozeßpartei mit dem Inquisitionsverfahren, so läßt die erstere deutlich eine Stärkung der Stellung des Beschuldigten im Strafverfahren erkennen. Der Inquisitionsprozeß kannte keinerlei Rechte des Beschuldigten. Vielmehr war dieser als „gehorsamsverpflichteter Untertan“ ein „bloßes Untersuchungsobjekt“ und damit dem Untersuchungsrichter schutzlos ausgeliefert. Dadurch, daß dem Angeschuldigten die Stellung als

106 Siehe 2. Teil, 7. Kapitel B) III.

107 Siehe 2. Teil, 7. KapitelB) IV. 2.

108 Siehe 2. Teil, 7. Kapitel B) IV. 1.–4.

109 Siehe 2. Teil, 7. Kapitel B) III.

Prozeßpartei zuerkannt werden sollte und ihm in jedem Stadium des Verfahrens die gleichen Rechte wie dem Ankläger zustehen sollten[110], wurde der Angeschuldigte als Subjekt des Strafprozesses und Träger eigener Rechte anerkannt. In Verbindung mit seiner Forderung nach Einführung einer Staatsanwaltschaft als Prozeßpartei brachte Temme in seinen Äußerungen mithin eindeutig liberales Gedankengut zum Ausdruck.

Dieses läßt sich auch an seiner Argumentation zur Begründung seiner Forderung nach Einführung eines öffentlichen Strafverfahrens sowohl in der Zeit vor, als auch in der Zeit nach der Revolution nachweisen. Vor der Revolution berief Temme sich darauf, daß alles Recht im Staate nur um des Volkes willen gehandhabt werde, weshalb man diesem auch nicht den Zutritt zu den Gerichtsverhandlungen versperren dürfe[111]. Wenn er auch in diesem Zusammenhang den Begriff der Volkssouveränität nicht ausdrücklich verwendete, so schimmert dieser in Temmes Berufung darauf, daß es sich bei der Strafverfolgung um eine öffentliche Angelegenheit handele, die nicht ohne das Volk stattfinden dürfe, bereits durch. Außerdem wies er nachdrücklich darauf hin, daß eine öffentliche Hauptverhandlung auch dazu geeignet sei, das im Volke wurzelnde Rechtsbewußtsein zu stärken[112]. Dieser Gedanke lehnte sich jedoch ebenso, wie gezeigt werden konnte[113], zumindest in der Art und Weise, in der Temme ihn in der Zeit nach der Revolution verwendete, eng an den Begriff der Volkssouveränität an. Außerdem suchte er in der Zeit nach der Revolution die Rechte des Angeschuldigten noch dadurch zu stärken, daß er sich für die Öffentlichkeit der Voruntersuchung einsetzte, weil er durch ihren Ausschluß in diesem Verfahrensabschnitt den Angeklagten wiederum zum Objekt degradiert sah[114].

Temmes Forderung nach einem mündlichen und unmittelbaren Strafverfahren lagen in der Zeit des Vormärz in erster Linie praktische Erwägungen zugrunde, indem er darauf hinwies, daß ein schriftliches Verfahren sich aufgrund des mit ihm verbundenen streng reglementierten langsamen Ablaufs negativ auf die Wahrheitsfindung durch den Richter auswirke[115]. Darüber hinaus betrachtete

---

110 Vgl. etwa die Forderung Temmes nach Einräumung des gleichen Fragerechts für Staatsanwalt und Angeklagten im Rahmen der Hauptverhandlung (siehe 2. Teil, 7. Kapitel B) IV. 3.) oder seine Forderung nach ihrer Gleichberechtigung hinsichtlich der Möglichkeit, Rechtsmittel einzulegen (siehe 2. Teil, 7. Kapitel B) IV. 4.).

111 Vgl. 2. Teil, 10. Kapitel B) I. 1.

112 Vgl. 2. Teil, 10. Kapitel B) I. 2.

113 Vgl. 2. Teil, 12. Kapitel A).

114 Vgl. 2. Teil, 10. Kapitel B) II. 1.

115 Vgl. 2. Teil, 11. Kapitel B) II.

er aber die Mündlichkeit als eine unabdingbare Voraussetzung für ein öffentliches Verfahren[116], eine Auffassung der mittelbar ebenfalls der Gedanke der Volkssouveränität unterlegt ist, und die damit wiederum eine politische Dimension aufweist. Nach der Revolution, als er sich dann näher mit der konkreten Umsetzung des Grundsatzes der Unmittelbarkeit im Strafprozeß auseinandersetzte, zielte er in seinen Reformvorschlägen vor allem auf die Anerkennung des Beschuldigten als Prozeßsubjekt. Mit seiner Forderung, das Strafverfahren müsse dem Angeschuldigten gegenüber zu jedem Zeitpunkt, also insbesondere auch in der Voruntersuchung, unmittelbar sein[117], betonte er die Rechte des Angeschuldigten auf Verteidigung und rechtliches Gehör. Schließlich gelangte er in bezug auf das Aussagerecht des Angeklagten in der Hauptverhandlung zu der Auffassung, daß dieses keinesfalls als eine Aussagepflicht verstanden werden dürfe, sondern stattdessen unbedingt auch das für ein rechtsstaatliches Strafverfahren so grundlegende Schweigerecht beinhalten müsse[118].

War Temme nun ein liberaler Strafverfahrensrechtler? Leider konnte bei dem Versuch, diese Frage zu beantworten, kein eindeutiges Ergebnis erzielt werden. Die vorhergehende Untersuchung seiner Ausführungen zur Reform des Strafprozesses hat gezeigt, daß Temme sich erst nach der Revolution offen zu der engen Wechselbeziehung zwischen Recht und Politik bekannte. In der Zeit des Vormärz war seine Argumentation jedoch weitestgehend frei von politischen Einflüssen. Dabei vertrat er mit seiner Ablehnung der Schwurgerichte sogar eine Position, die den Vertretern einer liberalen politischen Richtung offen entgegengesetzt war. Man hat den Eindruck, daß Temme versuchte, seine Vorschläge zur Reform des Strafverfahrens mit Zweckmäßigkeitserwägungen zu begründen und sich aus dem Strudel der politischen Ideen möglichst herauszuhalten. Es ist dabei klar erkennbar, daß er eine weitgehende Trennung zwischen seinen rein sachlich begründeten Überlegungen zur Umgestaltung des Strafverfahrens und den politischen Ideen des aufkeimenden Liberalismus anstrebte, um nicht in den Verdacht zu geraten, rein politisch begründete revolutionäre Ideen in das geltende Recht zu implementieren. Temmes Motive, in der Zeit des Vormärz die Debatte um die Strafverfahrensreform politisch zu neutralisieren, können anhand einer Äußerung *Mittermaiers* aus dem Jahre 1842 veranschaulicht werden, in welcher dieser nachdrücklich darauf plädierte, die strafprozessualen Reformforderungen von politischen Erwägungen möglichst freizuhalten:

---

116 Vgl. 2. Teil, 11. Kapitel B) I.

117 Vgl. hierzu: 2. Teil, 11. Kapitel B) III. 2.

> „Ein großes Hinderniß der Einführung besserer Einrichtungen in dem Strafprozesse liegt in der Sitte, die politische Seite neuer Vorschläge vorzugsweise hervorzuheben. Man hat in neuerer Zeit oft von den Freunden des Fortschritts die Wohltaten der Oeffentlichkeit, Mündlichkeit, des Anklageverfahrens prüfen hören, und ist nun gewöhnt, bei jenen Einrichtungen schnell an eine geheime Absicht zu denken, aus welcher diese Verbesserungen empfohlen werden; man scheut sich vor ihnen, weil sie von Männern empfohlen werden, deren Vorschläge man für verdächtig hält, da man ihnen geheime, der bürgerlichen Ordnung nachtheilige Zwekke unterschiebt, und hält die Forderung der Umgestaltung des Strafprozesses gern für einen Vorwand und eine Maske, unter welchen die Vertheidiger politische Zwecke zu erreichen suchten. [...] Es ist sehr zu beklagen, daß vorzüglich manche Regenten, [...] die empfohlenen Einrichtungen der Öffentlichkeit, der Staatsanwaltschaft u.a. mit einer gewissen Ungunst betrachten, weil sie entweder jene Vorschläge nur als Ausflüsse excentrisch liberaler politischer Ansichten oder als Produkte der Revolution, und nur in Frankreich und England einheimisch, aufzufassen gewöhnt sind.“[119]

Somit muß man die eingangs gestellte Frage danach, ob Temme ein liberaler Reformer des Strafverfahrensrechtes war, je nach Betrachtungszeitpunkt unterschiedlich beantworten: Lediglich für die Zeit nach der Revolution kann man ihn uneingeschränkt als liberalen Strafverfahrensrechtler bezeichnen, der mit jeder seiner strafprozessualen Forderungen die Rechte des Beschuldigten als Subjekt des Verfahren zu stärken versuchte, und bestrebt war, dem Grundsatz der Volkssouveränität auf strafprozessualer Ebene absolut Geltung zu verschaffen. Für die Zeit des Vormärz ergibt sich ein schwankendes Bild: Einerseits standen Temmes Ablehnung der Schwurgerichte und sein Vertrauen in die der Obrigkeit verpflichtete Richterschaft in offensichtlichem Widerspruch zu den politischen Ideen des bürgerlichen Liberalismus, und infolgedessen lassen sich seinen Ausführungen zum Strafprozeßrecht unmittelbar keine politischen Forderungen entnehmen. Wesentliches Standbein der von ihm zu diesem Zeitpunkt geübten Kritik an dem geltenden Strafverfahren waren vielmehr Zweckmäßigkeitserwägungen. Da er das geltende Inquisitionsverfahren in vielerlei Hinsicht für ungeeignet hielt, den Schuldigen zu bestrafen und den Unschuldigen vor Strafe zu beschützen, trat er in dieser Zeit für eine Reform des Strafverfahrens nach französischem Vorbild ein, wobei er einzig die Schwurgerichte nicht eingeführt wissen wollte. Andererseits kristallisierte sich dann aber bereits im Vormärz, als die Gesetzgebung in Preußen mit einer vorsichtigen Umgestaltung des Strafprozesses in dieser Richtung begann, in den kritischen Bemerkungen Temmes zur Staatsanwaltschaft nach französischem Vorbild und in seinem Plädoyer für das anglo-amerikanische Modell der Waf-

118 Vgl. hierzu: 2. Teil, 11. Kapitel B) III. 2. c).

119 *Mittermaier*, ACR 1842, S. 61 ff. (64).

fengleichheit zwischen den Parteien mittelbar erstmals liberales Gedankengut heraus. Dessen Einfluß auf seine weiteren Reformvorschläge wurde dann kurz vor der Revolution von 1848/49 durch das demokratische Prinzip der Volkssouveränität noch verstärkt, welches in seiner Befürwortung der Öffentlichkeit in der Hauptverhandlung, fußend auf der liberalen Grundidee von der Strafverfolgung als öffentlicher Angelegenheit, indirekt zum Ausdruck kam.

In der Zusammenfassung kann festgestellt werden, daß Temme am Anfang der Debatte um die Reform des Strafverfahrens in der Zeit des Vormärz zunächst um eine rein sachliche, von Zweckmäßigkeitserwägungen im richterlichen Alltagsgeschäft bestimmte Argumentation bemüht war und dabei einen direkten politischen Bezug zu den Ideen des aufkeimenden Liberalismus weitgehend vermied. Im Laufe der Auseinandersetzung um die Umsetzung der Reformforderungen durch die preußische Gesetzgebung wurde er aber noch vor der Revolution von 1848/49 in seinen strafprozessualen Überlegungen mittelbar immer stärker von liberalem Gedankengut beeinflußt und geriet mehr und mehr in ein politisches Fahrwasser, bis ihn die Revolutionsereignisse und ihre Auswirkungen in politischer und persönlicher Hinsicht vollends zu einem liberalen Strafverfahrensrechtler werden ließen.

C) Schlußgedanken

Der Richter Jodocus Donatus Hubertus Temme hat nach den in dieser Untersuchung gewonnenen Ergebnissen die Reform des Strafverfahrens in Preußen im 19. Jahrhundert maßgeblich beeinflußt. Mit den Ideen der großen Strafrechtsreformer *Feuerbach*, *Zachariä* und *Mittermaier* wohl vertraut, beteiligte er sich mit ausführlichen und differenzierten Überlegungen engagiert und effektiv an der damaligen Reformdebatte und trug auf diese Weise zu einer grundlegenden Umgestaltung des geltenden Strafverfahrens in Preußen bei.

Dennoch fällt die Wirkungsgeschichte Temmes im Hinblick auf die Rezeption seiner Lehren in der heutigen strafrechtsgeschichtlichen Literatur eher bescheiden aus. Sein Name ist weitestgehend der Vergessenheit anheimgefallen. Wenn man sich an ihn noch erinnert, wird überwiegend der Gesamtheit seiner Lebensleistung als Politiker, belletristischer Schriftsteller und Rechtswissenschaftler Anerkennung gezollt[120].

Worin besteht aber die Ursache dafür, daß das Werk des Gesetzeskritikers Temme, der sich fünf Jahrzehnte lang an den Diskussionen um eine Reform des Strafverfahrens beteiligte, zu eben dieser Thematik weitgehend in Verges-

---

120 Vgl. hierzu bereits die Nachweise in der Einleitung dieser Arbeit.

senheit geraten ist? Für eine Beantwortung dieser Frage ergeben sich unterschiedliche Ansatzpunkte.

Ein Grund für die geringe Beachtung, die seine strafprozessualen Arbeiten in der Strafrechtswissenschaft der Folgezeit gefunden haben, mag sicherlich darin zu sehen sein, daß Temme sich im Rahmen seiner Reformvorschläge im wesentlichen auf Preußen konzentrierte. Insbesondere in der Zeit des Vormärz zielte er in den meisten seiner Schriften darauf ab, aktuelle Gesetzesvorhaben in Preußen einer Kritik zu unterziehen und Verbesserungsvorschläge zu unterbreiten. Im Zuge der Gründung des deutsches Reiches im Jahre 1871 und der daraus resultierenden Reichsjustizreformen waren seine gedanklichen Ansätze deshalb nur noch sehr beschränkt verwendbar.

Er gab zwar die Fokussierung auf das preußische Strafverfahrensrecht in seinem nach der Revolution entstandenen Werk „Grundzüge eines deutschen Strafverfahrens“ aus dem Jahre 1850 auf, indem er, ausgehend von einer Kritik an den Gesetzgebungen der einzelnen Partikularstaaten, den Versuch unternahm, darzustellen, welchen Maßstäben eine Neuordnung des Strafverfahrens generell unterliegen müsse. Aber dieses Werk wies, wie im Rahmen dieser Untersuchung an vielen Stellen nachgewiesen wurde[121], einen starken politischen Einschlag auf, und sämtliche seiner Reformforderungen erhielten eine politische Färbung. Durch diese starke Verquickung von Recht und Politik, die in Temmes Schriften zum Strafverfahrensrecht spätestens nach der gescheiterten Revolution seit der Mitte des 19. Jahrhunderts nachweisbar ist, erscheint seine Arbeit auf diesem Gebiet als stark von der damaligen Zeit und ihren politischen Umwälzungen geprägt. In diesem engen gedanklichen Zusammenhang zwischen seinen Ausführungen und den politischen Strömungen der Zeit kann man also durchaus einen Grund dafür erkennen, daß sein juristisches Werk insgesamt keine bis in die Gegenwart reichende Bedeutung erlangen konnte. Man hat fast den Eindruck, daß Temme seine strafverfahrensrechtlichen Reformforderungen gegen Mitte des 19. Jahrhunderts als eine Waffe im politischen Tageskampf einsetzte, indem er sie gezielt dazu nutzte, die Ideen des politischen Liberalismus öffentlich zu verbreiten. Diese Verknüpfung der Ideen Temmes mit ihrer Zeit mag dazu geführt haben, daß sie weniger grundsätzlicher rechtsdogmatischer Art, als vielmehr Ausdruck einer demokratischen Grundüberzeugung waren. In der auf die gescheiterte Revolution folgenden antidemokratischen Reaktionsära konnten diese Ideen aber nicht auf fruchtbaren Boden fallen, sie trugen die Grundlage für ihr Vergessenwerden bereits in sich.

---

121 Siehe 12. Kapitel, B).

Versucht man jedoch den Wert der strafprozessualen Arbeit Temmes aus heutiger Sicht zu beurteilen, so fällt vor allem dessen auffallend undogmatische Herangehensweise an strafverfahrensrechtliche Fragestellungen ins Gewicht. Sein Werk kann nicht mit demjenigen der großen Dogmatiker *Feuerbach*, *Mittermaier* oder *Zachariä* verglichen werden. Der Strafrichter Temme war überwiegend praktischer Natur. Die wissenschaftliche Erkenntnis zog ihn weniger um ihrer selbst willen an, als vielmehr wegen ihrer Auswirkungen auf den rechtspraktischen Alltag. Obgleich er viele Abhandlungen und Schriften verfaßte, war er kein Mann der Bücher, sondern des alltäglichen Lebens. Temme wollte mit seinen Untersuchungen im wesentlichen dem Gesetzgeber und dem Richter in seiner beruflichen Tätigkeit behilflich sein und dazu beitragen, ein zweckmäßiges und praktikables Strafverfahren zu gestalten. Deshalb wählte er für seine Erörterungen auch meistens einen konkreten Ausgangspunkt, indem er entweder aus einem praktischen Rechtsfall übergeordnete Erkenntnisse zu gewinnen suchte oder ein bestimmtes Gesetzeswerk gezielt seiner Kritik unterzog. Ein solcher konkreter Ausgangspunkt veranlaßte ihn dann oftmals dazu, ein bestimmtes Rechtsproblem grundsätzlich zu untersuchen. Allerdings behielt er auch dabei meistens die praktischen Bedürfnisse im Auge, weshalb sich umfangreiche theoretische Äußerungen in seinen Schriften so gut wie gar nicht finden lassen. Temmes Schriften lassen eine praktische Herangehensweise an strafverfahrensrechtliche Probleme erkennen; er reicherte seine Erörterungen oftmals mit konkreten Beispielen an, denen er in seiner richterlichen Praxis begegnet war. Diese Nähe zur beruflichen Praxis ist der Grund dafür, daß man den Strafverfahrensrechtler Temme nicht mit den großen Strafrechtswissenschaftlern seiner Zeit in eine Reihe stellen kann. Seinen Vorschlägen fehlte es oftmals an dem theoretischen Konstrukt oder der dogmatischen Grundlage, die die Arbeiten anderer Juristen auch über ihre Zeit hinaus zu einer wertvollen Quelle des Strafverfahrensrechtes machten. Darüber hinaus kritisierte er sogar die vereinzelten Versuche von Strafrechtswissenschaftlern – beispielhaft sei *Zachariäs* Vorstoß genannt, losgelöst von jeglicher Kodifikation das akkusatorische und das inquisitorische Prinzip zu umschreiben[122] –, der Debatte um eine Reform des Strafverfahrens mit Hilfe dogmatischer Überlegungen ein theoretisches Fundament zu geben. Seine Kritik an dem von *Zachariä* als Idealtypus konstruierten inquisitorischen Prinzip fußte vorrangig darauf, daß die preußische Kriminalordnung als Untersuchungsverfahren nicht sämtliche Elemente des von *Zachariä* formulierten inquisitorischen Prinzips enthalte. Dies zeigt, daß er stets unabhängig von der dogmatischen Bedeutung des gedanklichen Ansatzes den Bezug zu einem

---

122 Vgl. hierzu: 2. Teil, 6. Kapitel A) C).

konkreten Gesetzeswerk, mit anderen Worten zu der tagesrelevanten Praxis suchte.

Mag sich aus Gründen der lokalen Fokussierung, der politischen Einfärbung sowie der undogmatischen, praxisrelevanten Auseinandersetzung die heutige Bedeutung seiner Beiträge zur Reform des Strafverfahrens auch in Grenzen halten, darf man dennoch nicht verkennen, daß seine Ausführungen zum Strafprozeßrecht in hervorragender Weise dazu geeignet sind, die Wurzeln des heute geltenden Strafverfahrensrechtes mit seinen teilweise noch nicht abschließend geklärten Problemfeldern aufzudecken. In diesem Zusammenhang macht der deutlich erkennbare Bezug zu den politischen Ideen der damaligen Zeit, der einerseits zumindest teilweise zum Vergessenwerden Temmes beitrug, andererseits gerade ihre weiterwirkende Bedeutung bis heute aus.

Bis heute ist anerkannt, daß für einen Rechtsstaat ein nach rechtsstaatlichen Grundsätzen ablaufendes Strafverfahren, in dem die Rechte des Beschuldigten sorgfältig beachtet werden, schlechthin konstituierend ist. Das Bundesverfassungsgericht spricht in diesem Zusammenhang davon, daß das Strafverfahrensrecht „angewandtes Verfassungsrecht“[123] sei. Die grundlegende Bedeutung eines solchen Strafverfahrens für einen freiheitlich-demokratischen Staat wurde von den Liberalen wie Temme in der Mitte des 19. Jahrhunderts zum ersten Mal deutlich aufgezeigt, und auf diesem Hintergrund wurde von ihnen gefordert, den Strafprozeß in der Weise umzugestalten, daß auf die Rechte des einzelnen Staatsbürgers Rücksicht genommen wird.

Im Rahmen der vorliegenden Untersuchung konnte gezeigt werden, wie Temme, der zunächst deswegen für eine Änderung des geltenden Strafverfahrens eintrat, weil er es für nicht mehr zweckmäßig zur Bestrafung des Schuldigen hielt[124], im Laufe der Zeit dazu überging, die politischen Forderungen des Liberalismus in neue strafverfahrensrechtliche Institutionen zu übersetzen und für ihre Berücksichtigung bei der Modifizierung des Strafverfahrens einzutreten. Auch wenn er ein Mann der Praxis blieb, verdrängte die politische Dimension seiner Überlegungen teilweise ihre Praxisbezogenheit. Nicht zuletzt infolge der gescheiterten Revolution von 1848/49 und der danach beginnenden Reaktionszeit, blieb jedoch die Programmatik des liberalen Reformers Temme mehr denn je von einer Umsetzung durch die preußische Gesetzgebung entfernt. Ein Großteil der Vorstellungen, die er hinsichtlich der Umgestaltung des Strafverfahrens hegte und deren liberal-demokratischer Hintergrund im Laufe

123 BVerfGE 32, 373 (383).

124 Vgl. hierzu: 2. Teil.

dieser Untersuchung nachgewiesen werden konnte[125], wurde niemals in Gesetzesform verwirklicht. Beispielhaft sei diesbezüglich auf die Ausgestaltung der Institution der Staatsanwaltschaft nach anglo-amerikanischem Vorbild und das ihr zugrundeliegende Prinzip der Waffengleichheit zwischen den Parteien verwiesen. Die Reichsstrafprozeßordnung wies der Staatsanwaltschaft keine Parteistellung zu und sie führte insbesondere auch nicht die Waffengleichheit zwischen Staatsanwaltschaft und dem Beschuldigten ein. Sie sah vielmehr für den Staatsanwalt eine ähnliche „Zwitterstellung“[126] vor, wie sie schon der Inquirent im Inquisitionsprozeß innegehabt hatte.

Bis heute konnte sich im deutschen Strafprozeß der Gedanke der Parteistellung der Staatsanwaltschaft nicht durchsetzen. Das deutsche Strafprozeßrecht verleiht der Staatsanwaltschaft vielmehr den Status einer „Gesetzeswächterin“, die als ganz unparteiische Behörde neben bzw. über dem Gericht steht. Die absolute Geltung der Instruktionsmaxime[127] im deutschen Strafverfahren, nach welcher der gesamte Strafprozeß auf eine Ermittlung der Wahrheit von Amts wegen ausgerichtet ist, hat zur Folge, daß die Staatsanwaltschaft nicht nur die zur Belastung, sondern auch die zur Entlastung dienenden Umstände zu ermitteln hat. Daran kann man erkennen, daß eine echte Waffengleichheit zwischen Anklage und Verteidigung im deutschen Strafprozeß nicht angestrebt ist[128].

Auch der von Temme vertretene Gedanke der Öffentlichkeit in der gerichtlichen Voruntersuchung, in deren Rahmen die Staatsanwaltschaft auf ihre Parteirolle beschränkt bleiben und nicht zu eigenen Untersuchungshandlungen befugt sein sollte, konnte sich in der von ihm anvisierten Form niemals durchsetzen. Nach den Bestimmungen der Reichtstrafprozeßordnung von 1877 war zwar eine gerichtliche, wenn auch unter Ausschluß der Öffentlichkeit stattfindende Voruntersuchung vorgesehen, jedoch verlor diese im Laufe der Zeit zunehmend an Bedeutung, bis sie durch die Strafprozeßreform im Jahre 1975 endgültig beseitigt wurde[129]. Die das heutige Strafverfahrensrecht beherr-

---

125 Vgl. hierzu insbesondere 12. Kapitel, B).

126 *Meckbach*, Inquisitionsrichter und Staatsanwalt, S. 89.

127 Man könnte diese auch als Inquisitionsmaxime bezeichnen. Dies wird im deutschen Strafprozeß jedoch meistens vermieden, um unangenehme Assoziationen an den Inquisitionsprozeß zu vermeiden, vgl. dazu: *Müller*, Leviathan, 1977, S. 522 ff. (523).

128 Vgl. dazu: *Müller*, Rechtsstaat und Strafverfahren, S. 201 ff.; *Ders.*, Leviathan, 1977, S. 522 ff. (523).

129 Mit dem Ersten Gesetz zur Reform des Strafverfahrensrechtes, vom 20. Dezember 1974, welches am 1. Januar 1975 in Kraft trat, wurde die gerichtliche Voruntersuchung vollständig abgeschafft.

schende Konzeption von der Staatsanwaltschaft als „Herrin des Ermittlungsverfahrens" läßt sich schwerlich mit der Zielvorstellung Temmes von der Gleichberechtigung zwischen den Prozeßparteien in jedem Stadium des Strafverfahrens vereinbaren. Die Leitung der Ermittlungen durch die von der Exekutive abhängige Staatsanwaltschaft hätte mit Sicherheit seine Kritik hervorgerufen.

Die Äußerungen Temmes zum Strafprozeßrecht, in denen seit der Zeit des Vormärz politische Bezüge deutlich erkennbar sind und die im Rahmen dieser Untersuchung genauer analysiert wurden, stehen beispielhaft für den Kampf, der von liberaler Seite im 19. Jahrhundert um die Umgestaltung des Strafverfahrens geführt wurde. Oftmals wird der „reformierte Strafprozeß", der in den Staaten des deutschen Bundes im Verlaufe des 19. Jahrhunderts eingeführt wurde, ohne nähere Erläuterung als ein Produkt dieses Kampfes angesehen. Dies ist nur insofern richtig, als ein gewisser kausaler Zusammenhang zwischen den Reformforderungen der damaligen Zeit und den durch Gesetz erfolgten Modifizierungen des Strafverfahrens bestand; keineswegs darf der Begriff des „reformierten Strafprozesses" jedoch so verstanden werden, daß in ihm sämtliche von liberaler Seite vorgebrachten Reformforderungen des 19. Jahrhunderts kumulierten. Er stellte vielmehr nur einen Kompromiß dar, in den viele der strafverfahrensrechtlichen Forderungen, die von den Reformautoren des 19. Jahrhunderts erhoben wurden, in der Reaktionszeit keinen Eingang mehr finden konnten. Das Verfahren, was durch die den Schlußstein der liberalen Reformbewegung markierende Reichsstrafprozeßordnung kodifiziert wurde, wurde daher auch von Kritikern als „halber Inquisitionsprozeß"[130] oder „häßliche Bastardform"[131] gebrandmarkt. Es hob sich im wesentlichen dadurch von dem früher geltenden Inquisitionsverfahren ab, daß es eine freie Beweiswürdigung vorsah und eine Trennung zwischen Anklage- und Richterfunktion vorsah. Innerhalb der durch diese Trennung geschaffenen Verfahrensabschnitte blieb jedoch die Inquisitionsmaxime vorherrschend. Dieser Kompromiß, mit dem die Reformbewegung des 19. Jahrhunderts auf dem Gebiete des Strafverfahrensrechts abschloß, hat Auswirkungen bis in unsere Gegenwart, wenn man bedenkt, daß das heutige Strafverfahrensrecht immer noch auf dem „reformierten Strafprozeß" des 19. Jahrhunderts basiert.

Das Bewußtsein, einerseits um die Wurzeln, andererseits auch um den „Kompromißcharakter" des Strafverfahrensrechtes, ist gerade auch in der heutigen

---

130 *Gneist*, Vier Fragen, S. 6.

131 *Binding*, Abhandlungen, S. 208. Dieses Zitat und dasjenige in der vorhergehenden Fußnote gehen zurück auf *Müller*, Leviathan, 1977, S. 522 ff. (524).

Zeit von entscheidender Bedeutung. Gegenwärtig gewinnen im Zusammenhang mit einer Umgestaltung des Strafverfahrens der Begriff der „Verfolgungseffizienz" und der Gedanke der „Beschleunigung des Strafverfahrens" gegenüber rechtsstaatlichen Grundsätzen immer mehr an Bedeutung[132]. Dies hat zur Folge, daß entgegen der ursprünglichen Einführung der Staatsanwaltschaft als Anklagebehörde, diese im heutigen Strafprozeß faktisch überwiegend den Charakter einer „Einstellungsbehörde" angenommen hat. Ein Großteil aller Ermittlungsverfahren wird von der Staatsanwaltschaft entweder mangels hinreichenden Tatverdachtes oder aus Opportunitätsgründen eingestellt. Eine vollständige Hauptverhandlung findet faktisch nur noch in Sonderfällen statt, etwa bei schweren Verbrechen. Die die Rechte des Staatsbürgers schützenden Formen des Strafprozesses kommen damit immer weniger zum Tragen. Im Hinblick auf diese Entwicklung besteht Einigkeit darüber, daß eine Gesamtreform des Strafverfahrens notwendig ist, die am Ermittlungsverfahren anzusetzen hat[133]. Gegenwärtig läßt sich zwar noch nicht sagen, wie eine derartige Reform im Einzelnen aussehen kann, jedoch könnten in diesem Zusammenhang durchaus ähnliche Gedanken eine Rolle spielen, die Temme mit seinen liberalen Mitstreitern Mitte des 19. Jahrhunderts anstellte, womit diese eine ganz neue Aktualität erhielten.

Auch heute sind an Reformprojekten und den daran anknüpfenden Gesetzgebungsverfahren „Praktiker" beteiligt, da deren Hintergrund der Rechtsanwendung unabdingbar und für eine praxistaugliche Umsetzung von Gesetzesvorhaben zwingend erforderlich ist. Was die Ausgangslage Temmes jedoch von der heutiger Praktiker unterscheidet, ist das konservative bzw. reaktionäre Umfeld, in dem er für seine liberalen Reformvorstellungen kämpfen mußte. Ohne Zweifel war Temme ein mutiger Mann, dem seine liberalen Ansichten mehr als einmal Ärger mit der preußischen Obrigkeit einbrachte. Seine Verdienste sind aber nicht auf diesen Mut zur eigenen Meinung in dem damaligen illiberalen politischen Umfeld zu beschränken. Mag seine Lebensleistung auch nicht auf einem von einer fundierten rechtswissenschaftlichen Dogmatik geprägten juristischen Gesamtwerk beruhen, so muß man es dennoch als mutigen und beachtenswerten Beitrag zur Reform des Strafverfahrensrechtes in seiner Zeit ansehen. Seine Ausführungen fanden zwar nicht unmittelbar Eingang in die Reformprozesse, trugen aber mittelbar durch ihre für den Verfasser meist nicht ungefährlichen politischen Bezüge durchaus zu dem letztendlich die Reform mitbestimmenden Diskurs bei. Insbesondere in

---

132 Vgl. zu den neueren Tendenzen im deutschen Strafverfahren: *Heinz*, Tendenzen, S. 37.

133 Vgl. insoweit die statistischen Erhebungen bei *Heinz*, Tendenzen, S. 16 ff.

den späteren Jahren war seine Sicht auf das Strafprozeßrecht stets von der Sorge um den Status des Angeklagten als eines mit unabdingbaren Rechten ausgestatteten Subjektes im Strafverfahren geprägt, damit rückte er neben seinen Überlegungen zur praktischen Umsetzbarkeit der Reformvorschläge eine oftmals unbequeme politische Komponente in den Vordergrund. Man kann Jodocus Temme damit explizit als einen „politischen Richter" bezeichnen, der im Laufe seines Berufslebens seine vielfältigen Reformvorstellungen auf dem Gebiete des Strafverfahrensrechtes zunehmend mit den politischen Ideen des Liberalismus verknüpfte und diese von ihm befürwortete Einwirkung politischer Überzeugungen auf die Gestaltung aktueller Reformprozesses letztendlich mit dem Verlust seiner richterlichen Stellung bezahlen mußte.

Wenn man sich vor Augen führt, daß über hundert Jahre später, nachdem Temme im Königreich Preußen um sein Richteramt gebracht worden war, in der Bundesrepublik Deutschland im Zusammenhang mit der Aufarbeitung der Verbrechen des Nationalsozialismus durch die bundesdeutschen Gerichte der Ruf nach „politischen Richtern"[134] laut wurde, die auf dem Hintergrund einer „Demokratisierung" der Gesellschaft sich in ihrer Rechtsprechung stärker auf die politischen Grundwerte unserer Verfassung berufen sollten[135], so läßt sich daraus nur der Schluß ziehen, daß Temme seiner Zeit weit voraus war. Er war damals schon fest davon überzeugt, daß man Recht und Politik eben gerade nicht als zwei streng voneinander getrennte Welten betrachten durfte, sondern daß man sie eng aufeinander beziehen mußte, um bei juristischen Reformprozessen zu effektiven und nachhaltigen Ergebnissen zu gelangen.

Damit soll am Ende dieser Untersuchung ein besonderes Kompliment an Jodocus Donatus Hubertus Temme ausgesprochen werden. Er ist, nachdem sich seine politischen Überzeugungen im Umfeld der deutschen Revolution von 1848/49 gefestigt hatten, für diese nicht nur als Politiker, sondern auch als Jurist mutig und konsequent eingetreten und hat sich damit um eine Rechtsprechung „im Namen des Volkes" verdient gemacht.

---

134 Vgl. *Wassermann*, Der politische Richter, München 1972.

135 *Wassermann*, Der politische Richter, S. 9 ff.

ANHANG

Quellenverzeichnis

A) Veröffentlichte Quellen

1 **Quellensammlungen**

1.1 *Gesetzrevision (1825–1848), hrsg. von Werner Schubert und Jürgen Regge: I. Abteilung Straf- und Strafprozeßrecht, Quellen zur preußischen Gesetzgebung des 19. Jahrhunderts.*

– Bd. 1: Strafrecht (Ministerium Danckelmann; 1827–1830). Liechtenstein 1981.

– Bd. 2: Straf- und Strafprozeßrecht (Ministerium Danckelmann; 1828–1830). Liechtenstein 1982.

– Bd. 3: Straf- und Strafprozeßrecht (Ministerium Kamptz; 1833–1837). Liechtenstein 1984.

– Bd. 4: Protokolle der Kommission des Staatsrats über die Beratungen des Revidierten Entwurfs eines Strafgesetzbuchs von 1836 (Ministerien Kamptz und Savigny; 1838–1842).

- 1. Halbband.
- 2. Halbband.

Liechtenstein 1993.

– Bd. 5: Entwurf des Strafgesetzbuches von 1843, Revision des Entwurfs des Strafgesetzbuchs von 1843 und Revidierter Entwurf der Strafprozeßordnung von 1841 (Ministerien Kamptz und Savigny). Liechtenstein 1994.

– Bd. 6: Entwurf eines Strafgesetzbuches (1845–1848).

- 1. Halbband.
- 2. Halbband.

Liechtenstein 1996.

1.2 Die gesammten Materialien zur Strafprozeßordnung und dem Einführungsgesetz zu derselben vom 1. Februar 1877. Auf Veranlassung des Kaiserlichen Reichs=Justizamts herausgegeben von C. Hahn, Erste Abtheilung, Berlin 1880.

1.3 Die gesammten Materialien zu dem Gerichtsverfassungsgesetz und dem Einführungsgesetz zu demselben vom 27. Januar 1877. Auf Veranlassung des kaiserlichen Reichs=Justizamts herausgegeben von C. Hahn. Erste Abtheilung, Berlin 1879.

1.4 Die deutsche Gerichtsverfassung (1869–1877), Entstehung und Quellen, hrsg. von Werner Schubert, Frankfurt am Main 1981.

1.5 Entstehung und Quellen der Strafprozeßordnung von 1877. Herausgegeben von Werner Schubert und Jürgen Regge, Frankfurt am Main 1989.

2. Einzelquellen

2.1 *Preußisches Partikularrecht, Norddeutscher Bund, Deutsches Reich*

2.1.1 Die Peinliche Gerichtsordnung Kaiser Karls V. von 1532 (Carolina), hrsg. und erläutert von Gustav Radbruch, 5. verbesserte und ergänzte Auflage, hrsg. von Arthur Kaufmann, Stuttgart 1975.

2.1.2 Code d'instruction criminelle. Aus dem Französischen nach dem officiellen Texte übersetzt von Gottfried Daniels, zweyte verbesserte und vermehrte Auflage, Cöln 1812 (Code criminel de la France, première partie, deuxième édition).

2.1.3 Kriminalordnung vom 11. Dezember 1805: Allgemeines Criminalrecht für die Preußischen Staaten, Erster Theil, Criminal=Ordnung, Sechster unveränderter Abdruck, Berlin 1830.

2.1.4 Allerhöchste Kabinettorder vom 3. November 1817. In: PrGS 1817, S. 289.

2.1.5 Vom Revisor vorgelegter Erster Entwurf der Straf-Prozeß-Ordnung für die Preußischen Staaten, Berlin 1828, abgedruckt in: Schubert, Gesetzrevision, Bd. 2 (s. 1.1).

2.1.6 Motive zu dem von dem Revisor vorgelegten ersten Entwurfe der Straf-Prozeß-Ordnung für die Preußischen Staaten, Berlin 1828, abgedruckt in: Schubert, Gesetzrevision, Bd. 2 (s. 1.1).

2.1.7 Verordnung, betreffend die Kriminalgerichtsverfassung und das Untersuchungsverfahren in Neu-Vorpommern und Rügen. Vom 18. Mai 1839, abgedruckt in: PrGS 1839, S. 207.

2.1.8 Revidirter Entwurf der Strafprozeß=Ordnung für die Preußischen Staaten, Erster Theil, Entwurf, Berlin 1841, abgedruckt bei: Schubert, Gesetzrevision, Bd. 5 (s. 1.1).

2.1.9 Revidirter Entwurf der Strafprozeß=Ordnung für die Preußischen Staaten, Zweiter Theil, Motive, Berlin 1841, abgedruckt bei: Schubert, Gesetzrevision, Bd. 5 (s. 1.1).

2.1.10 Entwurf für das Strafgesetzbuch für die Preußischen Staaten nach den Beschlüßen des Königlichen Staatsraths, Berlin 1843, abgedruckt in: Schubert, Gesetzrevision Bd. 5 (s. 1.1).

2.1.11 Verordnung über die Organisation der Censurbehörden. Vom 23. Februar 1843. In: PrGS 1844, S. 31.

2.1.12 Gesetz betreffend das gerichtliche und Disziplinar-Strafverfahren gegen Beamte vom 29. März 1844. In: PrGS 1844, S. 77.

2.1.13 Verordnung über das Verfahren in Ehesachen. Vom 28. Juni 1844. In: PrGS 1844, S. 183.

2.1.14 Revision des Entwurfs des Strafgesetzbuches von 1843. Erster Band. Zum ersten Theil des Entwurfs, §§ 2–140. Berlin 1845, abgedruckt in: Schubert, Gesetzrevision, Bd. 5 (s. 1.1).

2.1.15 Pro Memoria der Staats- und Justizminister Savigny und Uhden vom 7. Mai 1846 für die Staatsministerialsitzung am 13. Mai 1846, abgedruckt in: Schubert, Gesetzrevision, Bd. 6, 2. Halbband (s. 1.1).

2.1.16 Gesetz, betreffend das Verfahren in den beim Kammergericht und dem Kriminalgericht zu Berlin zu führenden Untersuchungen. Vom 17. Juli 1846, abgedruckt in: PrGS 1846, S. 267 oder auch Schubert, Gesetzrevision, Bd. 6, 2. Halbband (s. 1.1).

2.1.17 Entwurf des Strafgesetzbuchs für die Preußischen Staaten, nebst dem Entwurf des Gesetzes über die Einführung des Strafgesetzbuches und dem Entwurf des Gesetzes über die Kompetenz und das Verfahren in dem Bezirke des Appellationsgerichtshofes zu Köln. Zur Vorlegung an die Ständischen Ausschüsse bestimmt, Berlin 1847, abgedruckt in: Schubert, Gesetzrevision, Bd. 6, 2. Halbband.

2.1.18 (Preußische) Verfassungs-Urkunde. Vom 5. Dezember 1848. In: PrGS 1848, S. 375.

2.1.19 Verordnung über die Einführung des mündlichen und öffentlichen Verfahrens mit Geschworenen in Untersuchungssachen. Vom 3. Januar 1849, abgedruckt in: PrGS 1848, S. 14.

2.1.20 Entwurf der Straf-Prozeß-Ordnung für die Preußischen Staaten nebst dem Entwurf eines Gesetzes über die Bildung der Schwurgerichte für die ganze Monarchie, Berlin 1851.

2.1.21 Gesetz, betreffend die Zusätze zu der Verordnung vom 3. Januar 1849 über die Einführung des mündlichen und öffentlichen Verfahrens mit Geschworenen in Untersuchungssachen. Vom 3. Mai 1852, abgedruckt in: PrGS 1852, 209.

2.1.22 Entwurf einer Strafprozeß-Ordnung für den Preußischen Staat. Nebst motivirenden Anmerkungen, Berlin 1865, abgedruckt in: PrGS 1867, S. 933.

2.1.23 Verfassung des Norddeutschen Bundes vom 26. Juli 1867, abgedruckt in: BGBl. Norddt. Bund 1867, S. 4.

2.1.24 Amtliche Denkschrift über die Schöffengerichte, ausgearbeitet im Kgl. Preuß. Justizministerium, 1872, abgedruckt in: GA 1873, S. 40.

2.1.25 Entwurf einer Deutschen Strafprozeß-Ordnung. Berlin, im Januar 1873, abgedruckt bei: Schubert, Entstehung und Quellen der Strafprozeßordnung von 1877 (s. 1.5).

2.1.26 Motive zum Entwurf einer Strafprozeßordnung und zum Entwurf des Einführungsgesetzes (1874), abgedruckt bei: Hahn, Die gesammten Materialien zur Strafprozeßordnung und dem Einführungsgeetz zu derselben, Erste Abtheilung (s. 1.2).

2.1.27 Entwurf eines Gesetzes, betreffend die zur Einführung der Deutschen Civil- und Strafprozeßordnung erforderliche Einrichtung der Gerichte im Deutschen Reich (vom 4. Januar 1873), abgedruckt bei: Schubert, Die deutsche Gerichtsverfassung (s. 1.4).

2.1.28 Entwurf eines Gerichtsverfassungsgesetzes in der vom Justizausschuß des Bundesrates am 12. Mai 1874 verabschiedeten Fassung, abgedruckt bei: Schubert, Die deutsche Gerichtsverfassung (s. 1.4).

2.1.29 Begründung des Entwurfs eines Gerichtsverfassungsgesetzes und des Einführungs=Gesetzes (1874), abgedruckt in: Hahn, Die gesammten Materialien zu dem Gerichtsverfassungsgesetze und dem Einführungsgesetze vom 27. Januar 1877, Erste Abtheilung (s. 1.3).

2.1.30 Gerichtsverfassungsgesetz und Einführungsgesetz vom 27. Januar gedruckt bei Schubert, Die deutsche Gerichtsverfassung (s. 1.4).

2.1.31 Strafprozeßordnung. Vom 1. Februar 1877. In: RGBl 1877, S. 253.

2.2 *Stenographische Berichte der Volksvertretungen*

2.2.1 Stenographische Berichte über die Verhandlungen der zur Vereinbarung der preußischen Staats-Verfassung berufenen Versammlung, Erster Band, Erste bis achtundreißigste Sitzung vom 22. Mai bis 11. August 1848, S. 1–782, Berlin 1848. (Sten. Ber. pr. Natv.).

2.2.2 Stenographische Berichte über die Verhandlungen der zur Vereinbarung der preußischen Staats-Verfassung berufenen Versammlung, Zweiter Band, Neununddreißigste bis zweiundsiebzigste Sitzung, vom 15. August bis 11. Oktober 1848, S. 783–1512, Berlin 1848.

2.2.3 Stenographische Berichte über die Verhandlungen der zur Vereinbarung der preußischen Staats-Verfassung berufenen Versammlung, Dritter Band, Dreiundsiebzigste bis einhundertundzweite Sitzung, vom 12. Oktober bis 1. Dezember 1848, S. 1513 bis 2090, Berlin 1848.

2.2.4 Stenographische Berichte über die Verhandlungen der deutschen constituierenden Nationalversammlung zu Frankfurt am Main, herausgegeben auf Beschluß der Nationalversammlung durch die Redactions-Commission und in deren Auftrag von Professor Franz Wigard, Sechster Band., Nr. 133–155, Seite 3991 bis 4778, Frankfurt am Main 1849. (Sten. Ber. dt. Natv.).

2.2.5 Stenographischer Bericht über die die Verhandlungen der deutschen constituierenden Nationalversammlung zu Frankfurt am Main, herausgegeben auf Beschluß der Nationalversammlung durch die Redactions-Commission und in deren Auftrag von Professor Franz Wigard, Siebenter Band, Nr. 156–181, Seite 4779 bis 5566, Frankfurt am Main 1849.

2.2.6 Stenographischer Bericht über die Verhandlungen der deutschen consituierenden Nationalversammlung zu Frankfurt am Main, herausgegeben auf Beschluß der Nationalversammlung durch die Redactions-Commission und in deren Auftrag von Franz Wigard, Neunter Band, Nr. 210–237. Seite 6361 bis 6886, Frankfurt am Main 1849.

2.2.7 Stenographische Berichte über die Verhandlungen der durch das Allerhöchste Patent vom 5. Dezember 1848 einberufenen Kammern. Zweite Kammer. Von der Eröffnungs=Sitzung am 26. Februar bis zur Auflösung in der siebenunddreißigsten Sitzung am 27. April 1849, Berlin 1849.

2.2.8 Stenographische Berichte über die Verhandlungen der durch die Allerhöchste Verordnung vom 1. November 1863 einberufenen beiden Häuser des Landtages. Haus der Abgeordneten. Erster Band. Von der Eröffnungs=Sitzung der vereinigten beiden Häuser des Landtages am 9. November 1863 bis zur einundzwanzigsten Sitzung am 31. Dezember 1863. Seite 1–540, Berlin 1864. (Sten. Ber. HdA).

2.3 *Sonstige Quellen*

Aufruf zur Wahl Temmes und Waldeck in die deutsche Nationalversammlung, in: Kladderadatsch 1849, Nr. 2, S. 140.

B) Unveröffentlichte Quellen

1 ULB Münster

Brief Temmes an seinen Freund Rauer vom 18. Dezember 1842, ULB Münster, Brief 10 der Autographen-Sammlung Temmes in der ULB Münster.

2 UB Heidelberg

2.1 Brief Temmes an Mittermaier vom 15. Oktober 1841, UB Heidelberg, Hs. 2746, Nr. 1.

2.2 Brief Temmes an Mittermaier vom 28. August 1859, UB Heidelberg, Hs. 2746, Nr. 28.

Bibliographie der juristischen Veröffentlichungen von Jodocus Temme

A) Strafprozeßrecht und Gefängniswesen

Zum § 488 der Kriminalordnung, in: JWPrS 1838, S. 121 ff.

Commentar über die wichtigeren Paragraphen der preußischen Criminalordnung, Berlin 1838.

Sollen wir in Preußen ein öffentliches Ministerium haben?, in: Jahrb. f. d. CrimRpfl., Bd. I, 1840, S. 527 ff.

Statistische Nachrichten über die Zunahme der Verbrechen in der Residenz Berlin in den Jahren 1813–1838, in: CrimZ 1841, S. 22 ff., S. 32 ff.

Falschmünzerei, Strenge Auslegung des Gesetzes von Seiten des Pariser Cassationshofes, Mittheilungen aus der Praxis des französischen Strafrechtes zur Vergleichung mit dem Preußischen Strafrechte, in: CrimZ 1841, S. 49 f.

Pariser Verführungsfall, *Mittheilungen aus der Praxis des französischen Strafrechtes* zur Vergleichung mit dem Preußischen Strafrechte, in: CrimZ 1841, S. 50 f.

Der Prozess *Souesme* (gemeinsam mit Bonseri), in: CrimZ 1841, S. 51.

Über die *Resultate der zweiten (Französischen) Jury*, wenn die Verhandlungen der ersten cassirt sind, in: CrimZ 1841, S. 106 f.

Beitrag zur Kenntniß der gerichtlichen Medicin in Frankreich, *Mittheilungen aus der Praxis des französischen Strafrechtes* zur Vergleichung mit dem Preußischen Strafrechte, in: CrimZ 1841, S. 106 f.

Die preußischen Strafanstalten, in: CrimZ 1841, S. 69 ff., S. 81 ff., S. 93 ff., S. 110 ff. Ebenfalls erschienen als: Besonderer Abdruck aus der Criminalistischen Zeitung für die Preussischen Staaten, Berlin 1841.

Statistik der Todesurtheile und Begnadigungen im Preußischen Staate vom Jahre 1818–1840, in: CrimZ 1841, S. 136 ff., S. 144 ff.

Die Ergebnisse der Strafrechtspflege in England und Wales während des Jahres 1840, in: CrimZ 1841, S. 152 ff.

Französische Geschworne. Mittheilungen aus der Praxis des Französischen Strafrechtes zur Vergleichung mit dem Preußischen Strafrechte, in: CrimZ 1841, S. 40 ff. (Prozeß Souesme), S. 66 f.; S 177 f.; CrimZ 1842, S. 143.

Die Ergebnisse der Strafrechtspflege im Großherzogtum Baden während des Jahres 1839, in: CrimZ 1841, S. 176 f.

Die Geschwornen in Nordamerika, in: CrimZ 1841, S. 186 f.

Neue Verordnungen über das Strafverfahren in Preussen, in: ZsDtStrafverfahren 1841, S. 512 ff.

Die preußischen Strafanstalten, besonderer Abdruck aus der Criminalistischen Zeitung für die Preußischen Staaten, Berlin 1841.

Der *Prozeß Lafarge* beleuchtet nach preußischem Strafrechte (gemeinsam mit Noerner), Berlin 1841.

Aphorismen über Mündlichkeit und Öffentlichkeit, in: CrimZ 1841, S. 162 f., S. 201; CrimZ 1842, S. 39 f.

Welche Bedeutung wird die *Errichtung von Provinzial-Oberappellations-Gerichten* für unsere Strafrechtspflege haben?, in: CrimZ 1842, S. 165 ff.

Mittheilungen aus der Praxis des Französischen Strafrechts, zur Vergleichung mit dem preußischen Strafrechte, in: CrimZ 1842, S. 151 f.

Ueber die Wirksamkeit der Rheinisch-Westphälischen Gefängniß-Gesellschaft, in: CrimZ 1842, S. 14 f.

Ueber das Gefängniswesen in Italien, in: CrimZ 1842, S. 30 f.

Ueber die Stimme des Dirigenten bei Abfassung von Criminal-Erkenntnissen, in: CrimZ 1842, S. 148 ff.

Das summarische Verfahren in Strafsachen nach der Preußischen *Verordnung vom 20. Oktober 1839*, in: ZsDtStrafverfahren 1842, S. 480–496.

Ueber die Fortschritte in der *Revision der Preußischen Gesetzgebung über das Strafverfahren*, in: ZsDtStrafverfahren 1844 S. 307 ff.

Ueber die Behandlung der Begnadigungsgesuche mit besonderer Beziehung auf Preußen, in: ZsDtStrafverfahren 1846, S. 268 ff.

Das preußische *Gesetz über das Untersuchungsverfahren vom 17. Juli 1846*, in: ZsDtStrafverfahren 1846, S. 343 ff.

Ueber das accusatorische und inquisitorische Prinzip im Strafverfahren, in: ZsDtStrafverfahren 1847, S. 90 ff.

Betrachtungen über das Gesetz vom 17. Juli 1846, betreffend das Verfahren in den beim Kammergericht und dem Kriminalgericht zu Berlin zu führenden Untersuchungen, in: JWPrS 1847, S. 1 ff., S. 241 ff., S. 249 ff., S. 268 ff.

Grundzüge eines deutschen Strafverfahrens, Arnsberg und Hamm 1850.

Ueber den gegenwärtigen *Rechtszustand der Schweiz*, in: Jahrb. d. dt. Rechtsw. und Gesetzg. 1855, S. 69 ff.

Schweizerisches Recht. Anzeigen und Auszüge, in: Jahrb. d. dt. Rechtsw. und Gesetzg. 1857, S. 72 ff.

Zur *Statistik der Todesurtheile* in Preußen, in: GS 1856, S. 453 ff.

Martin, Christoph Reinhard Dietrich: *Lehrbuch des Teutschen gemeinen Criminal-Prozesses*, mit besonderer Rücksicht auf die neueren in Teutschland geltenden Strafprozeßgesetze, ergänzt und beendigt von Temme, 5. Auflage, Leipzig und Heidelberg 1857.

Schwurgericht und Schöffengericht. Ein Flugblatt an das deutsche Volk, Berlin 1874.

B) Materielles Strafrecht und Nachbargebiete

Handbuch des preußischen Criminalrechts, Leipzig 1837.

Zur Auslegung des § 83. Tit. 20. Th. II. des Allgemeinen Landrechtes, in: JWPrS 1837, S. 361 ff.

Zur Auslegung des § 838. a. Tit. 20. Th. II des allg. Landrechtes, in: JWPrS 1837, S. 845 ff., S. 861 ff.

Zur Auslegung der Cirkularverordnung vom 26. Februar 1799, wegen Bestrafung der Diebstähle und ähnlicher Verbrechen, §§ 13. 16. und der Kriegsartikel vom 3. August 1808, Art. 45 betreffend die Strafe des ersten gewaltsamen und vierten gemeinen Diebstahls, in: JWPrS 1838, S. 362 ff.

Die Lehre von der Tödtung nach Preußischem Rechte, Leipzig 1839.

Aufruhr. Widersetzlichkeit, in: JWPrS 1839, S. 249 ff.

Diebstahl. Neu=Vorpommern, in: JWPrS 1840, S. 494 ff.

Nachdruck. Autor. Betrug. Konkurrenz, in: JWPrS 1840, S. 786 ff.

Die Lehre vom Diebstahl nach preußischem Rechte. Mit einem Anhange enthaltend die Bestrafung des Diebstahls nach der Praxis des Königlichen Criminal-Gerichts der Residenz Berlin, Berlin 1840.

Der Fortschritt des revidirten Entwurfs des Strafgesetzbuches für die Preußischen Staaten in seinem Strafensystem, nebst Andeutungen über die Abschaffung der Todesstrafe, in: CrimZ 1841, S. 3 ff.

In welchem Verhältnisse stehen die Preußischen Unterthanen in den alten Provinzen zu dem Strafgesetze der Rheinprovinz?, in: CrimZ 1841, S. 12 ff.

Gesetz zum Schutze des Eigentums an Werken der Wissenschaft und Kunst gegen Nachdruck und Nachbildung vom 11. Juni 1837 und Verordnung vom 15. Mai 1838 (gemeinsam mit Bonseri), in: CrimZ 1841, S. 45 ff., S. 53 ff.

Nachbildung, Mittheilungen aus der Praxis des Französischen Strafrechtes zur Vergleichung mit dem Preußischen Strafrechte, in: CrimZ 1841, S. 58 ff.

Betrugs-Strafen, Mittheilungen aus der Praxis des Französischen Strafrechtes zur Vergleichung mit dem Preußischen Strafrechte, in: CrimZ 1841, S. 79.

Der kleine Bettler, Mittheilungen aus der Praxis des Französischen Strafrechtes zur Vergleichung mit dem Preußischen Strafrechte, in: CrimZ 1841, S. 79.

Über das Prinzip des Nachdruckgesetzes vom 11. Juni 1837 und dessen Übereinstimmung mit den Prinzipien des französischen Gesetzes über den Nachdruck, in: CrimZ 1841, S. 120 ff.

Gotteslästerung, Mittheilungen aus der Praxis des französischen Strafrechtes zur Vergleichung mit dem Preußischen Strafrechte, in: CrimZ 1841, S. 122 f.

Nachtrag der Redaction (gemeinsam mit Bonseri) zu: Diebstahl in der Absicht, zu verpfänden von Justizrath Becker, in: CrimZ 1841, S. 141 ff. (Nachtrag ab S. 142.).

In Betreff des Raubmordes zu Pichelsdorf (gemeinsam mit Bonseri), in: CrimZ 1841, S. 155.

Erfordernis der Rechtsverletzung beim Betruge, in: CrimZ 1841, S. 185.

Ein Französischer Roßtäuscher, in: CrimZ 1841, S. 206 f.

Ueber den Nachdruck von Werken, deren Verfasser außerhalb, deren Verleger aber innerhalb Deutschlands wohnen. CrimZ 1841, S. 214 ff ; S. 223 ff.

Die Lehre vom strafbaren Betruge nach preußischem Rechte, Berlin 1841.

Wie lange dauert der Schutz des inländischen Verlegers gegen den Nachdruck von Werken ausländischer Autoren?, in: CrimZ 1842, S. 20 ff.

Betrug. Mittheilungen aus der Praxis Preußischer Gerichte, in: CrimZ 1842, S. 23.

Zur Lehre von der Teilnahme an Verbrechen, in: CrimZ 1842, S. 109 ff.

Diebstahl oder Unterschlagung?, in: CrimZ 1842, S. 124 ff.

Mißhandlung der Kinder gegen ihre Eltern, Mittheilungen aus der Praxis des französischen Strafrechts, zur Vergleichung mit dem preußischen Strafrechte, in: CrimZ 1842, S. 134 f.

Ueber die Strafe der Wiederholung der Entwendung oder Unterschlagung zum Zwecke der Verpfändung, in: CrimZ 1842, S. 145 ff.

Falsches Maß und Gewicht, Mittheilungen aus der Praxis des Französischen Strafrechts, zur Vergleichung mit dem preußischen Strafrechte, in: CrimZ 1842, S. 198 f. (gemeinsam mit Bonseri).

Diebstahl oder Betrug?, in: CrimZ 1842, S. 45 ff.

Ueber den Thatbestand des gewaltsamen und des mit außerordentlicher List oder Verwegenheit verübten Diebstahls, in: CrimZ. 1842, S. 62 f.

Ueber den Begriff des gewaltsamen Diebstahls: Ein Votum zu dem künftigen Strafgesetzbuch, in: CrimZ 1842, S. 180 ff.

Beiträge zum Preußischen Strafrechte, Berlin 1842.

Rezension zu „Beiträge zum Preußischen Strafrechte", in: JWPrS 1842, S. 682 ff.

Nachtrag zu: Nachdruck. Literarischer Sachverständigen-Verein, in: JWPrS 1843, S. 288 ff. (Nachtrag ab S. 289).

Critik des Entwurfs des Strafgesetzbuchs für die Preußischen Staaten, Erster Theil / Zweiter Theil, Berlin 1843.

Gehört zum *Thatbestande des strafbaren Nachdrucks* das Erforderniß eines unerlaubten Eigennutzes?, in: JWPrS 1844, S. 56 ff., S. 69 ff., S. 81 ff., S. 101 ff., S. 117 ff. (Nachtrag).

Zur Kritik des Entwurfs des Strafgesetzbuchs für die Preußischen Staaten, Berlin 1848.

Das *Strafgesetzbuch für die preußischen Staaten*, in: Neue Oderzeitung, Breslau, Freitag den 16. Mai 1851 (Titelblatt).

Lehrbuch des Preussischen Strafrechts, Berlin 1853.

Kritische Bemerkungen zu dem Entwurf eines Strafgesetzbuches für den Canton Bern, Zürich 1853.

Glossen zum Strafgesetzbuche für die preußischen Staaten, Breslau 1853.

Ueber den unbestimmten dolus, in: ACR 1854, S. 207 ff.

Die *Berufung auf das Rechtsbewußtsein im Volke*, in: ACR 1854, S. 586 ff.

Lehrbuch des schweizerischen Strafrechts nach den Strafgesetzbüchern der Schweiz, Aarau 1855.

Lehrbuch des gemeinen deutschen Strafrechtes, Stuttgart 1876.

C) Zivilrecht, Zivilprozeßrecht

Handbuch des preußischen Civilrechts. Leipzig 1832.

Handbuch des preußischen Privatrechts, als zweiter Theil des Handbuchs des Preußischen Civilrechts, Leipzig 1835.

Kurze Bemerkungen über den gemeinen Deutschen und den Preußischen Prozeß, Leipzig 1840.

Sammlung der Königlich Westphälischen, Großherzoglich Bergischen und Kaiserlich Französischen Dekrete über die gutsherrlichen und bäuerlichen Verhältnisse die Lehen, Zehnten, Dienste und Abgaben, Berlin 1841.

Kann der Testator die Bestimmung des Erbantheils oder des Betrages des Vermächtnisses der Willkür eines Dritten überlassen, in: JWPrS 1842, S. 86 ff., S. 102 ff., S. 126 ff.

Findet bei falscher richterlicher Anwendung der Grundsätze über die Beweislast die Nichtigkeitsbeschwerde statt?, in: JWPrS 1842, S. 182 ff., S. 213 ff.

Gemeinheitstheilung. Unangesessene Bürger. Abfindung, in: JWPrS 1843, S. 822 ff.

Bornemann, F. W. L.: Systematische Darstellung des Preußischen Civilrechts mit Benutzung der Materialien des Allgemeinen Landrechts, bearbeitet von Temme, 2. Auflage, Bd. 4, Bd. 5., Bd. 6, Berlin 1844/45.

Eheliches Kind. Vermuthung: Ueber die gesetzliche Vermutung, daß Kinder, die während der Ehe erzeugt oder geboren worden, von dem Manne erzeugt seien, in: JWPrS 1844, S. 249 ff.

Königreich Westphalen. Dienste. Dienstgeld: Bemerkungen zu dem in der vorigen Nummer abgedruckten Aufsatze über die Auslegung des § 44 des Gesetzes vom 21. April 1825, in: JWPrS 1844, S. 445 ff.

Juden. Domizilirte Wechsel. Zahlungstag: Ueber den Zahlungstag eines Wechsels, welcher von einem Juden akzeptirt, aber bei einem Christen domizilirt ist, in: JWPrS 1844, S. 488 ff.

Exekution. Dienstlohn. Privatbesoldung. Ueber die Beschlagnahme des Gesindelohns und der Privatbesoldungen, in: JWPrS 1844, S. 553 ff.

Restitution. Rechtsmittel: Ist durch den Art. 13 der Deklaration vom 6. April 1839 die jetzt sogenannte prätorische Restitution gegen Versehen im Prozesse, oder nur die gegen Versäumungen bei Einlegung von Rechtsmitteln aufgehoben?, in: JWPrS 1844, S. 794 ff.

Gesetze. Kollision: Ueber die Kollision der Gesetze verschiedener Distrikte, in: JWPrS 1845, S. 49 ff.

Kollision der Rechte: Beitrag zur Lehre von der Kollision der Rechte, in: JWPrS 1845, S. 129 ff.

Ueber die Nichtigkeit und Ungültigkeit der Rechtsgeschäfte, in: JWPrS 1845, S. 246 ff.

Novation: Ueber das Wesen der Novation nach Preußischem Rechte, in: JWPrS 1845, S. 569 ff.

Gewährleistung. Cession: Ueber die Natur der Gewährleistung bei der freiwilligen und nothwendigen Cession, in: JWPrS 1845, S. 649 ff.

Familienstiftung: Ueber den Begriff und die rechtliche Natur der Familienstiftungen, in: JWPrS 1845, S. 745 ff.

Lehrbuch des Preußischen Civilrechts, zweite Ausgabe, zweiter Bd., Leipzig 1846.

Vom Verlagsrecht und Verlagsvertrage, in: JWPrS 1846, S. 37 ff.

Das preußische Vormundschaftsrecht, Berlin 1847.

Ueber die Cession von Rechten aus lästigen Verträgen, in: JWPrS 1847, S. 155 ff.

Handlungs-Societät. Aufhebung derselben, in: JWPrS 1847, S. 221 ff., 231 ff.

Anleitung zur Civilprozeß-Praxis, Schaffhausen 1855.

D) Rezensionen und Anmerkungen

Hermann 1831, S. 649 ff.:
Rezension zu: Über die Instruction des Civil-Prozesses auf mündliches Vorbringen der Partheien, mit besonderer Hinsicht auf die Preußische Prozeßordnung, von Bühl, Hamm 1831 (unter dem Pseudonym Heinrich Stahl).

JWPrS 1841, S. 113 ff., S. 127 ff.:
Rezension zu: Der ehemalige Oberhof zu Lübeck und seine Rechtssprüche, von Michelsen, Altona 1839.

JWPrS 1841, S. 469 ff., 481 ff.:

Ueber die ordentliche Strafe und ihre Abweichungen, so wie über richterliche Willkühr. Mit besonderer Beziehung auf das Preußische Kriminalgesetzbuch von Siemens, Berlin 1840.

CrimZ 1841, S. 90 f.:
Anmerkung zu: Beitrag zur Lehre von den Diebstählen, welche an Gräbern und Leichen verübt werden, von Burchhardt zu Zehden, in: CrimZ 1841, S. 89 f.

CrimZ 1841, S. 102:
Anmerkung zu: Meineid über den Beweis eines falschen Zeugnisses, Criminal=Gericht der Residenz Berlin, in: CrimZ 1841, S. 100 ff.

CrimZ 1841, S. 138 f., S. 145 ff., 154 f.:
Rezension zu: Beiträge zur Strafprozeß-Gesetzgebung von J. Fr. H. Abegg, Neustadt a.d.O. 1841.

CrimZ 1841, S. 208 ff.:
Rezension zu: Über Strafanstalten für jugendliche Verbrecher mit vorausgeschickter kritischer Übersicht der gegenwärtig bestehenden Strafanstalten-Systeme im Allgemeinen, von Riecke, Heilbronn 1841.

CrimZ 1842, S. 7:
Rezension zu: Handbuch der gerichtlichen Untersuchungskunde in 344 actenmäßigen Beispielen enthaltend, von Ludwig Jagemann, Frankfurt am Main 1841.

CrimZ 1842, S. 63:
Entwurf eines Codex Medico-forensis, oder Zusammenstellung der bei Ausübung der gerichtlichen Arzneiwissenschaft allgemein zu befolgenden Vorschriften, von Wildberg, Berlin 1842.

CrimZ 1842, S. 67:
Anmerkung zu: Zur Beleuchtung des Straffalles II. in der Nummer 2, der Criminalistischen Zeitung des Jahrganges 1842, von Herrn Burchardi, in: CrimZ. 1842, S. 66 ff.

CrimZ 1842, S. 71:
Rezensionen zu:

1) Über Pönitentiarsysteme, insbesondere über die vorgeschlagene Einführung des pennsylvanischen Systems in Frankfurt, von Georg Varrentrapp, Frankfurt am Main 1841.
2) Die Besserung der Strafgefangenen. Ein Wort an alle Freunde des Staats- und der Kirche (,) von Karl Bernhard Moll, Berlin 1841.

CrimZ 1842, S. 87:
Anmerkung zu: Betrug und Meineid? oder Betrug durch Meineid? Merkwürdiger Fall einer höchst verschmitzt und beharrlich durchgeführten Prellerei, in: CrimZ 1842, S. 85 ff.

CrimZ 1842, S. 94 f.:
Rezension zu: Der neue Pitaval. Eine Sammlung der interessantesten Criminalgeschichten aller Länder aus älterer und neuerer Zeit, hrsg. v. Hitzig u. Häring (W. Alexis), erster Theil. Leipzig 1842 (gemeinsam mit Bonseri).

CrimZ 1842, S. 103:
Rezension zu: Das gemeine deutsche Criminalrecht, als Grundlage der neueren deutschen Strafgesetzgebungen, von Marezoll, Leipzig 1841.

CrimZ 1842, S. 111 f.
Rezension zu: Gefängnißwesen. Dritter Bericht des Vereins für die Besserung der Strafgefangenen in den östlichen Provinzen der Preußischen Monarchie, Berlin 1842.

JWPrS 1843, S. 224 ff.
Anmerkung zu: Ueber Beweisantretung durch Akten und Edition von Akten, in: JWPrS 1843, S. 178 ff., 202 ff., 218 ff..

JWPrS 1843, S. 509 ff.
Anmerkung zu: Ehemaliges Königreich Westphalen. Fünftelabzug. Grundsteuer. Steuerfreiheit, in: JWPrS 1843, S. 482 ff., 506 ff.

ZsDtStrafverfahren 1844, S. 439 f.:
Rezension zu: Ueber die neueren Vorschläge zur Verbesserung des Criminalverfahrens in Deutschland, von Biener (in: Zeitschr. f. gesch. Rechtsw 1845, S. 69 ff.).

ZsDtStrafverfahren 1844, S. 439 f.:

Rezension zu: Ueber öffentliches Rechtsverfahren. Ein Beitrag zur Würdigung dieser Frage. Berlin 1843.

JWPrS 1844, S. 815 ff.:

Recension zu: Preußische Militair=Gesetzsammlung. Dritten Bandes drittes Heft. Mit Genehmigung seiner Majestät des Königs herausgegeben von Dr. Karl Friccius, Berlin und Elbing 1844.

KritZ 1855, S. 1 ff.:

Rezension zu: Archiv für preuß. Strafrecht, hrsg. v. Goltdammer, Berlin 1853.

KritZ 1855, S. 369 ff.:

Rezension zu: Wirkungskreis des Strafgesetzes, von Berner, Berlin 1853.

KritZ 1857, S. 23 f.:

Rezension zu: Grundzüge des neuen Preußischen Concurs-Rechts und Concurs-Verfahrens von Rudolph Simon, Potsdam 1856.

E) Politisches[1]

Ueber Besoldungen der Richter, in: Hermann 1825, S. 809 f. (unter dem Pseudonym H. Stahl).

Dem dritten Landtage der Provinz Westphalen gewidmet, in: Hermann 1830, S. 785 ff. (785) (unter dem Pseudonym H. St---l).

Rechtliches Bedenken über die *Verlegung und Vertagung* der Preußischen National-Versammlung, Berlin 1848.

Ueber die Rechtmäßigkeit der *Einberufung von Stellvertretern* nach Brandenburg, Berlin 1848.

Was wir wollen, in: Neue Oder-Zeitung Breslau (Morgenblatt), Teil I, 28. Mai 1851; Teil II, 3. Juni 1851; Teil III, 5. Juni 1851; Teil IV, 7. Juni 1851; Teil V, 12. Juni 1851; Teil VI, 14. Juni 1851; Teil VII, 21. Juni 1851; Teil VIII, 25. Juni 1851.

F) Herausgabe

Archiv für die strafrechtlichen Entscheidungen der obersten Gerichtshöfe in Deutschland, Jahrg. 1854–1859.

Juristische Wochenschrift für die preußischen Staaten. Berlin: Jonas 1843 f. (insgesamt 14 Jg. 1835–1848, 2 Jg. von Temme hrsg.).

Criminalistische Zeitung für die preußischen Staaten, Jahrgang 1841–1841 (gemeinsam mit F.W. Bonseri).

---

1 Es handelt sich hierbei nicht um eine vollständige Auflistung aller Aufsätze und Artikel *Temmes* zu politischen Themen, sondern es werden nur die in der vorliegenden Arbeit verwendeten Schriften aufgelistet.

Literaturverzeichnis

ABEGG, Julius Friedrich Heinrich: Schriften über Preussisches Strafrecht (Rezension zu: Handbuch des Preußischen Kriminalrechts, von J.D.H. Temme, Leipzig 1837) in: Krit. Jahrb. f. dt. Rechtsw. 1838, S. 549 ff.

ABEGG, Julius Friedrich Heinrich: Kritische *Betrachtungen* über den Entwurf einer Strafprozeßordnung für das Königreich Württemberg vom Jahre 1832, Altenburg 1839.

ABEGG, Julius Friedrich Heinrich: Rezension zu: Commentar über die wichtigeren Paragraphen der Preußischen Criminalordnung, von J.D.H. Temme, Berlin 1838, in: Krit. Jahrb. f. dt. Rechtsw. 1839, S. 343 ff.

ABEGG, Julius Friedrich Heinrich: Rezension zu: Die Lehre von der Tödtung nach preußischem Rechte, von J.D.H. Temme in: Krit. Jahrb. f. dt. Rechtsw. 1841, S. 455 ff.

ABEGG, Julius Friedrich Heinrich: *Beiträge* zur Strafprozeß-Gesetzgebung, Neustadt a.d.O. 1841.

ABEGG, Julius Friedrich Heinrich: Rezension zu: Die Lehre von der Tödtung nach preußischem Rechte, von J.D.H. Temme, Leipzig 1839, in: Centr.-Bl 1841, S. 455 ff.

ABEGG, Julius Friedrich Heinrich: Betrachtungen über das Gesetz betreffend das Verfahren in dem bei dem Kammergerichte und dem Criminalgerichte zu Berlin zu führenden Untersuchungen, vom 17. Juli 1846, in: ACR NF 1847, S. 105 ff., S. 155 ff.

ABEGG, Julius Friedrich Heinrich: Die preußische Straf-Gesetzgebung und die *Rechts=Literatur* in ihrer gegenseitigen Beziehung, Berlin 1854.

ABEGG, Julius Friedrich Heinrich: Die Preußische Strafgesetzgebung und die *Rechts=Literatur* in ihrer gegenseitigen Beziehung, in: GA 1854, S. 107 ff., S. 378 ff., S. 576 ff., S. 584 f.

ADB (Allgemeine Deutsche Biographie). Hrsg. Historische Commission bei der Königlichen Akademie der Wissenschaften, 56 Bde. Leipzig 1875–1912 [zit. als *Verfasser*, ADB, Bd., S.].

AHLF, Ernst-Heinrich: *„Neue Unmittelbarkeit"* – Möglichkeiten, Fähigkeiten und Grenzen der Polizei im Ermittlungsverfahren, in: Der Strafprozeß vor neuen Herausforderungen. Über den Sinn oder Unsinn von Unmittelbarkeit und Mündlichkeit im Strafverfahren, hrsg. von Otto Lagodny, Baden-Baden 2000, S. 113 ff.

ALBER, Peter-Paul: Die Geschichte der *Öffentlichkeit* im deutschen Strafverfahren, Berlin 1974.

ALKER, A.: *Handbuch* des preußischen Kriminalprozessverfahrens. Teil I und II, Berlin 1842.

ALLMANN, Jean-Marie: *Außerordentliche Strafe* und Instanzentbindung im Inquisitionsprozesse nach den wichtigsten Quellen bearbeitet, München 1903.

ARMBRÜSTER, Klaus: Die Entwicklung der *Verteidigung* in Strafsachen, Berlin 1980.

B., (o.V.): Rezension zu: Die Lehre von der Tödtung nach preußischem Recht, von. J.D.H. Temme, Leipzig 1839, in: Centr. Bl. 1840, S. 355 ff.

Bandemer, Dagmar: *Heinrich Albert Zachariae*, Rechtsdenken zwischen Restauration und Reformation, Frankfurt am Main, Bern, New York 1985.

Bast, Rainer A.: *Julius Hermann von Kirchmann*, Jurist, Politiker, Philosoph, Hamburg 1993.

Beese, Wilhelm: Der *Grundsatz der Öffentlichkeit* im Deutschen Strafprozeß, Kiel 1938.

Behr, Herbert: Die *Rechtsmittel gegen Strafurteile* in der Reformdiskussion und der Partikulargesetzgebung des 19. Jahrhunderts, Göttingen 1984.

Bekker, Ernst Immanuel: Die historische Rechtsschule und ihre Gegner, in: Jahrb. f. Gesellsch. u. Staatsw., Berlin 1865, S. 393 ff.

Bender, Heinrich: *Ueber das mündliche und öffentliche Verfahren* in Criminalsachen, Cassel 1821.

Benz, Ulrike: Zur Rolle der *Laienrichter im Strafprozeß*. Eine Untersuchung über das Schöffenamt auf verfahrenspsychologischer und gerichtsorganisatorischer Grundlage mit einem rechtsgeschichtlichen und rechtsvergleichenden Überblick. Lübeck 1982.

Bernhard, Julius: *Madame Lafarge unschuldig!* Nachgewiesen aus den vollständigen Verhandlungen des Prozesses Lafarge (Vergiftung Diamantendiebstahl) nebst Anmerkung nach französ. u. deutschem Strafverfahren u. der gefundenen Vernunft, Karlsruhe 1841.

Beseler, Georg: *Volksrecht* und Juristenrecht, Leipzig 1843.

Bewer, Johann W.: *Ueber das öffentliche mündliche Verfahren* in bürgerlichen und in peinlichen Rechtssachen, Düsseldorf 1818.

Biefang, Andreas: National-preußisch oder deutsch-national? Die deutsche Fortschrittspartei in Preußen 1861–1867, in: Geschichte und Gesellschaft 1997, S. 360 ff.

Biener, Friedrich August: Ueber die historische Methode und ihre Anwendung auf das Criminalrecht, in: ACR 1829, S. 476 ff.

Biener, Friedrich August: Ueber die neueren Vorschläge zur Verbesserung des Criminal=Verfahrens in Deutschland, in: Zeitschr. f. gesch. Rechtsw., Bd. 12 1845, S. 69 ff.

Biener, Friedrich August: *Abhandlungen* aus dem Gebiete der Rechtsgeschichte, H. 2, Leipzig 1848.

Biermann, Wilhelm: *Franz Leo Benedikt Waldeck*, Ein Streiter für Freiheit und Recht, Paderborn 1928.

Binding, Karl: Strafrechtliche und *strafprozessuale Abhandlungen*. Erster Band: Strafrecht. München und Leipzig 1915.

Blackstone, William: *Commentaries* on the Laws of England, Bd. II, Chicago 1765.

Boch, Rudolf: *David Hansemann*, Das Kind der Industrie, in: Die Achtundvierzieger, Lebensbilder aus der deutschen Revolution 1848/49, hrsg. von Sabine Freitag, München 1998, S. 171 ff.

Böhmer, Georg Wilhelm: D. Ernst Ferdinand Klein's *Gedanken* von der öffentlichen Verhandlung der Rechtshändel und dem Gebrauche der Beredsamkeit in den Gerichtshöfen, Göttingen 1825.

Boldt, Werner: Die *Anfänge* des deutschen Parteiwesens. Fraktionen politische Vereine und Parteien in der Revolution 1848, Paderborn 1971.

Böttges, Walter: Die *Laienbeteiligung* an der Strafrechtspflege. Ihre Geschichte und heutige Bedeutung, Bonn 1979.

Botzenhart, Manfred: *Deutscher Parlamentarismus* in der Revolutionszeit 1848–1850, Düsseldorf 1977.

Brauer, W.: Die Voruntersuchung auf der Grundlage des Anklage=Princips, in: GS 1849, S. 321 ff.

Braun, Alexander Carl Hermann: *Hauptstücke* des öffentlich-mündlichen Straf=Verfahrens mit Staatsanwaltschaft nach französischer und holländischer Gesetzgebung. Rechenschaftsbericht über meine Reise im Sommer 1844, Leipzig 1845.

Brix, Fritz: *Tilsit-Ragnit*, Stadt- und Landkreis, ein ostpreußisches Heimatbuch, Würzburg 1971.

Brodauf, Helmut: Das strafprozessuale *Lebenswerk* Heinrich Albert Zachariaes, Göttingen 1948.

Brunner, Heinrich, Die *Enstehung der Schwurgerichte*, Berlin 1872.

Buchner, Andreas: Das öffentliche *Gerichtsverfahren* in bürgerlichen und peinlichen Rechtsvorfallenheiten nach altdeutscher vorzüglich altbaierischer Rechtspflege, Erlangen 1825.

Büsch, Otto (Hrsg.): *Handbuch der preussischen Geschichte*, Band II, Das 19. Jahrhundert und Große Themen der Geschichte Preußens, Berlin, New York 1992.

Büssem, Eberhard: Die *Karlsbader Beschlüsse* von 1819, Hildesheim 1974.

Carl, Adolph: *Das freie Preußen*! Geschichte des Berliner Freiheits=Kampfes vom 18. März 1848 und seiner Folgen, Berlin 1848.

Carsten, Ernst: Die Geschichte der *Staatsanwaltschaft* in Deutschland bis zur Gegenwart. Ein Beitrag zur Reform des Strafprozesses, Breslau 1932.

Collin, Peter: „Wächter der Gesetze" oder „Organ der Staatsregierung", Frankfurt am Main 2000.

Collin, Peter: Die Geburt der *Staatsanwaltschaft* in Preußen, Artikel vom 21. März 2001 in: forum historiae iuris, http://www.rewi.hu-berlin.de/FHI/zitat/0103collin.htm. (Stand: 4. Februar 2008).

Conrad, Hermann: *Preussen und das französische Recht* in den Rheinlanden, in: Recht und Rechtspflege in den Rheinlanden (Festschrift zum 150jährigen Bestehen des Oberlandesgerichts Köln), hrsg. und bearbeitet von Josef Wolffram und Adolf Klein, Köln 1969, S. 78 ff.

Dalcke, A.: Ueber die gegenwärtige Stellung der Staatsanwaltschaft im Preußischen Strafverfahren und ihre Reform, in: Archiv für Preußisches Strafrecht (Goltdammers Archiv) 1859, S. 734 ff.

DALCKE, A.: Ueber das strafgerichtliche Vorverfahren und die richtige Begrenzung der Kompetenz der in demselben thätigen Behörden, in: Archiv für Preußisches Strafrecht (Goltdammers Archiv) 1866, S. 15 ff.

DANNENBERG, Herbert: *Liberalismus* und Strafrecht im 19. Jahrhundert, Berlin und Leipzig 1925.

DONSBACH, Christian: Die Verfassung und das *Proceßverfahren* der Untergerichte im Großherzogthum Baden, mit Vorschlägen zu Verbesserungen durch Trennung der Justiz von der Administration, und Oeffentlichkeit und Mündlichkeit des Verfahrens, Karlsruhe 1822.

EBEL, Wilhelm: *Catalogus Professorum Gottingensium*, Göttingen 1962.

EBERT, Ina: Die *Normierung* der juristischen Staatsexamina und des juristischen Vorbereitungsdienstes in Preußen (1849–1934), Berlin 1995.

ELLING, Karl: Die Einführung der *Staatsanwaltschaft* in Deutschland, ein Beitrag zur Geschichte des Strafprozesses, Breslau 1911.

ENGELMANN, Bernt: *Die Freiheit. Das Recht.* Johann Jacoby und die Anfänge unserer Demokratie, München 1987.

ESCHER, Eugen: *Lebenslauf* in ruhigen und bewegten Zeiten 1831–1898, Zürich 1907.

FASOLI, Hemma: Zum *Strafverfahrensrecht* und Gefängniswesen im 19. Jahrhundert – der Jurist Ludwig von Jagemann (1805–1853): seine Rolle in Deutschland unter besonderer Berücksichtigung der Entwicklungen in England, Frankreich und USA, Kehl am Rhein, Straßburg, Arlington 1985.

FELDHAUSEN, Peter: Zur *Geschichte* des Strafprozessrechtes in Frankreich von der Revolution bis zum Erlass des Code d'instruction criminelle (1789–1808), Bonn 1966.

FELS, Hans: Der *Strafprozeß* nach der preußischen Criminal-Ordnung von 1805, Bonn 1932.

FENSKE, Hans: *Politisches Denken* von der Französischen Revolution bis zur Gegenwart, in: Geschichte der politischen Ideen. Von Homer bis zur Gegenwart, Frankfurt a. Main 1987, S. 379 ff.

FEUERBACH, Paul Johann Anselm von: *Revision* der Grundsätze und Grundbegriffe des positiven peinlichen Rechts, Teil 1, Erfurt 1799.

FEUERBACH, Paul Johann Anselm von: Betrachtungen über das *Geschwornen=Gericht*, Landshut 1813.

FEUERBACH, Paul Johann Anselm von: Betrachtungen über die *Öffentlichkeit und Mündlichkeit* der Gerechtigkeitspflege, *Bd. I*, Gießen 1821, *Bd. II*, Gießen 1825.

FÖGEN, Marie Theres: Der Kampf um *Gerichtsöffentlichkeit*, Berlin 1974.

FROMMEL, Monika: Die Implementation der liberalen Forderung nach einer *Reform des Strafverfahrens* in der jüngeren Strafrechtsgeschichte, in: Rechtsgeschichte in den beiden deutschen Staaten (1988–1990), Beispiele, Parallelen, Positionen, Veröffentlichung des Max-Planck-Instituts für Europäische Rechtsgeschichte, Frankfurt a. M. 1991, S. 548 ff.

FUCHS, Konrad / RAAB, Heribert: dtv Wörterbuch zur *Geschichte*, Band 1, 2, Oktober 1972.

GALL, Lothar: *Liberalismus* und „bürgerliche Gesellschaft". Zu Charakter und Entwicklung der liberalen Bewegung in Deutschland, in: Bürgertum und liberale Bewegung, hrsg. von Dieter Hein, Andreas Schulz, Eckhardt Treibel, München 1996, S. 99 ff.

GANS, Eduard: Die *Richter als Geschworne*, in: Beiträge zur Revision der preußischen Gesetzgebung, Bd. I., Heft 1, Berlin 1830, S. 68 ff.

GAST, Friedrich Moritz: Die *Nothwendigkeit des öffentlichen und mündlichen Gerichtsverfahrens* bei der Kriminal- und Zivilrechtspflege, Leipzig 1843.

GEBHARDT, Hellmut: Die *Freiheit des Strafrichters* bei der Beweiswürdigung, Hamburg 1939.

GEIB, Gustav: Die *Reform* des deutschen Rechtslebens, Leipzig 1848.

GEISSLER, A. W.: Die *Blutzeugen* der deutschen Volkserhebung oder Scenen aus dem tragischen Ende der neu'sten Volksaufstände in Deutschland, Neustadt, Magdeburg 1850.

GEPPERT, Klaus: Der Grundsatz der *Unmittelbarkeit* im deutschen Strafverfahren, Berlin 1979.

GERAU, August: Ueber Recurs des Staatsanwalts gegen die Erkenntnisse der Gerichte in Strafsachen, in: ZsDtStrafverfahren 1847, S. 251 ff.

GERAU, August.: Ueber das Rechtsmittel der Appellation im Strafprozesse, ACR n.F. 1854, S. 255 ff.

GEYER, August: Der *Beweis* im Strafprozeß, in: Handbuch des deutschen Strafprozeßrechts in Einzelbeiträgen, herausgegeben von Franz von Holtzendorff, Bd. 1, Berlin 1879, S. 185 ff.

GEYER, August: *Lehrbuch* des gemeinen deutschen Strafproceßrechts, Leipzig 1880.

GIESE, Friedrich: Preußische *Rechtsgeschichte*, Berlin 1920.

GLASER, Julius: Beiträge zur *Lehre vom Beweis* im Strafprozeß, Leipzig 1883.

GLASER, Julius: Das englisch-schottische *Strafverfahren*, Uebersichtlich dargestellt zur Vergleichung mit der neuesten französisch-deutschen namentlich der oestereichischen Legislation, Wien 1850.

GLASER, Julius: Die *geschichtlichen Grundlagen* des neuen Deutschen Strafprozeßrechts, in: von Holtzendorff, Handbuch des deutschen Strafprozeßrechts, 1. Band, Berlin 1879, S. 3 ff.

GLASER, Julius: *Handbuch* des Strafprozesses, Bd. I, Leipzig 1883.

GNEIST, Rudolf: Die *Bildung der Geschworenengerichte* in Deutschland, Berlin 1849.

GNEIST, Rudolf: *Vier Fragen* zur deutschen Strafprocessordnung mit einen Schlußwort über die Schöffengerichte, Berlin 1874.

GÖDDEN, Walter / NÖLLE-HORNKAMP, Iris: *Westfälisches Autorenlexikon*, Band 1, Paderborn 1993.

GREBING, Helga: *Geschichte* der Deutschen Arbeiterbewegung, München, 1966.

Grisebach, Klaus: Der Grundsatz der *Unmittelbarkeit* der Beweisaufnahme im deutschen und schweizerischen Strafprozeßrecht, Freiburg 1979.

Grolman, Karl von: *Grundsätze* der Criminalrechtswissenschaft, 2. Auflage, Gießen und Darmstadt 1805.

Günther, Hans: *Staatsanwaltschaft*. Kind der Revolution. Versuch eines juristischen Essays, Frankfurt am Main, Berlin, Wien 1973.

Gust, Max: *J.D.H. Temme*. Ein münsterländischer Schriftsteller und Politiker des 19. Jahrhunderts, Münster 1914.

Haber, Günter: Probleme der Strafprozeßgeschichte im Vormärz. Ein Beitrag zum Rechtsdenken des aufsteigenden Bürgertums, in: ZStW 91 (1979), S. 590 ff.

Haber, Günter: *Strafgerichtliche Öffentlichkeit* und öffentlicher Ankläger in der französischen Aufklärung mit einem Ausblick auf die Gesetzgebung der Konstituante, Berlin 1979.

Habermann, Paul: *Friedrich Wilhelm III.*: König von Preußen im Blick wohlwollender Zeitzeugen, Schernfeld 1990.

Hachtmann, Rüdiger: *Berlin 1848*, Eine Politik- und Gesellschaftsgeschichte der Revolution, Bonn 1997.

Hagens, Johann Carl: Das neue preußische *Strafverfahren* mit einem Kommentar zur Verordnung vom 3. Januar 1849, Berlin 1849.

Hahn, C.: Rezension zu: Lehrbuch des gemeinen deutschen Strafrechts, von J.D.H. Temme, Stuttgart 1876, in: GA 1875, S. 651 f.

Haunfelder, Bernd: *Biographisches Handbuch* für das Preussische Abgeordnetenhaus 1849–1867, Düsseldorf 1994.

Heinrich, Gerd: *Geschichte Preußens*, Staat und Dynastie, Frankfurt am Main, Berlin, Wien 1981.

Heinz, Wolfgang: Das deutsche Strafverfahren. Rechtliche Grundlagen, rechtstatsächliche Befunde, historische Entwicklung und aktuelle *Tendenzen*, Internet-Veröffentlichung im Konstanzer Inventar Sanktionsforschung (KIS),

http://www.uni-konstanz.de/rtf/kis/strafverfahren.htm, Konstanz 2004 (Stand: 3. Februar 2008).

Heinze, Rudolf: *Strafprocessuale Erörterungen*. Beitrag zur Kritik der dem Reichstag vorliegenden Entwürfe einer Strafprozeßordnung und eines Gerichtsverfassungsgesetzes, Stuttgart 1875.

Heissler, Udo: Die *Unmittelbarkeit* der Beweisaufnahme im Strafprozeß unter besonderer Beücksichtigung des Zeugnisses vom Hörensagen.

Henke, Hermann W.: *Darstellung* des gerichtlichen Verfahrens in Strafsachen, Zürich 1817.

Hepp, Karl Ferdinand Theodor: *Anklageschaft*, Oeffentlichkeit und Mündlichkeit des Strafverfahrens gegründet auf eine historisch=kritische Beleuchtung des bestehenden Inquisitionsprocesses, Tübingen 1842.

Hepp, Karl Ferdinand Theodor: Dritter Beitrag zum Inquisitionsprozeß. Ueber das Verhältniß desselben zum Anklageprozesse, in: ZsDtStrafverfahren 1846, S. 153 ff.

Hepp, Karl Ferdinand Theodor: Vergleichung der englischen und der französischen Jury, in: ACR 1849, S. 368 ff.

Hepp, Karl Ferdinand Theodor: Rückblick auf die Strafproceßgesetzgebung der letzten 5 Jahre, in: GS 1851, Bd. II, S. 217 ff.; S. 506 ff.

Hermann, Ingo: *Hardenberg*: Der Reformkanzler, Berlin 2003.

Herrmann, Alfred: *Berliner Demokraten*, Ein Buch der Erinnerung an das Jahr 1848, Berlin 1948.

Herrmann, Joachim: Die Reform der deutschen *Hauptverhandlung* nach dem Vorbild des anglo-amerikanischen Strafverfahrens, Bonn 1971.

Hettinger, Michael: *J.D.H. Temme* (1798–1881) Volksfreund oder Staatsfeind? Ein Demokrat vor der Zeit; in: Recht und Juristen in der deutschen Revolution 1848/49, hrsg. von Franz Josef Düwell und Thomas Vormbaum, Baden-Baden 1998, S. 93 ff.

Hettinger, Michael: J.D.H. Temme, *Augenzeugenberichte* der deutschen Revolution 1848/49. Ein preußischer Richter als Vorkämpfer der Demokratie. Neu herausgegeben und mit einem Anhang versehen von Michael Hettinger, Darmstadt 1996.

Hettinger, Michael: J.D.H. Temme (1798–1881) – nicht nur ein *Juristenleben*, in: Norbert Brieskorn u. a. (Hrsg.), Vom mittelalterlichen Recht zur neuzeitlichen Rechtswissenschaft, Winfried Trusen zum 70. Geburtstag, Paderborn 1994, S. 335 ff.

Hettinger, Michael: *Jodocus Temme* (1798–1881). Richter, Staatsanwalt und Professor, Abgeordneter, Häftling und Emigrant. Ein Juristenleben im 19. Jahrhundert, in: WestfZ 149 (1999), S. 345 ff.

Hettinger, Michael: *Wer zu früh kommt, den bestraft das Leben*. Erinnerungen an Jodocus Temme (1798–1881), einen Vorkämpfer für die Demokratie, in: JJZG 1, 1999/2000, S. 293 ff.

Hinschius, F.S.A.: Rezension zu: Die Lehre von der Tödtung nach preußischem Rechte, Leipzig 1839 und die Lehre vom Diebstahl nach preußischem Rechte, Berlin 1840, von J.D.H. Temme , in: JWPrS 1840, S. 250 ff.

Hinschius, F.S.A.: Rezension zu: Kurze Bemerkungen über den gemeinen Deutschen und den Preußischen Prozeß, von J.D.H. Temme, Leipzig 1840, in: JWPrS 1840, S. 432 ff.

Hinschius, F.S.A.: Rezension zu: Temme, Die Lehre vom Diebstahl nach preußischem Rechte, Berlin 1840, in: JWPrS 1840, S. 251 f.

Hinschius, F.S.A.: Rezension zu: Temme, Die Lehre vom strafbaren Betruge nach Preußischem Rechte, Berlin 1841, in: JWPrS 1841, S. 691 ff.

Hinschius, F.S.A.: Rezension zu: Temme, Criminalistische Zeitung für die Preußischen Straaten, Berlin 1841, in: JWPrS 1841, S. 693.

Hintzelmann, Paul: Die *Matrikel* der Universität Heidelberg, Fünfter Teil von 1807 bis 1846, bearb. von Gustav Toepke, Heidelberg 1904.

Hoehn, Reinhard: Die *Stellung des Strafrichters* in den Gesetzen der französischen Revolutionszeit (1791–1810), Berlin und Leipzig 1829.

HOLTZENDORFF, Franz von: Wesen, Verhältnisbestimmungen und allgemeine Literatur der *Gefängnißkunde*, in: Handbuch des Gefängnißwesens, hrsg. von Franz von Holtzendorff und Eugen von Jagemann, Bd. 1, Hamburg 1888, S. 3 ff.

HOLZSCHUHER, Rudolph Freiherr von: Der *Rechtsweg*. Ein Versuch vergleichender Gesetzes-Kritik des französischen mündlichen und gemeinen deutschen schriftlichen Civil-Processes, Nürnberg 1831.

HONSELMANN, Wilhelm: *Adlige Chorherren*. Verzeichnis der Mitglieder des Clarholzer Konventes, in: Johannes Meier, Clarholtensis Ecclesia, Forschungen zur Geschichte der Prämonstratenser in Clarholz und Lette (1133–1803): Studien und Quellen zur westfälischen Geschichte, Bd. 21, Paderborn 1983.

HÖPFNER, J.: Über den *Anklageprozeß* und das Geschworenengericht, Hamburg 1844.

HORNTHAL, Johann Peter von: Die *peinliche Rechtspflege* und der Geist der Regierung in England, Weimar 1821.

HORSTER, Detlef: *Rechtsphilosophie* zur Einführung, 1. Auflage, Hamburg 2002.

IGNOR, Alexander: *Geschichte* des Strafprozesses in Deutschland 1532–1846, Paderborn, München, Wien, Zürich 2002.

JAGEMANN, Ludwig von: Die *Oeffentlichkeit* des Strafverfahrens, Heidelberg 1835.

JAGEMANN, Ludwig von: *Handbuch* der gerichtlichen Untersuchungskunde, Frankfurt am Main 1838.

JAGEMANN, Ludwig von: Die Reformfragen im Strafverfahren. Mit nächster Beziehung auf die Schrift; Beiträge zur Strafprozessgesetzgebung von Professor Dr. Abegg in Breslau, in: ZsDtStrafverfahren 1842, S. 373 ff.

JAGEMANN, Ludwig von: Rezension zu: Temme, Beiträge zum preußischen Strafrechte, Berlin 1842, in: ZsDtStrafverfahren 1843, S. 495–497.

JAGEMANN, Ludwig von: Die Zukunft der deutschen Schwurgerichte, in: GS 1852, S. 352–354.

JANSEN, Christian: *Einheit, Macht und Freiheit*. Die Paulskirchenlinke und die deutsche Politik in der nachrevolutionären Epoche 1849–1867, Beiträge zur Geschichte des Parlamentarismus und der politischen Parteien, 119, Düsseldorf, 2000.

JANSEN, Christian: *Nach der Revolution 1848/49*: Verfolgung, Realpolitik, Nationsbildung, Politische Briefe deutscher Liberaler und Demokraten 1849–1861, Düsseldorf, 2004.

JARKE, Carl Ernst: Bemerkungen über die *Lehre vom unvollständigen Beweise*, vornehmlich in Bezug auf die außerordentlichen Strafen, Besonderer Abdruck aus dem neuen Archiv des Criminalrechts, Band 8, Heft 18, 1825.

JELOWIK, Lieselotte: *Briefe deutscher Strafrechtler* an Karl Josef Anton Mittermaier, 1832–1866, Frankfurt am Main 2005.

JULIUS, Gustav: Der *Polenprozeß*: Prozeß der von dem Staatsanwalte bei dem Königlichen Kammergerichte als Betheiligte bei dem Unternehmen zur Wiederherstellung eines polnischen Staates in den Grenzen vor 1772 wegen Hochverraths angeklagten 254 Polen verhandelt im Gebäude des Staatsgefängnisses bei Berlin, Berlin 1848.

Kehr, Eckart: Zur *Genesis* der preußischen Bürokratie und des Rechtsstaats, Gesammelte Aufsätze zur preußisch-deutschen Sozialgeschichte im 19. und 20. Jahrhundert. Herausgegeben und eingeleitet von H.U. Wehler, 2. Auflage, Berlin 1970.

Kern, Eduard, *Geschichte* des Gerichtsverfassungsrechts, München / Berlin 1954.

Kettenacker, Johann von: *Denkschrift* für das teutsche Gerichtsverfahren mit besonderer Rücksicht auf das Grosherzogthum Baden gegen die volcksthümliche Gerichts-Oeffentlichkeit und die Geschworenengerichte, Freiburg 1823.

Kip, Hans-Gerhard: Das sogenannte *Mündlichkeitsprinzip*. Geschichte einer Episode des Deutschen Zivilprozesses, Köln, Berlin 1952.

Kleinheyer, Gerd / Schröder, Jan: Deutsche *Juristen* aus fünf Jahrhunderten, 3. Auflage, Heidelberg, 1989.

Kleinknecht, Theodor: *Schutz der Persönlichkeit* des Angeklagten durch Ausschluß der Öffentlichkeit in der Hauptverhandlung, in: Festschrift für Erich Schmidt-Leichner, München 1997, S. 111 ff.

Klemann, Bernd: Rudolf von Ihering und die *Historische Rechtsschule*, Frankfurt am Main, Bern, New York, Paris 1989.

Köbler, Gerhard: *Deutsche Rechtsgeschichte*, 5. Auflage, München 1996.

Köstlin, Reinhold: *Wendepunkt* des deutschen Strafverfahrens im 19. Jahrhundert, Tübingen 1849.

Kötschau, Uwe Lorenz: *Richterdisziplinierung* in der preußischen Reaktionszeit, Verfahren gegen Waldeck und Temme, Kiel 1976.

Krause, Carl Erasmus: Die deutschen *Schwurgerichte*, Leipzig 1843.

Krause, Carl Erasmus: *Entgegnung* auf des Herrn Dr. Fölix Angriff auf Oeffentlichkeit der Gerichte und Geschworene, Dresden, Leipzig 1843.

Kries, August von: Der *Beweis* im *Strafprozeß* des Mittelalters, Weimar 1878.

Kries, August von: *Lehrbuch* des deutschen Strafprozeßrechts, Freiburg i. Br. 1892.

Krieter, Hugo: *Historische Entwicklung* des „Prinzips der freien Beweiswürdigung" im Strafprozeß, Hildesheim 1926.

Kroll, Frank-Lothar: *Friedrich Wilhelm IV*. und das Staatsdenken der deutschen Romantik, Berlin 1990.

Krug, August Otto: Wie läßt sich *Mündlichkeit* des Criminalprocesses mit Urkundlichkeit, Entscheidungsgründen und zweiter Instanz über die Thatfrage vereinigen?, Leipzig 1847.

Küper, Wilfried: Die *Richteridee* der Strafprozeßordnung und ihre geschichtlichen Grundlagen, Berlin 1967.

Küper, Wilfried: *Historische Bemerkungen* zur „freien Beweiswürdigung" im Strafprozeß, in: Wahrheit und Gerechtigkeit im Strafverfahren, Festgabe für Karl Peters aus Anlaß seines 80. Geburtstages, Heidelberg 1984, S. 23 ff.

Kurth, Alexandra: *Männer-Bünde-Rituale*, Studentenverbindungen seit 1800, Frankfurt, New York 2004.

LAHRKAMP, Monika: *Die französische Zeit*, in: Westfälische Geschichte, hrsg. von Wilhelm Kohl, Bd. 2, Das 19. Jahrhundert und das 20. Jahrhundert, Düsseldorf 1983, S. 1 ff.

LAMMERS, Wolf: *Anton Matthias Sprickmann*, ein Juristenleben, Münster 2005.

LANDSBERG, Ernst: Die *Gutachten* der Rheinischen Immediat Justiz-Kommission und der Kampf um die Rheinische Rechts- und Gerichtsverfassung 1814–1819, Bonn 1914.

LAUFS, Adolf: *Rechtsentwicklungen* in Deutschland, 5. Auflage, Berlin, New York 1996.

LEUE, Friedrich Gottfried: Der mündliche öffentliche *Anklage=Proceß* und der geheime schriftliche Untersuchungs=Prozeß in Deutschland. Historisch und kritisch dargestellt, Aachen und Leipzig 1840.

LIMAN, Paul: Der Preußische *Strafprozeß*, Berlin 1859.

LIMBACH, Anna Caroline: Das *Strafrecht* der Paulskirchenverfassung 1848/49, Frankfurt am Main, Berlin, Bern, New York, Paris, Wien 1994.

LÖHR, Holle Eva: Der Grundsatz der *Unmittelbarkeit* im deutschen Strafprozeßrecht, Berlin 1972.

LOLME, Jean Louis de: The *Constitution* of England, London 1775.

LORENZ, Eberhard: *Friedrich Carl von Savigny* und die preussische Strafgesetzgebung, Münster 1958.

MAAS, Sally: Der Grundsatz der *Unmittelbarkeit* in der Reichsstrafprozeßordnung, Breslau 1907.

MACKELDEY, Ferdinand: Lehrbuch der Institutionen des römischen Privatrechts, Gießen 1814.

MANN, Theo Johannes: *Geschichte der Stadt Schweidnitz* – Ein Gang durch 700 Jahre deutscher Kultur in Schlesien, Reutlingen 1985.

MAURER, Georg Ludwig: *Geschichte* des altgermanischen und namentlich altbaierischen oeffentlich-muendlichen Gerichtsverfahrens, dessen Vortheile, Nachtheile und Untergang in Deutschland ueberhaupt und in Baiern insbesondere, Heidelberg 1824.

MECKBACH, Friedrich: *Inquisitionsrichter und Staatsanwalt* – ein Vergleich – Aspekte zur Entwicklung der Staatsanwaltschaft auf Grund des 1. StVRG hin zu der Stellung des Inquisitionsrichters des gemeinen deutschen Inquisitionsprozesses, Heidelberg 1976.

MEIER, Johannes: „[...] wie die geistlichen Herren in den meisten Zweigen der Wissenschaft und der Literatur wohl bewandert und mit ihrer Zeit fortgeschritten waren“ – Zum geistigen und religiösen Standort des adligen Clarholzer Prämonstratenserkonventes in den letzten Jahrzehnten vor der Säkularisation der alten Reichskirche, in: JB f. Westf. KG 91, Bielefeld 1997, S. 59 ff.

MEIER, Johannes: *Clarholtensis Ecclesia* – Forschungen zur Geschichte der Prämonstratenser in Clarholz und Lette (1133–1803), Studien und Quellen zur westfälischen Geschichte, Bd. 21, Paderborn 1983.

MERKEL, o.V.: Vergleichende Darstellung des Verfahrens in erster und zweiter Instanz bei Beurtheilung von Polizei-Uebertretungen und Vergehen, in Vergleichung mit den bezüglichen Bestimmungen der österreichischen Strafprozeßordnung und des Entwurfs einer solchen für das Königreich Sachsen, in: GS 1854, S. 377 ff., S. 409 ff.

MEYER, Hugo: *That- und Rechtsfrage* im Geschworenengericht, insbesondere in der Fragestellung an die Geschworenen, Berlin 1860.

MICHELS, Kurt: Der *Indizienbeweis* im Übergang vom Inquisitionsprozeß zum reformierten Strafverfahren, Temeschburg / Banat 2000.

MIECK, Ilja: *Preußen von 1807 bis 1850*, Reformen, Restauration und Revolution, in: Handbuch der preußischen Geschichte, hrsg. von Otto Büsch, Bd. II, Das 19. Jahrhundert und Große Themen der Geschichte Preußens, Berlin, New York 1992, S. 3 ff.

MITTERMAIER, Carl Joseph Anton: Die öffentliche und mündliche *Strafrechtspflege* und das Geschworenengericht in Vergleichung mit dem deutschen Strafrechte, Landshut 1819.

MITTERMAIER, Carl Joseph Anton : Die *Lehre vom Beweise* im deutschen Strafprozesse nach der Fortbildung durch Gerichtsgebrauch und deutsche Gesetzbücher in Vergleichung mit den Ansichten des englischen und französischen Strafverfahrens, Darmstadt 1834.

MITTERMAIER, Carl Joseph Anton: Der deutsche Strafprozeß, verglichen mit dem auf Oeffentlichkeit, Mündlichkeit und Anklageprincip gebauten Verfahren, in: ACR 1842, S. 61 ff. S. 259 ff. und S. 424 ff.

MITTERMAIER, Carl Joseph Anton: Über den neuesten Zustand der Ansichten der Gesetzgebung und der Wissenschaft über den Indicienbeweis und die Vorschläge der Bedingungen, unter denen diese Beweisart gestattet werden soll, in: ACR 1844, S. 274 ff.

MITTERMAIER, Carl Joseph Anton: Die *Mündlichkeit*, das Anklageprinzip, die Öffentlichkeit und das Geschworenengericht, Stuttgart und Tübingen 1845.

MITTERMAIER, Carl Joseph Anton: Ueber die Stellung des Assisenpräsidenten, in: GS 1849, S. 17 ff.

MITTERMAIER, Carl Joseph Anton: Das System der Nichtigkeiten wegen Verletzungen von Formvorschriften im Strafproceße nach der französischen Gesetzgebung und Rechtsübung und nach den neuen deutschen Gesetzgebungen über Schwurgerichte, in: GS 1850, S. 291 ff.

MITTERMAIER, Carl Joseph Anton: Erfahrungen über die Wirksamkeit der Schwurgerichte, in: GS 1852, S. 3 ff.

MITTERMAIER, Carl Joseph Anton: Ueber den gegenwärtigen Standpunkt der Strafgesetzgebung insbesondere in Beziehung auf die Gestattung der Berufung gegen die von Staatsrichtern gesprochenen Urtheile, in: ACR n.F. 1854, S. 291 ff.

MITTERMAIER, Carl Joseph Anton: Die *Gesetzgebung* und Rechtsübung über Strafverfahren nach ihrer neuesten Fortbildung dargestellt und geprüft, Erlangen 1856.

MÖHL, Arnold: Über das *Geschworenengericht*, Heidelberg und Leipzig 1838.

MÖHL, Arnold: Ueber das Urtheilen rechtsgelehrter Richter ohne gesetzliche Beweistheorie, in: ZsDtStrafverfahren 1842, S. 277 ff.

MOLITOR, Adam: Erfahrungen im Gebiete der Criminalrechtspflege, in: ZsDtStrafverfahren 1843, S. 1 ff.

MÜLLER, Alexander: Das Institut der *Staatsanwaltschaft* nach seinen Hauptmomenten, Leipzig 1825.

MÜLLER, Frank Lorenz: Die *Revolution von 1848/49*, Darmstadt 2002.

MÜLLER, Ingo: Der Wert der „materiellen Wahrheit", in: Leviathan, Zeitschrift für Sozialwissenschaft 1977, S. 522 ff.

MÜLLER, Ingo: *Rechtsstaat und Strafverfahren*, Frankfurt am Main 1980.

MÜLLER, Ingo: *Furchtbare Juristen*. Die unbewältigte Vergangenheit unserer Justiz, München 1989.

NDB (Neue Deutsche Biographie). Hrsg. Historische Kommission bei der Königlichen Akademie der Wissenschaften, 23 Bde., Berlin 1971–2007 [zit. als *Verfasser*, NDB, Bd., S.].

NIPPERDEY, Thomas: *Deutsche Geschichte 1800–1866*. Bürgerwelt und starker Staat, München 1983.

NOBILI, Massimo: Die freie richterliche *Überzeugungsbildung*. Reformdiskussion und Gesetzgebung in Italien, Frankreich und Deutschland seit dem Ausgang des 18. Jahrhunderts. Aus dem Italienischen von Thomas Vormbaum, Baden-Baden 2001.

NÖLLNER, Friedrich: Der Entwurf einer Strafproceßordnung für das Großherzogthum Baden, nebst Motiven, mitgetheilt, in: ZsDtStrafverfahren 1844, S. 86 ff.

NUTZ, Thomas: *Strafanstalt* als Besserungsmaschine, Reformdiskurs und Gefängniswissenschaft 1775–1848, München 2001.

ODERMATT, Tutilo: Der strafrechtliche Unterricht an der *Universität Zürich* im 19. Jahrhundert, Zürich 1975.

[O.N.]: *Bemerkungen* über die Einführung der Oeffentlichkeit des gerichtlichen Verfahrens und der Geschwornen-Gerichte in Baiern, München 1819.

[O.N.]: Rezension zu: Handbuch des Preußischen Kriminalrechts, von J.D.H. Temme, Leipzig 1837, in: Centr. Bl. 1837, S. 1079 f.

[O.N.]: Rezension zu: Temme, Handbuch des Preußischen Kriminalrechts, von J.D.H. Temme, Leipzig 1837, in: JWPrS 1837, S. 442.

[O.N.]: Rezension zu: Temme, Handbuch des Preußischen Privatrechts, Leipzig 1835, in: Centr. Bl. 1838, S. 1048.

[O.N.]: Rezension zu: Temme, Commentar über die wichtigeren Paragraphen der Preußischen Criminalordnung, Berlin 1838, in: Krit. Jahrb. f. dt. Rechtsw. 1839, S. 753 f.

[O.N.]: Rezension zu: Kurze Bemerkungen über den gemeinen Deutschen und den Preußischen Prozeß, Von J.D.H. Temme, Leipzig 1840, in: Centr. Bl. 1840, S. 326 ff.

[O.N.]: Rezension zu: Temme, Die Lehre vom Diebstahl nach preußischem Rechte, Berlin 1840, in: Centr. Bl. 1840, S. 669 ff., 691 ff.

[O.N.]: Rezension zu: Temme, Die preußischen Strafanstalten, Berlin 1841, in: Krit. Jahrb. f. dt. Rechtsw. 1843, S. 355 ff.

[O.N.]: *Rückblicke* auf die Preußische National-Versammlung von 1848 und ihre Koryphäen, Berlin 1849.

[O.N.]: Verhandlungen vor dem Schwurgerichte zu Münster in der Untersuchungssache wider den Appellations-Gerichts-Director Jodocus Temme. Sitzung vom 6. April 1850, Münster 1850.

OPPEN, Otto Heinrich Alexander von: *Geschworene und Richter*, Köln 1835.

OPPENHEIM, Heinrich Bernhard: *Benedikt Franz Leo Waldeck*, der Führer der preußischen Demokratie, Berlin 1873.

ORTLOFF, Hermann: Das *Strafverfahren* in seinen leitenden Grundsätzen und Hauptformen, Jena 1858.

ORTLOFF, Hermann: Rezension zu: Temme, Lehrbuch des Teutschen Gemeinen Criminal-Prozesses, in: Krit. Zeitschr. 1859, S. 60 ff.

OSENBRÜGGEN, Eduard: Die Berufung auf das Rechtsbewußtsein im Volk, in: ACR 1854, S. 152 ff.

OTTO, Gustav: Die preußische *Staatsanwaltschaft*, Berlin 1899.

PAALZOW, Christian Ludewig: *Kommentar* über die Criminal=Ordnung für die preussischen Staaten, Zweiter Theil, Berlin 1807.

PFEFFERKORN, Hans: *Der Kampf der Linken* um den Einfluß auf die Exekutivgewalt in der Konstituierenden Versammlung für Preußen, Berlin 1926.

PLANCK, Julius Wilhelm: *Systematische Darstellung* des deutschen Strafverfahrens auf der Grundlage der neueren Strafprozeßordnungen, Göttingen 1857.

PUCHTA, Georg Friedrich: Das *Gewohnheitsrecht*, Bd. *II*, Erlangen 1837.

PUCHTA, Georg Friedrich: *Cursus der Institutionen*, I (1841), 9. Auflage, besorgt von Paul Krüger, Leipzig 1881.

PUCHTA, Wolfgang Heinrich: Der *Inquisitionsprozeß*, Erlangen 1844.

PÜTTER, Johann Stephan: Versuch einer academischen *Gelehrten-Geschichte* von der Georg-August-Universität zu Göttingen, Nachdruck der Ausgabe Hannover 1820, Hildesheim, Zürich, New York 2006.

REGGE, Jürgen: Chronologische Übersicht über die *Reformgeschichte* des Straf- und Strafprozeßrechts in Preußen von 1780–1879, in: Schubert / Regge, Gesetzrevision, I. Abteilung, Bd. 1, Liechtenstein 1981, S. XXV ff.

REGGE, Jürgen: Einleitung: Die *Revision des Straf- und Strafprozeßrechts* unter dem Ministerium Danckelmann, in: Schubert/Regge, Gesetzrevision, I. Abteilung, Bd. 1, Liechtenstein 1981, S. XLIX ff.

REGGE, Jürgen: Die *Strafrechtsreform unter Savigny*, in: Gesetzrevision (1825–1848), I. Abteilung, Straf- und Strafprozeßrecht, Bd. 6, hrsg. von Werner Schubert und Jürgen Regge, Liechtenstein 1996, S. XIV ff.

Reinhard, Wolfgang: Vom italienischen Humanismus bis zum *Vorabend der Französischen Revolution*, in: Geschichte der politischen Ideen. Von Homer bis zur Gegenwart, Frankfurt a. M. 1987, S. 241 ff.

Reininghaus, Wilfried / Conrad, Horst: *Für Freiheit und Recht*, Westfalen und Lippe in der Revolution 1848/49, Aschendorff, Münster 1999.

Reuter, Lothar: Die *Implementation* der bürgerlichen Strafrechtspflege zwischen Restauration und Revolution (1815–1848), in: Rechtsgeschichte in den beiden deutschen Staaten (1988–1990), Beispiele, Parallelen, Positionen, Veröffentlichung des Max-Planck-Instituts für Europäische Rechtsgeschichte, Frankfurt am Main 1991, S. 563 ff.

Ribhegge, Wilhelm: *Geschichte* der Universität Münster, Europa in Westfalen, Münster 1985.

Richter, [o.V.]: Rezension zu Handbuch des preussischen Privatrechts, von. J.D.H. Temme, Leipzig 1837, in: Krit. Jahrb. f. dt. Rechtsw. 1838, S. 1048.

Rintel, Gustav Carl Nicolaus: Von der *Jury*, Münster 1844.

Rogge, Karl August: Ueber das *Gerichtswesen der Germanen*. Ein Germanistischer Versuch, Halle 1820.

Rosshirt, Conrad Franz: Zwei *criminalistische Abhandlungen* als Anhang zu dem Buche: Entwickelung der Grundsätze des Strafrechts nach den Quellen des gemeinen deutschen Rechts, Heidelberg 1836.

Rudhart, Ignaz von: Über den Entwurf eines Gesetzbuches über das *Verfahren in Strafsachen*, Regensburg 1848.

Rüping, Hinrich: *Grundriß* der Strafrechtsgeschichte, 2. Auflage, München 1991.

Rüttimann, Johann Jakob: Über die englische Strafrechtspflege, Zürich 1831.

Sachs, Hannelore: *Stendal*, Leipzig 1867.

Savigny, Friedrich Carl von: Vom *Beruf* unserer Zeit für Gesetzgebung und Rechtswissenschaft, Heidelberg 1814.

Savigny, Friedrich Carl von: Ueber den Zweck dieser Zeitschrift, in: Zeitschr. f. gesch. Rechtsw. 1815, S. 1 ff.

Savigny, Friedrich Carl von: *System* des heutigen Römischen Rechts, *Bd. I*, Berlin 1840.

Savigny, Friedrich Carl von: Über Schwurgerichte und *Beweistheorie* im Strafprozesse (Auszüge aus der Denkschrift: Die Prinzipien in Bezug auf eine neue Strafprozeßordnung, Berlin 1846), Arch. f. pr. StrafR (GA) 1858, S. 469 ff.

Savigny, Friedrich Carl von: Über das Institut der Staatsanwaltschaft (Auszüge aus der Denkschrift: Die Prinzipien in Bezug auf eine neue Strafprozeßordnung, Berlin 1846, Arch. f. pr. StrafR (GA) 1859, S. 577 ff.

Scheller, Friedrich C.: *Äußerungen* über das Gesetz, betreffend das Verfahren in dem bei dem Kammergericht und dem Kriminalgericht zu Berlin zu führenden Untersuchungen, vom 17. Juli 1846, Frankfurt an der Oder, Berlin 1846.

Schild, Wolfgang: Die Geschichte der *Gerichtsbarkeit*. Vom Gottesurteil bis zum Beginn der modernen Rechtsprechung. 1000 Jahre Grausamkeit. Hintergründe, Urteile, Aberglaube, Hexen, Folter, Tod, Hamburg 1997.

Schiff, Wilhelm: Die *Oeffentlichkeit* des Deutschen Rechtsverfahrens im 19. Jahrhundert, Offenbach 1912.

Schmidt, Eberhard: *Geschichte* der deutschen Strafrechtspflege, 3. Auflage, Göttingen 1965.

Schmitt, Bertram: Die richterliche *Beweiswürdigung* im Strafprozeß. Eine Studie zu Wesen und Funktion des strafprozessualen Grundsatzes der „freien Beweiswürdigung" sowie zu den Möglichkeiten und Grenzen einer Revision in Strafsachen; zugleich ein Beitrag zum Verhältnis von Kriminalistik und staatlicher Rechtspflege, Kriminalwissenschaftliche Abhandlungen, Bd. 28, Lübeck 1992.

Schoeps, Hans-Joachim: *Preußen*, Geschichte eines Staates, 2. Auflage, München 2001.

Schröder, Jan: *Recht als Wissenschaft*, Geschichte der juristischen Methode vom Humanismus bis zur historischen Schule, München 2001.

Schubert, Werner: Die Institutionen der *Gerichtsverfassung*, in: Die deutsche Gerichtsverfassung, Entstehung und Quellen, Frankfurt am Main 1981, S. 117 ff.

Schubert, Werner: Die *Entstehung der Strafprozeßordnung von 1877*, in: Entstehung und Quellen der Strafprozeßordnung von 1877, herausgegeben von Werner Schubert und Jürgen Regge, Frankfurt am Main 1989, S. 1 ff.

Schubert, Werner: Die *Reform des Strafprozeßrechts* unter Savigny/Uhden und die weitere Entwicklung bis zur Strafprozeßordnung von 1867, in: Gesetzrevision (1825–1848), I. Abtheilung, Straf- und Strafprozeßrecht, Bd. 6, hrsg. von Werner Schubert und Jürgen Regge, Liechtenstein 1996, S. XXIX ff.

Schüler, H.: Aphorismen über das Verbrechen des Betruges. Zur Beleuchtung und Ergänzung der Schrift: Die Lehre vom strafbaren Betruge nach preußischem Rechte, von J.D.H. Temme, Berlin 1841, in: Centr. Bl. 1841, S. 970 ff., S. 993 ff.

Schwarze, Friedrich Oskar von: Der Entwurf der Strafprozeßordnung für das Königreich Sachsen nach den ständischen Beratungen dargestellt, in: ACR n.F. 1855, S. 173 ff.

Schwarze, Friedrich Oskar von: Die Stellung und Aufgabe der Staatsanwaltschaft, in: GS 1859, S. 3 ff.

Schwarze, Friedrich Oskar von (anonym erschienen): Das deutsche *Schwurgericht* und dessen Reform, Erlangen 1865.

Schwarze, Friedrich Oskar von: *Geschworenengericht und Schöffengericht*. Ein Beispiel zur Lösung der Schwurgerichtsfrage, Leipzig 1864.

Schwinge, Erich: Der Kampf um die *Schwurgerichte* bis zur Frankfurter Nationalversammlung. Breslau 1926.

Seckendorff, Friedr. Bern. Frh. v.: *Bedenken* gegen die Oeffentlichkeit der Berathung und Beschlußfassung moralischer Personen, besonders des Staats, Glogau/Leipzig 1835.

SEEGER, Carl August Fr.: Über das *Geschworenengericht* in peinlichen Sachen, Heilbronn 1824.

SELLERT, Wolfgang / RÜPING, Hinrich: *Studien- und Quellenbuch* zur Geschichte der deutschen Strafrechtspflege, Bd. 2, Von der Aufklärung bis zur doppelten Staatsgründung, Aalen 1994.

SEUFFERT, Über Schwurgerichte und Schöffengerichte, München 1873.

SIEBENPFEIFFER, Philipp Jakob: Über die Frage unserer Zeit in Beziehung auf *Gerechtigkeitspflege*, Heidelberg 1823.

SILBERNER, Edmund: *Johann Jacoby*. Politiker und Mensch, Bonn – Bad Godesberg 1976.

SIEMANN, Wolfram: Die *Frankfurter Nationalversammlung 1848/49* zwischen demokratischem Liberalismus und konservativer Reform. Die Bedeutung der Juristendominanz in den Verfassungsverhandlungen des Paulskirchenparlaments, Bern, Frankfurt am Main 1976.

SPARRE-WANGENSTEIN, Carl. J. von: Ueber *Geschwornen-Gerichte* und das Verfahren in peinlichen Sachen, Leipzig 1819.

STAFF, Ilse: *Justiz im Dritten Reich.* Eine Dokumentation, Frankfurt am Main / Hamburg 1964.

STEGMAIER, Hans: Die Frage der *Unmittelbarkeit* bei der Behandlung der Zeugen und Sachverständigen in der Gesetzgebung und im Schrifttum des reformierten deutschen Strafprozesses vor der Reichtsstrafprozessordnung, Gießen 1935.

STEIN, Julius: *Geschichte der Stadt Breslau* im 19. Jahrhundert, Breslau 1884.

STEINMANN, Friedrich: *Geschichte der Revolution* in Preußen. Zwölf Bücher preußischer Geschichte für das deutsche Volk, Berlin 1849.

STEINMANN, Friedrich: *Temme*, Sein Leben und sein Hochverraths-Prozeß, Mit und nach Aktenstücken, Berlin 1850.

STEMANN, Christian von: Die *Jury* in Strafsachen, Hamburg 1847.

STERNBERG, Theodor: *J.H.V. Kirchmann* und seine Kritik der Rechtswissenschaft. Zugleich ein Beitrag zur Geschichte des Realpolitischen Liberalismus, Berlin / Leipzig 1908.

STEVELING, Lieselotte: *Juristen in Münster*: Ein Beitrag zur Geschichte der Rechts- und Staatswissenschaftlichen Fakultät der Westfälischen Wilhelms-Universität, Münster 1998.

STINTZING, Roderich von / LANDSBERG, Ernst: *Geschichte* der deutschen Rechtswissenschaft, Abteilung 3, Halbbd. 2, Noten, 2. Neudruck der Ausgabe München 1910, Aalen 1978.

STOLLEIS, Michael: *Juristen.* Ein biographisches Lexikon. Von der Antike bis zum 20. Jahrhundert, München 1995.

STÖLZEL, Adolf: Brandenburg-Preußens *Rechtsverwaltung und Rechtsverfassung* dargestellt im Wirken seiner Landesfürsten und obersten Justizbeamten, Zweiter Bd., Berlin 1888.

STRUVE, Gustav von: Ueber die Erziehung des Volkes vermittelst einer geeigneten Strafprozeßordnung mit besonderer Rücksicht auf das Großherzogthum Baden, in: ZsDtStrafverfahren 1884, S. 352 ff.

STÜBER, Michael. Die Entwicklung des Prinzips der *Unmittelbarkeit* im deutschen Strafverfahren, Frankfurt am Main, Berlin, Bern, Bruxelles, New York, Oxford, Wien 2005.

SUNDELIN, Paul.: Die *Staatsanwaltschaft* in Deutschland. Ihre jetzige Gestalt in den deutschen Gesetzen, ihre Prinzipien und Bedürfnisfragen, Anclam 1860.

THIBAUT, Anton Friedrich Justus: Ueber die *Nothwendigkeit* eines allgemeinen bürgerlichen Rechts für Deutschland, Heidelberg 1814.

THIBAUT, Anton Friedrich Justus: System des Pandekten-Rechts I–III, 9. Ausgabe, Jena 1846.

THIMM, Rudolf: Aus *Tilsits Vergangenheit. Erster Theil*, Tilsit seit dem großen Kriege, Tilsit 1888.

THIMM, Rudolf: Aus *Tilsits Vergangenheit. Zweiter Theil*: Tilsiter Leben seit den Freiheitskriegen I. (bis 1848). Zweite Ausgabe, Tilsit 1888.

VALENTIN, Veit: *Geschichte* der deutschen Revolution von 1848–1849, Bd. 1, Bis zum Zusammentritt des Frankfurter Parlaments, Köln, Berlin 1977.

VALENTIN, Veit: Geschichte der deutschen Revolution von 1848–1849, Bd. 2, Bis zum Ende der Volksbewegung von 1849, Köln, Berlin 1977.

VOITUS: Ueber die Unvereinbarkeit der Appellation bezüglich der Thatfrage nach den Vorschriften des preußischen Strafprozesses mit dem Prinzip der Mündlichkeit, GA 1854, S. 621 ff.

VORMBAUM, Thomas: Der strafrechtliche *Schutz des Strafurteils*, Berlin 1987.

VORMBAUM, Thomas: Die *Lex Emminger* vom 4. Januar 1924, Berlin 1988.

WALTER, Gerhard: *Freie Beweiswürdigung*. Eine Untersuchung zu Bedeutung, Bedingungen und Grenzen der freien richterlichen Überzeugung, Tübingen 1979.

WALTHER, Friedrich: Die *Rechtsmittel im Strafverfahren* nach den Grundsätzen des englisch=französischen Strafproceßrechts, I. Abtheilung, München 1853.

WASSERMANN, Rudolf: Der politische Richter, München 1972.

WEICHSEL, F.F.: Rezension zu: Der Prozeß Lafarge beleuchet nach preußischem Strafrechte durch Tenme und Noerner, Berlin 1841, in: Centr. Bl. 1841, S. 664 ff., S. 691 ff.

WESTHOFF, Ursula: Über die *Grundlagen* des Strafprozesses mit besonderer Berücksichtigung des Beweisrechts, Berlin 1955.

WIEACKER, Franz: *Privatrechtsgeschichte* der Neuzeit unter besonderer Berücksichtigung der deutschen Entwicklung, 2. Auflage, Göttingen 1967.

WIGAND, Paul: Auch ein Wort über *Öffentlichkeit und Mündlichkeit* des gerichtlichen Verfahrens, und über die Wünsche der Rheinprovinzen wegen Einführung und Revision der kgl. Preußischen Gesetzgebung, Lemgo 1828.

WOHLERS, Wolfgang: Entstehung und Funktion der *Staatsanwaltschaft*. Ein Beitrag zu den rechtshistorischen und strukturellen Grundlagen des reformierten Strafverfahrens, Berlin 1994.

WOLF, Erik: Große *Rechtsdenker* der deutschen Geisthzesgeschichte, 4. Auflage, Tübingen 1951.

WORINGEN, Franz Arnold Maria von: *Fragmentarische Betrachtungen* über die Einführung der Schwurgerichte, Freiburg 1848.

WORINGEN, Franz Arnold Maria von: *Gegen Temme's und Noerner's Beleuchtung des Prozesses Lafarge* nach preußischem Strafrechte, Berlin 1841.

ZACHARIÄ, Heinrich Albert: Die *Gebrechen* und die Reform des deutschen Strafverfahrens, dargestellt auf der Basis einer consequenten Entwicklung des inquisitorischen und des accusatorischen Prinzips, Göttingen 1846.

ZACHARIÄ, Heinrich Albert: *Das mündlich-öffentliche Verfahren* mit Geschworenen im Königreich Hannover, Erstes Heft, Göttingen 1850.

ZACHARIÄ, Heinrich Albert: *Handbuch* des deutschen Strafprozesses, Bd. I und II, Göttingen 1861 bis 1868.

ZENTNER, Joseph: Das *Geschworenengericht* mit Öffentlichkeit und Mündlichkeit, Freiburg 1830.

Juristische Zeitgeschichte

Herausgeber: Prof. Dr. Dr. Thomas Vormbaum, FernUniversität in Hagen

Abteilung 1: Allgemeine Reihe

1 *Thomas Vormbaum (Hrsg.):* Die Sozialdemokratie und die Entstehung des Bürgerlichen Gesetzbuchs. Quellen aus der sozialdemokratischen Partei und Presse (1997)
2 *Heiko Ahlbrecht:* Geschichte der völkerrechtlichen Strafgerichtsbarkeit im 20. Jahrhundert (1999)
3 *Dominik Westerkamp:* Pressefreiheit und Zensur im Sachsen des Vormärz (1999)
4 *Wolfgang Naucke:* Über die Zerbrechlichkeit des rechtsstaatlichen Strafrechts. Gesammelte Aufsätze zur Strafrechtsgeschichte (2000)
5 *Jörg Ernst August Waldow:* Der strafrechtliche Ehrenschutz in der NS-Zeit (2000)
6 *Bernhard Diestelkamp:* Rechtsgeschichte als Zeitgeschichte. Beiträge zur Rechtsgeschichte des 20. Jahrhunderts (2001)
7 *Michael Damnitz:* Bürgerliches Recht zwischen Staat und Kirche. Mitwirkung der Zentrumspartei am Bürgerlichen Gesetzbuch (2001)
8 *Massimo Nobili:* Die freie richterliche Überzeugungsbildung. Reformdiskussion und Gesetzgebung in Italien, Frankreich und Deutschland seit dem Ausgang des 18. Jahrhunderts (2001)
9 *Diemut Majer:* Nationalsozialismus im Lichte der Juristischen Zeitgeschichte (2002)
10 *Bianca Vieregge:* Die Gerichtsbarkeit einer „Elite“. Nationalsozialistische Rechtsprechung am Beispiel der SS- und Polizeigerichtsbarkeit (2002)
11 *Norbert Berthold Wagner:* Die deutschen Schutzgebiete (2002)
12 *Miloš Vec:* Die Spur des Täters. Methoden der Identifikation in der Kriminalistik (1879–1933), (2002)
13 *Christian Amann:* Ordentliche Jugendgerichtsbarkeit und Justizalltag im OLG-Bezirk Hamm von 1939 bis 1945 (2003)
14 *Günter Gribbohm:* Das Reichskriegsgericht (2004)
15 *Martin M. Arnold:* Pressefreiheit und Zensur im Baden des Vormärz. Im Spannungsfeld zwischen Bundestreue und Liberalismus (2003)
16 *Ettore Dezza:* Beiträge zur Geschichte des modernen italienischen Strafrechts (2004)
17 *Thomas Vormbaum (Hrsg.):* „Euthanasie“ vor Gericht. Die Anklageschrift des Generalstaatsanwalts beim OLG Frankfurt/M. gegen Werner Heyde u. a. vom 22. Mai 1962 (2005)
18 *Kai Cornelius:* Vom spurlosen Verschwindenlassen zur Benachrichtigungspflicht bei Festnahmen (2006)
19 *Kristina Brümmer-Pauly:* Desertion im Recht des Nationalsozialismus (2006)
20 *Hanns-Jürgen Wiegand:* Direktdemokratische Elemente in der deutschen Verfassungsgeschichte (2006)
21 *Hans-Peter Marutschke (Hrsg.):* Beiträge zur modernen japanischen Rechtsgeschichte (2006)

Abteilung 2: Forum Juristische Zeitgeschichte

1 *Franz-Josef Düwell / Thomas Vormbaum (Hrsg.):* Themen juristischer Zeitgeschichte (1) – Schwerpunktthema: Recht und Nationalsozialismus (1998)
2 *Karl-Heinz Keldungs:* Das Sondergericht Duisburg 1943–1945 (1998)
3 *Franz-Josef Düwell / Thomas Vormbaum (Hrsg.):* Themen juristischer Zeitgeschichte (2) – Schwerpunktthema: Recht und Juristen in der Revolution von 1848/49 (1998)
4 *Thomas Vormbaum:* Beiträge zur juristischen Zeitgeschichte (1999)
5 *Franz-Josef Düwell / Thomas Vormbaum:* Themen juristischer Zeitgeschichte (3), (1999)
6 *Thomas Vormbaum (Hrsg.):* Themen juristischer Zeitgeschichte (4), (2000)
7 *Frank Roeser:* Das Sondergericht Essen 1942–1945 (2000)
8 *Heinz Müller-Dietz:* Recht und Nationalsozialismus – Gesammelte Beiträge (2000)
9 *Franz-Josef Düwell (Hrsg.):* Licht und Schatten. Der 9. November in der deutschen Geschichte und Rechtsgeschichte – Symposium der Arnold-Freymuth-Gesellschaft, Hamm (2000)
10 *Bernd-Rüdiger Kern / Klaus-Peter Schroeder (Hrsg.):* Eduard von Simson (1810–1899). „Chorführer der Deutschen" und erster Präsident des Reichsgerichts (2001)
11 *Norbert Haase / Bert Pampel (Hrsg.):* Die Waldheimer „Prozesse" – fünfzig Jahre danach. Dokumentation der Tagung der Stiftung Sächsische Gedenkstätten am 28. und 29. September in Waldheim (2001)
12 *Wolfgang Form (Hrsg.):* Literatur- und Urteilsverzeichnis zum politischen NS-Strafrecht (2001)
13 *Sabine Hain:* Die Individualverfassungsbeschwerde nach Bundesrecht (2002)
14 *Gerhard Pauli / Thomas Vormbaum (Hrsg.):* Justiz und Nationalsozialismus – Kontinuität und Diskontinuität. Fachtagung in der Justizakademie des Landes NRW, Recklinghausen, am 19. und 20. November 2001 (2003)
15 *Mario Da Passano (Hrsg.):* Europäische Strafkolonien im 19. Jahrhundert. Internationaler Kongreß des Dipartimento di Storia der Universität Sassari und des Parco nazionale di Asinara, Porto Torres, 25. Mai 2001 (2006)
16 *Sylvia Kesper-Biermann / Petra Overath (Hrsg.):* Die Internationalisierung von Strafrechtswissenschaft und Kriminalpolitik (1870–1930). Deutschland im Vergleich (2007)
17 *Hermann Weber (Hrsg.):* Literatur, Recht und Musik. Tagung im Nordkolleg Rendsburg vom 16. bis 18. September 2005 (2007)
18 *Hermann Weber (Hrsg.):* Literatur, Recht und (bildende) Kunst. Tagung im Nordkolleg Rendsburg vom 21. bis 23. September 2007 (2008)

Abteilung 3: Beiträge zur modernen deutschen Strafgesetzgebung Materialien zu einem historischen Kommentar

1 *Thomas Vormbaum / Jürgen Welp (Hrsg.):* Das Strafgesetzbuch seit 1870. Sammlung der Änderungen und Neubekanntmachungen; Vier Textbände (1999–2002) und drei Supplementbände (2005, 2006)
2 *Christian Müller:* Das Gewohnheitsverbrechergesetz vom 24. November 1933. Kriminalpolitik als Rassenpolitik (1998)

3 *Maria Meyer-Höger:* Der Jugendarrest. Entstehung und Weiterentwicklung einer Sanktion (1998)
4 *Kirsten Gieseler:* Unterlassene Hilfeleistung – § 323c StGB. Reformdiskussion und Gesetzgebung seit 1870. (1999)
5 *Robert Weber:* Die Entwicklung des Nebenstrafrechts 1871–1914 (1999)
6 *Frank Nobis:* Die Strafprozeßgesetzgebung der späten Weimarer Republik (2000)
7 *Karsten Felske:* Kriminelle und terroristische Vereinigungen – §§ 129, 129a StGB (2002)
8 *Ralf Baumgarten:* Zweikampf – §§ 201–210 a.F. StGB (2003)
9 *Felix Prinz:* Diebstahl – §§ 242 ff. StGB (2003)
10 *Werner Schubert / Thomas Vormbaum (Hrsg.):* Entstehung des Strafgesetzbuchs. Kommissionsprotokolle und Entwürfe. Band 1: 1869 (2002); Band 2: 1870 (2004)
11 *Lars Bernhard:* Falsche Verdächtigung (§§ 164, 165 StGB) und Vortäuschen einer Straftat (§ 145d StGB), (2003)
12 *Frank Korn:* Körperverletzungsdelikte – §§ 223 ff., 340 StGB. Reformdiskussion und Gesetzgebung von 1870 bis 1933 (2003)
13 *Christian Gröning:* Körperverletzungsdelikte – §§ 223 ff., 340 StGB. Reformdiskussion und Gesetzgebung seit 1933 (2004)
14 *Sabine Putzke:* Die Strafbarkeit der Abtreibung in der Kaiserzeit und in der Weimarer Zeit. Eine Analyse der Reformdiskussion und der Straftatbestände in den Reformentwürfen (1908–1931), (2003)
15 *Eckard Voßiek:* Strafbare Veröffentlichung amtlicher Schriftstücke (§ 353d Nr. 3 StGB). Gesetzgebung und Rechtsanwendung seit 1851 (2004)
16 *Stefan Lindenberg:* Brandstiftungsdelikte – §§ 306 ff. StGB. Reformdiskussion und Gesetzgebung seit 1870 (2004)
17 *Ninette Barreneche†:* Materialien zu einer Strafrechtsgeschichte der Münchener Räterepublik 1918/1919 (2004)
18 *Carsten Thiel:* Rechtsbeugung – § 339 StGB. Reformdiskussion und Gesetzgebung seit 1870 (2005)
19 *Vera Große-Vehne:* Tötung auf Verlangen (§ 216 StGB), „Euthanasie“ und Sterbehilfe. Reformdiskussion und Gesetzgebung seit 1870 (2005)
20 *Thomas Vormbaum / Kathrin Rentrop (Hrsg.):* Reform des Strafgesetzbuchs. Sammlung der Reformentwürfe. Band 1: 1909 bis 1919. Band 2: 1922 bis 1939. Band 3: 1959 bis 1996 (2008)
21 *Dietmar Prechtel:* Urkundendelikte (§§ 267 ff. StGB). Reformdiskussion und Gesetzgebung seit 1870 (2005)
22 *Ilya Hartmann:* Prostitution, Kuppelei, Zuhälterei. Reformdiskussion und Gesetzgebung seit 1870 (2006)
23 *Ralf Seemann:* Strafbare Vereitelung von Gläubigerrechten (§§ 283 ff., 288 StGB). Reformdiskussion und Gesetzgebung seit 1870 (2006)
24 *Andrea Hartmann:* Majestätsbeleidigung (§§ 94 ff. StGB a.F.) und Verunglimpfung des Staatsoberhauptes (§ 90 StGB). Reformdiskussion und Gesetzgebung seit dem 19. Jahrhundert (2006)
25 *Christina Rampf:* Hausfriedensbruch (§ 123 StGB). Reformdiskussion und Gesetzgebung seit 1870 (2006)
26 *Christian Schäfer:* „Widernatürliche Unzucht“ (§§ 175, 175a, 175b, 182, a.F. StGB). Reformdiskussion und Gesetzgebung seit 1945 (2006)

27 *Kathrin Rentrop:* Untreue und Unterschlagung (§§ 266 und 246 StGB). Reformdiskussion und Gesetzgebung seit dem 19. Jahrhundert (2007)
28 *Martin Asholt:* Straßenverkehrsstrafrecht. Reformdiskussion und Gesetzgebung seit dem Ausgang des 19. Jahrhunderts (2007)
29 *Katharina Linka:* Mord und Totschlag (§§ 211–213 StGB). Reformdiskussion und Gesetzgebung seit 1870 (2008)
30 *Juliane Sophia Dettmar:* Legalität und Opportunität im Strafprozess. Reformdiskussion und Gesetzgebung von 1877 bis 1933 (2008)
31 *Jürgen Durynek:* Korruptionsdelikte (§§ 331 ff. StGB). Reformdiskussion und Gesetzgebung seit dem 19. Jahrhundert (2008)
32 *Judith Weber*: Das sächsische Strafrecht im 19. Jahrhundert bis zum Reichsstrafgesetzbuch (2009)
33 *Denis Matthies*: Exemplifikationen und Regelbeispiele. Eine Untersuchung zum 100-jährigen Beitrag von Adolf Wach zur „Legislativen Technik" (2009)
34 *Benedikt Rohrßen*: Von der „Anreizung zum Klassenkampf" zur „Volksverhetzung" (§ 130 StGB). Reformdiskussion und Gesetzgebung seit dem 19. Jahrhundert (2009)

Abteilung 4: Leben und Werk. Biographien und Werkanalysen

1 *Mario A. Cattaneo:* Karl Grolmans strafrechtlicher Humanismus (1998)
2 *Gerit Thulfaut:* Kriminalpolitik und Strafrechtstheorie bei Edmund Mezger (2000)
3 *Adolf Laufs:* Persönlichkeit und Recht. Gesammelte Aufsätze (2001)
4 *Hanno Durth:* Der Kampf gegen das Unrecht. Gustav Radbruchs Theorie eines Kulturverfassungsrechts (2001)
5 *Volker Tausch:* Max Güde (1902–1984). Generalbundesanwalt und Rechtspolitiker (2002)
6 *Bernd Schmalhausen:* Josef Neuberger (1902–1977). Ein Leben für eine menschliche Justiz (2002)
7 *Wolf Christian von Arnswald:* Savigny als Strafrechtspraktiker. Ministerium für die Gesetzesrevision (1842–1848), (2003)
8 *Thilo Ramm:* Ferdinand Lassalle. Der Revolutionär und das Recht (2004)
9 *Martin D. Klein:* Demokratisches Denken bei Gustav Radbruch (2007)
10 *Francisco Muñoz Conde:* Edmund Mezger – Beiträge zu einem Juristenleben (2007)
11 *Whitney R. Harris:* Tyrannen vor Gericht. Das Verfahren gegen die deutschen Hauptkriegsverbrecher nach dem Zweiten Weltkrieg in Nürnberg 1945–1946 (2008)
12 *Eric Hilgendorf (Hrsg.):* Die deutschsprachige Strafrechtswissenschaft in Selbstdarstellungen (2010)
13 *Tamara Cipolla:* Friedrich Karl von Strombeck. Leben und Werk – Unter besonderer Berücksichtigung des Entwurfes eines Strafgesetzbuches für ein Norddeutsches Staatsgebiet (2010)

Abteilung 5: Juristisches Zeitgeschehen Rechtspolitik und Justiz aus zeitgenössischer Perspektive

Mitherausgegeben von Gisela Friedrichsen („Der Spiegel") und RA Prof. Dr. Franz Salditt

1 *Diether Posser:* Anwalt im Kalten Krieg. Ein Stück deutscher Geschichte in politischen Prozessen 1951–1968. 3. Auflage (1999)
2 Jörg Arnold (Hrsg.): Strafrechtliche Auseinandersetzung mit Systemvergangenheit am Beispiel der DDR (2000)
3 *Thomas Vormbaum (Hrsg.):* Vichy vor Gericht: Der Papon-Prozeß (2000)
4 *Heiko Ahlbrecht / Kai Ambos (Hrsg.):* Der Fall Pinochet(s). Auslieferung wegen staatsverstärkter Kriminalität? (1999)
5 *Oliver Franz:* Ausgehverbot für Jugendliche („Juvenile Curfew") in den USA. Reformdiskussion und Gesetzgebung seit dem 19. Jahrhundert (2000)
6 *Gabriele Zwiehoff (Hrsg.):* „Großer Lauschangriff". Die Entstehung des Gesetzes zur Änderung des Grundgesetzes vom 26. März 1998 und des Gesetzes zur Änderung der Strafprozeßordnung vom 4. Mai 1998 in der Presseberichterstattung 1997/98 (2000)
7 *Mario A. Cattaneo:* Strafrechtstotalitarismus. Terrorismus und Willkür (2001)
8 *Gisela Friedrichsen / Gerhard Mauz:* Er oder sie? Der Strafprozeß Böttcher/Weimar. Prozeßberichte 1987 bis 1999 (2001)
9 *Heribert Prantl / Thomas Vormbaum (Hrsg.):* Juristisches Zeitgeschehen 2000 in der Süddeutschen Zeitung (2001)
10 *Helmut Kreicker:* Art. 7 EMRK und die Gewalttaten an der deutsch-deutschen Grenze (2002)
11 *Heribert Prantl / Thomas Vormbaum (Hrsg.):* Juristisches Zeitgeschehen 2001 in der Süddeutschen Zeitung (2002)
12 *Henning Floto:* Der Rechtsstatus des Johanniterordens. Eine rechtsgeschichtliche und rechtsdogmatische Untersuchung zum Rechtsstatus der Balley Brandenburg des ritterlichen Ordens St. Johannis vom Spital zu Jerusalem (2003)
13 *Heribert Prantl / Thomas Vormbaum (Hrsg.):* Juristisches Zeitgeschehen 2002 in der Süddeutschen Zeitung (2003)
14 *Kai Ambos / Jörg Arnold (Hrsg.):* Der Irak-Krieg und das Völkerrecht (2004)
15 *Heribert Prantl / Thomas Vormbaum (Hrsg.)*: Juristisches Zeitgeschehen 2003 in der Süddeutschen Zeitung (2004)
16 *Sascha Rolf Lüder:* Völkerrechtliche Verantwortlichkeit bei Teilnahme an „Peace-keeping"-Missionen der Vereinten Nationen (2004)
17 *Heribert Prantl / Thomas Vormbaum (Hrsg.)*: Juristisches Zeitgeschehen 2004 in der Süddeutschen Zeitung (2005)
18 *Christian Haumann:* Die „gewichtende Arbeitsweise" der Finanzverwaltung. Eine Untersuchung über die Aufgabenerfüllung der Finanzverwaltung bei der Festsetzung der Veranlagungssteuern (2008)

Abteilung 6: Recht in der Kunst

Mitherausgegeben von Prof. Dr. Gunter Reiß

1 *Heinz Müller-Dietz:* Recht und Kriminalität im literarischen Widerschein. Gesammelte Aufsätze (1999)
2 *Klaus Lüderssen (Hrsg.):* »Die wahre Liberalität ist Anerkennung«. Goethe und die Juris prudenz (1999)
3 *Bertolt Brecht:* Die Dreigroschenoper (1928) / Dreigroschenroman (1934). Mit Kommentaren von Iring Fetscher und Bodo Plachta (2001)
4 *Annette von Droste-Hülshoff:* Die Judenbuche (1842) / Die Vergeltung (1841). Mit Kommentaren von Heinz Holzhauer und Winfried Woesler (2000)
5 *Theodor Fontane:* Unterm Birnbaum (1885). Mit Kommentaren von Hugo Aust und Klaus Lüderssen (2001)
6 *Heinrich von Kleist:* Michael Kohlhaas (1810). Mit Kommentaren von Wolfgang Naucke und Joachim Linder (2000)
7 *Anja Sya:* Literatur und juristisches Erkenntnisinteresse. Joachim Maass' Roman „Der Fall Gouffé" und sein Verhältnis zu der historischen Vorlage (2001)
8 *Heiner Mückenberger:* Theodor Storm – Dichter und Richter. Eine rechtsgeschichtliche Lebensbeschreibung (2001)
9 *Hermann Weber (Hrsg.):* Annäherung an das Thema „Recht und Literatur". Recht, Literatur und Kunst in der NJW (1), (2002)
10 *Hermann Weber (Hrsg.):* Juristen als Dichter. Recht, Literatur und Kunst in der NJW (2), (2002)
11 *Hermann Weber (Hrsg.):* Prozesse und Rechtsstreitigkeiten um Recht, Literatur und Kunst. Recht, Literatur und Kunst in der NJW (3), (2002)
12 *Klaus Lüderssen:* Produktive Spiegelungen. 2., erweiterte Auflage (2002)
13 *Lion Feuchtwanger:* Erfolg. Drei Jahre Geschichte einer Provinz. Roman (1929). Mit Kommentaren von Theo Rasehorn und Ernst Ribbat (2002)
14 *Jakob Wassermann:* Der Fall Maurizius. Roman (1928). Mit Kommentaren von Thomas Vormbaum und Regina Schäfer (2003)
15 *Hermann Weber (Hrsg.):* Recht, Staat und Politik im Bild der Dichtung. Recht, Literatur und Kunst in der Neuen Juristischen Wochenschrift (4), (2003)
16 *Hermann Weber (Hrsg.)*: Reale und fiktive Kriminalfälle als Gegenstand der Literatur. Recht, Literatur und Kunst in der Neuen Juristischen Wochenschrift (5), (2003)
17 *Karl Kraus:* Sittlichkeit und Kriminalität. (1908). Mit Kommentaren von Helmut Arntzen und Heinz Müller-Dietz (2004)
18 *Hermann Weber (Hrsg.)*: Dichter als Juristen. Recht, Literatur und Kunst in der Neuen Juristischen Wochenschrift (6), (2004)
19 *Hermann Weber (Hrsg.):* Recht und Juristen im Bild der Literatur. Recht, Literatur und Kunst in der Neuen Juristischen Wochenschrift (7), (2005)
20 *Heinrich von Kleist:* Der zerbrochne Krug. Ein Lustspiel (1811). Mit Kommentaren von Michael Walter und Regina Schäfer (2005)
21 *Francisco Muñoz Conde / Marta Muñoz Aunión:* „Das Urteil von Nürnberg". Juristischer und filmwissenschaftlicher Kommentar zum Film von Stanley Kramer (1961), (2006)

22 *Fjodor Dostojewski:* Aufzeichnungen aus einem Totenhaus (1860). Mit Kommentaren von Heinz Müller-Dietz und Dunja Brötz (2005)

23 *Thomas Vormbaum (Hrsg.):* Anton Matthias Sprickmann. Dichter und Jurist. Mit Kommentaren von Walter Gödden, Jörg Löffler und Thomas Vormbaum (2006)

24 *Friedrich Schiller:* Verbrecher aus Infamie (1786). Mit Kommentaren von Heinz Müller-Dietz und Martin Huber (2006)

25 *Franz Kafka:* Der Proceß. Roman (1925). Mit Kommentaren von Detlef Kremer und Jörg Tenckhoff (2006)

26 *Heinrich Heine:* Deutschland. Ein Wintermährchen. Geschrieben im Januar 1844. Mit Kommentaren von Winfried Woesler und Thomas Vormbaum (2006)

27 *Thomas Vormbaum (Hrsg.):* Recht, Rechtswissenschaft und Juristen im Werk Heinrich Heines (2006)

28 *Heinz Müller-Dietz:* Recht und Kriminalität in literarischen Spiegelungen (2007)

29 *Alexander Puschkin:* Pique Dame (1834). Mit Kommentaren von Barbara Aufschnaiter/Dunja Brötz und Friedrich-Christian Schroeder (2007)

30 *Georg Büchner:* Danton's Tod. Dramatische Bilder aus Frankreichs Schreckensherrschaft. Mit Kommentaren von Sven Kramer und Bodo Pieroth (2007)

31 *Daniel Halft:* Die Szene wird zum Tribunal! Eine Studie zu den Beziehungen von Recht und Literatur am Beispiel des Schauspiels „Cyankali" von Friedrich Wolf (2007)

32 *Erich Wulffen:* Kriminalpsychologie und Psychopathologie in Schillers Räubern (1907). Herausgegeben von Jürgen Seul (2007)

33 *Klaus Lüderssen:* Produktive Spiegelungen: Recht in Literatur, Theater und Film. Band II (2007)

34 *Albert Camus:* Der Fall. Roman (1956). Mit Kommentaren von Brigitte Sändig und Sven Grotendiek (2008)

35 *Thomas Vormbaum (Hrsg.):* Pest, Folter und Schandsäule. Der Mailänder Prozess wegen „Pestschmierereien" in Rechtskritik und Literatur. Mit Kommentaren von Ezequiel Malarino und Helmut C. Jacobs (2008)

Abteilung 7: Beiträge zur Anwaltsgeschichte

Mitherausgegeben von Gerhard Jungfer, Dr. Tilmann Krach
und Prof. Dr. Hinrich Rüping

1 *Babette Tondorf:* Strafverteidigung in der Frühphase des reformierten Strafprozesses. Das Hochverratsverfahren gegen die badischen Aufständischen Gustav Struve und Karl Blind (1848/49), (2006)

2 *Hinrich Rüping:* Rechtsanwälte im Bezirk Celle während des Nationalsozialismus (2007)

Abteilung 8: Judaica

1 *Hannes Ludyga:* Philipp Auerbach (1906–1952). „Staatskommissar für rassisch, religiös und politisch Verfolgte" (2005)

2 *Thomas Vormbaum:* Der Judeneid im 19. Jahrhundert, vornehmlich in Preußen. Ein Beitrag zur juristischen Zeitgeschichte (2006)

3 *Hannes Ludyga:* Die Rechtsstellung der Juden in Bayern von 1819 bis 1918. Studie im Spiegel der Verhandlungen der Kammer der Abgeordneten des bayerischen Landtags (2007)

Bei Fragen zur Produktsicherheit wenden Sie sich bitte an:
If you have any questions regarding product safety,
please contact:

Walter de Gruyter GmbH
Genthiner Straße 13
10785 Berlin
productsafety@degruyterbrill.com